巴厘岛
和龙目岛

本书作者
弗吉尼娅·麦克斯韦尔（Virginia Maxwell）
马克·约翰松（Mark Johanson）
马索瓦达·摩根（MaSovaida Morgan） 索菲娅·莱温（Sofia Levin）

中国地图出版社

计划你的行程

海神庙

（见295页）

NORMAN ONG/SHUTTERSTOCK ©

巴厘岛舞者

（见378页）

SONY HERDIANA/SHUTTERSTOCK ©

在路上

目录

欢迎来
巴厘岛和龙目岛

这片热带岛屿拥有异彩纷呈的文化、宏伟瑰丽的景观和全球最佳的海滩，具有天堂般的诱人魅力。

诸神的岛屿

巴厘岛丰富多样的文化在生活的各个层面都得到了展示：从无处不在的精致的花瓣供品，到把道路挤爆的盛装前往庙宇参加各种仪式的当地人，再到全岛各地上演的独特的传统音乐和舞蹈。这一切都体现了文化的传承。巴厘岛中部地区耸立着险峻的火山，山坡上点缀着巴都考寺（Pura Luhur Batukau，岛上10,000座神庙之一）等庙宇，而海拔最高的阿贡火山则是岛上的宗教圣地。

异彩纷呈的岛屿

在巴厘岛，你可以让自己迷失在混乱不堪的库塔（Kuta），或在水明漾（Seminyak）及克罗博坎（Kerobokan）享乐，在南部狂野的海滩边冲浪，或只是在努萨兰彭坎（Nusa Lembongan）消磨时光。你可以去适合举家前往的萨努尔，或是在布科半岛浪漫的度假村里快活一番。你可以到访乌布（Ubud），这里是巴厘岛的心脏，也是最容易体验巴厘岛文化的地方。在这个极富魔力的岛屿上，有一点十分肯定：你一定会为之神魂颠倒。

龙目岛和吉利群岛

2018年的大地震给龙目岛和附近的吉利群岛带来了严重的破坏，但是它们的魅力依然还在。当地人凭借坚忍不拔的精神，携手并肩，重建家园，为他们的生活谱写了新的篇章。尽管重建的道路漫长且充满挑战，但当地依旧充满着乐观的氛围。这里有雪白色的海滩，光彩夺目的海底世界，梯田沿着印度尼西亚第二高的火山铺展而下，谁又能拒绝帮助这里重建、前往这里再续前缘的机会呢？

我为什么喜欢巴厘岛

本书作者 马索瓦达·摩根（MaSovaida Morgan）

当我初次到访巴厘岛时，我对一个宁静的天堂的想象被一幅狂热的景象所打破。不可否认，社交媒体有推销现实的能力，所有最初的想象都来源于我在滑动手机屏幕时所看到的内容。但在最后，我还是找到了诗情画意的美景，也在熙熙攘攘的人群中找到了片刻的宁静，帮助我在巴厘岛作为旅游胜地的喧嚣中寻觅到了精神上的安宁。这片土地欢迎所有的梦想家和实干家，它会发掘所有到访海岸者的内在灵性。在神灵供品前，每一步都像是一次祈祷。

了解我们的作者，见447页。

上图：乌布的稻田（见173页）

巴厘岛和龙目岛亮点

乌布
巴厘岛的文化中心(175页)
门姜岸岛
岛上最佳浮潜和潜水地(286页)
长谷
海滩绝美，餐厅一流(102页)
水明漾
巴厘岛的酷炫中心(83页)
库塔
夜夜笙歌的派对胜地(66页)
布科半岛的海滩
一连串的金色沙滩(142页)
乌鲁瓦图寺
寺庙棋布，猴子遍野(152页)
金巴兰
海滩烧烤摊制作的海鲜烧烤让人垂涎三尺(142页)
115° E
8° S
9° S
BALI SEA
巴厘海
Selat Bali
巴厘海峡
Jawa
爪哇岛
Bali
巴厘岛
Bali Barat National Park
西巴厘岛国家公园
Denpasar
登巴萨
Singaraja
新加拉惹
Kuta库塔
Sanur
萨努尔
Ubud
乌布
Nusa Lembongan
努萨兰彭坎
Nusa Penida
珀尼达岛
Nusa Ceningan
金银岛
Bukit Peninsula
布科半岛
Gunung Agung
阿贡火山
(3142m)
Gunung Batukau
巴都考火山
(2276m)
Gunung Catur
(2096m)
Danau Batur
巴都尔湖

0 40 km
0 20 miles
116° E
德拉娜安岛
欢快尽兴的夜晚，令人难忘的日出(337页)
吉利群岛
海水澄澈，潜水胜地(333页)
海岬荒原
这里拥有绝佳的海浪(316页)
Akar Akar
Kayangan
Bayan
巴延
Obel Obel
Sajang
Sugian
Gili Meno
米诺岛
Gili Trawangan
德拉娜安岛
Gili Air
艾尔岛
Gondang
Tanjung
Gili Islands
吉利群岛
Bangsal
邦萨尔
Gunung Rinjani
林查尼火山
(3726m)
Sembalun Lawang
Labuhan Pandang
Danau Segara Anak
海之子湖
Gunung Nangi
(2230m)
Gunung Sabiris
(865m)
Gunung Rinjani National Park
林查尼火山国家公园
Mangsit
Senggigi
圣吉吉
Lombok
龙目岛
Swela
Labuhan Lombok
拉布汉龙目
Ampenan
Mataram
马塔兰
Pringgasela
Pringgabaya
Kotaraja
Anjani
Mantang
Masabagik Timur
Kediri
Gerung
Sakra
Labuhan Haji
Lembar
伦巴港
Praya
普拉亚
Mujur
Tanjung Luar
Selat Alas
阿拉斯海峡
Sekotong
Sengkol
Montongsapah
Selong Blanak
瑟龙布拉纳克
Ekas
艾卡斯
Tanjung Ringgit
Pengantap
Awang
Kuta
库塔
Mawan
Kaliantan
Gili Saya
Maluk
Sumbawa
松巴哇岛
Tulamben
图兰奔
Culik
Amed Village
阿曼村
Amed Coast
阿曼海岸
Aas
Gunung Seraya
塞亚拉火山(1175m)
Amlapura
安拉普拉
Selat Lombok
龙目海峡
Karangsari
Semaya
Tanglad
Tanjung Desert
海岬荒原
Bangko Bangko
Pelangan
INDIAN OCEAN
印度洋
海拔高度
2000m
1500m
1000m
500m
100m
0

巴厘岛和龙目岛 Top 17

1

巴厘岛节庆巡游

1 当你正在库塔或者乌布（Ubud）的某家咖啡馆里轻抿一口咖啡时，会突然响起加麦兰（gamelan，巴厘岛传统乐器）的声音。车辆尖锐的嘈杂声戛然而止，一群衣着优雅的人托着垒成金字塔状的水果、带流苏的遮阳伞和毛茸茸的戴着面具的巴龙（Barong，传说中的神秘生物，像狮子，又有点像狗）步履轻盈地走过。这样的寺庙游行（见376页）的队伍来无影去无踪，过后只留下闪现的金光、白色的丝绸和木槿花瓣，在巴厘岛每天会发生数十次。

布科半岛的海滩

2 一小片白沙滩浮在湛蓝的印度洋上，填充了石灰岩悬崖下的小海湾，悬崖上覆盖着深绿的热带美景。这听起来诗情画意，事实上也是如此。巴厘岛南部布科半岛（Bukit Peninsula，见142页）的西部海岸线上，散布着许多这样的海滩，比如巴兰甘海滩（Balangan Beach）、滨金（Bingin）和帕当帕当（Padang Padang）。许多家庭经营的冲浪酒吧就建在竹桩上，这些酒吧的下方就是潮水，唯一的景观就是几米外的海浪。找一张日光浴躺椅吧，在海浪声中放松一下。图为巴兰甘海滩（见146页）。

TROPICAL STUDIO/SHUTTERSTOCK ©

2

MARIUS DOBILAS/SHUTTERSTOCK ©

奢华水疗

3 不管是一次彻底的思想、身体和精神上的休整，抑或只是单纯的对于片刻宁静的渴望，到巴厘岛的游客都会花上好几个小时（有时好几天）来享受按摩、擦洗、香薰、护理、沐浴和欢乐。有时候这些康体护理就在海滩上或者花园里——例如乌布的Taksu Spa（见181页），有时候在很有格调、甚至奢华的环境中进行。巴厘人的按摩手法包括拉伸、拍打、推油、掌压和指压，能让你感受到整个身心的安宁，这真是完美的休闲方式。

豪华住宿

4 在一个崇尚艺术和宁静的岛屿上，找到世界上最精美的酒店和度假村，一点也不会让人感到惊讶。从巴厘岛南部克罗博坎的那些美丽沙滩上的如Katamama（见97页）这样的隐秘居所，到散落在布科半岛炫目白沙滩上方悬崖上的栖息处，这些时尚的酒店外观可爱，室内奢华。更远处，你可以在乌布的河谷和具有田园风情的偏远海岸上，看到几家由前卫的建筑师设计的度假村。图为Mandapa（见195页）。

5

6

巴厘岛潜水

5 富有传奇色彩的门姜岸岛（见286页）激动人心、惊喜连连。在这座以珊瑚礁闻名的被保护的岛屿上，你可以开展多种形式的潜水活动。而这仅仅是巴厘岛众多优质潜水地点之一。在珀尼达岛的海浪下，一只鳐鱼挡住头顶上闪耀的阳光，轻盈地滑过水面，动作十分流畅，水面几乎没有激起一丝涟漪，这时你会感觉到自己的渺小。就在你觉得你的潜水之旅已然不能再精彩的时候，你会发现有一条2.5米长的翻车鱼正呆呆地在你身边徘徊，好奇地打量着你。图为珀尼达岛（见169页）。

乌布

6 这个巴厘岛的艺术中心洋溢着让人无法抗拒的美丽。街上画廊林立，著名或无名的艺术家都在这里进行创作。优美动人的表演展现着岛上丰富多彩的文化，让许多夜夜笙歌的舞台充满魅力。博物馆陈列着多年以来从当地获得创作灵感的艺术品。同时也有人漫步在稻田之间，找寻完美的地点，打起莲花坐，思索着人生无尽的可能。乌布（见175页）是一种精神境界，也是一种美丽的存在。图为乌布皇宫的表演（见175页）。

7

8

不夜城库塔

7 从水明漾的时尚餐馆和酒吧开始，这里的一切事物在日落的余晖、户外摇曳的烛光和迷幻乐的节奏中都显得更为美丽。也许你也会忍不住到双六海滩参加某项活动。之后，库塔的传奇夜店（见79页）会让你流连忘返，国际DJ大显身手，给舞池带来无限活力。黎明来临前，氛围更加热烈的俱乐部如Sky Garden Lounge（见79页）会像黑洞一样把你吸进去，几个小时后又将你吐回到明媚的阳光中。你筋疲力尽，却快乐无比。图为库塔的海滩酒吧（见66页）。

长谷海滩

8 长谷（见102页）更像是一个概念，而非一个具体的地点，因为几年前这里还全是稻田。但如今这里已经是沙滩游乐和巴图博隆海滩（见102页）乐趣的代名词。在近岸冲浪之后，这里如雨后春笋般林立的创意咖啡馆和超凡餐厅会将你的疲惫一扫而空。找到你最喜欢的地方，为长谷打上你自己的烙印。转过身时，说不定这里又有新店开张。

巴厘岛冲浪

9 如果这个月份的英文名里有“r”，就到东边去，其他月份去西边寻找极佳的冲浪浪头，比如帕当帕当（见151页）。就是这么简单。在巴厘岛，你在每一处都能找到许多很棒的冲浪点。巴厘岛是冲浪运动在亚洲兴起的地方。作为完美的冲浪点，这里没有显示出任何衰落的迹象。冲浪手们骑着嗡嗡作响的摩托车，带着冲浪板，在岛上四处转悠，寻找下一个冲浪点。如果海浪减弱了，5分钟路程之外还有另一个冲浪点。不要错过冲浪手们最爱出没的经典去处——巴利安海滩（Balian Beach；见296页）。图为帕当帕当（见151页）。

库塔海滩

10 巴厘岛的旅游业始于这里，没有人会质疑这一点。弧形的沙滩从库塔蜿蜒至回声海滩（Echo Beach）西北迷蒙的天际线。发端于印度洋深处的海浪冲击着海岸，拍打出层层浪花。你可以在超过12公里长的沙滩上漫步（见66页），在南部和成群的新朋友们一起享受足底按摩和冰啤酒，也可以在北边找一处时尚休闲地，甚至还可以拥有自己专属的一片沙滩。

巴厘岛美食

11 “太棒了！”当你走进一家经典的小吃摊，发现数十种新鲜的菜肴在柜台上等候你品尝，这样一句溢美之词一定会脱口而出。这个土壤肥沃并且拥有丰富多彩的食材的岛屿，能打造出色香味俱全的菜肴也就不足为奇了。当地特色菜如烤乳猪（babi guling）会吸引你不停地光顾。午餐时段，不妨去试试登巴萨的绝佳巴厘岛菜馆，如Warung Lembongan（见130页）。

巴厘岛舞蹈

12 和巴厘岛的闲适气氛形成强烈反差的是巴厘岛的舞蹈（见378页），后者对艺术性的严格要求可谓登峰造极。黎弓舞者需要花费长达数年的时间学习舞蹈动作，从眼神到脚趾，每个动作都经过精心设计，每个动作都有它的内涵，其舞蹈语言带着具有催眠效果的优雅。身穿丝绸和扎染服装的舞者们讲述巴厘岛印度教信仰和传说中的精彩故事。各座寺庙如Pura Dalem Ubud（见205页）和乌布水宫经常会有舞蹈表演。图为乌伦达努布拉坦寺的表演（见264页）。

水明漾

13 在水明漾（见83页）四处游览的游客会产生自己是否仍在巴厘岛上的疑问。当然了！这是一个崇尚创意的小岛，你很难找到跟它一样的地方。在这座炫目之都你可以找到由当地设计师经营的别出心裁的精品店，也有最不拘一格和最有趣的餐馆，以及打破传统风格的精品旅馆。外籍侨民、当地人和游客都喜欢在咖啡馆里慵懒地待上几个小时，与世无争、悠然自得地享受生活的愉悦。图为Mama San（见91页）。

金巴兰海鲜

14 巨大的新鲜对虾用酸橙和大蒜腌制后，放到椰子壳内烧烤；日落西山之后海平线上出现了一抹红晕；头顶星光闪烁；海滩上的舒适柚木椅子，可以让你将脚趾埋在沙里；还有冰爽的啤酒供你畅饮。这些美好的事物都可以在金巴兰找到。至于演奏着Macarena的巡回乐队嘛，想见到就得碰运气了。金巴兰的海滩烧烤餐馆如Warung Ramayana（见145页）是夜幕降临后不容错过的地方，有早晨刚刚从海滩边的市场采购回来的各式新鲜海味。

吉利群岛的水下世界

15 想深潜至水底？几乎没有比吉利群岛更好的地方了。聚集着各种海洋生物的珊瑚礁包围着这里，例如米诺岛海墙（见347页），还常常有远洋的生物在此游弋，如到处漫游的蝠鲼。水肺潜水很吸引人，有多间专业学校和各种课程（适合从初学者到专业人士）。因为从海滩到珊瑚礁很容易，所以也非常适合浮潜。如果想将自己的浮潜水平提升一个档次，可以尝试在吉利群岛十分流行的自由潜水。图为米诺岛海墙（见347页）。

14

15

MAZUR TRAVEL/SHUTTERSTOCK ©

ALEYNIKOV PAVEL/SHUTTERSTOCK ©

乌鲁瓦图寺

16 你在这里需要担心的就是猴子。乌鲁瓦图寺（见152页）是巴厘岛最神圣的寺庙之一，屹立于岛上西南角高处的悬崖上。11世纪一位爪哇岛祭司首先在这里祈祷，这个地方从此开始变得更加神圣。石灰岩悬崖边上散布着各种神龛和神迹。凝视海洋，看波涛起伏，海浪按着精准的节拍奔向岸边。日落时的舞蹈表演令人心情愉悦，猴子在耐心地等着香蕉——或是你的太阳镜。图为克差舞（见379页）。

浮潜

17 巴厘岛有不计其数的地方可以让你戴上脚蹼和面具，进入另一个美丽的世界。在图兰奔（见252页）距离海岸很近的地方游泳，观看幽灵般的沉船残骸，或者在门姜岸岛美丽的礁石海墙周围的海洋生物上方盘旋。努萨兰彭坎的红树林吸引了各种鱼群聚集于此。或者可以直接到某座海滩附近的平静水面下方，如萨努尔，然后看看周围成群结队的海洋生物。

行前参考

更多信息，请参考“生存指南”章节（见403页）。

货币

印尼卢比（Rupiah，简称Rp）

语言

印度尼西亚语、巴厘语和萨萨克语（龙目岛）

签证

持中国护照至巴厘岛可以免签，凭有效期在半年以上的护照径直走向入境柜台盖免签章入境即可。但是想要停留30天以上会比较麻烦（详见404页）。

现金

大部分城镇都有自动取款机，但是村庄比较少见。价格较高的餐饮住宿场所可使用信用卡。银联卡在大部分地方也可以使用。

手机

便宜的当地SIM卡（5000Rp起，不含话费）随处都可买到。数据传输为3G制式，巴厘岛和龙目岛网速较快。任何智能无锁手机都可以在当地使用。

时间

巴厘岛和龙目岛都属于中部印度尼西亚标准时间（格林尼治时间加8小时），和中国没有时差。

何时去

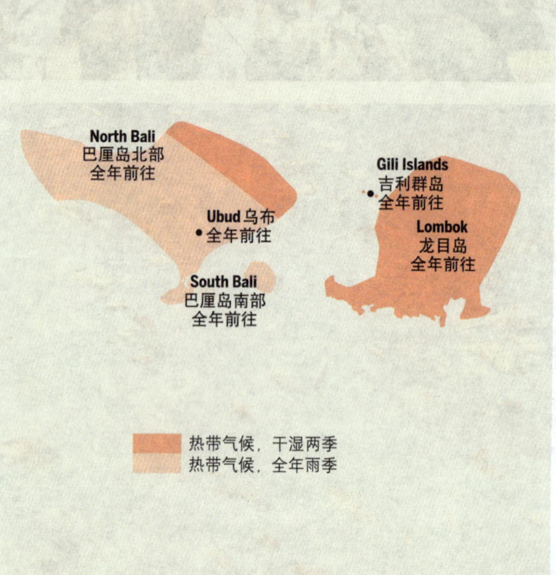

旺季（7月、8月和12月）

- 房费上涨50%或更多。
- 许多酒店早就被预订一空，最好的餐厅需要提前订位。
- 圣诞节和新年一样，昂贵而且拥挤。

平季（5月、6月和9月）

- 正值最佳气候（干燥、湿度较低）。
- 可以获得不错的房间折扣以及最后一刻的促销。
- 是开展许多活动的最佳时间，包括潜水等。

淡季（1月至4月、10月和11月）

- 到处都有折扣，机票十分便宜。
- 雨季，但是降雨量不大。
- 可以进行除火山徒步游之外的大部分活动。

网络资源

磨房网（www.doyouhike.net/forum）从签证、机票到行程和酒店，以及攻略和保险，都能在上面搜索到。

马蜂窝（www.mafengwo.cn/crj-i/10460）参考他人游记和图片的好地方。

Bali Advertiser（www.baliadvertiser.biz）巴厘岛的外国侨民杂志，里面有行家的专业建议以及不错的专栏文章。

Bali Discovery（www.balidiscovery.com）每周新闻摘要以及酒店优惠信息。

The Beat Bali（http://thebeatbali.com）全面的夜生活、音乐和活动信息。

Gili Life（www.facebook.com/Gililife）当地文化资讯和新闻。

重要号码

国际电话接入码可能是三个号码中的任何一个，不妨都试试。

印度尼西亚国家代码	☎62
国际电话接入码	☎001/008/017
警察	☎110
火警	☎113
急救	☎119

汇率

人民币	CNY1	IDR2151
港币	HKD1	IDR1722
新台币	TWD1	IDR429
澳门元	MOP1	IDR1672
美元	USD1	IDR 13,353
马来西亚林吉特	MYR1	IDR3512
泰国铢	THB1	IDR393
新加坡元	SGD1	IDR9879

注意：本书只列出了近期汇率走向，欲了解实时汇率，请参考www.xe.com。

每日预算：巴厘岛

经济：US$80以下

- 客栈或家庭旅馆的房间：US$50以下
- 便宜的餐饮、正餐：US$5以下
- 海滩：免费

中档：US$80~250

- 中档酒店房间：US$50~150
- 晚间外出餐饮：US$20起
- 水疗：US$10~40

高档：US$250以上

- 高级酒店或度假村房间：US$150以上
- 豪华晚餐和夜生活：US$40以上
- 每天租车和司机费用：US$60

每日预算：龙目岛

经济：US$25以下

- 青年旅舍的床铺：US$7~10
- 小吃摊上的餐饮：US$5以下
- 浮潜装备租赁：US$3

中档：US$25~100

- 带空调的平房：US$20~60
- 晚间外出餐饮：US$20
- 按摩：US$7~15

高档：US$100以上

- 高级酒店或度假村房间：US$100以上
- 搭配葡萄酒的精致餐饮：US$25以上
- 每天租车和司机费用：US$60

营业时间

通常营业时间如下：

银行 周一至周四 8:00~14:00；周五 8:00至正午；周六 8:00~11:00

政府机构 周一至周四 8:00~15:00；周五 8:00至正午（具体情况不尽相同）

邮局 周一至周五 8:00~14:00，游客中心会延长营业时间

餐厅和咖啡馆 每天 8:00~22:00

面向游客的商店和服务 每天 9:00~20:00

抵达巴厘岛和龙目岛

巴厘岛努拉·莱伊国际机场 乘坐出租车前往库塔的费用为80,000Rp，前往水明漾为130,000Rp，到乌布为300,000Rp。

龙目岛国际机场 乘坐出租车到库塔需要150,000Rp，到马塔兰180,000Rp，到圣吉吉300,000Rp，到邦萨尔350,000Rp。

巴厘岛西部吉利马努克 从轮渡港口附近的车站前往登巴萨的Ubung车站费用为45,000Rp；小巴（bemo）需要5000Rp以上。

了解更多**当地交通**信息，见418页。

初次到访

了解更多信息，请参考“生存指南”章节（见403页）。

物品清单

- 务必确保你的护照在到达印尼之日起还有六个月的有效期。这项规定在各个入境关口都被严格执行。
- 可以尝试将巴厘岛地图数据下载到Google Maps移动应用，这样就可以用手机离线导航。中国旅行者需要注意，如果使用漫游服务，Google Maps很可能是无法使用的，可以考虑高德地图等App。
- 将行程告知你的银行和信用卡发卡机构，以免旅途中出现卡片被锁的情况。

带什么

- 适用于印尼的电源转换插头。
- 驱虫剂和防晒霜是在印尼旅游必备的物品，在当地买价格很高，有时还买不到。
- 方便携带的小伞。
- 水瓶。

重要的旅行建议

- 入海口处水质很差，垃圾秽物很多，不适合游泳。下海游泳前，一定要仔细确认周边环境——强劲的旋流可能会有致命的危险。
- 通过Refill My Bottle（www.refillmybottle.com）网站，游客可以查询能够提供洁净饮用水的餐厅和酒店。在这些地方接水只需要付很少的费用，有时甚至是免费的。
- 放慢脚步；当地居民的生活闲适安逸，你可以体验一下这样的生活方式。

穿什么

- 女性在海滩或泳池赤裸上身会被当地人视为不敬，穿着泳衣到别处晃荡也是不可接受的行为。
- 休闲装、短裤、棉布服装、短袖T恤、凉鞋都是当地人可接受的着装。
- 进入高级餐厅需穿着正装（男士要穿长裤；女士需穿连衣裙、裙子或长裤）。
- 一些夜场不接待没有舞伴的男士。
- 不要身穿印有酒精品牌标识的服装——许多当地人对此非常反感。

住宿

巴厘岛和龙目岛有各种预算、各种类型的住宿。如果在8月或圣诞节/新年期间到访，需要尽早订房。

民宿和客栈 家庭经营的住宿，可以深入体验当地生活。

青年旅舍 面向前往龙目岛和吉利群岛的潜水者和冲浪者。

酒店 可能是简单的海滩边茅草顶平房、精品平房，或者是位于绿意盎然的花园里的多层楼房，设有泳池和餐厅。

度假村 该地区（尤以巴厘岛为甚）有一些世界顶尖和最经济实惠的度假村。

别墅 通常带有独立泳池、交通和管家服务，能为你带来奢侈的享受。

礼节

印度尼西亚是一个非常休闲和随意的地方，但是也有一些礼节需要遵循。

身体语言 在给别人递东西时用双手。不要当众秀恩爱。在与人谈话时，不要将手放在自己的臀部上（这被视为一种冒犯的标志）。

着装 避免穿着暴露，尽管当地也有许多男士穿短裤。女性切勿在任何泳池或海滩上赤裸上身。

摄影 在拍摄别人时，用手势比划或用语言征求对方的许可。

朝拜场所 在宗教场所要注意言行举止。在参观寺庙和清真寺时，脱掉鞋子，穿着得体。

就餐

巴厘岛遍地都是让你食指大动的美食。当地风味饮食，无论是地道的巴厘岛菜肴，还是从印尼和亚洲其他地区引入的美食，均大量采用当地的新鲜食材，辅以各种香料和风味。在小吃摊（大排档）和高档餐厅，或者漂洋过海来到这里的异域餐厅，你都可以品尝到本地最佳餐馆里的最佳美味菜肴。而在龙目岛和吉利群岛，你可以选择简单烹制、新鲜捕获的鱼和海鲜。

现金

印尼使用的货币是卢比（Rp）。流通的硬币面额为50Rp、100Rp、200Rp、500Rp和1000Rp。纸币面额包括1000Rp（少见）、2000Rp、5000Rp、10,000Rp、20,000Rp、50,000Rp和100,000Rp。

SONY HERDIANA/SHUTTERSTOCK ©

水明漾海滩（见83页）

讨价还价

在该地区购物时，讨价还价是一种让人愉悦的享受。可以按下面的步骤来议价：

- 先在心里预估想要购买物品的价值。
- 提出自己的预期价格——让卖家给出价格。
- 你的首次还价可以是卖家报价的三分之一到三分之二。
- 如果你不满意对方的价格，转身离开——卖家可能会降价。
- 当你给出价格时，就意味着承诺——如果报价被接受，一定要买下商品。

小费

餐厅 小费不是必须的，但是如果服务确实很好，5000Rp或10%以上都是比较合适的额度。

服务 将现金直接交给对方（司机、背夫、为你按摩的人、在海滩给你送啤酒的人等）；5000Rp至10,000Rp，或者总价格的10%到20%就算非常慷慨了。

酒店 大部分中档和所有高端酒店都会在账单中加上21%的税费和服务费。

水疗 不是必须给，但是费用的5%到10%会让服务人员感激不已。

新线报

连普扬寺

这座神庙雄踞于连普扬火山（Gunung Lempuyang）一侧的山顶，最近成为一大旅游热点，出于安全考量，许多参观百沙基母庙的游客被分流到这里。这处建筑群由陡峭山坡上的七座神庙构成，是巴厘岛东部最重要的宗教圣地。（见244页）

姆杜克的飞瀑湍流

想要寻找瀑布？那就来姆杜克——新的开发项目使曾经与世隔绝的瀑布群变得不再难以到达，其中就包括Banyu Wana Amertha。游览岛上中部山区的这些瀑布群，是一段穿越郁郁葱葱雨林的探险，可以一窥当地人真实的日常生活。（见267页）

Omnia

这家位于布科半岛的大型日间俱乐部是巴厘岛最受欢迎的地方，人们在这里随着嘻哈节奏尽情起舞。在巨大的露天酒吧的几何结构建筑内入座，然后欣赏海浪拍打悬崖的壮观景色。（见154页）

自由潜水

深吸一口气，然后在潜水时屏住呼吸。这项活动已经成为水肺潜水和浮潜之后的又一热门项目，尤其是在巴厘岛东部的Jemeluk以及吉利群岛。（见245页）

“数字浪人”的空间

长谷地区基于社区的工作和生活空间Outsite，方便了对工作地点没有要求的创业者和创意人士，让他们在度假天堂充分发挥工作潜力。（见104页）

Full Circle

这家时尚咖啡烘焙工坊将当代澳式风格咖啡馆开到了乌布。（见197页）

Love Anchor市集

在长谷的时尚餐饮和零售综合建筑Love Anchor内举办的周末市集，是采购巴厘岛传统纪念品和当地手工艺人作品的一站式购物场所。（见112页）

曼达利卡度假区

耗资30亿美元的位于龙目岛南部库塔附近的曼达利卡度假区正在全力建设中，这里将变成有钱人和名流们的沙滩游乐场。（见329页）

基利格德

新增了往返巴厘岛和德拉娜安岛的快船航线，加上该地区最好的浮潜地点，都让龙目岛西南半岛附近的这座小岛的人气日益增长。（见317页）

了解更多推荐和点评，请参见 **lonelyplanet.com/indonesia/**。

如果你喜欢

海滩

水明漾海滩 这片绵延的沙滩为游泳者和冲浪者提供了非常棒的海浪。美丽的日落也不容错过。(见83页)

金巴兰海滩 轻柔的海浪、干净的沙滩和不计其数的食肆，让这里成为找张沙滩椅消磨一天时光的好去处。(见142页)

帕当帕当海滩 无与伦比的白沙滩，还有许多观赏冲浪者精彩表演的最佳观景点。(见151页)

努萨兰彭坎的海滩 一个个拥有梦幻沙滩的小海湾，你可以行走其间，也是绝好的游泳地点。(见162页)

吉利群岛的海滩 海滩全都非常漂亮，有细腻的白沙、精彩的浮潜，以及永恒的旅行家气质。(见333页)

瑟龙布拉纳克 诗情画意的龙目岛海湾和海滩，会让首次到访的旅行者叹为观止。(见331页)

圣吉吉 依然淳朴的新月形沙滩，被生机勃勃的棕榈树环绕，吸引旅行者从龙目岛的度假小镇一路向北。(见310页)

库塔 这片龙目岛海滩周围的海湾有珍珠白色的沙滩，可以让你待上一周而丝毫不觉厌倦。(见324页)

寺庙

巴都考寺 巴厘岛上最重要的寺庙之一，这里多雾且偏远，透出远古的神灵气息。(见268页)

塔曼阿尤寺 一座被深壕环绕着的美丽寺庙，过去曾经是王室寺庙，是联合国教科文组织承认的巴厘岛水稻种植传统世界遗产的组成部分。(见297页)

连普扬寺 比大部分巴厘岛寺庙更加古老，这处壮观的神庙坐落于连普扬火山山坡上，是岛上最神圣的朝拜地之一。(见244页)

乌鲁瓦图寺 这座寺庙地位重要，广受欢迎，拥有无可比拟的景观和日落舞蹈表演，还有许多猴子以此为家。(见152页)

夜生活

水明漾 有许多海滩俱乐部，在海浪的伴随下，鸡尾酒仿佛也变得更加可口。(见92页)

库塔 精力旺盛和崇尚派对的人，一定会爱上无处不在的巴厘岛享乐文化。(见328页)

雷吉安 海滩酒吧和沙滩上的懒人沙发，让游客们在这里体验落日余晖与明亮星空。(见79页)

回声海滩 一串欢乐的海滩酒吧沿着沙滩一路向西，其中一些会举办狂欢聚会。(见122页)

德拉娜安岛 在一周中的每个晚上(以及白天!)，在这里都能感受到强劲的音乐节奏和欢乐的派对氛围。(见337页)

圣吉吉 海滨酒吧的日落鸡尾酒很快就会变成喧嚣的卡拉OK之夜。(见310页)

文化

舞蹈 严格的编舞和规则是动作美丽、旋律悦耳的巴厘岛舞蹈的特点。(见378页)

Gendang beleq 以大鼓和身着战袍的角色为特点的舞蹈，可以在龙目岛圣吉吉的节庆期间观赏。(见380页)

加麦兰 在表演和节庆期间，整个管弦乐队用竹子和铜制乐器创造出令人难忘的音乐。(见380页)

Genggong 龙目岛的音乐家使用一套简单的乐器吹奏的乡村表演，乐器包括一只竹笛、一个rebab(两根弦的弓弦乐器)和敲击乐器。(见381页)

绘画 巴厘岛和西方的绘画风格于20世纪在此融合，创造出璀璨的艺术结晶。在乌布的博物馆可以欣赏到其中的一些佳作。(见382页)

供品 富有艺术气息且在巴厘岛随处可见。(见376页)

扎染 色彩生动的手工织物，带有几何和简单的波浪图案，极具当地特色。(见385页)

潜水和浮潜

德拉娜安岛 世界级潜水商店和成群结队的海龟都是德拉娜安岛水下无穷乐趣的关键。(见337页)

基利格德 看看西南吉利群岛如今凭什么吸引深谙此道的浮潜者从原先的岛屿来到这里。(见317页)

Belongas海湾 两处著名的潜水点Magnet和Cathedrals，吸引资深潜水者前来与大群蝠鲼一起畅游。(见331页)

Gili Kondo 在拉布汉龙目港口附近的这处"秘密小岛"浮潜时，你会发现清澈如水晶的海域只有你自己。(见322页)

图兰奔 美国货船"自由"号的沉船残骸是巴厘岛最具人气的潜水地点。(见252页)

上图：塔曼阿尤寺(见297页)
下图：巴厘岛传统供品(见386页)

每月热门

最佳节庆

加隆安节，日期不定

印度尼西亚独立日，8月17日

乌布作家与读者节，10月

巴厘岛艺术节，6月至7月

2月

雨季到来，大雨倾盆，在旺季结束、休养生息的1月份过后，巴厘岛再次迎来了热闹的时刻。这段时间的房价折扣力度很大。

打渔节（Bau Nyale Festival）

庆祝nyale（像蠕虫一样的海鱼）丰收的庆典在龙目岛库塔附近的塞格海滩举行。这个夜晚以朗读诗歌拉开序幕，接着是加麦兰音乐表演，一直持续到清晨nyale开始出现的时候。有时在3月份举办。（见327页）

3月

雨季渐渐结束，人群相对沉寂——这是旅游业的淡季，尤其是在静居日前后，大部分非巴厘人都会避开此地。

静居日（Nyepi）

静居日是巴厘岛上最主要的印度教节日，庆祝旧的一年结束和新的一年开始。人们以什么都不做的方式来庆祝这个节日——使恶灵相信巴厘岛上无人居住，那么接下来的这一年它们就不会来到这里。对巴厘人而言，这是冥想和自省的一天。对外国人的要求相对较松，只要你不离开住处或酒店即可。静居日实际上是到访巴厘岛的好时机，因为在节日前夜，会有丰富多彩的庆祝活动，而且这一天正好可以用来发发呆和修养身心。（见376页）

4月

岛屿在雨季后变得干燥，游客数量出现显著增长，但幅度不大。这也是内行人推荐到访的另一个月份。

巴厘岛瑜伽节（Bali Spirit Festival）

一个人气鼎盛的瑜伽、舞蹈和音乐节庆，由乌布的瑜伽谷仓（Yoga Barn）的幕后经营者主办，近年来发展迅速。节日期间将举办100多场讲习班、音乐会，以及其他活动，此外还有一个市集。报名参加节前或节后的课程，或者通过其他活动来深入体验。一般在4月初举行，但也可能从3月底就开始。（见188页）

乌布美食节（Ubud Food Festival）

在这场为期三天的美食节期间，异彩纷呈的印尼烹饪是当之无愧的主角。活动包括厨艺展示、培训班、论坛、市场、美食团队游和电影放映等。（见188页）

6月

机场开始变得繁忙，但同5月一样，6月也是来这里的好时机。大批冲浪者和日光追逐者，伴随布科半岛的浪头一起出现。

巴厘岛艺术节（Bali Arts Festival）

巴厘岛文化日历上最盛大的节日。以登巴萨的Taman Wedhi Budaya艺术中心为根据地，这个艺术节是欣赏巴厘岛舞蹈的好机会，包括黎弓舞、甘布舞、克差舞、巴龙舞和Baris舞等，来自各村的艺

术团体为了各自的荣耀展开激烈的竞争。艺术节于每年6月中旬至7月中旬举行。（见126页）

7月

7月是巴厘岛上游人最多的月份，仅次于8月。不要指望能对住宿地挑三拣四，还是做好准备享受假期拥挤的人群所散发出来的活力吧。

巴厘岛风筝节（Bali Kite Festival）

在一年中的大部分时间里，巴厘岛南部都能看到许多风筝在头顶上高飞。它们通常都很大（10米以上），飞扬的高度让飞行员感到提心吊胆。这种放飞是精神活动：据信风筝会请求天神赐予五谷丰登。在节日期间，天空上飞满了各种庞然大物。（见135页）

冲浪竞赛（Surf Contests）

具体的名称和赞助商每年都会发生变化，但是7月和8月你一定会遇到在帕当帕当海滩开展的各种国际顶级冲浪赛事。旅游旺季凑巧与冲浪旺季时间重合。

8月

巴厘岛最热闹的月份，而且游客人数正在逐年增长。需要预订房间和餐厅，并做好面对人山人海的心理准备。

印度尼西亚独立日（Indonesian Independence Day）

整个印度尼西亚都陷入

上图：圣泉寺庆典（见213页）
下图：巴厘岛风筝节（见135页），萨努尔

欢乐的海洋。1945年8月17日，印度尼西亚脱离荷兰，宣布独立。你会看到许多孩子手持国旗，带着极大的热情，拥上巴厘岛的主要街道。交通拥挤不堪（提前几天就要开始排练），无数烟火让天空无比绚烂。

乌布乡村爵士音乐节（Ubud Village Jazz Festival）

这个年度节庆历时两天，届时会有诸多歌手登台表演。（见188页）

加隆安节和库宁安节（GALUNGAN & KUNINGAN）

加隆安节是巴厘岛的主要节日之一，是为了庆祝传说中名为马亚达那瓦（Mayadenawa）的暴君之死。庆祝仪式在库宁安节到来之际被推向高潮，巴厘人在此时对神灵们表示感谢并欢送其离开。

巴厘岛上的每个村庄都在加隆安节和库宁安节期间举行盛大的庆祝仪式，并且欢迎游客参加。

人们用一年有210天的乌库历法（wuku或pawukon）决定节日的日期。

最近几年举行加隆安节和库宁安节的日期如下：

年份	加隆安节	库宁安节
2020	2月19日和9月16日	2月29日和9月26日
2021	4月14日和11月10日	4月24日和11月20日

10月

随着雨季的到来，天空阴沉的时候越来越多。但大多数时候，天气都很怡人，岛上的生活仍正常进行。在乌布以外，游客寥寥无几。

乌布作家与读者节（Ubud Writers & Readers Festival）

印尼最主要的文学活动之一，这个节日云集了许多世界各地的作家和读者，是一个写作的庆典——尤其是那些触碰到巴厘岛灵魂的作品。每年都有一个主题，并且邀请作品与主题有关的作家与会。（见188页）

巴厘岛素食节（Bali Vegan Festival）

致力于倡导人们采用素食生活方式，这个在乌布和Canguu举行的为期3天的节日包括对话、厨艺展示、工作坊和电影放映等活动。（见188页）

11月

这个时候开始变得潮湿，但还不至于影响你尽情享受岛屿风情。在游客数量方面，这通常是一个平静的月份，你可以找到非常划算的住宿。

Perang Topat

龙目岛上的“粽子战争”其乐无穷。就在马塔兰镇外的林萨尔寺（Pura Lingsar）举行，包括盛装游行，印度教教徒和维喀图德鲁教信众互相投掷粽子（Ketupat）。有时在12月举办。

12月

在圣诞节和新年假期前，游客们蜂拥到巴厘岛。大多数酒店和餐厅都预订一空，每个人都格外忙碌；南部更是热闹，精彩活动层出不穷。

短棍格斗赛（Peresean）

龙目岛风格的武术。选手们赤膊上阵，用藤条短棍和牛皮盾牌格斗。格斗赛通常于每年的12月末在马塔兰举行，但是在各种大型节日期间都可以看到类似的场景。（见309页）

旅行线路

1周 巴厘岛精华之旅

这段包含巴厘岛最佳景点的旅程会让七天时光如白驹过隙。

从**水明漾**、**克罗博坎**或**长谷**的海滨酒店开始你的旅程，逛逛街，去海滩看看，花一天时间去**乌鲁瓦图**满是猴子的寺庙玩玩，最后在**金巴兰**吃顿海鲜晚餐。

在东部，你可以沿着海滨公路探索人迹罕至的海滩，例如**农神庙**附近的那一片，然后前往巴厘岛往日最强大的王国都城所在地**克隆孔（塞马拉普拉）**游览。继续北上到**赛德曼**，你可以看到如丝带般缠绕群山的梯田、郁郁葱葱的河谷和云雾缭绕的山峰。然后向西到达**乌布**——不管选择哪条线路，这里都是其中最棒的一站。

乌布有很多能欣赏到稻田和河流风光的酒店，从中选一家住下，好好享受一番。一一体验完水疗中心的各项服务后，再从众多好吃的餐馆中选择一家大快朵颐。乌布是巴厘岛文化气息最浓重的地区，每晚的舞蹈表演令人着迷。去**马斯**看看包括木雕家在内的当地手工艺人的工作室。徒步穿越周边稻田前往河谷，在挂满美术作品的博物馆内稍作休息。

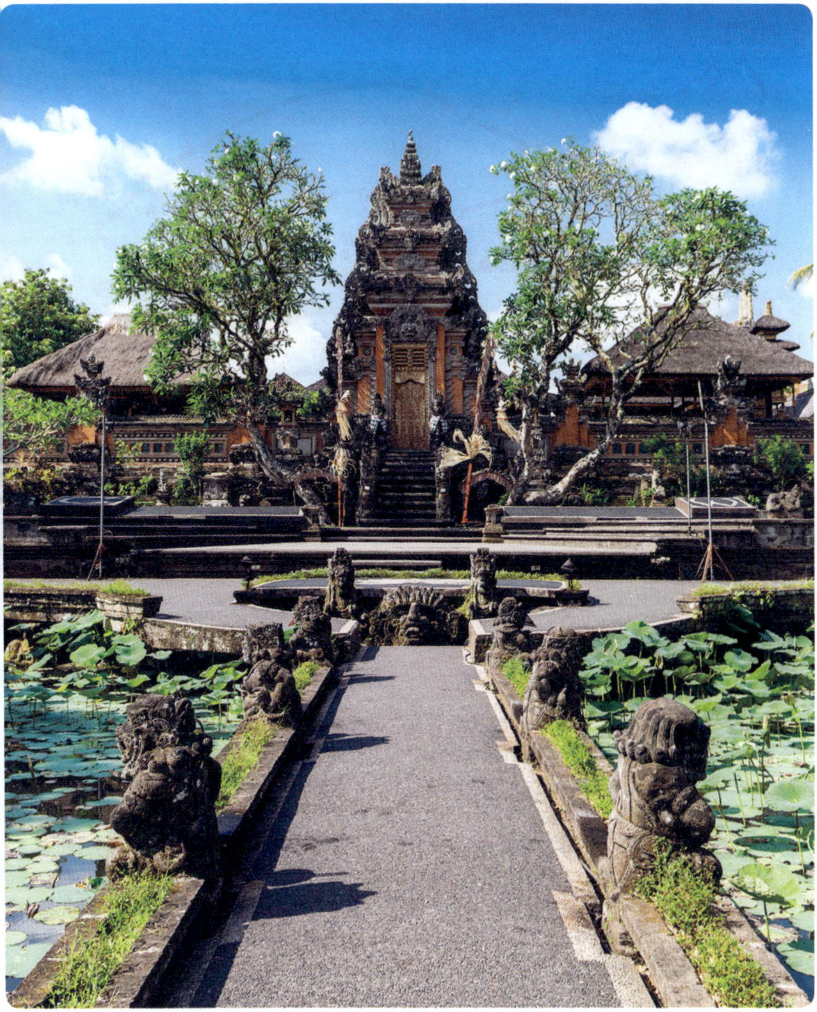

上图：乌布水宫（见175页），乌布
下图：水明漾海滩（见83页）

ASIATRAVEL/SHUTTERSTOCK ©

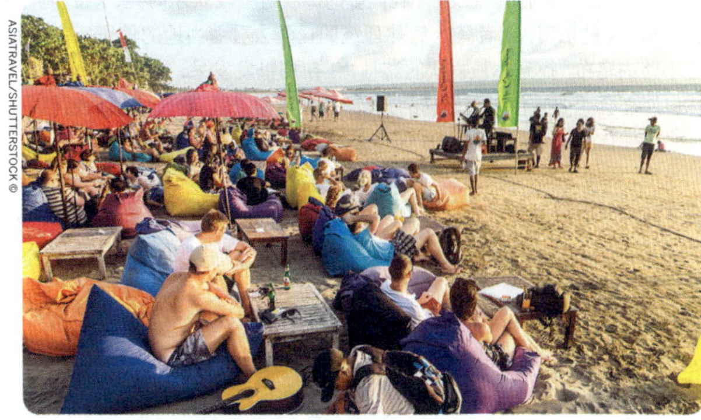

慢游巴厘岛

在**克罗博坎**海滩附近找到住处。在离开巴厘岛南部之前，一定不要错过**长谷**的时尚餐厅和咖啡馆。你可以选择学习冲浪，或者温习各种技巧，然后向南前往**滨金**，入住能在悬崖峭壁上俯瞰冲浪场景的小旅馆。驾车不久，就可以到达布科半岛的精神信仰中心（和猴子的家园）**乌鲁瓦图寺**，探索巴厘岛最南部的隐秘海滩，如**Green Bowl海滩**。

然后向北前往**登巴萨**，体验当地美食，参观博物馆。接下来，巴厘岛古老的水稻梯田会让你体验到极致的碧色美景。驱车前往**贾蒂卢维**的梯田，然后去参拜优美的**巴都考寺**。翻山越岭，取道**安东萨里之路**，沿途找一家偏僻的旅馆过夜。继续向西前往**佩姆德兰**，那里有无数休闲风格的酒店和度假村。在附近西巴厘岛国家公园内的**门姜岸岛**潜水或浮潜。这里的珊瑚以及陡峭的30米海墙远近闻名。

在**罗威那**稍事休息，然后继续沿着海岸公路前往**图兰奔**，许多人都会在这里潜水，去看看水下的“二战”货船沉船残骸。在**阿曼海岸**度过一段欢乐时光，然后前往相距不远的**蒂尔塔冈加**，徒步穿过稻田，或者登上丛林环绕的丘陵去看看当地的偏僻庙宇。继续前往**八丹拜**，然后走小路去**乌布**。找到你最喜欢的咖啡馆，在那里发发呆，或者找间水疗中心卸下旅途的疲惫。你也许还会想要入住声名显赫的民宿，白天在稻田里穿行，晚上欣赏精彩的舞蹈。

等你休息够了，恢复体力之后，搭乘快船从**萨努尔**前往**努萨兰彭坎**。这个小岛有自己独特的氛围，沙滩上有各种特色住宿——从陈设简单的旅馆到奢华的酒店，一应俱全。这里永远是非常热门的旅行者游玩地，有许多不错的冲浪点，还可以开展浮潜和潜水等活动。

巴厘岛和龙目岛全景之旅

你将到访6座岛屿和不计其数的沙滩，这段旅程将让你领略巴厘岛、龙目岛和吉利群岛绝大部分有趣的景观和地方。

从**滨金**开始你的旅程。仰坐在沙滩上放松休息，消除飞行带来的不适感。然后到**长谷**去感受巴厘岛最时尚的一面。在**登巴萨**找家馆子坐下，享用一顿正宗的巴厘岛午餐，然后爬上山来到**乌布**，用两三天的时间来全方位体验巴厘岛的传统文化。接下来，去探访**贾蒂卢维稻田**，这片拥有数百年历史的水稻梯田凭借其古老的水稻种植文化已被联合国教科文组织列入《世界遗产名录》。

继续往西前往**姆杜克**，从这里向下可看到北部海岸和远处的大海。在这一地区四处走走，看看瀑布、小村庄、野果林和如缎带般缠绕在山间的稻田。然后往南来到美妙的**巴都考寺**，还可以考虑徒步探索巴厘岛的第二高峰**巴都考火山**。然后在西边人气正旺的**巴利安海滩**让自己放松一下。

接下来，你将劈波斩浪从**萨努尔**前往**努萨兰彭坎**，一个笼罩在**珀尼达岛**阴影下的小岛。从巴厘岛南部和东部许多地方都可以看到珀尼达岛，这是个不错的一日游目的地。去悬崖边欣赏令人震撼的景色，或潜入水中领略神奇的海底世界。

从努萨兰彭坎坐直达船前往**吉利群岛**，以一种更为安静的方式环游三岛，包括在周边环绕的湛蓝海水水面或水下探索。坐船去圣吉吉（Senggigi），但是请忽略掉度假村朝南走。龙目岛**库塔**地区附近的南海岸是非主流线路，那里令人目眩神迷的海滩和海浪是对无畏者最好的奖赏。鲜有人踏足的内陆小道会让冒险家们和好奇心重的人激动不已，在沿途经过的小村里可以看到让人啧啧称奇的当地手工艺品。多条公路都穿过**林查尼火山**山脚，这座火山栖身于茂密而偏僻的**森巴伦山谷**。

上图: 乌鲁瓦图（见152页）

下图: 海滩秋千，艾尔岛（见351页）

1周 吉利群岛一周游

龙目岛白沙滩附近的这三个"小不点"很容易就占据了你旅程的全部时间，这里是潜水、美食、派对和晒日光浴的顶级地点。

艾尔岛是一个领略小岛生活精髓的理想之地，这里的主海滩是绝佳的热带风情休闲地。你可以花上一两天的时间，什么也不做，只是看看书，想要凉快一番便一头扎进海里，找一所瑜伽学校练习瑜伽体位，尽情享用便宜又新鲜的海鲜。

接下来是**德拉娜安岛**，这里有更多的活动等着你。在诸如鲨鱼角之类的地方来个晨潜，完美的一天由此拉开序幕，然后享用一顿健康的午餐，再美美地睡个下午觉。沿着岛上的细沙小路悠闲地散散步，在日落时分前往西海岸喝上一杯鸡尾酒。晚饭过后，在德拉娜安岛找个派对加入其中，尽兴狂欢吧。

最后一站是充满田园味的**米诺岛**。在这里，一旦找到了理想住所（包括一些新建的高端选择），每天的生活就简化成了围着岛四处闲逛，享受不被打扰的田园风光。如果你忍心离开海滩，还可以到近海浮潜，欣赏水下的Nest塑像或者去看看白鹭遍布的内陆湖。

2周 巴厘岛冲浪

报名参加团队游，感受**库塔**地区最棒的巴厘岛海浪。"半程库塔"浪头非常适合初学者；**雷吉安**有更强劲的海浪。在**克罗博坎**北部，海湾的最北边，**巴图博隆**（通常被称为长谷）有漂亮的浅色沙滩以及激动人心的派对。

接下来，向西前往经典的冲浪者聚集地**巴利安海滩**，在巴利安河口附近有一些峰浪。继续沿巴厘岛西部南海岸向北，有一片名为**梅迪维**的温柔左手浪，冲浪者可以乘风破浪直到河口。

在巴厘岛南部为这条环线画上句号，这里也是岛上冲浪最热闹的地方。**巴兰甘**是浅礁外的一片快速左手浪；**滨金**有短促但完美的左手管浪。**帕当帕当**的超浅左手岩礁浪是非常严苛的浪头，只有在2米左右的中潮到高潮时才可冲浪（如果你不知如何应对管浪、反手浪或正手浪，最好还是不要尝试）。巴厘岛最著名的冲浪点**乌鲁瓦图**，有七种不同的浪头（可以看看其他冲浪者是否前往海面，然后跟在他们后面）。

巴厘岛和龙目岛：另辟蹊径

安东萨里和马咏周边

走过安东萨里和马咏之间的道路，沿途会经过稻田、梯田、长满香料的芬芳村庄、咖啡种植园，Subuk附近还有一个非常上镜的山谷。（270页）

班嘉温泉

这组温泉位于罗威那西部，周围被热带植物环绕。班嘉温泉有三个公共浴池，雕刻着面容狰狞的那伽石刻（神话中体形如蛇一般的生物）。（283页）

从塔巴南到海岸线

塔巴南至吉利马努克的道路罕有人至，途中会经过许多盛产传统陶器的村庄。叶冈加的静谧海滩和克兰比坦的村庄以当地的音乐、舞蹈和17世纪的宫殿著称。（296页）

克罗博坎

克罗博坎游人众多，其东部几公里处有一座臭名昭著的监狱。当地有许多游客罕至的街道，街道两旁的店铺售卖土特产。（95页）

培金

这里曾是强大的巴厘王国首都。培金四处都是寺庙，现在则是乌布的一部分，距离市中心很近。（191页）

BALI SEA 巴厘海
Jawa 爪哇岛
Prapat Agung Peninsula
Pulan Menjangan 门姜岸岛
Gilimanuk 吉利马努克
Gunung Merbuk (1388m)
Bali Barat National Park 西巴厘岛国家公园
Gunung Patas (1412m)
Selat Bali 巴厘海峡
Negara 内加拉
Singaraja 新加拉惹
Lovina 罗威那
BANJAR 班嘉
MAYONG 马咏
Subuk
Gunung Catur (2096m)
Gunung Batukau 巴都考火山 (2276m)
Danau Batur 巴都尔湖
Gunung Agung 阿贡火山 (3142m)
Bali 巴厘岛
Bangli 邦利
Padangbai 八丹拜
ANTOSARI 安东萨里
Ubud 乌布
PEJENG 培金
Kerambitan 克兰比坦
TABANAN 塔巴南
Klungkung (Semarapura) 克隆孔（塞马拉普拉）
Yeh Gangga 叶冈加
Denpasar 登巴萨
KEROBOKAN 克罗博坎
Nusa Lembongan 努萨兰彭坎
Sanur 萨努尔
Nusa Ceningan 金银岛
Nusa Penida 珀尼达岛
Bukit Peninsula 布科半岛

0 50 km
0 25 miles

格伦邦

这座农业小镇位于阿贡火山葱郁的山脚下，土地肥沃。镇子里有一座餐厅兼厨师学校，深受美食爱好者的好评。（242页）

Amed Village 阿曼村
GELUMPANG 格伦邦
Amlapura 安拉普拉
Gili Trawangan 德拉娜安岛
Gili Meno 米诺岛
Gili Air 艾尔岛
Gili Islands 吉利群岛
Pemenang 佩姆南
Mangsit
Gunung Sabiris (865m)
Danau Segara Anak 海之子湖
Gunung Rinjani 林查尼火山 (3726m)
Gunung Nangi (2230m)
Gunung Rinjani National Park 林查尼火山国家公园
Labuhan Lombok 拉布汉龙目
Selat Lombok 龙目海峡
Mataram 马塔兰
Lombok 龙目岛
Sakra
Praya 普拉亚
Lembar 伦巴港
Sengkol
Selat Atlas 阿拉斯海峡
INDIAN OCEAN 印度洋
Kuta 库塔
Gili Saya
Sumbawa 松巴哇岛

吉利群岛西南部

这片人迹罕至的群岛非常适合潜水爱好者。这里的珊瑚礁原始天然，海洋生物众多。（333页）

计划你的行程

活动

该地区拥有丰富多彩的各种活动——可以体验非凡的潜水和冲浪，徒步穿越稻田或攀登火山。在室内，你可以学习烹饪当地菜肴，亲自动手制作一个纪念品，或者参加各种瑜伽课程，锻炼身体的同时，还可以寻求内心的宁静。

最佳体验

顶级冲浪

在巴厘岛，征服举世闻名的乌鲁瓦图海浪是冲浪健儿的终极目标。附近的帕当帕当和滨金也都有不错的海浪。在龙目岛，偏远的海岬荒原有被誉为世界最佳浪头的左手管形浪。

顶级潜水和浮潜

无论是随波逐流，还是弄潮冲浪，巴厘岛的门姜岸岛都是绝佳的旅行目的地；图兰奔的"二战"时期货船残骸以及珊瑚岩礁也是热门的潜水点；阿曼的Jemeluk是备受欢迎的自由潜水胜地；龙目岛西南部有健康的珊瑚礁以及海洋生物；吉利群岛附近水域的璀璨珊瑚和海洋生物同样远近闻名。

徒步胜地

姆杜克位于巴厘岛，树木葱郁，芳香扑鼻，还有瀑布飞流的美景。在乌布及其周边的稻田，你可以花一小时至一整天的时间步行游览。蒂尔塔冈加（Tirta Gangga）有绿油油的水稻梯田、壮观的风景和寺庙。在龙目岛上，社区、住宿和商业机构仍尚未从2018年的大地震中恢复元气（见319页），但是海拔3726米的林查尼火山和山坡上的森巴伦山谷吸引了世界各地的徒步者前来攀登。

课程

巴厘岛有不计其数的专业课程和培训班，你可以在这里参加包括制作木雕、蜡染、首饰以及学习传统舞蹈在内的各种活动。乌布有两个中心，是体验各种文化活动的好地方：

ARMA（见185页）课程包括绘画、蜡染、木雕、舞蹈、印度教和建筑常识等。

Pondok Pekak Library & Learning Centre（见185页）异彩纷呈的各类课程，从舞蹈和音乐到木雕以及印度尼西亚语等，一应俱全。

烹饪

如果你想在回家之后继续享用印度尼西亚美食，那么在巴厘岛的几所烹饪学校，你可以学习从如何在市场购物和印尼菜肴烹饪基本功到高级烹饪技术在内的本领。其中许多都由声名显赫的大厨亲自传授，而且你有机会品尝自己的作品！下面是烹饪学校中的佼佼者。

西南海滩

Warung Eny（见98页）在位于克罗博坎的小吃摊上向老板Eny学习如何烹饪巴厘岛菜肴。

巴厘岛南部和周边诸岛

Bumbu Bali Cooking School（见159页）由长期在当地居住的烹饪书籍作者海因茨·冯·霍尔曾

(Heinz von Holzen)在其巴厘岛南部精致的餐厅里开设的烹饪课程。

Balinese Cooking Class(见135页)萨努尔的海滨巴厘岛菜肴烹饪课程。

乌布

Casa Luna Cooking School(见187页)半日课程包含烹饪技艺培训，以及巴厘岛厨房的食材和文化背景介绍。

巴厘岛农家烹饪学校(见212页)素食、严格素食和杂食课程，由乌布北部一个村庄里的当地人授课。

巴厘岛东部

Bali Asli(见242页)安拉普拉附近的餐厅和烹饪学校，将美景与巴厘岛最棒的美食结合到一起。

Smiling Buddha Restaurant(见251页)Aas的有机巴厘岛菜肴。

巴厘岛北部

Warung Bambu(见279页)在罗威那附近的Pemaron参观市场，学习制作经典巴厘岛菜肴。

Santai Warung (见287页)人气印尼餐厅在佩姆德兰开设的烹饪培训班。

骑行

巴厘岛熙熙攘攘的道路上，骑行者正在日益增多。骑车游览巴厘岛有一大好处——你可以完全融入当地的环境，聆听风吹稻田的簌簌作响，欣赏加麦兰(传统乐器)的清脆音色，还能闻到花儿的香味。岛上有些偏僻的道路，这些道路可不仅仅是南部拥挤街道之外的备用线路。

一些人因为身处热带而对骑车环游望而却步。但是，当你在平地或下坡路上骑车时，吹起的微风一定能让你的心情为之一振。

巴厘岛

东部从登巴萨往南穿过萨努尔，以及西部从库塔到克罗博坎等地区都深受交通繁忙和道路狭窄之苦。但是在岛上其他地方，你可以找到许多拥有葱郁热带美景的骑行线路。如果想体验真正不同的风景，可以考虑前往珀尼达岛寂静的道路。

乌布艺术和设计课程

乌布有丰富多彩的文化培训和课程。报名参加这样的活动是深入了解巴厘岛风土人情的好办法。不妨试试下列课程：

Nirvana Batik Course(见187页)1~5天的蜡染工艺培训。

Studio Perak(见187页)巴厘岛风格的银器制作。

Ida Bagus Anom(见214页)城南的传统面具制作。

Wayan Karja Painting(见185页)当地艺术家开办的绘画课程。

生命之线印尼纺织品艺术中心(见185页)由一家广受尊敬的当地画廊开设的纺织品解读课程。

中部山区，例如金塔玛尼(Kintamani)或贝都古(Bedugul)这样的地方，是很受欢迎的团队游出发点。团队游公司把你带到山顶，接下来你就可以沿着相对宁静的山路向下骑行，一路欣赏美景，领略田园风光，品味热带气息。

包括自行车、装备和午餐在内的费用为US$40~80。其中通常包括往返巴厘岛南部和乌布旅馆的交通费用；库塔住宿接送时间从清晨6:30开始。团队游线路通常从8:30持续至16:00，其中有多次下坡和休息。并非所有公司都会提供头盔，确保你选择的公司会提供。

我们推荐下面这些机构：

Archipelago Adventure(☎0851 0208 1769，手机 0812 3850517；www.archipelago-adventure.com；成人/儿童 US$55/45起)提供线路众多、趣味无穷的团队游。在巴厘岛，有贾蒂卢维(Jatiluwih)和布延湖周边骑车游；还有从金塔玛尼出发，在山路上行进的山地骑车游。

Bali Bike-Baik Tours(☎0361-978052；www.balibike.com；团队游 500,000Rp起)从金塔玛尼下山的团队游，主要强调融入当地文化，中途会在小村庄和农田频繁停留。

Bali Eco Cycling（☎0361-975557；www.baliecocycling.com；成人/儿童 US$50/30起）团队游从金塔玛尼出发，向南沿着小路行进，一路欣赏苍翠繁茂的美景，最后到达乌布。其他选择包括当地乡村文化游。

Banyan Tree Cycling Tours（见187页）在乌布山上的偏远村庄里享受持续一天的团队游。这家公司由当地的Bagi开设，十分受欢迎。团队游以与村民互动为重点，也有极限单车观光游。

Bung Bung Adventure Biking（见243页）位于蒂尔塔冈加，这些团队游活动沿着巴厘岛东部被其他团队游机构忽略的诸多小路行进。

C.Bali（见261页）提供前往巴都尔火山和湖泊的自行车团队游。很棒，且独树一帜。

龙目岛

龙目岛适合骑车环游。有人居住的地区道路平坦，路况很好，且全岛的交通情况没有巴厘岛那么混乱。

马塔兰（Mataram）以东有许多适合一日游的景点。例如，向南经Gunung Pengsong山到Banyumulek，然后返回马塔兰。一些海岸道路高低起伏，蜿蜒越过群山，宛如云霄飞车。试试沿着一条壮观的柏油路向北经圣吉吉到达佩姆南，然后（如果你感觉体力能坚持）攀登陡峭的山路，越过Pusuk Pass，返回出发点。

吉利群岛同样可以租到自行车，作为游览当地的一种方式；德拉娜安岛（见337页）非常适合骑车探索。

装备

专业的骑手会随身携带必需的骑行装备。Bali Bike Hire（见102页）有其他地方很难找到的高端自行车装备。普通骑行者可以在许多地方租到自行车和头盔，但是通常质量都不尽如人意。如有疑问，可向住处前台咨询。

潜水和浮潜

巴厘岛有着温暖的海水、大片的珊瑚礁和多样的海洋生物，为旅行者提供了绝好的潜水与浮潜的机会。该地区有许多可靠的潜水学校和潜水服务公司（尤其是在巴厘岛和

巴厘岛最佳骑行线路

在巴厘岛这么小的岛上，想迷路都难。以下地区适合骑车探索：

地点	详情
布科半岛	沿着西部和南部海岸探索悬崖、小海湾和海滩；杜阿岛的海滩步行道；避开机场周边的拥挤区域
中部山区	适合有一定功底和经验的骑行者；探索布拉坦湖（Danau Bratan）、布延湖和坦布林根湖；从姆杜克下山到达北部海岸以及沿着小路从康迪库宁前往巴厘岛南部
巴厘岛东部	海滨公路旁边都是沙滩；海岸北边人烟稀少，还有漂亮的梯田景观，赛德曼地区有能让骑行者称心如意的客栈
巴厘岛北部	可以以罗威那为基地，前往偏远的瀑布和寺庙进行一日游；东北海岸的度假村深受环游巴厘岛骑行者的欢迎
努萨兰彭坎	地方不大，漂亮的海滩是骑车探索的好地方；穿过优美而狭窄的浮桥，探索金银岛（Nusa Ceningan）
珀尼达岛	适合自带自行车的骑行爱好者，几乎没有机动车，满眼都是海洋、陡峭悬崖、白沙滩和茂盛的丛林美景
乌布	很多旅游公司都将基地设立在此，狭窄的山间小道通往古老的遗迹和令人叹为观止的梯田
巴厘岛西部	塔巴南（Tabanan）、克兰比坦（Kerambitan）和Bajera及其周边有稻田和茂密的丛林，再往西，紧邻主干道的小路通往山洞、荒无人烟的海滩和隐蔽的神庙

龙目岛的骑行者（见302页）

吉利群岛），能够培训新手，也能为最富经验的潜水者安排可以满足他们的挑战之旅。

在所有最方便到达的浮潜点附近，都可以找到浮潜用具，不过最好将自己的设备带过来，并试着去一些游人较少的海岸。

到哪里潜水和浮潜

巴厘岛

巴厘岛最曼妙的潜水和浮潜地点吸引了四面八方的潜水爱好者前来一试身手。技术熟练的潜水者会享受珀尼达岛（见169页）的挑战，在这里可以欣赏到成群结队的蝠鲼以及长达2.5米的翻车鱼，新手和浮潜者则会在上层水域游弋。门姜岸岛（见286页）近岸有壮观的30米海墙，适合各种技术水平和年龄段的潜水者和浮潜者前往探索。图兰奔（见252页）有"二战"时沉没的货船，是经验丰富的潜水者和浮潜者热衷的又一个目的地。

龙目岛

龙目岛西南处拥有巨大的珊瑚群，吸引了各种海洋生物在此定居。潜水者和浮潜者需要纯熟的游泳技巧才能在此探索。

吉利群岛

各种技术水平和年龄段的潜水者和浮潜者都会前往这里，在美丽的海水中体验各种类型的潜水和浮潜。有些地方只适合老手探索。

装备

如果你不是个挑剔的人，那么在巴厘岛、吉利群岛和龙目岛都可以找到需要的所有装备（质量参差不齐，大小、新旧程度各异）。如果你自带装备，潜水时扣除设备费用。可以从家里带来一些容易携带的小物品，包括防护手套、备用面镜带、硅润滑油以及手电筒的备用灯泡。氧气罐和配重带通常包括在潜水费用之中。其他考虑携带的设备包括：

面镜、水下呼吸管和水鳍 上述设备携带方便，自己的装备用起来也更顺手，所以很多人都会选择自带。浮潜用具的租金费用每天50,000Rp起，通常都很破旧。

薄薄的连体潜水衣 保护你免受带刺动物和可能出现的珊瑚所导致的擦伤。如果担心租用的潜水

负责任的潜水

潜水时请切记以下几点，以呵护珊瑚礁的生态环境和美丽。

- 绝对不要在岩礁上设置锚点，并小心不要让船只的底部碰到珊瑚。
- 避免触摸或踩踏活海洋生物组织或在岩礁周围拖曳设备。
- 小心你的水鳍。即使没有直接的接触，在珊瑚礁附近划动水鳍所产生的波浪仍会损害娇嫩的生物组织。
- 不要搅动大量泥沙，这有可能会把生物闷死。
- 练习并保持对浮力的适当控制。如果控制不好平衡，可能会撞毁岩礁。
- 不要收集或购买珊瑚或贝壳，也不要从海洋考古遗址偷拿文物。
- 确保带走你制造的以及你发现的其他任何垃圾。塑料制品尤其会对海洋生物造成严重的威胁。
- 不要喂鱼。
- 把对海洋生物的骚扰降到最低。绝对不要骑在海龟背上。

衣尺寸不合适，那么自己带一件来吧。如果在珀尼达岛附近潜水的话，一定要穿一件较厚的潜水衣（3毫米以上），因为水下很冷，在深处只有18℃。

调节器和BCV 大多数潜水经营者都提供质量不错的调节器和BCV（BCV也叫BCD，即浮力控制装置）。

潜水服务公司

旅游区域内的主要潜水服务公司可安排游客前往该地区的潜水胜地。由于潜水地之间距离很远，因此最好住在潜水地附近。

如果你想在当地进行一次潜水之旅，价格为每人US$60~100（两次潜水，含所有设备租赁费）。注意，以欧元来标价在巴厘岛和龙目岛已经成为越来越普遍的现象。

有一定规模的潜水点附近都有潜水商店。通常情况下，都是一些状况不错的岩礁，可乘船抵达。值得推荐的带商店的潜水点包括：

巴厘岛

- 阿曼（见245页）
- 罗威那（见279页）
- 努萨兰彭坎（见164页）
- 珀尼达岛（见170页）
- 八丹拜（见234页）
- 佩姆德兰（见284页）
- 萨努尔（见137页）
- 图兰奔（见252页）

龙目岛

- 库塔（见324页）
- 圣吉吉（见312页）

吉利群岛

- 艾尔岛（见351页）
- 米诺岛（见347页）
- 德拉娜安岛（见337页）

选择潜水服务公司

一般来说，在当地潜水是安全的，这里对工作人员的培训和对设备的维护都达到了很高的水准。在巴厘岛的萨努尔和龙目岛西部马塔兰的Rumah Sakit Harapan Keluarga（见425页）都设有减压舱。为了帮助你选择一家经营得当而又具有安全意识的潜水商店，在此我们给出几点建议。

工作人员经过全面培训并且有资质吗？要求对方出示潜水证书或潜水证照——信誉不佳的商店很难满足这一要求。教员必须达到“全职教练”（full instructor）的级别才有资格教授潜水。若要指导持有证书的潜水者进行岩礁潜水，教练必须至少具备“潜水救生员”(rescue diver)的资格，最好能具备“潜水大师”(dive master)的资质。

船上有安全设备吗？一艘潜水船至少应配备氧气装置和急救设备。无线电或移动电话也很重要。

船上的设备状况良好吗？气体新鲜吗？这通常是潜水新手最难判断的部分。为了验证这一点，可以将氧气罐的阀门打开一点点，然后吸入一些。如果闻起来很干或有点橡胶味道，那么气体质量合格。如果闻起来有点油味或者有汽车尾气的味道，这说明经营者没有按正确的方式过滤气体。

设备组装在一起后，存在严重的漏气情况吗？潜水中心的设备偶尔都会出现少量漏气的情况，不过如果设备的任何部分漏气严重的话，就要让店家进行更换。

该组织是否以保护自然为己任？好的潜水商店会事先说明，不要触碰珊瑚或将岩礁的贝壳拿走，并且这些潜水商店还会与当地渔民合作，以确保特定的区域得到保护。一些潜水商店甚至会清理海滩。

学习潜水

如果你是一名不具备相关资质的潜水者，却想要在这里试试水肺潜水，你有几个选择，其中包括含潜水课程以及经济旅馆房间住宿的潜水套餐。

课程	详情	费用
讲解/介绍	针对新手开设，看看潜水是否适合自己	US$60~100
基础证书	3~4天有限基础课程；在度假村十分热门	US$300~400
开放水域认证	国际PADI标准，各地都予以承认	US$350~500

导览团队游

参加标准化的有组织团队游是游览巴厘岛一些地方最轻松和最热门的方式。有数十家机构提供同质化的产品和服务。不过更有趣的是一些专业团队游公司，可以带你另辟蹊径前往游客罕至的地方，提供难忘的体验，或者带你领略不一样的巴厘岛。你还可以轻松订制自己的团队游线路。

标准单日团队游

这种团队游通常提供白色的空调小巴，费用包括酒店接送。价格通常从250,000Rp到700,000Rp，由于都是相似的线路，行程中通常也包括周边的商店购物。预订时先弄清楚下面这些问题：

- 午餐是在热闹的游客餐厅用自助餐，还是在更有趣的地方用餐？
- 旅游商店里要停留多长时间？
- 是否有正规资质的英语导游？
- 该公司提供的清晨摆渡车会不会为了省事，把你扔在中途等待转车？

定制团队游

许多巴厘岛旅行社会设计与众不同的旅行路线，为游客提供难得的旅行体验。例如观看火葬仪式或是前往数十年如一日的偏远乡村。通常你都能避开千篇一律的旅游小巴，乘坐不同寻常或者非常舒适的车辆。

Hanafi（见82页）这家富有传奇色彩的旅行社以库塔为根据地，定制各种行程，无论是亲子游或是情侣游。对同性恋游客很友好。

JED（见415页）基于社区的这家旅行社可以组织前往小乡村的特色团队游，其中一些可在当地过夜。

Suta Tours（☎0361-462666，0361-466783；www.sutatour.com；价格视线路而定）可安排标准团队游，以及观看火葬仪式和神庙节庆，还有参观市场的其他定制线路。

徒步和登山

就算在当地徒步一年，也很难赏尽小岛全貌。岛的面积相对不大，这意味着你可以一次参观一个地方，因此非常适合进行徒步和登山一日游。向导能够帮助你登上火山，而旅游公司则可以带你去偏远地区，以及装饰着层层梯田的翠绿山谷。至于装备方面，山地徒步时需要一双舒适的徒步靴，远足步行时一双结实的凉鞋就够了。

到哪里徒步

巴厘岛

巴厘岛是相当适合步行的地方。无论你住在哪里，都可以找人推荐好去处，踏上探索和冒险之旅。乌布（见175页）、赛德曼（Sideman）地区和姆杜克（见266页）是显而易见的好选择。坦布林根湖（Danau Tamblingan）和布延湖（Danau Buyan；见265页）如今已成为热门的探险地，有两群不同的当地向导组织。就算在川流不息的库塔或水明漾，你也可以走到海滩，右转，沿着似乎看不到一丝文明痕迹的迷人冲浪地向北，想走多远就走多远。

如果想尝试艰苦的山地徒步，可以考虑攀登阿贡火山（Gunung Agung；见228页）或巴都尔火山（Gunung Batur；见257页）。请注意，在本书调研写作期间，当地发出了阿贡火山3级（远离）预警，其火山口周边4公里禁止入内；巴都尔火山也因为政府担心火山爆发而被划定为禁区。现时虽已恢复通行，但天灾难测，出行前还请反复核查当地信息。攀登线路不尽相同，但持续时间都不超过一天。除了攀爬火山和前往西巴厘岛国家公园进行一日游之外，巴厘岛并没有偏远的荒野徒步线路。在大部分地区，你都可以将最近的村庄作为一日游起点，为了避免云层和薄雾笼罩山顶，通常应在黎明之前出发。徒步旅行无须携带露营设施。

龙目岛

林查尼火山吸引着世界各地的徒步者前来。除了身为印度尼西亚第二高的火山外，它对该地区不同民族的人具有非同一般的文化和精神意义。它的美丽让人为之一见倾心：宽6公里的深碧色湖水，静卧在火山边缘以下。听从专业人士的建议至关重要，因为每年山坡上都有死亡事故发生。你可以在森巴伦山谷（Sembalun Valley）、森纳儒（Senaru）和特特巴图组队前往林查尼火山探险。若想了解2018年地震对当地的影响，请见319页。

装备

向导也许会提供部分装备，但是不要全都指望他们——最好自己准备。根据不同的徒步线路，可以考虑带上下列装备：

- 照明设备/手电。
- 适用于高海拔的保暖衣物（高处不胜寒）。
- 防水衣物，随时可能下雨，大部分山峰都会雾气蒙蒙。
- 舒适的远足凉鞋、便鞋或靴子——这些都是你绝对无法在当地找到的物品。

徒步亮点：巴厘岛

巴厘岛最大的乐趣之一就是徒步旅行。在全岛各地都能获得不错的旅行经历，通常可以从你所下榻的旅馆门口出发。徒步时间为1小时至1天。

地点	详情
布延湖和坦布林根湖	天然的高山湖泊，人迹罕至，优秀导游
阿贡火山	看日出，与世隔绝的寺庙
巴都考火山	在云雾中攀登，人迹罕至
巴都尔火山	攀爬的难度不小，但有着超凡脱俗的美景
姆杜克	一路上郁郁葱葱，芳香扑鼻，还有飞流直下的瀑布美景
赛德曼地区	梯田、郁郁葱葱的山丘和孤寂的寺庙，专为徒步者准备的舒适住所
西巴厘岛国家公园	偏僻、荒凉的景色，野生动物
蒂尔塔冈加	梯田，绝佳的风景，偏僻的山间寺庙
乌布	花上1个小时至1天的时间来步行，沿途景色非常美丽，有稻田和梯田，河谷丛林和古迹

徒步亮点：龙目岛

就像岛屿本身一样，龙目岛适合步行和徒步旅行的地方不是太远，就是太难到达，或两者兼备。

地点	详情
新堂吉拉瀑布（Air Terjun Sindang Gila）	林查尼火山北坡众多瀑布中的一处
吉利群岛	环游沙滩环绕的岛屿
林查尼火山	超级棒的山地徒步，攀爬至3726米的顶峰，然后走下火山口，来到圣湖和温泉边
森巴伦山谷	沿着林查尼火山的山坡远足，沿途都是大蒜的味道
特特巴图	前往奔涌瀑布的稻田徒步

徒步和登山安全指南

在踏上徒步或登山之旅前，请注意以下事项，确保获得一次安全愉快的体验：

- 支付地方当局要求的所有费用，并携带地方当局要求的所有许可证。通常这些费用会包括在向导费中，可以议价。
- 确保自己身体健康，适宜一段时间内的持续步行。
- 获取关于路线沿线环境条件的可靠信息，比如在火山较高处，天气可能会变得非常阴冷潮湿。
- 和向导确认，选择适合你本人的步行或徒步旅行。
- 携带适当的装备。根据徒步路线和季节的不同，这有可能意味着需要雨具或额外的饮用水。带上手电筒，不要想当然地以为向导会提供。

漂流

漂流是巴厘岛的热门活动，通常从巴厘岛南部或乌布出发进行一日游漂流。经营者会到你住的旅馆接你，把你带到出发点，提供所有装备和向导，然后在一天结束的时候把你送回旅馆。最佳季节是雨季（11月至次年3月）期间，或稍稍延后。在其他时间里，水位可能过低。

一些经营者利用乌布附近的爱咏河（Sungai Ayung）作为漂流场所，这里有25到33个Ⅱ级至Ⅲ级的激流（令人很兴奋却并不危险）。巴厘岛东部Muncan村附近的特拉嘎河（Sungai Telagawaja）也很受欢迎。它比爱咏河更加蜿蜒，风景也更原始。

宣传手册上的价格通常都可以议价，因此最好向旅行社询问议价。推荐以下经营者：

Bio（☎0361-270949；www.bioadventurer.com；成人/儿童 950,000/850,000Rp起）乘坐小船或独木舟进行亲水活动。团队游可前往巴厘岛西部。

Mason Adventures（Bali Adventure Tours；☎0361-721480；www.masonadventures.com；Adventure House, Jl Ngurah Rai Bypass；漂流之旅695,000Rp起）爱咏河漂流；也有皮划艇之旅。

Mega Rafting（☎0361-246724；www.megaraftingbali.com；成人/儿童 US$79/69起）爱咏河漂流。

Sobek（☎0361-729016；www.balisobek.com；漂流 US$52起）爱咏河和特拉嘎河漂流。

水疗和按摩

巴厘岛到处都是美容院和水疗中心，可以让你恢复健康、放松身心，精力更加充沛。此外还有私人定制的服务，满足你的一切需求。水疗是许多游客最喜欢的旅行项目，当地的康体产业近年来也发展迅速。许多从业者都纷纷引领最新潮流，不妨试试各种新的理疗方式。你或许还想要找一位传统治疗师（balian）。

在水明漾或乌布任何一条街上随便走走，你就会发现无数家按摩、全身去角质、小鱼水疗和头部按摩的地方。如果空调和私密性并不是你最注重的，那么可以省下一大笔。如果你想要获得更加奢华的体验，可以找一家酒店或是更高端的水疗。下面是我们推荐的一些地方：

Taksu Spa（见181页）在这家乌布知名水疗中心花几个小时按摩，然后享受一顿轻松惬意的午餐。

Sundari Day Spa（见96页）位于克罗博坎，非常受欢迎，除了传统的奢华体验，还设有仪式治疗。

Jari Menari（见86页）可在伯诺阿海岬的分店或是水明漾的总店体验各种服务。

Jamu Wellness（见135页）非常棒的去角质和按摩服务，还提供美容和脱毛服务，位于萨努尔。

冲浪

从20世纪60年代开始，冲浪运动拉开了巴厘岛旅游业发展的大幕，至此一发不可收拾。很多当地人也开始爱上冲浪，据说他们的冲浪风格受到优雅的传统舞蹈的影响。

巴厘岛冲浪

涌浪源自印度洋，因此冲浪点都在岛屿南边，但令人感到奇怪的是，努萨兰彭坎（Nusa Lembongan）的冲浪地点在西北海岸。这是因为海浪在此处进入该岛与巴厘岛海岸之间呈漏斗状的海峡。

在旱季（大约是4月至9月），西海岸有最好的海浪，届时信风会从东南方向刮来，这个季节也是努萨兰彭坎最好的冲浪时节。在雨季，岛上从杜阿岛（Nusa Dua）周边至八丹拜（Padangbai）的东侧都可以冲浪。如果刮北风或者根本没有风，则在布科半岛（Bukit Peninsula）的南部海岸也能找到几个冲浪地点。

请注意最佳冲浪点通常都位于与其同名的美丽海滩附近。

想要前往冲浪地点，可以租一辆带有冲浪板架的摩托车，或是租一辆可以携带冲浪板的小汽车。任何一种方案都可轻松实现。

巴兰甘

沿着Jl Pantai Balangan及其临时冲浪小屋，可以直达俯瞰巴兰甘海滩咖啡馆的停车场。巴兰甘是快速左手浪，下有浅礁，在低潮时无法冲浪，中潮时很不错，一般都在1米以上；有2.5米高的浪的时候，真可谓如梦似幻。

巴利安

在巴厘岛西部的巴利安河（Sungai Balian；见297页）河口附近有一些大浪。这里最好的冲浪机会是好玩、稳定的左手浪，无风期间在中潮和高潮的时候状态较好。这里还有从简朴到奢华的不同客栈可供选择。

巴图博隆

在克罗博坎以北，位于海湾北端的巴图博隆（又名长谷）拥有一片漂亮的浅色沙滩，并能见到许多冲浪者和热闹的派对场景。1.5米至1.8米是长谷海浪能够达到的最佳高度。那里有可以让你真正乐在其中的右手浪，它会在高潮时出现。

滨金

从一座悬崖下进入，这个地方（见147页）可能会很拥挤。中潮时它的状态最佳，有1.8米高的浪，届时它能制造出虽短却很完美的左手管浪。沿着海滩背面的悬崖分布着众多住宿地。

“不可思议”海滩

位于帕当帕当正北方的这个极富挑战的外礁冲浪点（见151页）有三个交替的浪峰，如果各方面条件都很理想，还能形成一片快速的左手管浪区。

克拉马斯和克特蔚

这两处海滩位于萨努尔（见133页）东北，都是右手浪海滩冲浪点，低潮时状况不太好，浪高1.8米以上时浪形非常完美。海浪全年非常稳定，在新建的Hotel Komune（见231页）冲浪度假村，可以玩夜间冲浪。

库塔地区

如果你是初次接触温暖的印度洋，不妨试试库塔海滩的冲浪点。满潮的时候，到海滩道路南端的救生俱乐部附近去冲浪。低潮时，可以试试半程库塔（Halfway Kuta；见71页）周围的管浪，这里也许是巴厘岛最适合初学者练习的地方。如果你已经久疏战阵，可以从海滩冲浪点开始练习，但是千万不要掉以轻心。

再向北，位于雷吉安海滩（Legian Beach；见66页）的海浪会相当大，在紧邻Jl Melasti和Jl Padma的沙洲处有左手浪和右手浪。

要寻找更大的海浪，可以去海滩冲浪点以南的礁岩处，距离海岸约有1公里。库塔岩礁（Kuta Reef；见71页）是一片巨大的珊瑚群，带来各种类型的海浪。花20分钟左右你就可以划船到那里，不过最简单的方式是乘船前往。主要的冲浪点有经典的左手浪，中潮至高潮时状态最佳，当海浪越过珊瑚礁时，最高可达1.5~1.8米，并且在内部形成一个美丽的管浪区。

梅迪维

沿着巴厘岛西部的南海岸继续往前走，就是被称为梅迪维的较为温和的左手浪冲浪点（见299页）。这里定点起浪，在进入河口之前，可以冲上很长时间。这里的浪头落差很大，逐渐增高后形成一个可冲浪的内部区域。附近有住宿点。

杜阿岛

在雨季，岛东边有一些不错的岩礁浪。杜阿岛（见155页）不远处的岩礁有非常稳定的海浪。主要的冲浪点距离杜阿岛以南的海滩有1公里远——经过高尔夫球场，寻找被巨大的Mulia度假村分割成小碎片的Gegar海滩，这里有一些小船能够带你出海。那里低潮至中潮的小海浪会带来不错的左手浪和右手浪。继续往北走，在Club Med俱乐部前面有快速的管状右手礁岩浪，人们将其称为**Sri Lanka**，中潮时最适合冲浪。

努萨兰彭坎

在珀尼达岛（Nusa Penida）的多个冲浪点中，巴东海峡（Selat Badung）将这座小岛与巴厘岛的东南海岸分割开来。

海峡非常深，产生的巨浪绵延至兰彭坎西北海岸不远处的礁石上。从海滩上清晰可

Bali & Lombok Surf Breaks 巴厘岛和龙目岛冲浪点

见的Shipwrecks（沉船；见163页）是最受欢迎的冲浪点，它是较长的右手浪，在中潮时会形成不错的管浪，高达1.5米。

再往南一点是Lacerations（伤口；见163页），它是极快的卷状右手浪，由海水冲到一块非常浅的礁石上形成——也因此而得名。继续往南有被称为Playground（运动场；见163页）的、较小较温和的左手浪。记住，努萨兰彭坎的浪在东向风时状态最佳，所以这里是旱季冲浪点。

帕当帕当

简称帕当（见151页），这个超浅的左手礁岩浪位于一片非常受欢迎的海滩附近，就在摇摇欲坠的住宿点的下方，你可以在这里追逐和观赏海浪。在下水之前仔细确认这个地方的状况。它是要求非常高的冲浪点，只有在中潮至高潮之间浪高超过1.8米时方可冲浪。

如果你没有把握冲管浪、反手浪或正手浪，那就不要出海。在从岩礁处起步后，沿着底部使力，直到被拉入管状区域中。这里不适合胆小者，而且绝对不适合在拥挤时运动（这里常年都会举办高水准的冲浪比赛）。

萨努尔

萨努尔岩礁（Sanur Reef；见134页）的卷浪会形成极好的管浪。它变幻无常，甚至在浪尖高达1.8米时都不会成形，不过浪高2.4米以上时，堪称世界级的冲浪区，3米以上的区域则是皮肤黝黑的冲浪高手的领地。离岸较远处还有其他种类的礁石，其中大多数都很适合冲浪。

距离海岸超过2公里的**凯悦岩礁**（Hyatt Reef）拥有变化多端的右手浪，满潮时能形成非常棒的浪。经典的右手浪位于Grand Bali Beach Hotel酒店附近。

其他活动

想要活动一下，但又想别出心裁？可以试试以下活动：

风筝冲浪 前往龙目岛西南部的艾卡斯半岛。

海龟岛

海龟岛（Pulau Serangan）的开发对岛屿南部和东部造成了巨大的干扰；反常的是，海岸形状的改变令这里的浪变得更趋向一致。另外，堤道的铺建使得游客更容易前往该岛，面朝大海的地方还有一些小吃摊。在这里，浪高1米以上时便会形成右手浪和左手浪。

南部海岸

只要刮北风或无风，布科半岛（见142页）最南端的海岸在全年的任何时候都可以冲浪——为了避开吹向岸上的海风，最好一大早就到那里。这个半岛周边礁岩密布并伴有巨浪，前往冲浪点的道路崎岖，均为崖边海岸（向下延伸至**Nyang-Nyang**都要走过500多级台阶）。

乌鲁瓦图

当库塔岩礁处的浪高达1.5~1.8米时，巴厘岛最著名的冲浪点乌鲁瓦图的浪尖却能高达1.8~2.4米，且巨浪连连（见153页）。乌鲁瓦图位于海湾的南端，因此这里的浪也比库塔要多。

乌鲁瓦图湾（Teluk Ulu Watu）为冲浪者营造了很棒的冲浪条件。当地男孩会为你的冲浪板上蜡，为你取饮料，帮你把冲浪板搬进通常作为通向海浪的洞穴里。这里有人气很旺的咖啡馆，还有各种档次的住宿地。

乌鲁瓦图大概有七个不同的冲浪点。**Corner**位于你正前方的右手边。它是快速的卷状左手浪，浪尖高达两米左右。在这个冲浪点下方的礁石架极浅，所以摔翻的时候要尽量避免头部朝下。在高潮时，**Peak**可以冲浪。这里在两三米时的状态很不错，而且Peak上一直会有较大的海浪。你可以从这个内部区域或沿线更远处出发。这里的海浪很棒。

另一个左手浪位于海湾南部边缘的悬崖附近。它在悬崖外拍击，形成较大的波浪，一旦它达到两米，一个左手浪便在南端的一座神庙正前方登场了。在Peak后方是很大的岩礁（bombora），它有一个非常适合的名字：**Bommie**。这是另一个左手大浪，直到浪尖达到3米左右时方可冲浪。在浪高

狂野巴厘岛

提到巴厘岛的狂野一面，人们首先想到的是脸庞粉红的澳洲人在库塔彻夜狂欢。的确如此，但是岛屿本身还有狂野的另一面，这就是外国老板开设的以科学为卖点的旅行社**Aaranya Wildlife Odysseys**（☎澳大利亚 1300 585 662；www.aaranya.com.au；价格视线路而定）希望让旅行者看到的：真实的大自然。

这家旅行社可以量身定制为期一周的前往巴厘岛以及珀尼达岛的人迹罕至之地的旅行，探索迷人生物栖息的家园，包括当地特有且濒临灭绝的巴厘岛八哥，以及巨蜥和黄唇海蛇等爬行动物。团队游领队都是著名的野外研究人员和野生动物专家，专门研究巴厘岛的动物种群——特别是爬行动物——从而让旅行者深入了解巴厘岛及附近地区的生态环境。专业人士带领开展的活动还有浮潜（持证旅行者还可参加水肺潜水）、登山、探洞和观鸟等，其中大部分都非常适合身体状况良好的人。线路和价格可根据旅行者自身情况、旅行日期、地点、活动项目、住宿级别和客人人数灵活调整。

电子邮件是与团队交流行程意向的最佳方式。别担心，在一天的艰难跋涉之后，Bintang啤酒会帮你解乏。

两三米的平常日子里，Peak以南也有一些地方可以冲浪。

留心观察其他冲浪者往哪个方向划水，并跟着他们。如果你不确定，可以找人问一下。稍微了解一点比一无所知要好。向下爬入洞中，从那里划水出去。海浪较大时你会被冲向右手方。不要惊慌——在沿着悬崖往下的激流附近划水是件容易的事。回来时，你必须朝山洞进发。当海浪较大时，从洞的南边过来，因为水流是向北去的。

龙目岛冲浪

龙目岛有些超凡的冲浪点，因为游客很少，所以冲浪点也不拥挤。

格鲁普克

这个距离库塔以东7公里远的大海湾有4个冲浪点，所以无论天气或潮汐情况如何，都能进行一定程度的冲浪。**Bumbang**非常稳定：涨潮时状况最佳，这个越过平礁的右手浪适合各级别的冲浪者，并且全年都能开展这项运动。**Gili Golong**在10月至次年4月中潮至高潮的时候状态极佳。**Don-Don**需要大浪才能进行冲浪，不过一年中的任何时候的状况都不错。最后是**Kid's Point**（或Pelawangan），这里仅在大浪的时候才能运动，不过当大浪涌来，总是能形成圆筒形浪。你需要搭船前往各个冲浪点（约70,000Rp）。

Mawi

景色绝佳的Mawi海湾在龙目岛库塔以西约18公里，有不错的圆筒形左手浪，起乘较迟，最后形成管状。5月至10月的旱季，这里状况最好，风从岸边向东吹到海上，并有西南方向的海浪。因为水下有锋利的岩石和珊瑚，离岸流也非常湍急，所以冲浪时要非常小心。

海岬荒原

位于龙目岛极偏远地区，海岬荒原有难以捉摸但富有传奇色彩的海浪，被*Tracks*杂志评为“世界最佳海浪”。这里只适合经验丰富的冲浪者。海浪就像是喜怒无常的猛兽，也许在很长时间内都风平浪静。

在合适的时节，这个左手管浪能够延续300米，从起乘到结束（越过如刀片般锋利的珊瑚丛）逐渐增大。海岬荒原只有在真正的涌浪形成时才可以进行冲浪——5月至9月是到这里冲浪的最佳季节。低潮的时候，记得戴上头盔并穿上靴子。

艾卡斯

这个位于龙目岛东南部的海湾有两处友好的冲浪点。**Outside Ekas**是悬崖峭壁下的一道卷状左手长浪，适合经验丰富的冲浪者。**Inside Ekas**在海湾内形成长浪，适合各种水平的冲浪者。涌浪最佳季节为4月至11

月，但是这里全年都可冲浪。

艾卡斯半岛也是风筝冲浪和风帆冲浪的热门场所。

吉利群岛冲浪

潜水胜地是它更为出名的称号，德拉娜安岛的南端不远处还有一个冲浪点。这是一个快速右手浪，并分裂为两个部分，其中一个位置陡峭，海浪冲击圆形的珊瑚。最佳冲浪季节为12月至3月以及在无风的旺季。

装备：自带还是租赁？

对于较小的浪来说，小冲浪板通常已经足够，不过在你常用的冲浪板长度上再增加几厘米也不会过分。浪如果较大（2米以上），你就需要真家伙了。对于一名具有平均身高和体格的冲浪者来说，2米左右的冲浪板堪称完美。

如果你想要把2块至3块以上的冲浪板带入巴厘岛，也许海关官员会找你麻烦，他们或许会认为你是来倒卖冲浪板的。

库塔以及巴厘岛南部的其他地方都有冲浪店。在大多数受欢迎的冲浪处，你都可以租到质量参差不齐的冲浪板（每天100,000Rp起），并买到零部件。如果需要维修，四处问问，有许多地方都提供维修服务。

其他建议带上的装备：

- 为飞机旅行准备的结实行李包
- 方便搬运冲浪板的皮带
- 为攀爬悬崖而准备的结实的鞋子
- 你最喜欢的冲浪板蜡，若你很挑剔的话
- 潜水服（春款或短款都行）和岩礁用具
- 防寒泳衣、防晒泳衣或其他防备烈日、礁岩的衣物
- 为严酷的环境条件准备的冲浪头盔（骑租来的摩托车时也可以戴着）

瑜伽

在巴厘岛，放松身心的方式可谓多姿多彩。对许多人来说，仅仅是踏足这个岛屿就足以让他们减压，但如果你想更进一步，那么参加瑜伽课是练习一些呼吸技巧（pranayama）并提升身体柔韧性的好办法。瑜伽工作室的数量要少于似乎无处不在的水疗中心（不少水疗中心也设有瑜伽课），但这里的瑜伽选择正在与日俱增。

可以根据风格和级别来选择适合自己的课程：如果你是瑜伽初学者或者学习目标旨在放松，那么恢复性或阴瑜伽是最好的选择。即使你是一位经验丰富的瑜伽修行者，在巴厘岛潮湿的气候中，选择慢慢开始也是非常不错的办法。

乌布是巴厘岛无可争议的瑜伽中心，每年的巴厘岛瑜伽节（见188页）都是一场瑜伽修行者的盛会。这个节日诞生于瑜伽谷仓（见183页）——这里有各种瑜伽课程。工作室在乌布层出不穷，Radiantly Alive（见183页）和Intuitive Flow（见184页）是其中的佼佼者。

在克罗博坎，Jiwa Yoga（见96页）专门为那些想要流汗排毒的修行者开设了高温瑜伽课程。

Seminyak Yoga Shala（见86页）设有活力四射的阿斯汤加或哈他风格瑜伽课程，对于来访的瑜伽修行者而言可能更加平易近人。

如果想在优美风景的陪伴下修炼瑜伽，可以试试巴厘岛东部的Blue Earth Village（见246页）或是萨努尔的Power of Now Oasis（见135页）。

即使你没有入住高档酒店，许多酒店也接受非住客来参加瑜伽体验活动。如果你在周六清晨早起，可以参加W Bali-Seminyak（见97页）的瑜伽课程（并且使用水疗设施）。在长谷的Serenity Eco Guesthouse（见103页）体验生态木屋生活，或者到克拉马斯的Hotel Komune（见231页）参加冲浪之后的恢复课程。

计划你的行程

带孩子旅行

在这个地方，带着孩子旅行会是一段浓墨重彩的难忘回忆。对当地人而言，孩子是社区的一分子，每一个人都应该对他们负责。各个年龄段的孩子们都会受到关照，参与丰富多彩的活动，从而让他们的假期和成人一样精彩。

孩子们的巴厘岛和龙目岛

当你在当地旅行的时候，孩子就是一种社交资本，尤其是在巴厘岛，因为这里的人会对他们所遇见的任何一个来旅游的孩子表现出极大的兴趣。你应该学习如何用印度尼西亚语介绍你孩子的年龄和性别——bulan是月份，tahun是年份，laki-laki是男孩，perempuan是女孩。你还应该礼貌地询问其他人孩子的情况，无论这些孩子是否出现在你面前。

对于孩子来说，这里最大的吸引力是丰富多彩的户外冒险活动，但也有很多孩子会喜欢的文化活动。

舞蹈

肯定会让孩子昏昏欲睡？错。去乌布皇宫（Ubud Palace；见206页）或Pura Dalem Ubud（见205页）看看夜间巴龙舞表演吧。这两个地方看上去，像是燃烧的火把映照下的《古墓丽影》中的场景。当然，对于不耐烦的孩子来说，带他们观看黎弓舞（Legong）或许有些困难，但在巴龙舞表演中能见到猴子、怪物、巫婆等。

市场

如果小探险家们要去寺庙，那么他们也

最适合孩子的地区

库塔和雷吉安，巴厘岛 虽然拥挤、疯狂，有时甚至有些低俗，但沙滩附近的海滨度假村以及冲浪课程和各种便宜的小纪念品都会吸引儿童和青少年。

杜阿岛，巴厘岛 设有儿童项目的大型海滨度假村，珊瑚礁环绕的海滩以及不那么喧嚣的交通。

萨努尔，巴厘岛 海滨度假村、被珊瑚礁保护的海滩、便利的交通以及许多适合儿童的活动。

乌布，巴厘岛 有许多可看的和可做的（徒步、猴子、市场和商店等）。夜幕降临后，可能需要更好的创意才能让孩子们保持好心情，但是许多孩子都会喜欢各种舞蹈演出。

圣吉吉，龙目岛 海滩上有低调、安静的酒店；来往的车辆很少；受珊瑚礁保护的海滩有着温柔的海浪。

艾尔岛，吉利群岛 吉利群岛中最小的一座；海浪轻柔；拥有许多游客设施和活动，例如浮潜。

需要纱笼围裙。带他们到一个传统市场去，给他们100,000Rp并让他们自由活动吧。当孩子们试图讨价还价搞一套五颜六色的搭配，小贩会非常高兴。

寺庙

选一些有趣的寺庙。贝杜度(Bedulu)的象窟(Goa Gajah; 见211页)有一个深深的洞穴，那里曾经有隐士居住，你需从一个类似怪物嘴巴的洞口进入。巴都考寺(Pura Luhur Batukau; 见268页)坐落在茂密的丛林中，那里有一片清凉的湖和一条湍急的溪流。

儿童行程亮点

最佳海滩

库塔海滩(见66页)冲浪学校。

萨努尔海滩(见133页)孩子们在轻柔的海浪中学习冲浪。

巴图博隆海滩(见102页)各年龄段的孩子都非常喜欢的地方。

最佳水上娱乐

门姜岸岛，巴厘岛北部(见286页)岛上最佳浮潜地点。

稻田徒步，乌布 想要获得与众不同的体验，可以穿行于遍布鸭子、青蛙和其他有趣生物的浑浊泥浆中。

最佳游乐

巴厘岛树顶冒险乐园，康迪库宁(见265页)孩子们可以像猴子一样跳来蹦去。

水上乐园，图邦(见71页)一个巨大的水上游乐场。

最佳动物体验

乌布猴林，乌布(见180页)猴子和神庙!

巴厘岛飞禽公园，乌布南部(见217页)奇妙的鸟类和爬行动物。

观赏海豚，罗威那(见278页)在巴厘岛北部海岸乘船去观赏海豚。

最佳古迹

圣泉寺，乌布北部(见213页)孩子们会爱上《夺宝奇兵》风格的古老水皇宫和公园内的池塘。

ELIZAVETA GALITCKAIA/SHUTTERSTOCK ©

乌布猴林(见180页)

旅程规划

旅程规划中最重要的是选择一个合适的地方作为大本营。

住哪里

亲子游出行拥有丰富多样的住宿选择。

➡ 住在带游泳池和空调的海滨酒店会让孩子们开心，而且会十分便利，父母也能得到充分的休息。幸运的是，这样的酒店很多。

➡ 巴厘岛的许多大型度假酒店里都有专为孩子们而设的特别项目，包括白天和夜晚的各种活动。其中一些考虑周到的酒店，还有专人监管的儿童泳池区，以及其他有趣的儿童活动区。

➡ 大部分酒店和家庭旅馆，无论何种价格、档次，都设有"家庭特惠计划"，即12岁以下的孩子可以免费与父母住一间房而不用加钱。美中不足的是，房间内加床可能会收费，不过很多酒店也提供家庭房，最多可供四人入住。

➡ 一家出行可能会真正爱上巴厘岛西南海滩地区的别墅风格住宿。在你自己独属的小院里，享用专用泳池，而且电视机往往也不止一台。烹饪

安全事项

孩子和大人们面临的主要危险是繁忙地区糟糕的交通以及路况很差的小路。

各式各样应被视为基本的设施、防护措施和服务在这里可能会缺乏。提供儿童餐椅的餐馆并不多见，很多视野极佳之地的边缘没有防止孩子摔落的防护栏，商店常常将易碎的东西摆在儿童能够接触到的高度。鉴于巴厘岛上时常有狂犬病发生，务必让你的孩子远离流浪猫和流浪狗。

在进行任何活动时，注意仔细查看环境。虽然漂流公司销售亲子游的船票，但这并不意味着他们充分考虑到了孩子们的安全需求。

设施意味着你可以准备家常菜，相对封闭的环境也使哺乳更为方便。

- 许多酒店在白天和晚上都可以安排保姆。
- 酒店工作人员一般都非常愿意提供帮助并给予临时安排，所以，如果有什么需要，请向他们咨询。
- 在家庭开设的民宿和客栈，尤其是在乌布，年幼的旅行者会发现自己成了主人家的一员。他们可以观看供品制作过程，还能和同龄人一起玩耍。

带什么

巴厘岛南部的大超市和商店，如家乐福，有各种你在家附近的超市也能找到的物品，包括许多西式食物。西式婴儿食物、尿布、包装的UHT牛奶、婴儿配方奶粉和其他商品都很容易在巴厘岛买到。

婴儿和初学走路的孩子

- 前置或后置婴儿背带或背架：糟糕的步行街道和小路不适合推婴儿车。
- 换尿布时所用的便携式垫子、洗手液等（更换婴儿尿布时所需的设施很少见）。
- 儿童安全座椅：无论是租用小汽车或包车（带司机），都不提供这些设备。

6~12岁儿童

- 让小小旅行者们准备观察野生动物、稻田、寺庙、舞者等所需的双筒望远镜。
- 带视频录制功能的相机或手机，用来捕捉“无聊”的成人景点和步行过程中有趣的画面。

带孩子就餐

全家一起外出吃饭是在当地旅行的乐趣之一。宠溺孩子的工作人员会把孩子们当神一样对待，他们会大声要求照看孩子（特别是年纪小的孩子），从而让孩子的爸爸妈妈享受一些安静的时间。

巴厘岛是个休闲的度假之地，孩子也可以像以往一样无拘无束。在水明漾和其他地方都有很多高档餐馆，设有专供孩子嬉闹的地方，而父母可以坐在附近享用一顿精美的大餐。

如果你的孩子不喜欢吃辣的食物，在给他们吃当地菜肴的时候要格外小心。一般来说，大一点的宝宝吃的香蕉、鸡蛋、可剥皮的水果和bubur（鸡汤调的米糊）随处可见。很多小吃摊会根据客人的要求提供无酱料的食物，如白饭、油炸印尼豆豉（tempeh）、豆腐、鸡肉、煮蔬菜和煮蛋。另外，儿童喜欢的食物，如汉堡、鸡柳、比萨和意大利面随处可见，巴厘岛南部有许多快餐连锁店。

计划你的行程

和当地人吃喝

印尼的美食令人垂涎，但制作工艺却很繁杂。大厨们为制作精致的菜肴而煞费苦心，食客们却无须费吹灰之力就可以品尝到美味佳肴。在印尼，享用种类繁多、质量上乘的美食是不可或缺的旅行体验。

美食一年

雨季（10月至次年4月）

美味的热带水果——红毛丹、火龙果、蛇皮果、榴莲、山竹、菠萝、香蕉、芒果、番石榴和荔枝——随处可见，数量众多。4月份会迎来乌布美食节，这个为期三天的节日活动旨在充分展示印度尼西亚美食的多样性和创新性。

旱季（5月至9月）

印尼有很多美食四季都可寻得，如木瓜和椰子等。5月1日至6月30日会举行庆祝水稻丰收季的节日，届时城镇会升起旗帜、竖起神社并准备当地传统菜肴来祭祀稻米和丰收女神Dewi Sri。

美食体验

毕生难忘的菜肴

Bali Asli（见242页），安拉普拉 超级新鲜的什锦饭和美妙的稻田风景，尽在这处集餐厅和烹饪学校于一身的场所。

Sardine（见98页），克罗博坎 在巴厘岛南部的喧嚣之中，有一片位于私人稻田内的绿洲，有精致的海鲜和可口的啤酒。

Hujon Locale（见197页），乌布 以“田间到餐桌”为理念，Will Meyrick时尚休闲的餐厅引领潮流，菜肴极受欢迎。

Warung Goûthé（见107页），长谷 巴厘岛首屈一指的法式休闲午餐，每天都会推出特价菜。

El Bazar（见328页），库塔（龙目岛）在时尚的环境里品味地中海风味美食。

Coco Beach（见314页），圣吉吉 隐秘的海滨，美味的海鲜，让人赞不绝口的马德拉斯咖喱。

Ruby's（见355页），艾尔岛 这里的同名厨师擅长从汉堡到绿咖喱在内的各种美食。

小吃摊

人们外出就餐最常去的就是小吃摊（warung）。在大城镇，每隔几米就会有一家，即使是小村庄也至少会有一两家。这些价格低廉、朴实无华的地方气氛轻松。就餐时你可以看着人来人往，而且常有陌生人一起拼桌吃饭。食物都很新鲜，各有特色，通常会展示在门口的玻璃柜子里，在那里可以定制自己的什锦饭，或者订一份餐馆的推荐套餐。

小吃摊的美食花样繁多，且常会推陈出新。本地人喜欢吃甜酱炖猪肉（babi kecap）、炸鸡（ayam goreng）、urap（椰蓉和蔬菜一起蒸）、lawar（用切碎的椰子、大蒜、辣椒与猪肉/鸡肉和猪血/鸡血混合而成）、或甜或辣的油炸豆腐及豆豉、油炸花生、咸鱼或咸鸡蛋、炸玉米饼（perkedel）以及各种各样的辅以香料的烤肉。烤肉的食材可以是大块的羊肉、鸡肉、猪肉。在龙目岛上，最受欢迎的是ayam taliwang（椰子壳烤鸡配番茄辣椒酸橙酱）。

当地特色

米饭

在巴厘岛和龙目岛，米饭是最主要的食物，同时也被尊称为“神的恩赐”。每餐都有充足的米饭供应，不与米饭同食的任何食物都被称为小吃（jaja）。米饭可以搭配香辣程度各异的菜肴，它们相当于调味品。因为许多菜肴切得很细，加入干燥而蓬松的白米饭中，可以用手抓着吃。在巴厘岛，混有其他食物的蒸米饭称为“什锦饭”（nasi campur）。这是该岛无可争辩的“标志性”食物，一日三餐不可或缺。在该地区其他地方，炒饭（nasi goreng）也随处可见。

当地的小吃摊不计其数，什锦饭的样式也是五花八门。就如西式的三明治可夹入任何馅料，小吃摊出售的米饭也各具特色，这取决于预算、口味和市场上哪种配料最为新鲜。什锦饭美味的奥秘通常在于厨师自制的调味酱和辣椒酱，它能给予猪肉、鸡肉或鱼独有的风味。添加调味酱可以增强口味，同时还可以让食客的嘴巴有火烧火燎的感觉。通常情况下，一份饭菜中会包括四五种不同的菜肴，其中有一小部分猪肉或鸡肉（因为肉贵，所以量少）、鱼、豆腐或豆豉、鸡蛋、各种不同的蔬菜以及虾片（krupuk）。

巴厘岛的菜肴中极少使用牛肉，因为巴厘人认为牛是神圣的动物。配菜摆放在米饭周围，旁边还放着小吃摊标志性的咖喱饭调味品（以辣椒、大蒜或葱、盐调制而成的浓酱）。这种食物一般都在上午烹制，因此通常无法提供热食。

> **价格区间**
>
> 在本书中，下列价格区间代表一道主菜或简餐的平均价格。
>
> **$** 低于60,000Rp（低于US$4）
>
> **$$** 60,000~250,000Rp（US$4~17）
>
> **$$$** 超过250,000Rp（超过US$17）

辣椒酱

当地人可谓无辣不欢，龙目岛上的食物尤其火辣。巴厘岛的烹饪风格相对温和，但当地人喜欢在每道菜边上都摆上一份辣椒酱。在享用菜肴前，记得先试试这些酱料的火辣程度。如果你对辛辣食物不感冒，一定要事先声明“tanpa sambal”（请不要放辣椒）；但是大多数人都会说“tamba sambal”（多放点辣椒）！

关于辣椒酱的其他注意事项：如果你要求上咖喱饭调味品时服务员只是送上一瓶在市场就能买到的罐头产品，那么让他再帮你拿一份“巴厘岛的辣椒酱”（Balinese sambal）。这样的要求会帮助你打开一次与众不同的舌尖之旅，因为每个巴厘岛厨师都能调制出自己拿手的辣椒酱。如果想要加上来自印度尼西亚其他地区（尤其是龙目岛）的辣椒酱，你可能会遇到不同品种，包括：

Sambal bajak 一种爪哇风味辣椒酱，这是一种含奶油的番茄酱，加入了气味强烈的碎辣椒，可以加上棕榈糖和青葱一起煎制。随处可见。

Samal balado 辣椒、青葱、大蒜和西红柿一起用油炒制，制造出一种极辣的辣椒酱。通常当场炒制。

Sambal matah 一种用青葱、小辣椒、虾酱和柠檬草制作的巴厘岛风味辣椒酱。口感极佳。

Sambal plecing 一种龙目岛辣椒酱。这种酱将辣椒混入番茄中，出其不意地让你辣到爽。

Sambal taliwang 另一种龙目岛辣椒酱，采用特别的胡椒、大蒜和虾酱制作，是龙目岛为数不多

KHAFIDMUKRIYANTO/SHUTTERSTOCK ©

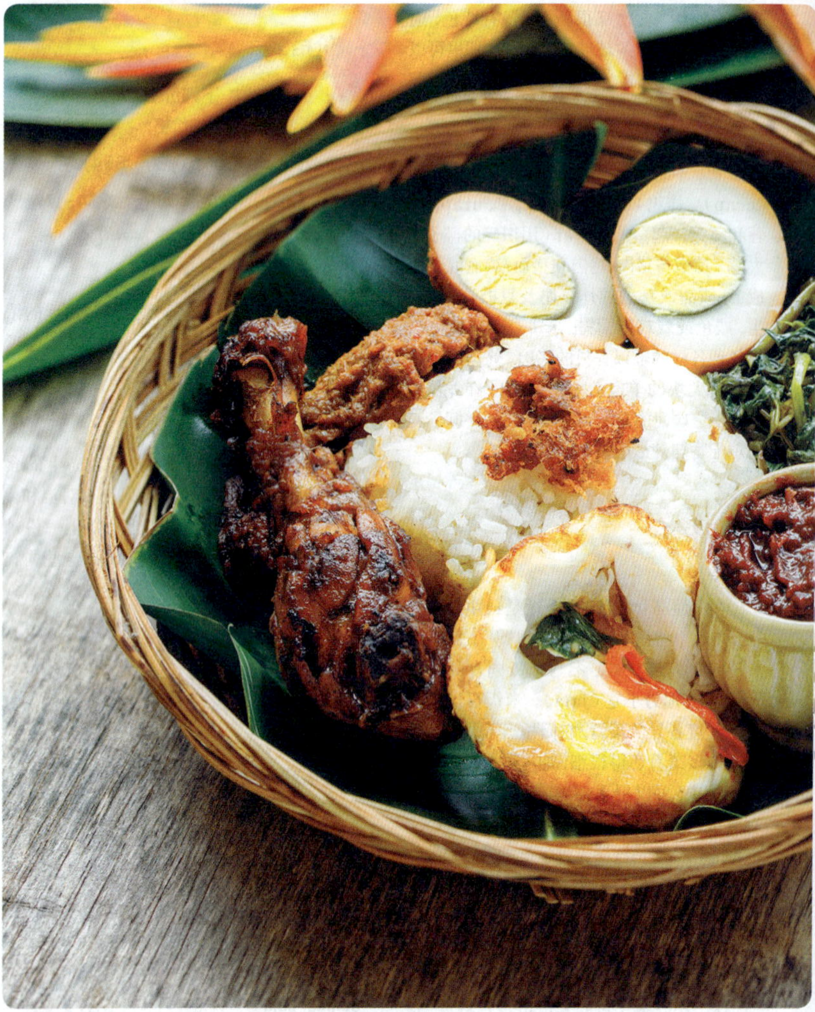

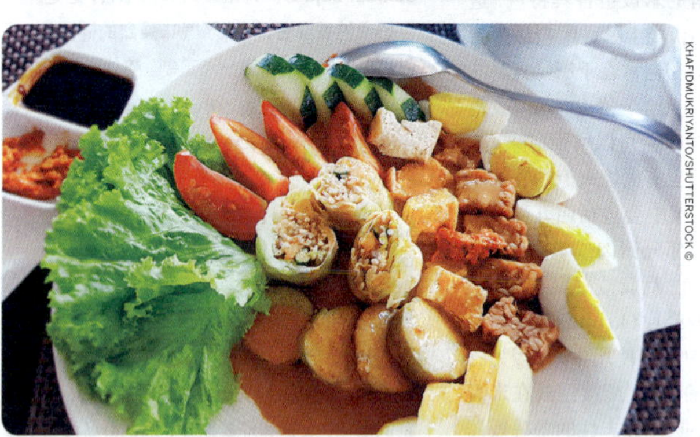

上图: 什锦饭

下图: 花生酱拌杂菜

（见55页）

的特别风味之一，在巴厘岛非常受欢迎，香辣的龙目岛风味鸡肉菜肴深受追捧。

节庆菜肴

在巴厘岛，食物的作用不单单是果腹或满足口舌之欲，它还是日常礼仪中不可分割的一部分，是举办礼神节庆的主要元素。根据节庆重要性的不同，需要准备的食品也有差异。迄今为止，最庄重的菜肴是烤乳猪（babi guling），只有在重要节日时才会烹制，比如：祝福小孩过百日、少男少女磨牙或者新人婚礼等。

烤乳猪代表了巴厘岛美食的精髓。整头猪被填满辣椒、姜黄、生姜、南姜、葱、大蒜、芫荽子和香叶，涂上姜黄油和椰子油，串在铁钎上放到火上烤，边烤边转。几小时后，猪肉带有香料的香味，焦脆的猪皮因烟熏味而具有乡村特有的风味。如果未曾受邀参加正式大餐，你也可以在巴厘岛的美食摊、小吃摊和小饭馆享用烤乳猪。

熏鸭（bebek）或熏鸡（ayam betutu）是另一种讲究的大餐。鸡鸭被填满香料，包裹在椰子树皮和香蕉叶中，放在稻壳和椰子壳上慢慢熏烤，时间有时长达一天。

jukut ares通常会在婚礼上出现，这是一种用香蕉树茎烹制的口味清淡、香气扑鼻的肉汤，里面经常会添加切碎的鸡肉或猪肉。用于特殊场合的加香料的烤肉sate lilit使用多种高质量的碎鱼、鸡肉或猪肉，添加柠檬香草、南姜、葱、辣椒、棕榈糖、青柠（kaffir lime）和椰子汁，串在肉钎上进行烤制。

萨萨克饮食

龙目岛的萨萨克人是占人口多数的穆斯林，因此巴厘岛的猪肉菜肴不多，这里的餐桌上多是鱼、鸡肉、蔬菜和米饭。在印度尼西亚语中，“龙目”（lombok）意指辣椒有它的道理，因为萨萨克人在餐桌上无辣不欢。

ares是一种用辣椒、椰汁和香蕉–棕榈芯烹饪的菜肴，有时会加入鸡肉或猪肉。sate pusut是一种用鱼片、鸡肉或牛肉制作的可口菜肴，加入椰汁、大蒜、辣椒和其他香料，包裹在柠檬草签上，做成串，烧烤而成。

素食菜肴

印度尼西亚是素食者梦想成真的地方。日常食物中常见豆腐和豆豉，许多可口的当地菜肴都碰巧是素食。尝尝nasi saur（米饭里加烤椰子，再配以豆腐、豆豉、蔬菜，有时还有鸡蛋）、urap（煮熟的蔬菜拌椰蓉和辣椒，吃起来令人兴奋）、花生酱拌杂菜（gado gado，豆腐和豆豉拌煮熟的蔬菜、水煮蛋和花生酱）和sayur hijau（绿叶蔬菜，通常是空心菜加番茄辣椒酱提味）。

此外，不加肉的什锦饭很容易烹饪，素食者可以单纯地享用许多新鲜的炒菜、沙拉及豆腐和豆豉。点咖喱菜肴和炒菜（比如cap cay）时，用餐者通常可以选择肉类、海鲜或蔬菜。

大多数餐馆和许多只供应素食的餐馆中，西式素食面和沙拉种类丰富，可以满足素食者的要求。

餐饮风俗

当地人通常用右手进食。右手通常用来给予或接受所有美好的东西，左手则用于处理不愉快的事务（例如洗浴）。饭前洗手是一种习惯，即使是用汤匙、刀叉和筷子也不例外，当地餐馆在洗手间外面都备有水盆。如果像当地人一样进餐，饭后应当用餐桌上碗里盛放的水洗手，因为舔手指很不雅观。

如果受邀到巴厘人家中吃饭，主人当然会力劝客人多吃，不过你可以礼貌地将吃不下的食物传给别人，或礼貌地拒绝不喜欢吃的食物。

何时用餐

午餐是当地人最重视的一餐。当地人通常以口感丰润的黑咖啡，搭配集市上甜甜的小吃开始新的一天。供早餐享用的点心有色彩艳丽的寺庙饼（temple cake）、糯米饼、带皮的煮香蕉、炸香蕉块（pisang goreng）和kelopon（甜馅儿汤圆）。受欢迎的新鲜水果有蛇皮果（snake fruit）和菠萝蜜（jackfruit），后者与蔬菜同炖后，味道鲜美。

市场

在市场(pasar)上可以一睹当地农产品的多样性和新鲜程度，许多农产品都是收获一两天内就从山中运出，有的比这还新鲜。集市气氛活跃，色彩丰富，篮子里装满新鲜的水果、蔬菜、花朵、香料和各种红色、黑色和白色的大米，还有一笼笼的活鸡、一只只已宰杀的鸡、新宰杀的猪、沙丁鱼、鸡蛋、彩色的糕饼、现成的祭品和辣酱、小吃摊正在出售的当早餐吃的es cendol(色彩艳丽的冰椰子饮料)、bubur(在鸡蛋汤中煮的米饭)以及什锦饭。

这里没有冰柜，因此所有东西的包装都很小，你见到的都会很快售出。可以讨价还价。

大多数旅行者可在餐馆的甜点菜单上找到著名的bubuh injin(加有棕榈糖、椰蓉和椰汁的黑米布丁)。其实，这是一种早餐食品，是开始新的一天的理想选择。早市上还出售另一种有坚果味的绿豆布丁(bubur kacanghijau)，加生姜和露兜(pandanus)叶提味，和温热的椰子汁一起食用。

家庭或小吃摊常会在上午10点左右就将一天的食物准备好，午餐时间大约在11点，这是一天中的主餐。这时食物最为新鲜。剩下的食物可用于晚餐，或留给起床较晚的旅行者，他们在其他人都吃饱之后才来吃午餐。甜食极为罕见，在个别地方，甜食可能包括新鲜的水果或意式椰子冰激凌。

何处用餐

巴厘岛有不计其数的就餐选择：各种菜肴、各种风味、各种预算。丰富的品种、上乘的质量和划算的价格都使其成为顶级餐饮目的地。

餐厅 巴厘岛吸引了无数才华横溢的厨师，特别是年轻人，因为做生意的成本非常低。在巴厘岛南部和乌布，你会找到相比悉尼或旧金山毫不逊色的各种休闲、创新的餐厅。在龙目岛，可以前往库塔或德拉娜安岛。

咖啡馆 巴厘岛、龙目岛和吉利群岛随处可见休闲风格的西式咖啡馆，咖啡通常都采用当地咖啡豆制作。

小吃摊 当地食品摊以实惠的价格提供美味的菜肴。

快餐摊贩 各个阶层的当地人都会聚集在市场内或是村道边的简单食品摊，或者招手拦下骑着自行车或摩托车四处叫卖甜品和美味小吃的移动摊贩(pedagang)。

饮品

有海滩的地方就从来不会缺少售卖冰爽啤酒的摊贩。如果你想要更加高档、时尚和流行的饮品，从水明漾到克罗博坎和长谷都可以找到海滩饮品店。但是无论你身处何处，传统的巴厘岛咖啡馆都随处可见，新鲜果汁、美味咖啡和各种成人饮品(含酒精)都唾手可得。

啤酒

啤酒爱好者在巴厘岛应该会心满意足，这要归功于印度尼西亚无处不在的清爽国产啤酒Bintang。Bali Hai啤酒的名字听起来不错，不过尝起来并非如此。

葡萄酒

葡萄酒鉴赏家们最好钱包鼓鼓。众多高端餐馆和酒店供应世界各地出产的好酒，但需要收取惊人的税款。澳大利亚出产的中档酒价格为US$50。

本地葡萄酒厂中较受欢迎的当属Artisan Estate，从澳大利亚西部进口碎葡萄来避开关税。另一家酒厂Hatten Wine位于巴厘岛北部，因其极甜的桃红葡萄酒而获得许多酒客的青睐。

本地烈酒

在大型的社交集会上，巴厘岛男士非常喜欢喝亚力酒(arak；一种发酵的酒，使用

上图:巴厘岛海滨餐厅

下图:巴厘岛传统甜品

CAHAYA IMAGES/SHUTTERSTOCK ©

巴厘岛：六味俱全

与印度尼西亚的其他岛屿不同，巴厘食物更加辛辣刺激，一份色香味俱全的菜肴有很多种味觉层次。一餐中通常会尝到六种滋味（甜、酸、辣、咸、苦和涩），这有利于健康，使人充满活力，同时也刺激了感官。

生姜、辣椒和椰子是最常见的调料，有时也会添加令人心仪的油桐子（candlenut），而人们常将其与澳大利亚土生土长的夏威夷果（macadamia）相混淆。新鲜的南姜（galangal）和姜黄（turmeric）配上生辣椒的辣味，再加上棕榈糖、罗望子（tamarind）和虾酱混合而成的甘甜，以及柠檬香草、金橘、泰国柠檬叶（kaffir lime）和芫荽子的清新气息，所有这些共同形成了独具特色的巴厘岛辛辣风味。

其中依稀能发现南印度、马来西亚和中国烹饪风格的影子，这源自几个世纪的移民以及巴厘人与最早航海至此的商人之间的贸易。多种配料由此引入：无畏的葡萄牙人带来小辣椒，中国人带来了无处不在的豇豆（snake bean）和白菜（bok choy），荷兰人则带来了稻米的替代品——木薯（cassava）。烹制地道的巴厘风味时，乡村厨师从最好、最有生命力的新配料中进行选择，然后融入当地的口味和烹调风格之中。

米或棕榈叶酿成），但他们通常不会酗酒。要当心掺杂其他液体的假酒，虽然不常见，但饮用后可能会导致酒精中毒。

新鲜果汁

集市、街道摊贩、部分小吃摊和许多咖啡馆都会供应当地产的非酒精饮料。这些饮料味道可口，甚至还有一点点迷幻的感觉（从颜色上而言）——而且不会让人喝醉！巴厘岛最为流行的饮品叫作cendol，是一种加棕榈糖、新鲜的椰子汁、碎冰的混合饮品。

咖啡和茶

许多西式餐馆出售进口的咖啡和茶，也有当地的品牌，其中有一些非常棒。迄今为止最昂贵的、据说也是最广为人知的是印度尼西亚最奇特的kopi luwak，即“猫屎咖啡”。这种咖啡200,000Rp一杯，得名于苏拉威西岛、苏门答腊岛和爪哇岛所特有的以成熟的咖啡豆为食的麝猫（luwak）。有心的生意人从麝猫粪便中收集完整的咖啡豆，并把这些咖啡豆加工成据说口感超刺激的饮品。但是随着人们对“猫屎咖啡”需求的增长，问题也随之而来，如假冒产品投诉以及记录在案的动物虐待等。

地区速览

库塔和水明漾是旅行者在巴厘岛主要活动区中的重要城镇，这一地段位于南部，长长的沙滩从回声海滩向西北一直延伸至机场。布科半岛有位于偏远地带的冲浪点，还有占地广阔的度假村。

从很多方面来说，乌布都是巴厘岛的核心地带，并与巴厘岛东部地区共享全岛最漂亮的稻田。巴厘岛东部不存在主要的中心地区，但也有诸如巴丹拜、阿曼海岸等广受欢迎的地区。

巴厘岛中部地区被险峻的火山占据，有让人叹为观止的火山风景。那些想要远离成熟旅游线路的旅行者会爱上巴厘岛西部以及巴厘岛北部的田园和海岸。

龙目岛是个多山脉、多火山并以农村地区为主的地方，而吉利群岛是由白沙滩环绕的珊瑚小岛组成。

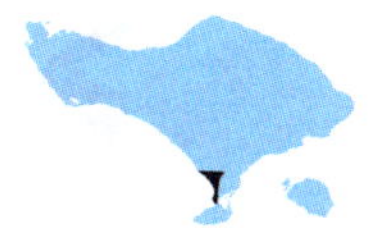

库塔和西南海滩

海滩
夜生活
购物

库塔海滩

库塔著名的沙滩绵延12公里，途经雷吉安、水明漾、克罗博坎和长谷，最后结束于佩惹勒南海滩附近的岩石丛中。海滩上有各种海滩酒吧和小商贩，充满了快乐的氛围。

彻夜狂欢

水明漾、克罗博坎和长谷有巴厘岛最好的餐厅和咖啡馆，其中一些还能欣赏到绝美的日落景象。而这里的酒吧和夜总会依稀有种暧昧的氛围。库塔的夜生活无比精彩，派对彻夜狂欢。

水明漾的商店

在水明漾和克罗博坎购物是你选择前往巴厘岛游玩的充分理由，这绝对是一个明智之举。

见64页

巴厘岛南部和周边诸岛

海滩
冲浪
潜水

巴兰甘海滩

在巴厘岛南部周边可以找到许多海滩。像巴兰甘和滨金这样拥有白沙滩的小海湾风景秀丽，让人禁不住想要找张沙滩椅躺下来，欣赏壮观的海浪。

乌鲁瓦图的海浪

对布科半岛西海岸的冲浪点怎样褒奖都不为过。乌鲁瓦图悬崖大名鼎鼎，附近诸多的海浪也全球闻名。前卫的旅馆能让你住在离冲浪点不远的地方。

珀尼达岛的水下世界

最佳潜水点就在珀尼达诸岛周边。珀尼达岛拥有极富挑战的环境以及深水悬崖，你甚至还能看到大型生物，例如在水中游弋的蝠鲼。

见123页

乌布地区

文化
享受
步行

舞蹈家和艺术家

乌布是巴厘岛的文化中心。这里每天晚上都有十几场表演，包括传统巴厘舞蹈、音乐、木偶戏等。乌布有形形色色极具天赋的艺人，包括制作表演面具的杰出木雕家。

水疗

五花八门的水疗通常结合了传统医药和瑜伽课程，是乌布最大的乐趣。想要涤荡身体和心灵，这里还有不计其数的各种选择。

探索自然

稻田环绕在乌布四周，组成了巴厘岛最生动的画面。你可以花上一个小时或一整天的时间边散步边欣赏河谷、小村庄和周围的自然美景。

见173页

巴厘岛东部

海滩
远足
历史

阿曼

巴厘岛东部的大部分地区都能见到海滩。最佳的海滩活动地点在岛上的东北角，这里一连串的渔村统称为阿曼地区。

稻田徒步

在东部地区能见到一些巴厘岛最具吸引力的稻田和景观。在赛德曼和蒂尔塔冈加沿线你会大饱眼福，这条公路的许多地方都穿行于青翠的山峦和山谷中。

悲情往事

小镇克隆孔（塞马拉普拉）有一处令人景仰的宫殿遗迹，这座宫殿在1908年被荷兰人攻陷，当时国王和王室成员选择遵循传统宗教仪式自杀而没有投降。

见219页

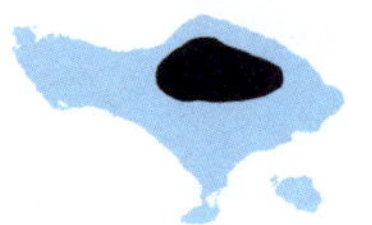

中部山区

远足
文化
隐寂

姆杜克徒步

在岛上中心地带，可以环绕火山和湖泊进行徒步。许多观赏天然景观的徒步路线，起点都设在姆杜克，可以穿过香料种植园和丛林前往瀑布，在云遮雾罩的环境中步行前进。

高处的寺庙

巴都考寺是一座极为古老的重要神庙，来到这里的人无不被它触动。这是一个神奇的地方，而且云雾缭绕。巴厘岛的信仰在这里与大自然完美融合。

偏远地区徒步

比巴厘岛的其他地方都要凉爽，中部山区让人感到孤寂。参观巴都考寺之后，可以在偏远的客栈用餐，徒步穿越火山，在布延湖和坦布林根湖边上徜徉。

见255页

巴厘岛北部

度假村
海滩
潜水

佩姆德兰的度假村

佩姆德兰呈新月形的海滩酒店是巴厘岛北部地区真正的明星。外观漂亮的酒店形成了一个不错的人性化度假区，这些酒店也临近门姜岸岛。

静谧的罗威那

在罗威那棕灰色的沙滩上席地而坐，读一本书，让时间从字里行间流过，这是低成本且让身心宁静的休闲方式。即使海浪也显得如此温柔：北部海岸大部分都受到礁岩的保护。

门姜岸岛

门姜岸岛绝非浪得虚名。离海岸不远的30米珊瑚墙会让潜水者和浮潜者兴奋不已，还能见到一群群鱼类和其他生物，从沙丁鱼到鲸鱼，应有尽有。

见272页

巴厘岛西部

冲浪
海滩
稻田

梅迪维冲浪

巴利安海滩的海浪拥有众多拥趸，从而在这里形成了一个小型的冲浪社区，有简朴的客栈，以及堪称新潮的接待设施。与当地人一起冲浪，他们了解水文。继续向西，梅迪维更加偏僻。

巴利安海滩

巴利安海滩是西部地区的主要海滩，即使你不想冲浪，这里也是个打发时间的好地方。这里有从新潮、简朴到奢华的各种住宿。

塔巴南

联合国教科文组织已将巴厘岛的苏巴克水稻灌溉系统列入世界遗产清单。塔巴南周边区域拥有岛上最美丽的稻田，以及一座漂亮的小博物馆，塔曼阿尤寺也在附近。

见292页

龙目岛

远足
海岸线
热带风情

林查尼火山

宏伟的林查尼火山矗立在龙目岛北部地区。徒步路线渐渐通向林查尼火山令人惊讶的火山口，你会看到闪烁着的深湖、温泉，还有烟雾缭绕的火山锥。

南部海岸

龙目岛南面的海岸线有着未经雕琢的自然之美。壮丽的海岸线绝对没有什么优雅可言，只有拍岸的海浪，这一切使这里成为冲浪者心中的圣地。空荡荡的海滩使你能在湛蓝的海水里尽情畅游。

塞尔

如果想完全沉浸在热带风情中，塞尔地区有一些最耀眼的度假村，采用竹子和茅草装饰构建，让人流连忘返。

见302页

吉利群岛

潜水
海滩
休闲

珊瑚岩礁

吉利群岛的珊瑚礁中满是迷人的海洋生物，你肯定能看到海龟。几十家潜水商店早已整装待发，提供门类齐全的各种课程，从入门级到熟练级再到高级，可谓一应俱全。

艾尔岛海滩

带上你的防晒霜、地垫、饮用水和一本书，上午出发，在艾尔岛徒步。一路上，可以在任何吸引你的沙滩上小憩一番。

米诺岛

我们都梦想着能找到这样一个终极海滩：放眼望去，见到大片的棕榈树、耀眼的白沙滩和碧蓝的海水，再加上一两个卖清凉饮品和鲜鱼的竹屋。米诺岛上的某个无名角落就是你要寻找的地方。

见333页

在路上

库塔和西南海滩

包括 ➡

最佳餐饮

- Sardine（见98页）
- Ginger Moon（见90页）
- Sangsaka（见98页）
- One Eyed Jack（见107页）
- Warung Goûthé（见107页）

最佳住宿

- Oberoi（见89页）
- Samaya（见89页）
- Alila Seminyak（见97页）
- Katamama（见97页）
- Hotel Tugu Bali（见106页）

为何去

在巴厘岛南部沿岸，从机场附近向北有一条超赞的海滩带。这里游人如织、热闹非凡，许多旅行者将此作为他们到访巴厘岛的起点和终点。

水明漾（Seminyak）和克罗博坎（Kerobokan）有数不清的餐厅、咖啡馆、设计师精品店、水疗中心以及类似设施，足以与全球任何度假胜地相媲美。而库塔和雷吉安则是夜幕降临后狂欢、购买廉价汗衫以及无忧无虑地享受家庭度假日的首选地。北部的长谷周边是巴厘岛最精彩的地方，美丽的海滩与迷人的咖啡馆及热闹的夜生活让人流连忘返。

远近闻名的购物胜地、彻夜不眠的夜店、回味无穷的美食、价廉物美的啤酒、难以忘怀的落日余晖以及永无休止的熙攘人流，都会给旅行者带来独一无二的体验。而正当你纳闷为什么所有这些都与传闻中巴厘岛的灵性与宁静格格不入时，一场宗教仪式不期而至，让所有喧嚣归于沉寂，于是答案不言而喻。

何时去

- 巴厘岛日益成为备受欢迎的旅行目的地，因此到库塔、水明漾及周边地区最好避开诸如7月、8月以及圣诞节和新年前后数周等旅游旺季。世界上其他地方的节假日会导致巴厘岛游客数量猛增，使得在最好的餐馆里用餐、在时尚商店里购物以及在能欣赏到美景的房间里入住都变得格外不容易。
- 许多人会选择在4月至6月以及9月的时候前往巴厘岛游玩，此时这里的天气比较干爽和凉快，游客人数可控，不会太拥挤。
- 如果想在巴厘岛冲浪，或者想见识一下这里的冲浪文化，不妨在4月至9月巴厘岛西海岸的冲浪季节前往。

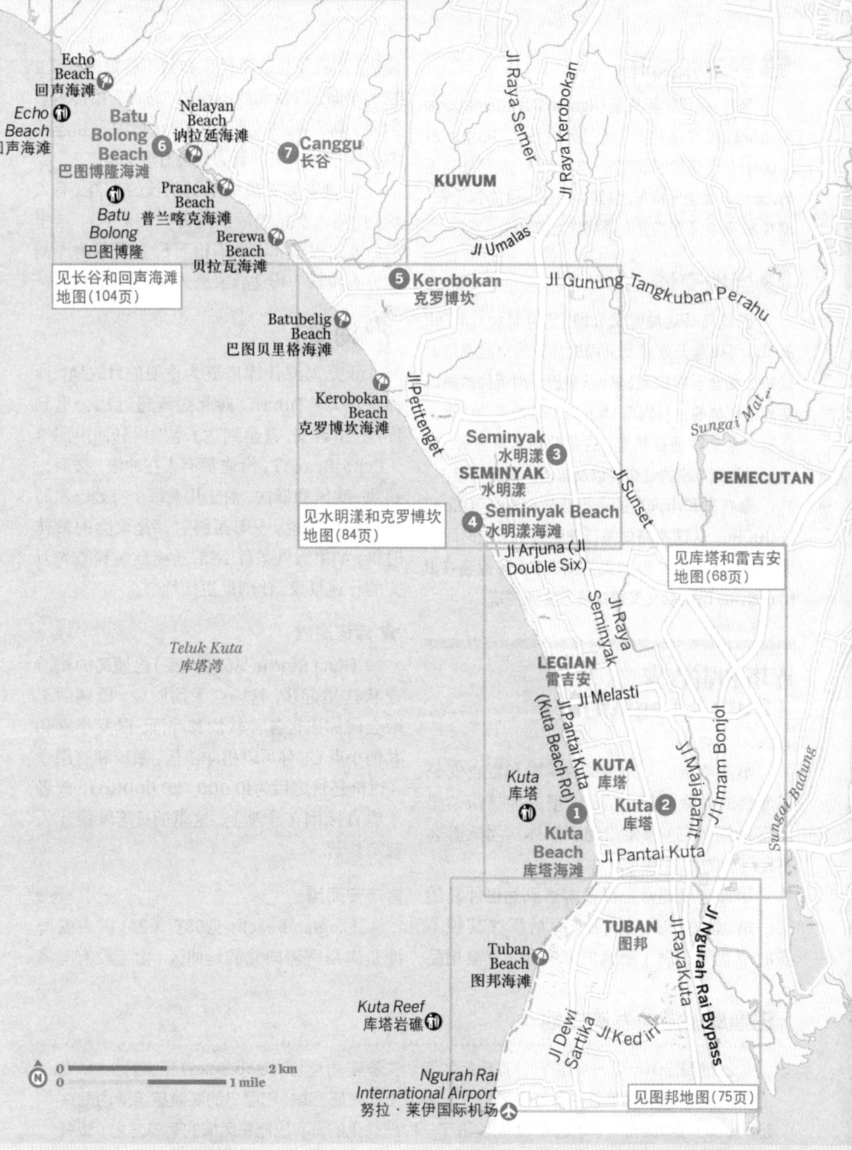

库塔和西南海滩亮点

❶ **库塔海滩**（见66页）在巴厘岛的最佳景点闲庭信步。

❷ **库塔**（见66页）晚上在疯狂的夜店中，领略传说中的库塔夜生活。

❸ **水明漾**（见83页）在浩如烟海的精品店和设计师商店中忘情血拼。

❹ **水明漾海滩**（见83页）在海滨小摊或时尚酒吧买一杯啤酒，纵情感受日落时光。

❺ **克罗博坎**（见95页）选一家让你食指大动的世界顶级餐厅享受美味。

❻ **巴图博隆海滩**（见102页）加入时尚的海滩活动和冲浪队伍中，并和同伴一起探讨运动之后到哪里喝一杯。

❼ **长谷**（见102页）在阡陌纵横的稻田和乡村别墅中随意探寻各种美食、饮品或商店。

到达和离开

努拉·莱伊国际机场（Ngurah Rai International Airport；通常被称为"登巴萨机场"，Denpasar airport）位于该地区最南端。前往巴厘岛南部任何地方，无论是乘坐出租车、旅游大巴还是租赁小汽车、摩托车，都免不了饱受交通拥堵之苦。

当地交通

巴厘岛马达拉收费公路（Bali Madara Toll Road）可以避开库塔及其周边严重的交通拥堵。这条公路全长约12.7公里，从登巴萨附近的岔路口穿越红树林前往杜阿岛（Nusa Dua）附近的终点，还有一条支路通往机场。这条公路风景秀丽，沿途可以看到茂密的红树林以及繁华的伯诺阿港。

摩托车和小汽车的通行费分别为4500Rp和11,000Rp。从这条路向南行驶能大大节约时间，尤其是去杜阿岛。但如果是向北，很可能会在Jl Ngurah Rai Bypass交叉路口陷入交通拥堵。

库塔和雷吉安（Kuta & Legian）

☎0361/人口 46,660

喧闹嘈杂、人流如织的库塔和雷吉安是巴厘岛的大众旅游中心。这里的拥挤纷杂早已举世闻名，这都要归功于媒体对团队游客不良行为的大量曝光。

尽管这里通常是很多游客到达巴厘岛的第一站，但并非人见人爱。库塔那些其貌不扬的窄巷里挤满了便宜的咖啡馆、冲浪用品商店、川流不息的摩托车和数不胜数的售卖T恤的小贩，以及无处不在的"按摩"招揽者。但是，新开张的光彩夺目的购物中心和连锁酒店预示着库塔的魅力只会有增无减。

雷吉安则更吸引年纪稍长的人群（有人说，库塔人在结婚后都跑雷吉安来了）。这里的商业化程度和库塔不相上下，在紧靠海滩的地方有很长一排适合家庭入住的酒店。

海滩

正是海滩让库塔成为重要的目的地。沙滩从图邦（Tuban）向北绵延超过12公里到库塔、雷吉安，甚至到达了水明漾和回声海滩（Echo Beach），沿途都有人在冲浪、按摩、嬉戏、吹风和畅饮。对于几乎每个身处巴厘岛南部的人来说，夕阳西斜时都是聚会的最佳时机。如果天气条件不错，你会欣赏到霞光万丈的壮观景象，比烟火更加灿烂。

★库塔海滩　海滩

（Kuta Beach；见68页地图）巴厘岛的旅游业从这里起步，这一点无须质疑。低调的小贩会向你出售各种软饮和啤酒，以及小吃和其他小点心。你可以租冲浪板、躺椅和遮阳伞（讨价还价之后为10,000~20,000Rp），或者干脆直接倒在沙滩上。这里的日落风景让人魂牵梦萦。

雷吉安海滩　海滩

（Legian Beach；见68页地图）雷吉安海滩是库塔海滩向北的延伸区。由于没有与海

巴厘岛旅游业发迹之地

20世纪30年代，一对进行环球旅行的美国夫妻鲍勃·科克（Bob Koke）和路易丝·科克（Louise Koke）在萧条的库塔海滩开了一家小小的家庭旅馆，巴厘岛的海滩旅游业由此兴起。住客主要来自欧洲和美国，他们住进了一种理想化的具有巴厘岛风情的茅草房内。颇有先见之明的鲍勃还教会了当地人如何冲浪，他自己则是在夏威夷学会的。

库塔真正的变化始于20世纪60年代晚期，那些穿梭往来于澳大利亚和欧洲之间的嬉皮士在此驻足小憩。到了70年代初期，库塔出现了带美丽花园的休闲家庭旅舍（当地人称为losmen）、热情友好的就餐地点、沿街叫卖神奇蘑菇的小贩，以及让人心旷神怡的休闲氛围。颇具商业头脑的巴厘人抓住了这个机会，从游客和冲浪者身上赚了不少钱，他们基本和来巴厘岛的外国人合作经营，后者也有了继续在此逗留的理由。

库塔北面的雷吉安村在20世纪70年代中期异军突起，成为第二个库塔。一开始两座村庄完全是分开发展的，但是今天，你却很难分清两个村庄的界限。

寺庙节庆

巴厘岛的寺庙节庆总是让人大开眼界，即使在岛上最偏远的角落，你也可能会与它们不期而遇。岛上成千上万的寺庙，每一座都有自己的“寺庙周年庆”，名为odalan。有些寺庙按巴厘岛历法，“周年庆”每210天庆祝一次；有些则按印度历法，每354天至356天庆祝一次（巴厘岛通用这两种历法）。

寺庙节庆的场面十分隆重，即便是最与世隔绝的寺庙在这些特别的日子里也会变得喧嚣无比。来自村子里的信众，不管多远都会参与其中，巴厘岛南部总是牢骚满腹的商店老板也会主动给员工们放假去参加活动。

寺庙节庆最明显的标志就是身着传统盛装的当地妇女，排着长队优雅地走向寺庙，如同小山般的精美供品被她们顶在头上。

与此同时，各位pemangku（寺庙守卫以及寺庙仪式的祭司）将会祈请神灵下凡。

整个晚上，寺庙内都有各种活动，人们在这里唱歌跳舞——场面有点像是一个巨大的乡村市集，充斥着各种食物、娱乐、赌博、色彩和混乱。最终随着黎明到来，喧嚣逐渐沉寂，pemangku向众神建议他们应该重返天堂了，人们也会拖着疲惫的身躯回家。

滩并行的道路，雷吉安海滩比较安静，人也更少。

Pantai Patra Jasa　海滩

（见75页地图）这片不为人知的海滩，需要沿机场北面围栏旁的一条小路方可抵达。这里有树荫，还有一些小吃摊（warung），能看到飞机起降，很少会出现大量人群。你可以沿着漂亮的沙滩步道向北步行至库塔海滩。

双六海滩　海滩

（Double Six Beach；见68页地图）从雷吉安一路向北，海滩上的人流逐渐减少，直至热闹的双六海滩，沙滩上整天都有人在踢足球和打排球，充满着勃勃生机。这里是和当地人一起参加派对的好去处。在大雨过后要注意水污染的情况。

库塔岩礁海滩　海滩

（Kuta Reef Beach；见75页地图；Pantai Segara）一些人依然将这个地方称为“Pantai Jerman”，这是最早期到这里冲浪的游客赋予这片海滩的名字。这里美丽而低调，海滩上有啤酒摊贩和冲浪板租赁点。

图邦海滩　海滩

（Tuban Beach；见75页地图）图邦的海滩是混搭风格。南边是宽阔而柔和的沙滩，但在靠近探索购物中心（Discovery Mall）的地方却迥然不同。

景点

巴厘岛海龟保护协会　孵化场

（Bali Sea Turtle Society；见68页地图；☎0811 388 2683；www.baliseaturtle.org；Kuta Beach；⏲景点 24小时开放，海龟放生 4月至10月 16:30）巴厘岛海龟保护协会是一个致力于保护榄蠵龟的保育机构。它是巴厘岛比较负责任的海龟孵化场之一，会在库塔海滩上将孵化的小海龟重新放归大海。不妨和游客们一起排队，从塑料小水缸里挑选一两只海龟宝宝，捐一小笔费用，加入放生的队伍。孵化场内的标识牌上有详细的讲解信息。

请在放生前一小时到达，以确保能参与到当天的活动之中。

梦幻博物馆区　博物馆

（Dream Museum Zone；见68页地图；☎0361-849 6220；www.facebook.com/dmzbali/；Jl Nakula 33X；110,000Rp，3岁以下儿童 免费；⏲9:00~22:00；👪）这座博物馆有约120幅栩栩如生的互动式壁画，拍照会呈现出三维立体效果，因此非常适合亲子游览。博物馆内分为14个展区，你可以选择印尼、侏罗纪公园、埃及或其他主题展区游览。

纪念墙　纪念碑

（Memorial Wall；见68页地图）这座为纪念2002年爆炸案而修建的纪念墙是世界各国的人们来此寄托哀思的地方。墙上记录了202位

Kuta & Legian 库塔和雷吉安

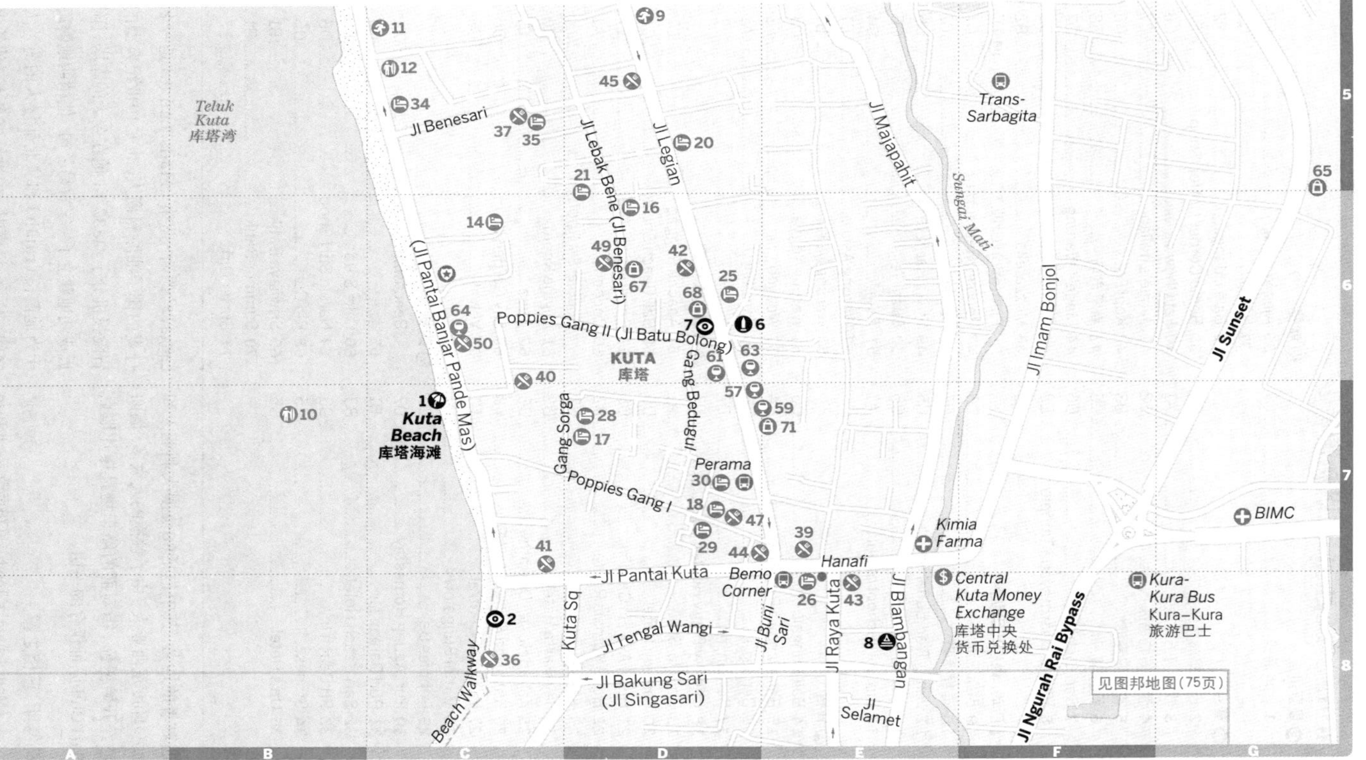
Teluk Kuta
库塔湾
Jl Benesari
Jl Lebak Bene (Jl Benesari)
Jl Legian
Jl Majapahit
Sungai Mati
Trans-Sarbagita
Jl Imam Bonjol
Jl Sunset
(Jl Pantai Banjar Pande Mas)
Poppies Gang II (Jl Batu Bolong)
KUTA
库塔
Gang Bedugul
Kuta Beach
库塔海滩
Gang Sorga
Poppies Gang I
Perama
Kimia Farma
BIMC
Hanafi
Jl Pantai Kuta
Bemo Corner
Central Kuta Money Exchange
库塔中央货币兑换处
Kura-Kura Bus
Kura-Kura
旅游巴士
Jl Ngurah Rai Bypass
Kuta Sq
Jl Tengal Wangi
Jl Buni Sari
Jl Raya Kuta
Jl Blambangan
Jl Bakung Sari
(Jl Singasari)
Jl Selamet
Beach Walkway
见图邦地图(75页)

Kuta & Legian 库塔和雷吉安

重要景点

1 库塔海滩……C7

景点

2 巴厘岛海龟保护协会……C8
3 双六海滩……A1
4 梦幻博物馆区……E2
5 雷吉安海滩……B3
6 纪念墙……D6
7 Sari Club原址……D6
8 Vihara Dharmayana Temple……E8

活动、课程和团队游

9 5GX Bali……D5
10 半程库塔……B7
11 Jamu Traditional Spa……C5
12 Pro Surf School……C5
13 Rip Curl School of Surf……A1

住宿

14 Bali Bungalo……C6
15 Bali Mandira Beach Resort……B4
16 Bendesa……D6
17 Berlian Inn……D7
18 Cheeky Piggy Hostel……D7
19 Double-Six……A1
20 Fashion Hotel……D5
21 Hotel Ayu Lili Garden……D5
22 Hotel Kumala Pantai……B2
23 Island……C2
24 Jayakarta Hotel……B2
25 Kayun Hostel Downtown……D6
26 Kuta Bed & Breakfast Plus……E8
27 La Costa Central……C1
28 Mimpi Bungalows……D7
29 Poppies Bali……D7
30 Puri Agung Homestay……D7
31 Puri Damai……B1
32 Sari Beach Hotel……B3
33 Sri Beach Inn……C3
34 Stones……C5
35 Un's Hotel……C5

就餐

36 Ajeg Warung……C8
37 Balcony……C5
38 Balé Udang……F2
39 Bemo Corner Coffee Shop……E7
40 Fat Chow……C6
41 Jamie's Italian……C7
42 Kopi Pot……D6
43 库塔市场……E8
44 Made's Warung……D7
45 Mama's German Restaurant……D5
46 Mozzarella……B2
Plantation Grill……（见19）
47 Poppies Restaurant……D7
48 Saleko……C1
49 Stakz Bar & Grill……D6
50 Sushi Tei……C6
51 Take……D4
52 Warung Asia……B1
53 Warung Murah……B1
54 Warung Yogya……C3
55 Wooyoo……E3
56 Zanzibar……A1

饮品和夜生活

57 Apache Reggae Bar……D7
58 Bali Beach Shack……C4
59 Bounty……E7
60 Cocoon……A1
Double-Six Rooftop……（见19）
61 Engine Room……D6
62 Jenja……C1
63 Sky Garden Lounge……D6
64 Velvet……C6

购物

Beachwalk……（见50）
65 家乐福……G5
66 Luke Studer……E3
67 Naruki Surf Shop……D6
68 Rip Curl……D6
69 Sriwijaya Batik……B1
70 Summer Batik……B1
71 Surfer Girl……E7

遇难者的姓名，其中包括88位澳大利亚人和35位印度尼西亚人。由于触摸的人太多，墙面已经开始褪色。街对面的停车场是爆炸地点Sari Club原址仅存的一切。

马德斯·蓝格之墓 历史遗址

（Mads Lange' s Tomb；见75页地图；Jl Tuan Langa）马德斯·蓝格（Mads Lange）是一名丹麦的椰子油原料商人，也是19世纪典型的冒险投机分子。1839年，他在今天的库塔村附近成功地建立了一家贸易公司。他精明地斡旋于当地酋长（rajah）和从北部侵入的荷兰人之间，发了一笔横财。19世纪50年代，他的事业一直处于上升期。然而，正当他打算返回丹麦时，却暴毙身亡。经过修复的蓝格墓地位于蓝格的旧宅附近，这是河边一片绿荫掩映的安静区域。蓝格喜欢养斑点狗，直到今天，当地人还认为：任何带有黑白斑点的狗都是蓝格所饲养的那些斑点狗的后代。

Vihara Dharmayana Temple 佛寺

（Chinese Temple；见68页地图；Jl blambangan；8:00~20:00）可追溯至近200年前，这座色彩明快的佛寺是一片静心之地，略显与众不同。宁静的庭院里香烟袅袅。

活动

从库塔出发，你可以非常方便地去往巴厘岛南部任何地方冲浪、航行、潜水或漂流，然后还能在日落时分返回，赶上酒水打折的“欢乐时光”（happy hour）。在游乐场游玩和在水疗室放松也是非常热门的活动。

冲浪

位于Hotel Istana Rama附近的近岸激浪被称为**半程库塔**（Halfway Kuta；见68页地图），深受初学者的欢迎。更具挑战性的海浪则在雷吉安Jl Padma尽头变幻不定的沙洲附近，以及距离库塔岩礁海滩1公里左右海面上的**库塔岩礁**（Kuta Reef）。

冲浪文化在库塔非常重要。大大小小的商店里出售各种名牌冲浪装备和冲浪板。此外，路边小街上也有很多摊点出租冲浪板（可以讨价还价，每天大约50,000Rp）和趴板，并提供修理打磨服务，同时出售新旧冲浪板。一些店铺还可以安排前往附近冲浪点的交通工具。品相良好的二手冲浪板一般价格为US$200。

水上乐园 水上公园

（Waterbom Park；见75页地图；0361-755676；www.waterbom-bali.com；Jl Kartika Plaza；成人/儿童 535,000/385,000Rp；9:00~18:00）这座水上乐园是一座占地3.8公顷的热带花园，内有各种各样的水滑道（总数超过10条，包括著名的“Climax”）、游泳池、一部FlowRider冲浪设备和“懒人河”（Lazy River）游乐项目。这里的其他游乐设施还包括美食天地、酒吧以及一座水疗中心。

Pro Surf School 冲浪

（见68页地图；0361-751200；www.prosurfschool.com；Jl Pantai Kuta 32；课程 每天675,000Rp起）这座有口皆碑的冲浪学校就在库塔海滩边上，多年来让许多初学者成功地在海浪中站立。可提供各个级别的冲浪课程，包括半私教课程，以及冲浪装备和冲浪板租赁。设有宿舍铺位（150,000Rp起）、一个泳池以及一间凉爽宜人的咖啡馆。

Rip Curl School of Surf 冲浪

（见68页地图；0361-735858；www.ripcurlschoolofsurf.com；Jl Arjuna；课程 700,000Rp起）通常大学都会销售印有学校标识的T恤，但是这里情况却有所不同：一家冲浪服装公司赞助了一所学校。在南部开展各级别的冲浪课程，还面向儿童开设了特别课程。这所学校在萨努尔（Sanur）还设有风筝冲浪、风帆冲浪、潜水、船尾冲浪和立式桨板（SUP）培训班。

Jamu Traditional Spa 水疗

（见68页地图；0361 752520转165；www.jamutraditionalspa.com；Jl Pantai Kuta，Alam Kul Kul；1小时按摩 350,000Rp起；9:00~19:00）位于一家宁静的度假酒店内，你可以在面朝美丽花园庭院的按摩室内尽情享受。如果你想让自己成为什锦水果鸡尾酒的一种，那就来对地方了——特色水疗中包括热带果仁、椰子、木瓜等，通常和香氛浴一起进行。

5GX Bali 游乐场

（Reverse Bungy；见68页地图；0878 6063 5464；99 Jl Legian Kaja；每人 250,000~350,000Rp；11:00至次日3:00）这座由新西兰人设计的亮紫色露天游乐设施又名“人形弹弓”——两座高塔之间连有一根松紧绳，绳上放置了一个座舱，里面可以搭乘2位或3位乘客，座舱会以大约每小时200公里的速度垂直弹射出去，然后上下回弹、大幅旋转，让乘客们开怀大笑或大声惊呼。观众得到的乐趣丝毫不亚于乘客。

Upside Down World 游乐场

（0361-847 3053；www.upsidedownworldgroup.com；Jalan Bypass Ngurah Rai 726；成人/儿童 100,000/50,000Rp；9:00~21:00；）

非常适合亲子游。游乐场里的主题房间都是采用上下颠倒的方式布置。摆好姿势拍照，然后倒转相机看看屏幕上的惊人效果。从厨房等日常的房间，到雕刻精美的典型的巴厘岛风格房间，在这些反重力的古怪地方，请不要限制你自己的想象力。

住宿

库塔、雷吉安和图邦有成百上千的地方可供住宿。图邦和雷吉安几乎全是中高档酒店；要想找到最经济合算的住宿地点，一定要到库塔和雷吉安南部去找。几乎所有旅馆都装有空调，并设有游泳池。该地区近来还涌现了数十家中档连锁酒店，其中许多都处于交通极为不便的位置。

从Jl Legian以西的任何地点步行到海滩都不会超过10分钟。

库塔（Kuta）

★Hotel Ayu Lili Garden 酒店 $

（见68页地图；☎0361-750557；ayuliligardenhotel@yahoo.com；紧邻Jl Lebak Bene；房间 带风扇/空调 195,000/250,000Rp起；❄📶🏊）这家家庭经营的复古酒店位于一个靠近海滩、相对安静的区域，有22个别墅风格的房间。设施标准较高，如果稍微加点钱，还可以获得其他服务，例如1台冰箱。

★Kuta Bed & Breakfast Plus 客栈 $

（KBB；见68页地图；☎0818 568 364, 0821 4538 9646；kutabnb@gmail.com；Jl Pantai Kuta 1E；房间 100,000Rp起；❄📶）这家位于Bemo Corner对面的温馨客栈共有9间舒适的客房，基础设施一应俱全。步行10分钟即可到达海滩，乘车10分钟可以抵达机场。楼顶能够看到库塔天际线的美丽风景；周围有许多夜生活场所。

Cheeky Piggy Hostel 青年旅舍 $

（见68页地图；☎0361-475 3919；Poppies Lane Ⅰ；铺/房 75,000/170,000Rp；❄📶🏊）在库塔游客云集区域的一条小巷内，这家宾至如归、热情好客的青年旅舍是结识其他志同道合旅行者的最佳地点。店内有一个小泳池，提供免费煎饼和便宜的啤酒。

Kayun Hostel Downtown 青年旅舍 $

（见68页地图；☎0361-758442；www.kayun-downtown.com；Jl Legian；铺 100,000Rp起；❄📶🏊）位于库塔核心区域，和所有夜生活场所都很接近。如果你对派对情有独钟，这家青旅就是最理想的住处。位于一座优雅的殖民地风格建筑内，有几分特立独行。内设一座小泳池。宿舍房间规模从4人间到20人间，都带有窗帘以保护隐私。

Mimpi Bungalows 酒店 $

（见68页地图；☎0361-751848；mimpibungalowkuta@gmail.com；Gang Sorga；房间 300,000~600,000Rp；❄📶🏊）酒店有12间平房风格的客房，其中最便宜的房间物超所值（仅提供风扇）。私人花园里面浓荫密布、兰花盛开，游泳池很大。

Bendesa 酒店 $

（见68页地图；☎0361-754366；www.sujibglw.com；紧邻Poppies Gang Ⅱ；房间 200,000Rp起；❄📶🏊）1座3层楼的建筑里有42个房间，俯瞰一个足够怡人的游泳池。位置可谓闹中取静。最便宜的房间有凉水（其中一些有浴缸）和风扇。只有靠近大堂的房间能收到Wi-Fi信号。

Berlian Inn 酒店 $

（见68页地图；☎0361-751501；紧邻Poppies Gang Ⅰ；标单/双 135,000/210,000Rp起；❄）比其他经济型住处显得更有个性。2层小楼里的27个房间安静宜人，使用扎染的床上用品，开放式浴室的设计很特别。价格较高的房间提供空调和热水。

Puri Agung Homestay 客栈 $

（见68页地图；☎0361-750054；紧邻Gang Bedugul；房间 带风扇/空调 120,000/200,000Rp起；❄）这是一个颇有吸引力的小客栈，有一个洞穴式的小花园。宿醉未醒的旅行者会喜欢这里的12间昏暗的房间，顶层采光要好一些。房间仅供应冷水。客栈由一家可爱的当地人打理，在连锁酒店遍布的库塔显得非常特别。

★Un's Hotel 酒店 $$

（见68页地图；☎0361-757409；www.unshotel.com；Jl Benesari；房间 带风扇/空调

380,000/490,000Rp; ❄@📶🏊)一个隐蔽的入口为这个酒店确立了私密的基调。酒店的1栋2层楼中，九重葛环绕着正对游泳池的阳台。2栋相邻的楼内分布着30个宽敞的房间（南面那栋更加安静），配有古董和舒适的藤制躺椅。酒店靠近海滩。

Bali Bungalo 酒店 $$

（见68页地图；☎0361-755109；www.bali-bungalo.com；紧邻Jl Pantai Kuta；房间 270,000~600,000Rp；❄📶🏊）这家略显陈旧的酒店共有40个大房间，其最大的吸引力是靠近海滩却又远离喧嚣。酒店设施维护良好。泳池旁的跃马塑像，仿佛在鼓励人们嬉戏打闹。房间位于几栋2层楼内，都带有小阳台或门廊；只有部分房间有Wi-Fi。

Fashion Hotel 酒店 $$

（见68页地图；☎0361-849 6688；www.fashionbalilegian.com；Jl Legian 121；房间 420,000Rp起；❄📶🏊）这家位于库塔中心地带的酒店曾经是华丽的Love F Hotel，最近经过整修之后重新开业，摇身变为Fashion Hotel Legian——而时尚现代的设计却略显夸张。在大堂的T台上拖着行李前行，闪闪发光的镜子和耀眼的灯光效果会让你感觉自己像一位正在走秀的超模。

屋顶有一个按摩浴缸和一间晚上会举行派对的酒吧。

Poppies Bali 酒店 $$

（见68页地图；☎0361-751059；www.poppiesbali.com；Poppies Gang Ⅰ；房间 1,980,000~2,130,000Rp；❄@📶🏊）这家位于库塔的老字号酒店有一个繁茂的绿色花园，周边散布着20间茅草屋顶的小别墅，室外还有日光浴场。床铺可以选择超大号床或双床。花园里的游泳池周围环绕着石头雕塑和喷泉，几乎会使你忘记自己身处库塔的中心地带。

Stones 度假酒店 $$$

（见68页地图；☎0361-300 5888；www.stoneshotelbali.com；Jl Pantai Kuta；房间 含早餐 US$110起；❄📶🏊）位于库塔海滩对面的马路旁，这家大型度假酒店有1个巨大的泳池、1个立体花园，5层楼内有308个房间。设计新潮，具有浓厚的现代气息，还配有大量高科技设备。它是本地区不断增加的大型酒店之一，属于万豪集团（Marriott）旗下。部分房间在阳台上设有浴缸。

🛏 雷吉安 (Legian)

La Costa Central 酒店 $

（见68页地图；☎0812 8041 7263；Jl Nakula；房间 含早餐 280,000Rp；❄📶🏊）这家舒适的经济型酒店位于雷吉安一条相对安静的侧街旁的一座多层建筑内，干净明亮的房间、郁郁葱葱的花园和清新怡人的泳池都会让背包客们惊叹不已。房间里设有各种中档设施，例如小冰箱和沐浴产品。服务员都态度友善并且乐于助人。想要私密一点的空间，可以选择3层的房间。

Sri Beach Inn 客栈 $

（见68页地图；☎0361-755897；Gang Legian Tewngah；房间 带风扇/空调 200,000/350,000Rp

另辟蹊径

雷吉安的偏僻小路

走在图邦、库塔和雷吉安时有时无的人行道上，同时还要躲开川流不息的汽车、摩托车、小贩，以及跑来跑去的小狗，这完全不像度假，简直让人紧张不已。你也许很快就开始向往那些人迹罕至、鸟声婉转、棕榈树叶沙沙作响的地方了。

想要预订一趟离开城市的旅行吗？请三思而后行吧。你完全可以不用离开这一地区，就能逃离世俗、遁入田园！商业区背后其实隐藏着一片片原始的绿色田园，当地人居住于此。

在雷吉安，随便选一条小巷（gang），进入由Jl Legian、Jl Padma、Jl Padma Utara和Jl Pura Bagus Taruna合围而成的区域，然后你很快就可以踏上经过当地民居的狭窄小路，路边偶尔会有食品摊档或者小商店。请随意漫步，享受这片安宁吧。没错，还有棕榈树叶的沙沙声和婉转起伏的鸟鸣声。

起；❄📶）沿着密如蛛网的小路深入老雷吉安的中心，当你听到棕榈树叶在头顶沙沙作响时，就快到这个坐落于花园中、共有5个房间的客栈了。多花些钱可以入住提供热水、空调和冰箱的房间。月租价格比较便宜。

★ Puri Damai 客栈 $$

（见68页地图；☎0361-730665；www.puridamai.com；Jl Werkudara；公寓 1/2卧室 US$70/140；❄📶🏊）隐匿于双六海滩附近的一处优雅的住宿选择。这座精致的小酒店由Made's Warung连锁店的老板Made经营。12间客房都是自带设施齐全的厨房、餐厅和客厅、露台和阳台的宽敞公寓。紧凑的院子里有不少植物，家具都是休闲的热带风格。

Island 客栈 $$

（见68页地图；☎0361-762722；www.theislandhotelbali.com；Gang Abdi；铺/房间 含早餐 150,000/300,000起；❄@📶🏊）毫不夸张地说，Island是巴厘岛少数面向高端背包客的住宿选择之一。这家时尚的酒店隐藏在Jl Legian西边弯弯曲曲的小巷中，地处Gang 19、Gang 21和Abdi的交会处。这里有一个极其奢华的12人间宿舍，还有一个清爽的泳池。

Sari Beach Hotel 酒店 $$

（见68页地图；☎0361-751635；www.thesaribeach.com；紧邻Jl Padma Utara；房间 含早餐 US$65~80；❄📶🏊）一路循着海涛声，穿过一条很长的小巷，才能找到这家物超所值的温馨海滨酒店。走进酒店，仿佛穿越到了20世纪80年代，非常适合度过一个宁静的海滩假期。21个房间都带有露台，最好的房间还有适合泡澡的巨大浴缸。绿草如茵的院子里有许多小型雕塑，还有亲水景观。

Jayakarta Hotel 度假酒店 $$

（见68页地图；☎0361-751433；www.jayakartahotelsresorts.com；Jl Pura Bagus Taruna；房间 含早餐 1,100,000~2,400,000Rp；❄@📶🏊）这家酒店正对着一长段阴凉的海滩。棕榈遮蔽的院落里有几个游泳池和几家餐厅，使这里成为团队游和亲子游的热门住宿地点。泳池边编发辫的人给孩子们打造度假造型。这里的331个房间都非常宽敞，位于2层或3层的建筑里。部分房间接收不到Wi-Fi信号。

Hotel Kumala Pantai 酒店 $$

（见68页地图；☎0361-755500；www.kumalapantai.com；Jl Werkudara；房间 含早餐 1,100,000~3,800,000Rp；❄@📶🏊）酒店的173个房间都非常宽敞，以大理石为材料的浴室内有独立的淋浴和浴缸。3层楼的建筑位于郁郁葱葱的院落内，就在非常热门的双六海滩对面。部分房间有冰箱和微波炉，可在前台办理入住时咨询。

Double-Six 度假酒店 $$$

（见68页地图；☎0361-730466；www.double-six.com；Double Six Beach 66；房间 含早餐 3,900,000Rp起；❄📶🏊）占地广阔的五星级度假村，其奢华程度丝毫不亚于拉斯维加斯。146个宽敞的房间正对着一个120米的豪华泳池，可以俯瞰海滩。配备24小时管家服务，浴室里还有电视；其中一些房间的阳台上设有热水浴缸。度假村内有1间大型露台酒吧（见79页），以及包括远近闻名的Plantation Grill（见78页）在内的多家餐厅。

Bali Mandira Beach Resort 酒店 $$$

（见68页地图；☎0361-751381；www.balimandira.com；Jl Padma 2；房间 US$150~360；❄📶🏊）在这家拥有191间客房和全套服务的度假村，花园里盛开着美丽的极乐鸟花。酒店房间分布于4层的楼房和单独的花园庭院内。小别墅的内部装修很新潮，浴室是半露天的。在一座石砌金字塔式建筑（里面是1个水疗中心）的顶上，有1个巨大的游泳池，在这里和在咖啡馆里一样，都能极目海天。

图邦（Tuban）

顺着时常被海水淹没的图邦海滩，你会发现一连串大型酒店。这些地方很受旅行团青睐，其中许多都设有大量的儿童游乐设施。

Patra Jasa Bali Resort & Villas 度假村 $$

（见75页地图；☎0361-935 1161；www.thepatrabali.com；Jl Ir H Juanda；房间 含早餐 1,300,000~2,500,000Rp；❄📶🏊）位于图邦最南端，靠近库塔岩礁海滩，这家低调的度假村非常安静，但可通过海滩步道轻松抵达各个场所。开阔的庭院里有2个泳池和绵延的花园。这里的228个房间充满魅力，别墅的露台

Tuban 图邦

Tuban 图邦

景点

1 库塔岩礁海滩......A2
2 马德斯·蓝格之墓......D1
3 Pantai Patra Jasa......A3
4 图邦海滩......B2

活动、课程和团队游

5 水上乐园......C1

住宿

6 Patra Jasa Bali Resort & Villas......A3

就餐

7 B Couple Bar 'n' Grill......B1
8 Kafe Batan Waru......B2
9 库塔夜市......D1
10 Pantai......B2
11 Pisgor......B3
12 Warung Nikmat......C1

饮品和夜生活

13 DeeJay Cafe......C1

购物

14 探索购物中心......B1
15 Joger......C1
16 力宝广场......B2
17 Periplus Bookshop......B1
Sogo......（见17）

上可以欣赏海天美景。

就餐

这里有风格各异的各式用餐场所。面向游客开放的廉价咖啡馆无处不在，菜单上主要是印度尼西亚经典菜肴、三明治和比萨。

如果想寻找轻松舒适的旅行者风格的咖啡馆，最好随意逛逛小巷，往人多的地方去就行。对于那些寻找快餐小吃或是凌晨4点突然想喝啤酒的人来说，24小时营业的Circle K连锁店随处可见。

最好不要去Jl Sunset街上的大餐厅。这些大力招揽客源的餐馆非常嘈杂，而且主要都是面向外来游客。

库塔 (Kuta)

Ajeg Warung 巴厘菜 $

（见68页地图；☎0822 3777 6766；Kuta

Beach；主菜 20,000Rp起；⌚8:00~22:00）库塔海滩上的一家简单的餐馆，餐桌摆在树荫下。菜单上包括最新鲜的当地菜肴，用餐时还可以欣赏冲浪表演。从Jl Pantai Kuta往北进入海滩，沿着海滨小路向南步行100米即到。

Bemo Corner Coffee Shop 咖啡馆 $

（见68页地图；☎0812 397 3313；www.facebook.com/bemocappucino；Jl Pantai Kuta 10A；主菜 40,000Rp起；⌚7:00~20:00）这个怡人的临街小咖啡馆是逃离Jl Legian喧嚣的一片诱人的绿洲，供应可口的咖啡饮品、冰沙和休闲小吃，例如三明治和由鸡蛋、培根、香肠等组成的丰盛的传统早餐。

Wooyoo 冰激凌 $

（见68页地图；☎0822 3652 7735；Jl Dewi Sri 18F；单品 20,000Rp起；⌚10:00~22:00）在热带地区，还有什么比冰激凌更沁人心脾的吗？这里的冰激凌来自一个著名的韩国品牌，以其丰润的口感和醇厚的奶味而闻名。可选择杯装、甜筒装或者直接将冰激凌置于甜美的“蜗牛”面包上。配料包括甜味爆米花、巧克力碎和吉拿棒（churros）等。用餐区域为树荫下的开放式风格。

库塔夜市 印度尼西亚菜 $

（Kuta Night Market；见75页地图；Jl Blambangan；主菜 15,000~25,000Rp；⌚18:00至午夜）在这片小吃摊和塑料椅子的天地里，熙熙攘攘的当地人和旅游从业者吃着热腾腾的大餐、烧烤和其他新鲜菜肴。

库塔市场 市场 $

（Kuta Market；见68页地图；Jl Raya Kuta；⌚6:00~16:00）规模不大，人流不少。接踵而至的顾客带来了源源不断的利润。在这里可以找到巴厘岛特有的水果，例如山竹。

★Take 日本菜 $$

（见68页地图；☎0361-759745；www.take.ramarestaurantsbali.com；Jl Patih Jelantik；主菜 70,000~300,000Rp；⌚11:00至午夜；📶）弯腰钻过门上悬挂的传统布门帘，进入这家规模不断扩大的餐厅，你就从巴厘岛一下子到了休闲版的东京。这里有极其新鲜的寿司、刺身，还有其他日本菜，都是在顾客的注目下由长长的柜台后面专业的大厨团队制作出来的。主厨每天清晨都会到金巴兰鱼市亲自挑选食材。

★Poppies Restaurant 印度尼西亚菜 $$

（见68页地图；☎0361-751059；www.poppiesbali.com；Poppies Gang Ⅰ；主菜 50,000~135,000Rp起；⌚8:00~23:00；📶）1973年开业的这家餐厅是库塔最早营业的餐厅之一（甚至Poppies Gang Ⅰ都是用它的名字命名的）。优雅的花园广受青睐，菜单上有各种高级巴厘岛菜、西餐和泰国菜。精选盖浇饭（rijstaffel）和海鲜非常受欢迎。

Fat Chow 亚洲菜 $$

（见68页地图；☎0361-753516；www.fatchowbali.com；Poppies Gang Ⅱ；主菜 65,000Rp起；⌚9:00~23:00；📶）这家时尚而现代的餐厅有着传统临街咖啡馆的外观。供应亚洲风味菜肴，可以选择在长长的野餐桌、小饭桌和休闲椅上用餐。食物充满创意，许多菜肴都分量十足，可以和朋友一起分享。最受喜爱的菜有：爽口亚洲沙拉、猪肉包、东京对虾以及地道的泰式炒河粉。

Sushi Tei 寿司 $$

（见68页地图；☎0361-849 6496；www.sushitei.co.id；Jl Pantai Kuta，Beachwalk，2nd fl；主菜 40,000~100,000Rp；⌚11:00~23:00）在这家可以欣赏冲浪的高端寿司店用餐，享受海风轻拂面庞的感觉。菜单上的寿司品种丰富，质量上乘。不妨留意超级实惠的特价品种。此外还有非常不错的饮品单以及日落时分的酒水折扣时段。

Balcony 各国风味 $$

（见68页地图；☎0361-757409；www.thebalconybali.com；Jl Benesari 16；主菜 50,000~170,000Rp；⌚6:00~23:00）餐厅设计采用明快的热带风格，位于嘈杂喧闹的Jl Benesari。白天提供品种丰富的早餐菜单。到了晚上，可供选择的食物包括意大利面、烤肉和一些印度尼西亚经典菜式。食物味道很不错，是与一见倾心者于夜晚约会的好地方。

Made's Warung 印度尼西亚菜 $$

（见68页地图；☎0361-732130；www.madeswarung.com；Jl Pantai Kuta；主菜 60,000Rp

宽衣解带的库塔牛仔

你会在巴厘岛南部的海滩看见他们：身体强壮、刺有文身、长发飘逸、谦恭有礼并爱好社交的年轻男子。长期以来他们都被称为“库塔牛仔”。原先在东南亚的某些旅游地常常只能见到当地的年轻女子和年纪较长的西方男子在一起，“库塔牛仔”的出现改变了这种情况。几十年来，来自日本、澳大利亚和其他国家的许多女性都在巴厘岛的海滩找到了伴侣，满足了某种需求：浪漫、冒险或者其他。

这些外国女性与巴厘岛男子之间的关系远比用性服务换取金钱的简单交易（在巴厘岛为非法行为）要复杂得多：尽管库塔牛仔们不会直接用性来交换金钱，但是他们的异性伴侣会请他们吃饭、给他们买礼物，甚至为他们支付其他费用，比如房租。

这个众所周知的巴厘岛现象在非常具有观赏性的纪录片《天堂牛仔》（*Cowboys in Paradise*；可在线观看）中进行了详细描述。导演阿米特·维曼尼（Amit Virmani）说：“一个巴厘岛男孩曾告诉我，自己的愿望是长大后为日本女孩提供性服务。”在这之后，维曼尼萌生了拍摄这部电影的念头。这部纪录片揭示了库塔牛仔的生活，探究了他们与女性游客共享短暂激情所需付出的经济成本和情感成本。

起；⏲8:00~23:00）库塔最早开设的专为游客服务的大排档。多年来，这里西餐化的印尼菜肴被无数次抄袭。在开放式环境下享用这里的招牌什锦饭（nasi campur），让人不禁回想起库塔旅游热点由煤油灯点亮的往昔。

Kopi Pot 咖啡馆 $$

（见68页地图；☎0361-752614；www.kopipot.com；Jl Legian；主菜 43,000Rp起；⏲7:00~23:00；📶）绿荫掩映下的Kopi Pot最受欢迎的是咖啡、奶昔和各种甜点。多层的露天用餐区和酒吧位于嘈杂的Jl Legian背面。

Mama's German Restaurant 德国菜 $$

（见68页地图；☎0361-761151；www.bali-mamas.com；Jl Legian；主菜 65,000Rp起；⏲24小时）一旦你习惯了身着德国连衣裙的当地服务人员，你也许会将这里当作热带版的慕尼黑。菜肴是非常地道的德国风味，拥有品种丰富的香肠、烤肉和猪排，食材都来自餐厅自营的屠宰场。如果不想点德式香肠，你还可以选择汉堡、面条、比萨等。可按升点Bintang生啤酒。

Stakz Bar & Grill 澳大利亚菜 $$

（见68页地图；☎0361-762129；Jl Benesari；主菜 40,000~140,000Rp；⏲8:00至午夜；📶）从早餐时段的蔬菜酱吐司和白咖啡，到午餐时段的土豆卷饼或肉馅饼，再到晚餐时段的澳式巨无霸汉堡（食材包括甜菜根、鸡蛋和菠萝等），处处都洋溢着浓郁的澳洲风情。回头客从上午就开始坐在吧台旁边；店内随处可见文身人士。

Jamie's Italian 意大利菜 $$$

（见68页地图；☎0361-762118；www.jamieoliver.com；Jl Pantai Kuta；主菜 245,000Rp起；⏲12:00~23:00）Jamie Oliver在全球的40家连锁店之一，提供恰如其分的创意和季节菜单。菜式新颖，但价格昂贵。汉堡定价和纽约并无区别。店内外均设有餐桌。服务和菜式都无可挑剔。

雷吉安（Legian）

Saleko 印度尼西亚菜 $

（见68页地图；☎0361-738170；Jl Nakula 4；主菜 15,000Rp起；⏲周一至周六 8:00至次日1:00，周日 9:00至次日1:00；🌿）如果你还没有吃过巴东菜（Masakan Padang），那就不算品尝过印尼美食。Saleko就是品尝这种简单、美味、实惠的苏门答腊街头食物的好地方。香辣烤鸡和烤鱼用超级火辣的酱料来挑战你的舌尖——而非面向游客的温和改良版本。这里还为素食者准备了可口的豆腐、熟木菠萝以及美味的茄子。

所有菜肴都是清真风味；店内没有酒精饮品。

Warung Murah 印度尼西亚菜 $

（见68页地图；☎0361-732082；Jl Arjuna；

主菜 20,000~35,000Rp起；⏲8:00~23:00）在这家地道的海鲜排档吃午餐是顺理成章的事情。这里有各种烤鱼静待品尝。如果你偏爱禽类胜过海鲜，那么来一份沙爹鸡块（sate ayam），绝对鲜美多汁，而且经济实惠。午餐时段客人爆满，最好在中午之前到店。不要错过这里的辣椒酱。

Warung Yogya

印度尼西亚菜 $

（见68页地图；☎812-3995 5321；Jl Padma Utara；主菜 25,000Rp起；⏲8:00~22:00）这家朴素的排档隐藏在雷吉安的中心地带，被收拾得一尘不染，还带点现代风格。这里供应的当地食物物美价廉，就连本地人也会忍不住停下脚步。

Warung Asia

亚洲菜 $

（见68页地图；www.warungasia.com；Jl Werkudara 5；主菜 50,000Rp起；⏲13:30~22:30；📶）巴厘岛的服务员都很热情，而这里的服务员则更显热情。这家人气极旺的位于楼上的餐馆供应印尼经典菜和泰国菜肴。夜幕降临后，店内氛围在酒精饮品的推波助澜之下变得无比喧嚣。

Mozzarella

意大利菜、海鲜 $$

（见68页地图；☎0361-751654；www.mozzarella-resto.com；Jl Padma Utara；主菜 70,000~200,000Rp；⏲7:00~23:00；📶）雷吉安步行区的最佳海滨餐厅，供应比大部分竞争对手更地道的意大利菜。新鲜鱼类也是其特色。服务热情周到，你可以在开阔的露天就餐区享用月光晚餐，也可以在室内餐厅品尝美味。这里也是享用宁静海滨早餐的好地方。

Balé Udang

印度尼西亚菜 $$

（Mang Engking；见68页地图；☎0815 2904 0654；www.baleudang.com；Jl Nakula 88；主菜 45,000Rp起；⏲11:00~22:00）这家大餐厅供应印度尼西亚食物，是岛屿风格的代表，各种茅草亭点缀于池塘和水面之间。长长的菜单上主要是各种海鲜。服务员性子较急，但还算友好。

Zanzibar

各国风味 $$

（见68页地图；☎0361-733529；Jl Arjuna；主菜 50,000~120,000Rp起；⏲7:00~23:00）这家热门餐厅的露台正对着双六海滩游人最多的地段。日落时分是最佳用餐时间，在二层露台上的餐桌可以欣赏到璀璨的晚霞。菜肴包括米饭配家常菜和夹肉汉堡。如果这家餐馆人多，那么不妨去附近的其他几家餐厅看看，菜肴也都还不错。

Plantation Grill

新派澳洲菜 $$$

（见68页地图；☎0361-734300；www.plantationgrillbali.com；4th fl, Double-Six Hotel, Double Six Beach 66；主菜 200,000~850,000Rp；⏲18:00至午夜）这家豪华酒店餐厅外面的华丽招牌毫无疑问在告诉人们这里是澳大利亚名厨Robert Marchetti所经营的餐饮集团中的一员。在室内，你会看到奢华的热带风格装饰，带着客人们穿越回20世纪20年代。菜单上有超大分量的牛排和海鲜，其中一些特色菜品的价格高到让人咂舌，例如Thermidor龙虾（855K！）。Sling酒吧是坐下来喝一杯梦幻鸡尾酒的温馨场所。

图邦（Tuban）

★ Pisgor

印度尼西亚菜 $

（见74页地图；Jl Dewi Sartika；小吃 2000Rp起；⏲10:00~22:00）在这家机场附近的狭窄铺面，热腾腾的炸锅中不断出品各种美味。炸香蕉（piseng goring）不可错过，你还可以品尝更多"神秘莫测"的食物，例如蔬菜蛋糕（ote-ote）。点一份大杂烩，就着生辣椒吞咽下肚，品味当地特色菜肴。

Warung Nikmat

印度尼西亚菜 $

（见74页地图；☎0361-764678；Jl Bakung Sari 6A；主菜 15,000~30,000Rp；⏲8:00~21:00）这家历史悠久、最受爪哇人青睐的餐馆以其一系列地道的印尼菜肴而闻名。名菜包括咖喱牛肉（beef rendang）、油炸馅饼（perkedel）、虾饼、牛尾汤（sop buntut）以及各种咖喱菜肴和蔬菜。请在下午2点前到达，以便品尝到最佳美味。

Pantai

海鲜 $$

（见74页地图；☎0361-753196；Jl Wana Segara；主菜 50,000~150,000Rp；⏲10:00~23:00；📶）这家海滨酒吧兼烧烤店位置得天独厚！食物是针对游客的，非常一般（海鲜、

印度尼西亚经典菜、意大利面等)，但面朝大海的用餐环境实在令人心旷神怡。这里每年都会变得更加新潮，价格也不断上涨，但不会有乱标价的行为。位于Lippo Mall Kuta后面，海滨步道旁边。

B Couple Bar 'n' Grill 海鲜 $$

(见74页地图；☎0361-761414；Jl Kartika Plaza；主菜 60,000~200,000Rp；⊙11:00至午夜)这家餐厅里总是挤满了当地高收入阶层以及一些海外游客，菜肴以金巴兰(Jimbaran)风味的海鲜烧烤为主。台球桌、赛事直播和现场音乐交织着餐厅的喧闹和露天厨房的火焰，显得格外热闹。

Kafe Batan Waru 印度尼西亚菜 $$

(见74页地图；☎0361-897 8074；www.batanwaru.com；Jl Kartika Plaza, Lippo Mall Kuta；主菜 60,000Rp起；⊙11:00~23:00)乌布(Ubud)著名的餐厅在图邦开设的分店。这是一个升级版的小吃摊，供应极佳的亚洲和本地创意菜肴。还有美味的咖啡、烘焙食品及儿童喜欢的食物。它在迷人的力宝广场(见81页)前面新开了一家高端分店。

饮品和夜生活

海滩上的落日美景引人入胜，还可以在海景咖啡馆或者海滨啤酒摊喝一杯。夜幕降临后，传说中的夜生活开始蠢蠢欲动。水明漾有不少时尚达人聚集地，很多人会先来此消磨傍晚时光，夜深了再到更南面的区域去忘乎所以地疯狂。

水明漾时尚的俱乐部是同性恋和非同性恋都经常光顾的地方，而在库塔和雷吉安你会看到各种各样的人。

The Beat(www.beat-mag.com)详细列出了各种活动。

★ Velvet 酒吧

(见68页地图；☎0361-846 4928；Jl Pantai Kuta, Beachwalk, level 3, Kuta；⊙11:00至深夜)位于Beachwalk购物中心靠近沙滩的一头，这个大型露台酒吧和咖啡馆拥有无与伦比的落日美景。周三至周日，这里在22:00后都会摇身变为一家夜店。找一个双人椅吧。

不要错过

日落小酌

巴厘岛的日落通常呈现出令人叹为观止的红色、橙色和紫色。喝着冰啤酒，在落日余晖下欣赏海浪，是每天18:00海滩上最受欢迎的活动。热情友好的小伙子在沙滩上提供塑料凳以及便宜的冰镇Bintang啤酒(20,000Rp)。

在库塔，可以前往海滩南端没有车辆的地方；在雷吉安，最佳地点是从Jl Padma以北至Jl Pantai Arjuna以南的沙滩地带。

★ Double-Six Rooftop 酒吧

(见68页地图；☎0361-734300；www.doublesixrooftop.com；Double Six Beach 66, Legian；⊙15:00~23:00；📶)玻璃幕墙内游来游去的鲨鱼、装饰风格优雅的包厢、优越便利的地理位置以及提基火把装饰品——位于双六酒店楼上的这家排场十足的酒吧会让人误以为走进了"007"电影中的反派大本营。环行包厢是欣赏日落美景的绝佳地点——最低1,000,000Rp的订房价格可以用来消费各种食物，非常适合团队游客。这里的饮品价格不菲。

★ Jenja 夜店

(见68页地图；☎0361-882 7711；www.clubjenja.com；TS Suites, Jl Nakula 18, Legian；⊙周三和周四 22:00至次日4:00，周五和周六 22:00至次日5:00)位于TS Suites酒店内的一家高端的夜店，占据了数层空间。DJ播放迪斯科、R&B、放克、灵魂和高科技舞曲等各种音乐，来这里的既有富有的本地人，也有外国人。餐厅供应适合分享食用的高价菜肴。

Bali Beach Shack 酒吧

(见68页地图；☎0819 3622 2010；www.balibeachshack.com；Jl Sahadewa, Legian；⊙周二至周日 15:00~23:00)一家富有传奇色彩的露天酒吧，每晚都有客人到这里来欣赏现场音乐和欢快的扮装秀。音乐风格从流行到乡村，一应俱全。

Sky Garden Lounge 夜店

(见68页地图；www.skygardenbali.com；Jl Legian 61, Kuta；99,000Rp起；⊙17:00至次日

4:00）Sky Garden是一座新鲜刺激的多层宫殿，顶层的酒吧居高临下，将库塔的一切尽收眼底。不妨来看看这里顶级的DJ、底层的咖啡厅，以及守株待兔的狗仔队们。这里也许是库塔最具特色的夜店，每小时都会有特供饮品和自助餐。这里吸引了许多背包客、醉酒的青少年以及当地人。

Engine Room 夜店

（见68页地图；☎0361-755188；www.engineroombali.com；Jl Legian 89, Kuta；⏰18:00至次日4:00）这家夜店面朝大街，有热辣的笼中舞者在门口招揽生意。随着夜色深沉，几乎每个人都开始手舞足蹈，身上的衣服也越来越少。这是一个狂野的派对，四块欢乐的场地演奏的音乐类型包括嘻哈、爵士打击乐和饶舌等。

Cocoon 夜店

（见68页地图；☎0361-731266；www.cocoon-beach.com；Jl Arjuna, Legian；⏰10:00至午夜）有一个能观赏双六海滩风景的巨大游泳池，这家高级夜店（穿着有酒类品牌标识的汗衫禁止入内！）随时都有精彩的派对和活动。泳池周围有床、沙发和VIP区域，DJ会在这里打造主题狂欢之夜。

Bounty 夜店

（见68页地图；JL Legian, Kuta；⏰22:00至次日3:00）Bounty设在一座迷你餐饮购物中心里的一艘人造帆船上，是一个彻夜狂欢的巨大露天迪斯科场地，整夜都在演奏嘻哈、高科技舞曲、浩室和派对歌曲等。泡沫派对、热辣舞蹈、迷幻表演以及价格实惠的酒水，让这里显得格外喧嚣。

当地知识

派对狂欢

巴厘岛最出名的夜店都集中在Sky Garden Lounge周边300米的范围内。喝酒和泡吧的界限在这里变得模糊，随着夜晚来临（或者早晨到来），二者相互交融。所有酒吧都可自由进入，而且都会推出特饮促销，还有"欢乐时光"折扣时段，一直到午夜时分。机灵的派对老手们会紧随各个酒吧俱乐部的特饮时段，从一个地方挪到另一个地方，整晚都可以享受折扣。不妨留意打折饮品的广告宣传单。

巴厘岛夜店种类多样，从冲浪者喜欢的氛围、轻松的夜场，到有长长的酒水单和穿梭侍者的高档夜店，应有尽有。库塔地区夜店中的性工作者数量在不断激增。

Apache Reggae Bar 酒吧

（见68页地图；Jl Legian 146, Kuta；⏰20:00至次日2:00）这是库塔区最喧闹的地方之一。酒吧里挤满了当地人和游客，其中很多人是来猎艳的。音乐声音很大，不过真正让你直到第二天还能感到头痛欲裂的东西，其实是用大塑料壶装着端上来的酒精饮料。

DeeJay Cafe 夜店

（见74页地图；☎0361-758 880；Jl Kartika Plaza 8X, Kuta Station Hotel, Tuban；⏰1:00~11:00）这里是结束夜晚（或开始一天）的选择。驻场DJ在这里播放各种音乐，有部落风格、地下风格、更激进的迷幻风格和电子风格等。注意防范那些专门在社交场合"猎艳"的常客。

购物

库塔有很多采购廉价商品的地方（最畅销的纪念品包括阳具形状的开瓶器），也有许多大型的高级冲浪装备店。如果你沿着Jl Legian一路向北，商品质量就会提高很多，还能找到一些可爱的精品店，特别是在Jl Arjuna附近（这里都是批发布料、服装和工艺品的商店，有一种市集的感觉）。继续走到水明漾区，那里简直就是购物天堂。

★Luke Studer 体育用品和户外用品

（见68页地图；☎0361-894 7425；www.studersurfboards.com；Jl Dewi Sri 7A, Legian；⏰9:00~20:00）这家既大又时尚的冲浪商店是由具有传奇色彩的冲浪板制造商Luke Studer开设的，提供短板、复古鱼尾板、单鳍、经典长板，你可以选择成品，也可以量身定制。

Sriwijaya Batik 纺织品

（见68页地图；☎0878-6150 0510；Jl Arjuna 19, Legian；⏰9:00~18:00）可订购蜡染和其他纺织品，有不计其数的颜色可供选择。质量非常不错。

Surfer Girl 服装

（见68页地图；☎0361-752693；www.surfer-girl.com；Jl Legian 138，Kuta；⊙9:30~23:00）这家很大的店铺是本地的一个传奇，迷人的标志说明这里主要服务于各年龄层的女士。店内有服装、装备、比基尼和女士冲浪所需的其他物品。

Rip Curl 体育用品和户外用品

（见68页地图；☎0361-754455；www.ripcur.com；Jl Legian 62，Kuta；⊙9:00~23:00）把沉闷的黑色服装换成令人瞩目的花样！巴厘岛最大的冲浪服装店里有各种海滩用品、游泳衣和冲浪板。

Beachwalk 购物中心

（见68页地图；www.beachwalkbali.com；Jl Pantai Kuta，Kuta；⊙周日至周四 10:30~22:30，周五和周六 10:00至午夜）这家大型露天购物广场及酒店和公寓位于库塔海滩对面，里面全是国际品牌连锁店：从Gap到星巴克等。用于装饰的流水在豪华商店间流淌。多花点时间逛逛，说不定会有意外的惊喜。

力宝广场 购物中心

（Lippo Mall Kuta；见75页地图；☎0361-897 8000；www.lippomalls.com；Jl Kartika Plaza，Tuban；⊙10:00~22:00）这个巴厘岛南部的大型购物中心，给图邦本来就欠缺规划的街道更添一丝混乱。里面有一个大型Matahari百货商店，有数十家国际连锁店、餐厅和一间超市。

Sogo 百货商店

（见75页地图；☎0361-769555；Jl Kartika Plaza，Discovery Mall，Tuban；⊙10:00~22:00）时尚的日资百货商店，弥漫着浓郁的国际潮流气息。

Summer Batik 纺织品

（见68页地图；☎0361-735401；Jl Arjuna 45，Legian；⊙9:30~17:00）尽管附近大张旗鼓的连锁酒店建造热潮让大多数纺织品门店迁往他处，但Jl Arjuna仍留下了一些扎染批发商。在这家商店里，狭小的空间内挤满了丰富多彩的数千种样品。

探索购物中心 购物中心

（Discovery Mall；见75页地图；☎0361-755522；www.discoveryshoppingmall.com；Jl Kartika Plaza，Tuban；⊙10:00~22:00，周六和周日 10:00~22:30）图邦这个体积庞大、外表简单、人气旺盛的购物中心建在水面上，占据了海滨的大片区域，里面有各种商店，包括大型的Centro和前卫的Sogo等百货商店。

> **不要错过**
>
> **库塔人气最旺的商店**
>
> 门口拥挤的人群使这里看上去像是一家正在遭受挤兑的银行，店里面乱哄哄的。欢迎来到Joger（见75页地图；☎0361-752523；www.jogerjelek.com；Jl Raya Kuta；⊙10:00~20:00）。这是巴厘岛零售业的传奇，也是巴厘岛南部地区最受欢迎的商店。从印尼其他地方来的游客都会想着来这里买一只有着大大的黑眼睛的塑料狗（4000Rp），或从数以千计的写着各种讽刺、滑稽、难以理解的话语的T恤（基本上都是限量版的）中选一件带回去。警告：这家狭窄的商店内部看起来一团糟。

家乐福 购物中心

（Carrefour；见68页地图；☎0361-847 7222；Jl Sunset，Kuta；⊙8:00~22:00）这家法国大型连锁超市还集合了许多小商店（书籍、计算机、比基尼商店等）。这里是采购日用品的最佳地点，还有1个很大的方便食品区和1个美食广场。不过其缺点也是不可避免的，毕竟这是一座购物中心。

Periplus Bookshop 书店

（见75页地图；☎0361-769757；Jl Kartika Plaza，Discovery Mall，1st fl，Tuban；⊙10:00~22:00）有大量精选新书。

Naruki Surf Shop 体育用品和户外用品

（见68页地图；☎0361-765772；Jl Lebak Bene，Kuta；⊙10:00~20:00）这是分布在库塔小巷中的几十家冲浪商店之一，出售五花八门的冲浪板，价格还算公道。

ℹ 实用信息

紧急情况

旅游警察局（见75页地图；☎0361-224111；170 Jl

Kartika; ⏲24小时)

旅游警务站(Tourist Police Post; 见68页地图; ☎0361-784 5988; Jl Pantai Kuta; ⏲24小时)就在沙滩对面。警官们的装扮好像是巴厘岛版的《海滩游侠》(*Baywatch*; 一部讲述迈阿密救生员的美国电视剧)。

医疗服务

BIMC(见68页地图; ☎0361-761263; www.bimcbali.com; Jl Ngurah Rai 100X; ⏲24小时)位于库塔东边的绕行公路上,临近Bali Galeria购物中心。这家现代化的门诊可提供各种测试、酒店出诊,还可安排医疗撤运。出诊费用高达US$100或更多。在杜阿岛(Nusa Dua)上还有一家分院。

Kimia Farma(见68页地图; ☎0361-755622; Jl Pantai Kuta 102; ⏲24小时)当地连锁药店的一家分店,药品较为齐全,甚至还有很难找到的物品,例如应对让人讨厌的醉酒喧闹者们的"灵丹妙药"——耳塞!图邦的**分店**(见75页地图; ☎0361-757472; Jl Raya Kuta; ⏲24小时)和雷吉安的**分店**(见68页地图; ☎0361-734970; Jl Legian 504; ⏲24小时)也提供各种药品。

现金

库塔中央货币兑换处(Central Kuta Money Exchange; 见68页地图; ☎0361-762970; www.centralkutabali.com; Jl Raya Kuta 168; ⏲8:00~18:00)这个值得信赖的地方可提供多国货币兑换服务。在雷吉安设有**分店**(见68页地图; Jl Melasti; ⏲8:30~21:00),在一些Circle K便利店里还设有兑换柜台。

邮政

能够寄件的邮政代理随处可见。

中心邮局(见75页地图; ☎0361-754012; Jl Selamet; ⏲周一至周四 7:00~14:00, 周五 7:00~11:00, 周六 7:00~13:00)位于Jl Raya Kuta东边的一条小路上,这个邮局虽然小,但是效率很高,在邮寄大宗包裹方面很有经验。

旅游信息

没有实用的官方旅游咨询处。很多地方都自我标榜为"游客信息中心",通常却都是商业旅行社,或者更糟——分时合租公寓的销售公司!

旅行社

Hanafi(见68页地图; ☎0821 4538 9646; www.hanafi.net; Jl Pantai Kuta)这是一家颇具传奇色彩的库塔本地团队游导游机构。可定制各种线路,无论是亲子游或是情侣出行均可。同时还运营迷人的Kuta Bed & Breakfast Plus(见71页)项目。对同性恋者十分友好。

ℹ 到达和离开

小巴(BEMO)

小巴往返于库塔和登巴萨的Tegal车站,费用应该是10,000Rp左右。这条路线从Jl Pantai Kuta附近的Jl Raya Kuta出发,走环线经过海滩,最后到达Jl Melasti,然后经Bemo Corner(见68页地图)返回登巴萨。

在Jl Raya Kuta路边有一个**小巴车站**(见75页地图),有班次较少的小巴往返于库塔和图邦之间。

长途汽车

要想搭乘巴士前往巴厘岛的任何地方,首先必须在登巴萨找到正确的车站。大街小巷都贴有旅游穿梭巴士的广告。

Perama(见68页地图; ☎0361-751551; www.peramatour.com; Jl Legian 39; ⏲7:00~22:00)是镇上主要的旅游穿梭巴士运营商,可以提供酒店接送服务(需另付10,000Rp,在安排行程时请提前与工作人员确认)。通常每天至少有1班车前往各个目的地,其中包括:罗威那(Lovina; 125,000Rp, 4.5小时)、八丹拜(Padangbai; 75,000Rp, 3小时)和乌布(60,000Rp, 1.5小时)。

Trans-Sarbagita(见68页地图; ☎0811 385 0900; Jl Imam Bonjol; 车票 3000Rp; ⏲5:00~21:00)巴厘岛的汽车公司,有4条线路,发车地点在Istana Kuta Galleria以南的中心停车场。目的地包括登巴萨、萨努尔、金巴兰和杜阿岛等。

库塔是非常实用的**Kura-Kura旅游巴士**(见68页地图; ☎0361-757070; www.kura2bus.com; Jl Ngurah Rai Bypass, ground fl, DFS Galleria; 车票 20,000~80,000Rp, 3/7天 通票 150,000/250,000Rp起; 📶)线路的枢纽。

船

Pelni售票处(见75页地图; ☎0623 6175 5855, 0361-763963; www.pelni.co.id; Jl Raya Kuta 299; ⏲周一至周五 8:00至正午和13:00~16:00, 周六 8:00~13:00)可了解国家航运公司的轮渡班次并可购票。

当地交通

抵离机场

从机场搭乘面包车到图邦需要200,000Rp，到库塔需要250,000Rp，而到雷吉安则需要260,000Rp。如果前往机场，打表的出租车要便宜一些。摩托出租车的价格通常是普通出租车的一半。

出租车

如果出现拥堵，从库塔前往水明漾的车费可高达150,000Rp，用时超过30分钟，因此从海滩步行过去要更快一些。

水明漾（Seminyak）

☎0361/人口 6140

流光溢彩的水明漾是岛上大量外国侨民的生活中心，他们中的许多人在这里开设了精品店、服装设计商店、冲浪用品店，或者看起来无所事事。虽然从地理位置上而言水明漾就在库塔和雷吉安北面，但在很多方面给人的感觉都截然不同——若隐若现的时尚感可能是原因之一。

这里是一个生机勃勃的地方，有几十家餐厅和夜店，还有很多富有创意的设计师商店和画廊。世界级的酒店沿着海滩一字排开。这里的海滩与库塔的一样开阔而多沙，但游人却没有那么拥挤。

水明漾与其北面的克罗博坎完全融合在一起——实际上，两个区域之间的边界就像巴厘岛其他地区一样模糊。不经意间，整个假期就会在水明漾用尽了。

海滩

库塔海滩与雷吉安连在一起，然后延长到水明漾。由于交通不便，水明漾的沙滩一般不像库塔的那样人满为患。不过，这也意味着救生员巡逻次数更少，相应地水面状况也更缺乏监视。特别是当你向北行进的时候，碰到危险的大潮或其他危险的情况概率更高。

★水明漾海滩 海滩

（Seminyak Beach；见84页地图）1张沙滩椅，1罐冰镇Bintang啤酒，伴着海滩上的日落，这场景本身就充满了魅力。佩提天吉寺附近的沙滩非常不错，比更靠南的库塔要清净得多。

景点

BIASA ArtSpace 美术馆

（见84页地图；☎0361-730308；www.biasagroup.com；Jl Raya Seminyak 34；⌚9:00~21:00）**免费**这座艺术中心建成于2005年，展示已成名和新兴印尼及国外艺术家的作品。美术馆会不断举办各种艺术形式的轮回展览，从绘画和摄影到雕塑和装置艺术等。楼上有一间迷你阅览室和一个艺术品修复工作室。

佩提天吉寺 印度教寺庙

（Pura Petitenget；见84页地图；Jl Petitenget）这是一座重要的寺庙，也是许多庆典仪式的举办场所。巴厘岛有众多海神庙——从布科半岛上的乌鲁瓦图寺（Pura Luhur Ulu Watu），到巴厘岛西面的海神庙（Pura Tanah Lot），佩提天吉寺只是其中之一。"Petitenget"在当地语言中大致的意思为"魔盒"，指的是16世纪传奇大祭司尼拉塔（Nirartha）的珍贵物品，他净化了巴厘人的信仰，生前经常光顾这个寺庙。

该寺庙因的周年庆典活动远近闻名，按巴厘岛历法，每210天举行一次。旁边就是农神庙。

农神庙 印度教寺庙

（Pura Masceti；见84页地图；Jl Petitenget）这是供奉农业神的寺庙，当地农夫在这里祈祷，以求免遭鼠患；而有悟性的建筑者想在稻田里建造别墅时，则会在这里布施，以求得到神的谅解。

水明漾弯弯曲曲的主干道

水明漾繁华的中心位于蜿蜒曲折的Jl Kayu Aya（即Jl Oberoi/Jl Laksmana）一线。这条路从熙熙攘攘的Jl Basangkasa一直通向海滩，然后向北沿着Jl Petitenget穿过水明漾的一部分。蜿蜒穿过水明漾进入克罗博坎的这段路两边云集了众多餐厅、高级精品店和酒店。随着步行道的改善，看看橱窗或逛逛咖啡店已经开始变得轻松；如今，怒火狂飙的该是交通拥堵时的司机了。

Seminyak & Kerobokan 水明漾和克罗博坎

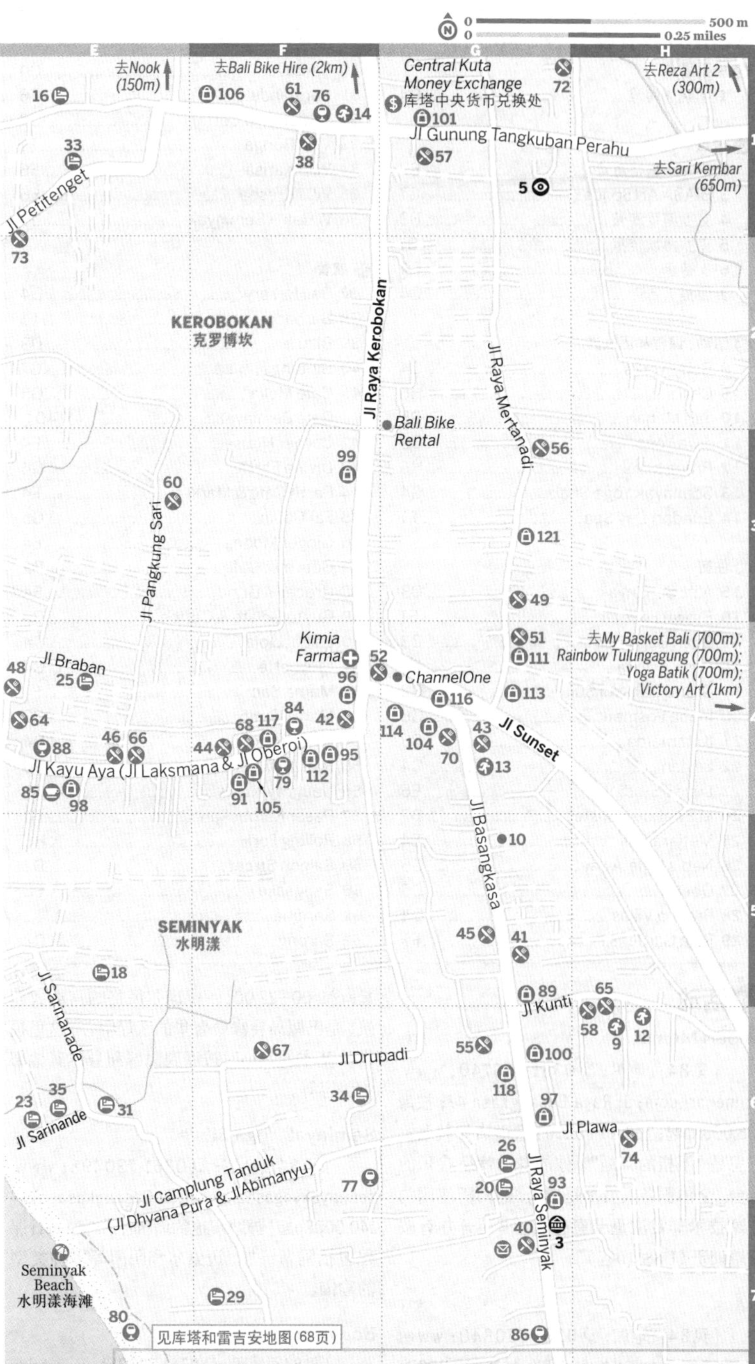
去Nook (150m)
去Bali Bike Hire (2km)
Central Kuta Money Exchange 库塔中央货币兑换处
去Reza Art 2 (300m)
Jl Gunung Tangkuban Perahu
去Sari Kembar (650m)
Jl Petitenget
KEROBOKAN
克罗博坎
Jl Raya Kerobokan
Jl Raya Mertanadi
Bali Bike Rental
Jl Pangkung Sari
Kimia Farma
ChannelOne
去My Basket Bali (700m); Rainbow Tulungagung (700m); Yoga Batik (700m); Victory Art (1km)
Jl Braban
Jl Sunset
Jl Kayu Aya (Jl Laksmana & Jl Oberoi)
Jl Basangkasa
SEMINYAK
水明漾
Jl Sarinanade
Jl Kunti
Jl Drupadi
Jl Sarinande
Jl Plawa
Jl Camplung Tanduk (Jl Dhyana Pura & Jl Abimanyu)
Jl Raya Seminyak
Seminyak Beach 水明漾海滩
见库塔和雷吉安地图(68页)
500 m
0.25 miles

Seminyak & Kerobokan 水明漾和克罗博坎

活动

★Jari Menari 水疗

（见84页地图；☎0361-736740；www.jarimenari.com；Jl Raya Basangkasa 47；按摩435,000Rp起；⌚9:00~21:00）这里店如其名，意思是“手指的舞蹈”：你的身体就是欢乐的舞台。全体服务人员都是男士，他们所使用的按摩技术非常注重节奏感。这里还开办有按摩培训班（US$170起）。

Prana 水疗

（见84页地图；☎0361-730840；www.pranaspabali.com；Jl Kunti 118X；按摩510,000Rp起；⌚9:00~22:00）一座摩尔风格的宫殿式建筑，是巴厘岛装修最奢华的水疗中心。这里提供从基本的一小时按摩到面部和身体其他部位美容等。

Seminyak Yoga Shala 瑜伽

（见84页地图；☎0361-730498；www.seminyakyogashala.com；Jl Basangkasa；课程140,000Rp起）脚踏实地的瑜伽工作室，每日课程包括阿斯汤加、迈索尔和阴阳等多种类型的瑜伽。

Bodyworks 水疗

（见84页地图；☎0361-733317；www.body

63 Sea Circus C4
Shelter Cafe .... (见55)
64 Sisterfields E4
65 Taco Beach Grill H6
66 Ultimo E4
67 Wacko Burger F6
68 Warung Aneka Rasa F4
69 Warung Eny D2
70 Warung Ibu Made G4
71 Warung Kita D2
72 Warung Sobat G1
73 Warung Sulawesi E2
74 Warung Taman Bambu H6
75 Watercress C1

饮品和夜生活

76 40 Thieves F1
77 Bali Joe F6
78 Ku De Ta D5
79 La Favela F4
80 La Plancha E7
81 Mirror D2
82 Mrs Sippy C3
83 Potato Head B3
84 Red Carpet Champagne Bar F4
85 Revolver E4
86 Ryoshi Seminyak House of Jazz G7
87 Warung Pantai B2
88 Zappaz E4

娱乐

Upstairs Lounge Cinema Club.. (见43)

购物

89 Ashitaba G5
90 Ayun Tailor C1
91 Bamboo Blonde F4
92 Bathe D1
93 Biasa G7
94 Carga D3
95 Cotton Line by St Isador F4
96 Divine Diva F4
97 Domicil G6
98 Drifter Surf Shop E4
99 Geneva Handicraft Centre F3
100 Indivie G6
101 JJ Bali Button G1
102 Kevala Home D1
103 Kody & Ko D4
Lily Jean .... (见115)
104 Lucy's Batik G4
105 Lulu Yasmine F4
106 Mercredi F1
107 Milo's D4
108 Namu C3
109 Niconico D5
110 Periplus Bookshop D4
111 Pourquoi Pas G4
112 Prisoners of St Petersburg F4
113 Purpa Fine Art Gallery G4
Quarzia Boutique .... (见107)
114 Sandio G4
115 Seminyak Village D4
116 Souq G4
117 Thaikila F4
118 Theatre Art Gallery G6
119 Tribali D2
120 Tulola D2
Uma & Leopold .... (见44)
White Peacock .... (见115)
121 You Like Lamp G3

worksbali.com; Jl Kayu Jati 2; 按摩 295,000Rp起; ⏲9:00~22:00)这家位于水明漾中部的超受欢迎的理疗中心提供蜜蜡脱毛、做头发、关节正骨等多个服务项目。

Chill 水疗

(见84页地图; ☎0361-734701; www.chillreflexology.com; Jl Kunti; 理疗 每小时 250,000Rp起; ⏲10:00~22:00)店如其名。这处充满禅意的场所使用反射按摩疗法，理疗包括全套压力点按摩等。

Surf Goddess 冲浪

(☎0858 997 0808; www.surfgoddessretreats.com; 每周 含独立房间 US$2495起)专门面向女性的冲浪假期服务，包括冲浪课程、瑜伽、简餐以及水明漾背街的时尚客栈房间等。

住宿

水明漾有各类住宿地点，从世界级海滩度假村，到藏在背街小巷里的简单小旅馆。这里也是别墅区开始的地方，别墅从这里向北延伸，最后消失在长谷的稻田里。对许多人而言，一栋带泳池的私家别墅就是他们的假期梦想。

巴厘岛南部新开张了许多中档连锁酒店，它们可能会在店名中加入"水明漾"字样，但是实际位置可能远在登巴萨。

Inada Losmen

客栈 $

（见84页地图；☎0361-732269；putuinada@hotmail.com；Gang Bima 9；单/双 150,000/180,000Rp起）位于Bintang超市后面的小巷里，这家经济型首选客栈离夜店、海滩和水明漾的其他娱乐设施近在咫尺。但12间客房面积较小，光线也不太好。

Ned' s Hide-Away

客栈 $

（见84页地图；☎0361-731270；waynekelly1978@gmail.com；Gang Bima 3；房间 带风扇/空调 180,000/300,000Rp起；❄📶）虽然水准有所下降，但这个有着16间客房的家庭旅馆仍然不失为很好的经济型住宿选择，部分房间比较普通，另外一些则较为豪华。Wi-Fi信号仅覆盖前台区域。

Raja Gardens

客栈 $$

（见84页地图；☎0361-934 8957；www.jdw757.wixsite.com/rajagardens；紧邻Jl Camplung Tanduk；房间带风扇/空调 500,000/700,000Rp起；❄📶🏊）1980年开业，这家老牌客栈拥有开阔宽敞、草木茂盛、果树林立的院子。环境安静，几乎就在海滩上。8间客房陈设简单，不过有露天浴室，还有很多盆栽植物。大泳池是打发时间的好地方，氛围十分温馨。

Villa Kresna

精品酒店 $$

（见84页地图；☎0361-730317；www.villakarisabali.com；Jl Sarinande 17；房间/别墅 800,000/1,130,000Rp；❄📶🏊）这家与众不同的迷人住处隐藏在1条小巷里，距海滩只有区区50米。22间充满艺术气息的客房大多数都是套间，房间的设计有利于空气流通，带有公共和私人露台。一个曲线优美的小泳池贯穿整个空间。

Sarinande

酒店 $$

（见84页地图；☎0361-730383；www.sarinandehotels.com；Jl Sarinande 15；房间 含早餐 630,000~680,000Rp；❄📶🏊）这间酒店物超所值，共有26间客房的老式2层建筑环绕着一个

ℹ 街道名称变化

在巴厘岛，小巷被称为gang，而绝大多数小巷都缺少标志，甚至没有名字。有些小巷是以其所连接的街道命名的，例如Jl Padma Utara指的就是Jl Padma以北的小巷。

同时，在库塔、雷吉安和水明漾，有些街道不止一个名字。很多街道的非正式名称，是用著名寺庙或者商家来命名的。最近几年，这里正在尝试对街道进行正规化命名——通常是更加具有巴厘岛特点的名字。但是，那些旧名称仍然非常通用，而且某些街道还有不止一个名字。

下面是先前的（非正式）名称和当前的正式名称，从北至南依次是：

旧名（非正式）	现名（正式）
Jl Oberoi/Jl Laksmana	Jl Kayu Aya
Jl Raya Seminyak	北段：Jl Basangkasa
Jl Dhyana Pura/Jl Abimanyu	Jl Camplung Tanduk
Jl Double Six	Jl Arjuna
Jl Pura Bagus Taruna	Jl Werkudara
Jl Padma	Jl Yudistra
Poppies Gang II	Jl Batu Bolong
Jl Pantai Kuta	Jl Pantai Banjar Pande Mas
Jl Kartika Plaza	Jl Dewi Sartika
Jl Segara	Jl Jenggala
Jl Satria	Jl Kediri

小游泳池，装修有些陈旧，但是物品都维护得不错。便利设施包括冰箱、卫星电视、DVD播放器，有1个咖啡馆。步行到海滩只要3分钟。

Mutiara Bali 酒店 $$

（见84页地图；☎0361-734966；www.mutiarabali.com；Jl Braban 77；房间/别墅 1,125,000/2,900,000Rp起；❄📶🏊）这里的17间私人别墅性价比很高，每个都带有直面私人深水泳池的开放式休息区。酒店风格的房间设有所有常见设备，还有宽敞的阳台可供小憩。

★Oberoi 酒店 $$$

（见84页地图；☎0361-730361；www.oberoihotels.com；Jl Kayu Aya；房间 含早餐 4,600,000Rp起；❄@📶🏊）Oberoi低调而不失雅致。自1971年开业以来，它一直是具有浓厚巴厘岛风情的海边世外桃源。所有的房间都有私人阳台，价格更高的住处还有额外特色服务，包括带围墙的私人别墅、海景以及私人游泳池。从咖啡厅可以俯视几乎是专用的海滩。置身于众多奢华设施之中，这里确实是个值得纵情享乐的地方。

★Samaya 别墅 $$$

（见84页地图；☎0361-731149；www.thesamayabali.com；Jl Kaya Aya；别墅 US$725起；❄📶🏊）简朴但典雅，这是巴厘岛南部地区海滩上最好的别墅酒店之一。52座别墅洋溢着奢华的当代风情，每座都带有私人泳池。一些别墅位于远离水边的院子里。从早餐开始，酒店全天的餐食都非常美味。

Casa Artista 客栈 $$$

（见84页地图；☎0361-736749；www.casaartistabali.com；Jl Sari Dewi 17；房间 含早餐 US$175~195；❄📶🏊）在这间充满浓厚文化气息的客栈里，你一定会感觉到舞蹈带来的乐趣，店主是专业的探戈舞者，并开设有课程。雅致的2层楼建筑环绕着1个游泳池，共有12间以"热情"和"灵感"等命名的、略显紧凑的客房，有些房间有华丽的水晶吊灯。早餐会送到你房间的小露台上。

Legian 酒店 $$$

（见84页地图；☎0361-730622；https://lhm-hotels.com/legian-bali/en；Jl Pantai Kaya Aya；套间/别墅 含早餐 US$600/900起；❄@📶🏊）这家酒店时尚光鲜，而且品位不凡——无怪乎那些乘坐私人飞机到巴厘岛的客人们都会选择入住这里。所有79个房间都号称是套房，即使其中一些只是面积比较大而已（被称为"studio"）。地处海滩，风景无懈可击。设计风格采用了传统材料和当代元素的混搭。

Luna2 Studiotel 精品酒店 $$$

（见84页地图；☎0361-730402；www.luna2.com；Jl Sarinande 20；房间 含早餐 US$280~450；❄📶🏊）蒙德里安（Mondrian）？罗伊·利希滕斯坦（Roy Lichtenstein）？我们不确定究竟是哪位现代艺术家给这家让人大开眼界的酒店带来了灵感，但可以肯定的是，其效果可谓极其震撼。14个装饰前卫的单间公寓带有厨房、便利设备、阳台以及通往楼顶海景酒吧的通道。1个16座的电影院播放各种电影，泳池为标准的25米规格。

Pradha Villas 别墅 $$$

（见84页地图；☎0361-735446；www.pradhavillas.com；Jl Kayu Jati 5；别墅 3,100,000Rp起；❄📶🏊）地处水明漾中心地带：这里的11栋别墅离几家热门餐厅和海滩都很近，步行可到。别墅大小不一，但都有带围墙的私人庭院和游泳池。极可意水流按摩浴缸（Jacuzzis）增加了浪漫的氛围；早上可以享受亲切的员工为你准备的定制早餐。

Villa Karisa 酒店 $$

（见84页地图；☎0361-739395；www.villakarisabali.com；Jl Drupadi 100X；房间 1,310,000~2,800,000Rp；❄📶🏊）到这里就像是拜访想象中的巴厘岛富豪朋友的家。位置非常不错，就在繁忙的Jl Drupadi附近的一条小巷子里。这家大型别墅风格旅馆有一长排房间，都配有古董和舒适设施。住客们聚集在公共活动室，或是环绕在豪华的12米泳池边。在"湿婆"（Shiva）房间感受爪哇的古典风格。

就餐

Jl Kayu Aya是水明漾的餐饮中心（也因此获得了老掉牙的"Eat St"绰号），但事实上，其他地方也同样有适合各种预算的餐馆。请注意，有些餐厅一旦夜幕降临就摇身变为夜店，而有些酒吧和夜店也能提供不错的食物。此外，因为水明漾洋溢着浓郁的咖啡文化气息，顶级咖啡也随处可见。

Warung Taman Bambu　巴厘菜 $

（见84页地图；☎0361-888 1567；Jl Plawa 10；主菜 28,000Rp起；⊙10:00~22:00；📶）这个经典的小吃摊在街上看起来也许非常普通，但这里比其他地方高出一截的不仅是餐桌，还有这里供应的新鲜而爽辣的菜肴。隔壁就是卖烤乳猪（babi guling）的小摊。

Warung Aneka Rasa　印度尼西亚菜 $

（见84页地图；☎0812 361 7937；Jl Kayu Aya；主菜 25,000Rp起；⊙7:00~19:00）在水明漾的高端零售商店聚集的地方，这家名不见经传的小店却始终保持初心，在极富吸引力的半开放式咖啡馆里供应各种地道的印度尼西亚风味小吃。这里是逃离熙攘人群的好去处。

Bali Bakery　咖啡馆 $

（见84页地图；☎0361-738033；www.balibakery.com；Jl Kayu Aya, Seminyak Sq；主菜 40,000~70,000Rp；⊙7:30~22:30；📶）水明漾广场（Seminyak Square）露天市场的最大亮点，就是这家面包店里背阴的餐桌，以及种类繁多的烘焙食品、沙拉、三明治和其他精美食物。这里是购物间隙歇歇脚的好地方。

Warung Ibu Made　印度尼西亚菜 $

（见84页地图；Jl Basangkasa；主菜 15,000Rp起；⊙7:00~19:00）从日出到日落，炒菜大锅的响声总是和Jl Raya Seminyak繁忙街角的嘈杂声融为一体。几家摊档在一棵巨大的菩提树下烹饪新鲜食物。喝点椰子汁来解解渴吧。

Café Seminyak　咖啡馆 $

（见84页地图；☎0361-736967；Jl Raya Seminyak 17；主菜 50,000~90,000Rp起；⊙7:00~22:00）恰好位于繁忙的Bintang超市前面，这个可爱而休闲的咖啡馆有非常美味的冰沙，以及用新鲜出炉的面包制作的三明治。

Café Moka　咖啡馆 $

（见84页地图；☎0361-731424；www.cafemokabali.com；Jl Basangkasa；甜点 15,000~35,000Rp；⊙7:00~22:00；❄）来这个广受欢迎的面包店和咖啡馆品味烘焙食品（新鲜的法式长棍面包）。很多逃避热浪的游客会在这里流连几个小时，品尝法式小食。公告板上贴满了别墅租赁的信息。

Bintang超市　超市 $

（Bintang Supermarket；见84页地图；☎0361-730552；www.bintangsupermarket.com；Jl Raya Seminyak 17；⊙7:30~22:30）这个总是很繁忙的大型超市是外国人最爱的采购食品杂货的地方：食品价格实惠、种类丰富，包括各种美味的蔬菜水果；价格不贵的防晒霜、喷雾杀虫剂和其他日用品一应俱全。

★Shelter Cafe　澳大利亚菜 $$

（见84页地图；☎0813 3770 6471；www.sheltercafebali.com；Jl Drupadi；主菜 55,000~95,000Rp；⊙8:00~18:00；📶）这家位于2楼的咖啡馆里每天都坐满了水明漾漂亮的年轻男女。这里的咖啡口味醇厚，巴西莓冰沙分量十足——这些其实都由楼下的冰沙吧Nalu Bowls（见91页）制作。菜单上品种丰富的各种绿色健康菜肴使其成为水明漾最顶级的早午餐场所以及文化交流中心，周末经常举办快闪时装秀或派对等活动。

★Sisterfields　咖啡馆 $$

（见84页地图；☎0361-738454；www.sisterfieldsbali.com；Jl Kayu Cendana 7；主菜 85,000~140,000Rp；⊙7:00~22:00；📶）这家时尚的咖啡馆供应地道的澳式早餐，如牛油果泥，以及创意十足的菜肴，如三文鱼火腿蛋松饼和枫糖烤南瓜沙拉等。此外也不乏充满时尚气息的菜肴，例如去骨猪肉卷和北非荷包蛋等。在卡座上、柜台边或是后院里找个位子。附近还有不少适合喝咖啡的地方。

★Ginger Moon　亚洲菜 $$

（见84页地图；☎0361-734533；www.gingermoonbali.com；Jl Kayu Aya 7；主菜 65,000~195,000Rp；⊙12:00~23:00；📶👪）澳大利亚人Dean Keddell是众多前来巴厘岛开办餐馆的年轻厨师之一。他创立的这个地方非常吸引人——通风的空间、雕刻的木饰，还有棕榈树。菜单上有各种"最佳"菜肴，可按客和按份上菜。招牌菜包括菜花比萨和秘制鸡肉咖喱等。此外还有非常棒的儿童菜单。

Mama San
创意菜 $$

（见84页地图；☎0361-730436；www.mamasanbali.com；Jl Raya Kerobokan 135；主菜 90,000~200,000Rp；⏰正午至15:00和18:30~23:00；❄📶）水明漾人气最旺的餐厅之一。这家风格时尚的仓库式空间分为多层，裸露的砖墙上悬挂着各种照片。菜品以别具匠心的东南亚风味为主。供应五花八门的鸡尾酒，其中许多具有强烈的热带风味。

Sea Circus
各国风味 $$

（见84页地图；☎0361-738667；www.seacircus-bali.com；22 Jl Kayu Aya；主菜 75,000Rp起；⏰7:30~22:00；✎）这个华丽的地方采用漫画风格的、色彩柔和的马戏团壁画装饰，供应受亚洲、澳大利亚和美洲烹饪风格影响的新鲜美味菜肴。早午餐供不应求，菜品包括广受欢迎的巴西莓冰沙、香辣摊鸡蛋以及"醒酒简餐"；鸡尾酒、玉米卷饼和夏日金枪鱼沙拉拌饭等晚餐菜品也十分精致。

Nalu Bowls
健康食品 $$

（见84页地图；☎0812 3660 9776；www.nalubowls.com；Jl Drupadi；60,000~80,000Rp；⏰7:30~18:00）受夏威夷文化和热带食材的启发，这家连锁冰沙店在巴厘岛一石激起千层浪。位于水明漾的旗舰店只是Shelter Cafe楼下的一个小吧台，但是门口的长队却经常延伸到下一个路口，他们都在翘首等待点缀着自制燕麦片和香蕉的新鲜水果杯和奶昔碗。

Fat Gajah
亚洲菜 $$

（见84页地图；☎0851 0168 8212；Jl Basangkasa 21；饺子 52,000~110,000Rp；⏰11:00~23:00；📶）Fat Gajah的菜单以饺子和面条为主，大多采用有机食材。可以选择油煎或蒸，馅料都独具新意，例如巴东牛肉、黑胡椒蟹肉、泡菜金枪鱼或柠檬草羊肉等。还有许多亚洲风味小份菜。用餐空间舒适宜人。

Motel Mexicola
墨西哥菜 $$

（见84页地图；☎0361-736688；www.motelmexicolabali.com；Jl Kayu Jati 9；主菜 60,000Rp起；⏰11:00至次日1:00）Motel Mexicola并非寻常的墨西哥快餐馆，而是一家华丽喧嚣的热带版夜店。巨大的空间采用略显俗气的霓虹灯和棕榈树装饰。相比饮品，食物显得稍逊一筹：天妇罗虾或猪肉丝馅的软炸玉米饼，以及各种肉类主菜。来一杯用铜壶盛装的鸡尾酒，在温馨的夜晚绝对是一种享受。

Divine Earth
严格素食 $$

（见84页地图；☎0361-731964；www.divineearthbali.com；Jl Raya Basangkasa 1200A；主菜 70,000~140,000Rp；⏰7:00~23:00；❄📶✎）🌿人气极旺的Earth Cafe的姊妹店。这家有机素食餐厅也有美味的严格素食和生食供应。这里更为出名的当属其Upstairs Lounge Cinema Club（见93页），你可以带上食物和饮料观看经典电影、艺术片和纪录片。

Corner House
咖啡馆 $$

（见84页地图；☎0361-730276；www.cornerhousebali.com；Jl Laksmana 10A；主菜 35,000~125,000Rp；⏰7:00~23:00；📶）锃亮的混凝土地板、垂悬的白炽灯、仿旧墙壁和复古风格的家具，这个空间巨大的咖啡馆是水明漾长久以来的经典。作为热门的早午餐场所，这里供应品质上乘的咖啡、丰盛的早餐、自制香肠卷和牛排三明治等。此外还有1个阴凉的小院，以及闲适凉快的楼上用餐区。

Rolling Fork
意大利菜 $$

（见84页地图；☎0361-733 9633；Jl Kunti 1；主菜 80,000起；⏰8:30~23:00；📶）虽然店面不大，但这里供应可口的意大利菜。早餐有色香味俱全的烘焙食物和上好的咖啡。午餐和晚餐有地道美味的自制意面、沙拉、海鲜等。露天就餐区有一种别具特色的复古风情。意大利店主将这里打理得颇有格调。

Taco Beach Grill
墨西哥菜 $$

（见84页地图；☎0361-854 6262；www.tacobeachgrill.com；Jl Kunti 6；主菜 70,000~120,000Rp；⏰10:00~23:00；📶）店面装饰风格轻松明快，这家临街的休闲咖啡馆因烤乳猪卷饼而远近闻名，这道菜完美地将巴厘岛特色烤乳猪与墨西哥风味卷饼融合到一起。供应各种墨西哥菜，以及可口的果汁、奶昔和玛格丽特酒。可向酒店和别墅提供外卖服务。

Wacko Burger
汉堡 $$

（见84页地图；☎0821 4401 0888；www.wackoburger.com；Jl Drupadi 18；主菜 50,000Rp

起；⌚12:00~21:30）让人欲罢不能的休闲美食天堂。这里的汉堡广受欢迎，此外还有洋葱圈、薯条、奶昔等。有丰富多样的配料和调味品可供选择。餐桌摆放在露台上，可以望见稻田风景。

Ultimo　　意大利菜 $$

（见84页地图；☎0361-738720；www.balinesia.co.id；Jl Kayu Aya 104；主菜 70,000~180,000Rp；⌚16:00至次日1:00）这家热门餐厅在水明漾所处位置的食肆密集程度，堪比一碗美味意大利调味饭的黏稠度。你可以在花园中找一张能够看到街景的餐桌，也可以坐在室内用餐。在极为地道的菜单上仔细挑选，剩下的一切交给为数众多的服务员就行了。

Earth Café & Market　　素食 $$

（见84页地图；☎0851 0304 4645；www.earthcafebali.com；Jl Kayu Aya；主菜 60,000~100,000Rp起；⌚7:00~23:00；📶✍）🌿这家素食餐厅和商店崇尚有机产品。不妨尝尝这里创意十足的沙拉、三明治、各种谷物食品以及生食商品。这里著名的招牌特色当属六道菜的"Planet Platter"。软饮单上有各种新鲜果汁和绿色混合果蔬汁。

Grocer & Grind　　咖啡馆 $$

（见84页地图；☎0361-730418；www.grocerandgrind.com；Jl Kayu Jati 3X；晚餐 主菜 85,000Rp起；⌚7:00~22:00；❄📶）如果不看远处，你会觉得自己在一家时尚的悉尼咖啡馆里。这家巴厘岛南部的连锁咖啡店供应经典的三明治、自制澳式馅饼、沙拉和丰盛的早餐。

La Lucciola　　创意菜 $$$

（见84页地图；☎0361-730838；Jl Petitenget；主菜 120,000~400,000Rp；⌚9:00~23:00）从这家时尚的海滨餐厅2楼的餐桌旁一眼望去，可以看到一片美丽的草坪和涌动着海浪的沙滩。有许多人到酒吧看日落，然后大多会接着在这里享用晚餐。这里的菜肴创造性地在意大利风味中融合了多种国际元素。

水明漾的日落

在水明漾Jl Camplung Tanduk通往海滩的尽头，你需要做出选择：左转有一连串海滩酒吧，可在这里寻找海滩乐趣；右转可前往时尚的海滩俱乐部，例如Ku De Ta，有热情的小贩可提供廉价的Bintang啤酒、塑料椅子，还有一些业余乐手演奏的吉他音乐。

🍷 饮品和夜生活

如同你在凌晨2点模糊的视线一样，水明漾区的餐厅、酒吧和夜店之间的区别也很模糊。尽管水明漾没有那种彻夜狂欢的大众夜店，但精力过剩的人在凌晨时分只要向南走上几步，就到库塔和雷吉安的边上了。

Jl Camplung Tanduk上酒吧林立。但是如果太吵闹，会招来当地居民的投诉。

★ La Favela　　酒吧

（见84页地图；☎0812 4612 0010；www.lafavela.com；Jl Kayu Aya 177X；⌚17:00至深夜；📶）穿过诱人而神秘的大门，你就进入了洋溢着浓郁的波希米亚风情的La Favela，这是巴厘岛最酷、最原始的夜场之一。主题房间会带你领略不同的风格：从灯光昏暗的鸡尾酒吧到复古的餐厅以及涂鸦亮眼的酒吧。23:00之后会清理餐桌，给DJ和舞池让位。

这里主打地中海风味菜肴的花园餐厅同样极受欢迎。

★ Revolver　　咖啡馆 $

（见84页地图；☎0851 0088 4968；www.revolverespresso.com；紧邻Jl Kayu Aya；咖啡 28,000~55,000Rp，主菜 55,000Rp起；⌚7:00至午夜；📶）步入一条小巷深处，穿过几道窄木门，就到了这个火柴盒般大小的咖啡吧，这里有许多品质上乘的咖啡。富有创意的复古房间内仅有几张桌子，风格像是狂野西部沙龙。找一张桌子坐下来，享受新鲜可口的早餐和午餐。

Ryoshi Seminyak House of Jazz　　酒吧

（见84页地图；☎0361-731152；www.ryoshibali.com；Jl Raya Seminyak 17；⌚正午至午夜，音乐 周一、周三和周五 21:00至午夜）这是一家巴厘岛日式料理连锁店在水明漾开设的分店，每周有3个晚上会在传统茅草亭下的舞台上进行现场爵士乐演出。在这里可以见到许多极具天赋的本地和外地爵士乐手。

Red Carpet Champagne Bar

酒吧

（见84页地图；☎0361-737889；www.redcarpetchampagnebar.com；Jl Kayu Aya 42；⏲13:00至次日4:00）在这家位于水明漾时尚前沿地带的华丽酒吧里，有超过200种香槟可供选择。大家在红地毯上跳华尔兹，喝几杯同名的香槟酒，同时盯着生蚝和穿褶边连衣裙的美女。这个酒吧沿街而设，但高出街面，所以你可以俯瞰街上的人群。

40 Thieves

酒吧

（见84页地图；☎0878 6226 7657；www.facebook.com/40thieves.bali；Jl Petitenget 7；⏲周一至周四 20:00至次日2:00，周五和周六 至次日4:00；📶）这家位置隐秘的纽约风格酒吧地处水明漾最时尚的区域，就在日本拉面餐馆Mad Ronin的楼上。店内氛围别致，采用旧地图和老式自行车等纪念品装饰，吸引了众多外国人、游客和本地人前来。没有招牌，因此如果你实在找不到地方可以到Mad Ronin问路。

La Plancha

酒吧

（见84页地图；☎0878 6141 6310；www.laplancha-bali.com；紧邻Jl Camplung Tanduk；⏲9:00~23:00）是位于Jl Camplung Tanduk南边的海滩步道沿线众多海滩酒吧中的一家。这家酒吧在沙滩上布置了颜色明亮的遮阳伞和懒人沙发，并提供典型的海滩餐食（比萨、面条等）。在日落之后，DJ会来到这里，还有沙滩派对等特色活动。

Ku De Ta

夜店

（见84页地图；☎0361-736969；www.kudeta.net；Jl Kayu Aya 9；⏲8:00至深夜；📶）这里是巴厘岛俊男靓女（以及他们的爱慕者）的汇集之地。观光客们白天在这里喝着酒欣赏优美的海滩，让自己的观光体验毫无遗憾。日落后，宾客源源而至，在餐桌边享用一顿晚餐。整个晚上，这里都流淌着节奏强劲的音乐。特别活动都异彩纷呈。

Bali Jo

同性恋酒吧

（见84页地图；☎0361-300 3499；www.balijoebar.com；Jl Camplung Tanduk；⏲16:00至次日3:00；📶）该地区多家热闹的LGBTIQ娱乐场所中的一家。每晚都有变装皇后和摇摆舞演员将这里的氛围推向高潮。

Zappaz

酒吧

（见84页地图；☎0361-742 5534；Jl Kayu Aya 78；⏲11:00至午夜）一个令人愉快的钢琴酒吧。每天晚上，演奏家Brit Norman Findlay都会来弹奏那些琴键，年复一年，他总是孜孜不倦、热情洋溢地演奏，一支充满激情的乐队常常可以带给人们欢乐。食物就不用考虑了。

☆ 娱乐

Upstairs Lounge Cinema Club

电影院

（见84页地图；☎0361-731964；www.divineearthbali.com/cinema；Jl Raya Basangkasa 1200A；⏲电影 20:00）一家小型电影院，设施先进、氛围舒适，放映新电影、经典电影、艺术电影和冷门的电影。在楼下的Divine Earth（见91页）咖啡馆购买任意食物，就可以到楼上免费观影。

购物

水明漾的购物场所异彩纷呈：这里有设计师精品店（巴厘岛的时装行业非常兴旺）、复古风格的时装店、精美的购物长廊、批发市场，以及家庭经营的手工作坊。

最佳购物商圈从Jl Raya Seminyak的Bingtang超市开始，向北延伸至Jl Basangkasa。零售商店一路蔓延，在Jl Kayu Aya和Jl Kayu Jati两边一字排开，然后继续向北，沿着Jl Raya Kerobokan直到克罗博坎。一定要小心看路，别踩进人行道上的小洞里。

★ Souq

家居用品

（见84页地图；☎0822 3780 1817；www.souqstore.co；Jl Basangkasa 10；⏲8:00~20:00）中东与亚洲风格在这家高端概念商店里发生出其不意的化学反应，带来了店内诸多巴厘岛本土设计的居家用品和服装。店内有一间小咖啡馆，供应健康的早餐和午餐，以及可口的咖啡和冷榨果汁。

★ Drifter Surf Shop

时装和饰品

（见84页地图；☎0361-733274；www.driftersurf.com；Jl Kayu Aya 50；⏲9:00~23:00）售卖高端冲浪时装、冲浪板、装备、先锋书籍，包括Obey和Wegener等品牌。由两位有生意头脑的冲浪者创办的这家商店，凭借独特的个性和卓越的品质而赢得了良好的口碑。

★ **Ashitaba** 工艺品

（见84页地图；☎0361-737054；Jl Raya Seminyak 6；⏲9:00~21:00）销售巴厘岛东部Aga村庄Tenganan制作的各种精细而美丽的白藤制品。容器、碗、钱包和其他物品（50,000Rp起）都展示了非常细腻的编织工艺。

★ **Indivie** 工艺品

（见84页地图；☎0361-730927；www.indivie.com；Jl Raya Seminyak，Made' s Warung；⏲10:00~23:00）这家引人入胜、时尚新潮的精品店展出巴厘岛年轻设计师的作品。

Bamboo Blonde 服装

（见84页地图；☎0361-731864；www.bambooblone.com；Jl Kayu Aya 61；⏲10:00~22:00）这家让人感到愉快的设计师精品店（岛上11家连锁店之一），拥有镶花边的、运动的或性感的连衣裙，以及更为正式的装束。所有商品都在巴厘岛设计和制作。

Theater Art Gallery 工艺品

（见84页地图；☎0361-732782；Jl Raya Seminyak；⏲9:00~20:00）这里陈列有巴厘岛传统剧院中所使用的木偶及其高仿品。哪怕仅是看看那些回头凝视的活泼的面孔也会让你觉得乐趣无穷。

Thaikila 服装

（见84页地图；☎0361-731130；www.thaikila.com；Jl kayu Aya；⏲9:00~21:00）这个本地品牌的理念是"所有女人梦想的比基尼"，希望凭借小泳衣打造一片大世界。泳衣为法式设计风格，在巴厘岛制造。如果你需要可以在海滩上穿的时尚服装，这里就是最好的选择。

Kody & Ko 艺术

（见84页地图；☎0361-737359；www.kodyandko.com；Jl Kayu Jati 4A；⏲9:00~21:00）橱窗中五彩缤纷的佛像设定了这家艺术品和装饰品商店的基调。这里还附设一个很大的画廊，定期举行画展。

Uma & Leopold 服装

（见84页地图；☎0361-737697；www.umaandleopold.com；Jl Kayu Aya 77X；⏲9:00~21:00）售卖在海滩上可以穿的精品服装及镶褶边的小饰品，由一对法国情侣在巴厘岛设计。

Lily Jean 服装

（见84页地图；☎0811 398 272；www.lily-jean.com；Jl Kayu Jati 8，Seminyak Village，1st fl；⏲9:00~22:00）所售商品大多是巴厘岛制造。这家设计师商店将国际风格与本地特色融合到一起。

Seminyak Village 购物中心

（见84页地图；☎0361-738097；www.seminyakvillage.com；Jl Kayu Jati 8；⏲9:00~22:00；📶）几年前还是一片稻田，如今这座远离主街、装有空调的购物中心值得前去逛一逛。购物中心内的商店具有浓郁的本地特色，3层楼的空间里不乏一些远近闻名的品牌，例如Lily Jean等。出租给巴厘岛已成名或新兴设计师的小手推车非常值得花时间淘一淘。

Prisoners of St Petersburg 时装和饰品

（见84页地图；☎0361-736653；Jl Kayu Aya 42B；⏲10:00~22:00）在这里可以找到巴厘岛最受欢迎的年轻设计师设计的女装和配饰，风格时尚，博采众长，并且不断发展。

Biasa 服装

（见84页地图；☎0361-730766；www.biasagroup.com；Jl Raya Seminyak 36；⏲9:00~21:00）这是巴厘岛本土设计师Susanna Perini开设的高档时装店。她设计的优雅热带男女装采用棉布、丝绸和刺绣。

Milo' s 服装

（见84页地图；☎0361-822 2008；www.milos-bali.com；Jl Kayu Aya 992；⏲10:00~20:00）拥有传奇经历的本地丝绸服饰设计师开在设计精品店聚集地中心的奢华商店。可以留意那些带有引人注目的兰花图案的用蜡染布料制作的服装。

Niconico 服装

（见84页地图；☎0361-738875；www.niconicoswimwear.com；Jl Kayu Aya；⏲9:00~21:00）德国设计师Nico Genge设计的睡衣、度假服和泳装，风格低调，回归本真。在其于水明漾开设的多家店铺中，这家店货品最全，楼上还有1间画廊。

Sandio 鞋

（见84页地图；☎0361-737693；www.face

book.com/sandio.bali; Jl Basangkasa; ⌚10:00~20:00)出售鞋子和凉鞋，风格从正式到休闲，价格非常实惠。买一双来替换你骑踏板车时丢失的鞋子吧。

Domicil 家庭用品

(见84页地图; ☎0818 0569 8417; www.domicil-living.com; Jl Raya Seminyak 56; ⌚10:00~20:00)在这家极具吸引力的家庭用品商店，所有商品的设计都非常别致。

Quarzia Boutique 服装

(见84页地图; ☎0361-736644; Jl Kayu Aya; ⌚10:00~21:00)休闲风格的纯棉服装，颜色多样，风格各异，展现特别的姿态和风度。

White Peacock 家庭用品

(见84页地图; ☎0361-733238; Jl Kayu Jati 1; ⌚9:00~20:00)这里的风格像是一个乡间小舍，销售可爱的垫子、挂毯、亚麻桌布和其他物品。

Lulu Yasmine 服装

(见84页地图; ☎0361-736763; www.luluyasmine.com; Jl Kayu Aya; ⌚9:00~22:00)设计师Luiza Chang从在世界各地的旅行中获得灵感，设计出优雅的女性时装。

Periplus Bookshop 书籍

(见84页地图; ☎0361-736851; Jl Kayu Aya, Seminyak Sq; ⌚8:00~22:00)这是巴厘岛连锁书店的一家大型分店，店面装修豪华。除了数量多到足以让你回家后把房子乃至车库都设计成"巴厘岛风格"的装潢设计书籍外，这里还有很多畅销图书、杂志和报纸。

Lucy's Batik 纺织品、服装

(见84页地图; ☎0361-736098; www.lucysbatikbali.com; Jl Basangkasa 88; ⌚9:30~21:00)这里是采购最优质蜡染的好地方。衬衫、连衣裙、纱笼和手袋大部分都是手工制作或者手工印刷，同时也可按米销售布料。

Cotton Line by St Isador 纺织品

(见84页地图; ☎0361-738836; Jl Kaya Aya 44; ⌚9:00~21:00)楼上的工作间陈列着采用亚洲各地进口织物制成的床单、枕头和其他物品。

Divine Diva 服装

(见84页地图; ☎0361-732393; www.divinedivabali.com; Jl Kayu Aya 1A; ⌚9:00~19:00)这家简单的商店主要经营巴厘岛本地制造的清爽风格的女装，面向体格较大的女士。你可以现场定制服装。

ℹ 实用信息

危险和麻烦

总体说来，水明漾比库塔和雷吉安的麻烦事要少得多。但读读相关警示还是很有必要的，特别是有关冲浪和水污染的部分。

医疗服务

Kimia Farma(见84页地图; ☎0361-735860; Jl Raya Kerobokan 140; ⌚8:00~23:00)这家药店位于中心十字路口处，隶属巴厘岛最好的连锁药店，有种类齐全的处方药。

现金

所有主路上都能找到自动取款机。

库塔中央货币兑换处(Central Kuta Money Exchange; 见84页地图; www.centralkutabali.com; Jl Kaayu Aya, Seminyak Sq; ⌚8:30~21:30)可靠的货币兑换处。

邮政

邮局(见84页地图; ☎0361-761592; Jl Raya Seminyak 17, Bintang Supermarket; ⌚8:00~20:00)方便而友好。

ℹ 到达和离开

Kura-Kura旅游巴士(见82页)有巴士从水明漾出发，向北前往乌玛拉斯(Umalas)，向南通往库塔，但是班次较少。

很容易找到按里程表计费的出租车。从机场过来，乘坐机场出租车联盟的出租车费用约为250,000Rp; 普通出租车前往机场费用约为150,000Rp。也可以沿着海滩慢慢步行，这样不但免受交通堵塞之苦，还能减少温室气体排放。从这里步行到雷吉安仅需15分钟。**Blue Bird**(☎0361-701111; www.bluebirdgroup.com)提供最靠谱的出租车服务。

克罗博坎(Kerobokan)

☎0361/人口13,815

克罗博坎与水明漾北面的地区毫无缝隙地融合在一起，拥有巴厘岛最棒的餐厅和商

店、奢华的生活和更多的海滩。时尚的新度假酒店和别墅开发项目比邻。其中一个广为人知的地标就是臭名昭著的克罗博坎监狱。

海滩

克罗博坎海滩　海滩

(Kerobokan Beach; 见84页地图)背后是光鲜的度假酒店和新潮的夜店,但克罗博坎的海滩却出奇的安静。交通不便使许多人远离此地,因为从Jl Petitenget向西延伸的所有道路都被开发项目所阻断。你可以从南边的水明漾海滩或另一边的巴图贝里格海滩步行到这里。在W Bali酒店北边有许多海滩小贩和沙滩椅。

但是,最直接的路线,是穿过Potato Head(见99页)海滩俱乐部或W Bali-Seminyak(见97页)酒店。这里的海浪比南边更汹涌,因此游泳的时候要格外小心。

巴图贝里格海滩　海滩

(Batubelig Beach; 见84页地图)沙滩到了这里开始收窄,但仍有一些可以坐下来喝一杯的好地方,既有大店也有小摊。经由Jl Batubelig可轻松抵达此处,以这里为起点,可以沿着蜿蜒的沙滩向西北方向走,步行前往更多热门海滩,最远可以到达回声海滩。

在北边约500米处,是一条河流和一座潟湖的入海口,有时水深可达1米——雨后水则可能深不见底。在这种情况下,可以经由潟湖上的步行小桥,前往La Laguna(见107页)酒吧,然后你可以打电话叫一辆出租车。

活动

★Sundari Day Spa　水疗

(见84页地图; ☎0361-735073; www.sundari-dayspa.com; Jl Petitenget 7; 按摩250,000Rp起; ⊙10:00~22:00)这家备受推崇的水疗店的服务堪比五星级度假酒店,然而价格却要低得多。按摩油和其他药水都采用有机原料,有全套治疗和理疗可供选择。

Jiwa Yoga　瑜伽

(见84页地图; ☎0361-841 3689; https://jiwabi.com; Jl Petitenget 78; 课程150,000Rp起; ⊙9:00~20:00)地理位置十分方便,这个简约的地方开设有不同类型的瑜伽培训班,包括高温瑜伽(bikram)、热流瑜伽(hot flow)和阴瑜伽(yin)等。

住宿

M Boutique Hostel　青年旅舍 $

(见84页地图; ☎0361-473 4142; www.mboutiquehostel.com; Jl Petitenget 8; 铺125,000Rp起; ❄@🛜🏊)奢华背包客的现代选择。M Boutique有胶囊风格的床铺,可以保护客人隐私。每个床铺都配有床帘、下拉式小桌、阅读灯以及电源插座。修剪整齐的草坪和小深水泳池增添了这里的魅力。

Brown Feather　客栈 $$

(见84页地图; ☎0361-473 2165; www.brownfeather.com; Jl Batu Belig 100; 房间500,000~800,000Rp; ❄🛜🏊)位置就在主路边,但屋后就是稻田,这家小酒店弥漫着一股旧式的荷兰—爪哇殖民地魅力。房间混搭着简约风格与旧式风情,例如,实木写字桌和采用古老的Singer缝纫机制作的脸盆。如果想要欣赏稻田风景,那就订205或206号房吧。酒店里有一个迷人的小泳池,并且免费出租自行车。

Grand Balisani Suites　酒店 $$

(见84页地图; ☎0361-473 0550; www.balisanisuites.com; Jl Batubelig; 房间US$85~220; ❄🛜🏊)位置得天独厚。精心装饰的建筑就在热门的巴图贝里格海滩上。酒店共有96个房间,都非常宽敞,有标准的柚木家具和露台(其中一些拥有不错的景致)。Wi-Fi信号仅覆盖公共区域。

Villa Bunga　酒店 $$

(见84页地图; ☎0361-473 1666; www.villabunga.com; Jl Petitenget 18X; 房间500,000~550,000Rp, 公寓600,000Rp起; ❄🛜🏊)位于克罗博坎中心位置,物有所值。这家酒店是一栋两层的小楼,13个房间环绕着一个小泳池。房间也比较小,但设施现代且配有冰箱。

Taman Ayu Cottage　酒店 $$

(见84页地图; ☎730 111; www.thetamanayu.com; Jl Petitenget; 房间含早餐660,000~960,000Rp; ❄@🛜🏊)这家性价比很高的酒店居于黄金地段。52个房间大多数都在两层楼的建筑里面,围绕着浓荫遮蔽的游泳池。这里的一切看上去都有些老旧,但看到账单时，你就不会介意了。设有家庭房和别墅。

★ Buah Bali Villas 别墅 $$$

（见84页地图；☎0361-847 6626；www.thebuahbali.com；Jl Petitenget, Gang Cempaka；别墅 4,600,000Rp起；❄📶🏊）这个小型房产开发项目仅有7栋别墅，各有一至两个卧室。与附近其他别墅酒店类似，每栋别墅在围墙庭院内都有1个私家泳池和1个漂亮的露天活动区。所处地段无懈可击：步行5分钟即可到达当地热门景点。

★ Katamama 精品酒店 $$$

（见84页地图；☎0361-302 9999；www.katamama.com；Jl Petitenget 51；房间 3,500,000Rp起；❄📶🏊）Potato Head大胆效仿的建筑就展示在这家夜场酒店里。但是，这里的细节更加豪华且富有文艺气息。这家酒店由印度尼西亚设计师Andra Matin设计，内设57间套房，采用爪哇砖、巴厘岛石和其他原始材料建造而成。酒店内有宽大的玻璃窗、豪华的休息区以及独立的露台和阳台。

★ Alila Seminyak 度假村 $$$

（见84页地图；☎0361-302 1888；www.alilahotels.com；Jl Taman Ganesha 9；房间 5,500,000Rp起；❄📶🏊）这家大型度假村位置非常便利，就在水明漾和克罗博坎沙滩（以及夜生活）的交叉路口。房间数量多达240个，风格各不相同。价格最低的房间有花园景观，但是如果愿意掏更多银子，则可以享有海滩风景和更大的空间。房间配色是米黄色和褐色搭配的沙滩风格。

W Bali-Seminyak 度假村 $$$

（见84页地图；☎0361-473 8106；www.wretreatbali.com；Jl Petitenget；房间 含早餐 4,900,000Rp起；❄@📶🏊）与许多W酒店一样，通常我们说的“盛名之下，其实难副”在这里一样适用（订1套“惊喜套房”怎么样？），但是近在咫尺的沙滩以及美丽的海景的确是无懈可击。有许多充满时尚和休闲气息的酒吧、餐厅和面带微笑的员工。价格较高的房间都有露台，但并不是所有房间都能看到海景。

Woobar是欣赏日落的好地方；“欢乐时光”折扣时段鸡尾酒买一赠一，还会免费赠送比萨（16:00~18:00）。

就餐

Gusto Gelato & Coffee 意式冰激凌 $$

（见84页地图；☎0361-552 2190；www.gusto-gelateria.com；Jl Raya Mertanadi 46；冰激凌 25,000Rp起；⏰10:00~22:00；❄📶）巴厘岛首屈一指的意式冰激凌店，当天新鲜制作，有各种独特的口味，如浓郁的奥利奥、出人意料且美味可口的罗望子和柠檬罗勒（kamangi）等，当然也有各种经典口味。午后这里会人头攒动。

Biku 融合菜 $$

（见84页地图；☎0361-857 0888；www.bikubali.com；Jl Petitenget 888；主菜 40,000~95,000Rp；⏰8:00~23:00；📶👪）位于一栋有着150年历史的柚木房屋（joglo，传统爪哇住宅）内，因为保留了原先古董店的那种古老氛围而广受欢迎。菜单将印度尼西亚菜、其他亚洲菜肴和西方菜式融合到一起，Biku称之为“热带舒适食物”。这里的汉堡和甜品都有口皆碑。记得预订。餐厅里有非常棒的儿童菜单。

这里也是享用英式下午茶（11:00~17:00；每人 110,000Rp）的热门地点。下午茶有亚洲风味，茶点包括萨莫萨三角饺、春卷等，搭配绿茶或乌龙茶；也有传统风格，可以选择黄瓜三明治等。

Gourmet Cafe 咖啡馆 $

（见84页地图；☎0361-473 7324；www.balicateringcompany.com；Jl Petitenget 77A；小吃 30,000Rp起；⏰7:00~21:00；❄）由Bali Catering Company经营的这家高档熟食咖啡馆简直就是美味宝地，供应千奇百怪的小吃。很多人都尽力抵抗此处芒果冰激凌的巨大诱惑，还有一些人则很难拒绝这里自制的美味羊角面包。

Pasar Kerobokan 市场 $

（见84页地图；Fruit Market；Jl Raya Kerobokan和Jl Gunung Tangkuban Perahu交叉路口；⏰5:00~22:00）巴厘岛的多样化气候区（靠近海边的区域湿热，火山坡地干燥凉爽）意味着几乎任何水果蔬菜都可以在这座面积不大的小岛上种植。小贩们在这个市场售卖果蔬，包括各种不常见的水果，例如山竹等。一连串小摊还会出售各种美味小吃，此外还有一个规模不大的夜市。

不要错过

克罗博坎最受欢迎的小吃摊

虽然克罗博坎看上去很高档，但还是能找到很多不错的地方品尝最地道的当地菜肴。其中最受欢迎的食肆如下：

Warung Eny（见84页地图；☎0361-473 6892；warungeny@yahoo.com；Jl Petitenget 97；主菜35,000Rp起；⏲8:00~23:00）隐匿于无数盆栽植物后面的这家临街小吃摊里，大厨Eny亲自烹饪每道菜。蒜焖对虾等海鲜菜肴十分美味，大部分食材都是有机的。同时设有非常棒的烹饪培训班。

Warung Sulawesi（见84页地图；☎0821 4756-2779；Jl Petitenget 57B；主菜 35,000Rp起；⏲7:00~20:00）在这个很有家庭气氛的宁静庭院内找一张桌子，感受一下经典的小吃摊，品尝鲜美的巴厘岛和印度尼西亚菜肴。打一份米饭，然后从一排诱人的菜品中进行选择，通常中午的时候菜肴品种最多。青豆太好吃了！

Warung Kita（见84页地图；Jl Petitenget 98A；主菜 25,000Rp起；⏲周一至周六 9:00~19:30）爪哇岛的清真食物。选择你要的米饭（我们喜欢黄色香米饭），然后从美味飘香的一长串菜肴中挑选，包括甜辣椒酱印尼豆豉（tempeh）、香辣茄子（sambal terung）、香辣烤鱼（ikan sambal）以及其他家常特色菜。大部分标签都用英语。

Sari Kembar（见84页地图；☎0361-847 6021；Jl Teuku Umar Barat；主菜 15,000Rp起；⏲8:00~22:00）在这条繁忙大街与Jl Raya Kerobokan交叉路口以东约1.5公里处的街面背后，是在巴厘岛品尝烤乳猪（babi guling，烤制时加入辣椒、姜黄、大蒜和生姜）的最佳场所之一。除了美味的蘸汁猪肉，还有入口即化的脆皮，以及用木薯叶填塞的烤鸭、香肠等。菜品简单，味道极佳。

Warung Sobat（见84页地图；☎0361-731256；Jl Pengubengan Kauh 27；主菜 37,000~100,000Rp；⏲11:00~22:30；📶）这家老式餐馆坐落在平房式样的砖砌庭院内，善于烹饪意大利口味的巴厘岛新鲜海鲜（放很多蒜）。非常实惠，对价格非常敏感的外国侨民每天云集于此就说明了一切。

★ Sangsaka 印度尼西亚菜 $$

（见84页地图；☎0812 3695 9895；www.sangsakabali.com；Jl Pangkung Sari 100；主菜 80,000~180,000Rp；⏲周二至周日 18:00至午夜）在克罗博坎一条背街小巷内，这家休闲餐厅供应印尼群岛各地风味菜肴的改良版本。其中许多都采用木炭方式烹饪，具体取决于菜肴的发源地。用餐空间采用常见的葡萄藤蔓图案装饰，显得比一般的餐馆更加时尚。有一个非常棒的吧台。

★ Saigon Street 越南菜 $$

（见84页地图；☎0361-897 4007；www.saigonstreetbali.com；Jl Petitenget 77；主菜 50,000~175,000Rp；⏲11:00至次日1:00；📶）风格现代、充满生机、空间紧凑。这家越南菜餐厅用时尚的霓虹装饰吸引了无数顾客光临。极具创意的越南菜包括辛辣的槟榔叶包裹慢烹章鱼肉，以及让人印象深刻的各种越南米纸肉卷，再加上咖喱菜、米粉（pho）和香气扑鼻的椰子木烤肉等。鸡尾酒包括枪战电影里经常出现的经典冰爽酒精饮品马提尼。请提前订位。

★ Sardine 海鲜 $$

（见84页地图；☎0811 397 8111；www.sardinebali.com；Jl Petitenget 21；晚餐 主菜 200,000Rp起；⏲11:30~16:00和18:00~23:00；📶）这家典雅但私密、休闲却时尚的餐馆坐落于一个漂亮的竹亭中，招牌菜是从著名的金巴兰市场（Jimbaran market）新鲜采购来的海鲜，坐在露天餐桌旁用餐可以俯瞰一个私人向日葵花园和一个迷人的锦鲤池塘。极有创意的酒吧是必去的，酒吧营业至凌晨1点。菜单会根据季节而变化。提前订位非常重要。

Merah Putih 印度尼西亚菜 $$

（见84页地图；☎0361-846 5959；www.

merahputihbali.com; Jl Petitenget 100X; 主菜 80,000~200,000Rp; ⌚12:00~15:00和18:00~23:00）这家餐厅名字的意思是"红与白"，也就是印度尼西亚国旗的颜色。店如其名，这里供应群岛各地的美味食物。简洁的菜单分为传统和新派两部分——后者将印尼风味与多种食物融合到一起。餐厅透着时尚气息，服务非常好。

Sarong

融合菜 $$

（见84页地图；☎0361-473 7809; www.sarongbali.com; Jl Petitenget 19X; 主菜 120,000~180,000; ⌚18:30~22:45; 📶）这是一个优雅的地方。菜肴涵盖亚洲各地风味小碟食品，很受那些打算在宽敞酒吧里慢慢消磨夜晚时光的人们的欢迎。不接待儿童。最浪漫的莫过于在户外星光下用餐。

Watercress

咖啡馆 $$

（见84页地图；☎0851 0280 8030; www.watercressbali.com; Jl Batubelig 21A; 主菜 75,000Rp起; ⌚7:30~23:00; P📶）非常时尚的地方。这个绿荫覆盖的路边咖啡馆生意十分兴隆。除了丰盛的早餐和美味的汉堡以外，这里还有各种注重健康绿色概念的主菜和沙拉。非常棒的咖啡、生啤和鸡尾酒都是大家在此停留的好理由。门前的小花园非常舒适。

Naughty Nuri's

印度尼西亚菜 $$

（见84页地图；☎0361-934 7391; www.naughtynurisseminyak.com; Jl Raya Mertanadi 62; 主菜 60,000Rp起; ⌚11:00~22:00）遵循华丽的乌布传统，并且继续发扬光大。有一个宽敞的户外就餐区。如今这里已成为印尼各地游客必到之地，他们来这里品尝特色猪排。口感极佳的招牌马提尼酒始终保留在菜单上。

L'Assiette

法国菜 $$

（见84页地图；☎0361-735840; www.lassietterestaurantbali.wordpress.com; Jl Raya Mertanadi 29; 主菜 140,000Rp起; ⌚周一至周六 10:00~23:00; 📶）这座露天咖啡馆背后巨大而安静的花园，是享用沙拉或其他新鲜可口的经典法国小吃的绝佳去处。也许一份牛排配炸薯条或一份鹅肝酱会让你大呼过瘾。如果吃不惯，这里还有各种亚洲口味的菜肴。这个咖啡馆与Pourquoi Pas古董商店共用一个店面。

Barbacoa

拉丁美洲菜 $$$

（见84页地图；☎0361-739235; www.barbacoa-bali.com; Jl Petitenget 14; 主菜 180,000~250,000Rp; ⌚正午至午夜; 📶）Barbacoa是一个让人印象深刻的地方，有高高的实木天花板、五彩缤纷的马赛克地砖以及美丽的稻田风景（至少目前是这样）。菜肴以各种烤肉为主；餐馆的墙边堆满了木柴，用来烹饪拉丁美洲菜肴。

饮品和夜生活

克罗博坎的一些引领潮流的餐馆都有非常时尚的酒吧，营业时间直至深夜；而海滩俱乐部Mrs Sippy则是白天最热门的饮酒场所。

★Mrs Sippy

俱乐部

（见84页地图；☎0361-335 1079; www.mrssippybali.com; Jl Taman Ganesha; 入场费 100,000Rp; ⌚10:00~21:00）这家地中海风格的海滩俱乐部可谓应有尽有——酒精饮品、国际DJ、海水泳池以及3层的跳台。这里目前并不是一个深夜娱乐场所（附近居民对此多有抱怨），但是这里有巴厘岛南部最精彩的白天和傍晚派对。

★Potato Head

夜店

（见84页地图；☎0361-473 7979; www.ptthead.com; Jl Petitenget 51; ⌚10:00至次日2:00; 📶）巴厘岛最高端和最好玩的海滩夜店。顺着沙滩漫步，或者开车沿Jl Petitenget到这里，你会发现许多有意思的地方，从一个迷人的游泳池到若干餐厅，如时尚的Kaum和注重环保的Ijen等，还有一座花园，可以在里面享用比萨，以及让你在星空下轻松度过一个夜晚的躺椅和草坪，都会让你流连忘返。

Mirror

夜店

（见84页地图；☎0811 399 3010; www.mirror.id; Jl Petitenget 106; ⌚周三至周六 23:00至次日4:00）这间俱乐部非常受巴厘岛南部的外国侨民欢迎，其中一些人可能就是你几个小时前才逛过的设计师商店的老板。内部装修仿佛《哈利·波特》电影里的大教堂，不过加入了一些不太宗教化的照明效果。主流电子乐十分喧闹。

Warung Pantai 酒吧

（见84页地图；Batubelig Beach；⏲8:00～21:00）在W Bali酒店北边的这片迷人沙滩上，有一排销售饮品的小摊，其中就包括Pantai，这家小摊提供便宜的饮品、混搭的桌椅，方便大家欣赏壮观的海浪和美丽的日落。

购物

★Purpa Fine Art Gallery 艺术品

（见84页地图；☎0819 9940 8804；www.purpagallerybali.com；Jl Mertanadi 22；⏲周一至周六 10:00～18:00）这家老牌画廊展出了一些巴厘岛一流画家的作品，其中包括20世纪30年代名头最响亮的艺术家史毕斯（Spies）、Snell和Lempad等。定期会举办各种特别展览。

★Bathe 化妆品、家庭用品

（见84页地图；☎0812 384 1825；www.facebook.com/bathestore；Jl batu Belig 88；⏲10:00～19:00）这家商店的手工蜡烛、吹风筒、香薰精油、浴盐和家居用品会带给你浓浓的19世纪法兰西风情，从而让你的别墅氛围更加浪漫。这家店就在一排高端精品店中间。

Tulola 首饰

（见84页地图；☎0361-473 0261；www.shoptulola.com；Jl Petitenget；⏲11:00～19:00）这是著名的美籍巴厘岛设计师Sri Luce Rusna的首饰商店。高端饰品都在巴厘岛制造，然后在这家别致的精品店里陈列。

Ayun Tailor 服装

（见84页地图；☎0821 8996 5056；Jl Batubelig；⏲10:00～18:00）Ayun是一位优秀的裁缝。在巴厘岛众多精品纺织品商店中的任意一家购买蜡染或其他织物，她会帮你缝制成男士、女士或儿童的成衣。带上你喜欢的衬衫，她能够依样画葫芦。价格实惠。

Mercredi 家庭用品

（见84页地图；☎0812 4634 0518；https://mercredi.business.site；Jl Petitenget；⏲9:00～21:00）风格时尚的坐垫将家里的老旧沙发变成充满活力的时尚宣言，不过这只是这家时尚的家居用品商店销售的众多创意商品之一。

Kevala Home 家庭用品

（见84页地图；☎0361-473 5869；www.kevalaceramics.com；Jl Batubelig；⏲9:00～

另辟蹊径

热门手工艺品商店

水明漾和克罗博坎东边有许多挤满了各式各样有趣商店的街道，生产并销售家居用品、小饰品、织物和其他吸引人的物品。从Jl Gunung Tangkuban Perahu上的克罗博坎监狱往东前行约2公里，然后继续往南走，你会看见一条同名街道。

这条特别的道路（jalan）被一位购物狂朋友称为“充满惊喜的街道”；注意找找一排售卖复古海员装具和原始艺术品的商店。向南，这条街变成家居用品和艺术品扎堆的Jl Gunung Athena，然后向东成为Jl Kunti II，直至Jl Sunset和Jl Kunti繁忙的交叉路口。

Yoga Batik（见84页地图；☎0813 5309 3344；Jl Gunung Athena 17；⏲周一至周六 10:00～18:00）五花八门的标志性印度尼西亚纺织品。

Rainbow Tulungagung（见84页地图；☎0812-594 0391；Jl Gunung Athena1；⏲周一至周六 8:00～22:00）用大理石和其他石头制作的手工艺品。香皂盒很容易带回家。

My Basket Bali（见84页地图；☎0361-994 3683；https://my-basket-bali.business.site；Jl Gunung Athena 39B；⏲周一至周五 10:00～17:00）只要是纤维制品，都能在这里找到。这里卖的篮子既美观又实用。

Victory Art（见84页地图；☎0812 3681 67877；Jl Gunung Tangkuban Perahu；⏲8:00～17:00）质量和数量一样让人大开眼界。这个转角商店里有许多新生代艺术家的迷人作品。各种各样的原始面孔凝视着窗外——这些作品都源于印度尼西亚的原住民文化。

19:00）在巴厘岛设计并制造，这里的高端瓷器是当地精美艺术品的杰出代表。

Geneva Handicraft Centre 工艺品

（见84页地图；☎0361-733542；www.genevahandicraft.com；Jl Raya Kerobokan 100；⊙9:00~20:00）旅游小巴云集于这个多层印尼手工艺品中心前面的巨大空间。这里的手工艺品品质不错、价格固定且公道。

Tribali 首饰

（见84页地图；☎0818 0541 5453；Jl Petitenget 12B；⊙周一至周六 9:00~18:00）在质朴的陈列室里，乡村风情的首饰和配件洋溢着奢侈的嬉皮士风情。

Carga 家庭用品

（见84页地图；☎0361-847 8180；https://carga.business.site；Jl Petiten-get 886；⊙9:00~21:00）这家漂亮的商店位于喧闹的Jl Petiten-get背后一座老房子里，周围被棕榈树所环绕。这里的家居用品来自印度尼西亚各地，风格从优雅大方到异想天开，无所不包。

Pourquoi Pas 古董

（见84页地图；Jl Raya Mertanadi 29；⊙9:00~20:00）由L' Assiette（见99页）咖啡馆的法国店主家庭经营，这家位于咖啡馆后面的古董商店内，满是来自印尼群岛和东南亚地区的各种珍宝。

Namu 服装

（见84页地图；☎0361-279 7524；www.namustore.com；Jl Petitenget 23X；⊙9:00~20:00）设计师Paola Zancanaro为男男女女打造了舒适而休闲的度假服装，让你在度假时仍能引领时尚。面料手感一流，有许多是手工刺绣的丝绸。

JJ Bali Button 艺术和手工艺品

（见84页地图；www.jjbalibutton.com；Jl Gunung Tangkuban Perahu 5；⊙周一至周六9:00~17:00）这里有无数用贝壳、塑料、金属等材料制成的珠子和纽扣，一眼望去好像是五颜六色的糖果店。精致的木雕纽扣价格为800Rp。孩子们一定需要好好哄着才会离开。

You Like Lamp 家庭用品

（见84页地图；☎0813-3868 0577；Jl Raya Mer-tanadi 52；⊙周一至周六 9:00~17:00）是的，我们喜欢灯具。这里有各式各样可爱的小灯笼，多买可以议价，有许多适于在喝茶的时候点亮。没看到喜欢的灯具？热情的店员会一直帮你找到喜欢的样式为止。

实用信息

库塔中央货币兑换处（Central Kuta Money Exchange；见84页地图；www.centralkutabali.com；Jl Raya Kerobokan 51；⊙8:30~21:15）可靠的货币兑换处。

到达和离开

尽管海滩看起来近在咫尺，但是从东边的道路或小巷基本无法到达沙滩。注意：Jl Raya Kerobokan会长时间堵车，让人情绪焦躁。

Kura-Kura旅游巴士（见82页）有线路往返于水明漾和北边的乌玛拉斯以及南边的库塔，但是班次较少。

街上有计程出租车可供乘坐。Blue Bire（www.bluebirdgroup.com）有最靠谱的服务。

当地交通

Bali Bike Rental（见84页地图；☎0855 7467 9030；www.balibikerental.com；Jl Raya Kerobokan 71；租赁 每天 US$10起；⊙8:00~19:00）巴厘岛成千上万的摩托车租赁商店中的佼佼者。如果多花一些钱，你可以挑到一辆车况较好的摩托车，并且配上干净的头盔，还有道路救援等额外的服务。此外还可以租到马力更大、速度更快的摩托车。

长谷地区（CANGGU REGION）

长谷地区是指克罗博坎以北和以西地区，这里是巴厘岛经济增长最快的区域。开发大潮大多沿着海滨，却被无边的海滩所限制，尽管发展迅速，但依然相当冷清。克罗博坎向内陆的乌玛拉斯和西边的长谷发展，而邻近的回声海滩可谓一个巨大的施工地。

与世隔绝的别墅吸引着外国人，他们骑着摩托车，或开车享受着空调带来的舒适，从仍在稻田里劳作的农夫身边飞驰而过。而对于普通大众而言，交通是一个很大的障碍：道路建设落后于住房建设至少十年。在这些迷宫般的窄巷里，你会发现超凡脱俗的咖啡馆、时尚前卫的餐厅和魅力十足的商店。循着海浪声前往非同凡响的海滩，例如巴图博隆海滩。

想要了解新开业商店的现状，可浏览网站www.cangguguide.com。

到达和当地交通

你需要通过自己的交通工具才能前往，无论是带司机的小汽车、摩托车或是出租车。海滩区域通常都有专门的出租车垄断经营，从水明漾前往，车费高达150,000Rp。

在白天，糟糕、狭窄和拥挤的道路通常都会让你陷入交通拥堵。因此，尽可能从海滩步行前往，反而更加节约时间。

乌玛拉斯（Umalas）

☎0361

在克罗博坎以北，异国风情的别墅、巴厘岛院落与稻田交织在一起。你可以在乡村道路上期待各种惊喜，例如一个可爱的小吃摊，或者一家惬意的商店等。

团队游

★Bali Bike Hire 骑行

（☎0361-202 0054；www.balibikehire.com；Jl Raya Semer 61；租赁 每日 60,000Rp起）由热爱自行车的人经营，在这里你可以从质量顶级的自行车中选择。他们会针对巴厘岛的复杂道路给予有益的建议，也设有各种不同线路的带向导的自行车团队游。

就餐

探索Jl Raya Kerobokan东边的小路，你会发现许多有趣的小吃摊，供应五花八门的菜肴。

★Nook 各国风味 $$

（☎0361-847-5625；www.facebook.com/nookbali；Jl Umalas I；主菜 50,000~160,000Rp；⏲8:00~23:00；📶）位于稻田之中，环境极佳，这家休闲的露天咖啡馆供应十分受欢迎的创意亚洲菜和西餐。这里混搭了现代风格和热带风情，有丰盛的早餐和汉堡。在屋后的木制露台上找一张桌子。

Bali Buda 咖啡馆 $$

（☎0361-844 5935；www.balibuda.com；Jl Banjar Anyar 24；主菜 23,000Rp起；⏲8:00~22:00；❄📶🖉）总店在乌布。这家分店十分吸引人，供应各种可口的烘焙食物和有机食品。小咖啡馆有健康的果汁和奶昔，以及占菜单绝大部分位置的素食。前往海神庙时，可以顺道在这里吃早饭，然后和大家一样在中午之前参观寺庙。

购物

Reza Art 2 古玩

（☎0821 9797 4309；Jl Mertasari 99；⏲10:00~18:00）无数大小不一的灯、各种航海古董和废旧物品（例如老式船用电报机和橡胶轮胎），使得到这里的人们更像是来寻宝而不是逛商店。

长谷（Canggu）

☎0361/人口 7090

长谷更像是一个抽象的概念而非具体的地名，泛指克罗博坎和回声海滩之间遍布别墅的地带。这里魅力十足的商店正在与日俱增——尤其是休闲风格的咖啡馆。三大主要地带已经成形，并且全都延伸到海滩边：其中两处沿着Jl Pantai Berawa分布，另一处则沿着Jl Pantai Batu Bolong。

海滩

长谷地区的海滩，是从库塔开始的沙滩的延伸。它们特点不一，从时尚热闹的休闲场所到杳无人烟的海滩——后者离熙熙攘攘的热闹区域仅10分钟路程。

★巴图博隆海滩 海滩

（Batu Bolong Beach；见104页地图；停车 摩托车/小汽车 2000/5000Rp）巴图博隆海滩是长谷地区最热闹的地方。总会有许多当地人、外国人和旅行者在这里的咖啡馆小憩、在浪尖一显身手或者在沙滩上看健儿们的精彩表演。海滩上可以找到沙滩椅、遮阳伞和啤酒小贩。

你还可以租到冲浪板（每天100,000Rp）和学习冲浪课程。站在高处俯瞰一切的是拥有数百年历史的Pura Batumejan建筑群。

贝拉瓦海滩 海滩

（Berawa Beach；见104页地图；停车 摩托车/小汽车 2000/3000Rp）灰色的贝拉瓦海滩（许多标识牌上写着“Brawa Beach”）上有几间冲浪者咖啡馆屹立在涛声震天的海边；这里灰色的火山砂在充满白浪的大海中形成一个大陡坡。海滩上方的Finn's Beach Club后面是高级女装设计师Paul Ropp的大型宅邸。

普兰喀克海滩 海滩

（Prancak Beach；见104页地图）一些饮品摊和一个大型停车场就是这片海滩主要的附属设施，基本上不会出现人山人海的情况。Pura Dalem Prancak是一座大型寺庙。沿着海水轻拍的沙滩惬意前行1公里，即可到达贝拉瓦海滩。这里的沙滩排球赛场面热烈，远近闻名。

纳拉延海滩 海滩

（Nelayan Beach；见104页地图）当你看到渔船和草屋的时候，就到了开发日臻成熟的纳拉延海滩，海滩后面是大片的别墅区。如果水位较低，可以从这里轻松步行至普兰喀克海滩和巴图博隆海滩。

景点

Pura Batumejan 印度教寺庙

（见104页地图；Jl Pantai Batu Bolong）拥有数百年历史的Pura Batumejan建筑群俯瞰巴图博隆海滩，其中有一座醒目的塔形神庙。

Pura Dalem Prancak 印度教寺庙

（见104页地图；Jl Pantai Prancak）这座大型神庙经常举办各种仪式。

活动

这是一个非常热门的冲浪地点，每到周末，长谷海滩都会吸引很多当地人和外国人。停车场收费5000Rp，对于那些在水中运动后或是观看其他人运动后胃口大开的人来说，这里的咖啡馆和小吃摊一定能填饱他们的辘辘饥肠。

Finn's Recreation Club 健身俱乐部

（见104页地图；☎0361-848 3939；www.finnscrecclub.com；Jl Pantai Berawa；成人/儿童单日通票 450,000/300,000Rp；⏲6:00~21:00）

> **海滩徒步**
>
> 你可以花一两个小时，在巴图贝里格海滩和回声海滩之间约4公里的沙滩上行走，这是一段迷人的漫步之旅，你会看到寺庙、小钓鱼营地、汹涌的海浪、无数冲浪者、超酷的咖啡馆以及高消费海滩文化的真容。唯一的困难是在雨后，一些河流水位上涨，从而难以逾越，尤其是在巴图贝里格西北部。无论如何，将你的随身用具都装在防水包里，以便随时准备涉水。
>
> 如果想要离开，在稍大点的海滩都很容易找到出租车。

你将能看到新时代版本的英属印度场景——巴厘岛上那些富有的精英们在Finn's Recreation Club傻乎乎地折腾自己。巨大而完美的淡绿色草地是为槌球运动而精心修建的。你可以玩网球、壁球、马球、板球、保龄球，享受水疗按摩或在25米长的游泳池里尽兴。许多别墅出租时都会提供这里的入场券。华丽的Splash Waterpark极受欢迎。

Amo Beauty Spa 水疗

（见104页地图；☎0361-907 1146；www.amospa.com；Jl Pantai Batu Bolong 69；按摩230,000Rp起；⏲8:00~22:00）在这里能遇到一些亚洲顶级模特，会给人一种踏进*Vogue*杂志摄影棚的感觉。除按摩外，这里还提供头发护理、足疗和蜜蜡脱毛（unisex waxing）等其他服务。需要预订。

住宿

长谷有各种各样的住宿选择。自诩为“冲浪营地”的客栈随处可见。如果要长期住宿，除了通过在线搜索引擎查看外，还可以看看Warung Varuna（见106页）的信息公告牌。

Serenity Eco Guesthouse 客栈 $

（见104页地图；☎0361-846 9257，0361-846 9251；www.serenityecoguesthouse.com；Jl Nelayan；铺/标单/双 含早餐 175,000/205,000/495,000Rp起；❄📶🏊）🍃这家客栈由年轻的经验不足（但讨人喜欢）的工作人员经营，在高墙别墅林立的这个地区相当另类。房型从

Canggu & Echo Beach 长谷和回声海滩

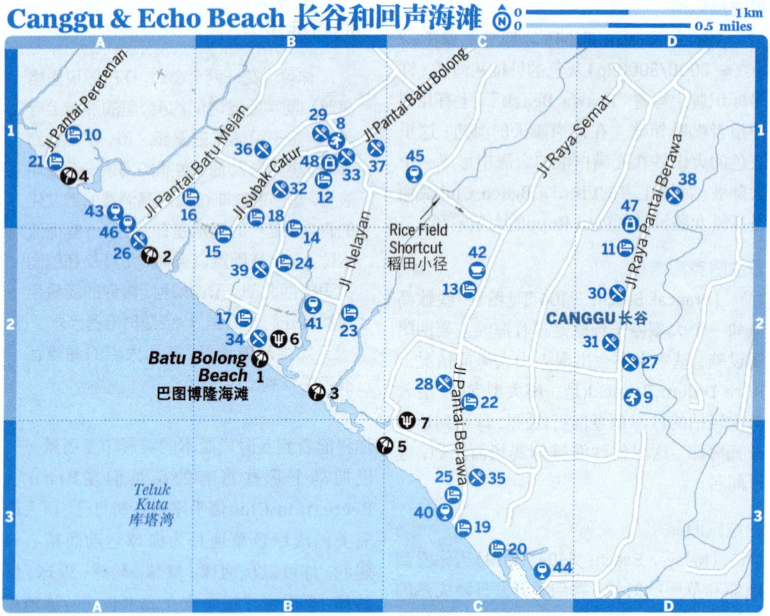

使用公共浴室的单人间到带卫生间的舒适双人间都有（其中一些带风扇，其他则装有空调）。庭院略显奇特，到讷拉延海滩只需步行5分钟。开设有瑜伽课程（110,000Rp起）。你可以租赁冲浪板和自行车。这个地方一直致力于将碳排放量最小化。

Big Brother Surf Inn 客栈 $

（见本页地图；☎0812 3838 0385；www.big-brother-surf-inn-canggu.bali-tophotels.com/en；Jl Pantai Berawa 20；房间 US$40；❄📶🏊）这是一家传统的巴厘岛客栈，有简洁的线条，采用极简风格的白色。6个房间通风不错，户外休息区可以俯瞰一个花园，里面有各种烧烤设施和一个泳池。坐落于背街，比较安静；虽然名字叫“老大哥”，但你绝不会出现在《老大哥》电视真人秀中。

Canggu Surf Hostel 青年旅舍 $

（见本页地图；☎0813 5303 1293；www.canggusurfhostels.com；Jl Raya Semat；铺 100,000~160,000Rp，房间 400,000Rp；❄📶🏊）这家设施齐全的青年旅舍的两个分店有着截然不同的两张面孔——另一处在Jl Pantai Berawa转角处。旅舍内设有8人间、6人间、4人间以及独立房间。住客可以使用多个公共空间、泳池、厨房和可上锁的冲浪板储存柜。

Widi Homestay 民宿 $

（见本页地图；☎0819 3626 0860；widihomestay@yahoo.co.id；Jl Pantai Berawa；房间 250,000Rp起；❄📶）这里没有人为制造的时尚气息，也没有山寨装饰打造的平庸无聊之感，就是一个整洁、友善的家庭旅馆。4个房间都有热水和空调，距离海滩不到100米。

★ Sedasa 精品酒店 $$

（见本页地图；☎0361-844 6655；www.sedasa.com；Jl Pantai Berawa；房间 含早餐 700,000~890,000Rp；❄📶🏊）氛围私密，风格时尚，Sedasa洋溢着低调的巴厘岛的优雅。10个大房间都可俯瞰一个小泳池，并且都配有设计师家具。楼顶的懒人沙发非常适合坐下来看看书。楼下有一间有机咖啡馆。步行前往沙滩只需5分钟，可以免费借用自行车，另有摆渡车前往水明漾。

Outsite 共享居住 $$

（www.outsite.co；Jl Pantai Batu Bolong 45；房间 US$50起；📶🏊）目标客户群是巴厘岛日益

Canggu & Echo Beach 长谷和回声海滩

重要景点
1 巴图博隆海滩 B2

景点
贝拉瓦海滩 .... （见19）
2 回声海滩 A2
3 讷拉延海滩 B2
4 佩惹勒南海滩 A1
5 普兰喀克海滩 C3
6 Pura Batumejan B2
7 Pura Dalem Prancak C3

活动、课程和团队游
8 Amo Beauty Spa B1
9 Finn's Recreation Club D2

住宿
10 Andy's Surf Villa A1
11 Big Brother Surf Inn D2
12 Calmtree Bungalows B1
13 Canggu Surf Hostel C2
14 Coconuts Guesthouse Canggu B2
15 Echo Beach Resort B2
16 Echoland A1
17 Hotel Tugu Bali B2
18 Koming Guest House B1
19 Legong Keraton C3
20 Lv8 Resort Hotel C3
21 Pondok Nyoman Bagus A1
22 Sedasa C2
23 Serenity Eco Guesthouse B2
24 Slow B2
25 Widi Homestay C3

就餐
26 Beach House A2
Betelnut Cafe .... （见12）
27 Bungalow D2
28 Creamery C2
29 Deus Ex Machina B1
Dian Cafe .... （见26）
30 Green Ginger D2
31 Indotopia D2
32 Mocca B1
33 Monsieur Spoon B1
34 Old Man's B2
35 One Eyed Jack C3
36 Shady Shack B1
37 Warung Bu Mi B1
38 Warung Goûthé D1
39 Warung Varuna B2

饮品和夜生活
40 Finns Beach Club C3
41 Gimme Shelter Bali B2
42 Hungry Bird C2
Ji .... （见17）
43 La Brisa A1
44 La Laguna C3
45 Pretty Poison C1
46 Sand Bar A1

购物
Dylan Board Store .... （见33）
47 It Was All A Dream D1
48 Love Anchor B1

增长的数字游民。这里的5间传统爪哇风格平房和独具氛围的泳池为他们在工作之余提供了充电的空间。位于稻田之间，是一个安静和欢乐的地方，便于人们边工作边度假——Wi-Fi信号快速而稳定，房费包含的早餐奶昔十分可口，让你能精力充沛地开始每一天。最少要入住两晚；Outsite的会员每晚都可获得折扣房费。

Calmtree Bungalows 客栈 $$

（见104页地图；☎0851 0074 7009；www.thecalmtreebungalows.com；Jl Pantai Batu Bolong；房间 640,000Rp起；🛜🏊）位于巴图博隆海滩的中心地带，这个家庭经营的小院有10间客房，全都围绕一个泳池分布。在茅草围墙内，客栈风格质朴，带着几分现代感。浴室为露天式。没有空调，但是有蚊帐和风扇——氛围非常独特。员工服务十分热情。

Coconuts Guesthouse Canggu 客栈 $$

（见104页地图；☎0878 6192 7150；www.facebook.com/pg/coconutsguesthouse；Jl Pantai Batu Bolong；房间 US$75起；❄🛜🏊）这家当代风格的客栈里的5个房间通风良好，非常舒适。其中一些能看到（侥幸留存的）稻田，所有房间都配有冰箱，色调令人放松。可以在屋顶休息区享受日落风光，或者在10米泳池里畅游。步行700米可到达巴图博隆海滩。

Legong Keraton 酒店 $$

（见104页地图；☎0361-473 0280；www.legongkeratonhotel.com；Jl Pantai Berawa；房间

820,000~1,400,000Rp; ❄@📶🏊)长谷的繁荣在这家经营良好的40个房间的海滩度假村显露无疑。庭院荫庇在棕榈树下,泳池与沙滩相连。最好的房间是面对海滩的平房。这家酒店过去与世隔绝,如今却已经成为活动的中心。

★Hotel Tugu Bali 酒店 $$$

(见104页地图;☎0361-473 1701;www.tuguhotels.com;Jl Pantai Batu Bolong;房间 含早餐 US$400起;❄@📶🏊)这家精致的酒店就在巴图博隆海滩上。它模糊了住宿、博物馆和画廊的界限,特别是沃尔特·史毕斯(Walter Spies)厅和勒·迈耶(Le Mayeur)厅,这些艺术家使用过的物件成为房间最好的装饰。这里有一个水疗中心,还有高端的海滩酒吧Ji。炫目的古董和艺术品收藏从酒店大堂开始,一直延伸到酒店各处。

Slow 精品酒店 $$$

(见104页地图;☎0361-209 9000;http://theslow.id;Jl Pantai Batu 97;房间 2,400,000Rp起;❄📶🏊)这家酒店用"热带野兽派艺术"风格让长谷的设计水准上了一个新台阶。优雅的空间淋漓尽致地体现了Slow的美学观念——简洁的线条、自然的配色、随处可见的垂悬植物以及老板极具特色的个人艺术品收藏等。房间非常宽敞,配有各种现代设施。

Lv8 Resort Hotel 度假村 $$$

(见104页地图;☎0361-894 8888;www.lv8bali.com;Jl Discovery 8;房间 3,000,000Rp起;❄📶🏊)就在潟湖的转弯处,直接面对贝拉瓦海滩。这个光线充足、通风良好的度假村充分运用了自己得天独厚的狭长的地理位置。124个房间中即使最小的也堪称宽敞,带有阳台和起居室。其中一些坐拥绝佳的海景,另外一些则带有私人深水泳池。

就餐

★Creamery 冰激凌 $

(见104页地图;☎0819 9982 5898;www.facebook.com/CreameryBali;Jl Pantai Berawa 8;圣代 35,000Rp起;⏲11:30~22:30)在这家人气极旺的商店体会精制冰激凌球的精髓——每次用液氮只能搅拌制作一份冰激凌。现场制作的圣代看似简单,但回味无穷——你还可以尽情发挥创意打造专属的冰激凌,也可以直接来一份冰激凌三明治或者奶昔。

Warung Varuna 印度尼西亚菜 $

(见104页地图;☎0818 0551 8790;www.facebook.com/warungvaruna;Jl Pantai Batu Bolong 89A;主菜 20,000~40,000Rp;⏲8:00~22:30)海滩附近品尝当地菜最实惠的地方。Varuna将绝佳的巴厘岛风味菜肴与冲浪者的口味结合到一起。印尼炒饭(nasi goreng)有许多别具创意的变型;果汁、奶昔和煎饼也都非常不错。供应丰盛的西式早餐。公告板上有许多关于别墅和房间出租的信息。

Warung Bu Mi 印度尼西亚菜 $

(见104页地图;☎0857 3741 1115;www.facebook.com/warungbumi;Jl Pantai Batu Bolong 52;简餐 25,000~40,000Rp;⏲8:00~22:00)经典的巴厘岛小摊风格食物。可以选择你偏爱的稻米(我们喜欢当地特产:红米),然后排队挑选自己钟意的不同菜肴。不要错过玉米油炸饼。室内装修风格简单整洁,摆放着长条餐桌。

Bungalow 咖啡馆 $

(见104页地图;☎0361-844 6567;Jl Pantai Berawa;主菜 40,000Rp起;⏲周一至周六 8:00~18:00;❄)与大路的距离正好足以避开烟尘和喧嚣,这家咖啡馆的复古时尚设计与其所属的家居用品商店相得益彰。在阳台的暗色木饰围栏下放松身心,然后从品类广泛的咖啡、果汁、奶昔、三明治、沙拉和甜品中选择自己想要的。

Indotopia 越南菜 $

(见104页地图;☎0822 3773 7760;www.facebook.com/IndotopiaCanggu;Jl Pantai Berawa 34;主菜 40,000Rp起;⏲8:00~22:00;📶)又名"Warung Vietnam"。这里的米粉(pho)美味异常,许多牛肉浇头搭配完美的米线和清香的绿色蔬菜。想要点甜品?可以来一份西贡香蕉馅饼(Saigon banana crepes)。

Betelnut Cafe 咖啡 $

(见104页地图;☎0821 4680 7233;Jl Pantai Batu Bolong;主菜 50,000Rp起;⏲8:00~22:00;❄📶✍)这家茅草顶咖啡馆弥漫着嬉

皮士风格。楼上有露天就餐区。菜肴绿色健康，但也不尽然——你可以点到薯条。供应果汁，主菜以蔬菜为主。烘焙品很棒，奶昔不错。

Monsieur Spoon 咖啡馆 $

（见104页地图；www.monsieurspoon.com；Jl Pantai Batu Bolong；小吃 25,000Rp起；⏲18:30~21:00；❄）赏心悦目的法式烘焙食品（杏仁羊角包，哇哦！）是这家巴厘岛连锁小咖啡馆的特色。在花园或室内享用点心、三明治、外形完美上相的面包和可口的咖啡。

Green Ginger 亚洲菜 $

（见104页地图；☎0878 6211 2729；www.elephantbali.com/green-ginger；Jl Pantai Berawa；简餐 55,000Rp起；⏲8:00~21:00；📶✍）在日新月异的长谷地区落地生根的一家迷人小餐馆，招牌菜是新鲜美味的亚洲风味素食和面条。

★ Mocca 咖啡馆 $$

（见104页地图；☎0361-907 4512；www.facebook.com/themocca；Gg Nyepi；主菜 60,000~90,000Rp；⏲7:00~22:00）隐匿于热闹的Jl Batu Bolong附近，这个长谷地区的热门咖啡馆一半是迷人的咖啡馆，一半是波希米亚风格的概念商店。在采用盆景和再生木材装饰的楼下花园和楼上露台之间，随处都能找到让人心旷神怡的座椅。热情的服务和品种丰富的菜单让客人们在这里流连忘返。

★ One Eyed Jack 日本料理 $$

（见104页地图；☎0819 9929 1888；www.oneeyedjackbali.com；Jl Pantai Berawa；小盘菜 45,000~90,000Rp；⏲17:00至午夜）居酒屋（izakaya）是一种适合朋友相聚小酌并共享食物的地方，这家氛围独特的小餐馆就是如此。主厨是经验丰富的国际名厨Nomu，菜品品质超凡。小份的塔可开胃菜、炭烤鸡肉串以及烤肉包等都会让你忍不住再点一份。不要错过以茶为基调的鸡尾酒。

★ Warung Goûthé 小酒馆 $$

（见104页地图；☎0878 8947 0638；www.facebook.com/warunggouthe；Jl Pantai Berawa 7A；主菜 60,000Rp起；⏲周一至周六 9:00~17:00）制作精良、摆盘美观的简餐是这个开放式咖啡馆的拿手好戏。菜单十分简洁，根据新鲜食材每日更换。法国老板可以将简单的鸡肉三明治变得充满魔力、回味无穷。光是甜品就会让你在路过时停下脚步。

★ Deus Ex Machina 咖啡馆 $$

（见104页地图；Temple of Enthusiasm；☎0811 388 150；www.deuscustoms.com；Jl Batu Mejan 8；主菜 60,000~170,000Rp；⏲7:00~23:00；📶）长谷稻田里的这家咖啡馆感觉有点梦幻，而且给人的印象是千人千面——如果你饥肠辘辘，这是一家餐厅、咖啡馆兼酒吧；对于购物者而言，这里是一个时装品牌商店；如果你要体验当地文化，这里又摇身变为一间当代艺术画廊；对音乐爱好者而言，这是一个当地朋克乐队的现场演出场馆（周日下午）；对骑行者来说，这里仿佛是量身打造的摩托车商店；如果你想修剪胡须，这里又变成了理发店……

Old Man's 各国风味 $$

（见104页地图；☎0361-846 9158；www.oldmans.net；Jl Pantai Batu Bolong；主菜 50,000Rp起；⏲7:00至午夜；📶）在这家人气极旺、可以望见巴图博隆海滩的海滨啤酒花园，你很难决定到底坐在何处来享用饮品。自助菜单专为冲浪者和渴望成为冲浪者的人而设：汉堡、比萨、炸鱼和薯条以及沙拉。周三晚上有文化交流，周五有现场摇滚乐，周日有DJ打碟，都会吸引很多客人前来。

🍷 饮品和夜生活

★ La Laguna 鸡尾酒吧

（见104页地图；☎0812 3638 2272；www.lalagunabali.com；Jl Pantai Kayu Putih；⏲9:00至午夜；📶）作为水明漾La Favela（见92页）的姊妹店，La Laguna是巴厘岛上最具诱惑力的酒吧之一。它同时采用了“披头族”风格和摩尔式装饰以及亮光闪闪的小灯泡。先看看不拘一格的布局，然后在沙发、贵妃椅、室内餐桌或是花园里的户外野餐桌之中进行选择。饮品很棒，食物非常可口（主菜 80,000Rp起）。

如果想另辟蹊径前往这里，可以沿着海滩一路前行，然后经由人行桥到潟湖对岸。

Ji 酒吧

（见104页地图；☎0361-473 1701；www.jiat

（下接内容112页）

LONGJON/SHUTTERSTOCK ©

1. 乌布村庙（见179页）
探寻这座印度教神庙的精致建筑。

2. 卡威山（见212页）
巴厘岛最古老和最重要的古迹之一，体型巨大的神龛都雕凿在岩壁上。

3. 乌布猴林（见180页）
这个占地广阔的保护区栖息着600多只猕猴。

PUTYATO PAVEL/SHUTTERSTOCK ©

MARIUS DOBILAS/SHUTTERSTOCK ©

1

2

JASOMTOMO/SHUTTERSTOCK ©

3

FEATHERCOLLECTOR/SHUTTERSTOCK ©

1. 赛卡普瀑布（见276页）
穿越丁香、可可、木菠萝和山竹树掩映的峡谷，前往这处让人叹为观止的瀑布群。

2. 罗威那（见277页）
感受这座低调海滨小镇的闲适氛围。

3. 西巴厘岛国家公园（见289页）
公园内有许多鸟类，包括图中的爪哇蓝尾八色鸫。

（上接内容107页）

balesutra.com; Jl Pantai Batu Bolong, Hotel Tugu Bali; ⌚17:00~23:00）这里是长谷最迷人的酒吧，内部有古典中国和巴厘岛木雕以及异彩纷呈的装饰。从二楼的露台望去，能够欣赏到美丽的风景，此时手边可以有一杯异域风情的鸡尾酒或是米酒，搭配日式小食。

Pretty Poison 酒吧

（见104页地图；☎0812 4622 9340; www.prettypoisonbar.com; Jl Subak Canggu; ⌚16:00至午夜）Pretty Poison的吧台可以看到一座20世纪80年代的老派轮滑场地，因此冲浪板绝不是你在巴厘岛的唯一选择。这家酒吧由长期定居巴厘岛的澳洲冲浪手Maree Suteja经营，非常适合休闲发呆，有便宜的啤酒和精彩的乐队演出。由于地处长谷，店内也理所当然地有印logo的服装出售。靠近稻田中纵横交错的田间道。

Hungry Bird 咖啡馆

（见104页地图；☎0898 619 1008; www.facebook.com/hungrybirdcoffee; Jl Raya Semat 86; ⌚周一至周六 8:00~17:00; 📶）Hungry Bird是巴厘岛为数不多的真正的第三波咖啡烘焙店之一，供应品质非凡的单一产地咖啡豆。来自爪哇岛的店主对咖啡可谓了如指掌，现场烘焙来自印尼各地的咖啡豆。如果你提前致电，可以参加烘焙交流活动。菜品也无懈可击（有机鸡蛋和烘焙食品），是享用早午餐的理想场所。

Gimme Shelter Bali 酒吧

（见104页地图；☎0812 3804 8867; www.facebook.com/gimmeshelterbali; Jl Lingkar Nelayan 444; ⌚19:00至次日3:00）如果喜欢嘈杂喧嚣的音乐，那么这里就非常适合你了。Gimme Shelter经常举办岛上摇滚、山区乡村摇滚和朋克乐队带来的另类音乐演出。这是长谷地区为数不多的营业至午夜过后的夜场之一。

Finns Beach Club 酒吧

（见104页地图；☎0361-844 6327; www.finnsbeachclub.com; Jl Pantai Berawa; ⌚9:00~23:00; 📶）采用竹材建造的巨大空间，让人大开眼界，在海滩上分外醒目。里面有一个大泳池和汽车音响系统。座位上到处都是时尚人群，晒日光浴的人全都聚在泳池周边。白天的休闲客人最低消费额需要达到500,000Rp，费用包含一条浴巾。有一个大吧台，提供"nitro ice cream"（冷气冰激凌）等小吃。食物品种主要是各种休闲简餐（主菜135,000Rp起）。

请注意，店内菜单上价格65,000Rp的烤玉米，在沙滩上热情的小贩们那里只需10,000Rp（已经是高价了）的"游客价"就可以买到。

购物

★ Love Anchor 市场

（见104页地图；☎0822 3660 4648; www.loveanchorcanggu.com; Jl Pantai Batu Bolong 56; ⌚周一至周五 8:00至午夜，市集 周六和周日 9:00~17:00）采用传统的柚木房屋风格建造，这座实木和棕榈树建造的村庄是潮人时尚、美食和购物的综合体。你可以买一瓶Bintang，或者享用从比萨和汉堡到奶昔与素食菜肴在内的各种美食，然后逛逛精品店和冲浪商店。

周末露天市集（周六和周日 9:00~17:00）可谓是一站式购物的绝佳地点，商品从巴厘岛纪念品（藤编圆钱包，有人要吗？）到优雅的定制式皮革制品和当地手工艺人精心打造的精致珠宝首饰等，应有尽有。

It Was All A Dream 时装和饰品

（见104页地图；☎0811 388 3322; Jl Pantai Berawa 14B; ⌚10:00~19:00）物超所值的皮包、趣味盎然的太阳镜、经典复古的牛仔服、运动风格的套衫、精致刺绣的卡夫坦长袍等，这家潮人精品店以实惠的价格销售各种原创精品。店主是一对法国—美国设计师情侣。

Dylan Board Store 体育和户外用品

（见104页地图；☎0819 9982 5654; www.dylansurfboards.com; Jl Pantai Batu Bolong; ⌚10:00~20:00）著名的冲浪好手Dylan Longbottom经营的定制冲浪板商店。作为一位有天赋的设计师，他为新手和专业冲浪健儿打造专属冲浪板，也有许多他设计的成品冲浪板可以直接购买。

实用信息

在长谷中心地带Jl Pantai Berawa可以找到自动取款机、日用品商店和超市。（下接内容121页）

ALINA_DANILOVA/SHUTTERSTOCK ©

最佳海滩

巴厘岛和努沙登加拉的诸多岛屿拥有众多得天独厚的海滩，颜色由白至黑，海浪时而狂野，时而温驯。它们吸引游客成群结队到这里来晒日光浴、练习瑜伽、跑步、冲浪、浮潜、深潜，度过美好时光。从拥有如此多的选择中，你可以随时找到其中一种或数种来尽情享受。

目录

上图：库塔（见66页）海岸

1. 巴兰甘海滩（见146页） 2. 库塔海滩（见324页），龙目岛
3. 德拉娜安岛（见337页）

海滩

印尼该地区拥有不计其数的美丽海滩，因此最好就是将它们按区域进行分类。在这五个区域里，你都能找到许多不同类型的沙滩，并乐在其中。

图邦至回声海滩

从机场北边开始，向西北绵延约12公里到达佩惹勒南海滩（Pererenan Beach；见122页），这片沙滩让巴厘岛举世闻名。这个千变万化的娱乐场拥有多重个性，包括冲浪、时尚、亲子、孤独、豪饮等。

布科海滩

布科半岛（Bukit Peninsula；见142页）西海岸的悬崖峭壁中，经常深藏有着白沙滩的小海湾，例如在巴兰甘（Balangan）、滨金（Bingin）和帕当帕当（Padang Padang）找到的那些。到达这些沙滩（以及它们的邻居）通常绝非易事，但是历尽辛苦后，会收获到汹涌的海浪、销售Bintang啤酒的无名竹棚小吃摊和绝美清澈的海水。

东海岸沙滩

从阿贡火山（Gunung Agung）坡上滑落的岩沙，在这里形成了巨大的新月形黑沙滩，从萨努尔以北一直延伸至岛东边（见219页）。其中一些海滩空空荡荡，另一些则受到冲浪者的青睐，然而更多在海滩上见到的是寺庙和巴厘岛当地人的生活片段。

龙目岛南部海滩

最好的库塔海滩并不在巴厘岛。沿着龙目岛南部海岸线（见323页），从库塔出发，向东或是向西，你会发现十多处漂亮的海湾，这些地方通常只有白沙滩。

吉利海滩

吉利群岛（Gili Islands；见333页）——德拉娜安岛（Trawangan）、米诺岛（Meno）和艾尔岛（Air）——都被美丽的沙滩所环绕。完成大环线，品一品海滩餐车上的食物，试试离岸浮潜，放飞你的心情。

1

2

1. 苏鲁班海滩(见153页),乌鲁瓦图 2. 海岬荒原(见316页)
3. 库塔海滩(见66页)

冲浪

冲浪是许多游客来到这里的首要原因，冲浪文化在该岛也占有重要地位。这里的冲浪者的生活方式也许较为低调，但是海浪可不是这样。

库塔海滩

库塔海滩（Kuta Beach；见66页）是巴厘岛最早的冲浪海滩，至今仍是首屈一指。你一定会情不自禁地投入这片沙滩的怀抱，冲浪者们会为近岸连绵不绝的海浪而痴狂。而且这里是学习冲浪的好地方，学校扎堆，全天开设各种冲浪课程。

乌鲁瓦图

乌鲁瓦图（Ulu Watu；见152页）是你在巴厘岛能找到的最具传奇色彩的冲浪场所。这里可谓是布科半岛西海岸一长串冲浪点中的佼佼者。这里的海浪极富挑战性，你也许得等上几天才能大开眼界。

努萨兰彭坎

巴厘岛附近的努萨兰彭坎（Nusa Lembongan；见162页）是不可多得的冲浪地点。冲浪点在离岸处，需乘船前往，越过礁岩即可到达。而且这里还有许多经济型住宿能够观赏冲浪健儿的精彩表演，从而使你情不自禁地加入其中。

海岬荒原

龙目岛海岬荒原（Tanjung Desert；见316页）赢得的掌声不仅来自冲浪者们欢庆自己历尽跋涉终于走到了这个偏远地点，更因为这里的浪头捉摸不定，即使对于经验最丰富的老手来说也是不小的挑战，到此一游不虚此行。这里的冲浪季非常短：仅从5月到9月。

KRISTINA VACKOVA/SHUTTERSTOCK ©

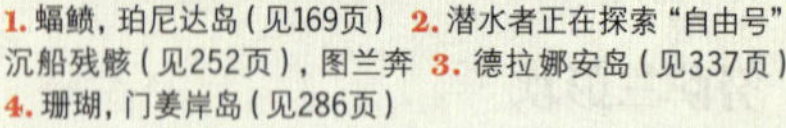

1. 蝠鲼，珀尼达岛（见169页） 2. 潜水者正在探索“自由号”沉船残骸（见252页），图兰奔 3. 德拉娜安岛（见337页） 4. 珊瑚，门姜岸岛（见286页）

DUDAREV MIKHAIL/SHUTTERSTOCK ©

潜水

这些岛屿有许多很棒的潜水点，以及众多的潜水商店，为你的探寻提供帮助。从简单的珊瑚墙潜水到颇具挑战性的开放水域大型水生动物观赏，通过运用自己的潜水技巧，你总能在这里找到自己所需的东西。

图兰奔

图兰奔（Tulamben；见252页）看起来是巴厘岛东部沿海道路边的一个普通村庄，但是你会发现这里有许多潜水商店。这里最大的吸引力来自近岸海底的一艘旧船——在“二战”中沉没的“自由号”（Liberty）。你可以从近岸开始潜水和浮潜以探索战舰残骸。

德拉娜安岛

德拉娜安岛（Gili Trawangan；见337页）是一个极好的潜水和浮潜中心。吉利三岛周边水域都可以潜水。自由潜水在这里风靡一时，你可以在近岸浮潜，各个方向都有珊瑚礁。

珀尼达岛

游客罕至的珀尼达岛（Nusa Penida；见169页）被一片足以媲美水下主题公园的水域所环绕。在这里潜水极具挑战性，因此来自优秀潜水商店的服务必不可少。你可以在这里看到体型巨大、性情温柔的翻车鱼和蝠鲼。

门姜岸岛

门姜岸岛（Pulau Menjangan；见286页）是巴厘岛最著名的潜水和浮潜地区，拥有十多处超级棒的潜水点。潜水感觉非常不错——标志性的热带游鱼、软珊瑚、清澈透明的能见度（通常情况下）、洞窟以及刺激的下潜过程。最好将这里与有很多度假村的佩姆德兰（Pemuteran）结合起来进行两天一夜的游览。

门姜岸岛的海洋生物（见286页）

海洋生物

巴厘岛及周边岛屿的沿海海域，拥有丰富多彩的珊瑚、海藻、游鱼和其他海洋生物。事实上在2014年，印尼的整个海域都被宣布为蝠鲼保护区。浮潜过程中能邂逅大部分海洋生物，但如果想要见识更大的海洋动物，还是选择深潜吧。

海豚

在岛屿的周边水域可以看到海豚（见399页）。在罗威那（Lovina）附近，海豚已经成为当地的一个旅游热点。如果你乘坐快艇在巴厘岛和吉利群岛之间航行，很可能会看到成群结队的海豚。

鲨鱼

鲨鱼（见399页）总是非常引人注目，但是基本没有接到包括大白鲨在内的大型鲨鱼在该地区出没的报告，尽管它们也并未被视为重大威胁。在吉利群岛，如果你去鲨鱼角（Shark Point）附近潜水，常常可以看到不伤人的礁鲨。

海龟

海龟（见399页）极为常见，但是它们已濒临灭绝。虽然长久以来海龟一直被巴厘人视为美味佳肴，但是如今环保主义者已经开始为保护它们免受偷猎者袭击而奔波。你仍然可以找到它们，尤其是在吉利群岛。

各种鱼类

在这些岛屿周边潜水时，还会发现许多小型鱼类和珊瑚。大家最喜欢的观看这些鱼类的地点是巴厘岛的门姜岸。据说曾有人见过像鲸鲨一样大的鱼类，但是最激动人心的仍然是五彩缤纷的珊瑚群、海绵状生物、花边扇贝等。海星比比皆是，你还会很容易就发现小丑鱼以及其他多姿多彩的水下生物。

（上接内容112页）

到达和离开

机场出租车协会的统一价格为每车250,000Rp。

从南边前往长谷地区，你可以沿着克罗博坎西面靠近海滩的Jl Batubelig前行，然后向北，经过一条有着许多大型别墅和外国商店的优美街道。如果选择经过交通拥堵的Jl Raya Kerobokan，需要的时间会长得多。

从库塔或水明漾搭乘出租车前往长谷地区需要150,000Rp或更多。不要指望在大街上拦到出租车，但是所有商店都能帮你叫到一辆。

当地交通

这是一个适合骑摩托车出行的地方——许多临时道路勉强可供一辆小汽车通行，根本无法会车。被称为“稻田小径”的狭窄公路是长谷地区道路建设缺乏规划的最好例证。互联网上能看到不少一头栽进稻田的小汽车的照片，因为司机误以为这些道路都是双车道。

请记住，这里的街道名称常常是临时指定的：Jl Pantai Berawa就由几条毫不相关的路组成。

回声海滩（Echo Beach）

☎0361

作为巴厘岛最受欢迎的冲浪地之一，这里早已人满为患。冲浪商店随处可见。建筑工地屡见不鲜，东边还有一片尚未建成的度假村工程。如果觉得这里太拥挤了，可以沿着沙滩向东走200米，你会发现世界立刻就清静了。

日落景观和滔天巨浪吸引大量人群前来，在这里看着自己的饮品被绚烂的晚霞染上一层玫瑰色。

海滩

回声海滩 海滩

（Echo Beach；Pantai Batu Mejan）冲浪者和观赏冲浪的人群蜂拥而至，等待通常高达两米的左手浪。开发项目前的灰白沙滩在高潮时会被海水淹没，但你能在东西两边找到立足之地。巴图博隆海滩在东边500米处。

住宿

Echo Beach Resort 公寓 $$

（☎0878 7881 1440；www.echobeach.co.id；Jl Mundu Catu；公寓 900,000Rp起；❄📶🏊）这座公寓楼在别墅群中格外醒目，内设9间风格各异的单卧室住宿。其中一些带有海景，其他则带有私人泳池。所有公寓都带有厨房设施。院子非常安静，内饰为浅色简约风格。屋顶天台有非常棒的水景。海滩就在300米之外。

Koming Guest House 客栈 $$

（☎0819 9920 0996；www.komingguesthouse.com；Jl Munduk Catu；房间 500,000Rp起；❄📶🏊）被其他别墅环绕的这栋建筑，在两层楼内设有4个房间。楼下的房间可以直接通往泳池。楼上的2个房间有可以远眺大海的露台。所有房间都配有冰箱和基本家具。在使用瓷砖浴室时要小心，尤其是在晚上精力消耗过度之后。

Echoland 客栈 $$

（☎0361-887 0628；www.echolandbali.com；Jl Pantai Batu Mejan；铺 180,000Rp起，房间带风扇/空调 435,000/500,000Rp起；❄📶🏊）在这座距离海滩300米远的紧凑的2层小院里，有17个私人房间和宿舍。楼顶休闲区有漂亮的遮阳棚，可以欣赏优美的风景。设有瑜伽培训班，每小时80,000Rp起。

就餐

Samadi Bali 健康饮食 $

（☎0812 3831 2505；www.samadibali.com；Jl Padang Linjong 39；午餐 主菜 46,000~80,000Rp；⏲8:00~19:00；❄📶🌱）集客栈、瑜伽工作室、整体调治中心和有机咖啡馆于一体，Samadi Bali是长谷地区时尚人士们的健身中心。非常受欢迎的Samadi Sunday Organic Market是购买无化肥农产品和其他产品的好地方。绿色餐饮咖啡馆的菜单涵盖全球风味，从印度塔利套餐到西班牙冷菜汤，可谓应有尽有。

Dian Cafe 印度尼西亚菜 $

（☎0813 3875 4305；Jl Pura Batu Mejan；主菜 30,000Rp起；⏲8:00~22:00）这家露天咖啡馆的老派印尼菜和西餐菜肴价格经济实惠，距离海滩咫尺之遥。

Shady Shack 素食 $$

（☎0819 1639 5087；www.facebook.com/

theshadyshackbali; Jl Tanah Barak 53; 主菜50,000~95,000Rp; ⏲7:30~22:00; ✎)在大树下，这个迷人的咖啡馆弥漫着加勒比海地区的简约殖民地乡村住宅氛围。花园里摆着餐桌，用餐空间植物茂密，设有宽大的玻璃窗。菜单上有品种丰富的菜肴、菜卷和果汁。大部分都是素食或纯素食。尝尝蓝莓燕麦片、可口的哈罗米芝士汉堡或美味的甜品。

Beach House 咖啡馆 $$

(Echo Beach Club; ☎0361-747 4604; www.echobeachhouse.com; Jl Pura Batu Mejan; 主菜55,000~95,000Rp; ⏲7:00~23:00; 📶)回声海滩上的地标。这家海滨餐厅有着各种海景餐位（餐桌、沙发、野餐桌）来观赏冲浪者的精彩表演。肉串和海鲜烧烤十分养眼，可口的早餐和午餐菜单也非常不错。晚上的户外烧烤活动极受欢迎——尤其是在有现场音乐的周日晚上。

饮品和夜生活

一边享用饮品，一边观赏冲浪浪头，这是回声海滩的一项传统。就在咖啡馆主要聚集区西边，一连串临时搭建的海滩酒吧给人的感觉像是简易的竹棚小摊。他们会在沙滩上摆放懒人沙发和冰啤酒。不过请注意，高端物业开发可能让他们在一夜之间全部消失。

La Brisa 各国风味

(☎0811 394 6666; www.labrisabali.com; Jl Pantai Batu Mejan, Gang La Brisa; ⏲周一至周六7:00~23:00，周日 11:00~23:00; 📶)巴厘岛时尚的La连锁店的最新成员（其他成员包括La Plancha、La Favela、La Sicilia和La Laguna等）。La Brisa就在长谷回声海滩的沙滩之上。采用旧渔船上的回收木材建造，这间海洋主题餐厅兼酒吧相应地采用渔网、钓鱼竿、海贝壳和古董浮标作装饰。

Sand Bar 酒吧

(Echo Beach; ⏲10:00至深夜)这家简易酒吧位于回声海滩主要商业聚集地的西边。这里供应冰啤酒和廉价饮品，许多时候晚上都会营业到黎明破晓前。选择懒人沙发、座椅或是直接坐在沙地上。有些夜晚，乐队会直接演奏到午夜之后。

沿着海滩一路向西，你会找到一长串竹棚海滩酒吧，供应简单的食物和便宜的啤酒。

ℹ 到达和离开

当地出租车合作社可以带你前往水明漾和南部其他地方，车费需要150,000Rp或更多。

佩惹勒南海滩（Pererenan Beach）

☎0361

佩惹勒南海滩是从机场附近开始的广袤沙滩的终点。随着别墅和其他建筑在逐渐消失的稻田间拔地而起，一直绵延到Tanah Lot路边，这片海滩也正在发生日新月异的变化。不久以后，这里会变得与回声海滩如出一辙。

佩惹勒南海滩（Pererenan Beach） 海滩

作为长谷地区海滩的最北端，氛围闲适的佩惹勒南早已被开发商们纳入计划之中。别墅、客栈和海滩酒吧林立于深褐色的沙滩和轻柔的浪花之间。从回声海滩向西轻松步行300米，穿过沙滩和岩层（或者沿公路西行1公里）即可到达。小贩们在这里销售啤酒，同时出租沙滩椅和冲浪板。

Andy's Surf Villa 平房 $$

(☎0818 567 538; www.andysurfvilla.com; Jl Pantai Pererenan; 房间 450,000~700,000Rp; ❄📶🏊)5间小平房环绕着一个紧凑的院落，由一个友善的巴厘岛家庭打理。12个人就可以包下整个院子，彻夜狂欢。沙滩在200米外的地方。

Pondok Nyoman Bagus 客栈 $$

(☎0361-848 2925; www.facebook.com/PondokNyomanBagus; Jl Pantai Pererenan; 房间500,000~700,000Rp; ❄📶🏊)就在佩惹勒南海滩后面，这家热门的客栈有14个带露台和阳台的房间。房间全都在现代风格的双层建筑内，楼顶有一个无边泳池和一家供应家常菜的餐厅，可以看到不错的海景。

ℹ 到达和离开

Tanah Lot路经常陷入拥堵，往往需要1小时以上才能从这里到达水明漾。出租车费需要150,000Rp以上。

巴厘岛南部和周边诸岛

包括➡

最佳餐饮

- Bumbu Bali 1（见160页）
- Depot Cak Asmo（见127页）
- Men Gabrug（见127页）
- Deck Cafe & Bar（见168页）

最佳住宿

- Temple Lodge（见149页）
- Belmond Jimbaran Puri（见144页）
- 巴厘杜阿岛索菲特海滩度假酒店（见157页）
- Rock' n Reef（见151页）
- Alila Villas Uluwatu（见155页）
- Tandjung Sari（见138页）

为何去

如果没有深入探索巴厘岛南部，那么你就很有可能错过了巴厘岛的精髓。巴厘省的首府登巴萨从中心地区向四面伸展，这里有传统的市场、繁忙的购物中心、精致的餐厅，以及不计其数的历史和文化景点，从而给水明漾、库塔和萨努尔等地带来了有力的挑战。

布科半岛（巴厘岛南部的最南端）向世人展示着它的多种独特之处。在东边，伯诺阿海岬是一个面朝大海的游乐场，这里有经济实惠的度假酒店；而杜阿岛则试图闹中取静，成为五星级酒店林立的世外桃源。南部海岸线上有时尚的崖畔度假村，但是西边才是真正的旅游热门地——小海湾和海滩上散布着风格前卫的客栈和豪华的生态度假村，可以享受世界顶级冲浪点的激情飞扬，让人感到既新鲜又刺激。

在东边，珀尼达岛耸立于海天相接之处，但是在其背风处你会发现努萨兰彭坎，这个小岛与巴厘岛风格迥异。

何时去

- 避开旅游旺季（即7月、8月、圣诞及元旦前后几周），平季是前往巴厘岛南部的最好时机。旺季时游客数量猛增，从滨金到伯诺阿海岬、从萨努尔到努萨兰彭坎的旅馆可能都会爆满。许多人会选择在4月至6月以及9月前来，这时游客数量相对较少。
- 这里是举世闻名的冲浪胜地，布科半岛西海岸沿线有一些世界一流的冲浪点。2月至11月是冲浪的好时间，其中5月至8月最佳。
- 如果想在努萨兰彭坎的浪头上一显身手，可以选择10月至次年3月前往。

巴厘岛南部和周边诸岛亮点

❶ **金巴兰**（见142页）在海滩上的海鲜排档挑一只大龙虾，品尝烧烤美味。

❷ **滨金**（见147页）在小巷里入住一家别致的复古风格旅馆。

❸ **乌鲁瓦图**（见152页）在冲浪点一显身手，感受巴厘岛世界级冲浪胜地的风采。

❹ **萨努尔**（见133页）遥望一轮满月爬上珀尼达岛，看神秘的月光照亮万物。

❺ **登巴萨**（见125页）享用花14元人民币就能吃到的最美味的饭菜。

❻ **努萨兰彭坎**（见162页）逃离小小的巴厘岛，前往另一个更小、更安静的岛屿，在那里嬉戏游乐。

❼ **珀尼达岛**（见169页）在这个神秘小岛周边的精彩水域里，与蝠鲼和其他大型鱼类在海水中共舞。

到达和离开

在巴厘岛南部大部分地方，你都不会离机场太远。其他交通方式都有赖于经常拥堵的道路，但是收费公路提供了萨努尔和杜阿岛之间的快捷通道。还有快船往返于努萨兰彭坎和这些小岛之间。

登巴萨（DENPASAR）

☎0361/人口 962,000

巴厘省的首府登巴萨一直在不断扩张，忙乱无序，急于发展。在过去的50年里，它就是这个小岛发展和财富增长的主要焦点。虽然乍一看显得混乱不堪，令人望而生畏，但是如果你愿意花点儿时间，沿着绿树成行的大街小巷，去深入看看相对富裕的政府办公区和商业区Renon，就会发现这座城市文雅温和的一面。

也许，登巴萨还算不上热带天堂，但是它和那些水稻梯田以及崖顶寺庙一样，都属于“真正的巴厘岛”。对于近百万当地居民来说，这里就是巴厘岛的中心枢纽。在这里，你能找到购物中心和公园。然而，最诱人的还是那些风味地道的餐馆和咖啡店，其目标客户是数量日益增长的中产阶级。

历史

登巴萨的意思是“市场旁边”，殖民统治之前，这里曾是重要的贸易中心，也是当地王侯（raja）宫廷的所在地。19世纪中叶，荷兰人获得了北部巴厘岛的控制权，但是直到1906年，他们才最终夺取了巴厘岛南部。巴厘岛的三位王子自毁了他们在登巴萨的宫殿，并自杀殉国（一种布布坦仪式）。之后，荷兰人把登巴萨变成了重要的殖民地中心。当巴厘岛旅游业在20世纪30年代开始蓬勃兴起之际，大多数旅行者都在市内政府开办的一两家酒店里投宿。

当时，北部城镇新加拉惹（Singaraja）仍然是荷兰人的行政首府。“二战”之后，由于新机场的建立，荷兰人把首府迁移至登巴萨，1958年，在印度尼西亚独立几年之后，这座城市成为巴厘省的首府。近期的移民来自爪哇岛及印度尼西亚各地，吸引他们的是学校、商业机构、基础设施建设和旅游经济带来的巨大商机。事实上，登巴萨与萨努尔、库塔、水明漾和克罗博坎（Kerobokan）边界相接，早已融为一体。

景点

★小婆罗浮屠纪念馆 纪念馆

（Bajra Sandhi Monument，又名巴厘人民战斗纪念馆；见128页地图；☎0361-264517；Jl Raya Puputan, Renon；成人/儿童 20,000/10,000Rp；⏲9:00~18:00）一座热门公园的中心建筑，其巨大的身形与它的名字相得益彰。这个建筑结构类似于婆罗浮屠神庙，内有追溯巴厘岛历史的画面。请注意在描述1906年与荷兰人作战的画作中，巴东国王实际上完全被描绘成坐在那里的活靶子。沿着螺旋形楼梯走到屋顶，可以欣赏毫无遮挡的360°全景风光。

巴厘省国家博物馆 博物馆

（Museum Negeri Propinsi Bali；见128页地图；☎0361-222680；Jl Mayor Wisnu；成人/儿童 50,000/25,000Rp；⏲周六至周四 7:30~15:30，周五 至13:00）不妨将这里看成是展示巴厘岛文化的大英博物馆或美国史密森尼博物馆（Smithsonian）。不过，与那些世界级的博物馆不同，这里的展品需要你自己来分门别类。另外，博物馆在讲解方面可以做得更好（同时安装一些新的照明灯泡）。大部分展品都有英文标签。博物馆由多座建筑和凉亭组成，大多是典型的巴厘岛风格建筑，里面的展品包括史前文物、传统手工艺品、巴龙（Barong，神话中的狮狗）、仪式用品和丰富的纺织品陈列等。

博物馆的员工经常还会用竹制加麦兰（gamelan）演奏音乐，效果非同凡响。你可以在下午去参观，那时候人会比较少。别理会那些所谓的“导游”，他们只会让你白白花掉US$5或US$10。

主体建筑楼下展出史前文物，包括石棺、石制用具和青铜器。楼上是传统文化工艺品的收藏展示，包括很多现在仍在使用的日用品，可以看看那些用木头和藤条制作的斗鸡搬运箱，还有更小的斗蟋蟀盒。

北展厅采用塔巴南（Tabanan）宫殿的风格建造，里面陈列着各种舞蹈服装和面具，包括邪恶的让达（Rangda，寡妇女巫）、看起来形象比较正面的巴龙和高高的巴龙兰敦（Barong Landung；高个子的巴龙）神像。

中展厅宽敞回廊的灵感来源于卡朗阿森王国（Karangasem kingdom；建在安拉普拉）的宫殿凉亭，那是王公接见朝臣的场所。展品主要与巴厘岛的宗教有关，包括庆典物件、日历和祭司服饰等。

南展厅里展出丰富的纺织品，包括endek（一种以原色纱线为原料的巴厘岛编织品）、双线扎染、songket（金银丝线编织的布料，采用浮纬技术手工编织）和prada（使用了金线或银线以及金叶子的传统巴厘岛布料）。

布布坦广场 公园

（Puputan Square；见128页地图；Jl Gajah Mada）这片都市空地是为了纪念那些在抵抗1906年荷兰入侵时以无畏的英雄气概自杀殉国的巴东王室人员。纪念碑上描绘了一个巴厘岛家庭挥舞着武器抵抗荷兰人枪炮的英雄形象，其中的妇女左手还握着珠宝，因为据记载，巴东宫廷的贵妇将珠宝掷向荷兰士兵以羞辱他们。

每天中午当地人都会到广场上度过休闲时光，日落时分一家老小也会在这里纳凉。小贩们在这里售卖沙爹鸡肉串和其他小吃以及各种饮品。到了周末，老老少少都会到这里放风筝。

Pura Maospahit 寺庙

（见128页地图；紧邻Jl Sutomo）建于14世纪，即满者伯夷王朝从爪哇岛来到这里的时候。在1917年的地震中，寺庙遭到了损坏，之后开始进行大规模修复。最古老的建筑在寺庙后面，最吸引人眼球的则是迦卢荼（Garuda；大鹏金翅鸟）和巨大的风神（Batara Bayu）塑像。

贾格那塔寺 印度教寺庙

（Pura Jagatnatha；见128页地图；Jl Surapati）**免费**这座王国寺庙就建于1953年，主要是祭拜大神桑扬威迪（Sanghyang Widi）。这座寺庙的重要意义就在于它对神教的宣扬。尽管巴厘人信仰许多神灵，但是，对于1个无上大神（它可以具有很多化身）的信仰使得巴厘岛的印度教符合了Pancasila——“信仰一个神”（Belief in One God）的首要原则。

神龛（padmasana）是用白色珊瑚制成的，包含了位于1只巨龟和2条那伽（naga；印度教蛇神）之上的1座空置王座（象征天堂），这2种动物象征着世界的基础。墙壁上装饰着雕刻作品，内容取材于印度史诗《罗摩衍那》（*Ramayana*）和《摩诃婆罗多》（*Mahabharata*）。

每个月在这里要庆祝2次重大节日，并举行皮影戏（wayang kulit）表演，分别是在满月和新月的时候。

巴厘艺术中心 文化中心

（Taman Wedhi Budaya；见128页地图；☎0361-222776；紧临Jl Nusa Indah；⊙周一至周四 8:00~15:00，周五至周日 至13:00）这个艺术中心是登巴萨东部一座规模宏大的建筑群。装饰豪华的建筑里设有1个艺术画廊，收藏有各种引人入胜的作品。但是，只有在举办主题活动期间才值得前往参观。从6月中旬到7月中旬，艺术中心会因为巴厘岛艺术节而变得热闹起来，全巴厘岛的各种舞蹈、音乐和工艺品都云集于此。

一些比较热门的活动需要提前订票。

活动和课程

Kube Dharma Bakti 按摩

（见128页地图；☎0361-7499440；Jl Serma Mendara 3；按摩 每小时 100,000Rp；⊙9:00~22:00）许多巴厘人只接受盲人提供的按摩服务。政府资助的学校为盲人提供了各种长期课程，包括反射疗法、指压按摩、解剖学等。这座通风的建筑里充满了按摩油的香气，你可以从各种疗法中进行选择。

Indonesia Australia Language Foundation 语言

（简称IALF；☎0361-225243；www.ialf.edu；Jl Raya Sesetan 190）报名正规课程学习印度尼西亚语的最佳地点。

节日和活动

★巴厘岛艺术节 表演艺术

（Bali Arts Festival；www.baliartsfestival.com；Taman Wedhi Budaya；⊙6月中旬至7月中旬）一年一度的巴厘岛艺术节在巴厘艺术中心举办，是见识五花八门的传统舞蹈、音乐以及手工艺品的最佳方式。取材于史诗《罗摩衍那》和《摩诃婆罗多》的芭蕾舞剧气势恢宏，而艺术节开幕式及登巴萨大巡游更是壮观无比。演出开始之前，一般都能买到票，而演出时间表则可以在登巴萨旅游办公室获取或上网查询。

对于很多乡村的舞蹈和音乐团体来说，这个艺术节是一年当中的重要事件。为了地方的荣誉，各个节目的竞争非常激烈（诸如对手之间会说：“比起你们的克差舞，我们的要正宗得多”），杰出的表演会给自己的村庄带来整年的好运气。有些活动在有6000个座位的1个圆形剧场里举行，这是让你领略巴厘岛传统文化的最佳场地。

住宿

登巴萨有许多新开的中档连锁酒店，但很难找到在这里住宿的理由，除非你特别喜欢城市里耀眼的灯光。大多数游客都选择住在南部的旅游城镇，然后以1日游的方式探访登巴萨。

Nakula Familiar Inn 客栈 $

（见128页地图；☎0361-226446；www.nakulafamiliarinn.com；Jl Nakula 4；房间200,000~300,000Rp起；❄📶）这里是1个轻松明快的都市家庭院落，设有8间客房，长期以来深受游客欢迎。房间干净整洁，还有小阳台。中间有1个漂亮的庭院和咖啡馆。往返于Tegal和Kereneng之间的小巴（bemo）就从门口的Jl Nakula经过。

Inna Bali 酒店 $$

（见128页地图；☎0361-225681；http://inna-bali-denpasar.denpasararea-hotels.com/en；Jl Veteran 3；房间 400,000~1,000,000Rp；❄📶🏊）酒店有1个简单的花园、1棵巨大的菩提树和一种怀旧的氛围，它可以追溯至1927年，曾经是岛上最主要的游客酒店。房间内部是标准化的，但不少房间带有浓荫掩映的阳台。正在进行的装修强调了迷人的殖民地风格外观，包括1间中规中矩的路边咖啡馆。酒店是观看恶魔大巡游（Ngrupuk parades）的好地方，因为巡游的队伍就从酒店前面经过，巡游的时间是静居日（Nyepi）的前一天。和酒店里的老员工聊聊，他们知道很多故事。

就餐

在登巴萨能找到异彩纷呈的印尼菜肴和巴厘岛美食，精明的当地人和外来移民都有自己最钟爱的小吃摊（warung）或餐厅。Jl Teuku Umar不断有新餐馆开业，Renon也有一条让人欲罢不能的美食街——就在Jl Ramayana和Jl Dewi Madri之间的Jl Cok Agung Tresna上，当然Letda Tantular沿街的食肆也毫不逊色。

★ **Depot Cak Asmo** 印度尼西亚菜 $

（见128页地图；☎0361-256246；Jl Tukad Gangga；主菜 15,000Rp起；⏲9:30~23:00）加入政府公务员和附近大学学生的就餐队伍，直奔这里的超级美食吧！你可以尝尝这里绵柔爽脆的鱿鱼（cumi cumi）配上telor asin调味汁（鸡蛋和大蒜的完美混搭）。冰果汁沁人心脾。一份英文菜单让点餐过程变得轻松简单。这里是清真餐厅，因此不供应酒水。

登巴萨还有另外2家同名餐厅，都是同一家连锁餐厅旗下的分店。

★ **Men Gabrug** 巴厘菜 $

（见128页地图；☎0361-7070 8415；Jl Drupadi；小吃 10,000Rp起；⏲周一至周六 9:00~18:00）巴厘岛上老少皆宜的甜品当属jaje laklak——米粉加上芬芳的椰汁，放在铁质模具里烤熟。品尝这种小吃的最佳地点之一就是这个家庭经营的小店，烹饪工作就在路边进行。

记得点一份完美的配菜：rujak kuah pindang，都是点单现做，用鲜嫩的蔬菜搭配辣椒和鱼肉酱汁。

Bakso Supra Dinasty 巴厘菜 $

（见128页地图；☎0812-3488 8712；Jl Cok Agung Tresna；主菜 15,000Rp起；⏲8:00~22:00）只要尝一勺蒸汽袅袅的大锅里的浓汤，你就会产生店如其名的想法（店名翻译过来的意思是：超级肉丸王朝）。肉汤内容丰富，肉丸风味绝佳。

Warung Wardani 印度尼西亚菜 $

（见128页地图；☎0361-224398；Jl Yudistira 2；什锦饭 35,000Rp起；⏲8:00~16:00）不要被入口处狭小的就餐区所欺骗，后面还有一个更大的就餐区。这里的招牌就是什锦饭（nasi

Denpasar 登巴萨

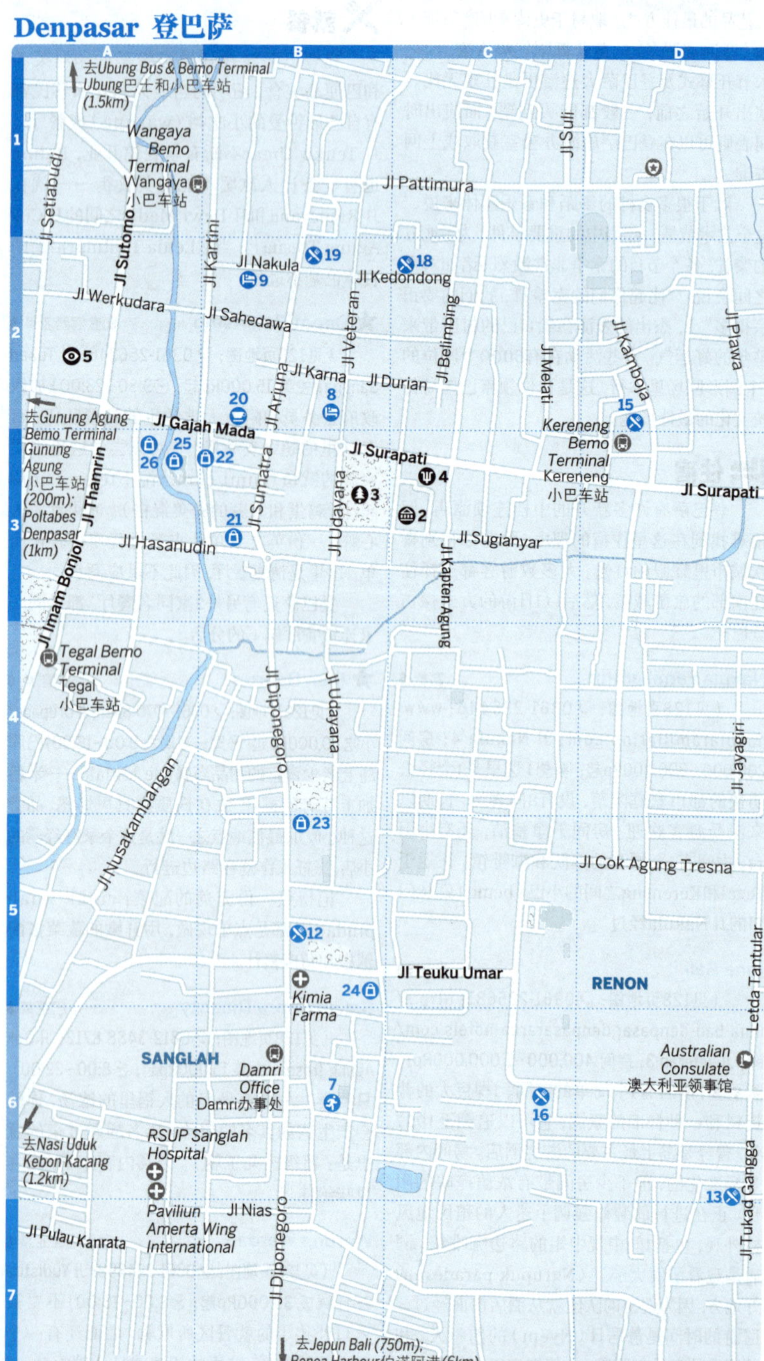

Denpasar 登巴萨

重要景点

1 小婆罗浮屠纪念馆 F6

景点

2 巴厘省国家博物馆 C3
3 布布坦广场 B3
4 贾格那塔寺 C3
5 Pura Maospahit A2
6 巴厘艺术中心 F2

活动、课程和团队游

7 Kube Dharma Bakti B6

住宿

8 Inna Bali B2
9 Nakula Familiar Inn B2

就餐

10 Ayam Goreng Kalasan E5
11 Bakso Supra Dinasty E5
12 Café Teduh B5
13 Depot Cak Asmo D6
14 Men Gabrug E4
15 Kereneng夜市 D2
16 Pondok Kuring C6
17 Warung Lembongan E5
18 Warung Satria C2
19 Warung Wardani B2

饮品和夜生活

20 Bhineka Djaja B2

购物

21 阿拉伯村 B3
22 Maju B3
23 Mal Bali B5
24 Matahari B5
25 巴东市场 A3
26 昆巴沙利市场 A3

campur)，每天都有无数人到这里来享用午餐。

Warung Bundaran Renon 巴厘菜 $

（见128页地图；☎0361-234208；Jl Raya Puputan 212；简餐 40,000Rp起；⊙9:00~17:00）消费略高的烤乳猪（babi guling）店，有不错的午饭套餐。感觉有点像是在郊外的房子里，有一个遮阳的露台。

Pondok Kuring 印度尼西亚菜 $

（见128页地图；☎0361-234122；Jl Raya

Puputan 56；套餐 20,000Rp起；⏰10:00~21:30）这里的特色菜是生活在爪哇岛西部地区的巽他人（Sundanese）的美食。热辣的蔬菜、肉类和海鲜，混搭着各种香草的味道。看似简单的lalapan（蟹柳和鱿鱼配传统生青菜）其实味道非常不错。这家餐馆的用餐区充满了艺术气息，屋后有一个可爱而宁静的花园。

Warung Lembongan 印度尼西亚菜 $

（见128页地图；☎0361-221437；Jl Cok Agung Trisna 6C；简餐 17,000~25,000Rp；⏰8:00~22:00）店前长桌旁是银色的折叠椅，顶上支着颜色鲜艳的绿色大遮棚，但是，将心思全部投入这家店的招牌菜中就会忘记这些环境上的细节——吃起来酥脆可口的炸鸡，口感就像是法式焦糖炖蛋上面的焦糖。其他特色菜还有香辣的鱼汤（sop kepala ikan）。

Ayam Goreng Kalasan 印度尼西亚菜 $

（见128页地图；☎0361-472 2938；Jl Cok Agung Tresna 6；主菜 15,000~25,000Rp；⏰8:00~22:00）餐厅的名字说明了一切——ayam goreng的意思是"炸鸡"，源于爪哇岛的一座寺庙（Kalasan），那里以味道浓烈、酥脆可口的鸡肉菜肴著称。鸡肉散发出柠檬草香气，这归功于在油炸之前的长时间腌制过程。

Nasi Uduk Kebon Kacang 印度尼西亚菜 $

（见128页地图；☎0812 466 6828；Jl Teuku Umar 230；简餐 12,000~25,000Rp；⏰9:00~23:00）这家一尘不染的餐厅正对着大街，提供爪哇岛小吃，比如nasi uduk（香甜扑鼻的椰浆饭，配上新鲜的花生酱）和lalapan（简单的用新鲜柠檬罗勒叶子做成的沙拉）。鸡肉菜肴有口皆碑。

Kereneng夜市 市场 $

（Pasar Malam Kereneng, Kereneng Night Market；见128页地图；Jl Kamboja；简餐 10,000Rp起；⏰18:00至次日5:00）这片热闹的夜市有几十个摊位供应各种美食，直到黎明破晓。

Warung Satria 印度尼西亚菜 $

（见128页地图；☎0361-235993；Jl Kedondong；主菜 15,000~25,000Rp；⏰9:00~21:00）位于一条安静的街道上，你可以尝尝这里美味的沙爹海鲜，配上香葱咖喱。或者可以在展示柜里选择新鲜的尝尝。不过千万不要午餐过后太久才去，那时海鲜就全被吃光了。还有一家**分店**（见128页地图；☎0361-464602；Jl Supratman；主菜 15,000~25,000Rp；⏰10:00~20:00）位于通往乌布（Ubud）主干道上的交叉路口附近，在登巴萨中心的东边。

Café Teduh 印度尼西亚菜 $

（见128页地图；☎0361-221631；紧邻Jl Diponegoro；主菜 12,000~25,000Rp；⏰周日至周五 10:00~22:00，周六 10:00~23:00；📶）这块小小的都市绿洲隐藏在一条小巷里，有悬挂的兰花、各种树木、鲜花和带喷泉的池塘。试试ayam bakar rica（辣烤鸡肉配上番茄、青葱、柠檬草和香料）或者nasi bakar cumi hitam（米饭和醋泡鱿鱼，用香蕉叶包裹起来烧烤）。

饮品和夜生活

★ Bhineka Djaja 咖啡

（见128页地图；☎0361-224016；Jl Gajah Mada 80；咖啡 7000Rp；⏰周一至周六 9:00~15:00）作为巴厘岛咖啡公司（Bali's Coffee Co）的营业部，这个店面销售本地种植的咖啡豆，能够制作相当出色的浓缩咖啡。你可以在2张小小的咖啡桌旁一边品尝香味袅袅的咖啡，一边看着登巴萨老旧主干道上的车来车往。

购物

市场

登巴萨规模最大的几个传统市场都在一个相当紧凑的区域，这使得去逛这些市场并不困难，但穿梭于上下几层楼的拥挤过道却不那么容易。和巴厘岛的其他方面一样，大型市场也处于不断变化的浪潮中。大型连锁超市对这些传统市场产生不小的冲击，越来越多的中产阶级表示，他们更喜欢去家乐福之类的地方购物，因为那里有更多的进口商品。但是，公共市场并没有垮掉。在这里，你能买到更纯粹的巴厘岛物品，如寺庙供品、出席仪式所穿的服装和各种岛上特产，包括各种山竹。

巴东市场 市场

（Pasar Badung；见128页地图；☎0361-224361；Jl Gajah Mada；⏰24小时）巴厘岛最大的食品市场，晨间和晚间非常热闹。这是一个四处逛逛并讨价还价的好地方，有来自全岛各个角落的农副产品，包括各种水果和香料。

昆巴沙利市场 市场

（Pasar Kumbasari；见128页地图；Jl Gajah Mada；⊙8:00~18:00）这个大型市场在巴东市场的河对面，有大量的手工艺品、无数鲜艳的布料，以及装饰着黄金的戏服。注意：由于购物中心吸引了许多摊主，因此许多摊档已是人去摊空。

阿拉伯村 市场

（Kampung Arab；见128页地图；Jl Hasanudin & Jl Sulawesi）几十个中东和印度商人在这里设有珠宝和贵重金属商店。

纺织品

沿着Jl Sulawesi北行，当阿拉伯村闪烁的霓虹渐渐远去时，街道风情摇身一变，你会发现自己走到了一片纺织品商店聚集区。这里的纺织品——蜡染、棉纺和丝绸全都色彩绚烂，会让最时尚的芭比娃娃相形见绌。它就在巴东市场东侧。周日许多商店都关门休息。

★Jepun Bali 纺织品

（见128页地图；☎0361-726526；Jl Raya Sesetan, Gang Ikan Mas 11；⊙致电预约）这里就像是专为你一个人开设的巴厘省国家博物馆：Gusti Ayu Made Mardiani出品的endek（传统纱笼）、songket（金银丝线编织的布料）都采用传统工艺织造，在当地享有盛名。你可以前往登巴萨南部，探访她热情友好的家兼工作室，看看仍在运作的老机器，然后参观五彩缤纷的丝绸和棉布制品。

Maju 纺织品

（见128页地图；☎0361-224003；Jl Sulawesi 19；⊙9:00~18:00）跻身于巴东市场东边一连串纺织品商铺中间，这家狭窄的商铺以琳琅满目的正宗巴厘岛蜡染布料脱颖而出。花色和图案让人眼花缭乱，而合理的明码标价则让人感到货真价实。

购物中心

每到周日，欧美风格的购物中心就会人满为患，有购物的当地人，也有谈情说爱的年轻人。里面的品牌商品都是正品行货。

大多数购物中心都内设美食广场，其中很多摊位提供新鲜的亚洲美味，此外还有快餐店。

Matahari 购物中心

（见128页地图；☎0361-237364；www.matahari.co.id；Jl Teuku Umar；⊙10:00~21:00）百货商店的主要分店，还有许多其他店铺。

Mal Bali 购物中心

（见128页地图；☎0361-246180；www.ramayana.co.id；Jl Dipenegoro 103；⊙10:00~22:00）有巴厘岛规模最大的罗摩衍那百货商店（Ramayana Department Store）。此外，这里还有1家大型超市、1个美食广场和许多服装店。

ℹ 实用信息

医疗服务

登巴萨有许多医疗机构，为全岛提供服务。

BaliMed Hospital（☎0361-484748；www.balimedhospital.co.id；Jl Mahendradatta 57）位于登巴萨靠近克罗博坎的一侧，这家私立医院提供各种医疗服务。挂号费250,000Rp。

RSUP Sanglah Hospital（Rumah Sakit Umum Propinsi Sanglah；见128页地图；☎0361-227911；www.sanglahhospitalbali.com；Jl Diponegoro；⊙24小时）城内的综合医院，有会说英语的医护人员和一个急诊室。这里是岛上最好的医院，但是医疗水平与发达国家还有一定的差距。此外这里还有一处专门为持有保险的外国人开设的国际门诊。

Paviliun Amerta Wing International（见128页地图；☎0361-247250，0361-232603；紧邻Jl Pulau Bali）

Kimia Farma（见128页地图；☎0361-227811；Jl Diponegoro 125；⊙24小时）遍布全岛的连锁药房总店，有巴厘岛品种最齐全的处方药。

警察

警察局（见128页地图；☎0361-227711，0361-424346；Jl Supratman）遇到问题寻求帮助的地方。

邮政

中心邮局（Main Post Office；见128页地图；☎0361-223565；Jl Raya Puptuan；⊙周一至周五 8:00~21:00，周六 8:00~20:00）邮寄非常规邮件（例如冲浪板和其他大件）的最佳选择。设有复印中心和自动取款机。

到达和离开

飞机

航班时刻表上有时直接称巴厘岛机场为"登巴萨"，其实机场全名为努拉·莱伊国际机场（Ngurah Rai International Airport），位于登巴萨以南12公里处，更靠近库塔。

小巴和巴士

城市里有好几个小巴和巴士站点——如果你是乘坐小巴前往巴厘岛各地，就会不得不经常途经登巴萨，然后乘坐小巴（7000Rp）从一个车站转到另一个车站。

需要注意的是，巴厘岛上的小巴路线四通八达，这里给出的只是大概的车费价格，有时司机会随心所欲地开口要价，通常对非当地人叫价至少要高25%。

Ubung

位于城市北面，在前往吉利马努克（Gilimanuk）的路上，**Ubung巴士和小巴车站**（Ubung Bus & Bemo Terminal; JL HOS Cokroaminoto）是前往巴厘岛西部和北部的公交枢纽。这里也有长途汽车，此外还有长途汽车前往西北12公里外的孟威（Mengwi）。

目的地	票价
吉利马努克（可换乘轮渡前往爪哇）	45,000Rp
孟威汽车站	15,000Rp
姆杜克（Munduk）	60,000Rp
新加拉惹（经由Pupuan或贝都古）	70,000Rp

巴杜布兰（Batubulan）

这座车站位于登巴萨东北6公里处，在前往乌布的路上，非常不方便，以巴厘岛东部和中部为目的地的汽车从此出发。

目的地	票价
安拉普拉（Amlapura）	25,000Rp
八丹拜（Padangbai; 可换乘轮渡前往龙目岛）	20,000Rp
萨努尔	10,000Rp
乌布	20,000Rp

Tegal

Tegal小巴车站（Tegal Bemo Terminal; Jl Imam Bonjol）位于城西，发车前往库塔和布科半岛。

目的地	票价
机场	15,000Rp
金巴兰	20,000Rp
库塔	15,000Rp

Kereneng

在城镇中心以东，Kereneng小巴车站（Kereneng Bemo Terminal）有发往萨努尔的小巴（10,000Rp）。

Wangaya

靠近城镇中心，这个小小的**车站**（Jl Kartini）有前往登巴萨北部的小巴以及Ubung巴士车站（8000Rp）。

Gunung Agung

这座**车站**（Jl Gunung Agung）位于城镇西北角（注意寻找橙色的标牌），有小巴开往克罗博坎和长谷（Canggu; 15,000Rp）。

长途汽车

长途汽车也使用Ubung巴士和小巴车站。大部分长途汽车都经停**孟威汽车站**（Jl Mengwi-Mengwitani）。**Damri办事处**（☎0361-232793; Jl Diponegoro）出售长途汽车票。

火车

巴厘岛不通火车，但国家铁路公司通过登巴萨的旅行社发售火车票。汽车从附近的Damri办事处开往爪哇省东部，那里有火车可以前往外南梦（Banyuwangi），之后可以乘坐火车前往泗水（Surabaya）、日惹（Yogyakarta）和雅加达等地。票价和所需的时间都与长途汽车差不多，但带空调的火车更为舒适，哪怕是经济车厢。

当地交通

小巴（Bemo）

小巴从登巴萨的多个长途汽车/小巴车站出发之后，沿不同线路行驶。每个终点站都有小巴排队等客，或者你也可以试着在主路上招呼他们停下来——注意看司机车窗前的终点指示牌。

出租车

与其他地方一样，**Blue Bird Taxi**（www.bluebirdgroup.com）的出租车是最可靠的选择。

萨努尔(SANUR)

☎0361/人口 38,453

很多人认为萨努尔"恰到好处",因为它没有西部地区常见的喧哗嘈杂,而且餐厅和酒吧分布合理,并非都从属度假村。

萨努尔的海滩尽管比较狭窄,但仍然有礁石和防波堤保护,所以亲子游客们非常喜欢这里清澈明净的海浪。萨努尔还有很多不错的住宿地,是进行一日游的理想去处。的确,它在当地的绰号"Snore"(昏昏欲睡)有些名不副实。

萨努尔东临大海,沿着海岸延伸约5公里。绿树成荫、丛林茂密的度假村直接面对沙滩海滨。海滩酒店区域的西面是繁华热闹的主街——Jl Danau Tamblingan,无数的酒店、旅游商店、餐馆和咖啡馆林立其间。

度假村密集地区的西面是尾气弥漫、交通拥堵的Jl Ngurah Rai Bypass,这是连接库塔区和飞机场的主要公路。你绝不会想要在此过多停留。

景点

★勒·迈耶博物馆　博物馆

(Museum Le Mayeur; 见136页地图; ☎0361-286201; Jl Hang Tuah; 成人/儿童 50,000/25,000Rp; ⏲周六至周四 8:00~15:30; 周五 8:30~12:30)艺术家勒·迈耶(Adrien-Jean Le Mayeur de Merpres, 1880~1958年)于1932年来到巴厘岛。3年之后,他碰到了当地15岁的美丽的黎弓舞(Legong)演员Ni Polok,并与之结婚。他们就生活在这个现在成为博物馆的庭院里,那时候萨努尔还是个安宁的小渔村。勒·迈耶去世之后,Ni Polok继续住在这间房子里,直到1985年辞世。尽管安保(勒·迈耶的部分画作售价高达US$150,000)和保存方面存在一定问题,但这座博物馆仍陈列着大约90幅勒·迈耶的作品。

整个建筑就是巴厘岛建筑风格的精彩样板——请注意那些美丽的雕花窗扇,它们追述着印度史诗《罗摩衍那》中罗摩和悉多的故事。博物馆内部装饰有很多天然风格的巴厘岛纤维编织品。这里还有一些勒·迈耶早期的印象派画作,题材来自他在非洲、印度、地中海及南太平洋地区游历的经历。画家在巴厘岛前期的作品充满了浪漫主义色彩,描绘了日常生活和美丽的巴厘岛女性——通常就是他的妻子Ni Polok本人。20世纪50年代之后的作品保存得明显要好很多,它们呈现出非常生动活泼的色彩,这也成为之后年轻的巴厘岛画家们最崇尚的风格。请特别注意那些令人难忘的Ni Polok黑白老照片。

Taman Festival Bali　游乐园

(见136页地图; Jalan Padang Galak 3)巴厘岛上与众不同的景点之一。Taman Festival Bali曾是一座废弃的主题公园,位于萨努尔以北约20分钟车程处。一些人说这座占地8公顷的公园在2000年因其价值500万美元的激光设备遭雷击而闭门停业,但其实更像是因为亚洲金融危机才停止运营。

如今,这座公园里只留下荒草丛生的杂乱建筑,包括一座人造火山和一个鳄鱼池。

萨努尔海滩　海滩

(Sanur Beach; 见136页地图)萨努尔海滩向西南方向蜿蜒超过5公里。海滩相当干净,整体而言也非常宁静——与小镇本身很像。岸边

海龟岛(PULAU SERANGAN)

这里是巴厘岛环境可能面临灭顶之灾的最佳例证。最初,这里只是萨努尔以南一个面积为100公顷的红树林小岛。然而,20世纪90年代,这里被苏哈托的儿子汤米选中,成为新的开发区。超过一半的原生态岛屿都被夷为平地,并填海新造出300公顷的土地。然而亚洲经济危机打断了这个计划。自那时起就时不时爆出新的开发计划,不过至今都没有任何具体动作。

与此同时,小岛原有土地上的两个贫困的小渔村——Ponjok和Dukuh,却毫无改变,同样没有变化的还有巴厘岛最神圣的寺庙之一——沙肯南寺(Pura Sakenan),寺庙就在大堤的东面。从建筑学的角度来说,这座寺庙并无特色,但是每到大型节日都会吸引众多虔诚的信徒,特别是在库宁安节(Kuningan festival)期间。

有一些前往吉利群岛和龙目岛的快船会从这里出发。

不要错过

萨努尔的海滨步行街

萨努尔的**海滨步行街**（Beach Frontwalk）从启用的第一天开始，就深受当地人和旅行者的喜爱。这条步行街总长超过4公里，蜿蜒经过度假村、海滨餐馆、维修中的木质渔船以及数十年前被巴厘岛迷住，并来此定居的富有侨民所修建的优雅老别墅。在漫步过程中，你可以远眺海对面的珀尼达岛。

即使不住在萨努尔，你也可以到这条步行街上来一次一日游，或者在去往他处时在此稍作停留。从北至南的一些亮点包括：

Grand Bali Beach Hotel（Jl Hang Tuah）苏加诺时代修建的这座大酒店如今正渐渐褪去光环。由于被这个建筑的超大规模所震惊，当地领导人制定了一条闻名后世的法规，那就是任何建筑都不得超过椰子树的高度。

海龟水缸（Turtle Tanks；见136页地图；Beachfront Walk）一个关于巴厘岛濒危海龟的出色展览，通常里面会有孵化的小海龟。

小神庙（Small Temple；见136页地图；Beachfront Walk）在熙熙攘攘的游客人流里，这个小神庙隐匿于高大的树丛中。

Batu Jimbar（见136页地图；☎0361 737498；www.villabatujimbar.com；Beachfront Walk；别墅US$1400起）就在巴厘岛凯悦酒店北边，这栋别墅院落有着丰富多彩的历史：它由著名的斯里兰卡建筑师Geoffrey Bawa于1975年重新设计，米克·贾格尔（Mick Jagger）和杰莉·霍尔（Jerry Hall）于1990年在这里私定终身；这里还曾经是各路名流，如小野洋子（Yoko Ono）、斯汀（Sting）和菲姬（Fergie）等人的度假屋。如果你的收入能和他们相媲美，也可以在此入住。

渔船（见136页地图；Beachfront Walk）在巴厘岛凯悦酒店南面，有许多色彩斑斓的渔船被拖上岸，在树下进行修理。

的礁石意味着海浪在拍打海岸时已经变成了轻柔的碎浪。除了少数煞风景的个例外，沿着沙滩的度假村都非常朴实无华，从而使海滩不那么拥挤。

巴厘岛兰花园　　花园

（Bali Orchid Garden；见214页地图；☎0361-466010；www.baliorchidgardens.com；Coast Rd；100,000Rp；⊙8:00~18:00）由于巴厘岛气候温暖且火山土壤肥沃，兰花在这里生长得十分繁茂。在这座花园中，你可以看到几千种兰花摇曳在各种各样的装置里。花园位于萨努尔以北3公里处，在Jl Ngurah Rai上，经过这条大街与海滨道路的交叉口，在前往乌布的途中，交通非常方便。

石柱　　纪念碑

（Stone Pillar；见136页地图；紧邻Jl Danau Poso）当你面朝Pura Belangjong的时候，沿着左面的一条狭窄小路走下去，就能找到这根石柱。这是巴厘岛上最古老的文物，上面有古老的铭文，讲述了一千多年前的一次军事胜利。铭文采用梵文记录，证明在满者伯夷王朝（Majapahit）到来的300年之前，印度教对这里的影响很大。

活动

水上活动

萨努尔平静的水和稳定的风，使其自然而然地成为风帆冲浪和风筝冲浪的活动中心。

萨努尔变幻莫测的冲浪点都在珊瑚礁以外的海域（海潮条件通常不产生大浪）。最好的冲浪点被称为**萨努尔岩礁**（Sanur Reef），这是在Grand Bali Beach Hotel前面的右手浪。另一个上佳的冲浪点叫作**凯悦岩礁**（Hyatt Reef），顾名思义，它就在巴厘岛凯悦酒店前面。

你可以从Surya Water Sports（见135页）搭船前往冲浪点。

★ Rip Curl School of Surf 风帆冲浪

(见136页地图; ☎0361-287749; www.ripcurlschoolofsurf.com; Beachfront Walk, Sanur Beach Hotel; 风筝冲浪课程 1,100,000Rp起, 租赁 每小时 550,000Rp起; ⏲8:00~17:00)萨努尔受珊瑚礁保护的水域和如约而至的离岸海风，让这里成为风筝冲浪的绝佳场所。风筝冲浪季节为6月至10月。Rip Curl还出租风筝冲浪装具、立式桨板(含桨板瑜伽 每小时 450,000Rp)以及皮划艇等。

Bali Stand Up Paddle 水上运动

(见136页地图; ☎0813 3823 5082; www.bali-standuppaddle.org; Jl Cemara 4B; 租赁 每天 350,000Rp, 课程 每90分钟 350,000Rp)这家专业商店可提供非常不错的建议和课程，也有装具销售和租赁业务。还可开展风帆冲浪和风筝冲浪等活动。

Surya Water Sports 水上运动

(见136页地图; ☎0361-287956; www.balisuryadivecenter.com; Jl Duyung 10; ⏲8:00~20:00; 👪)海滩沿线水上运动公司中规模最大的一家。你可以进行帆伞(每人 338,000Rp)、风帆冲浪(每小时 473,000Rp)等运动，或者租一艘独木舟，在平静的水域划船(每小时 203,000Rp)。

水疗和瑜伽

★ Power of Now Oasis 瑜伽

(见136页地图; ☎0878 6153 4535; www.powerofnowoasis.com; Beachfront Walk, Hotel Mercure; 课程 120,000Rp起)在可以眺望萨努尔海滩的这座别具氛围的竹亭里享受瑜伽课程。提供各个级别的训练班。日出瑜伽课很受欢迎。

★ Jamu Wellness 水疗

(见136页地图; ☎0811 389 9930; www.jamuwellnessbali.com; Jl Danau Tamblingan 140; 按摩 1小时 195,000Rp; ⏲9:00~21:00)这处雅致的水疗中心有漂亮的泳池，提供各种护理，包括非常受欢迎的泥土鲜花体膜(Earth & Flower Body Mask)和石栗磨砂(Kemiri Nut Scrub)等。

Glo Day Spa & Salon 水疗

(见136页地图; ☎0361-282826; https://glo-day-spa.business.site/; Jl Danau Poso 57, Gopa Town Centre; 按摩 1小时 225,000Rp起; ⏲8:00~18:00)萨努尔当地侨民的水疗首选地，这里的风格朴实无华，店面十分清爽。服务和治疗种类非常全面，从护肤到护甲，再到按摩和水疗，一应俱全。

🎓 课程

Balinese Cooking Class 烹饪

(见136页地图; ☎0361-288009; www.santrian.com; Puri Santrian, Beachfront Walk; 90

在萨努尔过把风筝瘾

在一年中大部分的时间里，当你在巴厘岛南部旅行时，总是能看到几十只风筝飘荡在天空上。这些艺术品般的风筝通常都很大(10米或者更宽，加上鸢尾可达到让人叹为观止的160米)，飞的高度几乎到了让飞行员提心吊胆的程度。很多风筝带有风笛(gaganguan)，发出嗡嗡声或者蜂鸣一般的巨大声响，每个风筝发出的声音都不同。就像巴厘岛上的很多其他物品一样，风筝也有其精神根源：它们象征着在众神的耳边低语，提醒他们保佑风调雨顺、五谷丰登。但是对于很多巴厘人来说，放这些风筝只是他们的爱好而已(不过放风筝也有不好的一面，就是当这些在空中飘荡的巨兽落到地面时，会砸伤路人，甚至导致死亡)。

每到7月，来自巴厘岛和海湾的数百个风筝队云集到萨努尔北部的空地——就像以往那样，参加**巴厘岛风筝节**(Bali Kite Festival)。他们激烈竞争，争夺各种各样的荣誉大奖，比如最佳原创设计和最长飞行时间等。**Pantai Padang Galak**海滩是主要的活动中心，沿着萨努尔海岸北上约1公里即可到达。每年5月至9月，你都可以在这里看到空中飞翔的巴厘岛风格的风筝。

Sanur 萨努尔

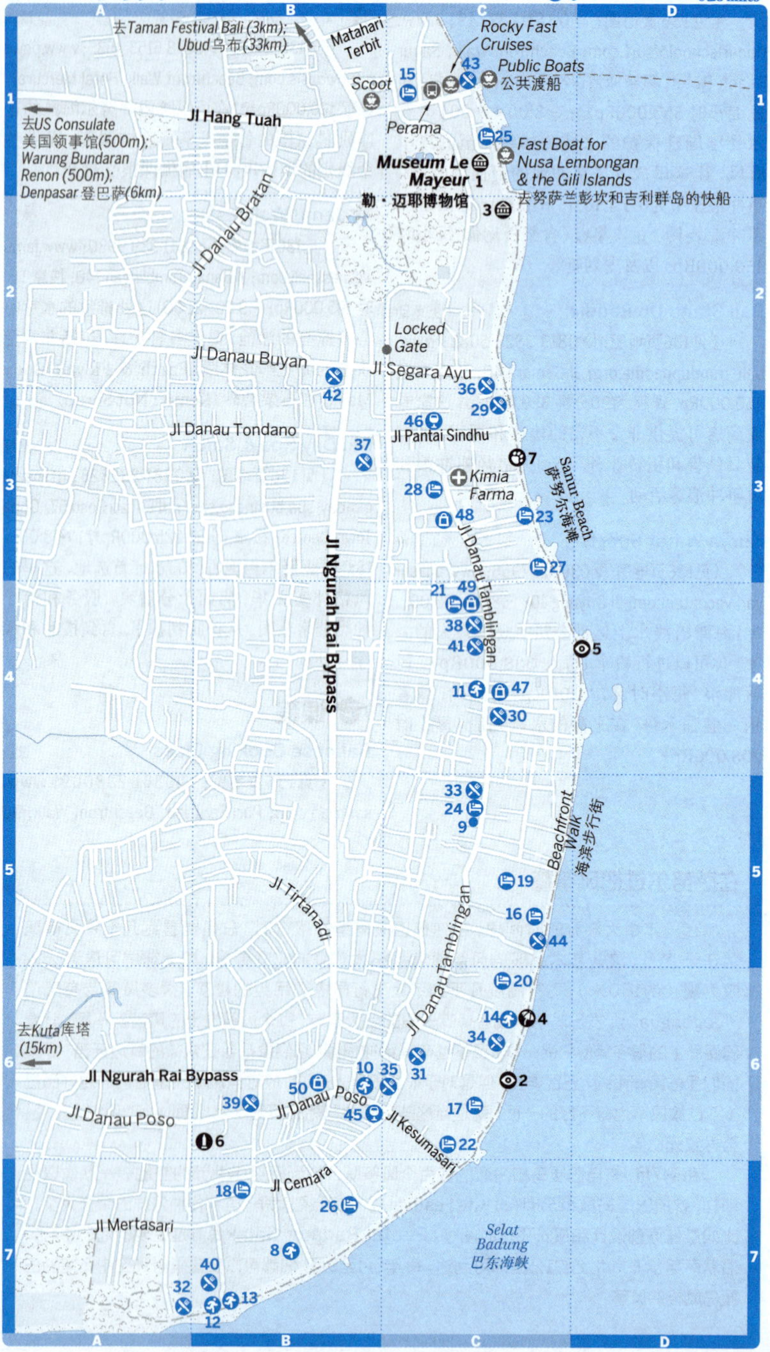

0 500 m
0 0.25 miles
去Taman Festival Bali (3km); Ubud乌布(33km)
Matahari Terbit
Rocky Fast Cruises
Public Boats 公共渡船
Scoot
Perama
Jl Hang Tuah
去US Consulate 美国领事馆(500m); Warung Bundaran Renon (500m); Denpasar登巴萨(6km)
Museum Le Mayeur 勒·迈耶博物馆
Fast Boat for Nusa Lembongan & the Gili Islands 去努萨兰彭坎和吉利群岛的快船
Jl Danau Bratan
Locked Gate
Jl Danau Buyan
Jl Segara Ayu
Jl Danau Tondano
Jl Pantai Sindhu
Kimia Farma
Sanur Beach 萨努尔海滩
Jl Danau Tamblingan
Jl Ngurah Rai Bypass
Beachfront Walk 海滨步行街
Jl Tirtanadi
去Kuta库塔(15km)
Jl Danau Poso
Jl Kesumasari
Jl Cemara
Jl Mertasari
Selat Badung 巴东海峡

Sanur 萨努尔

◎ 重要景点

1 勒·迈耶博物馆 C1

◎ 景点

2 渔船 C6
3 Grand Bali Beach Hotel C2
4 萨努尔海滩 C6
5 小神庙 D4
6 石柱 B6
7 海龟水缸 C3

活动、课程和团队游

8 Bali Stand Up Paddle B7
Balinese Cooking Class （见26）
9 Crystal Divers C5
10 Glo Day Spa & Salon B6
11 Jamu Wellness C4
12 Power of Now Oasis B7
13 Rip Curl School of Surf B7
14 Surya Water Sports C6

住宿

15 Agung & Sue Watering Hole I C1
16 Batu Jimbar C5
17 Fairmont Sanur Beach Bali C6
18 Gardenia B7
19 Hotel Peneeda View C5
20 巴厘岛凯悦酒店 C6
21 Keke Homestay C4
22 Kesumasari C6
23 La Taverna Suites C3
24 Maison Aurelia Sanur C5
25 Pollok & Le Mayeur Inn C1
26 Puri Santrian B7
27 Tandjung Sari C3
28 Yulia 1 Homestay C3

就餐

29 Byrdhouse Beach Club C3
30 Café Smorgås C4
31 Char Ming C6
32 Genius Cafe A7
33 Hardy's超市 C5
34 La Playa Cafe C6
35 Massimo C6
Minami （见29）
36 Nasi Bali Men Weti C2
37 Pasar Sindhu夜市 B3
38 Porch C4
Pregina Warung （见49）
39 Sari Bundo B6
40 周日市场 B7
41 Three Monkeys Cafe C4
42 Warung Babi Guling Sanur B2
43 Warung Mak Beng C1
44 Warung Pantai Indah C5

饮品和夜生活

45 Fire Station B6
46 Kalimantan C3

购物

47 A-Krea C4
48 Ganesha Bookshop C3
49 Nogo C4
50 To~ko B6

分钟课程 US$70起；⊙周三和周五）厨房就在海滩上，在这个令人印象深刻的地方可以学习如何烹饪巴厘岛美食。如果想要了解更多，你还可以去逛逛市场寻找食材。

Crystal Divers 潜水

（见136页地图；☎0361-286737；www.crystal-divers.com；Jl Danau Tamblingan 168；潜水890,000Rp起）这家潜水机构业务非常熟练，拥有自己的酒店（Santai）和1个大潜水泳池。这里可以提供多种课程，包括PADI开放水域潜水（7,450,000Rp）以及适合新手的课程。

住宿

海滨地区（Beachfront）

在大型度假酒店大行其道的地方，你会找到一些规模稍小的海滨酒店，价格实惠得令人惊喜。

Pollok & Le Mayeur Inn 民宿 $

（见136页地图；☎0812 4637 5364；sulaiman.mei1980@gmail.com；Jl Hang Tuah, Museum Le Mayeur；房间 带电扇/空调 250,000/350,000Rp起；❄📶）这家小旅馆由已故艺术家勒·迈耶及其妻子Ni Polok的孙辈经营，位于勒·迈耶博物馆（见133页）的院落内，提供了非常不错的海滨经济型住宿选择。17间客房大小不一，可以先看看再选择。

Kesumasari 客栈 $$

（见136页地图；☎0361-287824；villa_kesumasari@yahoo.com；Jl Kesumasari 6；房间500,000Rp起；❄📶🏊）你和海滩之间仅隔着

一座小神殿。穿过休闲长廊，在那些色彩斑斓、精雕细刻的巴厘岛风格大门背后，就是这个家庭旅馆15间别具特色的房间，其中肆意挥洒的色彩会让你眼前一亮。

★ Tandjung Sari 酒店 $$$

（见136页地图；☎0361-288441；www.tandjungsarihotel.com；Jl Danau Tamblingan 41；别墅 含早餐 3,200,000Rp起；❄@📶🏊）这是巴厘岛上最早的精品酒店之一。自从1967年开张营业以来，这家酒店的生意日益兴盛，其风格一直饱受赞誉。29栋传统风格的别墅，用艺术品和各种古董装饰得十分漂亮。员工举止得体，令人愉快。周五和周日15:00都有当地儿童在泳池边排练巴厘岛特色舞蹈。

La Taverna Suites 酒店 $$$

（见136页地图；☎0361-288497；http://latavernasuites.com；Jl Danau Tamblingan 29；房间 US$150~180；❄@📶🏊）萨努尔首批建成的酒店之一，近年来按照全套间风格进行了重建，同时保留了艺术气息和朴实的魅力。漂亮的庭院和连接各个建筑的简单小路独具匠心，使10间古老的别墅看起来有种低调的奢华感。

Hotel Peneeda View 酒店 $$$

（见136页地图；☎0361-288425；www.peneedaviewhotel.com；Jl Danau Tamblingan 89；房间 US$166起；❄@📶🏊）又一家陈设简单的小型海滨酒店，Peneeda（珀尼达岛的非标准拼写）是以非常实惠的价格享受阳光、沙滩和客房服务的好去处。虽然这里的56个房间略显过时，但是（狭窄的）海滩和经济的价格让这里显得物超所值。

Fairmont Sanur Beach Bali 度假村 $$$

（见136页地图；☎0361-3011888；www.fairmont.com；Jl Kesumasari 8；房间 3,530,000Rp起；❄@📶🏊）占据了萨努尔海滨的黄金地段，这家大型酒店有120间优雅的套房和别墅，分布在有着1个50米无边泳池的庭院内。设计风格极其现代，设有众多高科技娱乐设施。这里还有奢华的水疗馆和餐厅，以及一座现代风格的健身房。孩子们有专属泳池和游乐区。

巴厘岛凯悦酒店 度假村 $$$

（Hyatt Regency Bali；见136页地图；www.hyatt.com；Jl Danau Tamblingan）萨努尔海滩上标志性的度假酒店，先前的Bali Hyatt变更为现在这个更为庄重的名字，最近刚刚装修完毕。

Puri Santrian 木屋、别墅 $$$

（见136页地图；☎0361-288009；www.santrian.com；Jl Cemara 35；房间 US$130~300；❄📶🏊）郁郁葱葱的花园、3个带喷泉的大泳池、1座网球场和海滩休闲地带，以及199个温馨舒适、设施齐全的房间，让这里成为非常热门的住宿选择。许多房间都在旧式风格的别墅内，其他一些则在2层或3层的小楼内。同时开设有极受欢迎的巴厘岛烹饪培训班（见135页）。

海滩附近（Off the Beach）

以下酒店位于Jl Danau Tamblingan附近，步行不远就能到达海滩、咖啡馆和商店。正因为这里离海滩还有一定距离，所以这些旅馆在各方面都比那些临海的同行们要做得更好（此外，价格也更加实惠）。

Keke Homestay 客栈 $

（见136页地图；☎0361-472 0614；www.keke-homestay.com；Jl Danau Tamblingan 100；房间 带风扇/空调 350,000/400,000Rp起；❄📶）离开喧闹的大路，沿着小巷前行大约150米，Keke（一般总是在忙着准备供品）欢迎背包客们来到亲切舒适的家里。5个房间安静、整洁，配置各不相同，有的只有风扇，有的则配有空调。

Agung & Sue Watering Hole Ⅰ 客栈 $

（见136页地图；☎0361-288289；www.wateringholesanurbali.com；Jl Hang Tuah 35；房间 275,000~400,000Rp；❄📶）这间经营了很久的客栈热闹繁忙、气氛友好，是需要早起搭乘前往努萨兰彭坎或吉利群岛快船者的理想住宿地。房间中规中矩，但啤酒却很酷爽。步行5分钟即可到达萨努尔海滩。继续往南，Agung & Sue Watering Hole Ⅱ是另一处迷人的经济型住宿选择，有1个泳池，房间250,000Rp起。

Yulia 1 Homestay 客栈 $

（见136页地图；☎0361-288089；yulia1homestay@gmail.com；Jl Danau Tamblingan 38；房间 含早餐 带风扇/空调 250,000/350,000Rp起；❄📶🏊）

由一个热情友好的家庭经营，这家温馨的客栈位于鸟语花香、栽满棕榈树的花园内。房间标准各自不同（其中一些只有冷水和风扇），但是全部房间都配有冰箱。深水泳池周边舒适而悠闲。

Gardenia 客栈 $$

（见136页地图；☎0361-286301；www.gardeniaguesthousebali.com；Jl Mertasari 2；房间650,000~755,000Rp；❄📶🏊）店如其名（多花瓣的栀子花），这个旅馆有许多面。7个白色房间离马路很远，可爱的庭院里有漂亮的走廊，面朝一个跳水泳池。门口有一间不错的咖啡馆。

Maison Aurelia Sanur 酒店 $$$

（见136页地图；☎0361-472 1111；http://preferencehotels.com/maison-aurelia；Jl Danau Tamblingan 140；房间 US$100~160；❄📶🏊）位于海滩的远端，风格时尚。这座4层楼的酒店仿佛是萨努尔主街梦幻般的延续。42个宽敞的房间带有阳台，而且有非常温馨的装饰。细节体现了豪华之感，配有冰箱等设施。

就餐

沿着海滩小路前行，你可以找一处传统露天凉亭或是惬意的酒吧享用美食、饮品，或只是坐下来吹吹海风。尽管Jl Danau Tamblingan沿路的餐饮店显得千篇一律，但是其中也不乏一些"瑰宝"。

Nasi Bali Men Weti 巴厘菜 $

（见136页地图；Jl Segara Ayu；简餐 25,000Rp起；⏲7:00~13:00）这座简易大排档向客人们供应上好的什锦饭（nasi campur）——经典的巴厘岛午间简餐。所有菜肴都非常新鲜，在你排队等待时现场制作。可以坐在小塑料凳上享用你的午餐。

Sari Bundo 印度尼西亚菜 $

（见136页地图；☎0361-281389；Jl Danau Poso；主菜 20,000Rp起；⏲24小时）这个整洁的巴东风格街边店铺是萨努尔南端众多餐厅中的一家。有多种超辣的新鲜食物可供挑选。咖喱鸡肉非常火辣，让你的舌尖又爱又恨。

Warung Mak Beng 巴厘菜 $

（见136页地图；☎0361-282663；Jl Hang Tuah 45；简餐 35,000Rp起；⏲8:00~21:00）在这家本地风味餐馆里，你根本无须菜单：必点菜就是声名远扬的烤鱼（ikan laut goreng），上菜时会搭配各种配菜以及可口的鱼汤。上菜很快，空气中弥漫着香味，来这里的食客都满意而归。

Warung Babi Guling Sanur 巴厘菜 $

（见136页地图；☎0361-287308；Jl Ngurah Rai Bypass；主菜 25,000Rp起；⏲10:00~20:00）与巴厘岛上的许多烤乳猪（babi guling）餐厅从大型供应商处购买预先烤好的乳猪不同，这家小店是在后面的厨房里进行烹饪。烤猪肉鲜嫩多汁，充分说明了术业有专攻的道理。

Porch 咖啡馆 $

（见136页地图；☎0361-281682；www.flashbacks-chb.com；Jl Danau Tamblingan 111，Flashbacks；主菜 50,000Rp起；⏲7:00~22:00；❄📶）这家咖啡馆位于传统的木结构建筑中，菜单可谓各种美味休闲食品的大杂烩，包括各种汉堡和新鲜的烘焙食品（例如意式面包等）。你可以选择在门廊上找一张桌子，也可以躲进凉爽的空调房内。这里的早餐十分热门，有很多种新鲜果汁可供选择。下午茶也很受欢迎（双人 150,000Rp）。

Pasar Sindhu夜市 市场 $

（Pasar Sindhu Night Market；见136页地图；紧邻Jl Danau Tamblingan；⏲5:00~23:00）这个市场出售各种新鲜蔬菜、鱼干、气味强烈的调味香料、琳琅满目的日用商品以及许多诱人的巴厘岛简餐。

周日市场 市场 $

（Sunday Market；见136页地图；☎0812 1888 3343；www.facebook.com/sundaymarketsanur；Jl Mertasari，Mercure Resort Sanur；⏲每月最后一个周日 10:00~18:00）在这个每月一次的市集上，本地的小贩们销售有机农产品、预制食品、手工艺品和其他物品。

Hardy's超市 超市 $

（Hardy's Supermarket；见136页地图；☎0361-282705；Jl Danau Tamblingan 136；⏲8:00~22:00）这家大超市是购买各种日常用品的地方，出售各种当地和进口食品。2楼有许多纪念品，价格非常实惠。

★ **Genius Cafe** 咖啡馆 $$

(见136页地图; ☎0877 0047 7788; http://geniuscafebali.com; Mertasari Beach; 主菜 65,000Rp起; ⏲7:00~22:00)这里是创业者们聚集的地方，本身也是一家正在日益发展的会员制海滩俱乐部的旗下门店，在风景优美的海岸高处供应各种美味食物和饮品。这里的生姜拿铁和新鲜薰衣草火龙果椰汁都不错，还有色香味俱全的生料沙拉，配料包括牛油果、新鲜香草、干果仁等。

尽管这里主要是一个用来发呆、吃点心和社交的地方，但也会定期举办以环境保护为主题的讲座和对话。

★ **Char Ming** 亚洲菜 $$

(见136页地图; ☎0361-288029; www.charming-bali.com; Jl Danau Tamblingan N97; 主菜 95,000Rp起; ⏲5:00~23:00)带有法国特点的亚洲融合菜。每日菜单布告板上列出当天可供烧烤的新鲜海鲜。不妨考虑当地菜肴，许多都带着现代风味。这个极具风格的地方最有特色的就是繁茂的植物，以及取材于爪哇岛和巴厘岛老建筑的精致木雕。

★ **Three Monkeys Cafe** 亚洲菜 $$

(见136页地图; ☎0361-286002; www.threemonkeyscafebali.com; Jl Danau Tamblingan; 主菜 62,000~199,000Rp; ⏲11:00~23:00; 📶)乌布餐馆在这里开设的分店，但它可不仅仅是原样照搬。餐馆有上下两层，背景音乐是舒缓的爵士乐，有些夜晚还会举行现场表演。这里远离道路，你可以窝在沙发或躺椅里，畅享萨努尔最棒的咖啡。富有创意的菜单上有各种西式菜肴，以及亚洲各地风味。

Byrdhouse Beach Club 各国风味 $$

(见136页地图; ☎0361-288407; www.facebook.com/byrdhousebeachclubbali; Segara Village, Sanur Beach; 主菜 60,000Rp起; ⏲6:00至午夜; 📶)这里有沙滩椅、游泳池、餐厅、酒吧和乒乓球桌，很容易就能在海滩上度过快乐的一天。浏览这个俱乐部的Facebook主页了解各种活动，包括户外电影放映和街头美食摊档等。

Pregina Warung 巴厘菜 $$

(见136页地图; ☎0361-283353; Jl Danau Tamblingan 106; 主菜 45,000~90,000Rp; ⏲11:00~23:00)经典巴厘风味鸭肉菜肴和如沙爹肉串这样的流行菜，都是这家餐厅菜单上的主打菜品。所提供当地食物的品质要优于许多千篇一律的面向旅游者的餐厅(推荐尝试任意鸭肉菜)。餐室内有简洁而时尚的木质装饰，还有许多巴厘岛的老照片。

Minami 日本料理 $$

(见136页地图; ☎0812 8613 4471; Beachfront Walk; 主菜 60,000Rp起; ⏲10:00~23:00)极简风格的白色装修、明亮的露天氛围和种类繁多的超新鲜鱼类，这间地道的日本餐厅是萨努尔海滩上的极佳就餐选择。

Warung Pantai Indah 咖啡馆 $$

(见136页地图; Beachfront Walk; 主菜 30,000~110,000Rp; ⏲9:00~21:00)在这家似乎永不过时的海滩咖啡馆，坐在磨损的桌边椅子上，将脚埋在沙子里。这里的特色是新鲜的烧烤海鲜以及实惠的当地菜肴。

Café Smorgås 咖啡馆 $$

(见136页地图; ☎0361-289361; www.cafesmorgas.com; Jl Danau Tamblingan; 简餐 58,000~135,000Rp; ⏲7:00~22:00; ❄📶🖉)一个美好的地方——大露台上放着柳条编的藤椅；屋内有凉爽的空调。菜单上有一系列健康、新鲜的排毒果汁和沙拉，加上各种可口的食物，例如汉堡和三明治等。此外还供应好吃的早餐和甜品。

Massimo 意大利菜 $$

(见136页地图; ☎0361-288942; www.massimobali.com; Jl Danau Tamblingan 206; 简餐 55,000~200,000Rp; ⏲11:00~23:00)内部仿佛是一家露天的米兰咖啡馆；从外面看上去则像是一座巴厘岛风格的花园——如同将意大利面与肉丸搭配到一起。意面、比萨和其他美味都采用地道的意大利手法烹饪。没时间用餐？那先从前面的窗口买个意大利冰激凌吧。

La Playa Cafe 海鲜 $$

(见136页地图; ☎0821 4794 4514; Jl Duyung, Sanur Beach; 简餐 50,000~250,000Rp; ⏲8:00~22:00)这家服务热情的海滩海鲜烧烤店建在棕榈树和渔船之间的沙滩上。你可以聆听澎湃的涛声，还能欣赏海面上波光粼粼的月亮倒影。海鲜拼盘蒜香浓郁，令人赞不绝口！

饮品和夜生活

Fire Station 小酒馆 $$

（见136页地图；☎0361-285675；Jl Danau Poso 108；⏲16:00至深夜）在这家临街的热门小酒馆里，洋溢着复古的好莱坞氛围。墙上挂着模糊不清的20世纪60年代的好莱坞肖像画；你也许会发现一位年轻的丹尼斯·霍伯（Dennis Hopper）在屋后徜徉。这里有大罐装的桑格里亚汽酒和其他有趣的饮品，菜单上有各种美味的特色酒馆菜肴（主菜 99,000Rp起）。试试优质的比利时Duvel啤酒。

Kalimantan 酒吧

（Borneo Bob's；见136页地图；☎0361-289291；Jl Pantai Sindhu 11；⏲7:30~23:00）这个老牌酒馆有电影《南太平洋》（*South Pacific*）中迷人的茅草顶，是这条街上的好几家休闲酒吧之一。可以在绿树成荫的大花园中的棕榈树下享受实惠的饮品。墨西哥风味食物（主菜47,000Rp起）使用的是自家种植的小辣椒。

购物

★ Ganesha Bookshop 书籍

（见136页地图；☎0361-970320；www.ganeshabooksbali.com；Jl Danau Tamblingan 42；⏲10:00~18:00）巴厘岛最佳书店的分店，深受严肃读者的青睐。

To~ko 服装

（见136页地图；☎0361-282477；Jl Danau Poso 51A；⏲周一至周六 10:00~22:00）这家迷人的商店位于共享工作空间的一座小院内，旨在展示当地设计师的才华。不妨看看Maya Nursari采用生态友好方式设计的各种服装。她的作品前卫而简约，采用黑白配色。

A-Krea 服装

（见136页地图；☎0361-286101；Jl Danau Tamblingan 51；⏲9:00~21:00）采购纪念品的好地方，这个富有吸引力的商店出售各种在巴厘岛设计和制造的产品。服装、配饰、家居用品以及其他商品均为手工制作。

Nogo 纺织品

（见136页地图；☎0361-288765；www.nogobali.com；Jl Danau Tamblingan 104；⏲9:00~20:00）这家经典的商店门口摆放着木制织布机，因此自称为“巴厘岛扎染中心”（Bali Ikat Centre）。这里的产品无与伦比，在舒适的空调环境下，你更容易体会到它们的魅力。

实用信息

医疗服务

Kimia Farma（见136页地图；☎0361-271611；Jl Danau Tamblingan 20；⏲8:00~20:00）可靠的当地连锁药店。

现金

这里的货币兑换商以不靠谱而远近闻名。Jl Danau Tamblingan沿线都有自动取款机，还有几家银行。

到达和离开

船

快船（具体价格根据目的地而定）从Jl Hang Tuah南边的海滩上，无数快船发往努萨兰彭坎、珀尼达岛、龙目岛和吉利群岛。这些快船都不使用码头——所以你要做好涉水上船的准备。大部分公司在面朝海滩的地方都设有遮阴的候船区。

公共渡船（单程 150,000Rp）定时从Jl Hang Tuah尽头的海滩发往努萨兰彭坎和珀尼达岛，每天3班（单程50,000Rp，40分钟）。

Rocky Fast Cruises（☎0821 4404 0928，0361-283624；www.rockyfastcruise.com；Jl Hang Tuah 41；往返 500,000Rp；⏲8:00~22:00）设有一个办事处，有前往努萨兰彭坎的线路（往返500,000Rp，9:00、11:00、13:00和16:30）。

Scoot（☎0361-285522；www.scootcruise.com；Jl Hang Tuah；往返 成人/儿童 400,000/280,000Rp起；⏲8:00~22:00）设有一个办事处，销售前往努萨兰彭坎、龙目岛和吉利群岛的船票（成人/儿童往返 400,000/280,000Rp起）。前往努萨兰彭坎的渡船每天4班（9:30、11:45、13:30、17:15）。

出租车

出租车行业协会制定的从机场到萨努尔的出租车定价为250,000Rp。

旅游穿梭巴士

Kura-Kura旅游巴士（见420页）有1条线路往返于萨努尔和库塔、乌布。巴士每小时1班，车票价格为80,000Rp。

Perama（☎0361-751875；www.peramatour.com；Jl Hang Tuah 39；⏲7:00~22:00）位于小镇北端

王室和侨民

“二战”之前，西方人探索开发了巴厘岛，萨努尔成为他们最喜爱的地方之一。比如，艺术家米格尔·珂弗罗皮斯（Miguel Covarrubias）、勒·迈耶（Adrien-Jean Le Mayeur de Merpres）和沃尔特·史毕斯（Walter Spies），以及人类学家简·贝洛（Jane Belo）和舞蹈家凯瑟琳·梅尔尚（Katharane Mershon）都在这里待过。20世纪四五十年代，萨努尔最早的客栈出现，紧接着，更多的艺术家在萨努尔安家落户，其中包括澳大利亚人唐纳德·弗兰德（Donald Friend），他那幽默滑稽的举动为自己赢得了一个绰号——魔君唐纳德（Lord Devil Donald）。

那个时候，萨努尔由一批目光远大的祭司和学者管理，他们不仅发现了机会，也意识到了旅游业过度扩张带来的威胁。他们建立了乡村合作社，负责管理土地、运作旅游事务，保证经济发展带来的利益能够有相当一部分保留在当地。

祭司的影响至今仍然非常强大，萨努尔是现在仍由婆罗门种姓管理的为数不多的几个社区之一。这里以巫师和传统治疗者的家园而远近闻名，还是各种善恶巫术的中心。萨努尔的标志是一种被当地人称为kainpoleng的布料，黑白交错的棋盘格子花纹象征着善良力量和邪恶势力的平衡。

的Warung Pojok。目的地包括乌布（50,000Rp，1小时）、八丹拜（75,000Rp，2小时）和罗威那（125,000Rp，3小时）。

布科半岛（BUKIT PENINSULA）

这座南部半岛气候炎热、土地贫瘠，被称为布科半岛（bukit即印度尼西亚语中的“小山”）。从杜阿岛远离尘嚣的宁谧氛围到南部海岸沿线奢侈的度假村，这里总是大受游客欢迎。

西海岸（常被统称为Pecatu）拥有一长串多姿多彩的海滩，处处都显示出一派繁荣的景象，如今这里已经成为巴厘岛最受欢迎的旅游区。巴兰甘海滩（Balangan Beach）的沙砾上建着一些看似不太安全的旅馆，滨金和其他地方的悬崖边也散布着一些个性十足的旅馆。每天都有新旅馆开业，其中大部分都面朝波涛汹涌的大海。沿海岸向南通往乌鲁瓦图（Ulu Watu）那座重要的神庙，途中到处都是世界顶级冲浪点。

乌干沙（Ungasan）东边和西边的南部海岸线分布着一些规模庞大的崖畔度假酒店，优美的海景一览无余。杜阿岛和伯诺阿海岬则更加适合想要获得传统体验的度假者。

到达和离开

你需要自备交通工具——无论是乘出租车、租用小汽车或是摩托车——以便探索布科半岛。如果要在进入海滩的道路上通行，可能要交多达每车5000Rp的通行费。

金巴兰（Jimbaran）

☎0361/人口 44,376

金巴兰湾（Teluk Jimbaran）由一片引人入胜的新月形白沙滩和碧蓝的大海构成，沿岸有一长串海鲜小吃摊。沙滩向南延伸，直至消失在树木丛生的海岬处，这里就是金巴兰湾四季酒店（Four Seasons Jimbaran Bay）的所在地。

虽然近年来游客数量不断增长，但是除了北边的库塔和水明漾，金巴兰仍然是放松身心的一个好选择（而且这里就在机场南边，位置无懈可击！）。这里的市场非常有趣，为体验当地生活提供了一个窗口。

海滩

★金巴兰海滩 海滩

（Jimbaran Beach；见143页地图）这里是巴厘岛最棒的海滩之一，4公里长的弧形沙滩还算干净，而且不愁找不到可以购买零食、饮料或者享用海鲜大餐和租沙滩椅的地方。由于海湾受到未损坏珊瑚岩礁的保护，这里的海浪比北边热门的库塔要柔和一些，但是你仍能尽兴地享受人体冲浪的乐趣。

Tegalwangi海滩 海滩

（Tegalwangi Beach；见148页地图）在金巴

兰西南约4.5公里处，Tegalwangi海滩环抱着石灰岩悬崖。从布科半岛西海岸一路下来，这是你所能见到的第一个由一个个海湾连接而成的诱人沙滩。一个小停车场坐落在赛格拉寺（Pura Segara Tegalwangi）前方，这座供奉海神的神庙香火很旺。

经常有一个小贩售卖令人神清气爽的饮料，你可以在去海滩之前或者回来之后买些尝尝。通往海滩的小路距离虽然不长，但相当不好走，也算是一个挑战。就在南边不远处，Ayana度假酒店一直延伸至悬崖边。从金巴兰取道Jl Bukit Permai前行3公里，就能见到Ayana的大门，接着往西走1.5公里就能到达海神庙。

⊙景点

★金巴兰鱼市　　市场

（Jimbaran Fish Market；见本页地图；Jimbaran Beach；⊙6:00~17:00）布科半岛上非常受欢迎的晨间漫步去处，就是这个散发出浓浓的鱼腥味、人头攒动的吵闹的鱼市——到这里要留神脚下。颜色鲜艳的小船漂荡在岸边，各种鱼类用大箱子装好，小贩在此叫卖。这里节奏明快、气氛热烈。在这里买了海鲜，然后拿到附近的摊档加工；如果在清晨6点至7点之间到这里，还能以更优惠的价格从渔船上直接购买海鲜。

街上有小贩售卖味道清冽的甘蔗汁，价格为10,000Rp。

早市　　市场

（Morning Market；见本页地图；Jl Ulu Watu；⊙6:00至正午）这是巴厘岛最好的市场之一，这里值得你来逛逛：小而紧凑，应有尽有，无须东奔西走；当地厨师非常信赖这里的水果和蔬菜的品质——你见过这么大的卷心菜吗？

Pura Ulun Siwi　　印度教寺庙

（见本页地图；Jl Ulu Watu）位于早市对面，这座乌木质地的寺庙可追溯至18世纪。只有在节假日期间这里才会人头攒动并摆满贡品、熏香和其他物品，其他时候都非常宁静。

住宿

Sari Segara Resort　　SPA酒店 $

（见本页地图；☎0361-703647；www.

Jimbaran 金巴兰

Jimbaran 金巴兰

⊙ 重要景点

1 金巴兰海滩 A2
2 金巴兰鱼市 A1

⊙ 景点

3 早市 B2
4 Pura Ulun Siwi B2

住宿

5 Belmond Jimbaran Puri A3
6 金巴兰湾四季酒店 A3
7 巴厘岛洲际酒店 A3
8 Hotel Puri Bambu B1
9 Keraton Jimbaran Resort A2
10 Sari Segara Resort B2

就餐

11 Jimbaran Bay Seafood A1
12 Made Bagus Cafe A3
13 Warung Bamboo A2
14 Warung Ramayana A2

饮品和夜生活

15 Jimbaran Beach Club A3

购物

16 Jenggala Keramik Bali Ceramics B3

对布科半岛的掠夺

很多环保主义者认为，随着土地利用的速度远超于水的供给速度，常年处于干旱状态的布科半岛预示着巴厘岛的其他地区也将面临相同的威胁。曾经位于高处、俯瞰西侧一串串闪亮海滩的小客栈正在被耗水量巨大的大项目所取代，除了大型度假村Pecatu Indah，越来越多的工程也都在开凿美丽的石灰石悬崖，为巨大的混凝土结构度假村腾出空间，例如杜阿岛附近饱受争议的凯宾斯基酒店等。

政府对这种掠夺几乎不做任何监管。在Jl Ulu Watu上，和你一起堵在路上的许多水罐车，都是为了缓解该地区的干旱情况而每天运水。同时，南部海岸热火朝天的道路建设，也引发了大规模的别墅热，其中大部分都带有游泳池。普通大众已经将注意力转移到拯救布科半岛伯诺阿湾占地广阔的红树林。一个名为Project Clean Ulu Watu（www.projectcleanuluwatu.com）的组织则致力于安装废弃物管理系统并教育公众如何更环保地处理垃圾。

sarisegara.com；Jl Pantai Kedonganan；房间190,000Rp起；）在金巴兰价格高昂的度假村当中，这里是绝无仅有的经济型住宿。这处从前的水疗会所略显陈旧破败，但看起来依然不错。最醒目的地方当属被雕塑和遍地野花环绕的大泳池（带有池畔吧台），和蔼的老板对该地区了如指掌，可以提供关于逛鱼市的绝佳建议。

Keraton Jimbaran Resort 酒店 $$

（见143页地图；0361-701961；www.keratonjimbaranresort.com；Jl Mrajapati；房间1,400,000Rp起；）与周围价格昂贵的度假村共享同样的金巴兰海滩美景，作为一家海滨度假村，低调的Keraton物超所值。102间房间分散在一层或两层的平房式房屋内。庭院十分宽敞，种满了典型的巴厘岛绿色植物。

Hotel Puri Bambu 酒店 $$

（见143页地图；0361-701468；www.hotelpuribambu.com；Jl Pengeracikan；房间950,000Rp；）这里离海滩只有200米，虽然外表看起来饱经沧桑，但仍运营良好，是金巴兰最物有所值的选择。48个房间（部分配有浴缸）全部位于大游泳池周围三层的建筑里。

★Belmond Jimbaran Puri 度假村 $$$

（见143页地图；0361-701605；www.belmond.com；紧邻Jl Ulu Watu；木屋7,200,000Rp起；）这家豪华海滨住所拥有优美的环境，迷宫般的泳池面朝大海。64栋木屋和别墅都带有独立的花园、巨大的露台、时髦的装饰以及浴缸，这里是奢华但低调的休闲场所。

金巴兰湾四季酒店 度假村 $$$

（Four Seasons Jimbaran Bay；见143页地图；0361-701010；www.fourseasons.com；Jl Bukit Permai；别墅US$700起；）四季酒店的147栋别墅都完全设计成巴厘岛的传统风格，带有精雕细刻的大门，进门就是露天的休闲亭，俯瞰着跳水池。酒店傍山而立，正好俯瞰步行可至的金巴兰海滩，大部分别墅都能欣赏到海湾的壮丽风景。

巴厘岛洲际酒店 度假村 $$$

（Hotel Intercontinental Bali；见143页地图；0361-701888；www.bali.intercontinental.com；Jl Ulu Watu；房间US$260起；）拥有419间房间的洲际酒店如同海滩上的一座小城市。采用巴厘岛艺术品和手工艺品装饰，这家酒店试图在庞大的度假村里烙上当地风格的印记。水流经过各个泳池并穿过庭院。度假村就在海滩上的黄金地段，设有非常不错的儿童俱乐部。

就餐

金巴兰的三类海鲜餐厅每天傍晚都提供新鲜的海鲜烧烤（其中大部分也经营午餐），吸引着旅行者从巴厘岛南部来到这里。这些露天餐厅紧靠海边，是享受海风、欣赏落日的绝佳地点。桌椅板凳直接摆在海滩上，几乎一直延伸到海边。在太阳下山之前到这里，挑一个好位子，点几杯啤酒，观赏日落美景，然后开始大快朵颐。

将海鲜装在不同类型的大盘子里并明码标价已经成为越来越普遍的做法，这使你能

够免去挑选海鲜的体力活儿，以及令当地人付诸一笑的带鳞称重的麻烦。不过，购买之前一定要先议定价格。通常来说，每人只需花费不到US$20，就能享受一顿丰盛的海鲜大餐、小菜及几瓶啤酒。当然，如果选择了龙虾（US$30起），账单上的数字一定会大幅上升，不过你可以自己提前在海鲜市场买好龙虾，这样就能将费用降低。

这些烹饪高手先把海鱼用大蒜和酸橙腌制，然后撒上辣椒，淋上香油，在椰子壳上烧烤。炭火散发出的浓密烟雾和那些乐队，共同打造了这里的奇妙气氛。乐队演奏怀旧拉丁风格的欢快乐曲，如《马卡莉娜》（*Macarena*；西班牙二重唱Los Del Rio的专辑，是世界上最成功的拉丁音乐唱片）。几乎每家餐厅都接受信用卡。

什锦海鲜烧烤的价格在90,000Rp至350,000Rp之间。

北部海鲜餐饮区（Northern Seafood Restaurants）

北部海鲜餐饮区从鱼市开始，沿着Jl Kedonganan和Jl Pantai Jimbaran一路向南。如果你乘坐出租车的时候不明确指出要去哪儿吃海鲜，很有可能就会被拉到这儿来。这里的大多数食肆有些像餐厅，餐桌从店内一直摆到外面平整的海滩上。然而，相比南面的两个餐饮区，这个区域缺少一些有趣的氛围。

Jimbaran Bay Seafood 海鲜 $$

（JBS；见143页地图；0851-0172 5367；www.jimbaranbayseafoods.com；Jl Pantai Kedonganan；新鲜海鲜 20,000Rp/100gr起；11:00~22:00）这里的菜肴物美价廉。虽然地处古板守旧的北部海鲜餐饮区，但这里洋溢着热情好客的氛围，设有各种不同的就餐区：阴凉的室内、水泥露台上或是你可以将脚趾埋入沙里的海滩上。

中部海鲜餐饮区（Middle Seafood Restaurants）

中部海鲜餐饮区规模略小，但氛围更好，位于Jl Pantai Jimbaran和Jl Pemelisan Agung的南面。这些海鲜排档是那种最简单的旧式茅草顶凉亭，四面敞开。这里的海滩整理维护得也不是那么仔细，渔船直接就停靠在沙滩上，成堆的椰子壳等着成为烧烤材料。

Warung Bamboo 海鲜 $$

（见143页地图；0361-702188；紧邻Jl Pantai Jimbaran；套餐 80,000~200,000Rp；10:00~23:00）这里比周围的邻居更有吸引力，充满了粗犷原始的魅力。菜肴十分简单：选择想要的海鲜，配菜和酱料都包含在内。

Warung Ramayana 海鲜 $$

（见143页地图；0361-702859；紧邻Jl Pantai Jimbaran；主菜 80,000Rp起；8:00~23:00）这是一家长期受欢迎的大排档，门口海滩上总是散布着几艘渔船。海鲜都是清晨的渔获，整晚都弥漫着烧烤烟雾。菜单上的固定价格避免了讨价还价的麻烦。

南部海鲜餐饮区（Southern Seafoof Restaurants）

气氛欢乐的南部海鲜餐饮区（又被称为Muaya餐饮区）摊店密集，十几家餐厅位于海滩最南端。在Jl Bukit Permai附近有一个停车场。这里的海滩绿树成荫，打理得很好。

Made Bagus Cafe 海鲜 $$

（见143页地图；0361-701858；紧邻Jl Bukit Permai；简餐 80,000~200,000Rp；8:00~22:30）位于南部餐饮区的北边。海滩上有一片狭长的餐桌，服务员散发着魅力。点一份海鲜拼盘，多要点酱料，非常美味。

饮品和夜生活

夜生活都是围绕海鲜餐厅展开的。这些摊档一般在22:00打烊，在那之后可以向北前往灯火通明的库塔及周边地区。

Jimbaran Beach Club 咖啡馆

（见143页地图；0361-709959；www.jimbaranbeachclub.com；Jl Bukit Permai Muaya；最低消费 200,000Rp；8:00~23:00；）如果你觉得金巴兰湾还不够迷人，不妨来这里感受与沙滩接壤的长形泳池。这里的氛围非常高雅：你可以租用舒适的沙滩椅和遮阳伞，然后在长长的饮品和食物菜单上挑选自己喜爱的品种。

Rock Bar 酒吧

（0361-702222；www.ayanaresort.com/

rockbarbali; Jl Karang Mas Sejahtera, Ayana Resort; ⏲16:00至午夜，周五和周六16:00至次日1:00; 📶）关于巴厘岛的无数报刊文章中都会列出的地方，这家酒吧高居于汹涌的印度洋波涛之上14米处，非常热门。每到夕阳西下之时，排队等着坐电梯到酒吧可能需要一个小时。这里有着严格的着装要求。食物都是地中海风味的酒吧小食。

购物

Jenggala Keramik Bali Ceramics 陶瓷

（见143页地图；☎0361-703311; www.jenggala.com; Jl Ulu Watu Ⅱ; ⏲8:00~20:00）这个现代化的仓库里展示着极受巴厘岛居民欢迎的美丽陶瓷家用器皿。这里有一个参观区，你可以边品咖啡边参观陶瓷的生产过程。这里还提供成人和儿童的陶瓷制作课程；给陶罐上色能让你创造出自己独有的艺术精品（5天后烧制成型即可取走）。

到达和离开

晚上，海滩排档附近有很多出租车等着将食客们送回家（如果交通顺畅，前往水明漾大约需要150,000Rp）。如果你电话预约，有些海鲜排档可安排免费的交通。如果是在16:00到20:00之间的交通高峰时段，可以直接和司机议定价格。周日交通非常顺畅。

Kura-Kura旅游巴士（见420页）有一条线路往返于金巴兰和库塔的站点。班车每两小时1班，票价为50,000Rp。

布科半岛中部（Central Bukit）

☎0361

与诗情画意的城边相比，布科半岛崎岖不平的中心地区景点稀疏，但是爬上200米高的与半岛同名的山丘（bukit即印尼语中的“丘陵”），可以将整个巴厘岛南部风光尽收眼底。该地区也是当前正在修建的毗湿奴神鹰雕刻公园（Garuda Wisnu Kencana Cultural Park）的所在地。

景点

毗湿奴神鹰雕刻公园 印度教纪念碑

（Garuda Wisnu Kencana Cultural Park，简称GWK; ☎0361-700808; www.gwkbai.com; Jl Raya Ulu Watu; 门票100,000Rp; ⏲9:00~22:00; 👪）在走过长达几年的弯路之后，这座大型文化公园的建造工作终于走上了正轨。2018年8月竣工的中心建筑，是一座令人印象深刻的120米高的纪念碑，包括一尊66米高的迦卢荼像，这也使其成为世界上最大的毗湿奴纪念碑。这个仿佛来自巨人国的大家伙将矗立于一座购物中心和美术馆综合建筑顶部，但截至目前，买门票进到里面之后只能看到这尊雕塑。

就餐

Bali Buda 咖啡馆 $

（☎0361-701980; www.balibuda.com; Jl Ulu Watu 104; 小吃20,000Rp起; ⏲7:00~21:00）遍布全岛的连锁烘焙店/咖啡馆在此开设的小门店。

Nirmala超市 超市 $

（Nirmala Supermarket; ☎0361-705454; Jl Ulu Watu; ⏲7:00~22:00）采购各种补给和杂货的地方，同时也是重要交叉路口的醒目地标。

实用信息

Nirmala超市有自动取款机。

到达和离开

你需要自备交通工具才能在该地区活动并去往他处。白天的交通非常糟糕。在毗湿奴神鹰雕刻公园南边约2公里处，是一个重要的十字路口，Nirmala超市是非常实用的地标——你可以从这里前往布科半岛的所有地方。

巴兰甘海滩（Balangan Beach）

☎0361

巴兰甘海滩离巴厘岛的繁华地带不远，颇有些狂野西部的感觉。冲浪者酒吧、棚屋咖啡店以及年头稍久的客栈沿着海岸排开，但看上去都不太牢固。古铜色肌肤的人们晒着日光浴。

海滩

海滩北端有座小小的寺庙——**巴兰甘死者庙**（Pura Dalem Balangan; 见148页地图）；海滩南端则是许多青竹搭成的简陋小屋，游客们在这里懒懒地消磨时光，观看那些挑战快速左手浪的弄潮儿尽情表演。虽然在低潮时无法冲浪，但中潮时会有超过1.2米的浪头；如果浪头高度达到2.4米，会是非常经典的冲浪浪头。

你可以从两座停车场间的崎岖小路前往海滩；北端靠近人气冷清的寺庙，南端则靠近海滩酒吧后上方。

巴兰甘海滩 海滩

（Balangan Beach；见148页地图）这片海滩是悬崖底部一片长长的低地，棕榈成荫，几近纯白的沙滩如绸带般蜿蜒在海边，间或点缀着太阳伞，看上去风景如画。

住宿

巴兰甘海滩在悬崖上有设施齐全的客栈，走到冲浪点只要5分钟。沙滩上的住宿则显得比较特别，但却充满魅力。如果选择后者，很多的酒吧都提供茅草盖顶的无窗式小房间，你简直是睡在成箱成箱的Bintang啤酒旁边。记得一定要议价，费用不要超过250,000Rp。

许多客栈出现在Jl Ulu Watu道路入口附近，但其中大部分都远离海滩。

Santai Bali Homestay 平房 $

（见148页地图；☎0338-695942；房间250,000Rp起；📶）就在巴兰甘海滩上，19间陈设简单的棚屋非常适合想离海浪近一点的冲浪者和海滩迷们入住。这里的餐厅将桌椅直接摆在沙滩上。周三和周六会在海滩上举办烧烤会。

Balangan Sea View Bungalow 客栈 $

（见148页地图；☎0851 0080 0499；www.balanganseaviewbungalow.com；紧邻Jl Pantai Balangan；房间 带风扇/空调 350,000/475,000Rp，平房 975,000Rp；❄📶🏊）这家由茅草顶平房（其中一些内设多间卧室）组成的客栈是这里的住宿首选。25间平房围绕着一座14米的游泳池，簇拥在一个十分吸引人的庭院内；其中一些可以看到海景。

La Joya 酒店 $$

（见148页地图；☎0811 399 0048；www.la-joya.com；Jl Pantai Balangan；房间 US$100~130；❄📶🏊）巴兰甘住宿选择中的佼佼者，这两座华丽的院落内设酒店房间、平房和别墅。店内共有21间各不相同的客房，都带有郁郁葱葱的植物。流线型设计贯穿从房间到无边泳池在内的所有地方。步行不远就可到达海滩。

Flower Bud Bungalows 客栈 $$

（见148页地图；☎0816 472 2310，0828 367 2772；www.flowerbudbalangan.com；紧邻Jl Pantai Balangan；房间 含早餐 570,000Rp起；📶🏊）这家客栈位于一座小山顶上，14间青竹搭成的平房坐落在宽敞漂亮的庭院内，紧挨着一个经典的腰果形泳池。这里与《鲁滨孙漂流记》中所描述的风格类似，有一个小水疗院。

就餐

Nerni Warung 印度尼西亚菜 $

（见148页地图；☎0813 5381 4090；主菜30,000Rp起）在海滩南端，这家布置简单的客栈的咖啡馆坐拥不俗的风景。Nerni极为注重细节，简单的卧室（200,000Rp起）比竞争对手的要干净。我们这么认为：虽然脸上没有笑容，但她的内心却一直在对你微笑。

Nasa Café 咖啡馆 $

（见148页地图；简餐 30,000Rp起；⏲8:00~23:00）在沙滩上用青竹搭建的阴凉的高脚酒吧，从下垂的茅草屋顶下方能看见相互撞击的海浪所形成的蔚蓝绸带一般的海景。从这里供应的朴素的印度尼西亚简餐就可以猜到酒吧里的4间简单客房（约200,000Rp）是什么档次了。这附近的众多选择都和这里的差不多。

到达和离开

巴兰甘海滩位于Jl Pantai Balangan，距离Jl Ulu Watu有6.2公里。从Nirmala超市十字路口向西即可到达。

从库塔搭乘出租车往返，算上等待的时间每小时需要花费约150,000Rp。

滨金（Bingin）

☎0361

滨金地区的发展日新月异，现在已经有了数十家分布在悬崖和下面一弯白色沙滩（滨金海滩）之上的时尚酒店，但交通十分不便。从平整的Jl Pantai Bingin转上Jl Melasti，前行1公里（注意寻找路口密集的住宿标志），接下来道路会分成几条小巷。

这里的风景简直无与伦比，绿色植物覆

Balangan Beach & Ulu Watu 巴兰甘海滩和乌鲁瓦图

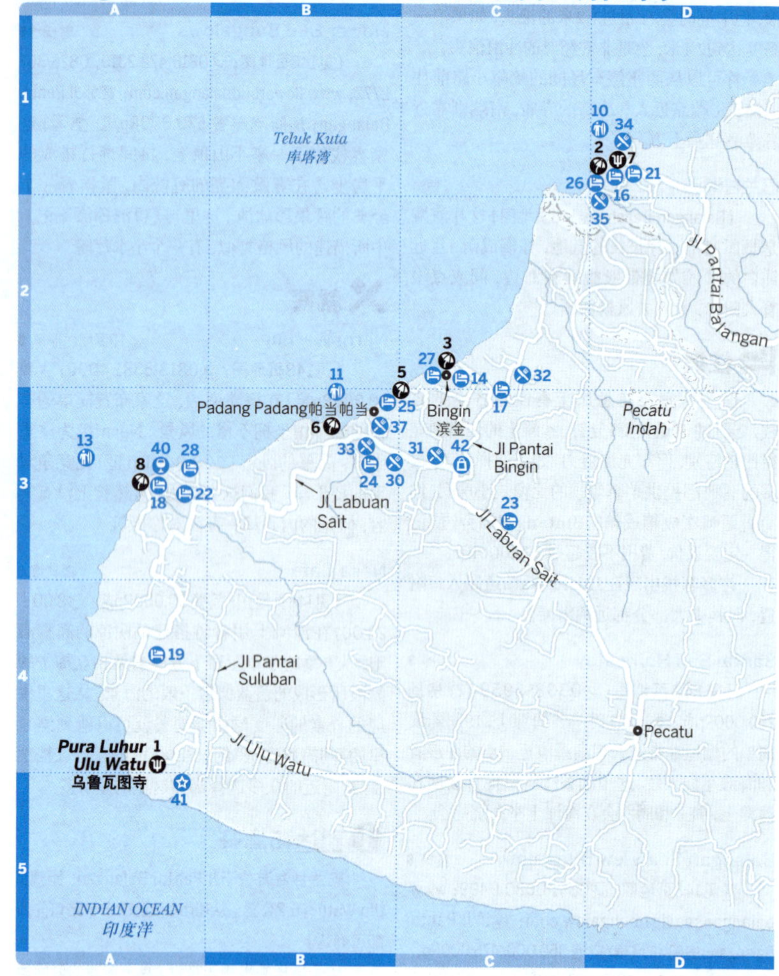

盖的悬崖底部就是冲浪者咖啡吧，蔚蓝大海的拍岸浪花泡沫近在咫尺。从陡峭的小路下行5分钟就可到达海滩。这里的海浪十分凶险，不过鹅卵石沙滩总是十分宁静，而拍岸的浪声更是让人着迷。

海滩

滨金海滩 海滩

（Bingin Beach；见本页地图）滨金是布科半岛最经典的冲浪点之一，同时也是风景如画的著名海滩休闲地。从悬崖峭壁上沿着长长的台阶下行，即可到达海滩。

由于要从荒僻的停车区向下步行至海滩，你决定将冲浪板留在崖顶也是可以理解的，但是千万不要这么做。这里的海浪在中潮时的高度为1.8米，冲浪最为合适，并且是低矮但完美的桶形左手浪。如果身手不凡，不妨让朋友在岸上记录你弄潮的姿态。

住宿

这里是布科半岛最酷的住宿地之一。无数住宿点散布在远离主路的悬崖周围。你还可以在悬崖下靠近水边的一连串用竹子和茅草搭建的冲浪者临时住所中勉强找个地方住下来。

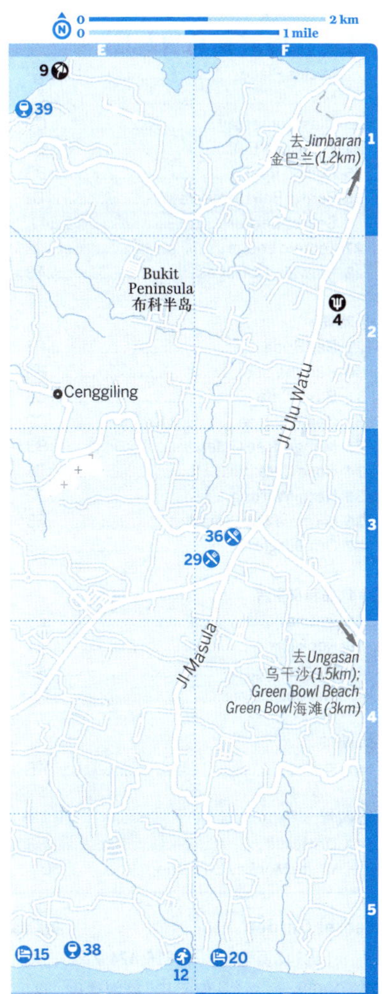

Olas Homestay 民宿 $

（见148页地图；0857 3859 5257；http://olashomestaybali.com；Jl Labuan Sait；房间300,000Rp起；）这个家庭经营的冲浪者临时住处在滨金地区绝对算得上经济实惠，有郁郁葱葱的景观和5间独立客房，带有空调和热水。老板超级友善，可以安排机场接送、冲浪课程、团队游和车辆租赁等服务。

Adi's Homestay 平房 $

（见148页地图；0816 297 106，0815 5838 8524；Jl Pantai Bingin；房间 带风扇/空调300,000/450,000Rp起；）9间平房风格的房间朝着一座漂亮的花园，极为舒适。它在一条小巷深处，靠近海滩停车场。这里有一间小餐厅。

Chocky's Place 客栈 $

（见148页地图；0818 0530 7105；www.chockysplace.com；Bingin Beach；房间300,000Rp起；）在台阶尽头下方的滨金海滩上，这个经典的冲浪者客栈有舒适的房间，房型包括从带有优美风景的迷人房间到带有公共浴室的简单房间。竹屋餐厅可以看到海滩，这里是一边享用冰爽饮品一边结识驴友的好地方。

Bingin Garden 客栈 $

（见148页地图；0816 472 2002；tommybarrell76@yahoo.com；紧邻Jl Pantai Bingin；房间 带风扇/空调320,000/460,000Rp；）这里充满了休闲的大庄园氛围。宽敞的花园里有8间平房风格的房间，中间是一个大泳池。位于悬崖后方，距离下到悬崖的小路约300米。这间客栈由身手高超的当地冲浪手Tommy Barrell和他迷人的妻子共同经营。

★ Temple Lodge 精品酒店 $$

（见148页地图；0857 3901 1572；www.thetemplelodge.com；紧邻Jl Pantai Bingin；房间 含早餐US$90~230；）要形容这家由茅草、圆木和其他天然材料建造的木屋和小屋组成的酒店，最恰当的词汇就是“富有艺术气息”和“美丽”。酒店坐落在冲浪点上方悬崖上突出的观景台，从无边泳池和9座小屋中的一部分房间可以远眺壮丽的海天风景。这里可以安排餐饮，还设有晨间瑜伽课。

Mick's Place 精品酒店 $$

（见148页地图；0812 391 3337；www.micksplacebali.com；紧邻Jl Pantai Bingin；房间US$100起，别墅US$300起；）这里洋溢着嬉皮士的时尚感，但一切“因陋就简”；住客从来没有超过16人。7栋充满艺术感的小屋和1栋豪华别墅位于繁茂的庭院里。小型无边泳池里绿松石般的池水与下面同样碧蓝的海水相映成趣。白天可以在这里饱览世界著名冲浪海滩的180°全景。

Kembang Kuning Bungalows 客栈 $$

（见148页地图；0361-743 4424；www.

Balangan Beach & Ulu Watu 巴兰甘海滩和乌鲁瓦图

重要景点

1 乌鲁瓦图寺 A4

景点

2 巴兰甘海滩 D1
3 滨金海滩 C2
4 毗湿奴神鹰雕刻公园 F2
5 "不可思议"海滩 C3
6 帕当帕当海滩 B3
7 巴兰甘死者庙 D1
Pura Mas Suka （见20）
8 苏鲁班海滩 A3
9 Tegalwangi海滩 E1

活动、课程和团队游

10 Balangan D1
11 Padang Padang B3
12 Sundays Beach Club E5
13 Ulu Watu A3

住宿

14 Adi's Homestay C2
15 Alila Villas Uluwatu E5
16 Balangan Sea View Bungalow D1
17 Bingin Garden C3
Chocky's Place （见14）
18 Delpi Uluwatu Beach Rooms A3
Flower Bud Bungalows （见16）
19 Gong Accommodation A4
20 Karma Kandara F5
Kembang Kuning Bungalows （见27）
21 La Joya D1
22 Mamo Hotel A3
Mick's Place （见14）
Mu （见27）
23 Olas Homestay C3
24 PinkCoco Bali B3
25 Rock'n Reef B3
26 Santai Bali Homestay D1
Secret Garden （见14）
27 Temple Lodge C2
28 Uluwatu Cottages A3

就餐

29 Bali Buda F3
30 Buddha Soul B3
31 Bukit Cafe C3
32 Cashew Tree C2
33 Mango Tree Cafe B3
34 Nasa Café D1
35 Nerni Warung D2
36 Nirmala Supermarket F3
37 Om Burger B3

饮品和夜生活

38 Omnia E5
39 Rock Bar E1
40 Single Fin A3
Warung Delpi （见8）

娱乐

41 克差舞 A5

购物

42 Drifter C3
White Monkey Surf Shop （见30）

binginbungalows.com; 紧邻 Jl Pantai Bingin; 房间 US$75起;) 这是一家最具性价比的崖畔住宿，在2层平房风格的楼房内设有12间客房。院子里植物茂密，但是真正有吸引力的当属石灰岩边缘的无边泳池以及附近的日光浴躺椅，两者都能看到绝佳的风景。

Mu

客栈 $$

（见148页地图; 0361-895 7442; www.mu-bali.com; 紧邻Jl Pantai Bingin; 平房 US$90起; ）16座极具个性的茅草屋顶平房分散在庭院周围，院子中间则是一直延伸至崖畔的巨大游泳池。所有的房间都有露天的生活区，有些房间带有空调和能饱览海景的热水浴缸。两座草屋内设有多间卧室。客栈内还有一间很棒的咖啡馆，以及一间瑜伽工作室。

Secret Garden

客栈 $$

（见148页地图; 0816 474 7255; 房间750,000Rp起; ）品位不凡，氛围休闲。这家客栈有开放式的竹屋，配有沙发床，设计风格让其与周围的自然环境融为一体。这家客栈由一位对当地海浪了如指掌的日本冲浪手兼摄影师经营。客栈就在小山顶上，靠近下行至海滩的小道。

就餐

★ Cashew Tree

咖啡馆 $

（见148页地图; 0813 5321 8157; www.facebook.com/thecashewtreebingin; Jl Pantai Bingin; 简餐 55,000Rp起; 8:00~22:00; ）滨金最佳休闲地。冲浪者和海滩爱好者聚集

于这个大花园内，享用美味的素食简餐，有玉米煎饼、沙拉、三明治和奶昔。这里也是喝一杯的好地方。周四晚上尤其热闹，乐队的现场演出吸引海岸地带的无数民众到此观看。

购物

Drifter 时装和饰品

（见148页地图；☎0817 557 111；http://driftersurf.com；Jl Labuan Sait；⏰7:30~21:00；📶）位于前往滨金的路口，这家水明漾冲浪商店在此设立的分店同时也是一间小咖啡馆（主菜55,000Rp）兼画廊。Drifter的所有冲浪物品都在这里出售，你还可以找张桌子坐下来享用布科半岛上最可口的咖啡，以及一系列小吃、健康的早餐和午餐，还有让人垂涎欲滴的蛋糕。

到达和离开

从库塔搭乘计程出租车前往需要约250,000Rp，车程至少1小时，具体取决于交通状况。在靠近停车场的丁字路口，有一个年长的当地居民会对每辆摩托车/小汽车收取3000Rp/5000Rp的费用，算是通往海滩小道的"买路钱"吧。

帕当帕当（Padang Padang）

☎0361

帕当帕当海滩和"不可思议"海滩（Impossibles Beach）是如梦似幻的热带冲浪场所。高耸的悬崖峭壁让这里与世隔绝，这里的气质与库塔或水明漾截然不同。如今这里弥漫着很酷的氛围，有洋气新潮的咖啡馆、与众不同的住宿地和标新立异的冲浪商店。

帕当帕当海滩位于Jl Labuan Sait附近，交通非常方便；"不可思议"海滩就在东边，但却相对封闭一些，岩石和潮水可能成为你从帕当帕当海滩前往"不可思议"海滩的障碍。

海滩

这里有两片海滩，都非常受冲浪老手青睐。

沿Jl Pantai Bingin西行约100米，在Jl Melasti上，你会看到一条通往海边的转弯路。顺着这条平整的道路前行700米，就到达**"不可思议"海滩**（在一面墙上可以看到一块字迹潦草的标牌上写着Impossibles Beach）。沿着坎坷的小道继续前行，你很快就能体会到人们为什么给这片海滩取这个名字了。经过艰难跋涉，你会得到这样的美景作为回报：一片空荡荡的海湾，在大岩石间是一片片乳白色的平整沙滩。对冲浪者而言，这里有充满挑战的岩礁外海浪，每日有三次错峰。如果条件合适，快速左手管形浪会让冲浪者们如痴似狂。

帕当帕当海滩（简称"Padang"）地方不大，但近于完美，是一个靠近乌鲁瓦图主路的可爱小海湾，一条小河从这里流入大海。经验丰富的冲浪者蜂拥而至，挑战这里的管形浪。这是一道超浅左手岩礁浪，只有中潮到高潮时超过1.8米的高度才会让冲浪者大呼过瘾。在周六和满月那天的晚上，海滩上会举行派对，海鲜烧烤和音乐之声持续到天明。

帕当帕当停车很方便，但是每辆摩托车/小汽车的停车费高达2000/5000Rp。走上一小段路，经过一座神庙，然后沿着一条铺设平整的小道就可以下到海边，这条小道上会有猴子找你要香蕉。每辆摩托车/小汽车进入沙滩还要交5000/10,000Rp。靠近沙滩的地方有许多树荫和一些简易小吃摊。电影《美食、祈祷、恋爱》（*Eat Pray Love*）中的海滩酒吧场景就是在这里拍摄的。

如果你喜欢冒险，可以独自享受小河西边偏僻的白色沙滩。向当地人打听如何去那里，或者沿着主路附近Thomas Homestay的险峻台阶路前往。

住宿

如果想真正靠近海浪，可以考虑入住悬崖边的某个客栈，通过悬崖下面一段陡峭的台阶路即可到达。从Jl Labuan Sait大街上的Om Burger店西边拐入一条弯曲的小巷，前行200米，尽头就是小路的起点。

★ **Rock' n Reef** 精品酒店 $$

（见148页地图；☎0813 5336 3507；www.rock-n-reef.com；Impossibles Beach；房间 含早餐US$105~125；❄📶）7间独具个性的平房散落于"不可思议"海滩的岩石之间，全都享有直面前方海洋的绝佳风景。每间平房都有淳朴而富有艺术感的设计，采用了如灰泥和浮木等天然建材。此外这里还有独立阳台和阳光充足

的露台。一间全天营业的咖啡馆供应简单的印尼菜肴。在冲浪旺季，住在这里绝对会让你大饱眼福。

PinkCoco Bali 酒店 $$

（见148页地图；☎0361-895 7371；http://pnkhotels.com；Jl Labuan Sait；房间 US$75~135；❄📶🏊）在这家充满浪漫气息的酒店里的众多泳池中，有一个是用粉红色瓷砖铺砌成的。25间客房带有露台和阳台，颇具艺术格调。这里充满了多种墨西哥元素，白色的墙壁漆上了醒目的热带色彩。这里接待冲浪者，你可以在此租赁自行车。

就餐

★ Bukit Cafe 澳大利亚菜 $

（见148页地图；☎0822 3620 8392；www.bukitcafe.com；Jl Labuan Sait；主菜 40,000~75,000Rp；⏲7:00~22:00；🖉）想要品尝采用新鲜的本地食材制作的丰盛澳式早午餐，Bukit Cafe就是最佳去处。出色的菜肴包括素食煎饼、奶昔和牛油果泥，欢快的露天用餐环境极具吸引力。

Mango Tree Cafe 咖啡馆 $$

（见148页地图；☎0878 6246-6763；Jl Labuan Sait 17；主菜 60,000~120,000Rp；⏲7:00~23:00）这家双层咖啡馆有品种丰富的健康菜肴可供选择。三明治和美味的汉堡都采用了非常棒的小圆面包。沙拉、汤、早餐玉米煎饼以及其他菜都新鲜可口。还有可口的果汁和饮品。在芒果树下面找张餐桌用餐吧。老板Maria十分热情好客。

Buddha Soul 咖啡馆 $$

（见148页地图；☎0821-1214 0470；www.facebook.com/buddhasoul；Jl Labuan Sait 99X；主菜 50,000~150,000Rp；⏲7:30~22:00；📶🖉）这家休闲风格的路边咖啡馆有一个户外露台，你可以在此享用健康有机的简餐，例如烤鱿鱼、鸡肉沙拉和小扁豆汉堡等。

Om Burger 汉堡 $$

（见148页地图；☎0819 9905 5232；Jl Labuan Sait；主菜 55,000Rp起，汉堡 75,000Rp起；⏲7:00~22:00；📶）这家小店的口号是“超级营养汉堡”，二层可以欣赏不错的风景。汉堡很不错，而且个头超大。沙加汉堡（配和牛牛肉）是这里的招牌，但是印尼炒饭素食汉堡则是独一无二的。菜单上有许多注重营养的菜肴：烤红薯条、富含维生素的果汁等。

人气很旺，晚上需要等位。

购物

White Monkey Surf Shop 体育用品和户外用品

（见148页地图；☎0853 3816 7729；www.instagram.com/whitemonkey_surfshop；Jl Labuan Sait 63；冲浪板租赁 250,000Rp；⏲10:00~21:00）一个非常棒的小型冲浪商店，销售和出租冲浪板以及其他装具。

到达和离开

从库塔乘坐计程出租车前往约需200,000Rp，至少要1个小时，具体取决于交通状况。

乌鲁瓦图（Ulu Watu）

☎0361

乌鲁瓦图现在几乎成了布科半岛西南端的代名词，它包括那座广受崇拜的寺庙和充满传奇色彩的同名冲浪点。

在寺庙以北约2公里处，有一座引人注目的悬崖，这里有一条台阶步道通往水边和苏鲁班海滩（Suluban Beach）。各种各样的咖啡馆和冲浪商店多到让你担心它们会把彼此挤到下面的海里去。不过这里的风景真的无懈可击，让人大开眼界。

景点和活动

乌鲁瓦图有许多销售和出租冲浪板的商店（每小时 100,000~150,000Rp），并且提供凹痕修补的材料和服务。

★ 乌鲁瓦图寺 印度教寺庙

（Pura Luhur Ulu Watu；见148页地图；紧邻Jl Ulu Watu；成人/儿童 30,000/20,000Rp，停车2000Rp；⏲7:00~19:00）这座重要的寺庙高高地盘踞在半岛西南部陡峭的崖顶，笔直的悬崖直插入澎湃的海涛中。你需要穿过特别的拱门才能进入，拱门两侧是印度教中的象神（Ganesha）雕像。寺庙里面，用珊瑚砖砌成的墙上布满了精雕细刻的巴厘岛神话动物。

小小的内殿建在高地上，只有印度教信徒方可入内。不过，从悬崖上遥望印度洋那永无休止的万丈波涛，同样会让人感觉到在经受灵魂的洗礼。薄暮时分，你可以从悬崖顶部向神庙的左侧（南方）步行，从而避开喧嚣的人群。

乌鲁瓦图寺是巴厘岛南部沿岸供奉海神的几座重要寺庙之一。11世纪，爪哇岛的大祭司恩浦（Empu Kuturan）首先在这里建立了寺庙。这座寺庙后来又被另一位爪哇岛大祭司尼拉塔（Nirartha）继续扩建。尼拉塔也是海神庙、蓝布斯威寺（Rambut Siwi）和沙肯南寺（Pura Sakenan）的修建者。在他生命最后的日子里，尼拉塔来到乌鲁瓦图寺，并在此获得了涅槃（moksa，即从尘世解脱）。

日落时分，寺庙院子里还会举行大受欢迎的克差舞（Kecak dance）表演。

苏鲁班海滩

海滩

（Suluban Beach；见148页地图；Ulu Watu）在其他人乘船前往乌鲁瓦图各冲浪点时，你可以随意逛逛这片沙滩上极具梦幻气质的地方：海滩附近有许多石灰岩悬崖和洞窟。在沿着陡峭的悬崖路下山之前，先了解一下潮水情况。

住宿

乌鲁瓦图主要冲浪点上方的峭壁上有各种住宿选择。由于大部分人都是冲着这里的风景而来，因此房间质量良莠不齐也就可以接受了。

Delpi Uluwatu Beach Rooms

客栈 $

（见148页地图；balibrook@juno.com；Ulu Watu；房间 US$45）6间陈设简单的崖畔房间，日夜可以听到海浪拍岸的声音。这家客栈位于岩石之间，周边有许多不同的酒吧。如果想要24小时观看冲浪浪头，这里绝对是不二之选。非冲浪季节闭店歇业。如果入住时间较长，可以砍砍价。

★Uluwatu Cottages

平房 $$

（见148页地图；☎0857 9268 1715；www.uluwatucottage.com；紧邻Jl Labuan Sait；房间US$79起；❄📶🏊）14间平房点缀在悬崖上，就在乌鲁瓦图的几间咖啡馆以东400米处（距离Jl Labuan Sait仅200米）。房间非常舒适，有独立的露台，风景震撼人心。泳池很大，很容易就能在这里打发掉一整天的时间。

巴厘岛最大的海浪

乌鲁瓦图有巴厘岛最大和最强劲的海浪。这里既能成就美梦，也会带来噩梦，绝对不是入门者能征服的地方！自20世纪70年代初出现在传奇冲浪短片《地球之晨》（*Morning of the Earth*）中以来，乌鲁瓦图就吸引了世界各地的冲浪高手来尝试这里源源不断的左手浪。

乌鲁瓦图湾（Teluk Ulu Watu）是冲浪者的理想大本营——当地人可以为你提供冲浪板打蜡以及各种餐饮服务。你需要抱着冲浪板走下台阶路，穿过一个山洞，才能来到海岸边。这里共有7种不同类型的海浪，海况也在不断变化。

Gong Accommodation

客栈 $$

（见148页地图；☎0361-769976；Jl Pantai Suluban；房间 450,000~550,000Rp起；📶🏊）20间整洁的客房通风良好并供应热水，客房环绕的小庭院中有一个可爱的泳池，2楼部分房间可以远眺海景，并配有电视和空调。这里位于悬崖餐饮区以南约1公里处；主人一家十分热情好客。新近的装修也让房费有所上升。

Mamo Hotel

酒店 $$

（见148页地图；☎0361-769882；www.mamohoteluluwatu.com；Jl Labuan Sait；房间 含早餐 700,000~800,000Rp；❄📶🏊）就在前往乌鲁瓦图冲浪点上方区域的入口处，这家现代风格的酒店有30间房间，是不错的主流选择。三层主楼环绕着一个泳池，街对面还有一间装修简约、风格清新的咖啡馆。

饮品和夜生活

★Single Fin

酒吧

（见148页地图；☎0361-769941；www.singlefinbali.com；Jl Mamo；⊙周一至周六 8:00~21:00，周日 8:00至次日1:00；📶）在这家三层的咖啡馆，你可以居高临下地观赏印度洋源源不断的海浪，以及风口浪尖的那些弄潮儿。这里的饮品价格不便宜（但品质并不算物有所值），但是食物（主菜 65,000~165,000Rp）非常美味，夕阳西下的场景无懈可击，周日夜晚的派对

在半岛上无可匹敌。

附设的鱼生沙拉拌饭餐馆Coco & Poke也是由同一位老板经营的。拌饭75,000Rp起，供应时间为周一至周六11:00~19:00，以及周日11:00~21:00。这里专门为素食者准备了豆腐拌饭。

★ **Omnia** 俱乐部

（见148页地图；☎0361-848 2150；https://omniaclubs.com/bali；Jl Belimbing Sari；入场费根据日期和活动而变动，浏览网站了解详情；⏲11:00~22:30）位于布科半岛南边海岸上。巴厘岛最受欢迎的全新俱乐部是钟情于浩室和嘻哈节奏的日光浴爱好者的乐园。现代风格的Cube酒吧庞大的建筑本身就是一个引人注目的焦点，然而，从露台上的玻璃围栏望出去，你还会看到陡峭的悬崖、繁茂的海滨森林以及梦幻的蓝天碧海。

这里还有一个令人印象深刻的无边泳池，与印度洋浑然一体，池边有舒适的沙滩休闲椅。鸡尾酒极具创意，食材及烹饪方式更是让人眼花缭乱。这个乐园只允许成人入内（21岁以上）。建议预订。

Warung Delpi 咖啡馆

（见148页地图；☎0819 9998 2724；⏲7:00~21:00）这家轻松惬意的咖啡吧位于悬崖上，远离其他咖啡馆，坐拥无可比拟的风景。其中一座巨大的蘑菇状水泥建筑高踞于俯瞰浪头的峭壁上。食物非常简单（主菜 55,000~85,000Rp）；最受欢迎的菜肴是辣焖牛肉（beef rendang），采用当地香料慢烹而成。

☆ 娱乐

★ **克差舞** 舞蹈

（Kecak Dance；见148页地图；紧邻Jl Ulu Watu；门票 100,000Rp；⏲日落）尽管舞蹈表演很明显是专门为游客而准备的，但在乌鲁瓦图寺内，庭院树荫下小小的圆形露天剧场布景华丽，使其成为这个岛上给人留下较深印象的体验之一。这里的海景与舞蹈一样令人心潮澎湃。在旺季这里非常受欢迎，游客数量众多。

ⓘ 可恶的猴子

乌鲁瓦图寺是许多灰毛猴子的家园。这群贪吃的小家伙，在没有忙着谈情说爱的时候，就会抢走你的太阳镜、手提包、遮阳帽或者任何能够抓到的东西，务必要小心。当然，如果你想观看一场争斗，就朝它们扔一根香蕉吧……

ⓘ 到达和离开

游览乌鲁瓦图地区的最佳方式就是自驾。注意，警察经常在Pecatu Indah附近设置检查点，专门检查骑摩托车的外籍人士。小心警察找碴罚款，比如头盔帽带“松弛”。

如果你从东面沿Jl Labuan Sait前往乌鲁瓦图悬崖餐饮区，那么首先会遇到通往悬崖附近停车场的道路。继续前行经过一座桥，会看到一条分岔路前往另一个停车场，从这里往北步行200米就到了悬崖边的餐饮区。

从库塔乘坐出租车到这里至少要花200,000Rp，需要一个多小时才能到达。

乌干沙（Ungasan）

☎0361/人口 14,221

如果说乌鲁瓦图是冲浪者的天堂，那么乌干沙就是犒赏自己的乐土。从这座乏善可陈的村庄附近的交叉路口出发，有许多道路通往南部海岸，那里拥有巴厘岛最奢华的海滨度假村。放眼望去就是漫无边际的印度洋，蓝绿色的海水在远处波涛起伏，你会认为自己已经来到了世界的尽头，而且景色怡人。

扇形的崖壁包裹着众多白色砂砾的湾头滩。其中一些如今被高端度假村占据，其他湾头滩则需要通过危险的峭壁台阶前往探索。

👁 景点和活动

Green Bowl海滩 海滩

（Green Bowl Beach；见148页地图；Jl Pura Batu Pageh；停车费 5000Rp）布科半岛上朝南的湾头滩之一。沿着Pura Batu Pageh神庙和经营乏术的Bali Cliff Resort附近风景如画的崎岖小路，向下步行300级水泥台阶即可到达。这片沙滩平日人烟稀少，但周末却是人声鼎沸（包括一些长期经营的小贩）。海滩上还有洞窟、蝙蝠和猴子。海水呈现出深宝石绿色。

Pura Mas Suka 印度教寺庙 $$

（见148页地图）前往这座小寺庙（岛上7

潘达瓦海滩（PANDAWA BEACH）

在偏远的布科半岛南部海岸线上的一座废弃的采石场，这里已经变成一处印度教神殿，有迷人的海岸风景。给警卫们一大笔门票费，你就可以沿着一条在石灰岩崖壁上开凿的小路下到海边。石龛上雕刻的印度教神灵的大型石像可谓栩栩如生。在下方，你会发现一片被称为潘达瓦海滩的长沙滩，周一至周五这里空空荡荡，只有养殖海藻的村民会来。但是到了周末，这里就会变成巴厘人的一日游胜地。

一些排档提供饮食，并有日光浴浴床出租。珊瑚礁保护的水域适合游泳。注意在乌干沙和杜阿岛之间的主干道Jl Dharmawangsa上寻找潘达瓦海滩的标牌，这里距离村子2公里。可以将车停在沙滩边。

座海神庙之一），需要沿着一条狭窄的崎岖小路前行，穿越光秃秃的红色岩石区，然后景色突变，就到了环绕寺庙的度假村Karma Kandara（见本页）。海神庙Pura Mas Suka是巴厘岛海滨寺庙的一个杰出代表，但是这座庙常常不开放，所以是否要踏上通往寺庙的崎岖小道，你要考虑清楚。

Sundays Beach Club 海滩俱乐部 $$

（见148页地图；☎0811 942 1110；www.sundaysbeachclub.com；Jl Pantai Selatan Gau；单日通票 成人/儿童 450,000/200,000Rp；⏲9:00~22:00）位于悬崖脚下的一片细腻白沙滩上，这家私人俱乐部提供一整天的超值活动和娱乐。门票含250,000Rp的餐饮消费额度（儿童为150,000Rp），很容易就花光了。周末下午会有DJ、日落篝火。最重要的是，这里有一座升降梯可以方便地上下悬崖。

住宿

★Alila Villas Uluwatu 度假村 $$$

（见148页地图；☎0361-848 2166；www.alilahotels.com/uluwatu；Jl Belimbing Sari；房间含早餐 US$800起；❄@📶🏊）这个大型度假村极富视觉冲击力。现代化风格的酒店设计巧妙，采光和通风条件都不错，同时还给人一种华丽的感觉。这里共有85间客房，工作人员会为你提供优质的服务。这是个美不胜收的地方，蓝色的海水与周边绿色的稻田（酒店负责种植）互相映衬。这里距离Jl Ulu Watu有2公里。

Karma Kandara 度假村 $$$

（见148页地图；☎0361-848 2200；www.karmaresorts.com；Jl Villa Kandara Banjar；别墅US$450起；❄@📶🏊）这座美丽的度假村坐落在一个伸入大海的山坡上。石头铺成的一条条小路将高墙环绕的别墅相连，别墅有色彩艳丽的大门，外面攀附着九重葛，营造出一种热带山间小镇的感觉。一座小桥将餐馆Di Mare（餐 US$15~30）与分成两部分的建筑群相连。这里有一部电梯通向下方的海滩。

到达和离开

你需要自备交通工具。从水明漾搭乘出租车的费用很容易就会达到200,000Rp，用时也会超过1小时。

杜阿岛（Nusa Dua）

☎0361

杜阿岛的字面意思就是"两座岛"——但实际上那不过是两个隆起的滩头而已，每个滩头上都建有一座小小的寺庙。不过，使杜阿岛在巴厘岛上更为出名的是它那些守卫森严的度假酒店。当你穿过那些保安人员，进入一片无比开阔、精心布置的土地，立刻就会将巴厘岛上其他地方的喧嚣抛诸脑后。

自从20世纪70年代开始兴建以来，杜阿岛就旨在与世界各地的国际海滩度假胜地一争高下。巴厘岛上的"文化"，比如经过改良的文化表演，被真正意义上地"搬"到这里，每晚为观众表演，从而使这里比普通海滩度假村更具魅力。

当超过20家大型度假村和成千上万的客房全都爆满的时候，杜阿岛确实足以和其他国际海滩度假胜地一拼高下，不过到了旅游淡季，这里可就有点儿荒凉了。

景点

★太平洋博物馆 博物馆

（Pasifika Museum；见156页地图；☎0361-

Nusa Dua 杜阿岛

774935; www.museum-pasifika.com; Bali Collection Shopping Centre, Block P; 门票100,000Rp; ⏲10:00~18:00）当没有附近度假村中的旅行团到此一游时，你会发现这座宏大的博物馆只属于你一个人。太平洋地区各地好几个世纪的文化都在这里展示，其中包括600多幅绘画（不要错过波利尼西亚人始祖提基的雕像）。20世纪早期欧洲艺术家在巴厘岛产生的巨大影响在此也可见一斑。在这里可以看到艺术家阿里·斯米特（Arie Smit）、勒·迈耶（Adrien Jean Le Mayeur de Merpres）以及泰奥·迈尔（Theo Meier）的大作。此外也陈列有马蒂斯（Matisse）和高更（Gauguin）的作品。

Pura Gegar

印度教寺庙

（见本页地图；道路收费 2500Rp）Gegar海滩的南面有一座悬崖，那里有一家不错的餐馆，还有一条向上通往Pura Gegar神庙的小道。这是一座在久经风霜的古树掩映下的小神庙。寺庙周边的视野好极了，另外你还可以看到在悬崖南边众多平静的浅水湾中嬉戏玩耍的人们。在杜阿岛海滩步行街有一条赏心悦目的小路通往悬崖上方的寺庙。此外这里还有一座宽敞、阴凉的停车场。

Pura Bias Tugal

印度教寺庙

（见本页地图；Jl Pantai Mengiat）美丽的巴厘岛海边神庙。

活动

杜阿岛的海滩干净而平整，离岸珊瑚礁挡住了浪涛，因此几乎没有浪花。

所有的度假酒店都开设了价格不菲的水疗院，提供种类广泛的治疗和理疗服务，或仅仅是简单的放松。威斯汀和瑞吉等酒店有超

Nusa Dua 杜阿岛

一流的水疗院。所有水疗按摩都对非住客开放。按摩US$100起。

★海滨步行街 步行

（Beach Promenade；见156页地图）杜阿岛上最优美的景致就是长达5公里的海滨步行街，它穿过了整个度假村，南起Pura Gegar，向北延伸到伯诺阿海岬（Tanjung Benoa）的大部分海滩区域。

杜阿岛（Nusa Dua） 冲浪

每逢雨季，杜阿岛近岸的岩礁都会迎来持续不断的浪涛。最主要的浪头位于杜阿岛南边近岸1公里处——就在Gegar海滩附近（你可以花200,000Rp雇一艘小船前往）。这里有左手浪和右手浪，低潮至中潮时形成的小浪非常适合冲浪。

Gegar海滩 海滩

（Gegar Beach；见156页地图；紧邻Jl Nusa Dua Selatan；3000Rp；）曾经如珍宝般的Gegar海滩，如今因为被有700间客房的Mulia度假村所占据，的确缩到了如一块珍宝那样大小。公共区域有一些咖啡馆、沙滩椅出租店和水上活动场地（皮划艇或立式桨板租金每小时100,000Rp）；周末这里会水泄不通。前往礁石外杜阿岛冲浪点的小船费用为200,000Rp。

你还可以在度假村前面整洁的公共沙滩上游玩。

巴厘岛国家高尔夫度假村 高尔夫

（Bali National Golf Resort；见156页地图；☎0361-771791；www.balinational.com；Kawasan Wisata；场地费 900,000Rp起；⏲6:00~19:00）这里的18洞球场穿过杜阿岛上许多地方，还有一栋宏大的俱乐部楼。打球的场地长度超过6500米。

住宿

杜阿岛的度假酒店从以下几个方面来看基本上大同小异：酒店都规模巨大（有些简直就是巨无霸），都属于非常著名的国际酒店巨头旗下，许多都在平静的沙滩上。

大型国际品牌酒店，比如威斯汀（Westin）和凯悦（Hyatt），已经进行大规模投资，增加了大量设施（如精心设计的游泳池以及儿童日间游乐场等）。其他酒店看起来自从修建至今几乎没有变化，就和20世纪70年代苏哈托全盛时期的状况一样。

★巴厘杜阿岛索菲特海滩度假酒店 度假村 $$$

（Sofitel Bali Nusa Dua Beach Resort；见160页地图；☎0361-849 2888；www.sofitelbalinusadua.com；Jl Nusa Dua；房间 US$200起；）度假酒店区的其中一家大型酒店，415间房间分布在巨大的泳池边，从一些房间的露台可以直接进入泳池。客房楼极大，许多房间都可以看到海景。索菲特的豪华星期日早午餐（11:00~15:00）在巴厘岛名列前茅，价格400,000Rp起。

巴厘岛君悦酒店 度假村 $$$

（Grand Hyatt Bali；见156页地图；☎0361-771234；www.hyatt.com/en-US/hotel/indonesia/grand-hyatt-bali/balgh；房间 US$200起；）看起来像是一座小城市，拥有636间客房的君悦酒店所处的位置要强于其他酒店。在4个村子中，西村（West Village）的

部分房间正对着出租车停车场，东村（East Village）和南村（South Village）位置最佳。如同河流的那一个泳池（6个泳池之一）非常宽敞，而且还有趣味盎然的滑水道。儿童俱乐部会让孩子们过得非常充实。

巴厘岛瑞吉度假酒店 度假村 $$$

（St Regis Bali Resort；见156页地图；☎0361-8478111；www.stregisbali.com；Kawasan Pariwisata；套 US$480起；❄@🛜🏊）这座杜阿岛奢华的度假村远离海滩上大多数其他度假村。所有你能想象的奢侈豪华，从电子设备到家居用品，从大理石装修到私人管家，这里一应俱全。到处是泳池，123间房间非常宽敞。如果要以颇具格调的方式休闲放松，不妨要一间带海景的泳池套房。

威斯汀度假酒店 度假村 $$$

（Westin Resort；见156页地图；☎0361-771906；www.westin.com/bali；Jl Kw Nusa Dua Resort；房间 US$200起；❄@🛜🏊）位于大型会议中心的附属建筑内，威斯汀酒店有一个带空调的大堂（非常罕见）和宽敞的公共空间。433间客房里的贵宾们可以享受杜阿岛最棒的泳池，带有瀑布和其他水景，共同组成了一个水上乐园。儿童俱乐部有丰富多彩的活动和设施。酒店内有一座商场，并且与**巴厘岛国际会议中心**（Bali International Convention Centre；见156页地图；☎0361-771906；www.baliconvention.com）相连。

✕ 就餐

在巨大的度假村中，有数十家与度假村消费水平相一致的餐厅。对于非酒店住客而言，到这里来的最好理由，就是你想在此享用一顿丰盛的周日早午餐，例如在索菲特。

Jl Srikandi和Jl Pantai Mengiat交会处有许多味道不错的小吃摊。在Jl Pantai Mengiat上，就在中央出入口（Central Gate）外，有一排露天食肆，这是在杜阿岛填饱肚子的好去处。这些摊档口味并不出众，但是大多数都会提供往返接送。

小吃摊 印度尼西亚菜 $

（Warungs；见156页地图；紧邻Jl Terompong；简餐 20,000Rp起；⏲8:00~22:00）在杜阿岛地区享用新鲜可口的本地菜肴的最佳去处。

Warung Dobiel 巴厘菜 $

（见156页地图；☎0361-771633；Jl Srikandi 9；套餐 40,000Rp起；⏲9:00~16:00）这家餐厅在杜阿岛平淡无奇的街道中显得格外地道。这是停下来品尝烤乳猪的好地方。猪肉汤会让你舌尖上的味蕾绽放，用各种香料烹制的菠萝蜜更是香味扑鼻。食客们随意就坐，可拼桌用餐；服务速度可能很慢，旅行团可能会霸占这个地方。小心专为“外国人”定的价格。

Hardy's 超市 $

（☎0361-774639；www.hardysretail.com；Jl Ngurah Rai Bypass；⏲8:00~22:00）这家当地连锁超市的大型分店位于主入口以西约1公里处。除了杂货，还能找到你需要的大部分商品，价格公道（而非度假村内的漫天要价）。

Nusa Dua Beach Grill 各国风味 $$

（见156页地图；☎0851 0043 4779；www.nusaduabeachgrill.com；Jl Pura Gegar；主菜 85,000Rp起；⏲8:00~22:30）非常适合一日游游客，这个色调温暖的咖啡屋就在Gegar海滩南面，藏身于Mulia度假村后面。酒水单很长，海鲜很新鲜，休闲的海滩氛围让人流连忘返。

购物

Bali Collection 商场

（见156页地图；☎0361-771662；www.bali-collection.com；紧邻Jl Nusa Du；⏲10:00~22:00）整个商场经常是门可罗雀，只有装有空调的SOGO百货商场里有几十位营业员，但商场依然守卫森严。星巴克和巴厘岛本土品牌Animale等连锁店，与乏味的纪念品商店交织在一起。

ℹ 实用信息

现金

Bali Collection购物中心、一些酒店大堂以及Jl Ngurah Rai Bypass上巨大的Hardy's百货商店都能找到自动取款机。

ℹ 到达和离开

巴厘岛Mandara收费公路（摩托车/小汽车 4000/11,000Rp）极大地缩短了杜阿岛和机场以及

萨努尔之间的交通用时。

公共汽车

Kura-Kura旅游巴士（见420页）有2条线路往返于杜阿岛和库塔总站之间。巴士每2小时一班，票价为50,000Rp。

巴厘岛的Trans-Sarbagita（见419页）公交公司设有经过杜阿岛的公交线路。这条线路沿着Jl Ngurah Rai Bypass，经过萨努尔前往巴杜布兰。

穿梭巴士

在叫出租车之前，不妨先查查你所在酒店提供的穿梭巴士时刻表。从Bali Collection购物中心出发的免费**穿梭巴士**（☎0361-771 662；www.bali-collection.com/shuttle-bus；⏲9:00~22:00）连接杜阿岛和伯诺阿海岬的所有度假酒店，大约每小时1班。但是，更好的办法是沿着令人心旷神怡的海滨步行街步行至目的地。

出租车

从机场乘坐出租车行业协会的车到这里的费用是150,000Rp，从这里搭乘计程出租车前往机场的费用则少得多。往返水明漾的出租车平均价格为150,000Rp，耗时需要45分钟，但是拥堵的交通可能使你在路上要多花一倍的时间。

伯诺阿海岬（Tanjung Benoa）

☎0361

伯诺阿海岬所在的半岛从杜阿岛向北延伸大约4公里至伯诺阿村（Benoa village）。这里地势平坦，挤满了适合全家出游的度假酒店，绝大多数都是中档水平。白天的时候，大量水上运动器械的马达轰鸣声回荡在海面上。旅行团搭乘着一辆辆大巴来到这里，进行一整天的精彩水上活动，比如乘香蕉船或其他刺激的项目等。

总体来说，伯诺阿海岬是个相当安静的地方，虽然巴厘岛Mandara收费公路使库塔和水明漾的夜场人群部分分流至此。

景点

伯诺阿村是个让人流连忘返的小渔村，非常适合随意漫步。可以沿着半岛顶端处的狭窄小巷悠闲地散步，体验多元文化的盛宴。Jl Segara Lor上有一座色彩明艳的**中式佛寺**、一座圆顶**清真寺**和一座带有精雕细刻的三重大门的**印度教神庙**，彼此相距不到100米。进入上述寺庙，门票全都免费。这里能看到港口航道的繁忙景象。在不为人知的地方，非法海龟贸易在伯诺阿的背街小巷不断上演，不过警方的突击行动使这种违法行径有所收敛。

活动和课程

★ Bumbu Bali Cooking School 烹饪课程

（见160页地图；☎0361-774502；www.balifoods.com；Jl Pratama；课程 含/不含参观市场US$95/85；⏲周一、周三和周五 6:00~15:00）在同名餐厅里开办的这家非常受欢迎的烹饪学校，旨在让学员们掌握巴厘岛烹饪的精髓。课程从早上6点带学生去金巴兰鱼市和早市采购原材料开始，然后在大厨房中教授课程，最后以享用午餐收尾。

★ Jari Menari 水疗

（见160页地图；☎0361-778084；www.jarimenarinusadua.com；Jl Pratama；按摩 435,000Rp起；⏲9:00~22:00）这家水明漾名店的分店，由专业的男性员工提供与总店同样优质的按摩。打电话给店家可免费接送。

伯诺阿海洋娱乐区 水上运动

（Benoa Marine Recreation；见160页地图；☎0361-772438；www.bmrbali.com；Jl Pratama；⏲8:00~16:00）这是伯诺阿海岬众多水上运动场地中最大的一座。通过一片名为Whacko Beach Club的餐饮区，你能够一眼就了解到这里的游客人数情况。

住宿

伯诺阿海岬东岸以低调的中档度假村为主，主要面向旅行团。这些住宿地能提供儿童娱乐项目，非常适合家庭入住。有很多回头客，当这些度假者重新回到曾经住过的度假村时，迎接他们的会是温馨的欢迎横幅，比如上面写着"欢迎回家！"。此外，这里还有几家普通的客栈。

Pondok Hasan Inn 客栈 $

（见160页地图；☎0361-772456；hasanhomestay@yahoo.com；Jl Pratama；房间 含早餐250,000Rp起；❄📶）这个由家庭经营的温馨

Tanjung Benoa 伯诺阿海岬

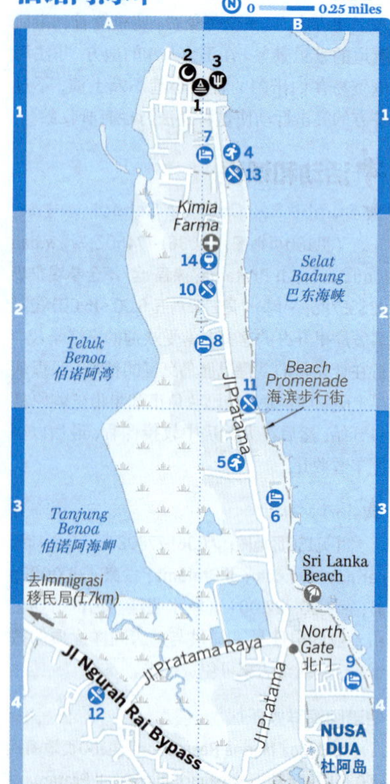

Tanjung Benoa 伯诺阿海岬

景点

1 Caow Eng Bio A1
2 清真寺 A1
3 Pura Dalem Ning Lan Taman Beji B1

活动、课程和团队游

4 伯诺阿海洋娱乐区 B1
Bumbu Bali Cooking School ....（见11）
5 Jari Menari B3

住宿

6 Conrad Bali....................B3
7 Pondok Hasan Inn B1
8 Rumah Bali B2
9 巴厘杜阿岛索菲特海滩度假酒店.........B4

就餐

10 Bali Cardamon....................B2
11 Bumbu Bali 1 ....B2
12 Hardy's A4
13 Tao....................B1

饮品和夜生活

14 Atlichnaya Bar B2

客栈远离主干道，有11间整洁且供应热水的房间，房费含早餐。公用户外走廊上的瓷砖闪闪发光。这里还有一个小花园。

Rumah Bali
客栈 $$

（见本页地图；☎0361-771256；www.bedandbreakfastbali.com；紧邻Jl Pratama；房间含早餐 US$90起，别墅 US$250起；❄@📶🏊）和烹饪书籍作者海因茨·冯·霍尔曾（Heinz von Holzen）那个大名鼎鼎的巴厘岛乡村餐厅Bumbu Bali相比，这家酒店就是其豪华奢侈的升级版。旅行者可以入住巨大的家庭套间，或是拥有专用跳水泳池和厨房的独立别墅（有些有3间卧室）。这里有巨大的公共泳池，还有一个网球场。步行可到海滩。

Conrad Bali
度假村 $$$

（见本页地图；☎0361-778788；www.conradbali.com；Jl Pratama 168；房间 含早餐 US$200；❄@📶🏊）伯诺阿海岬的顶级住宿选择，占地广袤的Conrad将现代巴厘岛外观和清新休闲的风格相融合。353间房间十分宽敞，而且设计巧妙。其中一些客房带有小阳台，台阶可以直接通往33米的泳池。别墅带有自己的潟湖，还有一个很大的儿童俱乐部。

餐饮

★ Bumbu Bali 1
巴厘菜 $$

（见本页地图；☎0361-774502；www.balifoods.com；Jl Pratama；主菜 100,000Rp起，套餐 325,000Rp起；⏰12:00~21:00）常年居住在此的烹饪书籍作家海因茨·冯·霍尔曾和妻子Puji，以及那些训练有素、热情洋溢的员工在这座超级棒的餐厅亲手制作各种精美可口的菜肴。许多食客会从丰富的套餐中进行选择。强烈推荐周一、周三和周五举办的烹饪培训班（US$85起；见159页）。

在Jl Pratama上北边500米处还有一家分店（2号店）。

Bali Cardamon 亚洲菜 $$

（见160页地图；☎0361-773745；Jl Pratama 97；主菜 55,000~120,000Rp；⊙10:00~22:00）菜肴的口味在Jl Pratamma一带的餐厅中首屈一指。这家雄心勃勃的餐厅有一个极具创意的厨房，广泛吸取了亚洲各地的烹饪风格。这里的精美菜品包括茴香五花肉等。可以选择在赤素馨花树下或是在餐厅里用餐。

Tao 亚洲菜 $$

（见160页地图；☎0361-772902；www.taobali.com；Jl Pratama 96；主菜 85,000~210,000Rp；⊙8:00~22:00；📶）在纯白色沙滩上，这里有一座流线型大泳池流淌于餐桌之间。食物是不拘一格的亚洲融合风味（还有俱乐部三明治等待人们品尝）。

Atlichnaya Bar 酒吧

（见160页地图；☎0813-3818 9675；www.atlichnaya.com；Jl Pratama 88；⊙8:00至深夜；📶）与其他冷清的酒店酒吧不同，这里的气氛欢悦愉快，提供品类众多的实惠混合饮品，甚至还有按摩（50,000Rp起）。此外还供应便宜可口的印尼菜和西方菜。

ℹ 实用信息

Kimia Farma（见160页地图；☎0361-916 6509；Jl Pratama 87；⊙8:00~22:00）可靠的连锁药店。

ℹ 到达和离开

从机场搭乘出租车过来需要200,000Rp。偶有小巴往返于Jl Pratama（5000Rp），不过15:00之后，往返的小巴就非常少了。

每小时都有从Bali Collection购物中心开往杜阿岛和伯诺阿海岬各度假酒店的免费**穿梭巴士**（☎0361-771662；www.bali-collection.com/shuttle-bus；⊙9:00~22:00）。你也可以不坐巴士，而是沿着海滨步行街，边漫步边欣赏风景。许多餐厅可提供杜阿岛和伯诺阿海岬酒店之间的接送。

努萨兰彭坎及周边岛屿（NUSA LEMBONGAN & ISLANDS）

从巴厘岛向东南方遥望，珀尼达岛隐隐约约地出现在视野中。但是对于很多旅行者来说，真正的焦点却是被这个巨大邻居的阴影所笼罩的努萨兰彭坎。这里有不同凡响的

水上运动

Jl Pratama可谓是水上运动中心，可以开展昼间潜水、巡航、帆伞和滑水等运动项目。每天早上，成群结队的大巴从巴厘岛南部的各个角落带来大批一日游旅行者。到了10:00，就有很多滑翔伞飘荡在海面上空。

这些活动中心都会有圆滑的推销员，在茅草屋顶的销售中心和咖啡馆内向你推销梦想中的香蕉船之旅，你听了一定会两眼放光。但是在签约之前，一定要检查设备和证件，此前曾发生过游客因意外而丧生的事故。

在那些制度完善的水上运动经营者当中，有一家是伯诺阿海洋娱乐区（Benoa Marine Recreation）。非常神奇的是，所有经营者都开出很接近的价格。注意，所谓的“官方”价格只是讨价还价的起步价。这里的活动包括（标价为平均价格）：

乘香蕉船 可乘坐2人，这是一段非常狂野的经历，因为你们必须在劈波斩浪时牢牢抓住充气水果船才行（每15分钟 US$25）。

乘玻璃底游船 不用下水就能看到浅海中的海洋居民（每小时 US$50）。

滑水 在水面飞驰，也许会被快艇的黑烟呛到（每15分钟 US$30）。

帆伞 非常引人注目，快艇将你像风筝一样放飞到水面上空（每15分钟 US$25）。

浮潜 价格包括装备和前往礁石的船费（每小时 US$40）。

在海滩上游玩的一个不错的方式是前往Tao餐厅。在这里，用一杯饮料的价格就能畅享具有度假村品质的沙滩椅和泳池。

冲浪点、令人眼界大开的潜水点、松软的沙滩，还有旅行者喜爱的悠闲氛围。

曾经默默无闻的珀尼达岛如今吸引了越来越多的游客，但它那激动人心的风景和尚未变化的村庄生活仍然值得你前去一探究竟。极小的金银岛（Nusa Ceningan）蜷缩在努萨兰彭坎和珀尼达岛中间，适合从努萨兰彭坎前去走马观花地游览一番。

多年来，这些岛屿都处在贫穷之中。土地贫瘠和缺少淡水妨碍了稻米种植，但是其他经济作物，比如玉米、木薯和各种豆类，却生长得十分旺盛。虽然主要的经济作物还是海藻，但旅游业也已成为另一大支柱产业。

努萨兰彭坎（Nusa Lembongan）

☎0366/人口7529

努萨兰彭坎曾经一度是简陋的冲浪者小屋的天下，如今则迎来了发展的良机。是的，你仍然能找到一间简单的房间，观赏冲浪点和绚烂的日落，但是如今你也可以入住一间精品酒店，享受一顿可口的大餐。

新获得的财富正在带来改变，例如：男孩们骑着摩托车去300米之外的学校上课，寺庙花大价钱进行整修，多层酒店拔地而起，岛上的时间根据旅游船的到达（如今依然缺乏各种类型的码头）来计算。但即使努萨兰彭坎正在变得日益热门，这里仍然努力保持着一种让人愉悦的氛围。你仍然可以听到公鸡打鸣和椰子落地的声音，但却也要做好陷入交通拥堵的准备。

海滩

Jungutbatu海滩 海滩

（Jungutbatu Beach；见163页地图）这儿的海滩非常美丽，可爱的弧形白沙滩边上是清澈碧蓝的海水。你还可以远眺巴厘岛上的阿贡火山（Gunung Agung）。海堤步道十分惬意，是散步的好去处，特别是日落时分——你可以想象得到。漂浮的小船让这里跳脱出俗套。曾经晾晒养殖海藻的浓郁气味已不复存在，因为所有可用的土地都被用来发展旅游业。

Pantai Tanjung Sanghyang 海滩

（Mushroom Bay；见163页地图）这个美丽小海湾的非正式名称是蘑菇湾（Mushroom Bay），取自近海的蘑菇珊瑚。这里有一片新月形亮白色沙滩。白天，海湾的宁静可能会被香蕉船或滑翔伞的喧嚣打破；其他时间，这里就是梦幻般的海滩。

从Jungutbatu到这里最有趣的方式，就是从主海滩南端开始沿着小路步行，沿海岸线步行1公里左右就到了。或者也可以从Jungutbatu海滩搭乘小船或摩托车过来。

Pantai Selegimpak 海滩

（见163页地图）轻柔的海浪拍打着这条狭长、笔直的海滩，给人以遥远僻静之感。不幸的是，有几处客栈将海堤建在了低潮线之下，但在高潮时则非常容易穿过。沿着海边小路，向东约200米，爬过小山，就能看见小海湾，那里有一小块沙滩和一个小吃摊，是非常惬意的游泳场。

梦幻海滩 海滩

（Dream Beach；见163页地图）沿着岛屿西南面的小路走下去，就能到达梦幻海滩，这里是一条150米长的新月形白沙滩，澎湃的海浪拍打着海岸，水色碧蓝。从右边看这里非常美丽，不过也会看到海滩末端建设的破坏风景的酒店。这里也是喧嚣的一日游游客热门目的地。

景点

岛上的主要定居点兰彭坎，与金银岛之间隔着满是海藻养殖场的海峡。清澈的海水和碧绿的小山构成了一幅绝美的图画。依托如此美丽的风景，一些咖啡馆拔地而起。镇上还有一个有趣的市场和一棵巨大的老榕树。

在岛上主要公路途经的镇北，你可以沿着一串长长的石阶路，到山上参观起源庙（Pura Puseh）。由于地处山顶，这里有着颇为壮观的景致。

继续向北，小村Jungutbatu本身非常惬意，虽然小巷里充满了摩托车的喧嚣和卡车的隆隆声。赛格拉寺（Pura Segara）及其巨大的神树下是经常举行各种庆典的地方。小镇的北端是金属打造的灯塔。沿着道路向东前行约1公里，就可以到达另一座神庙——沙肯南寺（Pura Sakenan）。

Nusa Lembongan 努萨兰彭坎

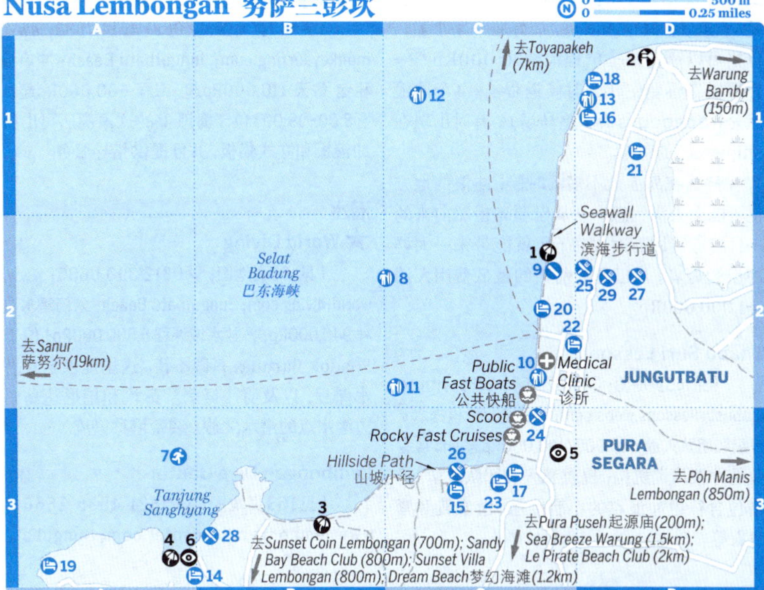

Nusa Lembongan 努萨兰彭坎

景点

1 Jungutbatu海滩 C2
2 灯塔 D1
3 Pantai Selegimpak B3
4 Pantai Tanjung Sanghyang A3
5 Pura Segara C3
6 神树 A3

活动、课程和团队游

7 Bounty Cruise A3
Bounty浮桥 （见7）
8 Lacerations C2
9 Lembongan Dive Center C2
10 Monkey Surfing C2
11 Playgrounds C2
12 Shipwrecks C1
13 Thabu Surf Lessons D1
World Diving （见20）

住宿

14 Alam Nusa Huts A3
15 Batu Karang C3
16 Indiana Kenanga D1
17 Lembongan Island Beach Villas C3
18 Pemedal Beach D1
19 Point Resort Lembongan A3
20 Pondok Baruna C2
21 Pondok Baruna Frangipani D1
22 Secret Garden Bungalows C2
23 Ware Ware Surf Bungalows C3

就餐

24 99 Meals House C3
25 Bali Eco Deli D2
26 Deck Cafe & Bar C3
27 Green Garden Warung D2
28 Hai Bar & Grill B3
29 Pondok Baruna Warung D2

活动

冲浪

在这里冲浪最好是选择旱季（4月至9月之间），那时候风从东南方向吹来。当然，这里不适合初学者，即便是对于冲浪高手来说，也是非常危险的。

这里有3处主要的冲浪点，都在暗礁处，只要看看名称，就知道是什么样的海浪了。从北向南，冲浪点依次是**Shipwrecks**（沉船）、**Lacerations**（伤口）和**Playgrounds**（运动场）。从住宿的地方，你可以直接划船到最近的一处（但是在低潮时，你可能需要走一段路，因此合适的鞋子就显得很重要）；如果去其他冲浪点，最好雇一条小船。价格可以商量——单程大约70,000Rp——你可以告诉船主什么时候返程。第4个冲浪点是**Racecourses**（跑马场），有时出现在Shipwreck的南面。

就算在岛上人不多的时候，冲浪的地方也可能会人满为患——从巴厘岛租船前来的一日游旅行团有时候一下子就能带来一大群冲浪爱好者。从巴厘岛前来的最低费用大约是1,000,000Rp。

Thabu Surf Lessons 冲浪

（见163页地图；☎0812 4620 2766；http://thabusurflessons.webs.com；成人/儿童 根据水平等级和团队人数 450,000/400,000Rp起）非常专业的冲浪培训机构，提供私人和团队教学，价格包含往返冲浪点的小船接送、潜水靴和紧身衣等。

Monkey Surfing 冲浪

（见163页地图；☎0821 4614 7683；www.monkeysurfing.com；Jungutbatu Beach；冲浪板租金 每天 110,000Rp起，课程 600,000Rp起；⊙8:00~19:00）位于海滩上的这家商店可出租冲浪板和立式桨板，并且提供指导服务。

潜水

★World Diving 潜水

（见163页地图；☎0812 390 0686；www.world-diving.com；Jungutbatu Beach；入门潜水课程 940,000Rp，开放水域课程 5,500,000Rp）位于Pondok Baruna，口碑不错。这里提供全套潜水课程，以及前往努萨兰彭坎和珀尼达岛周边潜水点的潜水之旅。装备堪称一流。

Lembongan Dive Center 潜水

（见163页地图；☎0821 4535 2666；www.lembongandivecenter.com；Jungubatu

岛屿潜水

这几个小岛周围有不少很棒的潜水点，从平静的浅海和受保护的珊瑚礁（主要在努萨兰彭坎和珀尼达岛的北侧），到珀尼达岛和其他两个小岛之间适宜进行漂流潜水的海峡。警惕的当地人已经采取了很多措施，保护他们的海域不受使用炸药捕鱼的渔船侵害，因此那些暗礁都还是原生态的。此外，旅游业带来的额外好处就是他们再也不用依赖捕鱼业了。2012年，这些岛屿划定了珀尼达岛海洋保护区，涵盖了周边2万公顷的水域。

如果你想安排从巴厘岛南部或八丹拜出发的潜水之旅，那么一定要找口碑最佳的潜水经营商，因为这里的海域状况非常诡异，当地人的丰富知识是必不可少的。注意：珀尼达岛附近的开放水域极具挑战性，哪怕你是久经阵仗的潜水高手也要小心。在这些岛屿附近的水域，每年都会发生潜水事故并导致人员身亡。

在努萨兰彭坎，可以选择我们推荐的潜水运营机构，以便让你从一开始就能更接近精彩的潜水活动。对潜水者形成巨大吸引力的是当地的多种大型海洋动物，包括海龟、鲨鱼和蝠鲼（海鳐）。在7月中旬至10月，就连较为罕见的翻车鱼（mola mola）有时也会出现在这些岛屿周围，它们体形巨大，鱼鳍展开能达3米，而蝠鲼则经常于7月至10月出现在珀尼达岛以南的水域。

最佳潜水点包括紧邻努萨兰彭坎的**蓝角**（Blue Corner）和**狗鱼角**（Jackfish Point），以及努萨兰彭坎一端的**金银岛海角**（Ceningan Point）。金银岛和珀尼达岛之间的海峡是举世闻名的漂流潜水点，但你必须找很好的潜水运营机构，他们能够敏锐地判断快速变化的海流以及其他水上状况。上升洋流将开放海域的冷水带到**金银岛海墙**（Ceningan Wall）等地方。这里是全世界几个最深的天然海峡之一，吸引了各式各样、大小不一的鱼儿“到此一游”。

靠近珀尼达岛的潜水点包括了**水晶湾**（Crystal Bay）、**SD**、**Pura Ped**、**海鳐角**（Manta Point）和**Batu Aba**。其中，水晶湾、SD和Pura Ped最适合初学者，在这里浮潜也不错。

Beach；单次潜水 550,000Rp起，开放水域课程 4,950,000Rp）有口皆碑的当地潜水中心。

浮潜

离Tanjung Sanghyang不远的Bounty浮桥（Bounty Pontoo）及岛屿北部海岸周围都有不错的浮潜点。租条小船每小时200,000Rp左右，视具体要求、远近和乘客数量而定。如果要去更具挑战性的珀尼达岛水域，每3小时的旅程收费300,000Rp起；前往附近的红树林的价格也是300,000Rp。浮潜装备可以租用，每天约50,000Rp。

在努萨兰彭坎和金银岛之间，金银岛海角西面长满红树林的海峡沿线是非常好的浮潜路线。

Bounty浮桥 浮潜

（Bounty Pontoon；见163页地图）在邻近Jungutbatu海滩的Bounty浮桥附近能找到非常好的浮潜地点。

游船

好几艘游船都提供从巴厘岛南部前往努萨兰彭坎的一日游。行程包括到巴厘岛南部的酒店接送、基本的水上运动、浮潜、乘坐香蕉船、海岛游以及自助午餐。值得注意的是，整个行程可能耗去整整一天。

Island Explorer Cruise 游船

（0361-728088；http://islandexplorecruises.com；成人/儿童 1,400,000/740,000Rp起）这家运营商的大型游船同时也是水上活动基地，提供畅享一日游活动。此外这里还有一艘帆船，也有用于中转的快船。游船从伯诺阿港出发。这家公司隶属Coconuts Beach Resort。

Bounty Cruise 游船

（见163页地图；0361-726666；www.baliboun tycruises.com；Jl Wahana Tirta 1，Denpasar；成人/儿童 US$119/59；7:00~23:00）游船停靠在明黄色的近海Bounty浮桥上，可以进行水滑道和其他娱乐活动。游船从伯诺阿港出发。

徒步和骑行

你可以用一整天时间步行环岛，如果想缩短时间，也可以骑车。这是一段迷人的旅程，可以探寻这座小岛令人惊讶的多样化景观。首先从Jungutbatu沿山坡小道开始，穿越沿途各个开发项目来到Tanjung Sanghyang；发扬一点"人猿泰山"连蹦带跳的精神，你可以沿着崎岖的小路一直前行（这一段路无法骑车：只有内陆的道路）。

接下来前往兰彭坎村，在那里，通过窄桥前往金银岛。或者从兰彭坎村出发，沿着通往山上的柏油路轻松上山，最后一路下山回到Jungutbatu，这样只需要约半天时间。

如果想依靠步行来探索岛屿，就一直沿着与努萨兰彭坎和金银岛之间的水道并行的公路前行。先向山上行进一段，然后转而向下，接着沿红树林前行，最后抵达灯塔。

很容易就能租到自行车，租金约为每天40,000Rp。

住宿

沿着海岸向西南前往蘑菇湾，客房和各种设施都变得越来越漂亮。

Jungutbatu

Jungutbatu的大部分住宿地点已不再是原先那些冲浪者棚屋的模样了，正在变得越来越高档。不过你仍然可以找到仅提供冷水和风扇的内陆的便宜住处。

★ Pondok Baruna 客栈 $

（见163页地图；0812 394 0992；www.pondokbaruna.com；Jungutbatu Beach；房间400,000Rp；）这家客栈和当地潜水运营机构World Diving是同一个老板。这里有带面向大海露台的温馨房间。6间豪华的客房环绕着海滩后面的跳水泳池。在姊妹客栈Pondok Baruna Frangipani，还有围绕一个大泳池而建的8个房间。员工在Putu的带领下，提供无微不至的服务。

Secret Garden Bungalows 客栈 $

（见163页地图；0813 5313 6861；www.bigfishdiving.com；Jungutbatu Beach；房间 带风扇/空调 250,000/450,000Rp；）Big Fish Diving的附属客栈，在海滩后面这个棕榈树遮蔽的庭院里，有9间平房风格的带风扇房间，仅提供凉水。附近还有一些新建的空调平房。现场瑜伽班费用为100,000Rp。Marine Mega Fauna（见166页）经常在这里举办有关岛屿周边海洋生态的讨论会。

★ Pemedal Beach 客栈 $

（见163页地图；☎0822 4477 2888；www.pemedabeach.com；Jungutbatu Beach；房间 975,000Rp起；❄📶🏊）沙滩附近迷人的经济型住宿选择；20间平房距离无边泳池有一段距离。

Pondok Baruna Frangipani 客栈 $$

（见163页地图；☎0823 3953 6271；www.pondokbarunafrangipani.com；Jungutbatu；房间 含早餐 1,000,000Rp起；❄📶🏊）Pondok Baruna在海边的高端姊妹客栈，Frangipani有8间宽敞豪华的平房风格房间，以及一个大泳池。这是一个非常迷人的地方，但是管理人员的服务态度仍有待提升。

★ Indiana Kenanga 精品酒店 $$$

（见163页地图；☎0366-559 6371；www.indiana-kenanga-villas.com；Jungutbatu Beach；房间 US$240~400；❄📶🏊）两栋一流的别墅和18个时尚的套间隐藏在海滩后面的泳池旁，这是努萨兰彭坎最贵的住所。主人来自法国，同时也是这家酒店的设计者，用佛像、紫色的扶手椅和其他一些奇特的创意作为装饰。附设的餐厅全天供应由法国厨师烹制的海鲜和各种令人惊喜的菜式，此外还有一间池畔法式薄饼店！

水生物联盟（AQUATIC ALLIANCE）

努萨兰彭坎、金银岛和珀尼达岛的周边水域生存着一些蔚为壮观的生物：大型的蝠鲼、笨拙的翻车鱼等。虽然探索这片海域的许多潜水者经常能够看到这些生物，但人们除了觉得这个地区引人注目之外，并不了解这里实际的海洋生态。

一个名为Marine Mega Fauna（www.marinemegafauna.org）的组织正在致力于改变这一现状。通过大量的现场调查，他们开始了解水中的生物。比如他们早期的一个发现是：与鲸鱼类似，蝠鲼也有独特的斑纹，作为个体识别的标志。该组织的网站上全是引人入胜的信息，你还可以通过他们周二和周四晚上在Secret Garden Bungalows（见165页）的公开研讨会了解更多信息。

山坡上

Jungutbatu南面陡峭的小山上视野开阔，风景极佳，建有越来越多的豪华住所。入住一些酒店中最高档的房间，你就能越过海面欣赏到巴厘岛的绝美景致（在天气晴朗的日子里可以遥望到阿贡火山），当然想要入住这些房间绝不是那么容易的事：要爬120级陡峭的混凝土台阶。一条通向山顶的小道适合摩托车通行，这能使你节省不少力气。

Ware Ware Surf Bungalows 客栈 $

（见163页地图；☎0812 397 0572, 0812 380 3321；www.warewaresurfbungalows.com；房间 含早餐 750,000Rp起；❄📶🏊）山坡上的这9间房融合了传统的方形和时髦的圆形建筑元素，与茅草屋顶和阳台一起形成了奇妙的混搭。宽敞的房间（有些只有风扇）内设藤编的躺椅和很大的浴室。餐馆位于悬崖边的木制大平台上，风景壮观，不时有微风吹拂。

Batu Karang 酒店 $$$

（见163页地图；☎0366-559 6376；www.batukaranglembongan.com；房间 含早餐 3,250,000Rp起；❄@📶🏊）这家高级度假村坐落在半山腰上，拥有一座巨大的游泳池和5栋豪华单元房。有些单元房是别墅风格的，带有很多房间和私人跳水泳池。所有房间都有露天浴室和木质露台，以及一望无际的视野。在山坡上的小道边，Deck Café & Bar是停下来享用小吃或饮品的好地方。

Lembongan Island Beach Villas 别墅 $$$

（见163页地图；☎0813 3856 1208；www.lembonganresort.com；别墅 3,800,000Rp起；❄📶🏊）11间豪华别墅沿着山坡排列，前台就在Jungutbatu海滩的角落。客房有舒适的藤编沙滩椅和吊床，以及宽敞的厨房。遮阴的阳台可以看到巴厘岛的优美风景。

Tanjung Sanghyang

这里是你的私人金银岛，又名“蘑菇湾”，有优美的沙滩、许多参天树木以及努萨兰彭坎岛上最有氛围的一些住宿地点。从Jungutbatu可以步行、乘车（25,000Rp）或乘船（80,000Rp）前来此地。

Alam Nusa Huts 客栈 $

（见163页地图；☎0819 1662 6336；房间475,000Rp起；❄📶）这个小店与海滩的距离不到100米。4间平房在一个繁茂的花园里，都有一个露天浴室和一个露台。内部装修采用木头和竹子。服务员特别热情。

努萨兰彭坎其他地方

Poh Manis Lembongan 客栈 $

（见163页地图；☎0821 4746 2726；房间US$43起；❄📶🏊）如果努萨兰彭坎是其他人的度假目的地，那么这里就是努萨兰彭坎人的度假地。客栈位于岛上东南角的一座悬崖上，坐拥其他两座小岛的壮观风景。泳池区非常舒适，10间房间光线良好，风格清新，有一种来自森林的魅力。

Sunset Coin Lembongan 客栈 $$

（见163页地图；☎0812 364 0799；www.sunsetcoinlembongan.com；Sunset Bay；房间 含早餐 1,100,000Rp；❄📶🏊）由一个热情好客的家庭经营，这10间小屋就是在岛屿度假应该拥有的一切。这里靠近名为日落海湾（Sunset Bay）的小沙滩。茅草顶谷仓（lumbung）风格的客房设有阳台和冰箱。

Sunset Villa Lembongan 客栈 $$

（见163页地图；☎0812 381 9023；www.sunsetvillaslembongan.com；Sunset Bay；房间 US$56~77；❄📶🏊）12间现代风格的平房围绕一个安静庭院内的大泳池分布，院里还有快速生长的蔬菜。客房配有露台和起居室；其中一些还有冰箱和平板电视。露天大浴室采用天然石材建造。

Point Resort Lembongan 旅馆 $$

（见163页地图；www.thepointlembongan.com；套 US$150起，别墅 US$290起；❄📶🏊）这家有4间豪华套房和1间双卧室别墅的酒店位于蘑菇湾以西500米处。视野非常开阔，如果有海盗来袭，你会看到海盗船在巨大的"游泳池"中折戟沉沙。客房光线充足，通风良好，带有迷人的起居室。

就餐

几乎每一处住宿都附设有咖啡屋，除非特别注明，菜单上简单的印度尼西亚食物和西餐的价格通常约为50,000Rp。此外还有许多非常不错的其他的用餐选择。

银行附近可以找到一些小型的市场，但是除非你只要几块饼干和瓶装水就能度日，否则你会觉得根本没什么东西可买。

Jungutbatu

★ **Green Garden Warung** 印度尼西亚菜 $

（见163页地图；☎0813 374 1928；主菜20,000~50,000Rp；⏰7:00~22:00；✎）隐匿于Jungutbatu海滩附近一条小巷内的花园里，这家当地老板经营的小吃店供应可口的奶昔和极具创意的印尼菜肴，其中许多都非常适合素食者。老板们会将部分收入捐给一所当地学校，目前正在增建5间客房。

Bali Eco Deli 咖啡馆 $

（见163页地图；☎0812 3704 9234；www.baliecodeli.net；主菜 40,000Rp起；⏰7:00~22:00）🍃这座极具魅力的咖啡馆满眼望去尽是绿色，且以回报社区而闻名。他们给食客的回报也很丰厚：新鲜且富有创意的早餐、健康的小吃、可口的烘焙食物、美味的咖啡和果汁，以及各种沙拉。用餐地点在一座花园里。

Pondok Baruna Warung 印度尼西亚菜 $

（见163页地图；主菜 50,000Rp起；⏰8:00~22:00）这是Baruna酒店的餐饮部，供应岛上最美味的一些食物。试试非常不错的巴厘岛菜肴，以及各种美味的咖喱菜。许多顾客都会点不止一份巧克力布朗尼蛋糕。

99 Meals House 印度尼西亚菜、中国菜 $

（见163页地图；Jungutbatu Beach；主菜20,000Rp起；⏰8:00~22:00）绝对经济实惠。这里有炒米饭、鸡蛋饼、中式炒菜和其他菜肴。这家可以看到海滩的露天小店由老板一家人经营。

★ **Warung Bambu** 海鲜 $$

（见163页地图；☎0813 3867 5451；主菜35,000~90,000Rp；⏰9:00~22:00）在前往红树林的路上，经过灯塔之后，就来到了这家家庭经营的餐馆，供应美味的海鲜简餐。菜肴品种取决于当天的渔获。餐桌在一个带顶棚的大露台上，地板是沙色的。如果运气好，白天能看到阿贡火山的风景，晚上则可以看到巴厘岛闪烁的灯光。

山坡上

★ Deck Cafe & Bar 咖啡馆 $$

（见163页地图；☎0855 390 4830；http://thedecklembongan.com；主菜 60,000Rp起；⏰7:30~23:00；📶）横跨山坡的主要步道两侧，Batu Karang酒店的这间时尚酒吧兼咖啡馆有极具创意的多种饮品、优美的风景以及有趣的点心（由其非常不错的烘焙店出品），再加上非常精致的酒馆小吃。周日会有驻场DJ。

Tanjung Sanghyang

**Hai Bar & Grill** 各国风味 $$$

（见163页地图；☎0361-720331；www.haitidebeachresort.com/hai-bar-and-grill；Hai Tide Beach Resort；主菜 59,000~160,000Rp；⏰7:00~22:00；📶）这家面积很大的酒吧拥有让人大开眼界的海湾和日落风景，也是Tanjung Sanghyang沿线最时尚的餐厅。菜单融合了亚洲和西式菜肴，还有各种甜品，例如新鲜烘焙的小松饼等。如果在此用餐，可以使用这里的泳池，有时会在晚上播放露天电影。致电可获得由Jungubatu提供的接送服务。

努萨兰彭坎其他地方

Sandy Bay Beach Club 各国风味 $$

（见163页地图；☎0828 9700 5656；www.sandybaylembongan.com；Sunset Bay；主菜 60,000Rp起；⏰8:30~22:30；📶）磨损泛白的木质外观，使这个海滩俱乐部颇有吸引力。它在一片被大多数人称为日落海滩（但也有人管这里叫“沙滩湾海滩”）的沙滩上。菜单包括亚洲菜和欧洲菜，还有各种汉堡。晚上的海鲜烧烤非常受欢迎。

ℹ 实用信息

诊所（Medical Clinic；见163页地图；挂号费 250,000Rp；⏰8:00~18:00）位于村里的一栋新楼里，非常擅长治疗冲浪和潜水造成的小伤小痛以及耳膜不适等症状。

非常重要的一点就是，在岛上停留期间，你必须携带足够的现金。岛上有4部自动取款机，但现金有时会被取完，或者不接受外国银行卡。

ℹ 到达和离开

往返努萨兰彭坎有好几种选择，其中一些极为迅捷。注意：任何买得起高速艇的人都加入经营快船的行列中了，所以必须注意那些不法经营者以及随之而来的安全问题。

船只都在岸边下锚，所以做好双脚会沾水的准备吧。而且记住应轻装前行——不管是在水里、沙滩上或是土路上，带着拉杆箱会显得十分滑稽。搬运工也许可以扛起你那大块头的行李箱，费用是20,000Rp（不要效仿我们亲眼看到的那些卑劣的家伙，接受了搬运工的服务却不给小费！）。他们还会试着将你领到可以获取回扣的特定酒店。

公共快船（见163页地图；Jungutbatu Beach；单

被抛弃的海藻

喜欢吃冰激凌的人很少知道需要感谢这些居住在努萨兰彭坎、金银岛和珀尼达岛的海藻养殖户。

让冰激凌变黏稠的乳化剂，就是海藻中提炼的卡拉胶（carrageenan）。卡拉胶还广泛用于奶酪和很多其他产品。

在2座小村中漫步时，你会看到并闻到海藻，而且很多地方都在晾晒海藻。往下面的海水里看去，你会看到一块块的海藻养殖园地。这些岛屿特别适合生产海藻，因为海水较浅，营养丰富。晒干的红色和绿色海藻被出口到世界各地进行深加工。

但是这样的情况还能持续多久却是个问题。养殖海藻是一项繁重的工作，然而回报甚微。仅仅十年前，在努萨兰彭坎有85%的人口都在养殖海藻，如今这个数字正在快速减少，人们纷纷投身旅游业的发展大潮，因为收入更高，工作也相对轻松。

珀尼达岛的情况也大致相似。我们问了一位如今的导游、曾经的海藻养殖户是否怀念从前的工作，而他的回答实在让我们不敢恭维。

程 200,000Rp）从萨努尔海滩北端出发前往努萨兰彭坎，每天在8:30和17:30之间有10班，用时30分钟。

Rocky Fast Cruises（见163页地图；☎0361-283624；www.rockyfastcruise.com；Jungutbatu Beach；单程/往返 300,000/500,000Rp）每天有数班大船，用时30分钟。

Scoot（见163页地图；☎0361-285522，0812 3767 4932；www.scootcruise.com；Jungutbatu Beach；成人/儿童 单程 400,000/280,000Rp）每天都有数个来回，单程用时30分钟。

当地交通

小岛确实非常小，所以大多数地方你步行即可前往。到处都有小汽车、小型摩托车（每天60,000Rp）和自行车（每天 40,000Rp）出租。搭乘摩托车或皮卡车单程费用为15,000Rp以上。一个不好的现象就是大部分SUV大小的高尔夫球车都被那些边抽大雪茄边开车的土豪旅行者租用。

金银岛（Nusa Ceningan）

☎0361

努萨兰彭坎和金银岛之间的潟湖上有一座风景如画的黄色吊桥，因此探索这座小岛就方便多了。潟湖里面全都是一块块的海藻养殖场的框架，附近有几块农田和一个小渔村。小岛以山地居多，如果你打算攀上山顶，那么沿着小路漫步或骑行的时候，就可以饱览壮丽的海景了。重要的道路都进行了整修，从而打开了探索小岛的大门，但这里的原始风貌仍得以保存。

岛屿的西南方有一个以小岛名字命名的金银岛冲浪点（Ceningan Point），这是一个毫无遮挡的左手浪。

景点

蓝色潟湖（Blue Lagoon） 潟湖

在这处可以远眺巴东海峡（Bandung Strait）的崖畔海湾，令人叹为观止的碧绿波浪涌入嶙峋的黑色岩层内。路牌导向悬崖峭壁上为超级勇士们准备的跳水点（如果你想尝试，一定要提前确认潮水情况并且要了解自己的极限）。寻找Jl Sarang Burung尽头的木牌，沿着小路穿过棕榈林即可抵达。

团队游

要品味真正的金银岛，那就参加JED（见415页）组织的岛上过夜游吧。这个文化组织可以让人们更加深入地了解乡村及其文化生活。团队游费用包括在村子的居民家住宿、品尝当地美食、体验养海藻的工作，以及往返巴厘岛本岛的交通。

食宿

Le Pirate Beach Club 客栈 $$

（见163页地图；☎0811 388 3701，预订 0361-733493；https://lepirate.com/nusa-ceningan/；Jl Nusa Ceningan；房间 含早餐 700,000Rp起；❄📶🏊）采用明亮的蓝白配色，这里的主题是复古而略显平庸的岛屿风情。住宿由带空调的海滩平房组成，类型分为4人间铺位和双人间。人气极旺的餐厅可以望见腰果形的小泳池，海峡风景一览无余。最少2晚起住。

Secret Point Huts 客栈 $$

（☎0819 9937 0826；www.secretpointhuts.com；房间 US$80起；❄📶🏊）在岛上西南角，俯瞰着金银岛冲浪点，这座可爱的小度假村有一片小海滩和一间崖顶酒吧。房间都是谷仓风格的平房，带有开放式浴室。

到达和离开

如果要前往金银岛，首先要到努萨兰彭坎，然后步行或乘坐摩托车前往小桥对岸。

珀尼达岛（Nusa Penida）

☎0366/人口 37,581

珀尼达岛出现在旅行者行程中没多久，仍然有待进一步探索和发现。这是一片自由而天然的土地，它回答了我们这个问题：如果旅行者从未踏足，那巴厘岛会是什么样子？这里正式的旅游活动或景点寥寥无几，而来珀尼达岛完全是为了探险或是休闲，那么适应慢腾腾的生活节奏吧。

岛上的人口大约为3.7万，尽管这里的Toyapakeh村也有穆斯林社区，但是主要人口都信仰印度教。克隆孔[Klungkung；现在的塞马拉普拉（Semarapura）]王国曾把这里作为罪犯流放地，其他不受王国欢迎的人也都被驱逐至此，至今这里仍然有着某种不吉利的名声。但是，这里也是重生之源：在被认为野生品种已经绝种后，标志性的巴厘岛八哥（Bali starling）在这里进行复育。前来这里的游客数量也与日俱增。

景点

整个海岛是个石灰岩高原，北面海岸有一片沙滩，隔着海面，你还能遥望巴厘岛上的火山群。南面的海岸有300米高的石灰石悬崖，近乎垂直地插进海水里，沿岸有一排小小的礁石岛，景色颇为壮观。小岛的内陆崎岖不平，稀稀落落地长着一些农作物，还有传统风格的乡村。这里的降水很少，部分地区很贫瘠，不过你还是能发现古老的水稻梯田的痕迹。

海滩数量有限，但绝对养眼。

活动

珀尼达岛有世界级的潜水点，大部分人都通过努萨兰彭坎的潜水商店安排行程。Toyapakeh和桑巴兰（Sampalan）之间是一条绝佳的骑行路线，沿海岸的道路非常平坦，风光旖旎。其他道路则适合山地车骑行。在周边打听一下租车点，每天租金约为40,000Rp。

Quicksilver 水上运动

（☎0361-721521；www.quicksilver-bali.com；成人/儿童 US$110/55）经营从巴厘岛出发的一日游（从伯诺阿港启程）。一艘大平底船停泊于Toyapakeh附近，是开展各种水上运动的大本营。此外也有各种乡村团队游。

实用信息

危险和麻烦

航行于巴厘岛及其周边岛屿之间的船只曾经发生过事故。这些船只无人管理，并且发生麻烦时没有安全监管部门。要小心谨慎（见419页）。

现金

2部自动取款机偶尔会出现故障或没有现金。以防万一，请带上足够的现金。

旅游信息

Penida Tours（见171页）是获取岛屿资讯的绝佳渠道。

志愿者服务

各种环保和帮扶组织在珀尼达岛积极活动，一些项目需要招募志愿者。他们通常会支付一定的费用（每天US$10~20，具体取决于停留时间长度），包含住宿和捐赠。下面列出的组织也许有一些你可以参与的项目：

国家公园之友基金会（Friends of the National Parks Foundation，简称FNPF；☎0361-479 2286；www.fnpf.org）在岛上北部海岸派德村设有一个中心。志愿者工作包括复育当地濒危的巴厘岛八哥，以及在当地学校教课等。住宿条件非常简单，但是房间很舒适，而且带电扇并提供冷水。

Green Lion Bali（☎0812 4643 4964；http://new.greenlionbali.com；Jl Penestanan，Ubud）设有一个奖励项目，以哺育和保护珀尼达岛北部沿岸的海龟。志愿者至少需要签约2周，在海龟生活区工作，以及在当地学校教书。附近有一家客栈。

珀尼达岛的恶魔

传说中，珀尼达岛是Jero Gede Macaling的家。当地的Barong Landung舞中表现的就是这个恶魔。很多巴厘人都相信这个岛屿被angker（邪恶力量）所控制——然而让人大惑不解的是，现在这反倒成了卖点。每年都有成千上万的巴厘人遵照信仰的规定，前来膜拜，以便平息这些恶神的怒气。

到达和离开

珀尼达岛和巴厘岛南部之间的海峡很深，可能会有激烈的洋流——如果海潮很汹涌，渡船经常不得不临时停航。我们不推荐往返库桑巴（Kusamba）的包船，因为它们体格较小，遇上恶劣的海况将会非常麻烦。

努萨兰彭坎

珀尼达岛的公共轮渡往返于努萨兰彭坎镇桥边和Toyapakeh（50,000Rp，20分钟）。轮渡从清晨6点开始运行，载满至少6位乘客即可开行。包一艘小船的价格为单程300,000~400,000Rp，具体可议。

八丹拜

快船横穿海峡从八丹拜发往珀尼达岛桑巴兰村向西约1公里处的Buyuk（110,000Rp，45分钟，一天4班）。小船运行时间为7:00至中午。

一艘大型公共汽车渡轮每日运营（成人/儿童/摩托车/小汽车 31,000/26,000/52,000/380,000Rp），每天11:00开船，用时40分钟至2小时，具体用时取决于海况。

萨努尔

与前往努萨兰彭坎的快船在同一个地方发船，全程只需不到1小时。

Maruti Express（☎0361-465086，0811 397 901；http://lembonganfastboats.com/maruti_express.php；单程 成人/儿童 362,500/290,000Rp）众多经营珀尼达岛航向快船公司中的一家。

当地交通

上午10点后就基本没有小巴了。不过当渡船靠岸时，会有人专门等在那里为你服务。当地交通选择有：

带司机的出租车 半天350,000Rp起。

摩托车 很容易租到，每天80,000Rp。

计程摩托车（Ojek）不常见，但是如果你找到一辆，费用为每小时50,000Rp。

桑巴兰（Sampalan）

人口 4635

珀尼达岛上的主要乡镇桑巴兰宁静安详，沿着弯弯曲曲的海滨道路铺展开来。趣味盎然的市场位于小镇中心，是体验乡村生活的好地方。

Nusa Garden Bungalows 客栈 $

（☎0812 3990 1421，0813 3812 0660；房间 200,000Rp起；📶）一条碎珊瑚石铺成的小路把酒店的10个简单房间串起来，路边立着许多动物雕塑。在小镇中心东面的Jl Nusa Indah转弯即到。

MaeMae Beach House 客栈 $

（☎0857 4383 60225；maemaebeachhouse2015@gmail.com；Kutampi；房间 370,000Rp起；❄📶）位于桑巴兰镇外的Kutampi村里，从这间客栈前往主港口非常方便。主管Agus的英语非常棒，对珀尼达岛的一切都了如指掌。房间为现代风格，但是也有一些粗糙的地方。休闲风格的餐厅供应美味的食物，而且大海就近在咫尺。

到达和离开

桑巴兰位于沿海主干道上。如果乘船前往，非常容易找到交通工具。

派德（Ped）

人口 3787

派德有一座十分重要的巴厘岛神庙。在西边600米处的小村Bodong是珀尼达岛新兴的旅游中心。

景点和活动

★佩内塔兰神庙 印度教寺庙

（Pura Dalem Penetaran Ped）**免费** 这座重要的印度教神庙位于Toyapakeh村以东3.5公里处的派德海滩。这里供奉着恶魔Jero Gede Macaling的神龛，传说这是巫术练习者的力量之源，也是许多希望祛病辟邪的人朝拜的地方。神庙规模庞大，你会看到人们献上供品，祈求从珀尼达岛出发的航行一帆风顺，也许你也想要加入他们的行列。

Octopus Dive 潜水

（☎0878 6268 0888，0819 77677677；www.octopusdiveindonesia.com；Bodong；双气罐潜水 1,100,000Rp起）一家充满热情的本地小型潜水运营机构。

★Penida Tours 团队游

（☎0852 0587 1291；www.penidatours.com；Jl Raya Bodong；团队游 750,000Rp起；⏲9:00~18:00）一家非常棒的当地运营机构，可安排珀尼达岛周边的文化主题团队游，涵盖从巫术到潜水和露营之旅等各种项目。门店就在Gallery咖啡馆隔壁。

住宿

Full Moon Bungalows 平房 $

（☎0813 3874 5817；www.fullmoon-bungalows.com；Bodong；铺/房间 125,000/300,000Rp起；❄📶）一个经营良好的院落，内有15间平房，虽然陈设简单，但是氛围舒适，并建有茅草墙。这里距离派德规模不大，但令人愉悦的夜生活只有咫尺之遥。

Jero Rawa 民宿 $

（☎0852 0586 6886；www.jerorawaho

mestay.com; Jl Raya Ped; 房间 含早餐 带风扇/空调 200,000/300,000Rp起）由一个热情的家庭经营。这家闲适的客栈有干净的平房风格房间，位置就在海滩对面。

Ring Sameton Inn 客栈 $$

（☎0813 798 5141; www.ringsameton-nusapenida.com; Bodong; 房间 含早餐 400,000~500,000Rp起; ❄📶🏊）如果你想要找一个舒适的住处，这就是珀尼达岛上最好的地方。除了整洁的商务型房间，这里还有一个泳池、一间氛围独特的餐馆，以及咫尺之遥的海滩。

就餐

★Gallery 咖啡馆 $

（☎0819 9988 7205; Bodong; 主菜 30,000Rp起; ⏰7:30~21:00）这家小咖啡馆和商店由热情的珀尼达岛万事通——英国人Mike经营，深受NGO志愿者们的欢迎。墙上挂着艺术品。供应手工烘焙的过滤咖啡、自制Rosella茶，以及包含西式早餐和三明治在内的简餐。

★Penida Colada 咖啡馆 $

（☎0821 4676 3627; www.facebook.com/penidacolada; Bodong; 主菜 45,000~70,000Rp; ⏰9:00至深夜; 📶）这家迷人的海滨简易咖啡馆由一对印尼—澳大利亚情侣经营，是珀尼达岛的打卡之处。新鲜、新奇的混调饮品包括莫吉托和代基里，菜肴主要是烤鱼、熏肉生菜番茄三明治、薯条配蒜泥蛋黄酱等。傍晚通常都会有海鲜烧烤。在这里可以倾听海浪拍岸的声音。这就是珀尼达岛的夜生活。

Warung Pondok Nusa Penida 印度尼西亚菜 $

（Bodong; 主菜 30,000Rp起; ⏰9:00~21:00）海滩边上一个清新的小店。可在此享用精心制作的印度尼西亚经典菜和海鲜（以及略显奇怪的西餐），同时观赏巴厘岛的风景。试试"海藻鸡尾酒"（seaweed mocktail）甜品。

Made's Warung 印度尼西亚菜 $

（Ped; 主菜 8000~18,000Rp; ⏰8:00~22:00）在神庙对面，这家干净的小店是众多餐馆中的一家，供应可口的什锦饭（nasi campur）。

到达和离开

派德和Bodong就在海滨道路上。只能通过摩托车或私家车前往此处。

水晶湾沙滩（Crystal Bay Beach）

这座诗情画意的海滩前面就是人气很旺的潜水点水晶湾。这里的沙滩颜色很浅，棕榈树带来了电影《南太平洋》中的风情。巴厘岛的一日游观光客喜欢乘船来这里（Bali Hai Cruises是经营者之一; www.balihaicruises.com）。幸运的是，海滩基本上保持了原来的风貌。不过每逢旺季，可能会有多达60条船同时靠岸，因此会拥挤不堪，15:00之后再来可以避开人潮。有一些小摊和海滩餐馆销售饮品和小吃，同时出租浮潜装备。Segara Sakti神庙让一切更加完美。

Namaste 客栈 $$

（☎0813 3727 1615; www.namaste-bungalows.com; 房间 带风扇/空调 500,000/650,000Rp起; ❄📶🏊）在海滩后面沿着陡峭的道路行进1公里，在前往Toyapakeh的路边，外国侨民经营的Namaste是一家让人印象深刻的客栈，有10间采用回收材料建造的朴素平房，环绕着一个大泳池，还有一个不错的咖啡馆。

到达和离开

在Toyapakeh南边，一条平整的10公里公路穿过Sakti村。你需要自备交通工具，可通过住处安排，或者到达珀尼达岛时就预订。考虑到岛上崎岖不平的地势，在此骑自行车简直就是异想天开。

乌布地区

包括 ➡

最佳餐饮

- Hujon Locale（见197页）
- Dumbo（见201页）
- Mozaic（见202页）
- Pica（见200页）
- Moksa（见202页）
- Locavore（见201页）

最佳住宿

- Mandapa（见195页）
- Swasti Eco Cottage（见193页）
- Bambu Indah（见195页）
- Como Uma Ubud（见195页）
- Komaneka at Monkey Forest（见192页）
- Three Win Homestay（见189页）

为何去

虽然乌布是该地区当之无愧的“明星”，但周边也有许多有趣的地方值得探访。不妨用一天时间来探索坦帕克西林的神庙，可以顺道看看风景如画、声名远扬的Ceking水稻梯田；或者可以去走访乌布南边的许多传统手工艺村落，其手工制品凭借卓越的质量同样闻名四海。毫无疑问，旅行者都会选择遍布诱人住处和餐饮的乌布作为探索该地区的大本营，还可以轻松安排摩托车或租一辆带司机的小汽车来游览这里的精彩风光。也许这里没有名头响亮的顶级景点，但是无数诗情画意的小路都会让你觉得不虚此行。

何时去

- 10月至次年4月，气候比南部凉爽，也更为潮湿，雨点说来就来。在夜晚，山间的微风让空调毫无用武之地。
- 白天平均气温高达30℃，而夜里只有20℃，不过也可能出现极端气温。季节变化不明显。
- 旺季（7月、8月和圣诞假期）都会有大量游客涌入，住处和餐厅早被预订一空。
- 每年10月，乌布作家与读者节都会吸引大量游客前来。

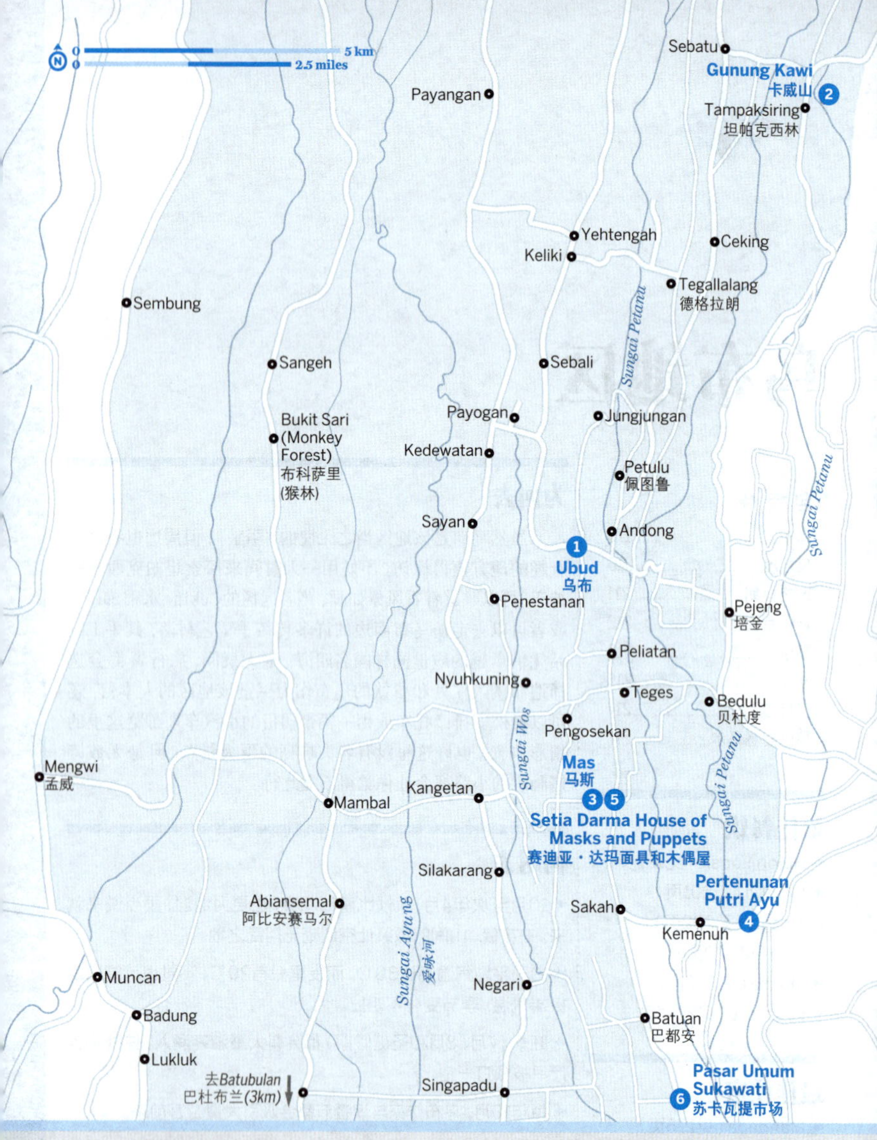

乌布地区亮点

❶ **乌布**（见175页）在巴厘岛文化之都感受寺庙、博物馆以及咖啡馆文化的无穷魅力。

❷ **卡威山**（见212页）像印第安纳·琼斯一样登上岩壁上的古老神庙。

❸ 探索**马斯**（见213页）的传统手工艺村落，了解手工艺品、仪式用品和其他珍宝。

❹ **Pertenunan Putri Ayu**（见216页）在布拉巴度的这座传统纺织作坊里倾听织布机咿咿呀呀的声音。

❺ **赛迪亚·达玛面具和木偶屋**（见213页）在马斯的这座纯粹因为喜爱而建的博物馆里，看看成千上万让人叹为观止的面具和木偶。

❻ **苏卡瓦提市场**（见217页）看看当地人讨价还价购买制作寺庙供品所需的各种鲜花、竹篮、水果、小吃和其他物品。

乌布(UBUD)

☎0361/人口10,870

乌布是那种本想停留几天却会多住几周、原本想待上几周却又想多留几个月的地方。这里著名的外国人社区可以证明这一点，许多以这里为背景的小说和电影，也用具有创意的方式说明了巴厘岛这座最具文化气质城镇的迷人魅力。这是传统巴厘岛文化渗透到每个角落的地方，街道上随处可见五颜六色的供品，具有催眠效果的加麦兰也早已成为日常生活的背景音乐。这是一个对时尚潮流有着不懈追求的地方，有层出不穷的可持续设计、专注的精神、创意烹饪以及全球旅游业带来的最佳服务等。来这里放松身心、恢复活力，享受可能是一生中最神奇的假期。

历史

19世纪末，乌布国王裘可尔达(Cokorda Gede Agung Sukawati)在乌布建立了苏卡瓦提(Sukawati)王室，并与周围的王国展开了一系列的合纵连横以及兵戎相见。1900年，乌布追随吉亚尼亚尔(Gianyar)王国，(自愿)成为荷兰的受保护国，从而得以专注于宗教和文化生活。

20世纪30年代，裘可尔达的后代鼓励西方艺术家和知识分子造访该地区，最著名的有沃尔特·史毕斯(Walter Spies)、科林·麦克菲(Colin McPhee)和鲁道夫·邦尼(Rudolf Bonnet)。他们引入新的概念和技巧，大大地推动了当地的艺术发展，并将巴厘文化展现给世界。当旅游业在巴厘岛大规模兴起时，乌布吸引游客的，不是海滩或酒吧，而是这里的艺术。

如今王室在很大程度上仍然是乌布生活中的重要部分，它资助了大量的文化和宗教展览，例如令人难忘的火葬仪式等。

景点

乌布中心(Central Ubud)

乌布中心分布有许多寺庙、美术馆、博物馆和市场等。其中最重要的一些景点位于Jl Raya Ubud和Monkey Forest Rd交叉路口附近。

带孩子游乌布

乌布非常适合带孩子游览。民宿主人家里通常都有小孩子，会是绝佳的玩伴，许多度假酒店也设有儿童俱乐部或各种游乐活动项目。

如果需要“收买”孩子才能让他们表现得中规中矩，那么Gelato Secrets和Gaya Gelato的诸多分店是最好的选择，其他供应比萨的餐馆也能实现相同的效果。每逢周日，Uma Cucina(见202页)是享用早午餐的热门场所，有适合全家人的菜肴和娱乐。

乌布水宫 印度教神庙

(Pura Taman Saraswati；见176页地图；Jl Raya Ubud)**免费**从寺院后面流出来的水灌入了前面的池塘，池塘里盛开着美丽的莲花。这里的雕刻都用来表达对智慧和艺术之神萨拉斯瓦蒂(Dewi Saraswati)的崇拜，显然这位神祇庇护了乌布。这里定期会举办晚间舞蹈表演。只有信徒才能进入庙内。

乌布皇宫 宫殿

(Ubud Palace；见176页地图；Jl Raya Ubud与Jl Suweta交叉路口；⏲9:00~19:00)**免费**这座皇宫及其寺庙Puri Saren Agung占据了乌布中心区域的一个院子。大部分结构都是在1917年地震后建的，当地王室家庭仍然居住于此。你可以在这个院落中的大部分区域漫步，探索传统而并不过分华丽的建筑。虽然我们最后一次参观时这里因为整修而关闭，但中心凉亭到晚上经常举办舞蹈演出。当你拿到本书时，应已恢复演出。

花一点儿时间来欣赏石刻，其中许多石刻由知名的当地艺术家创作，比如I Gusti Nyoman Lempad。

北面的Pura Marajan Agung是王室家庭的私人庙宇。皇宫对面的院子里有一棵繁茂的榕树，也是王室经常下榻的居所。

画宫博物馆 博物馆

(Museum Puri Lukisan；见176页地图；☎0361-975136；www.museumpurilukisan.com；紧邻Jl Raya Ubud；成人/11岁以下儿童 85,000Rp/

Central Ubud 乌布中心

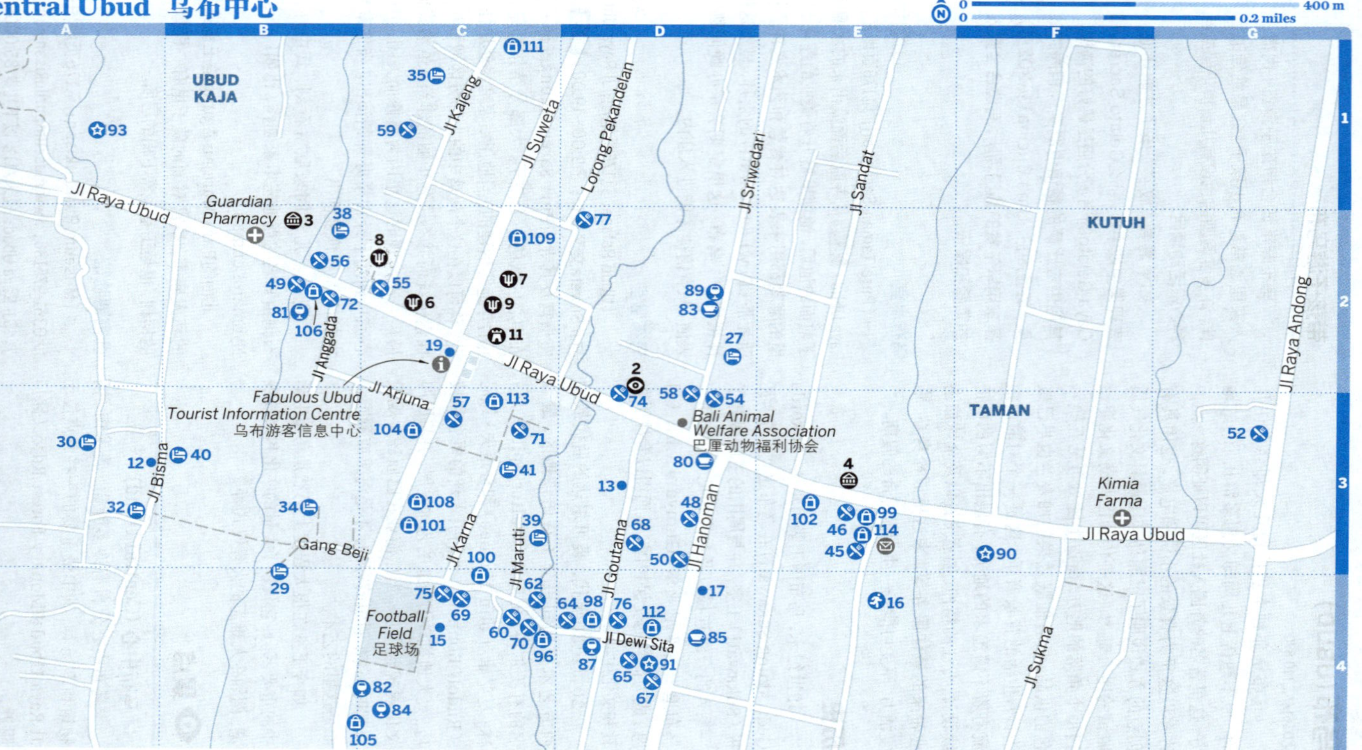

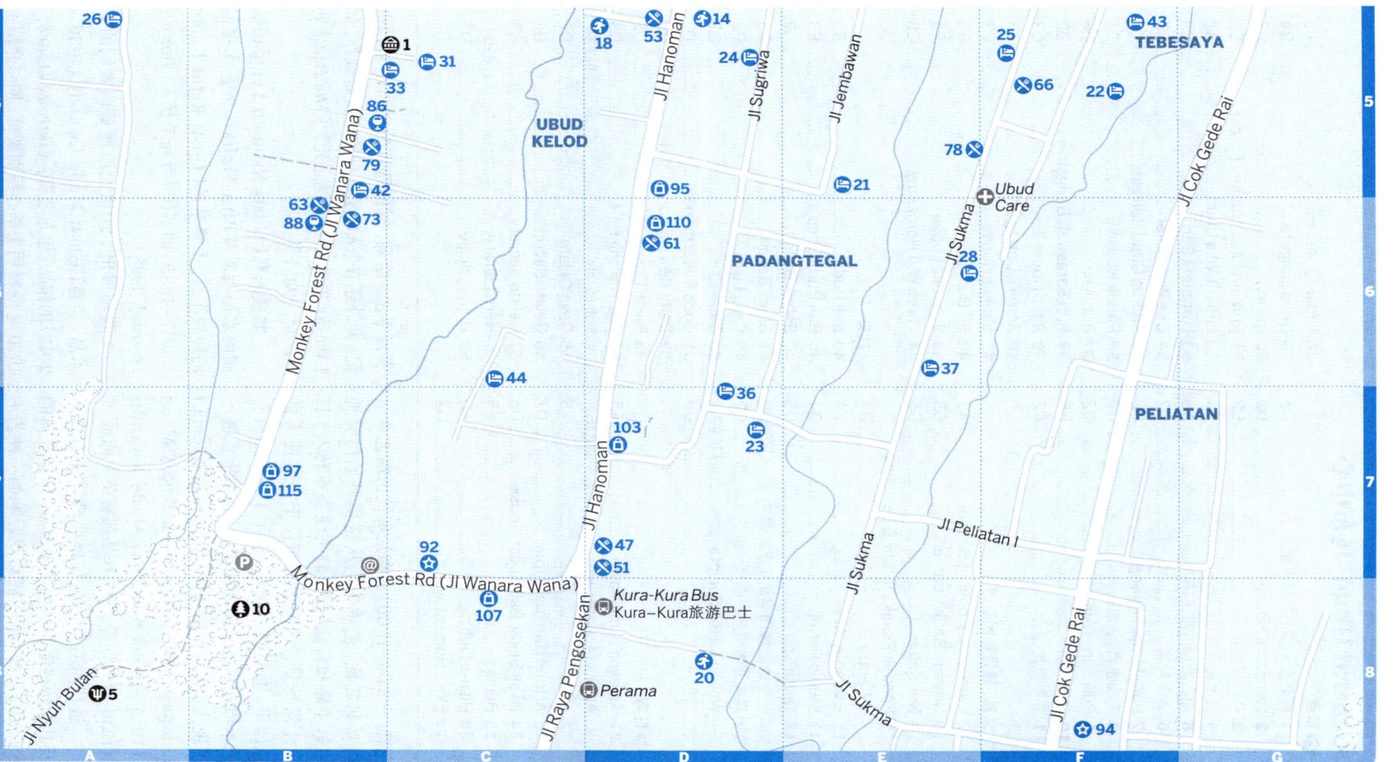
TEBESAYA
UBUD KELOD
PADANGTEGAL
PELIATAN
Jl Hanoman
Jl Sugriwa
Jl Jembawan
Jl Sukma
Jl Cok Gede Rai
Jl Peliatan I
Monkey Forest Rd (Jl Wanara Wana)
Jl Raya Pengosekan
Jl Nyuh Bulan
Ubud Care
Kura-Kura Bus
Kura-Kura旅游巴士
Perama

Central Ubud 乌布中心

免费；⏲9:00~17:00）乌布是现代巴厘艺术运动兴起之地，艺术家们从这里开始抛弃纯宗教主题和宫廷题材，将关注重点转入了日常生活场景。这座博物馆位于一座迷人的花园里，共有四栋建筑，展示了巴厘岛所有艺术流派和各个时期的作品，其中重点展示了现代艺术巨匠的作品，如I Gusti Nyoman Lempad（1862~1978）、Ida Bagus Made（1915~1999）和I Gusti Madc Kwandji（1936~2013）等。所有作品都有英文标示。

进门后右手边的**东楼**收藏了来自乌布及其周边村庄的早期艺术作品，包括经典的wayang风格（深受皮影戏影响的一种艺术表现手法）绘画，时间跨度为10世纪至15世纪；此外还有令人印象深刻的20世纪画作，如I Wayan Tutur的《卡纳之死》（*The Death of Karna*；1935）等。

北楼内有I Gusti Nyoman Lempad绘制的水墨画以及Pita Maha流派艺术家们的绘画作品。不要错过I Gusti Ketut Kobot（1917~1999）的名作《寺庙节庆》（*Temple Festival*；1938）。

西楼展出了20世纪巴厘岛画家们的艺术品。留意I Gusti Made Kwandji（1936~2013）的作品《巴龙之舞》（*Barong Dance*；1970）。**南楼**用来举办特别展览，同时介绍了

59 Il Giardino C1
60 Juice Ja Café C4
61 Kafe D6
62 Kafe Batan Waru C4
Kebun .... （见110）
63 Liap Liap B6
64 Locavore D4
65 Locavore to Go D4
66 Mama's Warung F5
67 Mamma Mia D4
68 Melting Wok D3
69 Nusantara C4
70 Pica C4
71 Produce Market C3
72 Spice B2
73 Three Monkeys B6
74 Tukies Coconut Shop D3
75 Tutmak Cafe C4
76 Waroeng Bernadette at Toko Madu D4
77 Warung Babi Guling D2
78 Warung Little India E5
79 Watercress B5

饮品和夜生活

80 Anomali Coffee D3
81 Bar Luna B2
82 Chill Out C4
83 Coffee Studio Seniman D2
84 CP Lounge C4
85 F.R.E.A.K. Coffee D4
86 Laughing Buddha B5
87 Night Rooster D4
88 No Màs B6
89 Seniman Spirits D2

娱乐

90 Oka Kartini F3
91 Padang Tegal Kaja D4
Paradiso .... （见53）
92 Pondok Bamboo Music Shop C7
93 Pura Dalem Ubud A1
乌布水宫 .... （见8）
94 Puri Agung Peliatan F8
乌布皇宫 .... （见11）

购物

95 Bali Yoga Shop D5
96 Balitaza C4
97 BaliZen B7
Casa Luna Emporium .... （见49）
98 Confiture de Bali D4
99 Ganesha Bookshop E3
100 Kou C4
101 Kou Cuisine C3
102 Moari E3
103 Namaste D7
104 Nava C3
105 OH B4
106 Periplus B2
Pondok Bamboo Music Shop ... （见92）
107 Portobello C8
108 Pusaka C3
109 里奥·希勒米图片画廊及咖啡馆 C2
110 Tegun Galeri D6
111 生命之线印尼纺织品艺术中心 C1
112 Tn Parrot D4
113 乌布市场 C3
114 Ubud Tea Room E3
115 Utama Spice B7

博物馆的历史。

博物馆门票包含花园咖啡馆里的一杯饮品。

乌布村庙 印度教神庙

（Pura Desa Ubud；见176页地图；Jl Raya Ubud）**免费**这是乌布社区的主要寺庙，经常大门紧闭，但举办仪式时却热闹非凡。

内卡画廊 画廊

（Neka Gallery；见176页地图；☎0361-975034；Jl Raya Ubud；⏰8:00~17:00）**免费**这家低调的画廊由Suteja Neka自1966年开始经营，是独立于内卡艺术博物馆（Neka Art Museum）之外的实体。它广泛吸纳五花八门的巴厘艺术流派作品，以及包括著名的阿里·斯米特（Arie Smit）在内的旅居当地的已故欧洲艺术家的作品。

科曼奈卡精品艺术画廊 画廊

（Komaneka Art Gallery；见176页地图；☎0361-401 2217；www.gallery.komaneka.com；Monkey Forest Rd；⏰8:00~20:00）**免费**展示巴厘岛知名艺术家的作品。

乌布南部（South Ubud）

沿着Jl Hanoman和Monkey Forest Rd步行，就能到达乌布最棒的景点。街边有许多

佩图鲁的苍鹭

每天17:00之后，多达两万只苍鹭（herons）飞进Jl Raya Ubud以北约2.5公里处的小村佩图鲁（Petulu），它们吵闹着争夺优越的栖息场所，最终落脚在路边的树上，成为人们喜闻乐见的旅游景观。

这里的苍鹭主要是带条纹的爪哇池塘品种，不知何故，它们从1965年开始拜访佩图鲁。村民们认为，它们能带来好运（也能带来游客），就是有点儿臭，有点儿脏。一些小吃摊建在稻田间，你可以一边喝饮料一边欣赏风景；进入村子需要交纳20,000Rp。假如苍鹭已经栖息在树上，那么走路经过树下的时候要快一点儿。筑巢和产蛋开始于11月，雏鸟从次年3月开始学习飞行。

可以选择令人愉快的徒步或自行车骑行方式前往佩图鲁，从乌布北部出发，几条线路都可以抵达。但如果你要等看完鸟儿再回程，那就得走夜路了。

有趣的商店和咖啡馆。顺着狭窄的小路向下，就能找到隐藏的稻田。

★阿贡拉伊艺术博物馆　美术馆

（Agung Rai Museum of Art，简称ARMA；见182页地图；☎0361-976659；www.armabali.com/museum；Jl Raya Pengosekan；成人/10岁以下儿童 100,000Rp/免费；⏲9:00~18:00）如果你在乌布只能参观一座博物馆，一定要来这里。创建者阿贡拉伊于20世纪70年代通过向外国人销售巴厘岛艺术作品完成了财富积累。在担任销售商期间，他还建起了印度尼西亚最让人印象深刻的私人艺术收藏。文化氛围浓郁的小院于1996年正式对外开放，在两栋专门建造的展室内展出他的收藏——特色收藏包括19世纪爪哇艺术家Raden Saleh（1807~1880）创作的《爪哇贵族及其夫人的画像》（*Portrait of a Javanese Nobleman and his Wife*）。

展品还有经典的Kamasan绘画、20世纪三四十年代的巴都安风格作品，其中包括艺术家I Gusti Nyoman Lempad、Ida Bagus Made、Anak Agung Gede Sobrat（1912~1992）和I Gusti Made Deblog（1906~1986）的作品。现代艺术画廊里值得一看的超凡画作有Nasjah Djamin（1924~1999）的《绿色稻田》（*Green Rice Paddies*；1987）和Widaya（1923~2002）的《野兰花》（*Wild Orchids*；1988）。在传统艺术展厅，可以找找I Ketut Kasta（1945~）的《Arja舞剧》（*The Dance Drama Arja*）、I Ketut Sepi（1941~）的《火葬仪式》（*Cremation Cememony*；1994），以及I Wayan Mardiana（1970~）创作的细节栩栩如生的*Wali 'Ekadesa Rudra'*（2015）。传统艺术展厅同时还陈列着对乌布画派影响深远的外国艺术家沃尔特·史毕斯（1895~1942）的多幅作品。

如果遇到当地孩子们练习巴厘岛舞蹈或加麦兰，则会给你的游览增添不少乐趣。此外也会定期举办各种舞蹈表演和文化课程。

你可以从Jl Raya Pengosekan的Kafe Arma进入博物馆，或是从街角的阿贡拉伊艺术博物馆度假村（ARMA Resort）进入馆内。门票包含咖啡馆的一杯饮品。

乌布猴林　公园

（Ubud Monkey Forest；见176页地图；☎0361-971304；www.monkeyforestubud.com；Monkey Forest Rd；成人/3~12岁儿童 50,000/40,000Rp；⏲8:30~17:30）这片丛林凉爽而浓密，正式的名称是Mandala Wisata Wanara Wana，里面有三座神圣的庙宇。这个保护区里聚集着600多只贪婪的灰毛长尾巴厘猕猴，千万不要被宣传册图片上它们的单纯表情和迷人眼神所迷惑——它们会咬人，因此靠近时要特别小心。请注意，神庙只对信众开放。

你可以从三个大门中任选一个进入猴林：主门在Monkey Forest Rd的南端。售票处有关于森林、猕猴和寺庙等相关信息的实用手册。免费摆渡车沿环线往返于此地和乌布中心，每15分钟一班，沿途停靠Jl Raya Ubud、Jl Hanoman和Monkey Forest Rd——注意寻找浅黄绿色的巴士。

请注意：猴子总是密切注意来往的游客，希望他们会分发食物（它们一有机会就会毫不客气地动手抢）。让人烦恼的警示录（以及标牌）在路边随处可见，告诉游客如何做才能避免猴子们可能带来的麻烦：避免目光接触，不要露出你的牙齿，也不要冲它们笑，因为在它们看来这可能是一种挑衅。此外，不要试图从猴子那里抢回香蕉或者给它们喂食。

帕当特加尔祖灵庙 印度教神庙

（Pura Dalem Agung；见176页地图；Ubud Monkey Forest）位于乌布猴林中，帕当特加尔祖灵庙给人一种电影《印第安纳·琼斯》的感觉。在通往内庙的大门边，你可以看到让达（Rangda）吞噬儿童的肖像。只有信众才能进入庙内。

乌布西部（West Ubud）

沿Jl Raya Campuan前行至Wos河（Sungai Wos）大桥（留意南边一座有点年头的木桥），然后顺着繁忙而充满趣味的Jl Raya Sanggingan行进，一路会经过一些有趣的景点。踏上通往Penestanan的陡峭台阶，穿行在小客栈和稻田以及流水之间。

★内卡艺术博物馆 美术馆

（Neka Art Museum；见182页地图；☎0361-975074；www.museumneka.com；Jl Raya Sanggingan；成人/12岁以下儿童 75,000Rp/免票；⏲9:00~17:00）这座令人瞩目的博物馆是了解巴厘岛艺术的好地方，在一系列凉亭和展厅里展出各种顶级作品。不要错过多个房间组成的**巴厘岛绘画展厅**（Balinese Painting Hall），了解20世纪二三十年代wayang（木偶）风格以及受欧洲影响的乌布和巴都安风格的作品。另一个值得一看的地方是**Lempad Pavilion展厅**，里面有I Gusti Nyoman Lempad等巨匠的作品。此外还有**东西方艺术附馆**（East-West Art Annexe），Affandi（1907-1990）和Widayat（1919-2002）的作品都会给你留下深刻印象。

这座博物馆由巴厘岛的私人艺术收藏家和经销商Suteja Neka创立，拥有丰富而杰出的馆藏。除了巴厘岛和印度尼西亚其他地区艺术家的杰作，还有大量将巴厘岛视为自己家园的外国艺术家的作品，其中包括阿里·斯米特、鲁道夫·邦尼、Theo Meier、Louise Garrett Koke、Donald Friend和Tay Moh-Leong等。

这里还有一间礼品商店（见209页），可以购买优质的当地手工艺品。

Pura Gunung Lebah 印度教神殿

（见182页地图；紧邻Jl Raya Campuan）这座历史悠久的神庙屹立于Sungai Cerik河两条支流交汇处的一块凸出的巨石上（街道名campuan的意思是“两条河流”），近来经过了大规模的建设修整。周围环境极佳。听流水潺潺，欣赏让人印象深刻的多层神龛及许多精致的雕刻。

活动

瑜伽和冥想是这里的热门活动，此外还有各种水疗项目。步行穿越当地稻田也十分流行，而且无须向导就可轻松完成。可以骑自行车，但是当地糟糕的交通状况意味着很难享受到骑行的乐趣。

按摩和水疗

★Taksu Spa 水疗

（见176页地图；☎0361-479 2525；www.taksuspa.com；Jl Goutama；按摩 450,000Rp起；⏲9:00~22:00）乌布人气最旺的水疗，提供种类繁多的豪华按摩和美容项目，尤以瑜伽见长。有供情侣按摩的私密按摩室，此外还有一个充满绿意的花园咖啡厅。

Mandapa Spa 水疗

（☎0361-4792777；www.ritzcarlton.com/en/hotels/indonesia/mandapa/spa；Mandapa Resort, Kedewatan；按摩 1,600,000~2,100,000Rp，美容 1,700,000~2,500,000Rp；⏲9:00~21:00）Mandapa度假村内的河畔水疗康体中心具有奢华享乐的氛围，设有按摩和美容理疗、一个瑜伽亭、一座冥想室、一个生机勃勃的泳池、一间24小时健身中心和桑拿室等。

Made Surya 康体理疗

（www.balihealers.com；每小时/每天US$35/200）这里有巴厘岛顶级的传统治疗师（balian）。如果你想试试巴厘岛治疗，他的技术就非常不错。

Ubud Wellness Spa 水疗

（见182页地图；☎0361-970493；www.ubudwellnessbalispa.com；紧邻Jl Pengosekan；

Ubud Area 乌布地区

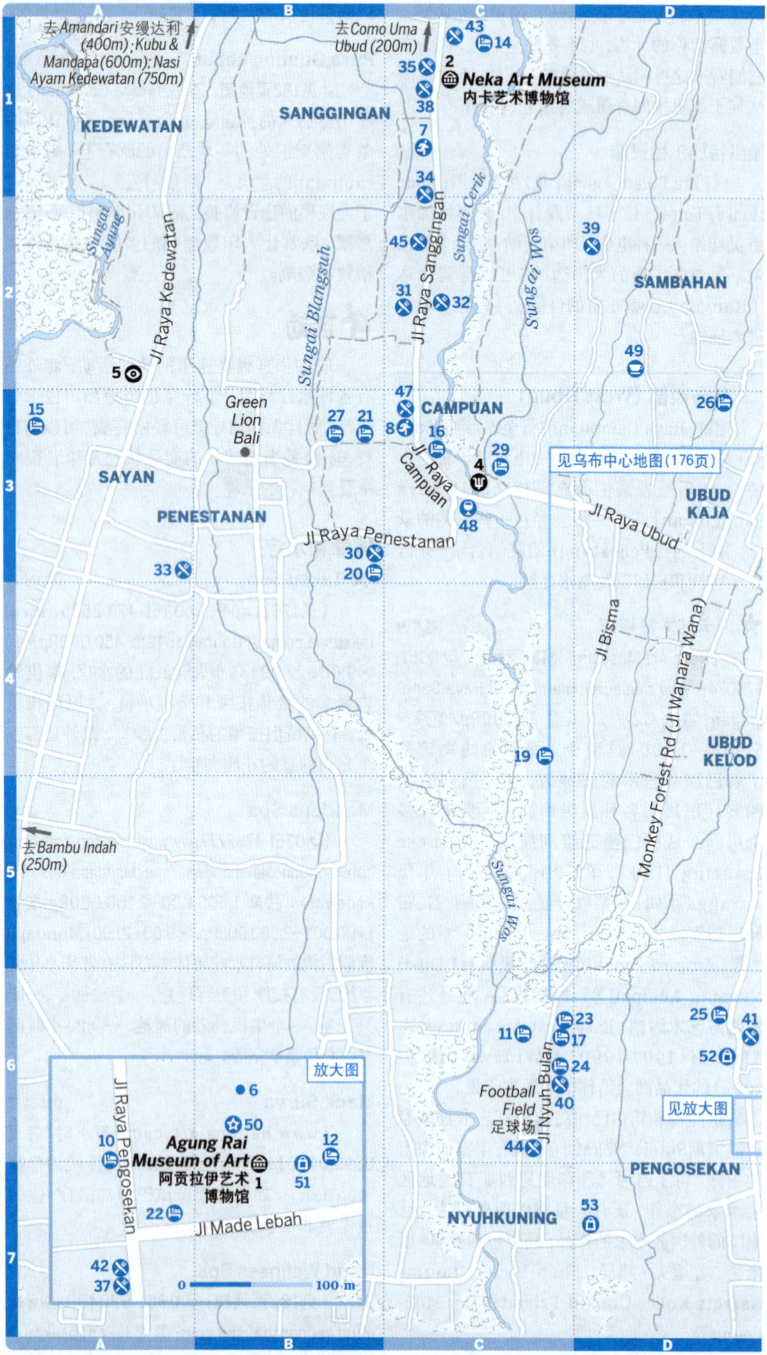

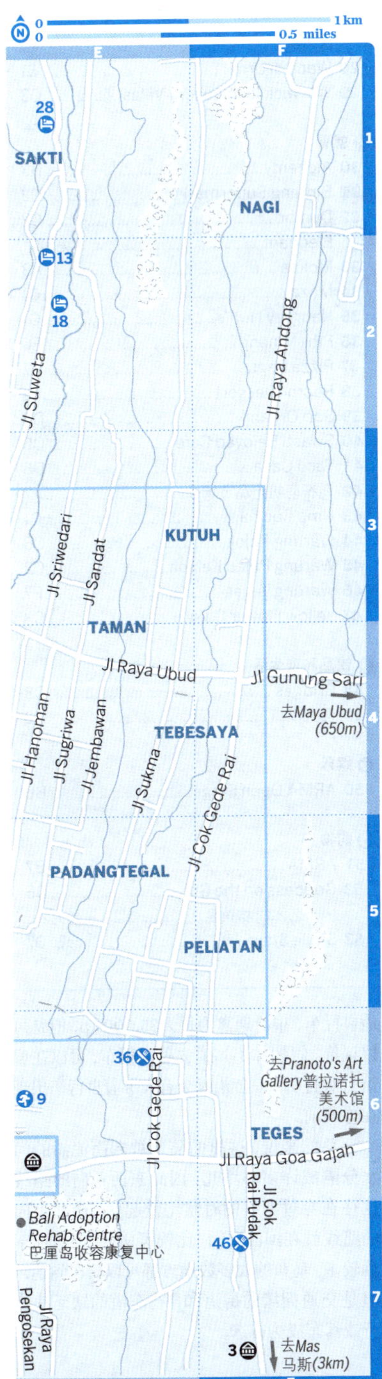

理疗 95,000Rp起；⏲9:00~22:00）一家功效明显的水疗中心，绝不言过其实。在乌布不断创新的社区中十分受欢迎。试试3.5小时的Royal Kumkuman Body Wellness水疗套餐（500,000Rp）。

Bali Botanica Day Spa 水疗

（见182页地图；☎0361-976739；www.balibotanica.com；Jl Raya Sanggingan；按摩190,000Rp起；⏲9:00~21:00）这家规模不大的水疗中心提供各种疗法，包括阿育吠陀（Ayurvedic，印度草药按摩）理疗。草药按摩非常受欢迎。提供交通接送服务（需至少预订两项理疗）。

Ubud Sari Health Resort 水疗

（见182页地图；☎0361-974393；www.ubudsari.com；Jl Kajeng 35；1小时按摩 240,000Rp起；⏲9:00~20:00）这家位于同名酒店内的康体中心具有专业水准，设有品类繁多的理疗，包括按摩、排毒、反射疗法和美容等项目。

Nur Salon 水疗

（见176页地图；☎0361-975352；www.nursalonubud.com；Jl Hanoman 28；1小时按摩175,000Rp；⏲8月至10月 12:00~20:00，11月至次年7月 9:00~21:00）传统的巴厘建筑内到处摆满了带标签的药草。提供一系列简单的水疗和美容服务。

瑜伽

★ 瑜伽谷仓 瑜伽

（Yoga Barn；见176页地图；☎0361-971236；www.theyogabarn.com；紧邻Jl Raya Pengosekan；课程 130,000Rp起；⏲6:00~21:00）乌布瑜伽变革的中心，位于河谷附近的一片丛林中。名字说明了一切：巨大的空间里，安排有各种级别的瑜伽课程。此外这里还有一间阿育吠陀水疗室和花园咖啡馆。

Radiantly Alive 瑜伽

（见176页地图；☎0361-978055；www.radiantlyalive.com；Jl Jembawan 3；每节课/3节课/每周 130,000/330,000/800,000Rp；⏲7:30~18:00）这所学校会吸引那些寻找私密空间的练习者，提供多种门类的插班和长期瑜伽课程。

Ubud Area 乌布地区

重要景点

1 阿贡拉伊艺术博物馆 B7
2 内卡艺术博物馆 C1

景点

3 卢达纳博物馆 F7
4 Pura Gunung Lebah C3
5 Sayan Terrace A2

活动、课程和团队游

6 ARMA B6
7 Bali Botanica Day Spa C1
8 Intuitive Flow C3
Mozaic Cooking Classes （见34）
Ubud Sari Health Resort （见26）
9 Ubud Wellness Spa E6
Wayan Karja Painting （见21）

住宿

10 Agung Raka A6
11 Alam Indah C6
12 ARMA Resort B6
13 Bali Asli Lodge E2
14 Como Uma Ubud C1
15 四季度假酒店 A3
16 Hotel Tjampuhan C3
17 Kertiyasa Bungalows C6
18 Ketut's Place E2
19 Komaneka at Bisma C4
20 Roam B3
21 Santra Putra B3
22 Sapodilla A7
23 Saren Indah Hotel C6
24 Swasti Eco Cottages C6
25 Tegal Sari D6
26 Ubud Sari Health Resort D3
27 Villa Nirvana B3
28 Wapa di Ume E1
29 Warwick Ibah Luxury Villas C3

就餐

30 Alchemy B3
31 Bintang Supermarket C2
32 Dumbo C2
Elephant （见32）
33 Moksa A3
34 Mozaic C1
35 Naughty Nuri's C1
36 Pitri Minang E6
37 Pizza Bagus A7
38 Room4Dessert C1
39 Sari Organik D2
40 Swasti Beloved Cafe C6
41 Taco Casa D6
42 乌布有机产品市场 A7
43 Uma Cucina C1
44 Warung Pojok C6
45 Warung Pulau Kelapa C2
46 Warung Teges F7
47 Yellow Flower Cafe C3

饮品和夜生活

48 Bridges C3
49 澄汁小摊 D2

娱乐

50 ARMA Open Stage B6

购物

51 ARMA B7
52 Goddess on the Go! D6
内卡艺术博物馆商店 （见2）
53 Smile Shop D7

Intuitive Flow 瑜伽

（见182页地图；☎0361-977824；www.intuitiveflow.com；Penestanan；瑜伽 120,000Rp起；⊙培训班 每日）这个可爱的瑜伽工作室就坐落在稻田间——从Campuan要爬一段台阶才能到达，这可能会让你筋疲力尽，累到连穿瑜伽服的力气都没有。

这里还设有治疗艺术培训班。仅接受现金付款。

骑行

乌布中心的许多商店和旅馆均可出租山地自行车。报价通常为每天35,000Rp，但是可以议价。假如你不知道去哪里租车，可以在旅馆打听打听，一会儿就会有人带着自行车出现在你面前。

总的来说，这里的陆地被向南流淌的河水分隔成许多小块儿，因此东西走向的路线往往在穿过河谷的时候比较起伏。南北走向的路线就在河流之间，比较容易走，但来往车辆较多。乌布的大多数地方都可以骑车到达，但是交通拥堵的街道和自行车道的缺乏使步行或驾车成为首选。

漂流

爱咏河（Sungai Ayung）是巴厘岛开展漂流活动的最受欢迎的河流。你可以从乌布北部开始，到西部的安缦达利度假村附近结束。注意：因降雨量的不同，水流可能很平静，也可能会很湍急。

课程

乌布是你学习艺术或语言技能的最佳地点，当然也适合学习巴厘文化和烹饪。各种各样的课程足够让你忙活一整年的。大部分课程都需要提前报名。

★ARMA 文化团队游

（见182页地图；☎0361-976659；www.armamuseum.com/museum/cultural-workshops；Jl Raya Pengosekan；课程 US$25起；⊙9:00~18:00）这里是一个文化"充电站"，设有绘画、木雕、加麦兰和蜡染课程，此外还有巴厘舞蹈、印度教和建筑等其他课程。

生命之线印尼纺织品艺术中心 纺织品

（Threads of Life Indonesian Textile Arts Center；见176页地图；☎0361-972187；www.threadsoflife.com；Jl Kajeng 24；2小时课程 200,000~400,000Rp；⊙10:00~19:00）这个画廊和教学工作室提供纺织品欣赏课程，时间为1~8天。一些课程还包含前往巴厘各地旅游，相当于研究生的水平。

Pondok Pecak Library & Learning Centre 语言

（见176页地图；☎0361-976194；www.facebook.com/pg/pondokpekak；紧邻Monkey Forest Rd；课程 每小时 150,000Rp起；⊙9:00~21:00）该中心位于足球场的远端，设有门类丰富的课程和培训班。试试舞蹈、音乐或木雕培训班，或者报名参加10节课的印尼语培训班（1,200,000Rp）。其中一些课程专为儿童开设。

Wayan Karja Painting 艺术

（见182页地图；☎0361-977810；Jl Pacekan 18，Penestanan；2小时课程 350,000Rp起）由抽象派艺术家Karja指导的绘画和素描强化培训班，他的工作室就在其所经营的客栈Santra Putra（见193页）后面。

乌布步行游览注意事项

在乌布和周边地区步行游览，体验其无数的美景、无尽的魅力和令人愉悦的新发现，是到访这个地区最大的乐趣和最好的理由。

该地区有许多前往附近村庄和穿过周边稻田的有趣的步行路线。你经常会看到艺术家们在开放式的房间和阳台上工作，农夫在那些奢华的小别墅旁边从事着无止境的田间劳作。

在享受步行游览乐趣时，请注意以下几点：

自己带水 在多数地方都有许多小吃摊或小商店销售各种小吃和饮品，但最好还是带上水，避免步行途中脱水。

带足装备 带上帽子、一双好鞋以及应对午间阵雨的防水装备，在浓密植物间行走，最好穿长裤。

尽早出发 最好在黎明时分上路，赶在天热起来之前出发。早晨空气更加清新，而且你会在鸟儿和其他各种野生动物钻入树荫之前看到它们。在白昼喧嚣出现前，能够更好地享受宁静的氛围。

避开收费 一些有创业精神的农民会在自家的稻田前建起小收费站，收取穿越农田的费用。你可以直接绕开它们，或者支付一定费用（千万不要超过10,000Rp）。

量力而行 如果你感到疲惫，不要担心无法完成目标。行走的乐趣在于沿途的享受。骑摩托车的当地人会很乐意收取30,000Rp的费用将你送回住所。

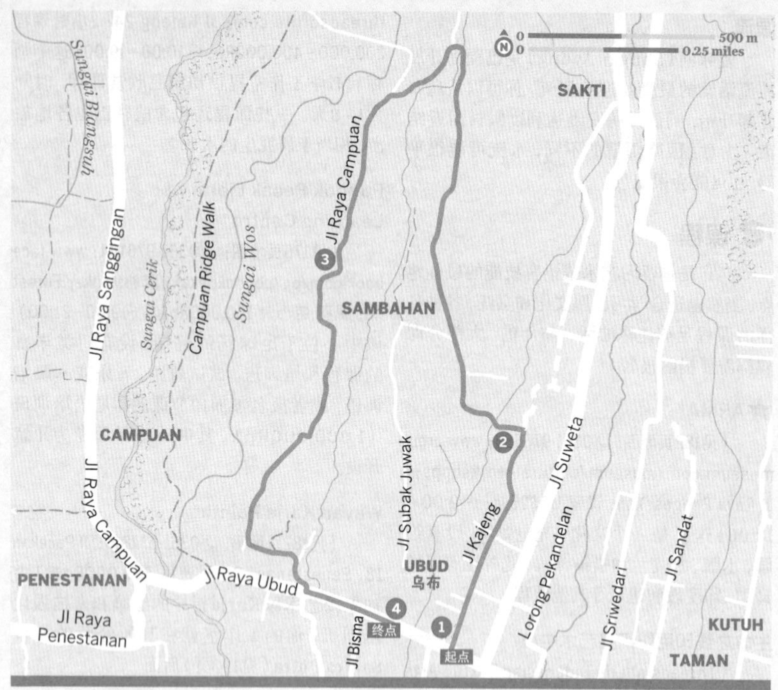

步行游览
乌布的城市稻田

起点: 乌布水宫
终点: 画宫博物馆
距离: 3.5公里; 1小时

从❶**乌布水宫**(见175页)出发之前,你可以在这座神庙雕刻精致的大门和荷花盛开的池塘边摆好姿势拍几张照片。然后沿着Jl Kajeng一路向北,跟随"To Rice Field"路牌前行。经过❷**Pura Catur Bhuana**,这是乌布数百座社区小庙之一,然后继续向山上走,道路开始变成小道。你很快就能在左手边看到绿意盎然的稻田,随后到达一座小神庙,在这里右转。继续向北,经过几栋别墅,然后在一家小餐馆前的小路上左转。这条小路很快就与另一条步道汇合,然后继续左转,向城镇中心方向前行[如果右转,这条小路将会把你带到德格拉朗(Tegallalang),沿途会经过许多当地艺术家的工作室]。

左转之后,你会经过两座有机农场,乌布一些餐厅使用的食材就来自这里。❸**Sari Organik**(见202页)咖啡馆就位于其中一座农场内,你可以停下来喝一杯,或者吃点有机简餐。继续向南,你很快就能看到Campuan山脊的绝美风景。这里是20世纪二三十年代最先吸引西方画家到此创作的地方,依然葱郁的植被以及随风飘来的小河淌水的声音很容易就会让你知道其中原因。在这里,小道开始变得蜿蜒曲折,沿途会遇到健步如飞的蜥蜴、骨瘦如柴的小鸡和偶尔出现的行人以及摩托车骑手。伴随着鸟鸣,在炎热的季节里,山风会让你感到阵阵清爽。

继续前行直至一个丁字路口,然后左转,经过Abangan Bungalows,转上Jl Raya Ubud,❹**画宫博物馆**(见175页)就在附近。

Wayan Pasek Sucipta 音乐

（见176页地图；☎0361-970550；Eka's Homestay, Jl Sriwedari 8；课程 每小时 100,000Rp）向大师学习加麦兰的演奏技巧。

Nirvana Batik Course 艺术

（见176页地图；☎0361-975415；www.nirvanaku.com；Nirvana Pension, Jl Goutama 10；课程 每天 450,000~485,000Rp；⏲周一至周六 10:00~14:00）由Nyoman Suradnya传授的非常值得推荐的蜡染课程。

Studio Perak 首饰

（见176页地图；☎081 2365 1809；www.studioperak.com；Jl Hanoman 15；课程 每3小时 430,000Rp）专门提供巴厘岛风格的银器制作课程，3小时的课程就可以让你完成至少一件作品。可安排面向8岁以上儿童的课程。

烹饪

烹饪课程是乌布最受游客欢迎的活动之一。课程往往从一个当地市场开始，在那里你将认识种类繁多的巴厘人日常食用的水果、蔬菜和其他食材。

★ Casa Luna Cooking School 烹饪

（见176页地图；☎0361-973282；www.casalunabali.com/ casa-luna-cooking-school；Honeymoon Guesthouse, Jl Bisma；课程 400,000Rp起）在Casa Luna（见200页）餐厅开办、口碑良好的烹饪学校里，每天都会开设一门不同种类的烹饪培训班或美食团队游。半天的课程包括学会制作几道菜，其中一些还包括市场参观。周四和周五设有前往著名的吉亚尼亚尔夜市（Gianyar night market）的三小时团队游，周六则开设"食疗"课程。

Mozaic Cooking Classes 烹饪

（见182页地图；☎0361-975768；www.mozaic-bali.com；Jl Raya Sanggingan；半天/全天 课程 900,000/1,300,000Rp）在巴厘岛首屈一指的餐厅学习烹饪技艺。设有从入门到专业水平的各类课程。课程含试吃环节。

Cafe Wayan Cooking Class 烹饪

（☎0361-975447；www.alamindahbali.com/cafe_wayan.htm；课程 350,000Rp；⏲10:00和16:00）在镇上两个地方举办，这项入门者课程为期两个小时。之后，你有机会吃掉自己的成果。

团队游

乌布游客信息中心 文化游

（Fabulous Ubud Tourist Information Centre, Fabulous Ubud；见176页地图；☎0361-973285；www.fabulousubud.com；Jl Raya Ubud；团队游 185,000~300,000Rp；⏲8:00~21:00）由乌布王室成员经营，这家旅行社和活动机构设有有趣且价格适中的半天和全天游，可以参观各种各样的地方，包括百沙基母（Besakih）和金塔玛尼（Kintamani）等。

Dhyana Putri Adventures 文化游

（www.balispirit.com/tours/bali_tour_dhyana.html；半天/全天 团队游 US$120/185）了解两种文化、精通三门语言的作家兼巴厘岛舞蹈专家Rucina Ballinger提供定制式团队游，以巴厘岛表演艺术和深度文化体验为主。

Bali Nature Walk 步行游览

（☎0817 937 5914；www.balinaturewalks.net；团队游 US$25）Dewa Rai带领的3~4小时的步行游览穿过乌布的丛林和稻田。费用包含旅馆接送。

Banyan Tree Cycling Tours 骑行

（☎0813 3879 8516；www.banyantreebiketours.com；团队游 成人/儿童 US$55/35起）在位于乌布北边丘陵的偏远村庄开展全天团队游。非常热门，重点是与当地村民进行互动。同时还可安排徒步和漂流行程。

Bali Bird Walks 观鸟

（☎0361-975009；www.balibirdwalk.com；团队游 含午餐 US$37；⏲周二、周五、周六和周日 9:00~12:30）由Victor Mason于30多年前开启的这个项目，专门针对狂热的鸟类观察爱好者，现在仍然长盛不衰。这段于清晨出发的漫步游相当轻松（从长期闭店的Beggar's Bush Bar开始），可以让你观察到当地100种鸟类中的大约30种。

Bali Nature Herbal Walks 步行游览

（☎0812 381 6020，0812 381 6024；www.baliherbalwalk.com；团队游 200,000Rp；⊙8:30）三小时的行程穿越巴厘岛繁茂的森林，导游将带你一起辨认各种药用和食用香草以及植物，并且在它们的自然生长环境中进行讲解。费用包含一杯草药饮品。

节日和活动

参观巴厘岛每年众多的宗教和文化活动，最好的地方之一就是乌布地区。乌布游客信息中心（Fabulous Ubud Tourist Information Centre；见209页）提供的当地活动信息详尽得无与伦比。

★乌布作家与读者节 文学节

（Ubud Writers & Readers Festival；www.ubudwritersfestival.com；单日通票 1,200,000Rp；⊙10月底/11月初）东南亚最盛大的文学节有来自全世界的作家和读者参加，是一场关于写作的五日庆典——特别是那些关于巴厘的作品。

★巴厘岛瑜伽节 舞蹈节、音乐节

（Bali Spirit Festival；www.balispiritfestival.com；⊙3月底/4月初）由当地瑜伽领袖——瑜伽谷仓（Yoga Barn）的主人发起的瑜伽、舞蹈和音乐的热门节日。其间将举行数百个讲习班和音乐会，还有一个市集。

乌布乡村爵士音乐节 音乐节

（Ubud Village Jazz Festival；⊙8月）首创于2013年，这个一年一度的爵士音乐节为期两天，主舞台设在阿贡拉伊艺术博物馆（ARMA；见180页），届时会有许多国际巨星登台献艺。

乌布美食节 餐饮节

（Ubud Food Festival；☎0361-977408；www.ubudfoodfestival.com；⊙4月）在这个为期三天的美食节期间，异彩纷呈、美味无比的印尼烹饪占据了节庆主流。活动还包括烹饪展示、培训班、论坛、市场、美食团队游和电影放映等。

巴厘岛素食节 餐饮节

（Bali Vegan Festival；www.baliveganfestival.com；⊙10月）鼓励大众尝试纯素生活。这个为期三天的节庆包括对话、烹饪技巧演示、培训班和电影放映等。活动场地包括Paradiso（见206页）电影院和Taksu Spa（见181页）的活动舞台。长谷地区也设有分会场。

住宿

住在当地人家院落里陈设简单的房间有助于深入体验当地文化，每晚费用可低至US$15。乌布是山区，晚间很凉爽，因此根本不需要空调。

这里的客栈可能规模会大一些，并配备游泳池之类的设施，环境宁静怡人，因为这些客栈通常坐落在稻田和河流之间。最佳酒店和度假村一般高踞于深深的河谷之上，可以享受壮观的景色（不过一些经济型旅馆也有着令人震惊的美景）。一些旅馆提供往返周围区域的交通服务。

CAMPUAN山脊徒步

在两条河流之间的山脊上，在日出和日落沿着这条铺有路面的小道游览，是非常热门的远足活动，不过白天任何时候这条路上的风景都非常有看点。从Warwick Ibah Luxury Villas别墅的车道出发，转上左边的小路，有一条步道可以到Wos河对岸，然后经过宁静的Pura Gunung Lebah（见181页），里面有一座让人印象深刻的多层神龛（meru）。沿着水泥小路继续向北，爬上两条河流之间的Campuan山脊（Campuan的意思是“两河交汇之处”，即Wos河与Cerik河的汇流处）。小路两侧是大片的象草，巴厘岛的茅草房一直以来都用这种植物作为屋顶。你可以越过山脊，全方位欣赏层层叠叠的乌布稻田。继续向上，经过稻田，到达小村Bangkiang Sidem，在这里可以掉头原路返回，因为连接小村Payegan和乌布中心的公路未设人行道，风驰电掣的车辆让这条路对行人而言格外危险。

乌布的地址有时不太精确，不过街尾的标志经常会列出这条路上所有提供住宿的地方。远离主干道的街道上几乎没有路灯，天黑之后找地方是一项挑战。假如你步行，不要忘记携带手电筒。

由于人气太旺，加上（截至目前）少有连锁酒店，乌布是巴厘岛上住宿价格上升较快的地方。

乌布中心 (Central Ubud)

乌布的市中心有各种各样的地方可以让你疲惫的身心得以休整，并且你所住的地方无须长途跋涉或使用"交通工具"就可到达。如果你想住在Jl Raya Ubud附近，不要找会受到主街吵闹声影响的房间。在中心十字路口东边有几条不长但很安静的街道，如Jl Karna、Jl Maruti和Jl Goutama，大量的家庭旅馆就集中于此。在Jl Raya Ubud北边一点的街道，如Jl Kajeng和Jl Suweta，总能看到这样的场景：玩耍的孩子和许多不错的家庭旅馆。Monkey Forest Rd也是旅馆最为密集的地方。记得不要选择直面交通拥堵的街道的房间。Jl Bisma一直延伸到种植水稻的高地上，但稻田正在日益变小，因为新旅馆在这里不断涌现，尤其是在南端，一条小路与Monkey Forest Rd连接之处。

★ Three Win Homestay 民宿 $

（见176页地图；☎0819 9945 3319, 0812 3819 7835; www.threewinhomestay.com; Anila Ln，紧邻Jl Hanoman；房间 350,000~450,000Rp；❄📶）Putu的丈夫Sampo和她的父亲Nyoman精心打理着Jl Hanoman附近家庭院落里的五间现代客房。这些房间都铺有瓷砖，设有舒适的床铺和整洁的浴室。要一个楼上的房间，因为可以在宽敞的阳台上眺望周边的屋顶。

Batik Sekar Bali Guest House 客栈 $

（见176页地图；☎0361-975351; Jl Sugriwa 32；房间 250,000~310,000Rp；❄📶）位置无可挑剔，这个家庭民宿提供超越时空的乌布深度体验。住在这里，可以看到Made、Putu和他们的家人每天忙着制作各种供品。四个房间都有露台和冷水浴室。

> **ℹ 灌满你的水壶**
>
> 在巴厘岛的热带炎热天气下，每天有大量的瓶装水被消耗掉，扔到垃圾桶的空塑料瓶数量多得令人咋舌。在乌布的几个地方，你只需要花一点点钱（通常是3000Rp一大瓶，2000Rp一小瓶）就能灌满水瓶（塑料瓶或可循环使用的水瓶）。所灌的饮用水是广受当地人欢迎的Aqua品牌。每灌满一瓶水，你就能省下一只塑料瓶，从而为保护巴厘岛的环境尽一份力。市中心的灌水点在Pondok Pekak Library & Learning Centre（见185页）。

Pande House 民宿 $

（见176页地图；☎0361-970421; www.pandehomestayubud.wordpress.com; Jl Sugriwa 59；房间 带风扇/空调 250,000/400,000Rp起；📶）乌布另一间令人愉悦的家庭庭院民宿，旧式风格的Pande是这条居民街道上众多民宿里的一家。每间房都有一个露台；豪华房设有空调。几乎没有华而不实的装饰，但是服务非常热情。

Puri Asri 2 客栈 $

（见176页地图；☎0361-973210; Jl Sukma 59；标单 400,000Rp，双 450,000~500,000Rp；❄📶🏊）穿过一座经典的家庭院落，你会发现一家有8间极其简洁的平房风格客房的民宿。其中3间有空调，但是最好的房间都在楼上，光线充足，通风良好。小巧漂亮的无边泳池让这里格外清凉。

Griya Jungutan 民宿 $

（见176页地图；☎0361-975752; www.griyajungutan.com; Gang Beji，紧邻Monkey Forest Rd；房间 带风扇 270,000Rp，房间 带空调 310,000Rp起，家庭房 1,020,000Rp；❄📶🏊）在乌布最中心地带，有一片可以俯瞰一座小河谷的宁静天地。Griya和家人打理着物超所值的房间，陈设简单，但足够舒适。房间有各种风格：最便宜的只有风扇，最好的房间则有可以看到田园风景的露台。住客们对量身定制的早餐赞不绝口。

Aji Lodge 民宿 $

（见176页地图；☎0361-973255；ajilodge11@yahoo.com；标单 200,000~250,000Rp，双 250,000~300,000Rp；❄📶）由当地画家Aji经营，他会很乐意展示自己的作品。这家河畔民宿有四间带木质天花板的客房，配带蚊帐的大床；其中两间有空调，所有房间都有露台。如果不带早餐，房价可以便宜50,000Rp。

Family Guest House 民宿 $

（见176页地图；☎0361-974054；www.familyubud.com；Banjar Tebesaya 39；标单 250,000~300,000Rp，双 350,000~400,000；❄📶）这个繁忙的家庭让这个整洁的家庭旅馆有些吵。8间客房陈设简单，但非常干净；其中3间带有空调。选择楼上的房间，更加明亮通风。

Suastika Lodge 民宿 $

（见176页地图；☎0361-970215；suastika09@hotmail.com；紧邻Jl Sukma；房间 150,000~250,000Rp；📶）在Jl Sukma东边的一条小巷里，你会在一个典型的家庭院落中发现4间整洁的客房。房间为平房风格，隐秘而安静。在乌布不会找到比这里更便宜的地方了。

Sania's House 客栈 $

（Darma Yogi Guest House；见176页地图；☎0361-975535；sania_house@yahoo.com；Jl Karna 7；房间 带风扇 300,000~350,000Rp，房间 带空调 450,000~500,000Rp；@📶🏊）这座民宿就在乌布市场附近，大泳池和花园是这里的特色。27间客房简单怡人；其中一些有空调，而且十分宽敞。客栈内有一间餐馆，入口处还有几个纪念品销售柜台。

Eka's Homestay 民宿 $

（见176页地图；☎0813 3957 1134；Jl Sriwedari 8；标单 150,000~180,000Rp，双 200,000~250,000Rp；📶）这是巴厘音乐老师Wayan Pasek Sucipta的家，庭院中经常传出优美的加麦兰音乐。住宿分布在7间简单的平房里。Wayan讲授的1小时加麦兰课程费用为100,000Rp。

Raka House 客栈 $

（见176页地图；☎0361-976081；Jl Maruti；房间 350,000~450,000Rp；❄📶🏊）8间简单平房式样的客房集中于布局紧凑的镇中心家庭院落的后方，这里还有一个面积不大的梯形深水泳池，你可以在里面泡泡脚。物有所值。

Ina Inn 客栈 $

（见176页地图；☎0361-971093；http://inainnubud.com；Jl Bisma；房间 300,000~400,000Rp；📶🏊）在这里，你可以在植物茂密的院落中徜徉，从高处的泳池纵览乌布及其稻田的美景。12间客房（部分为电扇）虽然设施简单，但干净且舒适。

Biangs 民宿 $

（见176页地图；☎0361-976520；wah_oeboed@yahoo.com；Jl Sukma 28；标单 100,000~200,000Rp，双 200,00~300,000Rp，双 带空调 300,000Rp；❄📶）在一座小花园里，这处民宿有6间老旧但是干净的房间，带有简单的卫生间；只有一间配有空调。最好的房间位于院子后面，可以望见森林。三代同堂的家庭经营者在这里生活（"Biangs"的意思是"mama"），他们让住客感觉宾至如归。

Artotel Haniman Ubud 酒店 $$

（见176页地图；☎0361-9083470；www.artotelindonesia.com/haniman-ubud；Jl Jatayu Ubud；房间 1,050,000Rp起；P❄📶🏊）印度尼西亚时尚的Artotel连锁酒店的最新一家，这里有22间宽敞的开间（20、30或40平方米），配有咖啡机等设施。内设一个小泳池、一间水疗室以及往返酒店和乌布中心的免费摆渡车。早餐在酒店前面的Full Circle（见197页）咖啡馆享用——你会在这里享用镇上最好的咖啡。

Ladera Villa Ubud 酒店 $$

（见176页地图；☎0361-978127；Jl Bisma 25；房间 950,000Rp起，别墅 1,400,000Rp起；❄📶🏊）靠近乌布中心区域的景点，但是也足够安静。这家酒店有许多设施齐全的房间以及更加上档次的别墅，别墅都带有独立泳池和简单的厨房。服务热情，物超所值。

Sama's Cottages 客栈 $$

（见176页地图；☎0361-973481；www.samascottagesubud.com；Jl Bisma；平房 带风扇/空调 495,000/585,000Rp起，别墅 2,200,000Rp

起；❄📶🏊）这座客栈沿山坡而建，这处迷人的世外桃源有各种不同的房间、小屋和带泳池的别墅，全都洋溢着浓郁的巴厘岛风情。这里给人的感觉像是丛林中的绿洲，尤其是在泳池周边以及冥想凉亭（bale）附近。

Puri Saraswati Bungalows 酒店 $$

（见176页地图；☎0361-975164；www.purisaraswatiubud.com；Jl Raya Ubud；房间700,000~1,000,000Rp；❄📶🏊）这处中档住宿选择地处乌布的中心位置，面向乌布水宫的可爱花园令人心旷神怡。平房风格的房间装饰简单，但格外迷人；床铺还有提升空间。一天中大部分时间里都非常安静，但是在傍晚时，隔壁的舞蹈表演会略显吵闹。

Sri Bungalows 客栈 $$

（见176页地图；☎0361-975394；www.sribungalowsubud.com；Monkey Forest Rd；房间620,000~950,000Rp，套1,400,000Rp，家庭房1,900,000Rp；P❄📶🏊）虽然地处中心，但仍然格外宁静，这个热情友好的地方共有49个房间，分属5个门类——从超豪华房和套房可以看到稻田，是最好的选择，但是套间价格有点高。Wi-Fi信号仅限公共区域。

Padma Ubud Retreat 客栈 $$

（见176页地图；☎0821 4419 5910，0361-977247；www.padmaubud.com；Jl Kajeng 13；房间350,000~600,000Rp；📶🏊）位于当地艺术家Nyoman Sudiarsa的住处和工作室后面。这家客栈位于一栋现代风格的三层建筑里，内设12个房间，分为两种——高级房有风扇，Padma房间配有空调。其中一些房间位于六级台阶上方。花园里碧波荡漾的泳池在底层房间的正前方。

另辟蹊径

培金（PEJENG）

在乌布中心以东5公里处，小村培金曾是当地人趁爪哇人数次入侵巴厘岛的间隙，在此建立的培金王国的首都。1343年，满者伯夷王朝击败了贝达鲁国王，培金王朝也随之灰飞烟灭。

Pura Penataran Sasih（见214页地图；Jl Raya Tampaksiring；20,000Rp；⏰7:00~17:00）这里曾经是培金王国的国庙。在内院里，高悬在一座亭子上方并很难看到的是被称为培金之月（Fallen Moon of Pejeng）的巨大青铜鼓。这个沙漏形状的鼓高186厘米，是目前世界上最大的单一青铜鼓。据估计，它的历史已有1000~2000年。

Pura Pusering Jagad（见214页地图；Jl Raya Tampaksiring；乐捐入内）建于1329年的这座寺庙通常是年轻夫妇参观的地方，他们在这里向石制的生殖崇拜图腾林迦和尤尼祈祷。院子里还有一个巨大的石缸，精美但磨损的雕刻演绎的是《摩诃婆罗多》（*Mahabharata*）中神魔"乳海翻腾"以求长生不老的故事。寺庙在主干道以西的一条小巷内。

疯牛寺（Pura Kebo Edan；见214页地图；Jl Raya Tampaksiring；乐捐入内）谁能抗拒得了这个名叫疯牛寺的景点？虽然建筑并不怎么壮观，但它却以这里被称为培金巨人（Giant of Pejeng）的3米高的雕塑闻名，据说这尊塑像已有700年的历史。相关的传说比较含糊，但是它可能代表了《摩诃婆罗多》中的一名在死尸上跳舞的英雄Bima，这和印度教湿婆神的神话传说有关。

格顿阿卡考古博物馆（Museum Arkelogi Gedung Arca，Museum Gedung Arca；见214页地图；Jl Raya Tampaksiring；⏰周一至周四 8:00~16:00，周五 8:00~16:30）免费 这座考古博物馆有来自全巴厘岛的收藏品。几个小建筑内的展品包括几件来自吉利马努克（Gilimanuk）附近的巴厘岛最早的陶器，还有可以上溯至公元前300年的石棺。博物馆在贝杜度交叉路口以北500米处，可以坐小公共汽车或是骑自行车到达。这是个让人无精打采的地方，你得带上知识丰富的导游一起来，才能享受其中蕴藏的知识。

Oka Wati Hotel 酒店 $$

（见176页地图；☎0361-973386；www.okawatihotel.com；紧邻Monkey Forest Rd；房间US$49~100，家庭房 US$60~79；❄📶🏊）店主Oki Wati是位可爱的女士，住客们一定会被她的热情服务所感动。20个房间都带有露台或阳台，并且总有一壶热气腾腾的茶等着你。现代风格建筑内的房间更加舒适，但是旧式平房更具氛围。美味的早餐在泳池旁边的凉亭里享用。价格略高。

Adipana Bungalow 客栈 $$

（见176页地图；☎0817 978 8934；www.adipanabungalow.com；Jl Jembawan 27；房间 含早餐 600,000Rp；❄📶🏊）这里6个房间略显杂乱。每个房间都有一个正对泳池的露台，或者有一个可以看到客栈背后竹林的阳台。每间客房里的厨房设施都非常便利，但是有客人表示电源和Wi-Fi接入可能经常中断。

Lumbung Sari 客栈 $$

（见176页地图；☎0361-976396；www.lumbungsari.com；Monkey Forest Rd；房间650,000~1,700,000Rp；P❄📶🏊）泳池边的传统茅草亭（bale）是这里最迷人的地方。14间客房分为标准房、高级房和豪华房——豪华房间紧邻泳池，而且更加宽敞。价格略高。

★ Komaneka at Monkey Forest 精品酒店 $$$

（见176页地图；☎361-4792518；www.komaneka.com；Monkey Forest Rd；套 2,300,000~3,100,000Rp，别墅 3,800,000~4,200,000Rp；P❄📶🏊）这里自诩为度假村，但给人的感觉更像是精品酒店。位于Monkey Forest Rd的位置让人不得其解，但是酒店隐藏于可以眺望科曼奈卡精品艺术画廊后面稻田的葱郁花园内，而且非常安静。超级舒适的套间和别墅采用优雅的装饰，而且设施齐全；酒店内还有一间餐厅（主菜79,000~129,000Rp）和水疗室。

寻找长期住宿

在乌布有许多房子和公寓供出租或合租。要了解相关的信息，请留意Pondok Pecak Library & Learning Centre（见185页）的公告栏。你还可以在免费报纸*Bali Advertiser*（www.baliadvertiser.biz）和当地网站www.banjartamu.org上查阅信息。月租最低约US$300，设施越多，租金越贵。

Adiwana Jembawan 度假村 $$$

（见176页地图；☎0361-9083289；www.adiwanahotels.com/adiwanaresortjembawan；Jl Jembawan；房间 2,200,000~5,000,000Rp，套 5,000,000~7,000,000Rp；P❄📶🏊）这里是乌布喧嚣的闹市中一片宁静的天地。这家度假村于2016年开业，浑然天成地融入河畔风景之中。房间很宽敞，设备齐全。酒店内的设施包括一个瑜伽工作室（1小时冥想或瑜伽班100,000Rp），2座无边泳池，1间水疗室（按摩450,000Rp起）以及时尚的Herb Library（见198页）餐厅。

Warwick Ibah Luxury Villas 酒店 $$$

（见182页地图；☎0361-974466；www.warwickibah.com；紧邻Jl Raya Campuan；套/别墅 US$190/350；❄📶🏊）这里能够俯瞰Wos Valley中奔腾的流水和铺满稻田的山峦，酒店提供17间宽敞、时尚而有特色的私人套房和别墅，古典和现代相混搭的细节让你感受全新含义的奢华，每个房间都足以登上室内设计杂志。游泳池坐落在山坡旁的花园中，有大量的精美石雕可供欣赏。

Komaneka at Bisma 精品酒店 $$$

（见182页地图；☎0361-971933；www.bisma.komaneka.com；Jl Bisma；套 2,800,000Rp起，家 4,100,000Rp起，别墅 5,500,000Rp起；❄@📶🏊）位于靠近河谷的稻田后面，这家度假村洋溢着浓郁的巴厘岛风格。房型从套房到大型3卧别墅都有。院子本身非常漂亮，中央是一个长游泳池。设施包括水疗室、餐厅、酒吧、健身房和慢跑小道等。

Bisma Eight 设计酒店 $$$

（Bisma 8；见176页地图；☎0361-4792888；www.bisma-eight.com；Jl Bisma 8；套 3,000,000~9,000,000Rp；P❄📶🏊）这家2018年开业的乌布酒店洋溢着浓郁的新加坡风情。这里有非常多的设施，包括让人大开眼界的无边泳池、时尚的餐厅（主菜140,000~350,000Rp）

和赠送的活动项目（烹饪培训、瑜伽、骑行）。客房套间有超级舒适的床铺、贴心的阅读灯和优雅的浴室，里面有一个日式浴缸和独立的淋浴。直接预订，可以享受下午茶等赠送项目。

乌布南部 (South Ubud)

★Swasti Eco Cottages 客栈 $$

（见182页地图；☎0361-974079；www.baliswasti.com；Jl Nyuh Bulan；房间 带风扇/空调770,000/880,000Rp；❄@📶🏊）从猴林保护区南门步行5分钟即可到达，这里有一个大庭院，里面有一个有机菜园（其农产品用作这里咖啡馆的食材）、一个泳池、水疗和瑜伽室。一些房间位于一座简单的2层建筑内，其他的房间分布在传统风格房屋内。设有瑜伽和冥想课程。

Alam Indah 酒店 $$

（见182页地图；☎0361-974629；www.alamindahbali.com；Jl Nyuh Bulan；房间 1,000,000~1,600,000Rp；❄📶）就在乌布猴林以南，这个空旷宁静的地方有16间客房，以天然材料装饰成传统风格。Wos Valley的景色使人神魂颠倒，特别是从多级泳池区看过去更是如此。有免费的摆渡车往返酒店和乌布中心。

Sapodilla 酒店 $$

（见182页地图；☎0361-981596；https://sapodillaubud.com；Jl Raya Pengosekan；房间/套1,200,000/1,700,000Rp）乌布最新的精品风格客栈之一。Sapodilla以其宽敞、时尚的房间和高端的服务而闻名——这里有随叫随到的免费摆渡车前往乌布中心，还有下午茶，碧波荡漾的泳池边的太阳椅上摆放着触感舒适的浴巾。要一间套房或是楼上的房间，会有更多私密空间。

Kertiyasa Bungalows 酒店 $$

（见182页地图；☎0361-971471；www.kertiyasabungalow.com；Jl Nyuh Bulan 10；房间430,000~950,000Rp；P❄📶🏊）位于一个宁静的地方，这个打理得不错的酒店有宽敞的房间以及齐备的设施（水壶、卫星电视、免费小冰箱）。酒店内的其他公共设施还包括一个大泳池和一间餐厅。房费变化很大，因此不妨货比三家。

Agung Raka 精品酒店 $$

（见182页地图；☎0361-975757；www.baliagungrakaresort.com；Jl Raya Pengosekan；房间 US$70起，别墅 US$140起；P❄📶🏊）这家有43个房间的酒店略显陈旧，坐落于乌布以南风景如画的稻田中。房间非常宽敞，采用恰到好处的巴厘岛风格装修，但是真正的亮点是棕榈树下稻田中的平房风格别墅。晚上，你会在昆虫和鸟儿的歌唱声中入睡。服务包括往返酒店与镇中心的摆渡车。

Tegal Sari 酒店 $$

（见182页地图；☎0361-973318；www.tegalsari-ubud.com；Jl Raya Pengosekan；房间 350,000Rp起，套 1,350,000Rp起，别墅1,550,000Rp；❄@📶🏊）虽然距离喧嚣的主路咫尺之遥，但富有乡野气息的稻田（里面还有鸭子）却近在眼前。新砖楼内的宽敞房间和套间洋溢着时尚的当代风格，此外还有两栋非常迷人的别墅。所有房间都设施齐全。公共设施包括一间瑜伽室，还有往返酒店与城镇中心的免费摆渡车。

Saren Indah Hotel 酒店 $$

（见182页地图；☎0361-971471；Jl Nyuh Bulan；房间 650,000Rp起；❄📶🏊）这家小酒店位于乌布猴林以南（你也许会在阳台上发现不请自来的猴子），就坐落在稻田的中间，一定要订一间2楼的房间来享受风景。房间洋溢着浓浓的巴厘岛风情；有些房间很小，但不妨花点钱升级。

ARMA Resort 酒店 $$$

（见182页地图；☎0361-976659；www.armabali.com；Jl Raya Pengosekan；房间 US$90起；别墅 US$185起；P❄@📶🏊）在这家位于充满文化气息的ARMA院落内的酒店里，你可以尽情享受巴厘岛文化的洗礼。客房都是设施齐全的现代风格房间，或是带有独立泳池的优雅别墅。

乌布西部 (West Ubud)

Santra Putra 民宿 $

（见182页地图；☎0361-977810，0812 8109

9940；www.santraputra.com；Jl Pacekan 18，Penestanan；房间 350,000~500,000Rp；📶）由艺术家I Wayan Karja经营，他的绘画工作室兼画廊（见185页）也设在这里。这家民宿位于Penestanan村内，设有19间客房。翻新过的房间有大号床、户外卫生间和带有小户外厨房的露台。早餐在公共大餐桌上享用。

Roam 设计酒店 $$

（见182页地图；☎0800 853 7626，0361-479 2884；www.roam.co/places/ubud；Jl Raya Penestanan；房间 每晚/周 US$98/550；❄📶🏊）这家位于咖啡馆Alchemy（见202页）后面的时尚住处有经典的汽车旅馆布局，带着别样的摇滚气息。24间客房供来自世界各地的旅行者入住，配有时尚的装饰、舒适的床铺、小冰箱和速度极快的Wi-Fi。设施包括一间公用厨房和洗衣房、中央泳池、屋顶联合办公空间和瑜伽工作室。最少需要连住3晚。

Hotel Tjampuhan 酒店 $$

（见182页地图；☎0361-975368；www.tjampuhan-bali.com；Jl Raya Campuan，Campuan；房间 1,100,000~1,950,000Rp；❄@📶🏊）这家老牌酒店有67个房间，俯瞰Wos河与Cerik河的交汇处以及Campuan。颇具影响力的德国艺术家沃尔特·史毕斯曾于20世纪30年代居住于此，他以前的居室也是酒店的一部分，可以住4人。平房式的建筑沿山坡而建，可尽情

巴厘岛的传统治疗师

巴厘岛的传统治疗师被称为balian（在龙目岛被叫作dukun），在巴厘岛文化中发挥着关键作用，他们治疗生理和心理疾病，去除符咒的力量，并传达祖先的信息。岛上的传统治疗师共有8000名左右。他们可谓是社区医疗权威，负责为其所在的社区服务，不会拒绝任何人。

在过去十年中，由于畅销书《美食、祈祷与恋爱》及其改编的电影所引发的关注，某些地方的传统治疗师体制面临着很大的压力。好奇心十足的游客出现在村里，耽误了他们对病患的治疗。不过这并不意味着你不能去拜访他们，如果你真的对传统治疗师很好奇的话，拜访也无妨，只是要注意拜访的方式：礼貌一些。

在拜访之前，要注意以下一些事项：

- 在拜访传统治疗师之前，要预约。
- 传统治疗师基本不会说英语。
- 穿着要体现尊重（长裤和衬衫，最好加上纱笼围裙和腰带）。
- 女性应避开经期。
- 不要用脚指向传统治疗师。
- 携带一件供品，并将诊疗费塞在其中，费用一般是每人250,000Rp。
- 要事先了解：治疗将是公开的，并且可能会很疼。治疗方法包括深层组织按摩、用尖木棍戳或用咀嚼过的药草拍打你的身体。

寻找一名传统治疗师是很需要一番功夫的。向你所下榻的旅馆咨询，旅馆可能会为你预约，并能提供合适的供品作为诊疗费。或者考虑向Made Surya（见181页）寻求帮助，他在巴厘岛传统治疗方面是权威，提供为期一天和两天的强化培训，内容涉及治疗、魔法、传统体系及其历史，还包括拜访可靠的传统治疗师。他所创办的网站提供非常不错的资源，可以了解关于拜访传统行医者的相关信息。他也可以为你联系一位传统治疗师，并作为翻译陪同你去拜访。

有些西医专家质疑这种治疗方式能否治愈严重疾病，患者如果病情严重，最好是将传统治疗师和西医门诊结合到一起。

享受令人着迷的河谷和庙宇风光。设施包括2座泳池、一间水疗室和餐厅。

★ Mandapa　度假村 $$$

（☎0361-4792777; www.ritzcarlton.com; Jl Kedewatan, Kedewatan; 套 US$600~900, 别墅 US$1000~5000; P ❄ @ 📶 ≋）这家令人瞩目的丽兹卡尔顿旗下度假村规模如同一个小村，位于一片稻田环绕的美丽河谷中。村内设施齐全——奢华的水疗（见181页）和Kubu（见203页）餐厅尤其令人印象深刻。住客可以免费参加这里每天开展的17项活动，包括瑜伽、水中有氧操和儿童俱乐部。套房和别墅面积宽敞，装修豪华。

★ Bambu Indah　度假村 $$$

（见182页地图; ☎0361-977922; www.bambuindah.com; Jl Banjar Baung; 房间 US$95~495, 双卧室客房 US$ 645~695; P ❄ 📶 ≋）🍃这家生态友好的度假村位于爱咏河（Sungai Ayung）附近的山脊上，是著名的侨居企业家约翰·哈代（John Hardy）的毕生之作，包括拥有百年历史的爪哇木屋，以及采用天然材料打造的华丽新建筑。其中一些陈设简单，另一些则奢侈豪华；所有房间都超级时尚。设施包括分层的泳池、一座有机餐厅和按摩室。

住客可以搭乘每天2班的免费摆渡车往返度假村与乌布中心。度假村对垃圾进行回收再利用，并制成肥料，使用过滤水而非塑料瓶装水，并且使用火山岩和植被再生区来净化、过滤、氧化酒店游泳池中的水。

★ Como Uma Ubud　精品酒店 $$$

（见182页地图; ☎0361-972448; www.comohotels.com; Jl Raya Sanggingan; 房间 US$290~320, 别墅 US$580~610; P ❄ 📶 ≋）当代巴厘岛风格的大荟萃，这家澳大利亚人经营的酒店是乌布少数可以打上精品标签的住处之一。这里的46个房间面积各不相同，但是全都非常迷人，而且有齐全的设施，浴室尤其漂亮。其他设施还有一个无边泳池、池畔酒吧、水疗、瑜伽亭和非常棒的意大利餐厅（见202页）。

安缦达利　酒店 $$$

（Amandari; 见182页地图; ☎0361-975333; www.amanresorts.com; Jl Raya Kedewatan; 套房 US$700~2400, 别墅 US$4200~4500; P ❄ @ 📶 ≋）豪华的安缦达利就像一位经典的巴厘舞者，是魅力和优雅的化身。这里能俯瞰绿色河谷，还有一个用绿色瓷砖铺就的30米游泳池，走在边上仿佛自己就会滑下去……而这些只是一些诱惑而已，真正会让你毫不犹豫地决定住在这里的，是30间私家茅草亭房间（其中一些自带游泳池），极其舒适。酒店赠送的项目包括瑜伽培训班和下午茶。设施包括一间餐厅（主菜180,000~390,000Rp）、水疗室、健身房和网球场。

四季度假酒店　酒店 $$$

（Four Seasons Resort; 见182页地图; ☎0361-977577; www.fourseasons.com; Sayan; 套/别墅 US$500/850起; ❄ @ 📶 ≋）处在山谷的边缘之下，弧形的露天接待处看上去像放映乌布美景的宽银幕。许多别墅都有私家泳池，而且都有令人惊叹的美景和现代化的设计。在这里的60个房间中（每个房间面积大小不一），晚上你能听到的只有山谷中的水流声。

Villa Nirvana　精品酒店 $$$

（见182页地图; ☎0361-979419; www.villanirvanabali.com; Jl Raya Penestanan; 别墅 1,200,000~2,500,000Rp; P ❄ 📶 ≋）这间酒店由当地建筑师Awan Sukhro Edhi设计，12栋别墅构成的院落十分隐秘。花园环境里的现代风格别墅有1个或2个卧室，其中6栋自带泳池。设施包括水疗和餐厅。位置远离乌布中心，但是步行可达。

乌布东部（East Ubud）

Omah Apik　酒店 $$

（☎0361-944324; www.omah-apik.com; Jl Kenyem Bulan, Pejeng; 房间 700,000~1,100,000Rp, 套 1,100,000~1,400,000Rp; P ❄ 📶 ≋）这个宁静的家庭经营酒店名称的意思是“美丽家庭”，隐秘地坐落于乌布东部的稻田间，有着名副其实的美丽环境。建筑看起来有点陈旧，但是房间有简单时尚的装修，而且非常舒适。早餐还不错，但是我们的建议是到其他地方享用午餐和晚餐。

Maya Ubud　酒店 $$$

（见182页地图; ☎0361-977888; www.

mayaubud.com; Jl Gunung Sari, Peliatan; 房间/别墅 US$200/250起; P❄@📶≋)位于Peliatan河谷内的稻田间，距离镇中心约2公里。这个占地广阔的度假村建于2001年，看起来有点过时，不过计划不久后开始翻新。河畔水疗、咖啡馆和泳池十分迷人，但是距大部分房间和别墅有一定距离。其他设施包括一座健身房、瑜伽工作室和网球场。

乌布北部 (North Ubud)

Bali Asli Lodge 民宿 $

(见182页地图；☎0361-970537; www.baliaslilodge.com; Jl Suweta; 房间 250,000~300,000Rp; 📶)在这里可以远离乌布中心的喧嚣。Made和Ketut是非常友善的房东，他们的五间客房都位于草木青翠的花园里传统巴厘岛砖石房屋中，内饰简约舒适。有几个露台可以打发时间，Made会根据你的口味烹饪美食。步行15分钟即可到达镇上。物超所值。

Ubud Sari Health Resort 水疗酒店 $$

(见182页地图；☎0361-974393; www.ubudsari.com; Jl Kajeng; 房间 US$75~90; ❄📶≋)俯瞰一条潺潺流水，周围是一片森林。这家另类的健康理疗中心有21个房间，十分受欢迎——如果要入住，一定得尽早预订。店内咖啡馆供应有机素食，还有一间康体中心，可提供种类繁多的康体服务。

Ketut's Place 民宿 $$

(见182页地图；☎0361-975304; Jl Suweta 40; 房间 带风扇/空调 500,000/700,000Rp起; ❄📶≋)比一般的民宿更加高端。这里的16个房间设施齐全，坐拥河谷和花园风景。房间内的设施从基本的风扇到豪华的空调和浴缸，可谓应有尽有。

Wapa di Ume 度假村 $$$

(见182页地图；☎0361-973178; www.wapadiume.com; Jl Suweta; 房间 2,000,000Rp起，套 2,700,000Rp起，别墅 3,400,000Rp起；❄@📶≋)从镇中心向山上步行2.5公里即可到达。这个优雅的院落坐拥美丽的稻田风光。33间宽敞的房间分为新式和旧式风格；订一间别墅可畅享美景。服务靠谱，氛围轻松。夜幕降临后，倾听稻田各处的加麦兰绝对是一段让人毕生难忘的记忆。

就餐

乌布有全巴厘岛最好的一些咖啡馆和餐馆。本地和从国外移民而来的厨师烹制出种类繁多的地道巴厘美食和创意十足的亚洲及其他各国风味菜肴，菜肴健康且丰富多样。供应优质咖啡的咖啡馆和赤素馨花一样随处可见。确保在21:00前用餐，否则选择会大大减少。在旺季时最好提前订位。

乌布中心 (Central Ubud)

★ Kafe 咖啡馆 $

(见176页地图；☎0361-479 2078; www.kafe-bali.com; Jl Hanoman 44; 三明治和卷饼 65,000~89,000Rp，主菜 39,000~97,000Rp; ⏲7:00~23:00; 📶✍)🌿这是乌布典型的餐饮场所之一。迷人的内饰、慵懒的氛围、友善的员工和健康的食物都是这里的特点，吸引了无数回头客前来。丰富的有机菜肴可以迎合大部分人的口味，众多严格素食、素食和生食菜肴结合了巴厘岛、印尼、印度和墨西哥风味，让人欲罢不能。物有所值。

Liap Liap 印度尼西亚菜 $

(见176页地图；☎0361-9080800; www.liapliap.com; Monkey Forest Rd; 沙爹肉串 35,000~65,000Rp; ⏲10:00~23:00)这里的店名指的是木炭燃烧时的声音，旨在向技艺高超的大厨Mandif Warokka致敬。这是一家现代风格的餐馆，主打菜都是香辣的印尼烧烤。可以一边看着前面玻璃窗里的烧烤，一边品尝各种经典和自制招牌鸡尾酒。

Mamma Mia 比萨 $

(见176页地图；☎0361-976397; www.facebook.com/MammaMiaBali; Jl Hanoman 36; 比萨 28,000~85,000Rp，意面 50,000~75,000Rp; ⏲9:00~23:00)在乌布寻找中规中矩的比萨相当困难（但是有许多聊胜于无的选择），因此Mamma Mia的存在也就值得庆幸。罗马风格的薄底比萨采用燃木烤箱制作，而且使用了配料丰富的经典馅料。点一张比萨，配上一瓶啤酒，如同身在罗马。还有外卖，免费配送。

Warung Little India 印度菜 $

（见176页地图；☎0819 9962 4555；www.facebook.com/Warung-Little-India-138865639803200l；Jl Sukma 36；主菜35,000~75,000Rp，塔利套餐 55,000~85,000Rp；⏲10:00~22:00）由热情的Siti经营，这家供应香辣口味菜肴的印度餐馆采用复古的宝莱坞海报，就餐时也会被印度流行乐所环绕。旁遮普风格的塔利套餐、萨莫萨三角饺和炒饭都十分可口。午餐特价菜价格可低至30,000Rp。

Waroeng Bernadette at Toko Madu 印度尼西亚菜 $$

（见176页地图；☎0821 4742 4779；Jl Goutama；主菜 35,000~75,000Rp起；⏲11:00~23:00；📶）这里被称为"Home of Rendang"绝非毫无道理。西苏门答腊经典菜肴包括腌制肉类菜肴（牛肉非常经典，但是这里还有素食菠萝蜜版本），色香味俱全。其他菜肴则拥有乏味的旅游氛围浓重的餐馆所缺失的活力。楼上的就餐区装饰略显俗气。

Mama's Warung 印度尼西亚菜 $

（见176页地图；☎0361-977047；www.facebook.com/Mamaswarung；Jl Sukma；主菜30,000~40,000Rp；⏲8:00~22:00；🖉）超级热情的摊主妈妈亲自烹饪口感微辣、蒜香扑鼻的经典印尼菜肴。新鲜制作的花生酱浇在沙爹烤串上，口感丝滑，煎咖喱菜也超级美味。许多客人是如此享受这里的美食，以至于他们会在下次到访乌布时选择在楼上要一个房间住下（标单/双 250,000/300,000Rp）。

Tutmak Cafe 咖啡馆 $

（见176页地图；☎0361-975754；www.facebook.com/tutmakubud；Jl Dewi Sita；三明治48,000~65,000Rp，主菜 35,000~100,000Rp；⏲8:00~23:00；📶）这间通风良好的多层露台咖啡馆是喝杯咖啡或吃顿简餐的好地方。这里有自己烘焙的咖啡豆，而且还供应自制的面包。

Bali Buda 咖啡馆 $

（见176页地图；☎0361-976324；www.balibuda.com；Jl Jembawan 1；主菜 38,000~67,000Rp，比萨 63,000~81,000Rp；⏲7:00~22:00；🖉）这个清爽的楼上餐厅提供各种素食jamu（健康滋补品）、全天早餐、沙拉、三明治、薄皮比萨和意大利冰激凌。楼下的公告栏上有许多实用的乌布资讯。不供应酒水。

★ Hujon Locale 印度尼西亚菜 $$

（见176页地图；☎0813 3972 0306；www.hujanlocale.com；Jl Sriwedari 5；主菜 120,000~200,000Rp；⏲12:00~22:00；📶🖉）Chef Will Meyrick是水明漾的餐馆Mama San的烹饪天才，他在乌布的分店同样让人印象深刻。菜品将传统印尼风味与现代创新风格相结合，打造出让人难以抗拒的美味。位于双层殖民地风格平房内的就餐环境为休闲风格，而且非常舒适——可以在楼下的休息室里享用鸡尾酒和小吃，在楼上享用午餐和晚餐。

★ Watercress 咖啡馆 $$

（见176页地图；☎0361-976127；www.watercressubud.com；Monkey Forest Rd；早餐菜肴45,000~90,000Rp，三明治 65,000~75,000Rp，主菜 90,000~290,000Rp；⏲7:30~23:00；📶）时尚的年轻人蜂拥而至这家澳大利亚风格的现代咖啡馆，来享用全天早餐菜品、汉堡、酵母三明治、自制蛋糕、美味沙拉等。白天可以品咖啡，晚上可以喝鸡尾酒（酒水折扣时段为17:00~19:00，周五有现场音乐演出）。

★ Full Circle 咖啡馆 $$$

（见176页地图；☎0361-982638；www.fullcirclebyexpatroasters.com；Jl Jatayu；早餐菜肴35,000~100,000Rp，主菜 65,000~130,000Rp；⏲7:00~23:00；❄📶🖉）澳大利亚风格的咖啡公社，在乌布设有多家分店，很受欢迎，这个地方就是最新开业也是最时尚的分店。虽然位置不太便利，但是值得步行前往，去享受乌布最棒的咖啡（Expat Roasters咖啡豆）。全天早餐品种有来自Starter Lab烘焙店的烘焙品，此外还有咖啡馆常见的菜品，如牛油果泥、寿司和汉堡等。我们很喜欢。

Nusantara 巴厘菜 $$

（见176页地图；☎0361-972973；www.

雪糕和意式冰激凌

近年来，意式冰激凌和雪糕商店在乌布如雨后春笋般层出不穷，并且迅速赢得了大众的青睐。享用一个冰激凌球或是一杯冰激凌的优选店铺包括：

Tukies Coconut Shop（见176页地图；0361-9083562；Jl Raya Ubud 14；1/2勺冰激凌28,000/54,000Rp；9:00~22:30；）这里有乌布首屈一指的椰子冰激凌，配以椰肉和椰蓉。这里也有纯素选择。同时销售椰子干、椰子麦片和其他用椰子制作的食品。

Gelato Secrets（www.gelatosecrets.com；意式冰激凌 33,000~66,000Rp；9:00~23:30）这家人气极旺的连锁店采用当地水果和香料制作（火龙果肉桂或者腰果黑芝麻）美味的意式冰激凌。在Monkey Forest Road（见176页地图）和Jl Raya Ubud（见176页地图）等地都设有分店。

Gaya Gelato（见176页地图；0361-979252；www.facebook.com/gayagelato；Jl Raya Ubud；小份意式冰激凌 30,000Rp；10:00~22:00）销售清新风味冰激凌的国际连锁店，新口味包括柠檬草、百香果、榴莲和树番茄，还有各种经典口味，如开心果和巧克力等。

locavore.co.id/nusantara；9C Jl Dewi Sita；小份菜60,000~95,000Rp，大份菜80,000~225,000Rp；周一 18:00~21:30，周二至周日 正午至14:30和18:00~21:30；）在人气鼎盛的Locovore找不到桌子？不妨去同一个团队经营的时尚印尼餐厅碰碰运气。Nusantara的意思是"群岛"，菜品的创意源自这个国家无数岛屿采用的新鲜香辣食材制作的供品。免费的开胃小菜非常不错，每天变换的6道菜品味套餐（215,000Rp）让食客在点菜时非常省心。

Earth Cafe & Market　素食 $$

（见176页地图；0361-976546；www.earthcafebali.com；Jl Gotama Selatan；主菜79,000~98,000Rp；7:00~22:00；）"清除自由基"（eliminate free radicals）只是这家专业的严格素食餐饮店的众多特色饮品之一。品种繁多的菜单上有无数汤、沙拉和拼盘，有浓郁的地中海风味，此外还有大量的生食选择。主层有一个市场，提供便利的外卖服务。

Herb Library　巴厘菜 $$

（见176页地图；0361-9083289；www.facebook.com/herblibrarybali；Jl Jembawan；主菜 80,000~105,000Rp；7:30~22:30；）Adiwana Resort Jembawan前面的这间开放式凉亭是巴厘岛时尚风格的范例，有着迷人的配色、宽敞的餐桌、慢慢转动的吊扇以及舒适的座位。菜单以素食为主，菜肴十分新鲜。服务也非常不错。

Spice　印度尼西亚菜 $$

（见176页地图；0361-479 2420；www.spicebali.com；Jl Raya Ubud 23；小份菜 70,000~110,000Rp，主菜 70,000~140,000Rp；11:00~23:00；）知名的乌布餐饮业者Chris Salans是这家小镇主街上的空调美食餐吧的灵魂人物。这里是享用午后饮品和小吃的绝佳去处（迷你牛肉汉堡、饺子、蟹肉蛋糕、生牛肉片），同时也供应让人愉悦的印尼和亚洲风味菜肴，包括辣味米粉汤和猪排等。儿童套餐（99,000Rp）非常不错。

Fair Warung Balé　各国风味 $$

（见176页地图；0361-975370；www.fairfuturefoundation.org；Jl Sriwedari 6；主菜50,000~110,000Rp；11:00~22:00；）由来自瑞士的非政府组织Fair Future Foundation经营，这家小店会将100%的利润捐献给当地社区的医疗保健工作。食物包括当地咖喱菜与新鲜烘焙的鞑靼金枪鱼法式长棍等。

Il Giardino　意大利菜 $$

（见176页地图；0823 3988 3511；www.ilgiardinobali.com；Jl Kajeng 3, Siti Bungalows；比萨 60,000~150,000Rp，意面 69,000~135,000Rp；16:00~22:30；）位于已故荷兰

画家Han Snel的工作室/住宅内。这家具有浪漫气质的户外意大利餐馆正对着一片荷花池。在这里可以享用炭烤比萨、自制意面和乡村风格的意大利主菜。

Black Beach 意大利菜 $$

（见176页地图；☎0316-971353；www.blackbeach.asia；Jl Hanoman 5；比萨 48,000~90,000Rp，意面 26,000~91,000Rp；⏲8:00~22:30；📶✍）薄脆比萨从烤箱里端出来时香气腾腾。如果这还不让你动心，那么可口的意面一定会打动你。楼上就餐区的风景不错，但是吸引精英们前来就餐的是周三和周四晚上在露台上播放的艺术纪录片。欢乐折扣时段为17:00~19:00。

Melting Wok 亚洲菜 $$

（见176页地图；☎0821 4417 4906；meltingwokwarung@gmail.com；Jl Goutama 13；主菜 50,000~72,000Rp起；⏲周二至周日 10:00~22:00）在这家位于Goutama地段的热门露天餐厅里，亚洲各地菜肴吸引了广大的食客。咖喱、面条、印尼豆豉（tempeh）和其他各种美食，让你点菜时会觉得格外困难。甜品带一点殖民时期的风味：法式甜品很棒。建议提前订位；仅接受现金付款。

Bebek Bengil 印度尼西亚菜 $$

（Dirty Duch Diner；见176页地图；☎0361-975489；www.bebekbengil.co.id/en；Jl Hanoman；半只鸭子 130,000Rp；⏲10:00~23:00；📶）这家著名的餐厅如此火爆的原因只有一个：香脆的巴厘岛鸭肉，用香料腌制了36个小时后再上锅蒸，然后油煎制成。不喜欢油煎食物的人可以享用鸭肉沙拉、鸭肉春卷或沙爹鸭肉串等。你会在露天凉亭用餐。

Locavore to Go 咖啡馆 $$

（见176页地图；☎0361-9080757；www.locavore.co.id/togo；Jl Dewi Sita 108；早餐菜肴 30,000~79,000Rp，三明治 79,000~129,000Rp；⏲周一至周六 8:30~19:00；📶）由深受美食家

ℹ 采购食品杂货和农副产品

乌布有各式各样的当地农产品市场、有机食品商店和西式超市，从而使自己下厨成为自然而然的轻松选择。采购食品杂货和农副产品的上佳选择包括：

Produce Market（见176页地图；Jl Raya Ubud；⏲6:00~13:00）乌布的这家传统农产品市场是一个多楼层的热闹集市，云集了各种热带食品，虽然充满游客的喧哗，但仍值得探索一番。位于Pasar Seni背后的角落。

Bali Buda Shop（见176页地图；www.balibuda.com；Jl Raya Ubud；⏲7:00~22:00）购买有机农产品和杂物的好地方；这里的烘焙食品也超级美味。

Earth Cafe & Market（见176页地图；☎0361-976546；Jl Gotama Selatan；⏲7:00~22:00）有机和养生素食农产品。有非常方便的配送服务。

Bintang Supermarket（见182页地图；☎0361-972972；www.bintangsupermarket.com；Jl Raya Sanggingan；⏲8:00~22:00）位于乌布西部。销售新鲜的农产品和酒水，以及常见的超市杂货。

Delta Dewata Supermarket（见176页地图；☎0361-973049；Jl Raya Andong 14；⏲8:00~22:00）位于乌布东部的超市；有许多食品和其他生活必需品。

Coco Supermarket（见176页地图；Jl Raya Pengosekan；⏲7:00~22:00）在乌布南部；有库存丰富的杂物、新鲜农产品和酒水。

乌布有机产品市场（Ubud Pasar Organik，Ubud Organic Market；见182页地图；www.ubudorganicmarket.com；⏲周六 9:00~14:00）周六的农夫市集，在Jl Raya Pengosekan的Pizza Bagus前门廊举办。

们喜爱的Locavore的幕后团队经营。这家屠宰场附设的咖啡馆提供极具创意的早餐选择（可以选择用煎鸭蛋、荷兰酱、培根和细叶芹配华夫饼开始美好的一天），品种丰富的三明治和卷饼（如越南三明治、沙拉三明治、去骨猪排和汉堡）可以作为午餐。地方不大，因此可能需要排队。

Kebun
地中海菜 $$

（见176页地图；☎0361-972490；www.kebunbistro.com；Jl Hanoman 44；主菜 65,000~155,000Rp；⊙周一至周五 11:00~23:00，周六和周日 9:00起；📶）在这间小酒馆里，巴黎与乌布风情完美融合。一长串鸡尾酒和葡萄酒单可与大大小小的法式和意式菜肴搭配。可在酒吧区域用餐或享用饮品，或者在绿荫掩映的露台上要一张餐桌。

Clear
融合菜 $$

（见176页地图；☎0878 6219 7585，0361-889 4437；www.clearcafebali.com；Jl Hanoman 8；简餐 US$4~15；⊙8:00~22:00；📶✎）这里以其夸张的装饰和令人愉悦的菜肴而闻名，是乌布人气最旺的餐馆之一。品种丰富的健康菜肴采用当地农产品作为食材，摆盘极具文艺气息；菜品风格从日式（寿司）到墨西哥菜（炸玉米饼和烤玉米饼），还有不少素食和纯素选择。不供应酒水，但取而代之的是无数水果冰沙、奎宁水、果汁和奶昔等。仅接受现金付款。

Juice Ja Café
咖啡馆 $$

（见176页地图；☎0361-971056；www.facebook.com/juicejacafe；Jl Dewi Sita；主菜 55,000~95,000Rp；⊙7:00~23:00；📶）🍃美味食物和有机果蔬都来自咖啡馆自己的农场，制作出效果非凡的各式菜品。菜单让纯素者、素食者和无麸理念秉承者欢欣鼓舞，所有的菜肴、冰沙和新鲜果汁都完美展现。自制意式冰激凌是非常不错的餐后甜品。室内和阳台设有桌椅。

Casa Luna
印度尼西亚菜 $$

（见176页地图；☎0361-977409；www.casalunabali.com；Jl Raya Ubud；主菜 50,000~125,000Rp；⊙8:00~23:00；🅿📶）乌布首批开业的当代风格餐馆之一，然而很不幸地也成为自身成功的牺牲品。内饰非常时尚，但是我们最近的到访却遇到了让人大失所望的菜肴和服务。这里的烹饪学校依然有口皆碑，乌布作家与读者节以及美食节的重要幕后人物、这里的老板Janet DeNeefe精力充沛，让人敬仰。

Warung Babi Guling
巴厘菜 $$

（Ibu Oka 3；见176页地图；☎0361-976345；Jl Tegal Sari；套餐 70,000Rp；⊙11:00~18:00；📶）曾经朴实无华的当地餐馆，后来被Rick Stein和Anthony Bourdain同时“发掘”，如今搬迁到一个很大的房子里，可以看到河谷风景，迎合了游客的需求。这里的招牌菜远近闻名：巴厘岛风味的烤乳猪（babi guling）。套餐包括猪肉、米饭和汤。

Three Monkeys
各国风味 $$

（见176页地图；☎0361-975554；www.threemonkeyscafebali.com；Monkey Forest Rd；主菜 59,000~125,000Rp起；⊙7:00~23:00；📶✎）这里的环境非常魔幻，有一座精美的锦鲤池塘和俯瞰小稻田的屋后用餐区。但是食物没有那么让人印象深刻——白天在这里最好点一杯咖啡，晚上则可以享用鸡尾酒。

Kafe Batan Waru
印度尼西亚菜 $$

（见176页地图；☎0361-977528；www.batanwaru.com；Jl Dewi Sita；小盘菜 35,000~65,000Rp，主菜 55,000~175,000Rp；⊙8:00~23:00；✎）这家咖啡馆供应非常美味的印度尼西亚食物。已经厌倦了采用即食面条制作的炒面？这里的面条都是每天新鲜制作的，展现了一种濒临失传的手艺。西式菜肴包括三明治和沙拉。熏鸭肉（bebek betutu）和烤乳猪可以预订。

★Pica
南美菜 $$$

（见176页地图；☎0361-971660；www.facebook.com/PicaSouthAmericanKitchen；Jl Dewi Sita；主菜 170,000~330,000Rp；⊙周二至周日 18:00~22:00；📶）这家小餐馆供应有口皆碑的现代风格南美菜肴，是乌布餐饮界的一大亮点。在开放式厨房里，肉类和鱼类食材以极具创意的方式展现在菜肴中——记得问问每天的特价菜。可口的牛奶甜品是必点菜品。建议预订。

★ **Locavore** 融合菜 $$$

（见176页地图；☎0361-977733；www.restaurantlocavore.com；Jl Dewi Sita；5道菜套餐 675,000~775,000Rp，7道菜套餐 775,000~875,000Rp；⏱周一 18:30~21:00，周二至周六 12:00~14:00和18:30~21:00；P❄📶）美食家们会提前几个月预订，在这家现代餐饮殿堂品味各种精品套餐。菜肴非常新鲜，风格十分大胆，而且经常反传统。摆盘也十分精致。但是，开放式厨房的吵闹声（"是的，大厨！"）有点恼人，服务有时不怎么专注，甚至有点冒失。

乌布南部（South Ubud）

Swasti Beloved Cafe 各国风味 $$

（见182页地图；☎0361-974079；www.baliswasti.com；Jl Nyuh Bulan；主菜 40,000~65,000Rp；⏱8:00~22:00；📶）🍃这个咖啡馆附属于Swasti Eco Cottages（见193页），它足以使你愿意穿过乌布猴林前来。这里供应的印度尼西亚菜和西式菜肴的原料就来自其内部的大型有机菜园，新鲜而美味。喝一杯冰沙或鲜榨果汁，配上备受欢迎的巧克力薄煎饼或生芒果奶酪蛋糕。有众多纯素选择，但是没有酒水。

Pitri Minang 印度尼西亚菜 $

（见182页地图；☎0812 3690 5732；Jl Cok Gede Rai；简餐 15,000Rp起；⏱7:00至深夜）位于简朴的Peliatan街区，这家临街餐馆供应新鲜美味的巴东风格菜肴。从精心准备的各种主菜中进行选择，然后在一棵历史悠久的榕树下坐下来享用一顿可口的当地简餐。

Warung Pojok 印度尼西亚菜 $

（见182页地图；☎0361-749 4535；Jl Nyuh Bulan；主菜 20,000~40,000Rp；⏱8:00~22:00；📶）这家热闹的街角咖啡馆位置十分不起眼，可以俯瞰乌布的足球场。除了米饭和面条，这里还有许多素食菜肴和果汁。

Taco Casa 墨西哥菜 $$

（见182页地图；☎0812 2422 2357；www.tacocasabali.com；Jl Raya Pengosekan；墨西哥玉米卷 62,000~84,000Rp；⏱11:00~22:00）的确，从地理位置来看，墨西哥和巴厘岛几乎处于地球的两边，但是那里的菜肴已经传到了巴厘岛。令人惊叹的美味墨西哥卷、炸玉米饼和其他菜肴，混合了小辣椒、芫荽叶和其他调味品，十分地道。可送外卖。

Pizza Bagus 比萨 $$

（见182页地图；☎0361-978520；www.pizzabagus.com；Jl Raya Pengosekan；比萨 28,000~74,000Rp，意面 40,000~85,000Rp；⏱9:00~22:00；❄📶）这个毫无特色的地方附属于一间有机杂货商店，供应薄脆的比萨、大碗的意面和三明治。可提供外卖；仅接受现金付款。

乌布西部（West Ubud）

Nasi Ayam Kedewatan 巴厘菜 $

（见182页地图；☎0361-974795；Jl Raya Kedewatan，Kedewatan；主菜 25,000~35,000Rp；⏱8:00~18:00）当地人在穿过Sayan一路长途跋涉上山经过这家巴厘岛的露天餐馆时，都会停下脚步。这里的招牌菜是烤鸡肉丁（sate lilit）：鸡肉被剁碎，与包含柠檬草在内的各种香料混合，然后用竹签串起来烧烤，作为nasi ayam campur（25,000Rp）或nasi ayam pisah（35,000Rp）套餐的菜品。

Yellow Flower Cafe 印度尼西亚菜 $

（见182页地图；☎0812-3889 9695；www.facebook.com/Yellow-Flower-Cafe-Ubud-Bali-274160762626728；主菜 59,000Rp起；⏱7:30~21:00；📶✎）Penestanan的这家迷人咖啡馆弥漫着新世纪氛围，就在台阶上面，Jl Raya Campuan的一条绿荫掩映的小路边。有机食材制作的主菜包括什锦饭，还有许多健康饮品（姜黄、康普茶、鼠尾草）以及可口的咖啡。风景无懈可击。

Warung Pulau Kelapa 印度尼西亚菜 $

（见182页地图；☎0361-971872；www.facebook.com/warungpulaukelapa；Jl Raya Sanggingan；主菜 40,000~85,000Rp；⏱10:00~22:00；✎）供应印尼经典菜以及群岛少见的菜肴；素食Rijsttafel采用旁边有机菜园里的食材制作，非常美味。

★ **Dumbo** 素食 $$

（见182页地图；☎0812 3838 9993；

www.dumbobali.com; Jl Raya Sanggingan; 比萨80,000~95,000Rp，小盘菜55,000~80,000Rp，大份菜85,000~180,000Rp; ⏲9:00~23:00; 🅿📶）音乐、调酒和意式菜肴是非常棒的搭配，因此实在是找不到不在这里就餐的理由，尤其还供应木炭烤炉中的比萨（仅在16:00之后供应）。训练有素的酒吧职员和咖啡师确保了鸡尾酒和咖啡与食物一样美味，DJ的歌曲清单也非常不错。

★ Moksa 素食 $$

（见182页地图；☎0813 3977 4787；www.moksaubud.com; Gang Damai, Sayan; 主菜40,000~80,000Rp; ⏲10:00~20:30; 📝）🍃位于自己的永续农场内，Moksa证明即使用简单的食材也能打造出色香味俱全的素食菜肴。一半的菜肴是生食，另一半则经过烹饪；其中许多都是纯素。周围环境充满了田园牧歌式的风情，但是厨房设施非常先进——充满了混搭风格。经过田间的一条小路进入餐馆：跟随Jl Raya Sayan的路牌即可到达。

Uma Cucina 意大利菜 $$

（见182页地图；☎0361-972448；www.comohotels.com/en/umaubud/dining/uma-cucina; Como Uma Ubud, Jl Raya Sanggingan; 比萨100,000~180,000Rp，主菜110,000~240,000Rp; ⏲周一至周六 正午至22:30，周日11:30起；📶📝👪）这家意大利餐厅里有许多让人大呼过瘾的菜肴。善于变通的厨房午间供应开胃菜套餐（8种开胃菜，299,000Rp）、丰盛的下午茶（200,000Rp），晚餐还有木炭烤炉制作的比萨、手工意面、经典意式主菜和可口的甜品。周日还有早午餐自助（399,000Rp起），由于设有各种亲子娱乐设施，非常适合家庭用餐。

Alchemy 严格素食 $$

（见182页地图；☎0361-971981；www.facebook.com/AlchemyBali; Jl Raya Penestanan 75; 沙拉60,000~65,000Rp，主菜55,000~69,000Rp; ⏲7:00~21:00; 📶📝）🍃百分之百的乌布严格素食餐厅，Alchemy供应自助沙拉和冰沙，以及比萨、墨西哥和日式菜肴、生食纯素冰激凌和甜品、冷榨果汁等。

这里也有一个精品店，销售香草洗漱用品以及香草茶等。

Elephant 素食 $$

（见182页地图；☎0851 0016 1907；www.elephantbali.com; Hotel Taman Indrakila, Jl Raya Sanggingan; 主菜70,000~80,000Rp; ⏲8:00~21:30; 📶📝）🍃受到全球风味影响的素食餐厅，坐拥Cerik河谷的美丽风光。菜肴以时令食材烹制而成，摆盘富有新意，引人注目。大厨使用了100%的有机农产品。周末早午餐（8:00~17:00）非常受欢迎。

Sari Organik 健康食物 $$

（见182页地图；Jl Raya Campuan; 主菜55,000~80,000Rp; ⏲8:00~20:00）🍃位置得天独厚，在俯瞰稻田的一片高台上。这家咖啡馆位于一片有机大农场中，提供品种丰富的健康食物和饮品，包括各种生食选择。穿过稻田的步道意味着前往这家餐馆本身就是一段赏心悦目的体验。

Naughty Nuri's 烧烤 $$

（见182页地图；☎0361-977547; Jl Raya Sanggingan; 主菜30,000~180,000Rp; ⏲10:30~21:30）肉菜都在街边的露天烧烤炉上烧烤，猪肉肋排备受欢迎。搭配新鲜果汁、啤酒或鸡尾酒一起享用。

★ Room4Dessert 甜品 $$$

（R4D；见182页地图；☎0821 4429 3452；www.room4dessert.asia; Jl Raya Sanggingan; 甜品和鸡尾酒品味套餐1,000,000Rp; ⏲周二至周日17:00~23:00）知名大厨Will Goldfarb因为参加Netflix的《主厨餐桌》（*Chef's Table*）而声名大振。他打理的这个地方看起来是个夜店，但其实是一家甜品吧，粉丝们通常提早很久就会预订（你需要至少提前一个月预订），以享受美味的九道菜品尝套餐，搭配鸡尾酒/无酒精鸡尾酒/葡萄酒。那些只想来这里品尝某道甜品或饮品的食客都会选择后花园，因为这样的选择无须预订。

★ Mozaic 创意菜 $$$

（见182页地图；☎0361-975768；www.mozaic-bali.com; Jl Raya Sanggingan; 午餐品味套餐500,000~700,000Rp，晚餐品味套餐

700,000~1,600,000Rp；周一至周三 18:00~21:45，周四至周日 12:00~14:00和18:00~21:45；)主厨Chris Salans负责打理这家广受赞誉的高级餐馆。这里不仅提供上好的法国美味，而且还根据季节变换菜单，供应的菜肴深受亚洲热带国家的影响。你可以在带有浪漫灯光或华丽凉亭的精致花园里用餐。品味套餐不容错过，另一个选择则是在休息室里享用小份菜（17:00起）。午餐仅在旺季供应。

Kubu 地中海菜 $$$

（0361-4792777；www.ritzcarlton.com/en/hotels/indonesia/mandapa/dining；Mandapa Resort，Jl Kedewatan，Kedewatan；主菜 280,000~500,000Rp，精选套餐 750,000~1,150,000Rp；18:30~23:00）Mandapa的优选餐厅提供了难忘的浪漫用餐体验。在主用餐区订一张餐桌，或者选择可以俯瞰爱咏河（Sungai Ayung）的私密的凉台小屋。主厨 Maurizio Bombini的地中海—欧洲风味菜肴与周围的环境和服务相得益彰。尽早预订。

饮品和夜生活

来乌布的人不是为了狂欢夜而来的，不过这种情况正在发生变化。有些酒吧在日落时分或更晚些会很热闹，但是这里并不追求豪饮与放纵，也找不到像库塔和水明漾那样的夜店式狂欢。在乌布，大部分酒吧很早就打烊了，通常在23:00前。

乌布的咖啡馆正在与日俱增，咖啡质量也相当不错，许多地方都会烘焙自己的咖啡豆并且雇佣专业的咖啡师。

乌布中心

★**Night Rooster** 鸡尾酒吧

（见176页地图；0361-977733；www.locavore.co.id/nightrooster；Jl Dewi Sita 10B；周一至周六 16:00至午夜）由Locavore（见201页）的同一个团队经营。紧邻餐厅的位于二楼的鸡尾酒吧里有才华横溢的调酒师，以及迷人的味道组合。极具创意的鸡尾酒包括木菠萝杜松子酒、自制苦味酒以及口感辛辣的肉桂等。精选的开胃菜和奶酪以及熟食拼盘都是非常好的下酒菜。

No Màs 酒吧

（见176页地图；0361-9080800；www.nomasubud.com；Monkey Forest Rd；17:00至次日1:00）在这家地处小镇繁华地区的小酒吧里，DJ和拉丁乐队每晚都会将音量调到最大，偶尔还会举办主题之夜。在舞蹈开始时，场面会十分热烈，但在后花园里的池畔酒吧可以换口气。

食物来自隔壁的Liap Liap（见196页）。

Seniman Spirits 酒吧

（Bar Seniman；见176页地图；www.senimancoffee.com；Jl Sriwedari；18:00至午夜）Seniman咖啡品牌背后的灵魂人物最近在他们的咖啡工作室旁边开办了这家酒吧，并且很快就成为乌布最时尚的饮品店之一。不出所料的是，这里的意式浓缩马提尼是最热门的鸡尾酒选择。

F.R.E.A.K. Coffee 咖啡

（见176页地图；0361-975927；www.facebook.com/freakcoffee；Jl Hanoman 19；8:00~20:00）店如其名，店员都是对咖啡情有独钟的人。巴厘岛上的最佳咖啡豆都是手工挑选，然后精准烘焙，最后精心冲泡。在这家简约的临街商店享用可口的咖啡，可选择室内或是街边餐桌。菜肴选择包括各种三明治（30,000~40,000Rp）。

Coffee Studio Seniman 咖啡馆

（见176页地图；0361-972085；www.senimancoffee.com；Jl Sriwedari 5；8:00~20:00；）"咖啡工作室"的称号绝非浪得虚名。这里的咖啡师热衷于采用不同类型的单一产地咖啡豆来开展实验。找一张设计师风格的躺式摇椅坐下，选择惬意的饮品——手冲咖啡、虹吸咖啡、冷萃咖啡，以及使用印尼咖啡豆现场烘焙的爱乐压或意式浓缩。这里也是享用食物的好地方（主菜43,000~111,000Rp）。如果你觉得咖啡不错，不妨报名参加两小时的咖啡师讲解课程（450,000Rp）。

Bar Luna 休闲吧

（见176页地图；0361-977409；www.facebook.com/barlunaubud；Jl Raya Ubud；

⊙15:00~23:00; 📶) Casa Luna的地下室酒吧，周日从19:30开始举办热门的爵士俱乐部之夜——推荐预订。在其他日子里，17:00开始的酒水折扣时段和精选小食菜单都非常诱人。在乌布作家与读者节期间，这里会举办各种活动和文学对话。

Anomali Coffee 咖啡

(见176页地图；Jl Raya Ubud；小吃20,000Rp起；⊙7:00~23:00；📶) 当地时尚人士都会到这里来品尝爪哇咖啡。印尼版的"星巴克"非常认真地制作各种咖啡，在这里聚集的年轻人也是如此。这里是非常适合聊天和放松的地方。

Laughing Buddha 休闲吧

(见176页地图；☎0361-970928；www.facebook.com/laughingbuddhabali；Monkey Forest Rd；⊙11:00至次日1:00；📶) 在20:00至23:00之间前往这间热闹的酒吧，感受各位音乐家的现场演奏(风格包括摇滚、蓝调、拉丁、声学等)。厨房供应亚洲风味食物。

CP Lounge 酒吧、夜店

(见176页地图；☎0361-978954；www.cp-lounge.com；Monkey Forest Rd；⊙20:00至次日3:00) 一直营业到凌晨，这里是其他夜场打烊后，继续挥洒你意犹未尽的精力的地方。这里有花园就餐区、餐前小吃菜单、现场音乐和带DJ的俱乐部。

Chill Out 酒吧

(见176页地图；☎0361-741343；Monkey Forest Rd 25；⊙11:00至午夜) 这个白色空间至少营业至午夜，经常有现场雷鬼和摇滚音乐演出。

另辟蹊径

迷人的橙汁小摊

从乌布中心出发步行不远，在一片诗情画意的稻田内，有一个**澄汁小摊**(Sweet Orange Warung；见182页地图；☎0813 3877 8689；www.sweetorangewarung.com；Jl Subak Juwak；⊙9:00~20:30)，这里是享用饮品或简餐的好地方，周围沟渠流水环绕、鸟儿浅吟低唱、当地儿童追逐嬉戏。饮品包括法式浓缩咖啡、啤酒和新鲜果汁。

如果要前往此处，可以沿着画宫博物馆左边的小道前往。

乌布西部

★ Bridges 休闲吧

(见182页地图；☎0361-970095；www.bridgesbali.com；Jl Raya Campuan, Bridges Bali；⊙每天 16:00~23:30，折扣时段 周六至周四 16:00~18:30) 与这家休闲吧同名的桥梁就在这家酒吧/餐厅综合建筑的底层Divine Wine & Cocktail Bar外面，能够看到壮美的河谷景观。在品尝高端鸡尾酒时，你还会听到河流奔涌的声音。这里有精致的小吃，可以和朋友一起分享，此外还有一份长长的葡萄酒单。在楼上，有一间正式餐厅和另一间酒吧。

☆ 娱乐

几乎没有其他旅游体验能与欣赏巴厘舞蹈相媲美，特别是在乌布。这是每晚欣赏文化娱乐演出和周边村庄各种活动的好地方。你可以看看克差舞(Kecak)、黎弓舞(Legong)和巴龙舞(Barong)，摩诃婆罗多和罗摩衍那芭蕾舞剧，wayang kulit皮影戏和加麦兰(传统爪哇和巴厘岛管弦乐团)演奏。每天晚上至少有8场表演可供选择。

舞蹈

一般针对旅行者的舞蹈表演在某种程度上都被简化和改良过了，以便旅行者能够更好地欣赏，但有些懂得欣赏的当地人也会混迹于观众中(或在屏幕周围偷偷观看)。而且，在一次表演中加入几种不同传统舞蹈的现象也很普遍。

乌布游客信息中心(Fabulous Ubud Tourist Information Centre；见209页)有演出计划，而且出售门票(通常为75,000~100,000Rp)。如果是乌布以外的表演，那么票价里包括交通费。许多酒店出售演出门票，演出现场和街边摊也出售门票——所有地方出售的门票价格都一样。

一些小商贩会在演出现场出售饮料，而演出一般持续一个半小时。在演出前，你可能会注意到乐师们在清点观众人数——剧团的收入来自门票销售。

舞蹈团：好的和不好的

乌布的舞蹈团良莠不齐。有时你会看到那些享誉国际的艺术家们的表演，而也有些只是在白天工作后来此跑龙套的演员。假如你是一个欣赏巴厘舞的新手，对此就不必在意，随意挑个地方就行了。

但在看过一些演出后，你就能看出这些演员们之间的天赋差别，不过这也是欣赏舞蹈的乐趣所在。线索：假如舞台服装脏兮兮的，乐队看上去心不在焉，演员打破角色设定，讲一些老掉牙的笑话（千真万确！），甚至你会不由自主地对某位演员嘀咕"我也可以做得到"，这样的舞蹈团明显不入流。

以下是定期在乌布表演的出色的舞蹈剧团：

Semara Ratih 活力四射、富有创意的黎弓舞演出。具有最佳音乐水准的当地舞蹈团。

Gunung Sari 黎弓舞，巴厘岛历史最悠久、最受尊敬的舞蹈团之一。

Semara Madya 克差舞，特别善于吟唱催眠的圣歌。对许多人来说这是一次神秘的奇幻体验。

Tirta Sari 黎弓舞。

Cudamani 巴厘岛最出色的加麦兰团体。他们在Pengosekan排练，并且经营着一所儿童学校和面向国际游客的团队游。但是你需要设法找到他们，因为他们已经不在旅游场所表演。

最后，可以观看寺庙仪式（非常普遍）。20:00左右，你会看到巴厘岛舞蹈和音乐在充满文化气息的氛围里演出。你需要穿着得体，入住的酒店或当地人都会告诉你该怎么做。

网站Ubud Now & Then（www.ubudnowandthen.com）可查询特别活动和演出信息。此外还可以到乌布游客信息中心（Fabulous Ubud Tourist Information Centre；见209页）咨询。

请注意你的手机：没人希望在表演的时候听到它的声音，演员们也不想看见闪光灯亮起。在演出过程中不要粗鲁无礼地大声走出剧场。

★Pura Dalem Ubud 舞蹈

（见176页地图；Jl Raya Ubud；成人/10岁以下儿童 80,000/40,000Rp；⏲周一至周六）这个露天表演场位于一座神庙庭院内，以被火焰映红的石雕为背景，是最能引起共鸣的舞蹈表演场所。不同的公司在这里表演黎弓舞（周二和周六19:30）、竹琴演奏（周三19:30）、巴龙舞（周四19:00）和克差火舞（周一和周五19:30）。

★乌布水宫 舞蹈

（Pura Taman Saraswati, Ubud Water Palace；见176页地图；Jl Raya Ubud；门票 80,000Rp；⏲19:30）你可能无法专注于舞蹈演员们的表演，因为美丽的背景会让你分神，尽管到晚上你无法看到睡莲和荷花，可在白天它们是所有人的宠儿。扬格舞（Janger）在周日和周一表演，《罗摩衍那》芭蕾舞在周三，黎弓舞在周六。周二和周四，女士们会演奏加麦兰，儿童们翩翩起舞。

ARMA Open Stage 舞蹈

（见182页地图；☎0361-976 659；info@armabali.com；Jl Raya Pengosekan；舞蹈表演 80,000~100,000Rp）最好的舞蹈团会在此演出巴龙舞和黎弓舞，舞蹈演出时间为周二和周日19:30、周三19:00和周五18:00。每逢新月或满月之夜，还会举行Cak Rina和火舞，时间为19:30。

Puri Agung Peliatan 舞蹈

（见176页地图；Jl Peliatan；门票 75,000Rp；⏲周四和周六 19:30）简单的表演场所，仅以一堵巨大的石雕墙为背景，表演黎弓舞和克差火舞。免费的摆渡车于18:45从乌布游客信息中心发车。

乌布皇宫 舞蹈

（Ubud Palace；见176页地图；Jl Raya Ubud）这里的舞蹈表演有漂亮的舞台背景，但因为宫殿院落在2018年翻修而暂停演出。当你拿到本书时，应已恢复演出。

Padang Tegal Kaja 舞蹈

（见176页地图；Jl Hanoman；门票 75,000Rp；⏲19:30）位置便利，舞台就在一座简约开放的露台上。从许多方面来讲，这个地方所呈现的就是乌布数代人表演舞蹈的本来面貌。周六和周日可以欣赏克差火舞，周二可以观看巴龙舞和Keris舞。

皮影戏

皮影戏表演比起持续整晚的传统表演来说，震撼效果可要小得多。

Pondok Bamboo Music Shop 木偶戏

（见176页地图；☎0361-974807；Monkey Forest Rd；门票 75,000Rp；⏲演出 周一和周四 20:00）知名艺术家在这里开展简短的皮影戏表演。

Oka Kartini 表演艺术

（见176页地图；☎0361-975193；Jl Raya Ubud；成人/儿童 100,000/50,000Rp；⏲周三、周五和周日 20:00）有定期皮影戏表演，还有一间精品店。

电影院

★Paradiso 电影院

（见176页地图；☎0361-976546；www.paradisoubud.com；Jl Gautama Selatan；含食物或饮品 50,000Rp；⏲电影放映 17:00起）与素食餐厅Earth Cafe & Market（见198页）共用一栋建筑，这个令人叹为观止的豪华150座电影院每天放映两部电影。门票费用可以兑换咖啡馆菜单上的餐饮——因此非常划算。周一半价；周二和周四有社区唱诗班在这里登台。浏览网站了解详细的时间安排。

购物

你可以花几天时间在乌布和周边逛街购物。Jl Dewi Sita、Monkey Forest Rd和Jl Hanoman北段有一些十分有趣的当地商店。可以找找珠宝、家居用品和服装。艺术和工艺品以及瑜伽用品到处都可以找到，价格和质量参差不齐。

乌布是全巴厘岛最好的购书地。选择面宽，特别是关于巴厘艺术和文化的图书种类繁多。

乌布中心 (Central Ubud)

★生命之线印尼纺织品艺术中心 纺织品

（Threads of Life Indonesian Textile Arts Center；见176页地图；☎0361-972187；www.threadsoflife.com；Jl Kajeng 24；⏲10:00~19:00）这家小型纺织品艺术馆及商店致力于资助来自印度尼西亚天然染色工艺、仪式用的手工纺织品，为在现代染色和编制方式冲击下濒临失传的制作工艺传承提供了帮助。美术馆中陈列着委托销售的工艺品，并附有相应的解释材料，还有其他纺织品可供出售。此外还有定期开设的纺织艺术欣赏课程（见185页）。

★Kou 化妆品

（见176页地图；☎0361-971905，0821 4556 9663；www.facebook.com/koubali.naturalsoap；Jl Dewi Sita；⏲9:00~20:00）这里的产品采用纯椰子油制作，所销售的手工香皂将为你的浴室增加素馨花、夜来香、茉莉花、香橙和柠檬茶树等味道。迷人的包装使它们非常适合用作礼物。这里经营着Kou Cuisine。

BaliZen 纺织品

（见176页地图；☎0361-976022；www.tokobalizen.com；Monkey Forest Rd；⏲9:00~20:00）这家时尚的精品店销售当地生产的坐垫、床铺和家纺、和服和儿童服装，全都采用天然设计或传统巴厘岛图案制作。这里还销售天然沐浴产品和传统巴厘伞。

Kou Cuisine 家居用品

（见176页地图；☎0361-972319；www.facebook.com/koucuisine.jam；Monkey Forest Rd；⏲10:00~20:00）这里能淘到许多小而精致的

有关烹饪的商品，可以作为礼物，包括精美的巴厘岛果酱和果酱罐大小的木雕汤勺。这里还出售当地海边出产的罐装海盐等。

Utama Spice 化妆品

（见176页地图；☎0361-975051；www.utamaspicebali.com；Monkey Forest Rd；⊙9:00~20:30）Utama销售的巴厘岛本地产天然护肤品的香味一直飘到大街上，吸引人们走到店内来了解价格不菲但质量上佳的精油、化妆品和洗漱用品。所有商品都不含苯甲酸酯、矿物油、合成香氛或人工色素。

Casa Luna Emporium 家居用品

（见176页地图；☎0361-971605；www.casalunabali.com/the-emporium；Jl Raya Ubud 23；⊙8:30~22:00）当地创业者Janet DeNeefe开设的另一家企业。这家商店销售自有品牌的棉质床品、靠垫套和餐桌布，以及巴厘岛手工艺者制作的纺织品、蜡染、家具和艺术品。从Casa Luna餐厅旁边的楼梯即可进入店内。

OH 设计

（见176页地图；☎0812 3945 0402；ohdecobali@gmail.com；Monkey Forest Rd；⊙9:00~21:00）有各种商品，从纺织品到首饰盒再到kris（传统巴厘岛匕首），这家法国人经营的商店深受那些对设计师家居用品和服装情有独钟的购物者的青睐。

Balitaza 香料

（见176页地图；☎0811 393 9499；www.balitaza.com；Jl Dewi Sita；⊙9:30~21:30）椰子糖、传统巴厘岛咖啡、香草茶和印尼香草以及香料，都是可以带回家的绝佳礼物，尤其是加上精美的包装之后。

Nava 家居用品

（见176页地图；Monkey Forest Rd；⊙9:00~21:00）别致的木制和陶瓷家居用品摆满了这家小店的货架，此外还有五花八门的手工木勺。

Pusaka 服装

（见176页地图；☎0821 4649 8865；Monkey Forest Rd 71；⊙9:00~21:00）这家是登巴萨备受欢迎的Ethnologi精品店在乌布的分店，出售时尚的巴厘岛本地产的服装、玩具、首饰、纺织品和鞋子。

木雕

在巴厘岛，木雕是祭司种姓婆罗门的传统艺术，而且据说这门手艺是神祇对这个阶层的恩赐。历史上，木雕只限于作为寺庙装饰、舞蹈面具和乐器，但到了20世纪30年代，工匠们开始用更写实主义的方式描绘人类和动物。今天，当地木雕匠人已经将技艺转向家具和传统手工艺品制作等领域。

Ubud Tea Room 餐饮

（见176页地图；Jl Jembawan；⊙7:00~21:00）这家小商店有装满巴厘岛种植茶叶的玻璃罐，包括香气浓郁的香草茶。与Bali Buda（见197页）共用一处店面。

Confiture de Bali 食品

（见176页地图；☎0852 3884 1684；www.confituredebali.net；Jl Goutama 26；⊙9:00~22:00）这家温馨的精品店出售采用本地水果制作的果酱、黄油（腰果、柠檬和花生）以及康普茶。

Bali Yoga Shop 服装

（见176页地图；☎0361-4792077；Jl Hanoman 44B；⊙8:00~21:00）品种繁多的优质瑜伽装备和服装。

Namaste 礼品和纪念品

（见176页地图；☎0361-970528；www.facebook.com/namastethespiritualshop；Jl Hanoman 64；⊙9:00~19:00）买块水晶来启迪心灵，让你的内心世界平静有序。Namaste是专门出售宝石的小商店，有New Age品牌的最新款。另外这里还有薰香、瑜伽垫和各种器乐——可谓一应俱全。

Pondok Bamboo Music Shop 乐器

（见176页地图；☎0361-974807；Monkey Forest Rd；⊙9:00~20:00）这个商店老板是加麦兰音乐家Nyoman Warsa，在这里可以听到上千个竹子风铃奏响的美妙音乐，还开设音乐课（每小时150,000~200,000Rp）。

拯救巴厘岛的流浪狗

脏兮兮的杂种狗——这是对大部分巴厘岛流浪狗能作出的唯一评价。当你在岛上旅行的时候，特别是步行时，你会不由自主地留意到那些脾气暴躁、无人照料且患有各种疾病的狗。

这种情况是如何形成的？答案很复杂，但是最主要的原因还是人们的忽视。这些是生活在社会最底层的狗：几乎没有主人，当地人对它们的关注度几乎为零。

乌布的一些非营利机构希望通过接种狂犬病疫苗、帮助流浪狗节育和公共教育的方式改变巴厘岛这些受到中伤的流浪狗的命运。这些机构非常需要来自各方的捐助。

巴厘岛收容康复中心（Bali Adoption Rehab Centre，简称BARC；见182页地图；☎0361-971208；https://barc4balidogs.org.au；Jl Raya Pengosekan；⏰10:00~17:00）收容受伤和受虐的流浪狗，为流浪狗寻找收养人。

巴厘动物福利协会（Bali Animal Welfare Association，简称BAWA；见176页地图；☎0361-981490；www.bawabali.com；Jl Ubud Raya 10；⏰周一至周五 9:00~20:00，周六和周日 至17:00）有备受称赞的狂犬疫苗接种团队，安排收容流浪狗，并采取措施控制流浪狗数量。

Periplus
书籍

（见176页地图；☎0877 8286 6087；www.periplus.com；Jl Raya Ubud 23；⏰8:00~22:00）印尼热门连锁书店在乌布黄金地段的分店。

Ganesha Bookshop
书籍

（见176页地图；☎0361-970320；www.ganeshabooksbali.com；Jl Raya Ubud；⏰9:00~18:00）这家书店有精选的印尼相关书籍，以及精选的大量二手书籍，尤以犯罪小说为重。此外还是一处（收费的）图书交换处。

Tegun Galeri
家居用品

（见176页地图；Jl Hanoman 44；⏰10:00~20:00）这里不是千篇一律的纪念品商店，有来自全岛各地的精美手工艺品。

Tn Parrot
服装

（见176页地图；www.tnparrot.com；Jl Dewi Sita；⏰周一至周五 9:00~21:00，周六和周日 10:30~20:30）这家T恤商店的鹦鹉商标是一只有个性的鸟儿。他（她？）出现在这家商店的许多个性T恤上。设计从引人注目到忍俊不禁再到不落俗套。所有服装都采用经过防缩水处理的高质量棉布制作。

乌布市场
礼品和纪念品

（Pasar Seni，Ubud Market；见176页地图；Jl Raya Ubud；⏰7:00~20:00）热闹的乌布市场是你购买常见纪念品、服装和礼物然后带回家的一站式购物点。它位于一栋大型建筑内；小贩们设立的摊位遍布各栋建筑以及Jl Karna沿线。前往东南角逛逛Produce Market（见199页），当地人仍会到这里来采购日常所需。

里奥·希勒米图片画廊及咖啡馆
画廊

（Rio Helmi's Photo Gallery & Cafe；见176页地图；☎0361-972304；www.riohelmi.com；Jl Suweta 06B；⏰7:00~19:00）居住在乌布的著名摄影师里奥·希勒米（Rio Helmi）的一座小型商业画廊和咖啡馆，在这里你可以参观和购买他所创作的新闻和艺术作品。

Moari
音乐

（见176页地图；☎0361-977367；moari_bali@yahoo.com；Jl Raya Ubud 4；⏰9:00~18:00）这家小商店出售全新和经过修复的巴厘岛乐器，以及各种纪念品。

乌布南部

Goddess on the Go!
服装

（见182页地图；☎0361-976084；www.goddessonthego.net；Jl Raya Pengosekan；⏰9:00~17:00）为探险而设计的女装，品类很多，超级舒适，易于携带，十分环保。

Portobello
服装

（见176页地图；☎0361-976246；Monkey

Forest Rd；⏲9:00~21:00）乌布猴林附近的这家精品店的特色是色彩明艳、本地制作的和服、卡夫坦长袍和裹身长裙。

ARMA

书籍

（见182页地图；☎0361-976659；www.armabali.com/arma-bookshop；Jl Raya Pengosekan；⏲9:00~18:00）大量精选的文化类书籍。

Smile Shop

艺术品和手工艺品

（见182页地图；www.senyumbali.org；Jl Nyuh Kuning；⏲10:00~17:00）这家慈善商店销售各种类型的二手商品和捐赠物品，其收益用于资助巴厘岛微笑基金会（Smile Foundation of Bali）。

乌布西部

★内卡艺术博物馆商店

书店

（Neka Art Museum Shop；见182页地图；☎0361-975074；www.museumneka.com；Jl Raya Sanggingan；⏲9:00~17:00）乌布购买品质顶级的传统巴厘岛手工艺品的最佳场所之一。也有各种书籍。

实用信息

危险和麻烦

- 乌布中心的交通喧闹，烟尘弥漫，对行人而言格外危险，尤其是在午餐时段。
- 自动取款机前有盗读卡片欺诈的报告；尽量使用银行附设的自动取款机，安全且更有保障。

上网

所有住处、大部分咖啡馆和餐厅都覆盖了Wi-Fi信号。移动数据网络速度也非常快。

Hubud（见176页地图；☎0361-978073；www.hubud.org；Monkey Forest Rd；每天/每月US$17/60；⏲周一至周五 24小时，周六和周日 9:00至午夜；📶）非常适合数字时代的旅行工作者。这个共享空间和数字枢纽拥有超快的网络连接、举办开发者研讨会等。你在创建一个可能价值亿万美元的App时，还可以享受窗外的稻田风景。

医疗服务

Guardian Pharmacy（见176页地图；☎0361-8493682；www.guardianindonesia.co.id；Jl Raya Ubud和Cok Sudarsana交叉路口；⏲8:00~22:00）镇上众多分店中的一家。

Kimia Farma（见176页地图；☎0361-9080997；jfubudraya@gmail.com；Jl Raya Ubud 88；⏲8:00~23:00）享有口碑的当地大型连锁药店的分店。

Ubud Care（见176页地图；☎0811 397 7911；www.ubudcare.com；Jl Sukma 37；⏲门诊 周一至周六 7:00~22:00）一所现代门诊，可开展各种检查和诊断、开药方，可到住家和酒店出诊。

现金

乌布有许多银行和自动取款机。使用街边自动取款机可能会遭遇信用卡被盗刷的风险；尽量使用银行附设的自动取款机，这样更加安全。

邮政

中心邮局（见176页地图；Jl Jembawan；⏲8:00~17:00）可收发包裹。

旅游信息

乌布游客信息中心（Fabulous Ubud Tourist Information Centre；见176页地图；☎0361-973285；www.fabulousubud.com；Jl Raya Ubud；⏲8:00~21:00；📶）由乌布王室经营，也是镇上最接近官方游客咨询中心的地方。这里可提供各种交通信息以及当地活动、仪式、传统舞蹈的最新信息，还出售舞蹈演出门票和Kura-Kura旅游巴士车票，并可在此报名参加团队游。

到达和离开

大多数客栈和酒店都可根据需要安排往返住宿地与岛上其他目的地的交通。

旅游穿梭巴士

Kura-Kura旅游巴士（www.kura2bus.com；单程80,000Rp）从乌布皇宫附近发车，驶往位于库塔的总站，每天五班（80,000Rp，车程2小时）。

Perama（见176页地图；☎0361-973316；www.peramatour.com；Jl Raya Pengosekan；⏲7:00~21:00）主要的穿梭巴士运营商，目的地包括萨努尔（50,000Rp，1小时）、库塔和机场（60,000Rp，2小时）以及八丹拜（75,000Rp，2小时）。车站位于城镇中心南边的Padangtegal；抵离乌布的目的地需要另外花费15,000Rp。

当地交通

许多位于镇中心以外地区的高端水疗中心、

酒店和餐厅都会为顾客和住客提供免费的摆渡车。在预订住宿前可以先询问相关信息。

抵离机场

从机场乘坐正规出租车或包一辆带司机的小汽车至乌布需要350,000Rp(午夜至清晨6点需要400,000Rp)。选择租车带司机前往机场的价格与此相同。

小汽车和摩托车

周边有许多景点，但都没有公共交通工具，所以租用小汽车或摩托车是明智之举。在住宿的地方打听一下，或是租用带司机的汽车。

车况良好的最新型摩托车每天费用约为50,000Rp，小汽车的费用要高出许多。

大部分司机都很公道，而其他一小部分来自其他地区的司机则并非如此。如果你遇到了你认为不错的司机，跟他们要一下电话号码，在乌布游玩期间都可以打电话让他来载你。从乌布中心至Sanggingan至少得花40,000Rp。从乌布皇宫到Jl Hanoman路口需要20,000Rp。

在这里很容易就能搭乘一辆计程摩托车(ojek)，费用仅为小汽车的一半。

出租车

乌布没有打表的出租车——那些向你按喇叭的出租车一般都是从巴厘岛南部载客到乌布的，希望回程能载到客人。或者，你可以选择大街上无处不在的开着私家车转悠的司机，这些司机时不时会吓行人一跳，较礼貌的司机会竖起上面写着“交通服务”(transport)的标牌。

贝达鲁国王的传说

根据传说，培金王朝统治者贝达鲁国王拥有超凡的魔力，他的脑袋被砍掉之后，再放回原处就能立刻长好(“贝达鲁”的意思就是“更换脑袋的人”)。有一次，这位国王正在炫耀自己的魔法时，受托砍掉国王脑袋的仆人不小心将他的脑袋掉到河里，被水流冲走了。惊慌失措的仆人环顾四周寻找替代品，结果只得抓来一头猪，将猪脑袋砍下来接到了国王的肩膀上。从那以后，国王不得不坐在高高的宝座上，并且不允许他的臣民抬头看他。

贝杜度(BEDULU)

☎0361/人口10,300

贝杜度曾经是一个强大王国的首都。具有传奇色彩的贝达鲁国王(Dalem Bedaulu)在这里统治着培金王朝(Pejeng dynasty)，他是最后一位顽强抵抗爪哇强大的满者伯夷王国进攻的巴厘国王。最终，他于1343年被Gajah Mada打败。在这之后，首都经历了多次迁移，先是吉尔吉尔(Gelgel)，而后又转移到克隆孔[Klungkung，塞马拉普拉(Semarapura)]。今天的贝杜度被纳入了不断扩张的大乌布的版图中，这里的神庙值得前往一游。

景点

耶普鲁 古迹

(Yeh Pulu；见214页地图；成人/儿童 15,000/7500Rp；⏲8:00~17:30)位于稻田之中，这座25米长的岩面石雕紧邻Petanu河(Sungai Petanu)，据称是14世纪的一处修行之地。即使你对印度教雕刻艺术没多大兴趣，这里仍不失其可爱之处，而且在这里不会遭遇太多游客。除了湿婆神之子象头神的雕像之外，其他石雕反映的主要是日常生活。从景点大门出发，沿着一条缓坡小道步行300米，即可看到石雕。

你可以步行往返耶普鲁和象窟之间，可以通过田间的小道从一个景点步行到另一个景点，但是你可能需要雇当地人做向导。驾车或是骑自行车则要在象窟以东寻找“Relief Yeh Pulu”或“Villa Yeh Pulu”的标志。

普拉桑万提加寺 印度教神庙

(Pura Samuan Tiga；见214页地图；Jl Pura Samuan Tiga；10,000Rp；⏲7:00~17:00)宏伟宁静的普拉桑万提加寺(字面意思是“三人聚会之庙”)在贝杜度交叉路口以东大约200米处的一条小巷内。这个名字可能来源于印度教的三位大神，也可能指11世纪初期在这里举行的某种会议。虽然有这些早期的渊源，但是寺庙的所有建筑都是在1917年地震之后重建的。

普拉诺托美术馆 画廊

(Pranoto's Art Gallery；见214页地

图；☎0361-970827；www.facebook.com/Pranotos-Art-Gallery-10150148979210532；Jl Raya Goa Gajah, Teges；⊙9:00~17:00）乌布久负盛名的画家普拉诺托（Pranoto）在这里展示自己的作品，这里既是画廊、工作室，又是他的家。画廊位于贝杜度和乌布之间的美丽稻田内。可以打听返回乌布中心区的迷人小道。周三和周六10:00会举办人像塑模课程（30,000Rp）。

象窟 洞窟

（Goa Gajah, Elephant Cave；见214页地图；Jl Raya Goa Gajah；成人/儿童 15,000/7500Rp，停车费 小汽车/摩托车 5000/2000Rp；⊙7:30~19:00）游客们仿佛是从恶魔的大嘴里进入岩石面上开凿的石洞中。在这个洞里，你可以看到印度教湿婆神（Shiva）的男性生殖崇拜标志林迦（lingam）的残迹，还有女性生殖崇拜标志尤尼（yoni），以及湿婆儿子的雕像，也就是象头神迦尼萨/伽内什（Ganesha）。在洞外有两处方形浴池，六尊女性雕像将涓涓细流从排水孔引入这两个池子中。位于乌布东南2公里处前往贝杜度的路边，这个庭院氛围独特，而且总是挤满了外国游客。

其实在巴厘岛从来就没有大象（直到旅游景点改变了这一切），古老的象窟可能得名于附近的Petanu河，因为这里一度被称为象河，又或者是因为洞窟入口的山壁看上去像一头大象。

象窟的起源没人能说清楚——据说它是由传说中的巨人Kebo Iwa的指甲造成的。洞窟本身大约可以上溯至11世纪，在满者伯夷统治巴厘岛时期肯定就存在了。它在1923年被荷兰考古学家重新发现，不过喷泉和池塘是到1954年才发现的。

你可以从象窟下山穿过稻田前往Petanu河，看看绝壁上已经开始崩塌的岩石雕刻的舍利塔（这些佛塔是用来存放佛教徒遗骨的圆顶建筑），以及一个小洞窟。

尽量在10:00之前到达，以避开旅游大巴带来的大量游客。

ℹ 到达和离开

从乌布至此的公路还算平坦，因此骑自行车或徒步前往贝杜度也是个合理的选择。

乌布以北（NORTH OF UBUD）

乌布以北，巴厘岛变得更凉爽，绿色植被更多，有很多古迹和自然风景。从乌布出发向东北去往巴都尔火山的一条热门线路，就是穿过德格拉朗（Tegallalang）风景如画的Ceking水稻梯田，然后继续经由坦帕克西林（Tampaksiring），经过Gunung Kawi Sebatu，沿途会路过卡威山和圣泉寺。这条线路全程都被绿意环绕，而且充满诗情画意——你会看到农民在田间地头劳作，彩色的旗帜在风中飘扬，还有无数水稻梯田以及路边神龛。

ℹ 到达和离开

你需要有自己的交通工具来探索岛上的该地区。

Sebatu

从西边前往Gunung Kawi Sebatu（成人/儿童 15,000/7500Rp，停车费 5000Rp）的途中，可以欣赏到曼妙的风光——许多游客对在路上看到的如画风景已然十分满足，而不是真正想要进入庙宇之内。在庙内，泉水汩汩流淌，汇聚成池，周围则是郁郁葱葱的风景。神庙供奉的是毗湿奴，本地人经常来这里参加净身仪式。

德格拉朗（Tegallalang）

☎0361/人口 9940

从乌布出发，一路向北，不妨在德格拉朗主路边花点时间来欣赏令人叹为观止的Ceking水稻梯田风光。如果运气够好，你还能听到镇上著名的加麦兰乐团的排练。购物者可能会想逛逛这里无数的手工艺品摊位，可以买到各种木雕制品。

Ceking水稻梯田 观景台

（Ceking Terraces；Ceking；10,000Rp）这是巴厘岛首屈一指的水稻梯田观景台之一，因此游客们从乌布蜂拥而至，到这里摆姿势拍照片也就不足为奇。精明的当地人如今开始向游客收取停车费（注意寻找“Sentral Parkir Ceking Terrace”标牌），停好车后便可走下

巴厘岛农家烹饪学校

这项有口皆碑的烹饪课程（☎0812 3953 4446；www.balinesecooking.net；Banjar Patas；单日课程 成人/儿童 400,000/250,000Rp）在乌布以北18公里处的原生态乡村Taro举办，由对有机农业非常热衷的村民们经营，这项课程是了解巴厘岛烹饪的绝佳入门课程——你会学习到大量与当地农产品和食物相关的知识。上午的课程包括参观当地农产品市场，同时这里还设有严格素食、素食和杂食课程。

台阶寻找有利的观景位置。可在主路上的两个售票亭里购票，或者等待售票员来找你。

Kampung Resort 度假村 $$

（☎0361-901201；www.thekampungresortubud.com；Ceking；房间 900,000~1,300,000Rp；P 📶 🏊）入住这里的九间客房，如同住进了自己的树屋——周围都是高高的棕榈树和广阔的稻田。房间装修时尚，配有传统家具和纺织品，其中一些面积宽敞。酒店内的餐厅是一个加分项，驱车20分钟即可到达乌布。

Kampung Cafe 咖啡馆 $$

（☎0361-901201；www.thekampungresortubud.com；Ceking；三明治 55,000~65,000Rp，主菜 62,000~120,000Rp；⊙8:00~21:00；📶）在Ceking的Kampung Hotel这个开放式凉亭（bale），不仅有让人大开眼界的水稻梯田风光，还有印尼和西式菜肴组成的菜单。这里是非常棒的午餐地点。

到达和离开

Ceking中心停车场的停车费已经包含在门票之中；可以找找"Sentral Parkir Ceking Terrace"的标牌。踏板车和摩托车可以免费停在路边。

坦帕克西林（Tampaksiring）

☎0361/人口 10,480

位于乌布东北18公里处Pakerisan山谷内的坦帕克西林，是巴厘岛前殖民地时代一个重要王国的所在地。这里既有历史悠久的圣泉寺，还有令人印象深刻的巴厘岛古迹——卡威山。坦帕克西林遍布水稻梯田，直接延伸到河边溪畔——这是摄影师们最爱的风景。

景点

在曾经的培金王国领地内，还有成群的神龛（candi）和僧院，较有名气的有Pura Krobokan和Goa Garba，但都没有卡威山那么宏大。在卡威山和圣泉之间还有Pura Mengening，这座寺庙里有独立式神龛，其设计与卡威山相仿，但鲜有游客参观。往北延伸至培内洛坎（Penelokan）的路边有许多礼品商店和咖啡馆，很多旅行团会在这里停车购物。

卡威山 古迹

（Gunung Kawi；成人/儿童 15,000/7500Rp，停车费 2000Rp；⊙7:00~17:00）巴厘岛最古老也是最重要的遗迹之一。这处河谷内的院落由10座岩壁上雕刻的巨大神龛组成。每座神龛据称都是为了纪念11世纪的某位巴厘王室成员。根据传说，所有这些神龛都是由巨人Kebo Iwa用指甲于一夜之间在岩壁上开凿出来的。探索这些景点需要足够的体力，因为进入河谷和神龛都要经过陡峭的250级台阶。

东面岸上的5座神龛很有可能是为了纪念乌达雅娜国王（Udayana）、Mahendradatta王后以及他们的儿子艾雅蓝加（Airlangga）、阿纳克·翁苏（Anak Wungsu）和玛拉卡塔（Marakata）而建的。当时，艾雅蓝加统治着爪哇东部，阿纳克·翁苏统治着巴厘。而照此理论，西面的四座神龛就是用来纪念阿纳克·翁苏的几位主要嫔妃的。还有一种说法认为，整个建筑群都是用来纪念阿纳克·翁苏及其王后和嫔妃的，而比较偏僻的第十座神龛则是用来纪念某位大臣的。

尽可能早点赶到卡威山。如果你在7:30开始下山，就能避开部分小贩，还能看见当地居民的晨间活动。你还能听见鸟叫声、流水的淙淙声和你自己不时发出的惊叹声，不会被晚些时候到达的大批游客所干扰。另外，如果来得早，当你开始返程时，再次踏上一望无尽的台阶，仍然能感到阵阵凉风袭来。门票中包含纱笼租赁费用，但是最好记着带上自己的纱笼围裙，以防附近没有人提供。如果售票处还没开门，可以在出门的时候再购票。

圣泉寺 印度教神庙

（Pura Tirta Empul, Holy Spring Temple; Tampaksiring; 成人/儿童 15,000/7500Rp，停车费 5000Rp; ⏲7:00~18:00）在962年被发现，据说有着神奇的力量。神庙内的圣泉靠近古代的卡威山遗址，泉水注入寺内巨大的水池里，再通过水槽流入用于净身仪式的浴池（petirtaan）。泉水可能被污染，因此我们不推荐在此沐浴。门票费用包含纱笼租赁。

乌布以南（SOUTH OF UBUD）

在乌布通往巴厘岛南部道路的两边有许多制作和出售手工艺品的小商店。许多旅行者在沿这条路往返乌布时都会在此购物，但生产这些手工艺品的作坊和家庭大多位于安静的偏僻小路旁，因此不妨花点时间离开主路。如果真这么做了，你还会发现寺庙和氛围独特的村落。

到达和离开

在乌布以南，道路大部分都较为平坦，因此非常适合骑车前往。但是，请注意往返海岸的主路总是繁忙而拥堵。这里没有固定的公共交通，因此你需要自备交通工具。

如果你打算雇一辆带司机的小汽车，请注意司机也许会拿到你所消费的地方的回扣——这会导致你所购买商品的价格贵10%或更多（就把这当作司机的小费吧）。而且，司机也可能会把你带到他喜欢的作坊或工匠那里，而不是你最感兴趣的地方。

马斯（Mas）

☎0361/人口 13,120

Mas在印尼语里的意思是“黄金”，但其实木雕才是这座以手工艺品闻名的乌布南部村庄最重要的工艺品。主干道Jl Raya Mas路边遍布商店和画廊，大街小巷都能见到手工作坊。

景点

★赛迪亚·达玛面具和木偶屋 博物馆

（Setia Darma House of Masks and Puppets; 见214页地图; ☎0361-898 7493; www.maskandpuppets.com; Jl Tegal Bingin; 门票乐捐; ⏲8:00~18:00）乌布地区的最佳博物馆之一，展出7000余幅来自巴厘岛、印度尼西亚其他地区和亚洲各地的仪式面具和木偶，这些展品保存在一系列经过翻新的老建筑中。在这些珍宝里，可以找找令人叹为观止的Barong Landung木偶和Kamasan绘画。这里还有来自其他国家的大量木偶。这座博物馆位于马斯主路口东北2公里处。

Tonyraka Art Gallery 画廊

（☎0812 3600 8035; www.tonyrakaartgallery.com; Jl Raya Mas 86; ⏲10:00~17:00）乌布地区最有名的画廊之一，展出巴厘岛最顶级的部落和当代艺术作品。可以来这里参观、购买或是在时尚的咖啡馆里享用午餐或咖啡。这里的咖啡馆是乌布地区最好的咖啡馆之一。

卢达纳博物馆 美术馆

（Museum Rudana; 见182页地图; ☎0361-

巴厘岛的乡村艺术家

在乌布地区的各个小村庄里，从Sebatu到马斯甚至巴厘岛各处，你都能看见很多艺术家和工匠艺人的踪迹，通常在当地寺庙附近。正如一位当地人告诉我们的：“有村落的地方就有丰富多彩的艺术。”所以这些制作礼服、面具、kris（传统匕首）、乐器和其他所有反映巴厘岛美好生活的物品的人，都被赐予了巨大的荣耀。这是一种共生关系，虽然艺术家们永远不会因为替村庄工作而索要报酬，但村庄会主动为这些艺术家们提供福祉。通常每个村庄都有很多艺术家，因为对于一个村庄来说，没有什么比向另一个村庄采购所需圣物更加无地自容的了。

South of Ubud 乌布以南

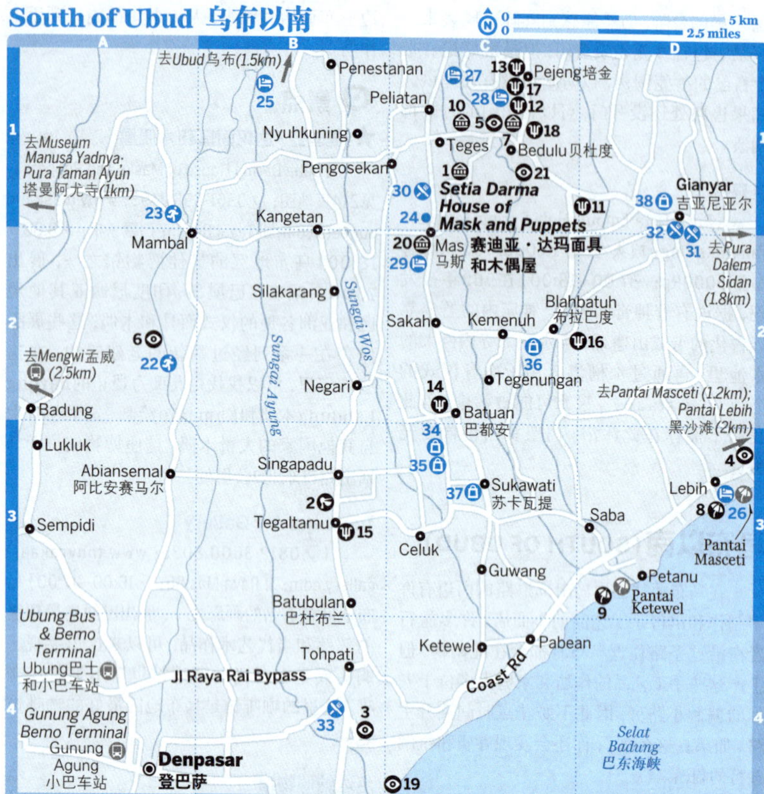

975779; www.museumrudana.com; Jl Raya Mas; 50,000Rp; ⊙9:30~17:00)这座俯瞰水稻梯田的宏伟博物馆由当地政治家和艺术爱好者纽曼·卢达纳(Nyoman Rudana)及其妻子Ni Wayan Olasthini创建。三层楼的建筑内容纳了400多件传统绘画作品，其中包括一本可上溯至19世纪40年代的日历、一些Lempad的画作，以及更多的现代作品。博物馆位于卢达纳商业画廊隔壁。

课程

Ida Bagus Anom 艺术

(见本页地图；☎0812 380 1924, 0898 914 2606; www.balimaskmaking.com; Jl Raya Mas; 4小时课程 250,000Rp; ⊙时间不定)在正对足球场的一个家庭院落中，祖孙三代向客人们展示制造巴厘岛最受推崇的面具的秘诀。一张面具通常需要10天时间来制作。

住宿

Taman Harum 酒店 $$

(见本页地图；☎0361-975567; www.tamanharumcottages.com; Jl Raya Mas; 房间 500,000~800,000Rp，套 800,000~1,100,000Rp，别墅 1,200,000~1,500,000Rp; P❄📶🏊)在马斯繁忙的主干道边的这家酒店设有普通房间、套间和别墅——套间比乏善可陈的房间和别墅要漂亮得多。酒店在一间画廊后面，有一间餐厅供应炭烤比萨(35,000~80,000Rp)和啤酒。酒店提供往返乌布的免费交通。

就餐

Warung Teges 巴厘菜 $

(见182页地图；☎0361-975251; Jl Cok Rai

South of Ubud 乌布以南

重要景点

1 赛迪亚•达玛面具和木偶屋......C1

景点

2 巴厘岛飞禽公园......B3
3 巴厘岛兰花园......B4
巴厘岛爬行动物公园......（见2）
4 巴厘岛野生动物公园......D3
5 象窟......C1
6 Green School......A2
7 格顿阿卡考古博物馆......C1
8 克拉马斯海滩......D3
9 Pantai Purnama......D3
10 普拉诺托美术馆......C1
11 Pura Kahyangan Jagat......D1
12 疯牛寺......C1
13 Pura Penataran Sasih......C1
14 Pura Puseh Batuan和Pura Dasar Batuan......C2
15 Pura Puseh Desa Batubulan......B3
16 Pura Puseh Desa Blahbatuh......C2
17 Pura Pusering Jagad......C1
18 普拉桑万提加寺......C1
19 Taman Festival Bali......C4
20 Tonyraka Art Lounge......C2
21 耶普鲁......C1

活动、课程和团队游

22 Big Tree Farms......A2
23 Fivelements......A1
24 Ida Bagus Anom......C1

住宿

25 Bambu Indah......B1
26 Hotel Komune......D3
27 Maya Ubud......C1
28 Omah Apik......C1
29 Taman Harum......C2

就餐

Art Lounge Cafe......（见20）
30 Bebek Semar Warung......C1
31 吉亚尼亚尔夜市......D1
Hotel Komune Beach Club......（见26）
32 农产品市场......D1
33 Warung Satria......B4

购物

34 Baruna Art Shop......C3
35 Nyoman Ruka......C3
36 Pertenunan Putri Ayu......C2
37 苏卡瓦提市场......C3
38 Tenun Ikat Setia Cili......D1

Pudak；什锦饭 25,000Rp；⊙8:00~18:00）这间超级简单的餐馆只供应一道菜——什锦饭（nasi campur）——而且比乌布其他地方的都要好吃。每道菜都非常正宗，从猪肉香肠到鸡肉沙爹、烤乳猪，乃至印尼豆饼。辣椒酱十分美味：鲜香爽口，而且热辣程度恰到好处。

★Art Lounge Cafe 咖啡馆 $$

（见214页地图；☎0361-908 2435；www.facebook.com/TonyrakaArtLounge；Jl Raya Mas 86；帕尼尼 73,000~88,000Rp，主菜 45,000~135,000Rp；⊙8:00~22:00；）位于乌布和海岸之间的一条主路上，Topnyraka Art Lounge内的这家时尚咖啡馆是享用午餐、晚餐或咖啡的绝佳地点。员工们知道如何制作优质咖啡，食物无可挑剔——我们尤其推荐这里的蛋糕。

Bebek Semar Warung 巴厘菜 $$

（见214页地图；☎0361-974677；Jl Raya Mas 165；主菜 85,000~135,000Rp起；⊙8:00~21:00）从街上看起来平淡无奇，但是走到清新的就餐区后，你会发现自己身处一个绿色的画卷之中，微风轻拂，成片的绿色稻田一直延伸到棕榈树林中。巴厘岛的鸭肉菜肴是这里的特色菜，非同寻常，十分美味。它位于Jl Raya Mas和Jl Raya Pengosekan交叉路口以南1公里处。

购物

假如你想购买定制的檀香木制品，就一定得来马斯——准备好厚实的钱包（定制檀香木制品花费不菲），并仔细鉴别是否为真材实料。另外，马斯还是巴厘岛繁荣发展的家具制造基地之一，生产桌椅和古董（按需生产！），主要材料是从印尼其他岛屿运来的柚木。

布拉巴度（Blahbatuh）

☎0361/人口 9010

这个小村因其与传说中的大力士，即贝杜

度王朝最后一任国王的大臣Kebo Iwa的渊源而闻名。这里有一尊11世纪雕刻的这位勇士的头像，就供奉在村内的主庙Pura Puseh Desa Blahbatuh之中。布拉巴度和吉亚尼亚尔之间主路上的一座环岛内，还有一尊以这位大力士为原型的大型雕塑。

Pura Kahyangan Jagat 印度教神庙

（Pura Bukit Dharma-Durga Kutri；见214页地图；Jl Raya Buruan；乐捐入内）在布拉巴度大型Kebo Iwa雕塑以北1.4公里处，这间路边神庙院落以佛法山（Bukit Dharma）作为背景。爬上这座小山，就可以看到一座山顶神龛，其中供奉着一尊石像，刻画的是象征死亡和毁灭的六臂女神杜尔迦（Durga）屠杀一只恶魔附身的水牛的场景。神庙看守者通常会在大门口迎接你并接受捐赠，在访问期间还会为你提供一条饰带。

Pura Puseh Desa Blahbatuh 印度教神庙

（Pura Kebo Iwa；见214页地图；Jl Kebo Iwa）这座神庙里供奉的石刻头像据说是Kebo Iwa的头像。传说中这位大力士是贝杜度王国最后一位国王的大臣。这尊石刻被认为可以追溯至11世纪爪哇人入侵巴厘岛之时。外国游客并不总被神庙院落所欢迎。这座神庙在1917年地震后经过了重建。

CELUK

在苏卡瓦提西缘，以手工艺闻名的村落Celuk是巴厘岛的金银器制作中心。光彩夺目的展示厅都集中在主干道上，标价可谓狮子大开口，不过你可以就地还价。

数百名金银匠住在主干道以东和以北的各条小路上，他们都在家里做活。多数这样的工匠都来自pande家族，这个家族是传统的铁匠种姓，他们凭借着对于火和金属的传统知识而获得了一定的社会地位。他们的小作坊参观起来很有趣，而且拥有最低的价格，不过这样的作坊里很少有大量的成品存货。假如你带了样品或草图，他们可以帮你照着样子打造。

★Pertenunan Putri Ayu 纺织品

（☎0361-942658；Jl Lapangan Astina 3，紧邻Jl Wisma Gajah Mada；⏰8:00~17:00）到访这座位于布拉巴度的大型作坊时，游客们都能听到织机发出的吱吱呀呀之音，看到这里生产的颜色鲜艳的蜡染和扎染布料。友善的员工将会带你参观作坊并且讲解流程；织物和布料可以在隔壁的陈列厅里选购。

巴都安（Batuan）

☎0361/人口8650

有文字记载的巴都安历史可以上溯到1000年前，而在17世纪，这里的王室家族几乎控制了巴厘岛南部的绝大多数地方。据说最终祭司的诅咒让这里的王权衰落了，而这个王室也流离分散到了巴厘岛上的各个地方。如今，到访这里的唯一原因是游览2座神庙：Puseh Batuan和Dasar Batuan。

Pura Puseh Batuan和Pura Dasar Batuan 印度教神庙

（见214页地图；Jl Raya Batuan；10,000Rp；⏰9:00~17:30）在镇中心以西，这两座姊妹神庙是巴厘岛最古老的寺庙，可用于研究经典的巴厘岛寺庙建筑的精美雕刻。游客还可以穿上纱笼。

苏卡瓦提（Sukawati）

☎0361/人口12,570

作为曾经的王国都城，苏卡瓦提现在以其热闹的农产品市场和专业工匠闻名，这些工匠在道路两旁的小商店里辛勤地工作着。

购物

在苏卡瓦提，找找“tukang prada”开办的商店，他们专门为寺庙制作伞具，用金漆在伞上印上镂花装饰。该地区名为Puaya，就在Jl Raya Sukawati以西1公里处，以制作高质量的用于面具舞（Topeng）和巴龙舞的皮影木偶和面具而闻名。在主街Jl Lettu Nengah Duaji I两侧，可以找找一排作坊，当地手工艺人在这里制作和销售舞蹈表演所用的各种仪式物品。

FIVELEMENTS

在乌布中心西南约11公里处的爱咏河(Sungai Ayung)旁边，这处奢华的康养中心(☎0361-469206; www.fivelements.org; Puri Ahimsa Banjar Baturning, Mambal; 房间5,000,000Rp起，3晚康养套餐39,000,000Rp)运用的治疗方法包括正念、瑜伽、冥想和按摩，对提供健康体验非常在行——菜单上的每道菜肴都是严格素食和生食，而且没有酒水。设施包括迷人的温泉泳池和3个瑜伽工作室。舒适的客房风格时尚，设备齐全，还带有露天浴室。

大部分作坊都欢迎游客入内参观。

★苏卡瓦提市场 市场

(Pasar Umum Sukawati, Sukawati Market; 见214页地图; Jl Raya Sukawati; ⏲6:00~20:00)这座热闹非凡的市场，是寺庙所需供品如鲜花、水果、篮筐、摆设和其他物品的主要采购地，同时销售新鲜农产品。在路对面，苏卡瓦提艺术品市场(Sukawati Art Market)出售服装和各种纪念品。

Nyoman Ruka 艺术和手工艺品

(见214页地图; Jl Lettu Nengah Duaji I; ⏲10:00~18:00)一间制作和出售巴龙面具的作坊。

Baruna Art Shop 艺术和手工艺品

(见214页地图; ☎0361-299490; Jl Lettu Nengah Duaji I和Gang Subali交叉路口; ⏲9:00~18:00)陈列有许多巴龙面具供游客参观。

巴杜布兰(Batubulan)

☎0361/人口 8450

石雕是巴杜布兰的主要工艺品，始于巴厘南部前往乌布的这条路的起点，周围林立着各种石雕店。这些作坊就在前往Tegaltamu的公路旁，还有部分集中在再往北的Silakarang周边。小村也是巴厘岛各地寺庙大门前那些令人震撼的镇守石像的出产地。用于这些石像雕刻的石头是多气孔的灰色火山岩，和浮石类似，被称为paras。这种石材不仅柔软，而且惊人地轻。不过这种石头也容易变旧，那些"古老"的作品可能只有几年而不是几百年。

景点

Pura Puseh Desa Batubulan 印度教神庙

(见214页地图; Jl Raya Batuan; 乐捐入内; ⏲8:00~12:00)巴杜布兰周围的寺庙以其精美的石雕而闻名。这座寺庙离最繁华的主干道仅200米，该寺完美平衡的整体结构非常值得参观。雕塑都来自古老的印度教、佛教形象及巴厘神话，但是这些雕塑并不古老——许多都是根据考古学书籍仿制的。

巴厘岛飞禽公园 鸟类保护区

(Bali Bird Park; 见214页地图; ☎0361-299352; www.balibirdpark.com; Jl Serma Cok Ngurah Gambir; 成人/2~12岁儿童 385,000/192,500Rp; ⏲9:00~17:30; P 👪)拥有来自世界七个地区、250种不同类型的1000多只鸟，包括非常罕见的来自西巴布亚的天堂鸟(cendrawasih)和几乎绝种的巴厘长冠八哥(Bali starlings)。这里的大部分鸟都饲养在旅行者可以进入的鸟舍内。每天举行免费的鸟类放飞和猛禽表演，还有鹈鹕和小鹦鹉喂食。公园非常受孩子们欢迎；游览至少需要2小时。

巴厘岛爬行动物公园 动物保护区

(Bali Bird Park; 见214页地图; Jl Serma Cok Ngurah Gambir; 成人/2~12岁儿童 100,000/50,000Rp; ⏲9:00~17:00)这个保护区据称有东南亚品种最全面的爬行动物。园内有大量的蛇和蜥蜴。尽量在每日喂食时间前来参观公园里的史前科莫多龙(11:00和14:30)。

阿比安赛马尔(Abiansemal)

☎0361/人口 6060

该地区位于乌布中心以南14公里处，以外国侨民建立的两个创新项目而闻名，分别是在爱咏河(Sungai Ayung)岸建立的国际知名学校Green School，以及位于小村Sibang的Big Tree Farms可可和棕榈椰糖加工厂。这两个地方都因为其在环保和可持续领域的建树而广受关注。

Green School

学校

（见214页地图；www.greenschool.org；Jl Raya Sibang Kaja，Banjar Saren）就在Mambal以南，这所学校以其非传统的课程和由PT Bambu设计的华丽而创新的竹制建筑而备受推崇。不对公众开放。

Big Tree Farms

餐饮

（见214页地图；☎0361-846 3327；www.bigtreefarms.com；Br Piakan，Sibang Kaja；⏰周一至周五 8:00至正午和13:00~17:00）这家工厂生产椰子糖和可可，但其建筑比产品更引人注目——这是世界上最大的竹制商业建筑，成为一个展示可持续建筑实践的窗口。美国建筑师Pete Celovsky使用竹子和干茅草作为三层结构的材料，建造出这座风格处于巴厘岛谷仓（lumbung）和天主教堂之间的跨界作品。

巴厘岛东部

包括 ➡

最佳餐饮

- Bali Asli（见242页）
- 吉亚尼亚尔夜市（见222页）
- Gusto（见251页）
- Vincent's（见241页）
- Warung Enak（见250页）

最佳住宿

- Hotel Komune（见231页）
- Pondok Batur Indah（见243页）
- Darmada Eco Resort（见226页）
- Ocean Prana Hostel（见247页）
- Melasti Beach Bungalows（见247页）

为何去

探访巴厘岛东部，可谓是在巴厘岛旅行的一大乐事。水稻梯田沿山坡而下，火山熔浆造就的荒凉沙滩不断接受海浪的冲刷洗礼，传统村落仿佛不食人间烟火，全无工业现代化的痕迹。高高的阿贡火山（Gunung Agung）俯视着这一切，这座海拔3142米的活火山被称为"世界的中心"和"母亲山"。

神庙、宫殿和设计精妙的水上花园在该地区随处可见。其中2座神庙——百沙基母庙和连普扬寺——是巴厘岛最重要的朝圣地。岛上过往王朝也在克隆孔（塞马拉普拉）、安拉普拉和蒂尔塔冈加留下了印记。

在东北部的海岸线上，阿曼和图兰奔都是非常悠闲的海滩目的地，为想要逃离南部海岸喧嚣的游客们提供了理想的栖身之所。深潜、浮潜、瑜伽，或者在泳池边发发呆，都是这里最热门的活动，而且提供了适合不同预算的旅行者的活动。

何时去

- 游览巴厘岛东部的最佳时间是在旱季——4月至9月。尽管近年来这里的天气模式使得旱季更为湿润，而雨季却比较干燥。
- 如果沿海岸线旅行，就没必要特意挑选时间，因为那里通常全年都是热带气候，非常适合游泳、浮潜和深潜。
- 高档度假村和海边住宿在旺季可能会爆满（7月、8月和圣诞节期间），但该地区从来不会像巴厘岛南部地区那样拥挤，因此你总能找到住处。
- 如果想在萨努尔东北的海滩附近冲浪，可以在10月至次年3月前往。

巴厘岛东部亮点

❶ **连普扬寺**（见244页）在这条梦幻般的山地徒步线路上，游览重要的神庙，欣赏壮观的风景。

❷ **赛德曼**（见225页）徒步穿越河谷中绿色的稻田，一路风景如画。

❸ **阿曼海岸**（见245页）在这段优美的海岸线上找一个小村享受宁静。

❹ **图兰奔**（见252页）在蔚蓝色的海洋中尽情潜水，探索离海岸不远处的沉船遗骸。

❺ **吉亚尼亚尔夜市**（见222页）在巴厘岛首屈一指的夜市品尝美味可口的当地特色。

❻ **克隆孔皇宫**（见223页）参观德瓦阿贡王公们令人叹为观止的宫殿院落。

❼ **蒂尔塔冈加水皇宫**（见243页）游览最后一任卡朗阿森王公的水皇宫，在宫内的花园里徜徉。

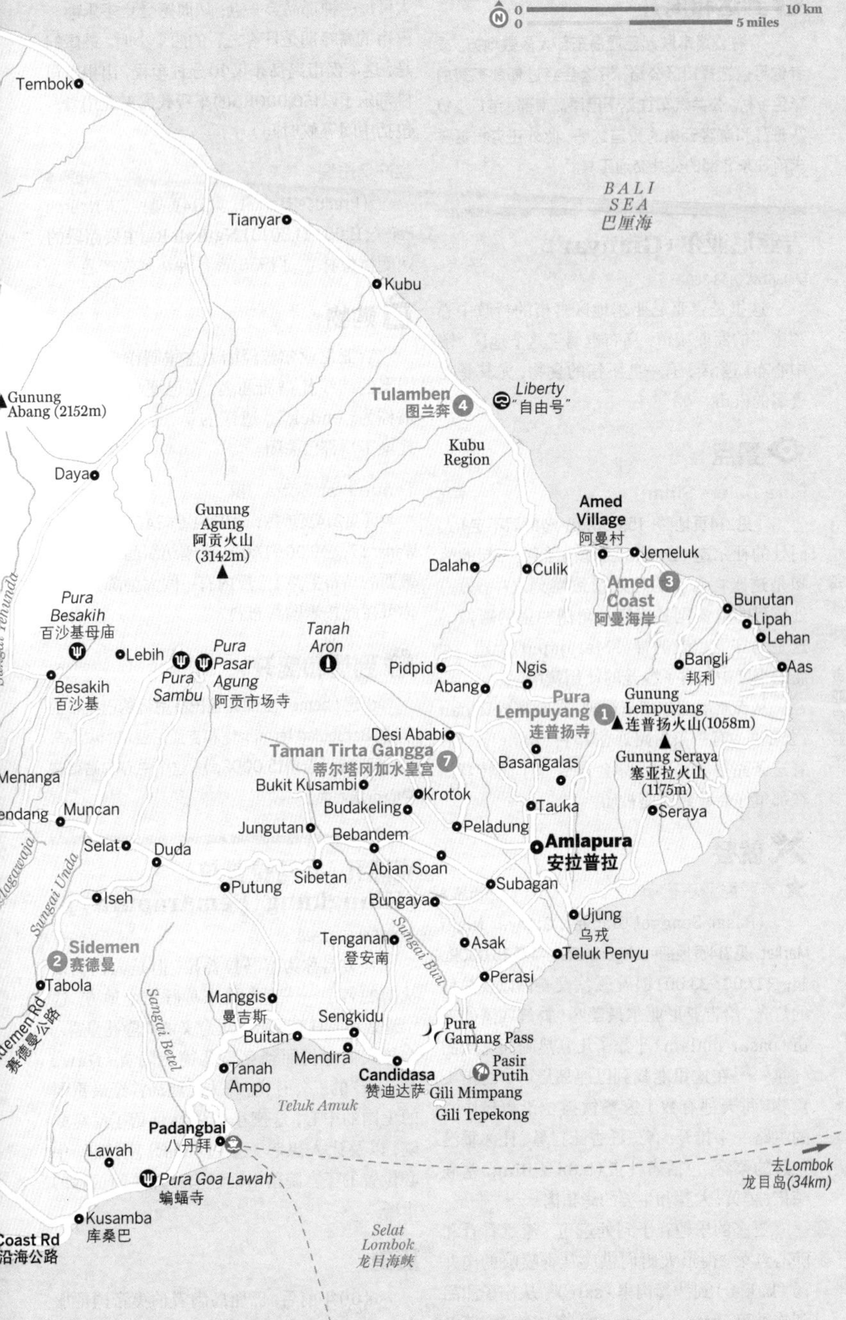

0 10 km
0 5 miles
BALI
SEA
巴厘海
Tembok
Tianyar
Kubu
Gunung
Abang (2152m)
Tulamben
图兰奔
4
Liberty
"自由号"
Kubu
Region
Daya
Gunung
Agung
阿贡火山
(3142m)
Amed
Village
阿曼村
Jemeluk
Dalah
Culik
Amed
Coast
阿曼海岸
3
Bunutan
Lipah
Lehan
Aas
Pura
Besakih
百沙基母庙
Lebih
Pura
Pasar
Agung
阿贡市场寺
Pura
Sambu
Tanah
Aron
Pidpid
Ngis
Bangli
邦利
Besakih
百沙基
Abang
Pura
Lempuyang
连普扬寺
1
Gunung
Lempuyang
连普扬火山(1058m)
Desi Ababi
Taman Tirta Gangga
蒂尔塔冈加水皇宫
7
Basangalas
Gunung Seraya
塞亚拉火山
(1175m)
Menanga
Bukit Kusambi
Krotok
Muncan
Budakeling
Tauka
Seraya
Jungutan
Peladung
Selat
Duda
Bebandem
Amlapura
安拉普拉
Sibetan
Abian Soan
Putung
Subagan
Iseh
Bungaya
Sungai Unda
Ujung
乌戎
Tenganan
登安南
Asak
Teluk Penyu
Sidemen
赛德曼
2
Sungai Buu
Tabola
Perasi
Manggis
曼吉斯
Sengkidu
Sangai Betel
Buitan
Pura
Gamang Pass
Mendira
Tanah
Ampo
Candidasa
赞迪达萨
Pasir
Putih
Gili Mimpang
Gili Tepekong
Teluk Amuk
Padangbai
八丹拜
Lawah
Pura Goa Lawah
蝙蝠寺
去Lombok
龙目岛(34km)
Kusamba
库桑巴
Coast Rd
沿海公路
Selat
Lombok
龙目海峡
去Nusa Penida
珀尼达岛(4km)

到达和离开

沿海公路串联起巴厘岛东部大多数地方。或者你可以选择山区公路，沿途会经过郁郁葱葱的绿色乡村。公共汽车往返于巴厘岛南部、港口小镇八丹拜和游客云集的赞迪达萨。此外还有根据需求前往东北部的公共交通工具。

吉亚尼亚尔（Gianyar）

☎0361/人口13,380

这里是吉亚尼亚尔地区富裕的行政中心和主要的商业城镇，乌布也属于这个地区。镇中心布局紧凑，有一些不错的食物，尤其是在著名的夜市。

景点

Pura Dalem Sidan　寺庙

（见214页地图；15,000Rp；⏲时间不定）大门处的杜尔迦（Durga）和孩子们在一起的雕塑是这座亡者庙的几处精致雕刻之一。另一处醒目的雕塑则是寺庙一角栅栏里的雕像，这是为守卫亡魂的神灵Merajapati所建。入庙的捐赠中包含了纱笼的使用费用。

从吉亚尼亚尔向东行驶，在距离Peteluan 2公里处，有一条岔路通往邦利（Bangli）。沿着这条路行驶1公里，你会遇到一个急转弯，在那里你会看到这座神庙。

就餐

★吉亚尼亚尔夜市　市场 $

（Pasar Senggol Gianyar, Gianyar Night Market；见214页地图；Jl Ngurah Rai；菜肴15,000Rp起；⏲17:00~23:00）锅碗瓢盆交响曲以及炫目的灯光，给吉亚尼亚尔最美味、香气四溢的夜市（pasar malam）平添了几分热闹而喜庆的气氛——在这里能找到巴厘岛最可口的街头食物。每天都有数十家餐饮摊位沿着镇中心的主路一字排开，有烹饪香味扑鼻、让你垂涎三尺的菜肴，包括烤乳猪（babi guling，塞满辣椒、姜黄、大蒜和生姜的烤猪肉）。

更多的乐趣在于到处逛逛、随意看看和随心点菜。街道大厨们供应从香喷喷的肉丸汤（bakso）到沙爹肉串（sate）、从椰子甜品到炸香蕉（piseng goreng）的各式美食。菜肴的平均价格为20,000Rp，如果结伴前来，你大可每一种都品尝一点，从而感受更多乐趣。夜市的高峰期是日落之后的两个小时。最棒的是，这个夜市离乌布仅20分钟车程，出租车司机都乐于以150,000Rp的车费载你来此用餐，包括中间等候时间。

农产品市场　市场 $

（Produce Market；见214页地图；Jl Ngurah Rai；⏲11:00~14:00）Jl Ngurah Rai主要路段的两侧摊位林立，白天出售各种新鲜农产品。

购物

吉亚尼亚尔曾经因为这里制作充满活力图案的纬线扎染而闻名，在巴厘岛这种工艺被称为“endek”。遗憾的是，近年来大部分扎染工厂都已关闭。

Tenun Ikat Setia Cili　纺织品

（见214页地图；☎0361-943409；Jl Ciung Wanara 7；⏲9:00~17:00）这座纺织品工厂位于镇西的乌布主路上。厂内有一间大型陈列室，你可在此按米购买布料。

到达和离开

小巴（bemo）定期在登巴萨附近的巴杜布兰车站（Batubulan terminal）和吉亚尼亚尔的中心车站之间往返（票价15,000Rp），这个中心车站就在中心市场后面。

克隆孔（塞马拉普拉）[Klungkung（Semarapura）]

☎0366/人口22,610

官方名称为塞马拉普拉，但是人们仍以从前的名字——克隆孔来称呼这个地方。这个地区首府具有重要历史意义的克隆孔皇宫，会带人们穿越回到克隆孔德瓦阿贡（Dewa Agung）的王公时代。作为巴厘岛曾经最重要的王国的中心，这座小镇依然保留了皇宫庭院，以及让人想起王室过往的几座神庙。中心位置的王宫院落对面还有一片热闹忙碌的市场。

历史

1400年前后，巴厘岛满者伯夷帝国征服者们的继任者定都吉尔吉尔（就在现在克隆孔的南边），吉尔吉尔王朝巩固了满者伯夷政

Klungkung (Semarapura) 克隆孔(塞马拉普拉)

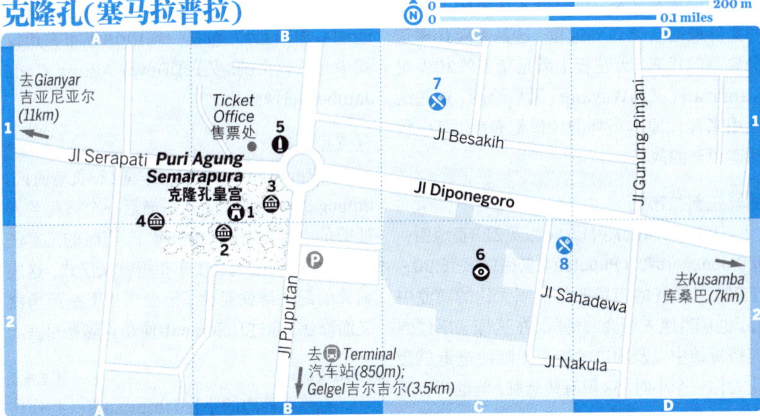

权在岛上的统治。到了17世纪，吉尔吉尔王朝的继任者们分别建立了独立的王国，王朝的统治就此终结。1710年，王室迁移到克隆孔，却再也没有找回以往的尊贵地位。

1849年，克隆孔和吉亚尼亚尔的统治者在库桑巴击溃了荷兰的侵略军队。荷兰人发起反击前，从塔巴南（Tabanan）来了一支队伍，一个名为马德斯·蓝格（Mads Lange）的商人充当了双方达成和平协议的中间人。

在此后的50年里，巴厘岛南部的各王国间一直摩擦不断，直到吉亚尼亚尔的统治者请求并得到了荷兰人的庇护。最终荷兰人攻陷了南部，克隆孔的国王必须被迫做出选择：要么像登巴萨的王公那样选择布布坦就义仪式，要么像塔巴南的统治者那样耻辱地投降（或者像邦利的统治者那样与对方达成协议）。他选择了前者。1908年4月，当荷兰人包围宫殿时，德瓦阿贡带领数百名王族和追随者，义无反顾地死在了敌人的炮火或自己的匕首下。巨大的就义纪念碑（Puputan Monument）就是为纪念这场英勇的战斗而修建的。

Klungkung (Semarapura) 克隆孔(塞马拉普拉)

重要景点

1 克隆孔皇宫 B1

景点

2 水榭亭阁 B2
3 司法大厅 B1
4 塞马拉加亚博物馆 A1
5 就义纪念碑 B1
6 塞马拉普拉市场 C2

就餐

7 Pasar Senggol C1
8 Sumber Rasa C2

景点

★克隆孔皇宫　皇宫

（Puri Agung Semarapura, Klungkung Palace；见本页地图；Jl Untung Surapati；成人/儿童 12,000/6000Rp；⏲8:00~18:00）德瓦阿贡王朝于1710年迁到这里时修建。宫殿院落的布局像一个大广场，据说采用了坛场的形式，带有庭院、花园、亭台和护城河。其实，许多原始宫殿和建筑都在1908年荷兰人的进攻中被毁了——只有广场南边的雕刻大门Pemedal Agung、司法大厅和水榭亭阁仍然保持着原有的模样。售票处位于Jl Untung Surapati街对面的就义纪念碑旁边。

水榭亭阁（Bale Kambang）

位于宫殿院落内，这座优美的水榭亭阁的屋顶也布满了不同主题的绘画。其中第一排是根据占星历绘画的，第二排是Pan和Men Brayut及其18个子女的故事，最上排是英雄Sutasona的历险故事。

司法大厅

（Kertha Gosa, Hall of Justice）建筑群东

北角的这座四周敞开的大亭子实际上是克隆孔王国的最高法院，村一级无法解决的纠纷和案件最终会被送到这里。这是克隆孔建筑最典型的代表。天花板上满是精美的20世纪Kamasan（又名Wayang）风格绘画。这些绘画用来替代原本朽坏的19世纪布画（其中包括迦卢荼的故事）。

塞马拉普拉市场 市场

（Semarapura Market；见223页地图；Jl Diponegoro和Jl Puputan交叉路口；⏲6:00~17:00）克隆孔的市场既是热闹无比的商业中心，也是当地人聚会的场所。在这栋三层楼的拥挤货摊中以及周边的街道上随便逛逛就会花去你一个小时。这里有些肮脏，但也拥有无穷的魅力。盛放于巨大草篮中的柠檬、酸橙、西红柿和其他新鲜农产品组合成了一片混乱之中的五彩岛屿。这里还有许多首饰和扎染布（其中后者的价格相比别处要便宜许多）。逛这里的最好时间是上午。

塞马拉加亚博物馆 博物馆

（Museum Semarajaya；见223页地图；Jl Untung Surapati，Puri Agung Semarapura；门票包含在宫殿门票内；⏲8:00~18:00）位于克隆孔皇宫西侧的一栋殖民风格建筑内，这座博物馆里充满了樟脑丸和灰尘的味道。展品包括一些传统的武器和服装，还有一些王室主题的有趣旧照片，包括一幅1908年布布坦仪式中光荣就义的5岁王子Dewa Agung Gede Jambe的肖像照片。

值得一游

昆纳沙博物馆

如果想看看国际知名的巴厘岛艺术家纽曼·昆纳沙（Nyoman Gunarsa，1944-2017）的作品，可以前往克隆孔西边郊外的这栋三层楼的**博物馆**（☎0366-22256；Jl Raya Takmung和Jl Raya Banda交叉路口，Takmung；成人/儿童 75,000Rp/免费；⏲周一至周六 9:00~16:00）。

这家博物馆由艺术家本人建造，许多色彩鲜艳的作品用表现主义手法呈现了传统生活，其中一些还讲述了各种民间传说。除了昆纳沙的作品，这里还展出了许多他个人收藏的古老作品，包括石刻、木雕、建筑古董、面具、木偶和纺织品等。

博物馆位于克隆孔以西约4公里处，在吉亚尼亚尔路的一处弯道附近，不妨找找附近巨大雕像下的假人警察。

就义纪念碑 纪念碑

（Puputan Monument；见223页地图；Jl Untung Surapati）克隆孔是最后一个被荷兰人征服的巴厘岛王国（1908年），当时的王室坚决不投降，而是选择了布布坦就义仪式。这座高耸的纪念碑就是为了纪念当年王室英勇就义而修建，穿过Jl Serapati便是克隆孔皇宫。

Tihingan 手工作坊

克隆孔西边的小村Tihingan有一些作坊专门制作加麦兰乐器。小型铸造厂制作产生共鸣的铜管和碗状铜锣，然后小心地打磨和抛光，直到发出正确的音调。一些门前有标志的作坊可接待游客参观。由于车间温度较高，他们一般在清晨天气还比较凉爽的时候就开始工作。从克隆孔沿着Jl Diponegoro向西，找找作坊的标志。

就餐

市场内外有众多便宜的小吃摊，但没有正式的就餐场所。

Pasar Senggol 市场 $

（见223页地图；Jl Besakih和Jl Gunung Rinjani交叉路口；⏲17:00至午夜）这是一处夜市，也是你在镇上待得较晚时的最佳用餐场所。通常都是人声鼎沸，嘈杂喧嚣，有各种常见的街头小吃。

Sumber Rasa 中餐 $

（见223页地图；☎0366-25097；Jl Nakula 5；菜肴 20,000~30,000Rp；⏲7:00~22:00）一家非常温馨的"老字号"中餐，可以坐下来享用简餐。

到达和离开

前往克隆孔最好的办法是自己准备交通工具，将其作为你爬山或是沿海游览的重要的一部分。

这是巴厘岛东部地区设有正式汽车站（terminal bis）的小镇之一。车站位于宫殿院落南边的Jl Puputan路边，有小巴和公共汽车往返登巴萨的巴杜布兰车站（25,000Rp）、安拉普拉(20,000Rp)、八丹拜(25,000Rp)、赛德曼(15,000Rp)和吉亚尼亚尔(20,000Rp)。

邦利(Bangli)

☎0366/人口 Kawan 8390, Cempaga 7520

邦利坐落在前往培内洛坎的半山坡上,曾经是一个王国的都城,如今只是一个平凡的集镇。这里最引人注目的是占地广阔的凯亨寺(Pura Kehen)。这座神庙坐落在一条美丽的林间小路上,这条路向东穿过梯田,在Sekar处将通往Rendang和赛德曼的公路连接到一起。

历史

邦利的历史可以上溯到13世纪初期。在满者伯夷时代,它从吉尔吉尔(Gelgel)分离出来,成为独立王国。但是它被其他王国包围着,一直处于贫穷的状态和与邻国无休止的冲突中。

1849年,邦利与荷兰签署了协议。根据协议,邦利控制了战败的布莱伦(Buleleng)王国北部沿岸。但是布莱伦随即叛乱,荷兰人不得不直接进行统治。1909年,邦利的统治者不愿选择布布坦(puputan,即血战到底)就义仪式,也不能接受完全被邻国或殖民力量所征服的局面,因此选择让邦利成为荷兰的被保护国。

景点

★凯亨寺 印度教神庙

(Pura Kehen; Jl Sriwijaya, Cempaga; 成人/儿童 含纱笼 30,000Rp/免费,停车费 2000Rp; ⌚9:00~17:00)曾经是邦利王国的国庙,仿佛是巴厘岛最重要的神庙——百沙基母庙的微缩版。寺院建于山腰,一条石阶路通往装饰精美的大门。第一个庭院里有巨大的菩提树,树枝上吊着一面kulkul(空心树干做成的警示鼓),内院里有一座11重顶的神龛(meru)。其他神龛内供奉着印度教三圣——梵天、湿婆神和毗湿奴。

凯亨寺位于邦利镇中心以北2公里处的Cempaga。

帕当特加尔祖灵庙 印度教神庙

(Pura Dalem Penunggekan; Jl Merdeka, Kawan) 免费 这座亡灵庙的外墙上遍布精美而生动的浮雕,描述的是犯了过错的人在死后受到应有的惩罚的场景。其中有一块嵌板上描述的是通奸犯所面临的可怕命运(尤其男人看到这种场景会感觉很不安)。有一些嵌板把有罪的人画成猴子,还有一块嵌板上面画的是罪人们在乞求免遭地狱之火煎熬的场景。这座寺庙坐落在邦利镇中心以南3公里处的Kawan。

> **另辟蹊径**
>
> **吉尔吉尔(GELGEL)**
>
> 吉尔吉尔坐落在克隆孔中心区以南4公里处,在去往海滨的途中。它曾是巴厘岛最强大王朝的所在地,但自从1710年王都迁到今天的克隆孔后,这里就开始没落,并最终于1908年在荷兰人的炮轰中彻底灭亡。今天,只有宽阔的街道和遗留下来的寺庙方能依稀唤起人们对往昔辉煌的追忆。主神庙Pura Dasar Bhuana的几个大庭院显示出这里曾经作为王室庙宇的辉煌。
>
> 从Pura Dasar Bhuana再往东大约500米,就是巴厘岛最古老的清真寺Masjid Nurul Huda Gelgel。尽管外观看起来很现代,不过这里却是由来自爪哇的伊斯兰传教士于16世纪末修建的,他们因为没能改变当地人的信仰,传教士们谁都不愿意重返故乡。

就餐

在小巴终点站旁边的街道Jl Merdeka上有个夜市(pasar malam),里面有一些不错的传统小吃摊。在白天,你也可以在杂乱的市场里找到供应新鲜可口食物的小吃摊。全天24小时都可以在这里买到寺庙供品。

到达和离开

大部分游客都通过自驾或报名参加百沙基母庙团队游来游览邦利。

赛德曼(Sidemen)

☎0366/人口 3780

在赛德曼(发音为Si-da-men),不论沿哪个方向步行，都可以与大自然展开亲密交流。通往山顶村庄的公路蜿蜒在巴厘岛最美丽的河谷之中，沿途不仅可以看到绝妙的稻田美景、令人愉悦的乡村风情，还可以看到阿贡火山的壮观景象（在云开雾散时）。

德国艺术家沃尔特·史毕斯（Walter Spies）从1932年开始在赛德曼居住了一段时间，以逃避自己在乌布一手营造的无休止的派对生活。后来，瑞士画家泰奥·迈尔（Theo Meier）也搬到同一栋房子里居住，后者对巴厘艺术的影响几乎可以与史毕斯比肩。如今，游客们到这里来逃避岛上大型城镇的喧嚣，然后在风景如画的郊野村外徒步。

活动

有许多徒步线路穿过绿意盎然的山谷里的稻田。其中有一条线路是包含了一段攀登Pura Bukit Tageh的3小时往返行程，在这座小小的寺庙可以欣赏到壮丽的风景。不论你住在哪里，都可以找到深度徒步旅行向导（2小时徒步大约每人75,000Rp），或者你也可以独自探险一番。许多度假村也为入住的客人们安排了有向导带领的徒步游，作为每日活动的一部分。

Nyoman Trekking 徒步

（☎0852 3999 5789；nyomansidemen@gmail.com；2小时徒步 75,000Rp）Nyoman Subrata可以带你穿越当地的乡村；在条件允许时，他还可以带你攀登阿贡火山。

住宿

赛德曼有不同价位的度假村、酒店和客栈；大部分都位于Jl Raya Tebola沿线。晚上，这里的天气变凉，还会起点儿薄雾，因此记得多带一两件外套。

Khrisna Home Stay 民宿 $

（☎0815 5832 1543；pinpinaryadi@yahoo.com；Jl Raya Tebola；标单 250,000~350,000Rp，双 350,000~700,000Rp，家 900,000~1,000,000Rp；）这家热情的家庭旅馆有9间客房，周围被有机果树环绕，还有一座迷人的泳池。房间十分舒适，但是单人间比较紧凑；全部配有风扇。其中一间豪华房可以眺望稻田的优美风景。小餐馆供应可口的早餐和主打素食的晚餐（主菜35,000~50,000Rp）。

★Darmada Eco Resort 度假村 $$

（☎0853 3803 2100；www.darmadabali.com；Jl Raya Luah；房间 500,000~700,000Rp，家 900,000~1,100,000Rp；）这家价格实惠的度假村位于一片葱郁的河谷中，陈设简单，但这都不是问题，因为大部分住客都会在迷人的泉水泳池消磨时间，或者参加丰富的付费活动（冥想、瑜伽、按摩、徒步、烹饪培训班等）。度假村的河畔餐馆非常不错。Wi-Fi信号仅覆盖公共区域。

★Samanvaya 精品酒店 $$

（☎0821 4710 3884；www.samanvaya-bali.com；Jl Raya Tebola；房间 US$90~142，套 US$124~170；）赛德曼的精品住宿，能看到一直绵延到海边的壮观稻田景象，并且采用了教科书式的“巴厘岛风格”装修。每间客房都非常舒适，坐拥优美风景，但是最好的房间当属高级房和豪华房。设施包括竹制瑜伽空间、无边泳池、热水浴缸、水疗亭（按摩120,000Rp起）和餐厅（主菜75,000~120,000Rp）。

★Alamdhari Resort and Spa 酒店 $$

（☎0812 3700 6290；www.alamdhari.com；Jl Raya Tebola；双/标双 680,000~850,000Rp，家 1,000,000~1,250,000Rp；）这家精品酒店让你的眼睛和钱包都格外舒适。14间房间明亮通风，有舒适的床、电扇、精致的浴室和宽敞的阳台。泳池的风景——最好能找张舒适的沙滩椅来欣赏——非常壮观，设施包括一间餐厅（主菜50,000~120,000Rp）和一个小水疗室。非常迷人。

Giri Carik 客栈 $$

（☎0819 3666 5821，0813 3955 4604；www.facebook.com/GiriCarik；Jl Raya Tebola；房间 450,000~550,000Rp；）赛德曼的迷人魅力就在于它的简约淳朴，这里就是最好的例子。五间简单的客房（其中一些可以从小露台上看到优美的风景）、一间餐馆（主菜40,000~55,000Rp）和一个小泳池是这里的一切，但是在我们看来这里值得推荐。

Nirarta Centre 度假村 $$

(0812 465 2123; www.awareness-bali.com; 紧邻Jl RayaTebola; 标单 €55~65, 双 €55~75; P 🛜)这里的住客可以参与很不错的个人心智开发项目，比如免费的每日冥想课程。11间舒适的客房分布在6间平房内，有些就在河边；餐馆供应品种丰富的泰国、印度和印尼素食和有机菜肴（主菜45,000~125,000Rp）。遗憾的是，这里没有泳池。

Subak Tabola 度假村 $$

(0811 389 3444, 0811 386 6197; www.subaktabolavilla.com; Jl Raya Tebola; 房间 US$90~135, 套 US$135~150, 家 US$200~250; P ❄ 🛜 泳池)周围稻田环绕，这家略显过时，但维护良好的度假村有宽敞的院子和免费的每日活动计划（瑜伽和徒步），还可以组织专门的儿童活动（自愿捐赠），是家庭出游的绝佳选择。设施包括一间酒吧、泰式/印尼风味餐馆（主菜45,000~125,000Rp）和泳池。Wi-Fi信号仅覆盖公共区域。

Wapa di Ume 度假村 $$$

(0366-543 7600; www.wapadiumesidemen.com; Jl Raya Tebola; 房间 US$300~350, 套 US$380~430, 泳池别墅 US$530~580; P ❄ @ 🛜 泳池)由位于乌布的同名酒店的运营团队经营。这是赛德曼地区的第一家豪华度假村，占地1.2公顷，别墅（其中一些带独立泳池）散布其间，位置就在河边，坐拥优美的稻田风景。设施包括两座泳池、一个健身房、瑜伽亭、水疗、全景屋顶酒吧和风格时尚的餐馆（主菜65,000~198,000Rp）。酒店的免费日常活动包括山地徒步、观光、瑜伽和下午茶等。

就餐

大部分住处都设有餐馆，Jl Raya Tebola沿线还有小吃摊。Darmada Eco Resort、Samanvaya和Wapa di Ume的餐厅都欢迎非住客用餐。

★ **Warung Melita** 各国风味 $

(0853 3803 2100; www.darmadabali.com/warung.html; Jl Raya Luah, Darmada Eco Resort; 主菜 30,000~100,000Rp; 7:30~21:00; P)前往Darmada Eco Resort的这间河滨开放式凉亭（bale），品尝美味的巴厘岛和西式菜肴，包括比萨和自制冰激凌。食材都来自厨师们在自己有机菜园里种的蔬菜，饮品包括啤酒、葡萄酒、自制茶和新鲜果汁。这里也是享用下午茶的好地方（蛋糕400,000Rp）。

★ **Dapur Kapulaga** 巴厘菜 $

(0852 3861 5775; Jl Raya Tebola; 主菜 32,000~50,000Rp; 13:00~22:00)设有主打西式和巴厘岛风格主食的有机菜单，这个干净友善、与众不同、铺有格子瓷砖地板的小吃摊是绝佳的选择，就在Alamdhari Resort & Spa前面。没有酒水，但是自制的Sidemen Cooler是非常不错的替代品。

Joglo D' Uma 巴厘菜 $

(0819 1566 6456; Jl Raya Tebola; 主菜 38,000~50,000Rp; 11:00~21:00; 🛜)这家凉亭餐馆的食物品质一般，但风景无可比拟——稻田和翠绿群山的全景绝对震撼人心。可接受信用卡付款，持有酒水售卖执照。

购物

Pelangi Traditional Weaving 艺术和手工艺品

(0812 392 3483; Jl Soka 67; 8:00~18:00)赛德曼是一处文化和艺术中心，尤其是图案明快的扎染（endek）布料和金丝银线布料（songket）。在这里，员工们在楼下织机旁忙碌，客人们可以在楼上的展厅里欣赏他们的作品以及秀美的赛德曼风光。

到达和离开

赛德曼公路可以看作是从巴厘岛南部或乌布出发的一日游线路的精彩部分。公路向北在Duda以西连接了Rendang至安拉普拉（Amlapura）的公路。但由于大卡车经由此路前往巴厘岛热火朝天的建筑工地拉石头，现在的赛德曼公路非常繁忙。

另有一条鲜有人走的道路通往百沙基母庙，从克隆孔（塞马拉普拉）的东北方向出发，经赛德曼和Iseh到达另一条沿途满是风景的路线：Rendang至安拉普拉的公路。

在赛德曼中心附近，一条小路向西500米有一个路口，跟随路牌即可去往不同的客栈。

阿贡火山(Gunung Agung)

阿贡火山是巴厘岛最高,也是最受崇敬的山,在没有云雾遮蔽时,从巴厘岛的南部和东部大部分地区都能看到那壮观的山峰。许多资料都显示它的海拔有3142米。山顶是一个椭圆形的火山口,直径大约为700米,最高点在西部边缘,就在百沙基母庙的上方。

阿贡火山是巴厘岛的精神中心,传统民居都分布在与它保持一致的一条轴线上,许多当地人都知道他们处于山峰的什么方位,在他们心目中,这座山峰聚集着祖先的灵魂。

景点

★百沙基母庙 印度教神庙

(Pura Besakih; 门票 60,000Rp, 停车费 5000Rp)百沙基母庙是巴厘岛最重要的印度教神庙,盘踞于阿贡火山一侧近1000米的高处。这是由23座独立却又关联的寺庙组成的地方,分布在山坡上的六层平台内,其中最大也最重要的是Pura Penataran Agung庙。这里有一座壮观的天堂之门(candi bentar);注意游客不能进入庙中。百沙基母庙院子里经常举办各种仪式,但近来的火山爆发让信众和游客数量都不断下降。

神庙庭院的具体由来已无从考证,但几乎可以肯定的是神庙建筑群的历史可以追溯到史前时期。Pura Penataran Agung和其他几座寺庙的基石类似金字塔的巨石台阶,距今至少有2000年历史。从1284年第一批爪哇征服者定居于巴厘岛开始,这里就被当作印度教敬神地点。15世纪,百沙基母庙成为吉尔吉尔王朝的皇家寺院。

这里有两个停车场:Parkir Bawa和Parking Atas。前者是主要停车区,也是你从南边过来遇到的第一个停车场,所有游客都必须将车停在这里。旁边就是售票处。售票处旁边可以领取纱笼和肩带,游客必须穿着纱笼和肩带入内,租赁费用包含在门票中。许多游客都会自备纱笼和肩带。

活动

徒步

攀登阿贡火山会带你穿过高耸入云的翠绿森林,而回报给你的,则是一览众山小的风景。最好在旱季攀登(4月至9月),7月至9月之间最好。在其他时候,这里的山路湿滑危险,景色也总是笼罩在一片云雾中(特别是在1月和2月)。在百沙基母庙举行一些重要的宗教仪式期间,不允许攀登阿贡火山,这些仪式大部分都在4月举行。

登山时,需要考虑以下几点:

- 在计划或开始攀登时,一定要了解官方预警信息。
- 聘请向导。
- 在圣山上的神龛前,如果遇到在此祈祷的信徒,你的向导可能会稍作停留,请尊重这

阿贡火山:即将爆发?

2017年9月,阿贡火山山体内地震活动的增加促使印尼官方宣布火山爆发"迫在眉睫"。生活在"蠢蠢欲动"的巨大山体附近的13万人被迫离开家园,半径12公里内变得荒无人烟,以便在这座火山达到"爆发临界"阶段时,人们能进入临时避难所内。

官方所料不错,这座火山在2017年11月喷发了五次,2018年又喷发了四次。这些喷发都没有造成人员伤亡或重大损失,但是2017年的喷发导致当地大量村民撤离,巴厘岛努拉·莱伊国际机场和龙目岛国际机场也临时关闭。在本书调研期间,火山爆发官方预警为3级(Level 3,待命),划定火山口周围4公里为禁区;火山深处的轻微地震时有报道。许多巴厘人担心再一次毁灭性的爆发在所难免。阿贡火山每日播报页面(www.facebook.com/groups/415222448896889/)会发布最新情况。

阿贡火山上一次爆发是在1963年,导致约1600人遇难,火山灰最远飘到了首都雅加达。

Pura Besakih Complex 百沙基母庙建筑群

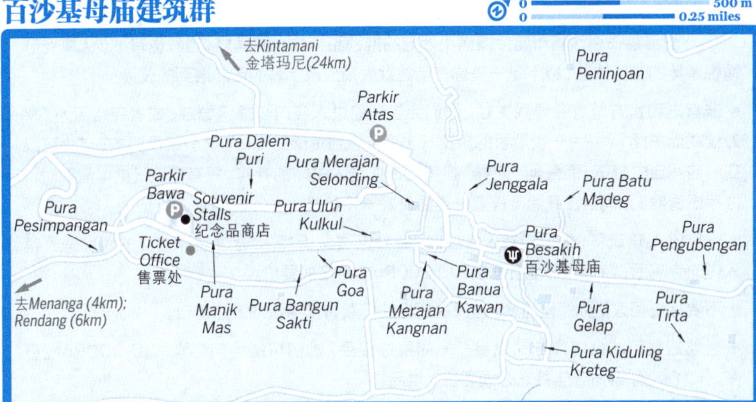

一点。

➡ 最好在早上8点前登上山顶，因为8点后容易有云层聚集，这些云团通常会阻碍你看到阿贡火山，也会遮挡你在阿贡火山上的视线。

➡ 带上强力手电筒、备用电池、足够的水（每人2升）、食物、防水衣物和保暖的套头衫（运动衫）。

➡ 山路陡峭，下山将给你的双脚带来挑战，因此你最好穿一双结实的鞋或靴子，并且剪短脚趾甲。

➡ 这是一段艰难的攀爬过程，要量力而行。

➡ 经常休息一下，体力跟不上时可以让向导放慢速度。

路线

从各个方向都可以攀登阿贡火山。最常见的两条攀登线路从下面两个地方出发：

阿贡市场寺（Pura Pasar Agung；位于南坡，爬升大约4小时）这条路线徒步距离最短，因为阿贡市场寺就在阿贡火山南面的山坡上（海拔约1500米），而且从Selat以北有路况相当好的公路可以到达这里。

百沙基母庙（阿贡火山西南，爬升大约6小时）这条路比从南边上山更艰难，只适合那些体格非常强健的登山者。如果要在起雾前看到风景，最好在午夜就出发。

这两条路都可以登顶，但大部分人都只是到火山口边缘（海拔2866米）。

实用建议

聘请走这两条线路的向导所需的费用中，通常都包含早餐、其他餐食以及住宿，但是一定要事先把这些信息确认好。向导还可以帮你安排交通工具。

该地区大多数旅馆都可以推荐前往阿贡火山的向导，包括Selat、赛德曼公路沿线和蒂尔塔冈加（Tirta Gangga）的旅馆。

大部分向导的收费标准为：从百沙基母庙出发每人600,000~900,000Rp；从阿贡市场寺出发每人450,000~600,000Rp。

Wayan Tegteg 徒步

（☎0813 3852 5677；www.facebook.com/wayan.tegteg.7）广受徒步者赞誉的阿贡火山攀登向导。

I Ketut Uriada 徒步

（☎0812 364 6426；ketut.uriada@gmail.com）这位见闻广博的向导平常在Muncan，可以安排该地区的所有徒步活动。他还经营着一间小客栈（房间125,000~160,000Rp），并且可以帮助安排往返该地区的交通。

ℹ 到达和离开

通常你的向导会安排好前往徒步登山起点的交通工具。当地没有公共交通。

一段不神圣的经历

一些游客在百沙基母庙会遭遇小贩们的推销和当地人的骗局；当然也有不少人享受到愉悦顺畅的游览体验。以下是一些你在前往此处前应该了解的可能遇到的伎俩：

- 非官方和官方导游会寻找主顾。他们会告诉你进入庙内必须请导游，或者寺庙因为“举办仪式而关闭”，并为一次短暂的游览开出令人感到荒谬的高价。这些都是假的：你大可以在寺庙间自由游览，而任何“向导”都不能带你进入关闭的寺庙。只有你自己觉得需要时，才考虑请他们，而且在开始行程前一定要说好一个价格。
- 一旦进入建筑群，很可能有人会让你“跟我进去做祈祷”。通过这种方式进入那些严禁入内的寺院后，游客很可能会面临100,000Rp或更高的要价。
- 不要让任何人帮你保管门票。这只是把你的门票转卖给其他人的借口。
- 当地妇女可能会向你推销供品——如果你接受，她们可能会向你索取10,000Rp或更多。作为游客，游览寺庙并非必须要带上供品。
- 纱笼和肩带租赁包含在门票费用中——在付款购买门票时就可以领取。或者可以自备。
- 从售票处到山上的踏板车费用也包含在门票中。司机可能会向你要小费，但给或不给由你自行决定。

前往库桑巴的沿海公路（Coast Road to Kusamba）

☎0361

萨努尔和库桑巴之间的海滨公路沿一段黑沙海滩前行，途中会经过岛上最棒的两处冲浪点（克拉马斯和克特蔚）。中途没有太多停下来的理由，因为大部分海滩都不怎么干净，其中许多地方游泳也不安全。公路两边分布着许多商店、工厂和面向卡车司机的餐馆。

景点

巴厘岛野生动物公园 游乐园

（Bali Safari Park；见214页地图；☎0361-950000；www.balisafarimarinepark.com；紧邻Prof Dr Ida Bagus Mantra Bypass Km19.8；成人/儿童 513,000/411,000Rp起；⏲9:00~17:00，周二至周日 14:30有Bali Agung表演）这座主题公园里有各种各样的动物，其中有些物种是巴厘岛所没有的，在打开运输笼之前，它们从未涉足巴厘岛（包括老虎、狮子、大象、河马、犀牛等）。入场费用为各种门票的组合套餐，可以根据需要购买——项目包括巡游、Bali Agung表演、水上乐园、动物展、简餐、夜间巡游等。请注意：已有大量证据表明，这里的动物表演和骑大象等活动都有损动物健康。

这座公园位于黑沙滩（Pantai Lebih）附近；有免费班车往返于动物园和巴厘岛南部地区的游客中心。在线购票可获得最大折扣。

海滩

从萨努尔出发，沿着海滨路向东时，任何一条向南的道路或小巷都可以通往海滩。

海岸线本身就很迷人，有火山的灰色投影和翻滚的浪花。整个海岸有着重要的宗教意义，沿岸建有许多寺庙。在许多沿海小村庄的海滩上，火葬仪式的最后一步就是把骨灰撒到大海里。而寺庙中的佛具开光仪式也会在这些海滩上举行。

重要提示：

- 克特蔚（Ketewel）和克拉马斯（Keramas）是顶级冲浪点。
- 在波浪翻涌的地方游泳是很危险的。
- 大部分海滩毫无树荫遮蔽。
- 许多海滩都至少有一两家小贩售卖食物或饮品。
- 你需要自己寻找交通工具前往这些海滩。
- 当地人会向你收取门票——费用大约为5000Rp。

➡ 在大部分海滩上，垃圾都是一个让人扫兴的问题。

黑沙滩（Lebih Beach） 海滩

就在海滨公路旁边，黑沙滩的细沙中含有闪闪发光的云母。渔船排列在海岸边，旁边是一溜小吃摊，特色包括竹签烤鱼和内容丰富的海鲜汤。空气中弥漫着海滨摊贩们烤鱼的香味。这里是停下来吃午饭的好地方。

在北边，也就是海滨路对面，引人注目的赛格拉寺（Pura Segara）守望着海峡另一边的珀尼达岛（Nusa Penida），相传Jero Gede Macaling（传说中的魔王）的家就在那座岛上——这座庙宇帮助保护巴厘岛不受邪魔的侵害。

普纳玛海滩 海滩

（Pantai Purnama；Purnama）这是一小片黑沙滩，在阳光下散发着亮闪闪的光芒。宗教是这里重要的主题：靠近海滨公路的神庙Pura Erjeruk会举办精心筹备的满月净化仪式。

克拉马斯海滩 海滩

（Pantai Keramas；Keramas）别墅和酒店项目遍地开花。冲浪海浪连续不断，堪称世界一流。

Pantai Masceti 海滩

Pantai Masceti海滩位于萨努尔以东约15公里处，有一些饮品小贩，还有巴厘岛九座指示方向的神圣庙宇之一农神庙（Pura Masceti）。这座庙宇就坐落在海滩上，按照迦卢荼（Garuda，印度教神话中鹰头人身的金翅鸟，印度尼西亚的国徽图案）的形状修建，庙中还有一些花哨的塑像。颇具讽刺意味的是，虽然这座庙形似一只大鸟，但庙里的院子和附近的一座大楼都被用作斗鸡场地，遍地鸡毛。

Pantai Klotok 海滩

百沙基母庙的神像会在海滩上的这座神庙来参加净化仪式。看看野生灌木丛中的那些蓝色小花——它们十分神圣。

克特蔚海滩（Pantai Ketewel） 海滩

这里的冲浪点大名鼎鼎，吸引了许多高手到此一试身手，这是一道难度较大的礁岩右手浪。

住宿

Wyndham Tamansari Jivva Resort 度假村

（☎0366-543 7988；www.wyndhamjivvabali.com；Pantai Lepang；房间 800,000Rp起；P❄📶🏊）非常受中国旅行团欢迎。这个拥有222间客房的度假村紧邻毫无特色的Pantai Lepang海滩，房型多种多样，装饰冷淡乏味，但设施齐全（水壶、熨斗、写字台）。在我们上次到访时，两座泳池中的一座因为潮汐巨浪而损坏严重，已经停止使用，何时能完全修复尚未可知。酒店内的设施包括水疗室、健身房和两间餐厅。

★ Hotel Komune 度假村

（☎0361-301 8888；www.komuneresorts.com；Jl Pantai Keramas, Keramas；房间 US$99起，套 US$130起，别墅 US$250起；P❄📶🏊）🍃名副其实的度假村，可以为充满乐趣的假期提供所需的一切。这里的海浪是巴厘岛最棒的，但是不适合初学者。其他活动包括瑜伽、冥想和儿童电影之夜。房间时尚而舒适，海边的Beach Club（餐厅/酒吧/泳池）一天中无论何时都洋溢着欢乐的派对氛围。

照明灯塔使冲浪者们在夜幕降临后也可以大显身手；酒店内提供冲浪板和潜水服出租。儿童俱乐部设有蹦床、秋千和滑板公园。

就餐

大部分海滩上都能找到至少一两家食品或饮品摊贩。黑沙滩有十几家不错的摊贩，售卖海鲜烧烤和其他食物。

★ Hotel Komune Beach Club 各国风味

（☎0361-301 8888；www.komuneresorts.com/keramasbali/beach-club；三明治和汉堡 65,000~95,000Rp，主菜 58,000~250,000Rp；⏲6:30~23:00；📶🥗👶）🍃Hotel Komune的海滩俱乐部的餐厅、酒吧、泳池和户外电影院，同时也向非住客开放，这对那些沿着巴厘岛东部海岸公路旅行的游客而言无疑是个好消息。菜单迎合所有人的口味，有汉堡、三明治、比萨、意面和印尼菜肴。我们推荐这里的严格素食和儿童菜单。

到达和离开

当地没有公共交通，因此你需要自备交通工具出行。骑行者会享受通往海滩的公路，但是大货车络绎不绝的主干道就不那么令人愉悦了。

库桑巴（Kusamba）

☎0366/人口 5910

在以渔业和盐业为主业的村庄库桑巴，你可以看到一排排色彩斑斓的jukung（支架突出舷外的渔船）排列在灰色的沙滩上。捕鱼活动通常都在晚上进行，渔船前部的“眼睛”可以在夜间帮助巡航。这里的鱼市陈列着渔夫夜晚捕鱼的收获。在库桑巴东部和西部的海滩上，可以看到一排排制盐的小屋。

蝙蝠寺 洞窟

（Pura Goa Lawah, Bat Cave Temple; Jl Raya Goa Lawah; 成人/儿童 30,000/15,000Rp，小汽车停车费 5000Rp; ⏲8:00~19:00）巴厘岛9座指示方向的寺庙之一。库桑巴以东3公里处陡峭悬崖上的洞窟里挤满了蝙蝠，寺庙里也熙熙攘攘地挤满了蜂拥而至的外国人和当地人的旅行团。当你闻到洞窟里传来的一股强烈的臭味时，你也许会大声喊道：“蝙蝠粪，蝙蝠侠！”——阿尔弗雷德·本尼沃斯（Alfred Pennyworth，蝙蝠侠的仆人）一定不会认同。从表面看，这座寺庙很小，也不会给人留下什么印象，但是这里非常古老，对巴厘人而言意义重大。

当地的传说称，这个洞窟一直通往19公里以外的百沙基母庙，但估计你不会想走这条路线。洞里的蝙蝠为传说中的蛇神那伽巴苏基（Naga Basuki）提供食物，据说这条大蛇也住在这个洞里。不要理会提供导游服务的人（根本无须导游）。如果有人问你姓名，不要告诉他，否则在出洞的时候，你会获得一个写有你名字的“礼物”，那个人会告诉你必须买下它。自备纱笼，或者在售票处租一件（5000Rp）。

Merta Sari 巴厘菜

（☎0366-30406; Jl Kresna,Pesinggahan; 简餐 25,000Rp; ⏲10:00~18:00）位于库桑巴东南2公里处Pesinggahan小村内的热门传统小餐馆。套餐由多汁的鱼肉沙爹、香气扑鼻的鱼汤、蔬菜、米饭和超级香辣的酱料组成。

Warung Lesehan Sari Baruna 巴厘菜

（☎0813 3952 5459; Jl Raya Goa Lawa; 简餐 30,000Rp; ⏲6:00~19:00）跟随巴厘岛当地人来到蝙蝠寺附近的这家开放式凉亭。这里只有一种用餐选择：由香辣鱼肉沙爹、鱼丸汤、芭蕉叶蒸鱼、米饭、长豇豆、花生和红色辣椒酱组成的套餐（paket pesinggahan）。

Sari Baruna位于库桑巴以东1公里处的海滨公路边，蝙蝠寺附近。

到达和离开

始于萨努尔的海滨路在渔村库桑巴与东向的传统线路相交，之后与蝙蝠寺附近的公路交会。海滨主干道交通繁忙，如果有自己的交通工具，可以很方便地到达巴厘岛东部的任何地方。

当地有小船可以前往与库桑巴隔海相望的珀尼达岛和努萨兰彭坎（但是从八丹拜出发的船往往更快更安全）。

八丹拜（Padangbai）

☎0363/人口 3090

这座海边小镇是巴厘岛和龙目岛以及珀尼达岛之间的公共渡轮渡口，还有许多快船发往龙目岛和吉利群岛。在没有被在此中转的旅行者淹没的时候，这里充满了慵懒的氛围，其住宿和餐饮也都是主要面向背包客和潜水者。虽然这里位于弧形沙滩小海湾附近，有一定的地理优势，但是小镇本身没有什么吸引力，而且卫生状况堪忧——不要试图在这里寻找安逸的旅居生活。

海滩

蓝色潟湖海滩 海滩

（Blue Lagoon Beach; 见233页地图）在八丹拜东部海岬的最远端，距离镇中心约500米，有一片小沙滩。这里有几家小摊和适合亲子游的温柔海浪。

Bias Tugal 海滩

（见233页地图）从轮渡码头向西南方向步行，沿着上山的小道前行约1.3公里，就到了名为Bias Tugal（又名Pantai Kecil）的小沙滩，就在海湾外面的海岸上。下水时要小心，因为这里有强劲的洋流。白天这里有几家小吃摊。

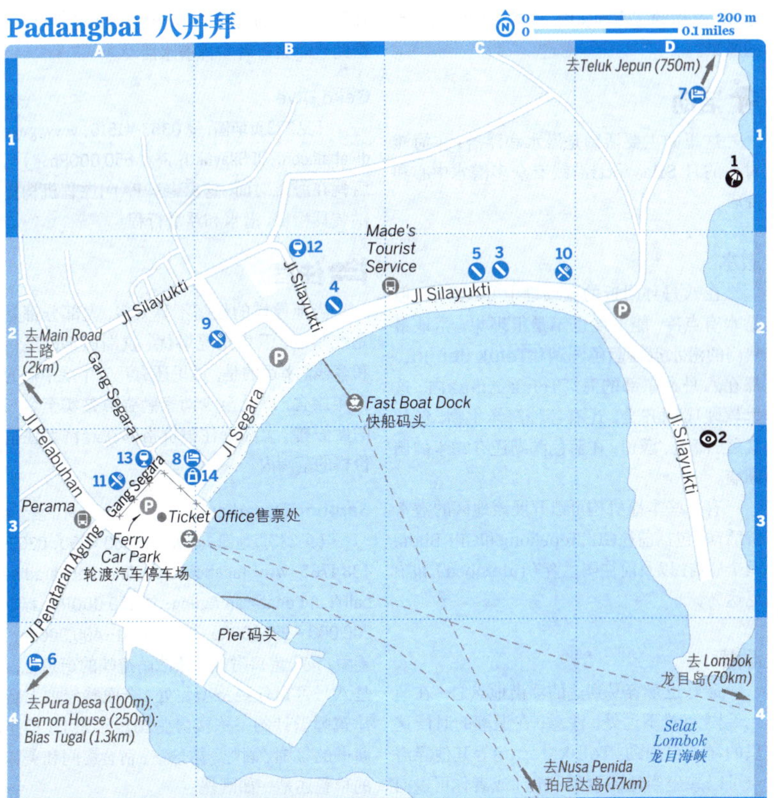

Padangbai 八丹拜

景点

1 蓝色潟湖海滩............D1
2 Pura Silayukti............D3

活动、课程和团队游

3 Geko Dive............C2
4 OK Divers............B2
5 Water Worxx............C2

住宿

6 Bamboo Paradise............A4
7 Bloo Lagoon Eco Village............D1
8 Fat Barracuda............A3
OK Divers Resort & Spa............（见4）

就餐

Colonial Restaurant............（见4）
9 Ozone Café............B2
10 Topi Inn............C2
11 Zen Inn............A3

饮品和夜生活

12 Omang Omang............B2
13 Shelter Bay............A3

购物

14 Ryan Book Shop............A3

景点

Pura Silayukti 寺庙

（见本页地图；Jl Silayukti）在八丹拜海湾东北角，沿着一条小路登上这座岬角，可以看看据说11世纪将种姓制度引入巴厘岛的大祭司恩浦（Empu Kuturan）曾经居住过的神庙。在这里的三座神庙中，你都会欣赏到优美的风景。

活动

这里的主要活动是潜水和浮潜；主海滩对面的Jl Silayukti沿线有众多潜水中心和商店。

潜水

在八丹拜附近的珊瑚礁中可以潜水，但是水有点冷，能见度也不是很理想。当地最热门的潜水点在蓝色潟湖和Teluk Jepun，都在八丹拜东部的海湾Teluk Amuk内。这里软硬珊瑚齐全，还有各种海洋生物，包括鲨鱼、海龟、濑鱼，在蓝色潟湖还有23米的珊瑚墙。

有一些本地机构可以开展该地区的潜水游活动，包括前往Gili Tepekong和Gili Biaha两个岛屿，以及前往图兰奔（Tulamben）和珀尼达岛。

浮潜

最好也最容易到达的浮潜地点之一在蓝色潟湖海滩不远处。注意，在退潮的时候这里的洋流很强劲。Teluk Jepun等其他浮潜点可以乘坐当地的渡船到达（或者你可以向当地潜水公司询问，看他们的船上是不是还有空位；费用约为130,000Rp）。浮潜装具租赁的费用大约为每天50,000Rp。

当地潜水商店可以组织面向初学者和经验丰富的浮潜者的浮潜行程（每人450,000~750,000Rp），还可以按半天或按天出租浮潜装具。

OK Divers 潜水

（见233页地图；☎0811 385 8830；www.okdiversbali.com；Jl Silayukti 6，OK Divers Resort；2次潜水1,080,000Rp）设有各种PADI潜水课程，以及前往岛上各处的潜水行程，开展在本地潜水和浮潜的活动。其所属的度假村可提供很棒的住宿。

Water Worxx 潜水

（见233页地图；☎0363-41220；www.waterworxbali.com；Jl Silayukti；2次潜水 US$80~125）一家口碑不错的潜水运营机构，设有前往附近地区的行程，以及PADI和SSI课程。可帮助残障旅行者安排潜水活动。

Geko Dive 潜水

（见233页地图；☎0363-41516；www.gekodivebali.com；Jl Silayukti；潜水 650,000Rp起）门店就在海滩对面，这家老牌PADI课程机构提供装具租赁、潜水和浮潜行程。

住宿

当地像样的住宿不算太多，大部分都是光线暗淡、卫生状况堪忧、氛围压抑的民宿和客栈。幸运的是，这里还有几家中规中矩的青年旅舍，以及至少两家勉强算是实至名归的度假村。大部分住宿价格都在经济型住宿价格的范围内。

Bamboo Paradise 青年旅舍 $

（见233页地图；☎0822 6630 4330，0363-438 1765；www.facebook.com/bambooparadisebali/；Jl Penataran Agung；铺 120,000Rp，标单 200,000~350,000Rp，双 250,000~400,000Rp；❄📶）位于港口附近一条浓荫掩映的街道上，是八丹拜最佳经济型住处。全面整修加上新建筑师设计的一栋楼房在2019年完工，但是慵懒的氛围、酒吧、休息室、宿舍房间和美味的早餐还是一如既往。

Fat Barracuda 青年旅舍 $

（见233页地图；☎0822 6630 4330；www.facebook.com/fatbarracuda；Jl Segara；铺 115,000Rp，标单/双 不带卫生间 200,000/280,000Rp；❄📶）就在港口旁边。这家背包客住处在一间干净的空调房里，设有10张铺位，都带有床帘以保持私密性。配有储物柜（自备锁），但是没有公共区域；早餐在隔壁的办公室内供应。楼上有一间独立房间，但是需要和宿舍共用热水淋浴间。

Lemon House 客栈 $

（见233页地图；☎0812 4637 1575；www.lemonhousebali.com；Gang Melanting 5；铺 120,000Rp，房间 不带卫生间 210,000Rp，房间 300,000Rp；📶）在晴朗的白天，你可以从这家山坡上的客栈远眺龙目岛。位于高处的缺点是需要从港口爬70级陡峭的台阶才能到达这里。其中一间房间有优美的风景和独立卫生间；其他房间(包括一间男女混住四人宿舍)共用卫生间。Wi-Fi时好时坏,下水道也时通时堵。

OK Divers Resort & Spa 度假村 $$

(见233页地图; ☎0811 385 8830; www.okdiversbali.com; Jl Silayukti 6; 房间 990,000Rp起; P ❄ 📶 🏊) 🌿这里的设施在镇上首屈一指,有水疗、两座泳池、一个潜水中心和一间凉亭咖啡馆。房间布置得体,配有卫星电视和煮茶/咖啡的设备。其中一间房间适合坐轮椅的客人入住。唯一不好的地方在于Wi-Fi的连接问题——有客人反映无线网络时好时坏。

★ **Bloo Lagoon Eco Village** 度假村 $$$

(见233页地图; ☎0363-41211; www.bloolagoon.com; Jl Silayukti; 单/双/三床 平房US$124/181/202起; P ❄ @ 📶 🏊) 🌿位于镇东一座峭壁上,这个地方凭借其依山面海的瑜伽平台(每天都有免费课程)、价格实惠的水疗(按摩210,000~300,000Rp)和适合孩子们的带滑道泳池而远近闻名。25间平房分为一卧、双卧和三卧等房型。所有房间都可俯瞰蓝色潟湖海滩,有宽敞的户外露台、厨房和开放式浴室;其中一些配有空调。

度假村内的观景餐厅**Helix 64**,供应各种不同风味的菜肴(主菜50,000~170,000Rp),菜肴都选用本地有机蔬菜,有大量的严格素食选择。

就餐

海滩风味和背包客餐饮几乎是八丹拜的特色——有许多生猛海鲜、印尼风味菜肴、比萨、汉堡,当然还有必不可少的香蕉煎饼。大部分住宿点都设有餐厅。在Jl Segara和Jl Silayukti上看看风景,你很容易就能消磨掉数小时的光阴,这里白天能看到港口景色,晚上还能享受凉爽的微风。

Topi Inn 咖啡馆 $

(见233页地图; ☎0363-41424; Jl Silayukti; 主菜 39,000~176,000Rp; ⏲7:30~22:00; 📶 ✍) 氛围慵懒(不过有时候服务也显得慵懒过了头),菜单上有大量的西式和印尼食物。这家海滩简易酒吧/小吃摊位于同名客栈下方。早餐相当不错(鸡蛋、煎饼或烤饼),其他时间最热门的选择是印尼炒饭。

Zen Inn 各国风味 $

(见233页地图; ☎0363-41418; www.zeninn.com; Gang Segara; 早餐 30,000~95,000Rp, 主菜 40,000~110,000Rp; ⏲7:00~23:00; 📶) 这家店面干净、通风良好的小餐馆提供汉堡、意面和各种户外烧烤大餐,按照当地标准来说营业时间相当晚——23:00才打烊。

Ozone Café 各国风味 $

(见233页地图; ☎0817 470 8597; 紧邻Jl Silayukti; 主菜 20,000Rp起; ⏲8:00~23:00) 在港口旁边。这家简易的海滩风格餐厅供应汉堡、煎饼、三明治和各种印尼主食。

★ **Colonial Restaurant** 咖啡馆 $$

(见233页地图; ☎0811 397 8837; www.www.facebook.com/thecolonialpadangbai; Jl Silayukti 6, OK Divers Resort & Spa; 主菜 50,000~150,000Rp起; ⏲7:00~23:00; 📶 ✍) 镇上最时尚的餐厅。这家凉亭咖啡馆俯瞰OK Divers度假村的泳池,是消磨时间的好去处。食物要好过八丹拜其他地方,供应各种经典的西式和印尼食物。饮品包括新鲜果汁、奶昔和Bintang鲜啤。客人可以使用这里的泳池。

饮品和夜生活

八丹拜的大部分酒吧和咖啡馆都集中在港口东边的镇中心;许多酒吧每周都有几个晚上会举行现场音乐演出。镇上最棒的咖啡在Omang Omang酒吧兼餐馆所属的Double Barrel Cafe。

★ **Omang Omang** 酒吧

(见233页地图; ☎0363-438 1251; www.facebook.com/OmangOmang999; Jl Silayukti 12) 这家友善的餐馆、酒吧和现场音乐舞台有为数众多的拥趸和回头客。在这里吃点吐司、玉米饼、汉堡和印尼小吃,配上一两瓶冰爽的Bintang,周一晚上还有布鲁斯乐队现场演出。咖啡也非常不错。

Shelter Bay 酒吧

(见233页地图; ☎0877 6153 5735; www.facebook.com/Shelter-Bay-204686660172027; Gang Segara; ⏲15:30~23:00) 在港口对面,这家酒吧试图用镇上最大声的音乐来弥补自己气质方面的欠缺——如果想要安静地待一会

儿，这里肯定不适合。尽管如此，这里有一台转播体育比赛的大电视，一个飞镖盘，而且对于等船的旅行者而言非常方便。

购物

Ryan Book Shop

书籍

（见233页地图；☎0363-41215；Jl Segara 38；⏰8:00~20:00）可以在港口附近的这家书店里找一本二手书或是买一张明信片。

实用信息

镇上有几台自动取款机，其中一台在港口附近的Jl Pelabuhan，另一台在主海滩对面的Jl Segara。

到达和离开

船

码头上任何帮你运送行李上下渡轮或快艇的人都会收费，所以先得谈好价格，或者自行搬运行李。同时，要小心欺诈陷阱，那里的搬运工可能试图卖给你一张其实你已经买好的票。

不要理会在船只靠港时或准备出发时遇到的那些掮客。只通过轮渡大楼内的正规售票窗口购买公共轮渡船票。

龙目岛和吉利群岛

你可以搭乘快船或公共轮渡抵离龙目岛，也可乘坐快船抵离吉利群岛。但是，一定要留意重要的安全信息。

快船 一些公司的快艇往返于八丹拜和吉利群岛及龙目岛；他们在海滨设有办事处。船票价格可议，单程250,000Rp起。行程时间都在90分钟以上。

公共轮渡（紧邻Jl Segara）有从八丹拜直接前往龙目岛伦巴港（Lembar）的车辆轮渡（成人/儿童/摩托车/小汽车 46,000/29,000/129,000/917,000Rp，4~6小时）。船票在港口附近的售票处购买。轮渡24小时运营，大约每90分钟一班，不过服务不太可靠。

珀尼达岛

大部分时间都有公共轮渡（成人/儿童/摩托车/小汽车 31,000/26,000/50,000/295,000Rp）开行，全程1小时。较大的车辆轮渡从港内的主码头出发；较小的乘客轮渡通常从主码头旁边的小码头出发。汽车轮渡的船票在港口内的售票处购买；小轮渡的船票上船后购买。

出租车

当地出租车前往乌布和萨努尔要价300,000Rp；前往库塔、雷吉安（Legian）、水明漾（Seminyak）、金巴兰（Jimbaran）或登巴萨机场费用为350,000Rp。

旅游大巴

Perama（☎0361-751875；www.peramatour.com；Jl Pelabuhan）穿梭巴士往返于八丹拜和巴厘岛其他地区。目的地包括库塔、登巴萨机场、萨努尔和乌布（票价统一为75,000Rp，每天3班）；阿曼和图兰奔（100,000Rp，每天1班）；罗威那（175,000Rp，每天1班）；赞迪达萨（35,000Rp，每天3班）和蒂尔塔冈加（75,000Rp，每天1班）。巴士从港口附近的Perama办事处门外出发。

Made's Tourist Service（☎0877 0145 0700，0363-41441；⏰时间不定）销售穿梭巴士的车票。这里可以带你前往乌布（75,000Rp）、萨努尔（75,000Rp）、库塔（75,000Rp）、登巴萨机场（75,000Rp）、蒂尔塔冈加（95,000Rp，每天最少3班）、赞迪达萨（65,000Rp，每天2班）、图兰奔（125,000Rp，每天最少3班）和罗威那（250,000Rp，每天最少3班）。

曼吉斯（Manggis）

☎0363/人口 5030

曼吉斯是一座远离海岸线的内陆村庄，也是绕行前往山顶小村Putung的下车地点。村庄南边的海岸向东通往赞迪达萨，向西直达八丹拜，这里正在大力进行旅游开发，新建了一些豪华的度假村（隐藏在紧邻主干道的海边）。

★Alila Manggis

度假村 $$$

（☎0363-41011；www.alilahotels.com；Desa Buitan；房间 US$135~210，套 US$35~425；P❄📶🏊）棕榈环绕的大泳池是这家适合家庭入住的海岸度假村的中心。55间宽敞的客房有简约时尚的设计和齐全的设施。这里有一间餐厅（主菜85,000~285,000Rp）、一间海滩酒吧和一个小水疗室。我们为这里附赠的下午茶、免费使用的自行车以及每天的瑜伽和太极课程打高分。可在线查询房费折扣。

Amankila

度假村 $$$

（☎0363-41333；www.amankila.com；套US$700起；P❄@📶🏊）这座豪华度假村雄踞于突出的山崖之上，里面有三个无边泳池，一层一层延伸至海边，如同一道层叠的碧蓝瀑布，视觉效果非常壮观。33间独立平房风格的套间是岛上最奢华的住处，拥有舒适的家具和巨大的露台，其中一些还带有私人泳池。公共设施包括3间餐厅、私人海滩、水疗和一个儿童活动室。

Amankila Restaurant 各国风味 $$$

（☎0363-41333；www.amankila.com；Amankila,Manggis；主菜 280,000~580,000Rp；⏲12:00~22:30）遗憾的是，Amankila度假村这间露天餐厅供应的食物，远不及延伸到海边的多层无边泳池的养眼风景。菜肴包括意面、面条和沙拉，但是分量很少。不过有非常不错的鸡尾酒和葡萄酒单，可按杯或瓶下单。

到达和离开

如果你入住曼吉斯的度假村，要么就只能在住处停留，要么就得自备交通工具。Alila Manggis备有自行车供住客免费使用。

赞迪达萨（Candidasa）

☎0363/人口 2190

虽然正式名称为Segkidu Village，但出于发展旅游业的目的，这里仍被叫作赞迪达萨。东海岸上的这处定居点发展迅速，酒店随处可见。这里的海滩在20世纪70年代被严重损毁，当时近岸岩礁被用来开采石灰制作水泥和其他建筑材料，因此那些想到海里游泳、浮潜或潜水的旅行者纷纷远离此地。然而，远离海边的腹地依然迷人，镇中心风景如画的潟湖里长满了荷花，晨间花朵盛开，当地许多酒店都有华丽的海滨无边泳池，住客们可以在此轻松打发时光。

历史

直到20世纪70年代，赞迪达萨还是一座宁静的小渔村。从70年代末开始，海边的小酒店（losmen）和餐馆开始如雨后春笋般出现，这段海岸线于是成为旅游热点。随着设施的开发，海滩开始消退——可想而知，近海的珊瑚堤礁都被破坏，用来生产石灰和混凝土。到了20世纪80年代末，赞迪达萨变成了一个没有海滩的海滨度假区。采矿业于1991年停止，混凝土铸成的海堤和防波堤限制了海水的侵蚀，又出现了一些小沙滩。

景点

Pantai Pasir Putih 海滩

（Virgin Beach）巴厘岛上人气最旺的“隐秘”海滩，Pantai Pasir Putih（White Sand Beach，白沙滩）实至名归。这里曾经是当地渔船的系泊点，这片漫长的新月形白沙滩被椰子树环绕，如今则是一处热门的旅游景点，茅草顶的海滩小贩和咖啡馆遍布沙滩，停车场周边更是纪念品摊位云集。沙滩椅正在等待身着比基尼的游客。海水非常适合游泳，你可以租借浮潜装具来探索闪亮的碧蓝海水。

从公路主干道JI Raya Perasi出发，寻找醒目的“White Sand Beach”路牌，然后在主路上转弯，沿着一条铺设的小路前行1.2公里，到达一片满是泥土的大停车场；其他路线的路牌标识为“Virgin Beach”。当地人会收取门票费（每人10,000Rp，含停车费）。

小汽车和摩托车禁止驶近海滩。从停车区有一条小路向下通往海滩。

赞迪达萨寺 印度教神庙

（Pura Candidasa；见238页地图；Jl Raya Candidasa；捐赠入内）赞迪达萨寺位于村东头一个潟湖对面的山坡上。这里有两座寺院供奉着雌雄同体的湿婆神（Shiva）和诃梨帝母（Hariti）。

活动和团队游

这里有许多潜水和近岸浮潜项目，但是前往东北部的阿曼（Amed）参加这些活动会更加惬意。相反，不妨考虑在极其迷人的内陆腹地开展徒步。如果你从赞迪达萨沿海边前往安拉普拉（Amlapura），有一条小路上行穿越岬角，从那里可以眺望到近岸的一些岩石小岛。过了岬角，就是一条长长的、宽阔的黑色沙滩。

Ocean Spa 水疗

（☎0363-41234；www.candibeachbali.com；Candi Beach Resort & Spa，Jl Raya Mendira，Sengkidu Village；理疗 257,000~1,200,000Rp；⏲需预约）这家水疗度假酒店提供最受欢迎的按摩服务和配有极可意浴缸的房间，还有大大的海景玻璃窗——这是接受理疗或其他套餐项目的绝佳地点。有诸多项目可供选择，包括按摩、鲜花浴和美容等。

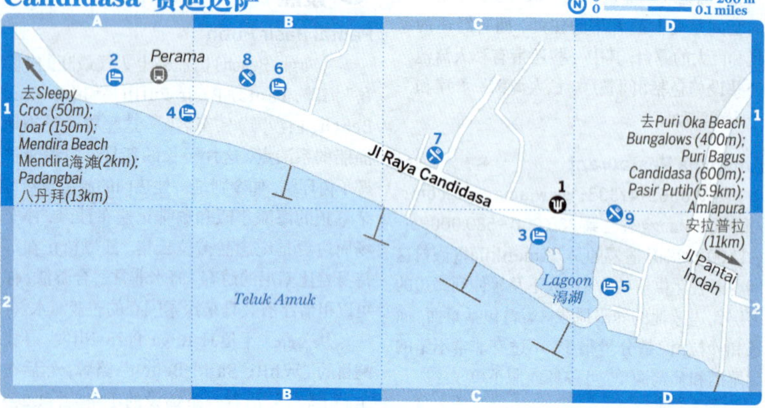

Candidasa 赞迪达萨

景点

1 赞迪达萨寺 C1

住宿

2 Ari Homestay A1
3 Ashram Gandhi Chandi C2
4 Ashyana Candidasa A1
5 Rama Shinta Hotel D2
6 Watergarden B1

就餐

7 Crazy Kangaroo C1
Hot Dog Shop .... （见2）
8 Refresh Family Restaurant B1
9 Vincent's D2

★ Trekking Candidasa 步行游览

（☎0878 6145 2001；www.trekkingcandidasa.com；徒步 250,000~350,000Rp）讨人喜欢的Somat会带领旅行者穿越赞迪达萨镇后的稻田和青山进行步行观光。设有两条线路：一条是穿过稻田前往小村登安南（Tenganan）的轻松徒步线路，另一条则是难度更大的前往附近瀑布的徒步线路。费用包含交通和饮品。

住宿

赞迪达萨繁忙的主干道旁边，到处是海滨住处，大部分都设在公路靠海的一侧。比较安静的住宿场所位于镇中心以东的Jl Pantai Indah沿线以及镇西Mendira海滩上。如果要前往Mendira海滩的酒店，在主路上的学校和大榕树路口转弯（树上还挂着当地住宿地点的指路牌）。

Sleepy Croc 青年旅舍 $

（见本页地图；☎0363-4381003，0877 6256 3736；Jl Raya Candidasa；铺 100,000Rp，早餐 50,000Rp；P❄📶）这家小型背包客风格的青年旅舍有两间宿舍（一间为男女混住，另一间为女生宿舍），每间都设有八张床位，正对着泳池。大部分活动都在临街的酒吧/餐馆内展开（主菜50,000~110,000Rp），每周五和周六晚上还有现场音乐演出。宿舍有高低床、床底储物柜、空调和卫生间。

Puri Oka Beach Bungalows 客栈 $

（见本页地图；☎0363-41092；www.purioka.com；Jl Pantai Indah；房间 400,000~450,000Rp，平房 550,000~650,000Rp；P❄📶🏊）这家极具性价比的客栈是一个民宿院落，隐藏在镇东的香蕉林里。狭窄的标准间配有空调、简单的卫生间和小露台；平房面积较为宽敞，还有电视和水壶。小巧的海滨泳池位于凉亭咖啡馆旁边（主菜45,000~70,000Rp）；低潮时屋前会露出一片小沙滩。

Ari Homestay 民宿 $

（见本页地图；☎0817 970 7339；www.arihomestaycandidasa.com；Jl Raya Candidasa；房

间 带风扇和冷水 180,000Rp，房间 带空调和热水 260,000~330,000Rp；P❄📶）由热情洋溢的澳大利亚人Gary和他的家人打理，这个超级简约的地方有12间客房，配置从冷水和风扇到空调和热水不等；部分房间配有烹饪设备。其在海滨对面主路上的位置并不起眼，但随时备有冰爽的啤酒，楼下的小摊供应经济实惠且美味的热狗。

Ashram Gandhi Chandi 客栈 $

（见238页地图；☎0363-41108，0812 360 4733；www.ashramgandhi.com；Jl Raya Candidasa；标单/双 350,000/450,000Rp起）这是潟湖旁边的一个印度教社区，修行圣雄甘地的和平教义。虽然在此修行的时间长短可以自行选择，但是客栈希望游客们真正参与到社区生活中来。房费包含三餐和每周三次的免费瑜伽课程；客栈内Nature Cure Clinic的针灸理疗费用为50,000Rp。没有酒水，没有肉食，未婚情侣不能同住一室。

Rama Shinta Hotel 酒店 $

（见238页地图；☎0363-41778；www.ramashintahotel.com；紧邻Jl Raya Candidasa；房间 650,000~1,100,000Rp；❄📶🏊）在赞迪达萨美丽的潟湖旁边，这里的15间房间分布在2层的石头楼房和平房内。所有房间都设有露台，最近的一次装修为这里增加了露天浴室——可要求入住带有海景和潟湖风景的101室或102室。泳池区非常适合休闲

值得一游

登安南（TENGANAN）

从赞迪达萨出发可顺路游览登安南，这条线路备受游客欢迎。小村登安南是巴厘岛阿加（Aga）人的家园——他们是巴厘岛原住民的后裔，在满者伯夷人11世纪到来前就已经在巴厘岛上生活了。到此游览，有机会探访许多传统家庭，因为这些地方也是当地和该地区手工艺者的作坊和零售商店。

巴厘岛阿加人以保守和拒绝改变而闻名。但这句话只对了一半：这儿的传统屋子里，一样藏有电视和其他一些现代生活用品，许多当地人都拿着手机。但是公正地说，这里比起其他巴厘岛的村庄，的确更富有传统风情。汽车和摩托车禁止驶入；村口附近有一个停车场。

村庄布局紧凑，长宽分别为500米和250米，周围有城墙，由两排式样相同、一直延伸到缓坡上的房屋组成。当你经过村里的售票处时，会被要求捐赠10,000Rp，然后很有可能遇到一个迎上来招呼你的导游，他会带你四处看看——通常是把你带到他家，看看这里的纺织品和售卖的其他手工艺品。但是，不会有人强迫你购买任何东西。

如果你对购物感兴趣，可以找找登安南人编织的传统布料kamben gringsing——据说任何人只要穿上了这种质地的衣服就能不畏巫术。但不幸的是，如今村子里已经几乎没有织布机生产这种布料。传统上，这种布料用“经纬双线扎染（double ikat）”技术纺织，这样经线和纬线在编织前都进行了“抗染色”处理。

村里还出售许多用棕榈（ata）制作的篮子和手袋，不过都是产自其他地方。而另一种当地的手工艺品是巴厘传统的书法——在特别处理过的棕榈叶上书写，古老的棕榈叶书籍（lontar）就是这样制成的。

在这里，人们仍然演奏一种罕见的老式加麦兰（gamelan selunding），而姑娘们跳的舞蹈也非常古老，被称为Rejang。欣赏这种舞蹈的最佳机会是在每年年中举行的为期一个月的**乌萨巴汕霸节**（Usaba Sambah Festival）。这个节日旨在纪念神灵和祖先，时间是每个Sasih Kalima（巴厘岛历法的第五个月），其间的perang pandan（传统巴厘岛竞技仪式，使用捆绑着的带刺香兰叶进行决斗）远近闻名，这场仪式通常在六月初的某一天举行。

登安南位于沿海主干道向内陆方向5公里处，经过赞迪达萨Loaf咖啡馆旁边的道路即可到达。附近还有其他巴厘岛阿加人的村庄，包括登安南公路以西1.5公里处的Tenganan Dauh Tenkad。

放松，餐厅供应西式和印尼风味美食（主菜48,000~73,000Rp）。

Amarta Beach Cottages 酒店 $$

（☎0819 3650 6891；www.amartabeachcottages.com；Jl Raya Mendira，Mendira Beach；房间 450,000~900,000Rp；P❄📶🏊）这里的16间客房位于Mendira海滩旁边的一座花园庭院内，最好的房间是庭院后面的现代套房，配有空调、水壶、小冰箱、阳台、带开放式淋浴的优雅卫生间等。平房房间相对老旧，陈设非常简单；标准房内没有空调。设施包括一个小泳池和凉亭餐厅。

Ashyana Candidasa 酒店 $$

（见238页地图；☎0363-41539；www.ashyanacandidasa.com；Jl Raya Candidasa；房间1,100,000Rp起；P❄📶🏊）这家酒店感觉就像是一家客栈，有12间小巧、简单且整洁的平房风格房间。大部分房间都远离公路主干道，因此格外清静。酒店里有一间水疗室和一间带有海景露台的餐厅。

Watergarden 酒店 $$

（见238页地图；☎0363-41540；www.watergardenhotel.com；Jl Raya Candidasa；房间 US$72~285；P❄📶🏊）在主路靠山一侧的这家宁静酒店里，郁郁葱葱的植物环绕着种满荷花的池塘。虽然价格过高，内饰陈旧，但平房住宿足够舒适；高级房间设有淋浴，而非标准间的一体化淋浴/浴缸。还有一间街边餐厅（主菜46,000~149,000Rp）和一间小水疗室。

★Candi Beach Resort and Spa 度假村 $$$

（☎0363-41234；www.candibeachbali.com；Jl Raya Mendira，Mendira Beach；房间 $US100~170，套 US$300~340，别墅 US$350~405；P❄📶🏊）🍃时尚、注重环保，配备齐全的设施，这是赞迪达萨无可争议的最佳住宿选择。房间分为6种类型——奢华海景套间和别墅尤其时尚，但是所有房型令人印象深刻。还有一座棕榈环绕的大泳池、一间豪华的水疗室（见237页）和2间餐厅（一间为亚洲和西式风格，另一间为印尼风格；主菜63,000~183,000Rp）。度假村的私人海滩提供非常好的浮潜项目。

酒店使用生态环保的清洁用品，在花园中收集雨水，而且致力于当地的珊瑚再生计划。

★Nirwana Resort & Spa 度假村 $$$

（☎0363-41136；www.thenirwana.com；紧邻Jl Raya Sengkidu；房间 1,250,000~1,750,000Rp；P❄📶🏊）在莲花池边走一走，你就能体会到这个度假村典雅而宁静的氛围。18间宽敞的房间都在海滨漂亮的大游泳池旁，其中四间坐拥海景，都有迷人的装饰、宽大的四柱床、卫星电视、水壶和宽敞的露台。设施包括一个凉亭水疗室和一间餐厅（主菜55,000~150,000Rp）。

Puri Bagus Candidasa 酒店 $$

（见238页地图；☎0363-41131；www.puribaguscandidasa.com；Jl Pantai Indah；房间 US$140~220；P❄📶🏊）这座酒店既友好又维护得当，不过外观略显沧桑，住宿也是旧式风格。平房之间点缀着棕榈树，凉亭酒吧/餐厅（主菜54,000~110,000Rp）和大泳池都有壮观的海景；海滩如梦似幻（而且经常被潮水淹没）。挂牌价格虚高——打听一下有没有折价促销活动。

就餐

Loaf 咖啡馆 $

（见238页地图；☎0363-438 1130；apit@outlook.co.id；Jl Raya Candidasa；早餐和午餐菜肴 30,000~55,000Rp；⊙8:00~18:00；📶🖊）DiMattina意式浓缩咖啡、自制面包和诱人的早餐是这家主路边的当代风格咖啡馆吸引人的三大法宝。菜单包括各国风味菜肴，例如越南三明治（banh mi）、牛油果泥（smashed avocado）、蔬菜意式宽面条（veggie lasagne）和小扁豆汉堡（lentil burgers）。

Refresh Family Restaurant 健康食物 $

（见238页地图；☎0812 3751 6001；www.facebook.com/refresh4family；Jl Raya Candidasa；早餐菜肴 25,000~50,000，主菜 30,000~50,000；⊙8:00~22:00；📶🖊👪）近年来，严格素食、生食、有机和无麸饮食热潮席卷巴厘岛。这家简单的餐馆就有特别的素食菜单，上面有各种广受欢迎的叻沙、炸豆泥、香辣卷饼和坚果咖喱。早餐选项包括炒豆腐、奶昔和麦片粥。儿童游乐区非常受欢迎。

Hot Dog Shop 快餐 $

(见238页地图; www.arihomestaycandidasa.com; Jl Raya Candidasa; 菜肴 35,000~60,000Rp; ⏰11:00~20:00; 📶)当这里的老板Gary开设这家店铺时,他发誓这里绝不会供应印尼炒饭,而这一理念一直秉承至今。到这里来享用热狗、玉米卷饼和汉堡,搭配实惠而冰爽的Bintang啤酒。

★ Vincent's 各国风味 $$

(见238页地图; ☎0363-41368; www.vincentsbali.com; Jl Raya Candidasa; 主菜 75,000~295,000Rp; ⏰11:00~22:00; 📶✍)这里是巴厘岛东部最好的餐厅之一,通风良好,设有几间风格不同的房间,还有一座宽敞的后花园。前面的酒吧十分惬意,周一(仅限旺季)和周四(全年)都会举办现场爵士乐表演,19:00开始。菜单上有三明治、沙拉、巴厘岛主食以及各种不同的西式菜肴——"椰肉"甜品极受欢迎。

Crazy Kangaroo 各国风味 $$

(见238页地图; ☎0363-41996; www.crazy-kangaroo.com; Jl Raya Candidasa; 主菜 80,000~165,000Rp; ⏰正午至23:00; 📶)这家露天和凉亭酒馆用当地标准来看可谓狂野,可以玩玩桌球,或是在吧台边看看电视里的比赛。开放式厨房供应西餐和当地菜肴;海鲜招牌菜包括寿司和鱼生。周二、周四、周六和周日晚通常都会有演出,从喷火秀到传统舞蹈和现场乐队表演,一应俱全。

购物

Alam Zempol 化妆品

(☎0363-41283; www.alamzempol.com; Jl Mendira, Mendira Beach; ⏰周一至周三、周五和周六 8:00~18:00,周日 10:00起)位于通往Mendira海滩的公路边,这间充满甜蜜微笑的精品店出售当地生产的精油、香薰、香皂和化妆品。

到达和离开

赞迪达萨位于安拉普拉和巴厘岛南部的主干道上,但是没有固定的公共交通线路。**Perama**(☎0363-41114/5; Jl Raya Candidasa; ⏰7:00~19:00)在主路边设有办事处,运营线路目的地包括库塔(75,000Rp,3小时,每天3班),途经乌布(75,000Rp,2小时)和萨努尔(75,000Rp,2.5小时);八丹拜(35,000Rp,30分钟,每天3班);蒂尔塔冈加(75,000Rp,45分钟,每天1班)以及阿曼(100,000Rp,75分钟,每天1班)。如果要到住处接你,需要另付15,000Rp。

安拉普拉(Amlapura)

☎0363/人口 15,960

卡朗阿森(Karangasem)地区的首府是巴厘岛最小的地区首府,也是个多元文化并存的地方,居民中既有穆斯林,也有华裔。这也让当地的夜市显得与岛上其他地方的略有不同。镇上的皇宫——2座在镇中心,一座在镇南的乌戎(Ujung)——仿佛提醒着人们19世

海龟湾(JASRI BAY)

在安拉普拉南边,Jasri Bay赢得了Teluk Penyu的绰号,即"海龟湾"之意。这种壳类动物来这里筑巢,当地人采取了一些措施保护它们。如果你看到海龟或是海龟巢,一定要保持距离,不要触碰或抱走这些野生海龟。

如果要在附近过夜,不妨选择Jasri Bay Hideaway(☎0363-23611; www.jasribay.com; Jl Raya Pura Mascime, Jasri Bay; 房间 US$180~195,单卧室别墅 US$ 210~230,双卧室别墅 US$295~350; ❄📶🏊)。住宿位于三栋古老的部落木屋内,情侣们可以选择迷人的单卧室,带独立泳池。其他房屋可按房间或整栋出租——共用一个大泳池。房间可供应简餐(主菜 55,000~105,000Rp)。

在Hideaway附近,Sorga巧克力工厂(Sorga Chocolate Factory; ☎0363-21687; www.sorgachocolate.com; Jl Pura Mascime, Jasri Bay; 团队游 25,000Rp,课程 350,000Rp; ⏰8:00~17:00; 生产线团队游 9:00~14:00)设有包含试吃的团队游,以及巧克力制作课程。

纪末20世纪初荷兰殖民者扶持下的卡朗阿森王国曾经无比辉煌。3座皇宫中的2座可以入内参观。

景点

乌戎水皇宫

花园

(Taman Ujung, Ujung Park, Sukasada Park; Ujung; 50,000Rp, 小汽车/踏板车 停车费 5000/2000Rp)非常热门的婚纱摄影场地以及充满浪漫气息的休闲地。这处建筑群位于安拉普拉以南5公里处，其历史可追溯至1921年，卡朗阿森的最后一位国王在这里建造了宏大的水上宫殿。1979年的一场地震使其遭到严重破坏，如今在世界银行(World Bank)的资金支持下进行了修复。这里的外国游客数量不如比其早30年修建的蒂尔塔冈加。

卡朗阿森宫

宫殿

(Puri Agung Karangasem; http://purikarangasem.com; Jl Teuku Umar; 成人/5岁以下儿童 10,000/5000Rp; ⌚8:00~17:00)这座宫殿院落内的主建筑名为“Maskerdam”(这是荷兰首都阿姆斯特丹的音译)，因为这是荷兰人为了卡朗阿森王朝臣服于荷兰统治而修建的。如今这座宫殿看起来太过沧桑(Maskerdam自1966年最后一任王公去世后就长期无人居住)，院落内有一座精心装饰的凉亭，曾经被用作进行皇家锉齿仪式(成年礼)的场所，还有一个带有水上凉亭的大池塘。

乌戎海滩

海滩

(Pantai Ujung; Edge Beach)这段岩石嶙峋的海岸位于安拉普拉东南，是巴厘岛东部非同寻常的一处景点所在地——一块2米长的林伽岩石(lingga，阴茎状岩石)。当地人认为这块岩石有强大的法力，如今这里会经常举行各种仪式。专家们认为这块石头可能是远古时期生殖崇拜的遗迹。无独有偶，附近另一块大石头看上去有几分像尤尼(yoni，女性生殖器官)，它们也许本来就是一对。

到达和离开

汽车站已于近期关闭，公共交通几乎不存在。

蒂尔塔冈加(Tirta Gangga)

☎0363/人口7300

蒂尔塔冈加(意为“恒河之水”)是最后一任卡朗阿森王公建造的花园(taman)所在地，

另辟蹊径

格伦邦的BALI ASLI

在阿贡火山脚下的绿色沃野之中，很难将农业小村格伦邦(Gelumpang)与世界一流餐厅和烹饪学校联系到一起。然而，这里正是热爱旅行的澳大利亚大厨Penelope Williams经营著名的**Bali Asli**(☎0822 3690 9215; www.baliasli.com.au; Jl Raya Gelumpang, Gelumpang; 什锦饭 165,000~228,000Rp; ⌚10:00~15:00; 📶)的所在地，为来巴厘岛的游客提供了真正独一无二的烹饪体验。Asli是巴厘人用来描述用传统方式创作出的成果的专用词语，而且这里的一切都与传统息息相关——巴厘岛风味菜单每天变化，具体取决于当地市场上或是餐厅自己的菜园里收获的新鲜食材。当地厨师(其中许多为女性)在木炭炉和泥砖炉上烹饪佳肴——客人们可以一边在开放式餐厅内用餐，一边眺望稻田和名头响亮，但经常云遮雾掩的火山。食物是经典的乡村风格——用餐者在一系列小盘菜之间选择，然后制作自己个性化和超级美味的什锦饭(nasi campur)。

每日烹饪培训班包括一段前往周围乡野的徒步，可以与当地农民交流(你还可能会看到水稻种植或棕榈酒酿造过程)，或者先逛逛某个当地市场，然后回来接受两个半小时的烹饪培训，最后在午餐时享用自己的烹饪成果。

你需要自备交通工具前往。从南部海岸出发，可以驱车经由Jl Achmad Yani前往安拉普拉，在第一个红绿灯路口右转，然后在第二个红绿灯路口左转，前往通向阿曼和蒂尔塔冈加的主路。很快你就会经过左手边的足球场和大学校，然后在下一个红绿灯路口右转。沿着这条小路到一个丁字路口，接着左转，向山上行驶，在一处急弯右转就可到达Bali Asli。

这里有巴厘岛东部最优美的稻田风光。大片的绿色绵延至远处的大海，如果你要前往连普扬寺或从那里回来，这里都是非常不错的过夜地点。这里还是徒步探索周边梯田美景的热门大本营，有潺潺的流水和点缀其间的寺庙。

景点

★蒂尔塔冈加水皇宫　花园

（Taman Tirta Gangga；www.tirtagangga.nl；Jl Abang-Amlapura；成人/儿童 30,000/15,000Rp，游泳 5000Rp，停车 小汽车/踏板车 5000/1000Rp；⊙7:00～19:00）这座占地1.2公顷的水皇宫时时提醒着人们巴厘王公们的旧日时光。它由最后一任卡朗阿森王公修建于1946年，1963年附近的阿贡火山爆发时几乎被夷为平地，但很快就完成了重建。可以欣赏11层的Nawa Sanga喷泉，看看荷花盛开的池塘里，满是肥硕的锦鲤在水中的圆石上跳来跳去。石头修葺的泉水池塘内还可以畅泳一番。

活动和团队游

到附近的山丘去徒步旅行，你会渐渐忘却对狂热的巴厘岛南部地区的记忆。在巴厘岛这个遥远东部的一角，沿着随处可见的淙淙溪流漫步，穿过稻田和热带森林，眼前随时都可能豁然开朗，龙目岛、珀尼达岛和周围延伸至大海的郁郁葱葱的土地忽然出现在你眼前。蒂尔塔冈加周边的梯田是全巴厘岛最漂亮的。小路会把你带到如画一般的传统村落中。

分散于周围山丘的景点给了你白天徒步旅行的完美理由。在所有可能的徒步线路中，你可以选择一条前往登安南村的环路（全程6小时），也可以选择穿过当地山野的较短路线，其中包括造访偏远的寺庙和无数的美景。

对于更复杂的徒步旅行来说，聘请向导是个好办法，因为他们可以帮助你计划路线，否则有些风景你永远也不会看到。向导的信息可以到住宿点询问。一人或两人的价格平均约为每小时100,000Rp。

Komang Gede Sutama　徒步

（☎0813 3877 0893；⊙2/4/6小时 导览徒步游 2人 150,000/350,000/550,000Rp）当地居民Komang Gede Sutama会说简单的英语，作为向导拥有良好口碑，可带队前往蒂尔塔冈加周围的乡村以及攀登阿贡火山。

Bung Bung Adventure Biking　骑行

（☎0813 3840 2132，0363-21873；bungbungbikeadventure@gmail.com；Homestay Rijasa，Jl Abang-Amlapura；2小时团队游 300,000Rp）如果想要骑自行车，从蒂尔塔冈加附近风景如画的稻田、山坡和河谷间呼啸而过，可以选择这家当地人经营的团队游公司。费用包含一位向导、山地车和头盔。门店就在Homestay Rijasa，位于蒂尔塔冈加水皇宫大门对面。需要预订。

住宿

水皇宫内以及附近有许多住宿选择；最好的住宿都在山脊上的Ababi。

★Pondok Batur Indah　民宿 $

（☎0363-22342，0812 398 9060；pondokbaturindah@yahoo.com；Ababi；双 350,000～400,000Rp，标三 500,000Rp；P 📶）在蒂尔塔冈加山脊上的这处民宿露台上，周边稻田环绕的优美风景一定会让你目瞪口呆。五间客房陈设简单，但十分干净，带有风扇和简单的卫生间。民宿内有一间餐馆，可供应家常菜（25,000～55,000Rp），沿着陡峭的台阶步行10～15分钟即可到达水皇宫。

★Pondok Alam Bukit　民宿 $

（☎0812 365 6338；kutaketut@hotmail.com；Ababi；房间 350,000～400,000Rp）俯瞰水皇宫山脊边缘的众多宁静民宿之一，这家客栈（pondok）现在设有两间迷人舒适的房间，带有户外卫生间，全景外窗俯瞰水稻梯田和独立露台；另外还有两间客房正在扩建之中。老板Ketut同时也是一位徒步向导。仅接受现金付款。

Side by Side Organic Farm　民宿 $

（☎0812 3623 3427；www.facebook.com/Side-by-Side-Organic-Farm-331639733544054；Dausa；铺 150,000Rp，最少连住2晚；P）位于蒂尔塔冈加附近小村Dausa的繁茂稻田中，这家非营利民宿旨在为当地民众提供就业并改善其经济状况。这里的两间开放式凉亭设有床铺，供应丰盛而可口的自助午餐（150,000Rp）。简餐采用菜园里和村内种植的有机食材。在这里留宿或是用餐，至少需要提前一天预订。

值得一游

连普扬寺（PURA LEMPUYANG）

作为巴厘岛指示方向的Pura Kahyangan Padma Bhuwana寺庙群中八座寺庙之一，**连普扬寺**（Pura Lempuyang; Gunung Lempuyang; 要求捐赠，小汽车/踏板车 停车费 2000Rp/免费；⏲24小时）坐落在海拔1058米的连普扬火山（Gunung Lempuyang）一侧的山顶，与海拔1175米的塞亚拉火山（Gunung Seraya）相邻。二者一起组成了与众不同的玄武岩双峰，俯瞰着南方的安拉普拉和北方的阿曼。建筑群由陡峭山坡上的七座神庙组成，是巴厘岛东部最重要的宗教场所。

这里规模最大、最容易进入的寺庙是Penataran Tempuyang，也是完美的天空之门（candi bentar）拍摄场地。最高和最重要的寺庙是Pura Lempuyang Luhur，庙内也有一座天空之门。如果要探访寺庙群中的七座寺庙，至少需要4个小时，要上下2900级台阶——只有体力够好的人才能尝试。前往Penataran Tempuyang相对轻松，从保安守护的大门上山步行只需5分钟。许多游客都会排队几个小时，才能在这里的天空之门拍上一张照片。

从Penataran Tempuyang出发，向山上步行2公里，在小腿酸软时就会到达第二座寺庙；从第二座寺庙到Pura Lempuyang Luhur有1700级台阶。

在停车场，有吉普车沿着陡峭的山路将游客运往安检入口，费用为每人20,000Rp；往返也是相同的费用。在入口处你会被要求捐赠（每人10,000Rp），还要另外支付10,000Rp租用纱笼，或者可以自备。当地向导集中在安检处，前往第一/二/四/最高处的寺庙价格为150,000/200,000/300,000/400,000Rp。

从建筑群眺望，斑驳的绿色巴厘岛东部地区一览无余。寺庙的重要地位意味着总是有一些虔诚的巴厘人在此冥想。请注意，寺庙有时会因为举办各种仪式而停止接待游客。

Pondok Lembah Dukuh 客栈 $

（☎0813 3829 5142; dukuhstay@gmail.com; Ababi; 房间 250,000~270,000Rp，四 350,000Rp; P📶）在一道坐拥壮丽稻田风景的山脊上，这间客栈有四间迷人的平房，都带有独立的露台。房间小巧简单，但在这里留宿是了解当地人生活的好机会。水皇宫可经由陡峭的台阶路步行10~15分钟抵达。

Good Karma Bungalows 民宿 $

（☎0363-22445; goodkarma.tirtagangga@gmail.com; Jl Abang-Amlapura; 标单/双/标双 200,000/250,000/300,000Rp; 📶）这家经典的民宿就在水皇宫旁边，优美的环境得益于周围具有田园诗般氛围的稻田。四间简单且潮湿的平房设有风扇、不太舒服的床铺和简单的卫生间。这里还有一间咖啡馆，供应椰子壳炭烤肉类和素食沙爹肉串（主菜40,000~60,000Rp; 营业时间7:00~21:00）。

Tirta Ayu Hotel 酒店 $$$

（☎0363-22503; www.hoteltirtagangga.com; Pura Tirta Gangga; 房间 1,500,000~1,800,000Rp，套 1,800,000~2,000,000Rp; ❄📶🏊）我们不得不遗憾地说，在水皇宫内过夜的想法本身比现实更加迷人。房间极具吸引力（别墅套房非常宽敞），但是噪声非常恼人，我们最后一次到访时，这里供应的早餐让人大失所望。

就餐

通往水皇宫步行道路两边以及主路停车场周边都有众多餐饮摊贩。大部分住宿都可提供简餐。

Genta Bali 印度尼西亚菜 $

（☎0812 4629 6509; Jl Abang-Amlapura; 主菜 35,000~60,000Rp; ⏲7:00~22:00）在这家蒂尔塔冈加停车场马路对面的小餐馆，你可以点一份自制酸奶饮品来搭配沙爹肉串，或者试试这里用黑米自酿的亚力酒。

实用信息

水皇宫附近停车场旁边有一台自动取款机。

到达和离开

你需要自备交通工具前往。

阿曼和远东海岸（Amed & the Far East Coast）

☎0363/人口 3180

从阿曼村一直延伸到巴厘岛的远东一角，这片半干旱的海岸长久以来凭借一系列呈扇形的灰色小沙滩（有些地方更多的是岩石，而不是沙子）、轻松休闲的氛围、精彩的潜水和浮潜，吸引游客来到这里。

"阿曼"其实是一种错误的叫法，因为这里的海岸由一系列的海边小村庄（dusun）组成，从北边的阿曼村一直向东南延伸到Aas。阿曼村、Jemeluk、Lipah和Selang是非常热门的水肺潜水、自由潜水和浮潜目的地，整条海岸线上都遍布着带有瑜伽室、无边泳池和凉亭餐馆的度假村。

景点

观景台 观景台

（见246页地图；Jemeluk；停车费10,000Rp）想要领略狭窄的海岸，不妨在Jemeluk的观景台和咖啡馆停车观景。湛蓝的海水波光粼粼，点缀着多姿多彩的渔船。

活动

沿岸是浮潜的绝好地点。Jemeluk是一片受保护的区域，你可以在离海岸100米的地方看到活生生的珊瑚和大量的鱼类。Selang美丽的珊瑚园和丰富的海洋生物是最大亮点。浮潜装备可以租用，每天约35,000Rp。

潜水也非常棒，在Jemeluk、Lipah和Selang附近的潜水点拥有点缀着软质和硬质珊瑚的珊瑚坡和悬崖，还有丰富的鱼类。有些可以从海岸边直接到达，有些需要坐船走上一段。"自由号"（Liberty）的残骸在图兰奔，驱车前往只需要20分钟。

几家较好的潜水运营机构本着对当地社会负责任的态度，定期清理海滩，并对当地人进行环境保护方面的教育。他们的服务项目很多，价格也相差无几（两次潜水套餐US$70起）。

Ocean Prana 潜水

（见246页地图；☎WhatsApp 061 435 441 414；www.oceanprana.com；Jl I Ketut Natih, Jemeluk；入门课程 US$150，1~3级 US$290~490）这家自诩为"自由潜水村"所开设的课程由前世界自由潜水比赛亚军和法国国内多项记录保持者Yoram Zekri负责。村内有自己的训练泳池、一间有机咖啡馆和非常好的青旅风格住宿（见247页）。这里还设有每天1小时的**瑜伽课程**，时间为18:30（100,000Rp）。

Apneista 潜水

（见246页地图；☎0812 3826 7356；www.apneista.com；Green Leaf Cafe；Jl IKetut Natih, Jemeluk；2天课程 US$200；⊙8:30~22:00）位于Jemeluk氛围慵懒的Green Leaf Cafe（见251页）内，这个机构设有自由潜水培训班、各种课程和研讨班；这里的自由潜水技巧吸取了瑜伽和冥想的一些特色。

Euro Dive 潜水

（见246页地图；☎0363-23605；www.eurodivebali.com；Lipah；⊙1/2次入门潜水 €50/70，2/4次开放水域潜水 €210/295）拥有大型设施，而且与当地旅馆合作提供全套潜水加住宿式服务。

Ecodive Bali 潜水

（见246页地图；☎0363-23482；www.ecodivebali.com；Jl Raya Amed, Jemeluk；2次潜水 US$ 75~85）有口皆碑的全服务潜水运营商。

Jukung Dive 潜水

（见246页地图；☎0363-23469；www.jukungdivebali.com；Amed Village；2次潜水套餐 US$60~75）华裔老板和经营者。这家公司有一个深潜泳池，设有潜水和住宿套餐。这里的9次潜水套餐（US$270）包括一次夜间潜水，物超所值。

徒步

在阿贡火山开始蠢蠢欲动之前，从沿岸地区通往内陆的许多徒步线路上都可以看到游客的身影，他们一路上坡到达**塞亚拉火山**（海拔1175米），还能到达一些游客罕至的村庄。这些乡村地区植被稀少，大多数小路都很清晰，因此短程旅行通常不需要带向导。向入住的旅馆打听徒步是否安全（员工们一定会收听火山爆发预警）以及能否开展徒步。登顶塞亚拉火山需要足足3小时，你可以从Jemeluk湾以东的多岩石山脊出发。日出十分壮观，但是得在天未亮时就摸黑出发，可以向

Amed & the Far East Coast 阿曼和远东海岸

你住的旅馆打听一下向导信息。

瑜伽

在岛上该区域，瑜伽是非常热门的活动。许多酒店和度假村都开设有瑜伽工作室或教学课程。

Blue Earth Village 瑜伽

（见本页地图；☎0821 4554 3699；www.blueearthvillage.com；Jemeluk Lookout；90分钟课程 100,000Rp；⏲正午至22:00）在阿贡火山和Jemeluk湾优美风景的陪伴下，到Jemeluk观景台附近Blue Earth Village的竹棚瑜伽室里练习瑜伽和冥想。每天都会开设适合各个水平的哈塔瑜伽班，每周还有一次普拉提课程。

节日和活动

Deepweek Festival 运动

（www.adamfreediver.com/deep-week；Jemeluk）由自由潜水比赛冠军Adam Stern组织，世界纪录保持者Alexey Molchanov也参与其中。这项潜水课程和节日是世界上最大的自由潜水爱好者的聚会。由Apneista主办，每年数次。

住宿

阿曼地区有各种价位、不同品味和特点的住宿选择。这里有潜水度假村、康体和冥想隐修所以及无数酒店和客栈，为住客们提供平房、泳池和餐厅。唯一缺乏的住宿类型就是豪华度假村——你需要前往图兰奔和东北海岸才能找到这类住宿地点。Jemeluk和阿曼村是背包客云集的地方。

阿曼村（Amed Village）

★ **Narayana Homestay** 民宿 $

（见本页地图；☎0819 3623 2767；Jl Celuk Amed；房间 400,000~500,000Rp；📶）在公路靠山一侧的一个家庭院落后面，位置十分隐秘，洋溢着地道的乡村风情。五间房间环绕一个泳池分布，有现代风格的全白色调，配有风扇、现代浴室和摆着懒人沙发的小露台；其中两间设有户外小厨房。民宿内有一台洗衣机，还有用餐凉亭。

Amed Stop Inn 青年旅舍 $

（见本页地图；☎0812 4657 7272；amedstopin@gmail.com；Jl I Ketut Natih；铺 95,000Rp，房间

Amed & the Far East Coast 阿曼和远东海岸

景点

1 观景台 B1

活动、课程和团队游

2 Apneista B1
3 Blue Earth Village B1
4 Ecodive Bali B1
5 Euro Dive C2
6 Jukung Dive A1
7 Ocean Prana B1
8 Sunken Japanese Fishing Boat D3

住宿

9 Aiona Garden of Health B2
10 Amed Stop Inn A1
11 Anda Amed Resort C2
12 Apa Kabar Villas B2
13 Aquaterrace D3
14 Baliku Dive Resort D3
15 Blue Moon Villas D3
16 Coral View Villas C2
17 Double One Villas C2
18 Galang Kangin Bungalows B1
19 Hotel Uyah Amed A1
20 Life in Amed C2
Lumbung Sari Homestay （见10）
21 Meditasi D3
22 Melasti Beach Bungalows A1
23 Nalini Resort D3
24 Narayana Homestay A1
Ocean Prana Hostel （见7）
25 Palm Garden Amed D2
26 Santai Hotel B1

就餐

Blue Earth Village Restaurant （见3）
Cafe Garam （见19）
27 Dread Light Bar A1
Green Leaf Cafe （见2）
28 Gusto C2
29 Meeting Point A1
Sama-Sama Cafe （见18）
Smiling Buddha Restaurant （见21）
Sunset Point Warung （见3）
30 Trattoria Cucina Italia D3
31 Tropikal Cafe A1
32 Warung Amsha A1
33 Warung Enak A1

饮品和夜生活

34 Wawa-Wewe I C2

购物

35 Peduli Alam Bali C2

交通

36 Amed Sea Express B1
Kuda Hitam Express （见36）

175,000~250,000Rp；⊜）这处住宿位于村西，有两间同性别宿舍，配有单人床、小储物柜和风扇；公共浴室仅有凉水。还有6间独立房间，其中4间有热水浴室和可以眺望田野的小露台。院子前面有一家小吃店（主菜25,000~35,000Rp）。

★ Melasti Beach Bungalows 民宿 $$

（见246页地图；☎0877 6018 8093；www.melastibeachamed.com；Jl Melasti；房间 不带卫生间 400,000Rp，套 700,000~800,000Rp，平房 900,000~1,000,000Rp；P❄⊜）位于阿曼村西的Me-lasti海滩。这家时尚、超值的含餐民宿由热情好客的美国人Missy经营。设有2间平房、一间豪华套房和一间带外部浴室的客房；套房和平房都带有海景阳台。房费含早餐，可安排午餐和晚餐（主菜35,000~90,000Rp）。

Hotel Uyah Amed 度假村 $$

（见246页地图；☎0363-23462；www.hoteluyah.com；Jl I Ketut Natih；房间 带风扇 550,000~660,000Rp，房间 带空调 660,000~840,000Rp，别墅 1,450,000~1,199,000Rp；P❄⊜≋）阿曼首批度假村之一。Uyah看起来比较老旧，但仍然不失为一个优质住处。房间都有小露台、舒适的浴室和用迷人的当地纺织品布置的四柱床，其中一些有风扇，其他房间则配有空调。设施包括两个泳池、一间水疗室、一间带台球桌的酒吧，以及Cafe Garam（见250页）凉亭餐厅。

Jemeluk

★ Ocean Prana Hostel 青年旅舍 $

（见246页地图；☎0363-430 1587，WhatsApp 61 435 441 414；www.oceanprana.com/hostel；Jl I Ketut Natih；铺 150,000Rp；P❄⊜≋）隶属同名自由潜水学校。这家青年旅舍在一个大院子里设有两间全新茅草顶平房。每间在楼下都有4张高低床，楼上则是2张单人床，配有电

解读阿曼

游客和做生意的当地人把这里10公里长的远东海岸统称为“阿曼”。大多数的开发项目起初都集中在3个有渔村的海湾内：背包客云集的**阿曼村**、氛围慵懒的潜水中心**Jemeluk**、既有海滩，也有海岬的**Bunutan**，以及有一些咖啡馆和商业设施的**Lipah**。

现在**Lehan**、**Selang**、**Bayuning**和**Aas**等村落正在逐步进行开发，这些都是建在干燥、褐色的山脚下的小型定居点。想要欣赏这一狭窄海岸的美景，你得在Jemeluk观景台（见245页）停留，那里可以看到如同彩色沙丁鱼一般排列在海岸上的渔船。

除了经由蒂尔塔冈加（Tirta Gangga）的主路，你还可以从安拉普拉经南部的Aas进入阿曼地区。

源插座、带锁储物柜和户外热水浴室。还有一个泳池（通常用于自由潜水训练）和摆放着餐桌、懒人沙发和吊床座椅的有机咖啡馆。早餐20,000Rp。

Galang Kangin Bungalows 客栈 $

（见246页地图；☎0363-23480；Jl Raya Amed；房间 400,000Rp起；P❄📶）经济型选择，设有实惠的住处和一间小餐馆。最大的亮点是海滩前的位置。

Banutan海滩（Banutan Beach）

Aiona Garden of Health 度假村 $

（见246页地图；☎0813 3816 1730；www.aionabali.com；标单/双 €28/32）这家海滨静修所是那些希望寻求内心安宁的旅行者的最佳选择。住客可以参加瑜伽培训班、塔罗占卜、能量波治疗、篝火仪式、音浴和意识分享等课程。咖啡馆可提供超级健康的餐饮（阿育吠陀“金色光环”饮品、众多素食等），房间类型从蹲厕冷水平房到热水淋浴的海景房，应有尽有。没有Wi-Fi，不供应酒水。

Santai Hotel 酒店 $$$

（见246页地图；☎0363-23487；www.santaibali.com；平房 1,300,000~2,800,000Rp；P❄📶🏊）这家迷人的崖顶酒店名字的意思就是“放松”，这里的设施让你想不放松都很难，包括三角梅环绕的泳池、无数沙滩椅、水疗室、海滩酒吧和咖啡馆等，还有免费的摆渡车前往Lipah和Jemeluk的海滩。这里集中了从印尼各地收集来的10间传统茅草房，房间带有四柱床、露天浴室和舒适的阳台大沙发。最佳住宿当属坐拥海景的平房；后面的经济型房间（800,000~1,900,000Rp）则较为一般。

Banutan

Apa Kabar Villas 酒店 $$

（见246页地图；☎0363-23492；www.apakabarvillas.com；小屋 350,000~700,000Rp，2/4/6人 别墅 850,000/1,400,000/1,700,000Rp起；P📶🏊）这家紧凑的院落内别墅大小不一，配有厨房设备，因此非常适合家庭入住。小屋面积较小，但是可以看到海景。设施包括泳池和咖啡馆/酒吧，岩石嶙峋的东海岸上有一座露台，你可以在这里小憩听涛。Wi-Fi信号仅覆盖酒吧区域。

Anda Amed Resort 酒店 $$$

（见246页地图；☎0363-23498；www.andaamedresort.com；Jl Raya Lipah；别墅 1,600,000Rp起；P❄📶🏊）山坡上这座酒店建筑群的白色外墙和绿意盎然的植被对比鲜明。古典风格的无边泳池让人叹为观止。因为这里的位置远高于公路，因此可以远眺一望无际的海景。干净整洁的单卧室或双卧室别墅位于山坡上，可以看到海景。

Lipah

Double One Villas 酒店 $$

（见246页地图；☎0813 3726 6856，0877 8171 2083；www.douleonevillasame.com；Jl Raya Lipah；房间 400,000~560,000Rp；别墅 720,000Rp；P❄📶🏊）这座迷人的酒店分为两部分：简单舒适的房间和别墅位于公路靠山一边，带泳池的大别墅则靠海一边，紧邻鹅卵石海岸。后者需要经由陡峭的台阶才可到达。山腰上有一间餐厅和另一个泳池，物超所值。

Coral View Villas 酒店 $$

（见246页地图；☎0363-23493；www.coralviewvillas.com；Jl Raya Amed；房间 US$90~

99，套 US$100~110，别墅 US$170~200；❄📶🏊）郁郁葱葱的棕榈树和一个自然主义的泳池是这家经营良好的酒店的最大亮点。平房也许太过紧密，显得缺乏氛围，但是都带有怡人的露台和石头堆砌出来的露天浴室。家庭游客会选择可以入住4人的海景别墅。餐厅（主菜60,000~100,000Rp）就在海滩上。

Lehan

Palm Garden Amed 度假村 $$

（见246页地图；☎0363-4301058；www.palmgardenamed.com；Jl Raya Amed；房间 750,000~2,000,000Rp，平房 1,200,000~1,800,000Rp，别墅 1,800,000~2,200,000Rp；P❄📶🏊）老板是瑞士人。这间小度假村有花园风景和一段海滩。3间标准间带有老旧的浴室，5间较大的花园平房带有露台，一个海滨别墅带有独立房间和2间豪华海滩房间（其中一间带有自己的泳池）。设施包括一个泳池、小水疗室和带意式浓缩咖啡机的凉亭餐厅。

Life in Amed 酒店 $$$

（见246页地图；☎0363-23152，0813 3850 1555；www.lifebali.com；小屋 US$75~95，别墅 双 US$125~145，别墅 四 US$280~340；P❄📶🏊）6套平房风格的花园客房位于一栋带独立泳池的海滨别墅内，庭院就在河边，布局紧凑。设施包括一间小餐馆和一个瑜伽工作室。

Selang

Aquaterrace 酒店 $$

（见246页地图；☎0813 3791 1096；www.aquaterraceamed.com；Jl Raya Amed；房间 680,000~1,200,000Rp；❄📶🏊）位于巴厘海湛蓝海水上方的海岬上。这间酒店采用了与众不同的白色和碧蓝色搭配，与所处的环境相得益彰。房间位于道路两侧，其中一些就在海滩上，另一些则带有全景阳台。餐厅供应日式、意式和巴厘岛风味食物（主菜42,000~75,000Rp），还有两个泳池。

Blue Moon Villas 酒店 $$$

（见246页地图；☎0363-21428，0817 4738 100；www.bluemoonvilla.com；Jl Raya Amed；山坡房间 €75~95，海滨房间 €125~160；❄📶🏊）分布于道路两边，这家要价过高的住处在山坡侧面设有标准和海景房间，海边有各种房间和别墅；房间足够舒适，但是到了该装修的时候。别墅分为单卧室、双卧室和三卧室配置。酒店内有四个泳池和一间餐厅，供应印度尼西亚和中式菜肴（主菜75,000~135,000Rp）。

Banyuning

Baliku Dive Resort 度假村 $$

（见246页地图；☎0363-4301871，0828 372 2601；www.amedbaliresort.com；房间 640,000Rp起；P❄📶🏊）这座位于山坡上的度假村由9座大型独立别墅风格的单元组成，带有宽敞的海景门廊和浪漫的带蚊帐四柱床，俯瞰阿曼海岸线上的最佳浮潜点。设施包括一个全景泳池露台、潜水中心、小型阅览室和餐厅（主菜30,000~138,000Rp）。客人们对这里赠送的下午茶情有独钟。

Nalini Resort 度假村 $$

（见246页地图；☎0821 4592 3608，0363-430 1946；www.naliniresort.com；房间

另辟蹊径

前往阿曼的漫漫长路

前往阿曼海岸的游客一般都会沿着经过蒂尔塔冈加的内陆线路前往。但是，还有一条更长、更崎岖、更具冒险性的公路，是从**乌戎**（Ujung）绕过海岸通向阿曼地区，很少有游客走这条路。这条公路延伸到塞亚拉火山和连普扬火山两座毗邻的山峰一侧，从那里可以看到壮观的海景。沿途会经过数不清的小村庄，村民们忙着雕刻渔船、在溪里洗澡，或只是有点儿惊愕地看着游客或外国人。路上常常会出现猪、羊和巨石等，不要对此感到惊讶。在经过郁郁葱葱的东部地区之后，你会注意到西边明显更干旱，人口密度更低，玉米代替大米成为主食。公路狭窄而平整，到Aas全程共35公里，中途不停也要走上大约1小时。再加上通过蒂尔塔冈加的内陆公路，你可以从西部环游阿曼。

780,000~2,000,000Rp起；P❄📶🏊）尽管这家精品酒店前面的岩石海滩不适合游泳或晒日光浴，但是一个碧绿的小泳池可以弥补这一切。这里的8间房间风格现代、舒适且迷人，水边的餐厅供应各国菜肴（主菜60,000~90,000Rp）；早餐品种丰富，分量十足。设有每日瑜伽课程（150,000Rp）。仅接待11岁以上的儿童。

Aas

Meditasi
度假村 $$

（见246页地图；☎0363-430 1793；www.facebook.com/meditasibungalows；标准房 350,000~500,000Rp，豪华房 800,000~1,000,000Rp；P❄📶）可以在这个放松的隐蔽住所摆脱束缚、放松身心。冥想、理疗和瑜伽课程能让你放松，客房靠近适合游泳和浮潜的水域（非常走运，因为这里没有泳池）。目前最好的是豪华房，有私人花园、空调和海景阳台；部分标准房只有风扇和冷水浴室。酒店内的Smiling Buddha Restaurant（见251页）供应阿曼最美味的食物。每天都设有瑜伽课程（100,000Rp）。

就餐

几乎所有客栈和酒店都设有餐厅或咖啡馆，其中一些相当不错。阿曼村和Jemeluk更是餐厅和咖啡馆云集。一些注重服务的餐厅还会提供从餐厅往返海岸线上的住处的交通。Smiling Buddha Restaurant（见251页）还会为报名参加烹饪课程的学员提供往返接送服务。

阿曼村 (Amed Village)

★ Warung Amsha
巴厘菜 $

（见246页地图；☎0819 1650 6063；Amed Beach；主菜 25,000~65,000Rp；⏲11:30~22:00；📶）这家热门海滩餐馆的餐桌就摆放在沙滩上，而且供不应求——最好是预订或是早点到。菜单非常本土化，有新鲜的鱼（试试pepes ikan——芭蕉叶烤鱼），用附近养殖的鸡烹饪的鸡肉类菜肴以及素食菜肴。此外还供应果汁、鸡尾酒、咖啡和啤酒。

Dread Light Bar
咖啡馆 $

（见246页地图；☎0819 1567 7046；www.facebook.com/MadeInAmed；Jl I Ketut Natih；三明治 40,000~45,000Rp，主菜 35,000~50,000Rp；⏲9:00~22:00；📶✎）🌿在白天，这家新开张不久的咖啡馆充满了慵懒氛围，让人昏昏欲睡；夜幕降临后，鸡尾酒和音响里的雷鬼乐让人兴奋不已。食物很棒（有味道浓郁的酸面包、有机农产品，没有味精），设有懒人沙发和图书交换处。你还可以在这里文身和编发辫。

Tropikal Cafe
咖啡馆 $

（见246页地图；☎0819 1629 6520；Jl I Ketut Natih；早餐菜品 32,000~60,000Rp，帕尼尼 42,000~45,000Rp，蛋糕 32,000~62,000Rp；⏲8:00~18:30）这里的自制蛋糕和冰激凌远近闻名[我们强烈推荐这里的香蕉太妃派（banoffee pie）和"热带新鲜"（Tropical fresh）冰激凌圣代]，这间迷人的咖啡馆位于主路边，早餐和午餐时段常常排队。

Meeting Point
咖啡馆 $

（见246页地图；☎0859 6591 2020；Jl I Ketut Natih；早餐菜品 35,000~45,000Rp，三明治 40,000~60,000Rp，主菜 40,000~75,000Rp；⏲7:00~22:00；❄📶）低调的时尚，这间位于阿曼村西的新潮咖啡馆是享用麦片粥、牛油果泥、火腿蛋松饼等早餐的好地方，午餐时供应简餐，包括莎苏卡（shakshuka；番茄酱煮蛋）和巴厘岛炸鱼饼，全天供应咖啡和各种果汁。

Cafe Garam
印度尼西亚菜 $

（见246页地图；☎0363-23462；www.hoteluyah.com；Hotel Uyah Amed，Jl I Ketut Natih；主菜 29,000~65,000Rp；⏲7:30~21:30；✎）这里气氛十分轻松，有台球桌和巴厘岛美食，还有每周三和周六20:00开始的抒情而令人难忘的genjek（巴厘岛传统打击乐）现场音乐演出。Garam的意思是"盐"，这家咖啡馆旨在向当地的制盐工业致敬。试试salada ayam，这种诱人的食品由卷心菜、烤鸡肉、青葱和小辣椒混合而成。

★ Warung Enak
巴厘菜 $$

（见246页地图；☎0819 1567 9019；Jl I Ketut Natih；主菜 55,000~80,000Rp；⏲7:00~22:30；📶✎）老板Komang和Wayan有自己的有机菜园，使用收获的农产品在忙碌的厨房里打造出各种美味菜肴。巴厘岛风味包括可口的鱼肉咖喱（ikan kare）、沙爹肉串和花生酱拌杂菜

（gado-gado）；西式菜肴包括比萨和意面。黑米布丁是非常受欢迎的饭后甜点。饮品有果汁、啤酒和葡萄酒，可按杯点，也可按瓶。

Jemeluk

★ Green Leaf Cafe 咖啡馆 $

（见246页地图；☎0812 3826 7356；www.facebook.com/GreenLeafCafeAmed；Jl I Ketut Natih；早餐菜品 36,000~60,000Rp，午餐主菜 43,000~70,000Rp；⏰8:00~18:00；✎）这家海滩上的咖啡馆供应新鲜可口的食物，其中有许多素食、严格素食和无麸选择。此外还有品种丰富的咖啡、茶和药用果汁。在室内找张桌子，或是在户外的沙滩椅坐一坐。这里也是瑜伽和自由潜水者聚集的地方——Apneista（见245页）和这家咖啡馆由同一个团队经营。

Sama-Sama Cafe 印度尼西亚菜 $

（见246页地图；☎0363-430 1004；www.samasamaamed.com；Jl I Ketut Natih；三明治 35,000~40,000Rp，主菜 28,000~70,000Rp；⏰7:30~22:00；📶）沙滩上的junkungs（用于垂钓的支腿独木舟）构成了在这家海滨咖啡馆享用简餐或是饮品的绝佳背景。在水边找一个座位，或是在清新的凉亭里享用三明治、简餐或饮品，看着海浪温柔地拍打海岸。菜肴选择包括三明治、煎饼和海鲜主菜。咖啡馆在路对面还有简单的平房可供住宿。

Blue Earth Village Restaurant 印度尼西亚菜 $

（见246页地图；☎0821 4554 3699；www.blueearthvillage.com/restaurant；Jemeluk Lookout；塔帕斯 35,000~40,000Rp，主菜 45,000~70,000Rp；⏰12:00~22:00）美丽的风景和丰富多样的美食让用餐者们离开Jemeluk繁华地带，到这家可以俯瞰海湾蓝色水面的餐厅用餐。这里有诸多素食和严格素食选择，菜单上包括西班牙小吃、意面、比萨、泰式米粉和印尼主食。非常适合在这里享用日落晚饮。

Sunset Point Warung 巴厘菜 $

（见246页地图；☎0363-4301569；Jemeluk Lookout；主菜 35,000~95,000Rp；⏰10:00~21:00；P📶）在这里，你可以将Jemeluk湾的自由潜水者、浮潜者和jukungs尽收眼底。餐桌位于崖边；可以找张桌子坐下来享用饮品或是简餐。

Banutan

★ Gusto 各国风味 $$

（见246页地图；☎0813 3898 1394；www.facebook.com/Gusto-Amed-553633071346005；Jl Raya Amed；比萨 70,000~85,000Rp，意面 65,000~85,000Rp，主菜 55,000~120,000Rp；⏰14:00~22:00）菜单上非同寻常的混搭菜品会让你打退堂鼓（印尼、意大利和匈牙利风味）——但请相信厨师们对这些菜肴却是得心应手。这里有东海岸最棒的比萨、自制意面、炸肉排和印尼海鲜菜肴。白天是最佳用餐时间，海景十分迷人。地方不大，因此一定要预订。

Banyuning

Trattoria Cucina Italia 意大利菜 $$

（见246页地图；☎0363-4501848；www.trattoriaasia.com；Jl Karangasem Seraya；比萨 69,000~99,000Rp，意面 64,000~180,000Rp，主菜 99,000~270,000Rp；⏰10:00~22:00；P✎）一家跨国连锁餐厅的阿曼分店。这家位于Ibus海滩的凉亭餐厅位于悬崖峭壁上，让食客们可以一边享用意式开胃小菜、美味比萨、意面和烧烤，一边欣赏绝美的海景。15:00至18:00之间到这里，可以在欢乐时光折扣时段享用啤酒或鸡尾酒。

Aas

Smiling Buddha Restaurant 巴厘菜 $

（见246页地图；☎0828 372 2738；Aas；Meditasi Resort；主菜 40,000~75,000Rp起；⏰8:00~22:00；✎）Meditasi（见250页）度假村内的这家餐馆供应非常不错的有机菜肴，其中许多都来自自家菜地。这里的巴厘岛风味和西餐（主要是意面）用餐地点在海滩上的凉亭内。还可以报名参加2小时的烹饪培训班（300,000Rp），学习各种烹饪技巧。

🍷 饮品和夜生活

Wawa-Wewe I 酒吧

（见246页地图；☎0812 3973 7662；Lipah；⏰10:00~23:00；📶）如果你在这里整晚畅饮Bintang啤酒，就不会知道Wawa和Wewe的区别了。这家旧式风格的背包客酒吧是海滩

生态创业者

阿曼村有一个鼓励回收和提升环保意识的非营利组织的门店**Peduli Alam Bali**(见246页地图;☎0877 6156 2511;www.pedulialam.org;Jl Raya Lipah, Lipah;⏰周一至周五 9:00~17:00,周六 至正午)🍃,每个月会从该地区收集50吨垃圾,其中许多都回收后用来制作手提袋和其他物品,并在这家商店销售。这个项目为四位卡车司机和14位当地妇女创造了就业机会。商店还销售竹吸管和水瓶,用后者可以免费在这里加水。

上最狂野的酒吧——用当地人的标准看,就是有时会非常喧闹。周三、周五和周日20:00开始有当地乐队表演。供应巴厘岛风味食物(主菜35,000~50,000Rp)。

实用信息

阿曼村和Lipah有自动取款机。

到达和离开

阿曼以及附近没有公共交通。多数游客都是从安拉普拉和Culik经公路驾车前来的。这条风景优美的公路始于Aas,围绕着毗邻的两座山峰一直延伸到乌戎,构成一条不错的环线。

你可以找带司机的车辆往返于这里与巴厘岛南部地区和机场,费用约为500,000Rp。

Amed Sea Express(☎0853 3925 3944;www.gili-sea-express.com;Jemeluk Beach;单程US$29起)提供快船前往德拉娜安岛(Gili Trawangan),可乘坐80人,不到一小时即可抵达。

Kuda Hitam Express(☎0363-23482;www.kudahitamexpress.com;Jemeluk Beach;成人/儿童 单程650,000/450,000Rp起)提供前往德拉娜安岛和艾尔岛的交通服务。

图兰奔(Tulamben)

☎0363/人口 8050

图兰奔最吸引人的景点是在六十多年前创造的。美国货轮“自由号”(Liberty)残骸的所在地是巴厘岛最好、也是最受欢迎的潜水点,并直接将这座小渔村变成了因潜水而逐渐繁荣的小镇。即使浮潜者也可以轻松地去欣赏残骸和海岸附近的珊瑚礁。但游泳则是另一回事——这里的海岸由美丽而身形巨大的岩石构成,难以行走,因此游客们一般都在酒店内的泳池里游泳。

如果想要进行一些非水上娱乐项目,可以逛逛图兰奔村的**早市**,位于潜水点以北1.5公里处。

活动

美国货轮“自由号”的**船骸**就在Puri Madha Dive Resort附近距岸边50米处,寻找成群的黑色浮潜通气管就可以确认。游泳至残骸附近,你就可以看见从海底深处向上隆起的船尾,船上覆盖着珊瑚,四周都是各种各样色彩鲜艳的鱼——还有大部分时间都能看见的潜水者。这艘船有100多米长,但是船体断成了几截,潜水者可以很轻易进入船内。船首的形状保持得还不错,中部已经损毁,船尾几乎完好无缺——最好的部分是在水下15米至30米的地方。探索整个残骸至少要潜水两次。

许多潜水者都从阿曼或罗威那(Lovina)抵达图兰奔。在旺季,11:00~16:00人特别多,残骸周围会同时有至少50名潜水者。你最好在图兰奔过夜,这样可以早点开始潜水。大多数旅馆都有自己的潜水中心,其中一些还能为住客提供超值的潜水加住宿套餐。

在图兰奔2次潜水费用约为1,200,000Rp,阿曼附近的夜间潜水价格则略贵一些。花100,000Rp左右便可租到浮潜装具。

注意,在Tauch Terminal背后有一个私人经营的停车场(10,000Rp)。里面有各种装具租赁摊点、零售商、搬运工以及其他种种想要引起你注意的东西。这里还有付费淋浴和公共厕所。

Puri Madha Dive Centre 潜水

(☎0363-22921;www.purimadhadiveresort.com;⏰6:00~18:30)这里有浮潜装具出租(200,000Rp),开设近岸潜水(1/2次潜水700,000/1,200,000Rp)和PADI开放水域课程(2~3天 5,400,000Rp)。同时在度假村提供潜水和住宿套餐。

Tauch Terminal 潜水

(☎0363-774504;www.tauch-terminal.

com；2/4次潜水 €55/109）巴厘岛经营时间最长的潜水中心之一，设有各种潜水套餐和装具租赁（1天水肺/浮潜 €15/6）。4天的SSI开放水域证书课程需€450。这里还经营着自己的潜水度假村（标单/双 平房 €69/79，豪华房 € 89/109；）。

Apnea Bali 潜水

（WhatsApp 0822 3739 8854，WhatsApp 0822 6612 5814；www.apneabali.com；Jl Kubu-Abang；课程 800,000Rp起）这家时尚的运营商位于图兰奔繁华地段，特色是自由潜水课程和面向所有水平潜水者的行程，包括前往"自由号"沉船残骸等。可以选择入门级的半日课程（800,000Rp）、2日课程（3,200,000Rp）和3日课程（4,600,000Rp）。

住宿

图兰奔是一个宁静的地方，基本上是围绕船骸而建的——所有旅馆都设有咖啡馆或餐厅，大部分还带有潜水中心，分布在主干道两侧约4公里的范围内。你可以选择路边的旅馆（更便宜）或者水边的旅馆（更享受）。在满潮的时候，就连岩石海岸都会被淹没。

Matahari Tulumben Resort, Dive & Spa 酒店 $

（Matahari 1；0813 3863 6670，0363-22916；www.divetulamben.com；房间 280,000~520,000Rp，平房 600,000Rp；）这家不起眼的酒店有34间房间，非常受潜水者的热捧，许多人在这里一住就是好几个星期。房间里有空调、冰箱和还算不错的浴室。酒店内有一间潜水商店、泳池、酒吧和海景小餐厅（主菜25,000~80,000Rp）。

Liberty Dive Resort 度假村 $$

（0812 3684 5440；www.libertydiveresort.com；房间 US$50~60，家 US$80，小屋 US$65~120；）从沉船残骸前的岩石海岸向山上步行100米，便来到这家旧式风格的度假村，在一间精心打理的花园里设有简单的房间和小屋，设施包括一间餐厅和两个泳池。度假村内的潜水中心设有白天/夜间潜水项目，价格为US$30/35，以及1天的PADI潜水课程（US$85）。

Puri Madha Dive Resort 度假村 $$

（0363-22921；www.purimadhadiveresort.com；房间 550,000Rp，小屋 650,000Rp；）靠近"自由号"沉船残骸。这个地方提供平台上紧密排列的简单的房间和小屋。这里非常受潜水者欢迎，他们会在这里附设的潜水中心安排潜水行程并租赁装具。设施包括2座泳池，其中一座用于潜水教学，还有一家海滨自助餐厅。

Siddhartha 度假村 $$$

（0363-23034；www.siddhartha-bali.com；Kubu；标单 €69~188，双 €146~240，别墅 €210~370；P）在这家德国人经营的度假村里，海滨泳池和瑜伽凉亭是最吸引人的地方，同时设有齐全的设施（餐厅、酒吧、潜水中心、健身房、撞球和乒乓球桌、电视房、水疗室）。宽敞的房间和别墅位于花园里，配有舒适的床铺和户外浴室；别墅带有私人泳池。水疗项目包括按摩（1小时€38）。度假村前的大海有一片珊瑚礁，可以在潜水中心租到装具后前往探索；"自由号"沉船残骸就在不远处。

到达和离开

假如开车前往罗威那过夜，请在15:00前出发，这样你到达的时候天还不会黑。Puri Madha Dive Resort前面的停车场经常停满了将潜水者送往"自由号"沉船残骸的面包车，因此通常很难找到车位。Tauch Terminal Resort附近有一个付费停车场。

"自由号"船骸

1942年1月，美国海军小型货轮USAT"自由号"（Liberty）被在龙目岛附近的日本潜艇用鱼雷击中，后来被拖到图兰奔的岸边，才保住了它所运载的橡胶和铁轨零件。但是日本的入侵阻止了这一切，因此"自由号"就一直留在海滩上，直到1963年阿贡火山爆发，把它一分为二并冲到了海里，自此以后让潜水爱好者欣喜不已。提示一下，它并非"二战"时的自由级护卫舰。

特加库拉（TEJAKULA）

在前往耶萨尼（Yeh Sanih）的海滨公路边，小镇特加库拉最出名的是引入溪水的公共沐浴区Pemandian Kuda Desa（Horse Village Bath），据说本来是用于洗马。翻新过的沐浴区（男女分开）都有围墙，围墙上方是成排的雕刻精美的拱形，被尊为圣地。沐浴区位于内陆方向100米处，窄路边有许多小商店，有一些雕刻精美的kulkul鼓塔。

东北海岸（Northeast Coast）

在图兰奔和耶萨尼之间50公里的海岸线上，可以邂逅淳朴小村、火山地貌、葱郁森林和嶙峋海岬。

景点

Air Terjun Yeh Mampeh 瀑布

（Yeh Mampeh Waterfall, Les Waterfall; Les; 成人/儿童 20,000/10,000Rp，小汽车/踏板车 停车费 5000/1000Rp; 7:00起）巴厘岛落差最大（40米）的瀑布，位于特加库拉附近的内陆Les。从主路转弯前行约2.5公里即可到达入口，可以留意“Welcome to Waterfalls”的路牌。最佳游览时间是12月和2月之间的雨季。这里经常发生山体滑坡，因此最好再花100,000Rp请一位向导。

住宿

★ Segara Lestari Villa 客栈 $

（0815 5806 8811; www.facebook.com/lesvillagevilla; Jl Segara Lestari 99, Les; 铺 150,000Rp，标单/双 非海景 180,000/230,000Rp，海景房 350,000Rp; ）附属于Sea Communities社会企业（www.seacommunities.com）。Gede和Made打理的海滨客栈有简单的花园平房和4间宿舍。宿舍内设单人床、风扇和简单的户外浴室；大部分平房都有空调和海景。浮潜和潜水装具租赁使你能探索酒店正前方的珊瑚礁。这里的餐厅非常不错。

Bali Sandat Guest House 客栈 $

（0813 3755 5792; www.bali-sandat.com; Bondalem; 标单/双 460,000/650,000Rp起; ）这家位于巴厘岛东部偏远海边棕榈林内的家庭客栈，会让你感觉像是久别重逢的老朋友。这里的5间客房设有带蚊帐的床、陈设简单的浴室和风扇，所有房间共用宽大而阴凉的阳台。这里供应巴厘岛风味晚餐（85,000~110,000Rp）。距附近的Bondalem村有1公里路程，可步行前往。

Alam Anda 酒店 $$

（0812 465 6485; www.alam-anda.com; Sambirenteng; 标单 €37~95，双 €54~170，别墅 €152起; ）这座德国人经营的海边度假村略显过时，但干净整洁。近海的珊瑚礁让这里的潜水中心总是很繁忙（潜水 €23~60，浮潜装具租赁 每天€8）。住宿从简单的房间到平房和别墅，应有尽有。设施包括一座小健身房、阅览室、泳池、餐厅和阿育吠陀水疗。Wi-Fi收费（每天 19,000Rp）。

★ Spa Village Resort Tembok 酒店 $$$

（0362-32033; Tembok; 全食宿 房间/套/别墅 US$250/350/420起; ）想要重焕新生？在这家位于Tembok东北的宁静海滨度假村绝对能找到适合你的套餐。其中包括舒适的住宿以及一日三餐（有素食和严格素食可供选择），以及每天的水疗和各种活动（瑜伽、观星、绘画等）。Wi-Fi仅覆盖前台区域。

就餐

Segara Lestari Restaurant 各国风味 $

（0815 5806 8811; Segara Lestari Villa, Les; 比萨 40,000~50,000Rp，汉堡 40,000~50,000Rp，主菜 25,000~65,000Rp; 7:00~21:00; ）在慵懒的Segara Lestari Villa，这间明亮清新的餐厅就在海边。供应新鲜和可口的食物，主打素食和严格素食菜肴。

到达和离开

你需要一辆小汽车或踏板车来游览这片海岸。从机场或是巴厘岛南部到这里需要3小时，有2条线路可以选择：一条是经金塔玛尼（Kintamani）翻越山岭，然后通过乡村公路来到特加库拉附近的海边，一路风光秀丽；另一条是通过巴厘岛东部的海滨路，经由赞迪达萨和阿曼到达这里。

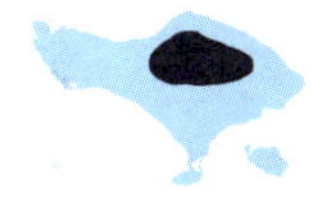

中部山区

包括 ➡

最佳餐饮

- Pulu Mujung Warung（见259页）
- Strawberry Hill（见263页）
- Terrasse du Lac（见266页）
- Puri Lumbung Cottages（见267页）

最佳住宿

- Munduk Moding Plantation（见268页）
- Puri Lumbung Cottages（见267页）
- Sarinbuana Eco Lodge（见269页）
- Bali Mountain Retreat（见270页）
- Sanda Boutique Villas & Restaurant（见271页）

为何去

巴厘岛是一个"热情洋溢"的地方。沿着岛上山脊一字排开的火山看上去寂寂无名，但是它们躁动不安的"热情"在地表下日益积聚，期待有朝一日喷薄而出。

巴都尔火山（Gunung Batur，海拔1717米）经常蒸汽弥漫，超凡脱俗的美景让游客们感叹不虚此行。布拉坦湖（Danau Bratan）畔坐落着神圣的印度教神庙群，康迪库宁（Candikuning）村则拥有引人入胜的植物园风光。

古老的姆杜克（Munduk）村充满了浓郁的殖民地风情，目前那里已经成为徒步旅行的中心，可以观赏从山区一直延伸到巴厘岛北部海岸的风景，瀑布、坦布林根湖（Danau Tamblingan）和布延湖（Danau Buyan）的美景都将让旅行者目不暇接。在巴都考火山（Gunung Batukau，海拔2276米），你将找到巴厘岛最神秘的寺庙中的一座。往南一点的贾蒂卢维（Jatiluwih）及其周边地区，则有着让人眼花缭乱的水稻梯田，如今这一景观已被联合国教科文组织列入《世界遗产名录》。

此外，还有无数的小路通往那些世外桃源般的村落。从安东萨里开车一路向北，一路上惊喜不断。

何时去

- 巴厘岛中部山区终年凉爽多雾，降雨也很频繁，雨水从这里一路向南，灌溉着沿途的水稻梯田和旱田。四季温差不大，但是高海拔地区夜间温度最低可降至10℃。
- 10月至次年4月降水量较大，但倾盆大雨在一年中的其他时间也会不期而至。
- 没有明显的旅游旺季，除了7月和8月会有旅行团前往金塔玛尼地区。在此期间，如果要前往姆杜克，最好也提前订好住宿。

中部山区亮点

❶ **姆杜克**（见266页）在这片山区田园徒步，欣赏壮美的瀑布。

❷ **巴都考寺**（见268页）在巴厘岛最神圣的寺庙聆听祭司诵经。

❸ **坦布林根湖**（见265页）徒步游览这座古老火山湖岸边的古老寺庙。

❹ **巴都尔火山**（见257页）前往探索这座超凡脱俗、熔岩痕迹遍布的活火山。

❺ **巴都尔湖**（见259页）在经由Buahan和阿邦前往特鲁扬的美丽景观大道上，欣赏震撼人心的绝美风光。

❻ **安东萨里之路**（见270页）在这段朝圣旅途上穿越嫩绿的水稻梯田。

❼ 在**贾蒂卢维**（见269页）凝望这些被列入联合国世界文化遗产的壮丽梯田。

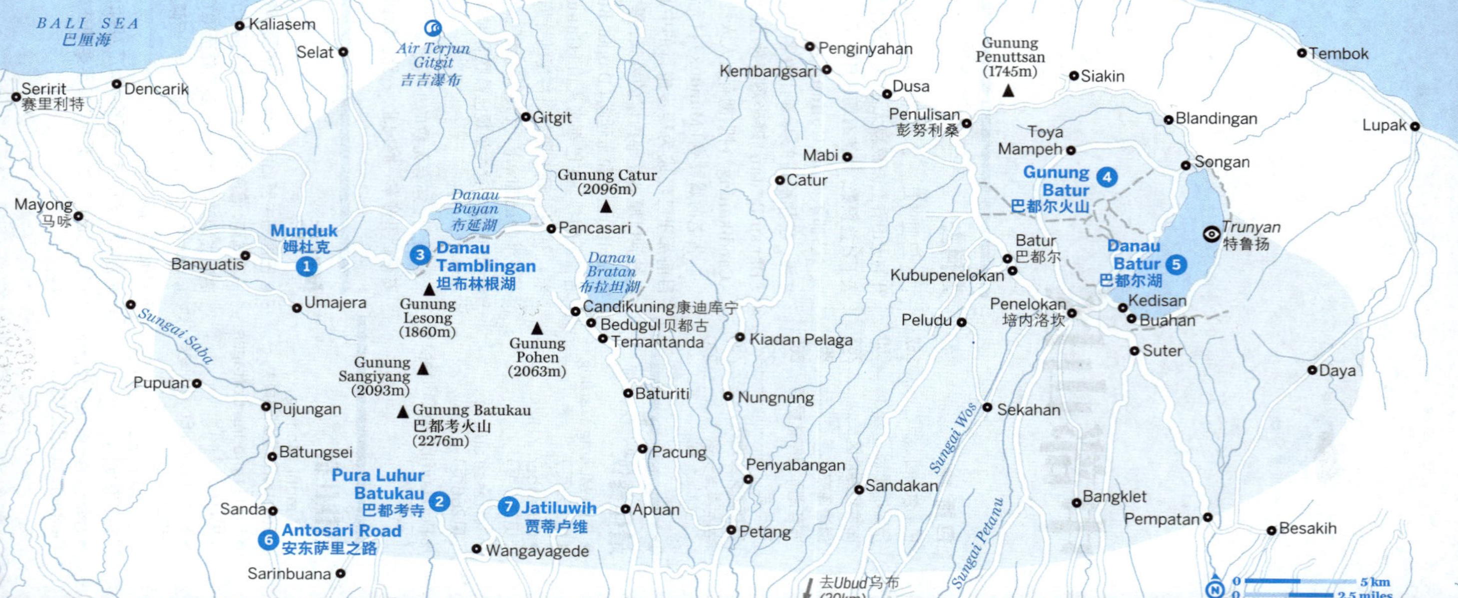

到达和离开

想要尽兴探索巴厘岛中部山区，你需要自备交通工具。雇司机带你游览会省去迷路的烦恼，不过迷路本身可能就是行程中最精彩的部分。

巴都尔火山地区（GUNUNG BATUR AREA）

☎0366

巴都尔火山地区就像一个巨大的碗，底部被水覆盖，锥形火山从中间凸出来。听起来非常壮观吧？确实如此。想要欣赏美景，必须选择在天气晴朗的时候来这里。碧绿的湖水环抱着年轻的火山，你能看到昔日岩浆喷流时留下的痕迹。

实用信息

危险和麻烦

当你从培内洛坎的村庄进入巴都尔火山地区时，别轻信开着摩托车载客的小贩，他们总是向你推销团队游，或是想把你带到他们替你选择的旅店。这些人非常执着，而且根本不能提供任何有价值的服务，不要搭理他们。另外，这里的摊贩总是气势汹汹。

现金

巴都尔火山地区服务设施有限，但在Jl Raya Penelokan沿线有几台自动取款机。

到达和离开

登巴萨—新加拉惹（Singaraja）沿线（经由巴杜布兰，可能需要在那里换车）的长途汽车在培内洛坎和金塔玛尼都有停靠站（大约40,000Rp）。此外，你可以租一辆小汽车或者雇一名司机，但是需要明确回绝关于自助午餐的请求。

假如你乘坐私人车辆到达，你就得停在培内洛坎或Kubupenelokan购买门票（每车/人40,000/5000Rp，警惕那些更高的要价）。这张门票在整个巴都尔火山地区都有效，你不需要再为此付费了——所以，保管好你的票据。

当地交通

最好是自行安排车辆来游览该地区；固定线路的小巴（bemo）很少，道路很窄，弯道很多，行人也很多。

巴都尔火山（Gunung Batur）

巴都尔火山被火山学家描述为"双层火山口"，也就是说一个火山口里面嵌着另一个火山口。外层的火山口呈椭圆形，长约14公里，西部边缘高出海平面约1500米。内层火山口则是一个典型火山形状的山顶，高达1717米。地质活动会定期发生，过去十年的火山活动让它的西侧形成了几个较小的火山锥。这座火山在1917年、1926年和1963年都曾发生过大喷发。耳听为虚，眼见为实。只需看一眼那神奇的壮观景象，你就能明白为什么人们不远千里、不惜花费财力来到这里徒步旅行。请注意，从7月到12月，那些会让你打消到这里来的念头的浓云重雾出现的概率会更大。但是，不管在什么时候，你都需要在确定行程甚至是上山之前咨询天气情况。

值得一游

彭努利桑（PENULISAN）

从金塔玛尼向北，山路沿着火山口渐渐上行，常常云雾缭绕，还会下雨。彭努利桑位于山路急转的分叉口：主路向下通往北部海岸，支路可抵达风景如画的贝都古（Bedugul；见263页）。彭努利桑南面400米的地方有一个**观景点**，在那里你可以饱览巴都尔火山、阿邦火山（Gunung Abang）和阿贡火山绝美的全景。

在彭努利桑公路交叉路口附近，有几处非常陡峭的阶梯通往巴厘岛最高的庙宇——海拔1745米的**Pura Puncak Penulisan**（门票免费）。在最高的庭院中，敞开的茅草顶凉亭里，有几排年代久远的雕像以及雕塑的残片，其中的一些雕塑可以追溯到11世纪。天气晴朗时在这座神庙可以看到极美的风景：你可以俯瞰到北面一直绵延至新加拉惹海岸的水稻梯田。

活动

巴都尔火山旅游向导协会（简称PPPGB，即之前的HPPGB）独家提供攀登巴都尔火山的向导服务。它要求所有经营这条登山线路的徒步旅行机构至少聘请一位他们的向导。但是，这个协会却曾强迫登山者雇用向导，在讨价还价的过程中也态度恶劣，因而口碑不佳。

尽管如此，许多游客在享受PPPGB向导服务的过程中并没有出现不愉快的插曲，相反，其中的一些向导还因为他们所提供的个性化服务而受到赞誉。

下面的小贴士将帮助你拥有一次愉快的登山之旅。

➡ 在你和PPPGB的协议中，一定要明确列出达成共识的各项条款，例如所谈费用是针对一个人的还是整个团队的，是否包含早餐以及你将被带往的确切地点。

➡ 最好交由徒步旅行机构来安排。虽然还是得聘请PPPGB的向导，但交给旅行机构来安排能省去很多麻烦。

PPPGB的收费标准和服务时间会公示在托亚邦卡（Toya Bungkah）的主办事处以及进入景区道路的第二办事处。提供的徒步游览项目包括：

巴都尔日出（Mt Batur Sunrise）：清晨4:00~8:00爬升并返回，行程轻松，每人400,000Rp。

巴都尔主火山口（Mt Batur Main Crater）：清晨4:00~9:30，包括在山顶看日出以及游览山口，每人500,000Rp。

巴都尔火山探索（Mt Batur Exploration）：欣赏日出、火山口和一些火山锥，清晨4:00~10:00，每人650,000Rp。

Gunung Batur Area 巴都尔火山地区

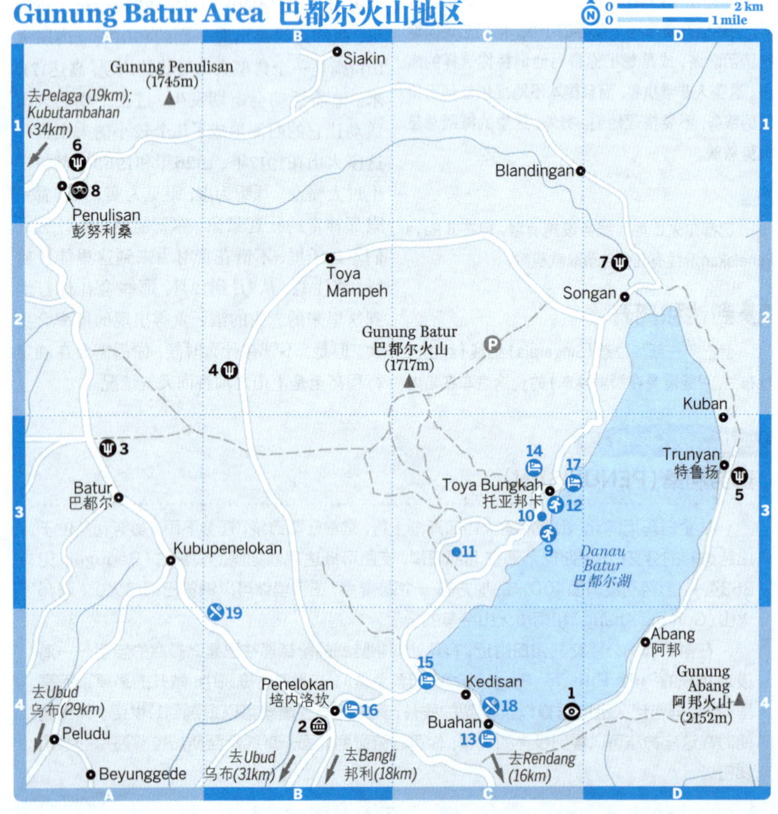

到达和离开

除了徒步和登山，你在这里游览期间都需要自备交通工具。

巴都尔火山口周边（Around Gunung Batur Crater）

巴都尔火山地区千变万化的地质情况都在火山口附近的巴都尔地质公园博物馆（Batur Geopark Museum；见258页地图；☎0366-91537，What'sApp 0818-0551-5504；www.baturglobalgeopark.com；Penelokan；⏰周一9:00~16:00，周二至周五 8:00~16:00，周六和周日 8:00~14:00）免费进行了详尽的讲解。通过互动式展览、模型和岩石样本，不断塑造该地区地形的自然之力变得栩栩如生。在这里游览需要一小时，这一切都要得益于联合国教科文组织地质公园机构为这里提供的资金支持。请注意，你在到达博物馆之前必须已经支付该地区的门票费用。

从精神层面上来说，巴都尔火山是巴厘岛第二重要的圣山（只有阿贡火山在它之上），可想而知，巴都尔神庙（Pura Batur；见258页地图；15,000Rp，纱笼和肩带租赁 20,000Rp）在巴厘岛占有多么重要的地位。这里的建筑奇观值得一游。建筑群内还有一间道观。

Gunung Batur Area 巴都尔火山地区

景点

1 大榕树......C4
2 巴都尔地质公园博物馆......B4
3 巴都尔神庙......A3
4 Pura Bukit Mentik......B2
5 世界中心寺......D3
6 Pura Puncak Penulisan......A1
7 Pura Ulun Danu Batur......D2
8 观景台......A1

活动、课程和团队游

9 巴都尔天然温泉......C3
C.Bali......（见15）
10 PPPGB......C3
11 PPPGB......C3
12 Toya Devasya......C3

住宿

13 Baruna Cottages......C4
14 Black Lava Hostel......C3
15 Hotel Segara......C4
16 Lakeview Hotel......B4
17 Under the Volcano Ⅲ......C3

就餐

18 Kedisan Floating Hotel......C4
19 Pulu Mujung Warung......B4

食宿

Lakeview Hotel 酒店 $$

（见258页地图；☎0366-52525；www.lakeviewbali.com；Penelokan；房间 含早餐 750,000Rp起；⏰咖啡馆 7:30~15:30；📶）这个庄重的酒店建筑近来焕发出新的活力，老板一家三代在此居住。12个舒适的房间拥有无与伦比的风景，私家客厅供应小吃和简餐至22:00。在这里的露台咖啡馆可以将壮丽风景尽收眼底。

★ **Pulu Mujung Warung** 印度尼西亚菜 $$

（见258页地图；☎0853 3842 8993；Penelokan；主菜 45,000~70,000Rp；⏰9:00~17:00）🌿这里轻而易举地成为该地区的最佳餐饮选择。这家迷人的餐馆拥有旖旎的火山风光。在凉爽的山间空气中畅享可口的汤，还有沙拉、比萨、印尼特色菜、自酿火龙果酒、果汁、奶昔等。

这里有三个简单的房间可供住宿（250,000Rp起），但需要预订。

巴都尔湖（Danau Batur）

巴都尔湖附近的小村庄有着清新的湖畔景致，从那里可以仰望四周的山峰。这里有许多渔场。空气中夹杂着从众多的蔬菜农场飘来的辛辣刺激的洋葱味。不要错过沿着东部海岸前往特鲁扬（Trunyan）的旅程。

从培内洛坎出发，一条公路蜿蜒曲折，通向巴都尔湖畔。到了湖畔，你可以左转拐进一条经过熔岩区通向托亚邦卡的公路。当心路上那些大型运沙车，它们为巴厘岛的建设运送建筑材料，却把公路搞得尘土飞扬。

景点

你可以用一天的时间来探索巴都尔湖周边的村落。Buahan和Kedisan之间是一段怡人的15分钟步行路程；蔬菜农场一直延伸到湖岸边。

世界中心寺 印度教神庙

（Pura Pancering Jagat；见258页地图）特鲁扬村因世界中心寺而闻名，寺内矗立着令人印象深刻的七重顶神庙（meru）。庙内供奉着四米高的村庄守护神雕像，但通常不允许游客入内。不要搭理四处揽客的小贩和导游。另外，停车费最多只需付5000Rp。

Pura Bukit Mentik 印度教神庙

（见258页地图）在1974年火山爆发中完全陷入岩浆当中，但神庙本身和那棵让人印象深刻的菩提树却都完好无损，它因此被称为"幸运神庙"。

Pura Ulun Danu Batur 印度教神庙

（见258页地图；Songan）位于湖边公路尽头的火山口边缘下方。

活动

这里有好几个地点都有温泉水汩汩涌出，长久以来一直被用作汤池。环湖骑行是探索周边村庄的绝佳方式。

骑行

湖畔小村修建了自行车道，从而使人们能够轻松地从湖东岸看到无与伦比的巴都尔火山风光。

由培内洛坎靠近Kedisan处进入景区公路的丁字路口，经由阿邦（Abang）下行9公里，即抵特鲁扬。无论是步行、骑自行车或是骑摩托车，这都是一段回味无穷的旅程。在阿邦北边有一些不长的陡坡，自行车手可能需要下车推行。除了壮观的风景，Buahan东边还有一棵大榕树。在阿邦码头处还有地质公园制作的一些信息标示牌，用来讲述该地区的野外地质构造。

温泉

巴都尔天然温泉 温泉

（Batur Natural Hot Spring；见258页地图；☎0366-51194；www.baturhotspring.com；成人/儿童190,000/100,000Rp起；⏲7:00~19:00）这个不断扩建的地方就在巴都尔湖边。三个汤池温度各不相同，可根据需求灵活选择。这些温泉的总体感觉跟这个地区略显简陋的面貌非常契合。简单的咖啡馆坐拥优美的景致。

巴都尔火山徒步路线

登上巴都尔火山看日出，仍然是一条最热门的线路。在旅游旺季里，100人或者更多的人同时看日出的情景并不少见。在山顶，向导会为你提供一顿收费早餐（50,000Rp）。早餐新奇而小巧，通常包括一个鸡蛋或香蕉，都是在火山顶的蒸汽洞口上蒸熟的。沿途你还会找到价格昂贵的茶点小店。

绝大多数旅行者都会在以托亚邦卡附近为起点的两条小路中选择一条来登山。较短的一条（往返3~4小时）直接向上，较长的一条（往返5~6小时）将攀登山顶与其他火山锥连到一起。尽管有登山者说他们曾经在没有聘请PPPGB向导的情况下完成了登山之旅，但在天黑时不要进行尝试，因为有人曾因此意外坠崖身亡。但是途中遇到的最大困难实际上在于如何避开向导们带来的麻烦。

刚开始会有几条不同的路，半小时后它们渐渐汇聚成一条路，这是山脊上一条明晰的山路。向山顶行进时路会变得非常陡峭，松软的火山砂走起来也会有点困难——你会爬三步退两步。需要2个小时方可登顶。

还有一条小路使你能运用个人交通工具，然后经过45分钟步行，最后登顶。从托亚邦卡从出发，取道东北边前往Songan的小路，大约行进3.5公里后，在快到Songan前的Serongga拐进左侧岔路。沿着这条小路按顺时针方向再走1.7公里，直至在你的左侧看到一条标示清晰的小径，从这里攀登1公里左右将到达一个停车场。从停车场沿着步行路径可以轻松到达山顶。

如果你在日出之前登山的话，带上火把（手电筒）或者确定你的向导会为你准备一个。你将需要一双结实的鞋子、一顶帽子、一件厚运动衫（毛线衣）和饮用水。

巴都尔火山口地质公园

2012年，联合国教科文组织宣布把这一地区列入世界地质公园名录当中，将其命名为巴都尔火山口地质公园（Batur Caldera Geopark; www.baturglobalgeopark.com）。该名录收录了全球90多个地质公园（www.globalgeopark.org）。该地区公路沿线都有详细讲解该地区地质现象的有趣标示牌；巴都尔地质公园博物馆（见259页）有详细的讲解。

沿着巴都尔火山口的西南边缘的公路可以欣赏如画的风景，火山口附近的村庄散落分布，并逐渐聚集成串。金塔玛尼（Kintamani）是其中最大的村庄，但人们常常把这整个地区称作金塔玛尼。从南边来的话，你遇到的第一个村庄将会是培内洛坎（Penelokan），这里往往也是旅行团短暂停留并观赏美景的第一站。

一日游游客应该带上一些保暖外套，以防遇到温度骤降（可能降至16℃）的大雾天气。

Toya Devasya 温泉

（见258页地图；☎0366-51204；www.toyadevasya.com；Toya Bungkah；成人/儿童200,000/160,000Rp；⏲7:00~19:00）此处清静整洁，围绕温泉而建，有一个温度为38℃的大汤池，另一个较清爽的湖水汤池温度为20℃。这里有一间坐拥美丽风景的咖啡馆，还可以选择住在这里（每晚3,000,000Rp起）；200,000Rp的门票含浴巾和储物柜。这里还提供非常棒的骑行团队游（350,000Rp）和独木舟之旅（1,000,000Rp）。

团队游

★C.Bali 探险游

（见258页地图；☎仅咨询0813 5342 0541；www.c-bali.com; Hotel Segara, Kedisan; 团队游 成人/儿童 500,000/400,000Rp起）由一对来自澳大利亚和荷兰的夫妇经营，为游客提供围绕该地区的自行车文化游和巴都尔湖上的独木舟游。价格包括了到巴厘岛南部接游客的费用，此外他们还提供多日游套餐。注意：这些项目通常提前很早就会抢订一空，所以尽早通过网站预订。

食宿

岸边有一些湖景客栈。

当你从培内洛坎山上下来的时候，请当心跟在你身后揽客的摩托车手，他们会伺机从你身上获得介绍酒店的佣金。当地酒店会请你先电话预订房间，并把你的名字记录下来，那么就可以避免向那些摩托车手支付佣金了。

★Black Lava Hostel 青年旅舍 $

（见258页地图；☎0813 3755 8998；www.facebook.com/blacklavahostel123；Jl Raya Pendakian Gunung；铺 150,000Rp，房间400,000Rp起；📶🏊）隐匿于托亚邦卡的群山之中，这间友善的青年旅舍内有简单的经济型宿舍，以及来自附近温泉的温水泳池。湖光山色让人心醉神迷，管理团队可以组织（略显昂贵的）清晨巴都尔火山徒步。

Baruna Cottages 客栈 $

（见258页地图；☎0813 5322 2896；www.barunacottage.com；Buahan；房间/平房 400,000/550,000Rp起）这个整洁的小院有10个房间，风格和规模的差异很大；中档房能看到最好的风景。从湖边过来，这家客栈就在通往特鲁扬的道路对面。这里还有一间可爱的咖啡馆。

Under the Volcano III 客栈 $

（见258页地图；☎0813 3860 0081；Toya Bungkah；标单/双 含早餐 200,000/250,000Rp；📶）位于几块辣椒地的对面，有着安静漂亮的湖景。这家客栈有6间干净简单的房间，建在水面之上的1号房是不错的选择。火山区附近还有另外两家店，都由这家可爱的家庭经营。

Hotel Segara 客栈 $

（见258页地图；☎0366-51136；www.segara-id.book.direct；Kedisan；房间 含早餐250,000~600,000Rp；📶）人气极旺的Segara由围绕一间咖啡馆和庭院而建的平房组成。32个房间里，比较便宜的客房只提供冷水，最好的客房有热水和浴缸——可以泡一个温暖身心的热水澡，洗去早起徒步带来的疲乏。

Kedisan Floating Hotel 巴厘菜 $

（见258页地图；☎0366-51627，0813 3775 5411；Kedisan；菜肴 27,000Rp起；⏰8:00~20:00；📶）这家巴都尔湖畔酒店的日常午餐非常有名。每逢周末，外面码头上的桌子挤满了当地游客和从登巴萨来的一日游游客。以新鲜湖鱼制作的巴厘岛菜式非常美味。你也可以入住这里：最好的客房是湖边的小别墅（500,000Rp起）。

到达和离开

除了徒步和登山，你在这里游览期间最好自备交通工具。

Danau Bratan Area 布拉坦湖地区

Danau Bratan Area 布拉坦湖地区

重要景点

1 Banyu Wana Amerth瀑布 B1

景点

2 Air Terjun Gitgit C1
3 巴厘岛植物园 C2
4 Banyumala双瀑 B1
5 康迪库宁市场 C2
6 姆杜克瀑布 A2
7 乌伦达努布拉坦寺 D2

活动、课程和团队游

巴厘岛树顶冒险乐园 .... （见3）
8 Handara Golf & Country Club Resort D1
9 Organisasi Pramuwisata Bangkit Bersama B2
10 Pramuwisata Amerta Jati B2

住宿

11 Enjung Beji Resort D2
12 Guru Ratna A2
Kebun Raya Bali .... （见3）
13 Manah Liang Cottages A2
Meme Surung Homestay .... （见12）
14 Munduk Moding Plantation A1
15 Pondok Kesuma Wisata B2
16 Puri Alam Bali A2
Puri Lumbung Cottages .... （见13）
17 Strawberry Hill D3
18 Villa Dua Bintang A2

就餐

Don Biyu .... （见12）
19 Ngiring Ngewedang A2
20 Roti Bedugul D2
21 Terrasse du Lac B2

布拉坦湖地区（DANAU BRATAN AREA）

从巴厘岛南部前往这里，稻米梯田已渐成"黑白影像"，你将进入凉爽的布拉坦湖地区。康迪库宁是这个地区最大的村庄，拥有风景如画的重要庙宇乌伦达努布拉坦寺（Pura Ulun Danu Bratan）。姆杜克有一条不错的徒步路线把这个地区和瀑布、云遮雾绕的森林及附近的坦布林根湖连接起来。当地的草莓很美味，不管走到哪里都能买到。请注意，这里经常大雾弥漫，可能会比较寒冷。

住宿

布拉坦湖附近可供选择的住宿点不多，因为这里主要面向当地游客，而非外国游客。在周日和公共节日里，湖畔可能会挤满了一对对谈情说爱的情侣，停满了一日游家庭开来的丰田轿车。姆杜克有许多不错的旅馆，是过夜的最佳选择。

就餐

该地区比较好的就餐地点都在最尽头的贝都古和姆杜克。一日游旅行者可以从南部地区带上野餐食品。

到达和离开

布拉坦湖位于连接巴厘岛南部和新加拉惹的南北主路边。小巴已然是难觅其踪，即使能遇到，班次也非常少，每周有几班往返登巴萨的Ubung车站和新加拉惹的Sangket车站，中途会停靠贝都古和康迪库宁，票价约为100,000Rp。如果要前往该地区较为分散的景点，你需要自备交通工具。

贝都古（Bedugul）

☎0368

"贝都古"有时候是指整个湖滨区，但严格来说，它只是当你从巴厘岛南部过来的时候，在山顶上到达的第一个地方。那地方实在太小了，你可能都不会在那里停留。

住宿

避开贝都古周围山脊有塌方的地方。

★ Strawberry Hill 客栈 $$

（见262页地图；☎0368-21265；www.strawberryhillbali.com；Jl Raya Denpasar-Singaraja；房间 含早餐 450,000起；📶）在康迪库宁镇外，你会发现山上有17间圆锥形的别墅，每一间都带有大浴缸，可以眺望巴厘岛南部风光（其中一些房间的景致会比其他房间好，所以需要比较一下）。小餐厅的印尼风味菜肴有能治愈心灵的鸡汤（soto ayam）和炖菠萝蜜（gudeg yogya），可以在旅馆的地里免费摘草莓。

Bali Ecovillage 精品酒店 $$

（☎0819 9988 6035；预订 0813 5338 2797；www.baliecovillage.com；Dinas Lawak；房间/平房 US$47/95起）🍃放眼望去，全是竹子。这家别具一格的酒店位于靠近咖啡种植园的巴厘岛偏远角落，到处都是绿色，你唯一能见到的另一种其他颜色就是头顶上天空的湛蓝。餐厅供应有机的当地菜和西餐。这里会举办无数文化活动，还有一间水疗馆和瑜伽室。

酒店坐落于Kiadan Pelaga村附近的一个隐秘山谷里，距离贝都古约25公里。

到达和离开

所有往返于巴厘岛南部和新加拉惹之间的小巴或长途汽车都可以在贝都古临时停靠。

康迪库宁（Candikuning）

☎0368

康迪库宁经常云雾弥漫。这里有不错的植物园和巴厘岛最上镜的寺庙。布拉坦湖在周围森林群山的映衬下也会让你一见倾心。

欣赏日出的快乐

想要有一个特别的体验，你可以乘一艘安静的小船在布拉坦湖上漂荡，在日出的时候欣赏乌伦达努布拉坦寺——你需要于前一晚在寺庙附近和船夫定好时间。大多数游客会在白天观赏这个景致，但在云雾缭绕的清晨，你将看到完全不一样的奇妙景象。

另辟蹊径

不走寻常路

布拉坦湖地区和巴都尔火山地区之间由一条条狭窄的小路相连。这个地区之外的巴厘人很少会知道这些路的存在。如果你雇了一位司机的话，你可能需要花一番功夫来说服他走这些路。超过30公里的路程不仅会让你回到更纯粹的时光，更会让你以为自己离开了巴厘岛，到了像帝汶岛（Timor）这样更为原始的岛屿。沿路的风景非常漂亮，甚至可能让你忘了你此行的目的地。

在贝都古南面，到Temantanda后向东，沿一条蜿蜒盘旋的小路下山，走进那些被河水冲刷而成的绿荫葱茏的山谷。走6公里后，你会来到一个丁字路口：向北拐，走大约5公里，就到达美丽的**Kiadan Pelaga**村。这片区域因有机咖啡和肉桂种植园而闻名，你不但看得到还闻得到。在Pelaga，你可以参加由JED（见415页）组织的观光游，住进当地人家中。JED是一个非营利性团体，提供乡村旅游体验活动。

从Pelaga村出发，向山上攀登，沿路将经过一片丛林与稻田交织的地带。继续往北走到Catur，然后向东到达公路交会处，那里有条路通向巴厘岛北部，再往东行进1公里便到达彭努利桑。

途中不妨绕道前往Petang的**Tukad Bangkung Bridge**。这座大桥高71米，被誉为亚洲最高的桥。这是一个吸引游客的当地旅游点，周末时路旁全是各种小商贩。

景点

乌伦达努布拉坦寺　印度教神庙

（Pura Ulun Danu Bratan；见262页地图；紧邻Jl Raya Denpasar-Singaraja；成人/儿童50,000/25,000Rp，停车费 5000Rp；⏲7:00~16:00）巴厘岛的标志性景点，印在50,000Rp的纸币上。这座非常重要的印度教—佛教寺庙建于17世纪，庙里供奉着水之女神迪薇达努（Dewi Danu）。寺庙建在小岛之上。这里会举行朝拜和各种仪式，为整个巴厘岛祈求风调雨顺。这也是被联合国教科文组织列入《世界遗产名录》的“苏巴克”（subak）灌溉体系的组成部分。人潮汹涌，你需要躲开无数的自拍杆，除非早点出发。

经典印度教风格的茅草顶多重顶神龛（meru）倒映在水中，在经常云雾缭绕的大山背景中若隐若现。

可惜的是，这里有一点杂耍的气氛：包括一些看起来非常忧伤的鹿在内的动物被关在笼子里，等待仪式时被献祭，停车场里挤满了纪念品摊。你可以选择租一艘毫无美感的天鹅外形的划桨船（100,000Rp）或参加导游带领的独木舟团队游（200,000Rp）来避开游客大军。

巴厘岛植物园　花园

（见262页地图；Bali Botanical Garden；☎0368-203 3211；www.krbali.lipi.go.id；Jl Kebun Raya Eka Karya Bali；门票 20,000Rp，停车费6000Rp；⏲7:00~18:00）这里是一个大观园。作为位于Bogor（在雅加达附近）的国家植物园的分支，巴厘岛植物园始建于1959年，占地154公顷，建在Gunung Pohen较低的山坡上。不要错过**Panca Yadnya Garden**（意思是“五供品花园”），里面保存了古老印度教仪式所使用的各种植物。再加12,000Rp，你可以驾驶自己的小汽车（摩托车禁止入内）环游花园。

许多植物上都挂有植物名称标签，你可以买一本自助游指南手册（20,000Rp）。为了防止采花贼光顾，绚丽的兰花区通常是上锁的，你可以要求开门参观。不妨找找“roton”或藤类植物，看看巴厘岛许多家具所使用的不可思议的原料。

在植物园中，你可以在巴厘岛树顶冒险乐园像猿猴或者松鼠那样蹦蹦跳跳。

康迪库宁市场　市场

（Candikuning Market；见262页地图；Jl Raya Denpasar-Singaraja；停车费 2000Rp）这个路边市场主要是做游客生意的，在那些热情的小摊上，你能买到一些当地特产，如水果、蔬菜、草药、香料和盆栽植物。

活动

Handara Golf & Country Club Resort 高尔夫

（见262页地图；☎0362-342 3048；www.handaragolfresort.com；场地费 1,000,000Rp起，球具租金 450,000起）在Pancasari南面，你会看到这个位置优越的18洞高尔夫球场的大门（跟巴厘岛南部的高尔夫球场相比，这里水景更充足）。同时还提供舒适的住宿（房间US$100起），房间陈设颇具20世纪70年代度假村那种千篇一律的风格[类似007系列电影《铁金刚勇破太空城》(*Moonraker*)中的Drax的躲藏处]。

球场的标志性大门比度假村更加吸引人——支付30,000Rp，你就获得了10分钟的门前自拍时间。你的朋友圈一定会收获无数的赞。

巴厘岛树顶冒险乐园 户外运动

（Bali Treetop Adventure Park；见262页地图；☎0361-934 0009；www.balitreetop.com；Jl Kebun Raya Eka Karya Bali, Bali Botanic Garden；成人/儿童 US$25/16起；⏲9:30~18:00）在巴厘岛植物园内（见264页），你可以像小鸟或松鼠那样在巴厘岛树顶冒险乐园蹦蹦跳跳。摇柄、绳索、网兜和其他许多设施都可以让你在树顶探索丛林。这一点也不乏味——你可以升到高处、蹦蹦跳跳、尝试保持身体平衡，或者环游整个公园。各个年龄段的游客都能找到适合他们的项目。

住宿

Kebun Raya Bali 客栈 $$

（见262页地图；☎0368-2033211；www.kebunrayabali.com；Jl Kebun Raya Eka Karya Bali, Bali Botanic Garden；房间 含早餐 450,000Rp起）每天你都会在玫瑰的芬芳中醒来。巴厘岛植物园（见264页）有14间舒适的酒店风格的房间和4栋小屋客栈，都建在植物园中心区域。

Enjung Beji Resort 酒店 $$

（见262页地图；☎0852 8521；www.enjungbejiresort.com；Candikuning；小屋 含早餐 400,000~750,000Rp）这家宁静怡人的酒店就在寺庙北边，可以眺望布拉坦湖。23间小屋风格时尚，干净整洁，最漂亮的小屋带有户外淋浴和浴缸。

就餐

如果想喝碗美味的鸡汤(bakso ayam)，可以在从康迪库宁出发的道路到布拉坦湖向北拐弯的地方，停下来找一家路边摊。另外寺庙附近主路边还有很多设有旅游大巴停车场的大众餐厅。

Roti Bedugul 面包房 $

（见262页地图；☎0368-203-3102；Jl Raya Denpasar-Singaraja；小吃 5000Rp起；⏲8:00~16:00）位于市场的北面，这家面包店全天提供各种美味食物，同时还供应羊角面包和其他烘焙品。

到达和离开

任何往返巴厘岛南部和新加拉惹之间的小巴都可以根据乘客要求停靠康迪库宁。

布延湖和坦布林根湖（Danau Buyan & Danau Tamblingan）

游客罕至的布延湖和坦布林根湖位于布拉坦湖西北面，一些受欢迎的导游徒步路线就在这里。湖畔通往姆杜克的山路沿途风景优美。在两湖的湖畔，有几个小村庄和一些古庙，花点时间去探索一定会让你不虚此行。你会将游客如云的巴厘岛抛在身后，在大自然里享受一段热带徒步，而不会遇到其他地方的喧嚣和烦恼。

活动

★Pramuwisata Amerta Jati 徒步

（见262页地图；☎0857 3715 4849；Munduk Rd；导游徒步 250,000~750,000Rp起；⏲8:00~17:00）位于坦布林根湖上方公路旁边的一座草屋中，这个优秀的向导团队设有湖泊周边的不同徒步路线。2小时的热门旅程通常包括到访古庙和一段湖上独木舟之旅（每人250,000Rp）。行程可以短至1小时，或者长达一整天。

★Organisasi Pramuwisata Bangkit Bersama 徒步

（Guides Organization Standing Together；见262页地图；☎0852 3867 8092；Danau

Tambligan, Asan Munduk; 导游徒步 200,000Rp起; ⏲8:30~16:00)这个优秀的向导团队以坦布林根湖停车场附近的草屋为基地。与姆杜克公路边的向导团队类似，他们也提供环湖、寺庙和高山徒步。你可以花600,000Rp前往下面的Gunung Lesong(他们会借手杖给你用)。

住宿

Pondok Kesuma Wisata 客栈 $

(见262页地图; ☎0812 3791 5865; Asan Munduk; 房间 350,000Rp起)这家实用的客栈有12间干净的房间，供应热水，还有一家不错的小餐馆(菜肴 15,000~30,000Rp, 提前确认)。它位于坦布林根湖停车场上方。请注意，有时这里会让你感觉除了入住和离店之外，其他时候都见不到服务人员。

就餐

这里有一些还算不错的简单餐馆和野餐地点，可以看到湖北部山脊上的姆杜克公路沿线风景。

★ **Terrasse du Lac** 咖啡馆 $$

(见262页地图; ☎0819 0330 1917; Jl Danau Tamblingan; 主菜 60,000~75,000Rp; ⏲9:00~20:00; ✍)这家咖啡馆弥漫着法国风情，供应可口的食物，坐拥美丽的湖景。早餐特色为煎饼，稍晚时候会供应肉类主菜、意面和素食招牌菜。此外还有新鲜果汁，加上啤酒、咖啡等饮品。试试这里的姜黄茶。你可以租2间现代风格的整洁的房间，在阳台上欣赏日落美景(600,000Rp起)。

PANCASARI至姆杜克

从Pancasari前往姆杜克，主路沿陡峭的老火山口边缘蜿蜒。在这里值得停留，可以回望山谷和湖泊的美景——只要你拿出一根香蕉，猴群便会高兴得抓耳挠腮。到达山顶后往右拐(东面)，走过一条风景如画的下坡路，最后到达新加拉惹。向左(西面)急转弯，便走上一条山顶小路，小路的一侧是布延湖，另一侧的山坡下便是大海。

在Asan Munduk，你会发现另一个丁字路口。左拐下行道路通往坦布林根湖。右转的话，你将沿着蜿蜒盘旋、景色优美的公路，到达姆杜克。沿途可将壮观的巴厘岛北部和海上风景尽收眼底。

到达和离开

你需要自备交通工具来探索2座湖泊的周边区域。布延湖在距离主路1.5公里的湖边设有停车场。坦布林根湖的停车场位于Asan Munduk村道路尽头。

姆杜克(Munduk)

☎0362

姆杜克这个简朴的村庄是巴厘岛上最吸引人的山区静修地之一。村庄地处一个郁郁葱葱的山坡之上，环境清爽，雾气腾腾，到处是丛林、稻田、果树和岛上生长的其他的植物。瀑布在悬崖峭壁间奔涌而下。这里有许多徒步路线和不错的景点，例如荷兰殖民时期的老式避暑别墅和能让你全身心体验当地文化的静修居。这里还有许多不错的住宿选择。许多人原计划只玩一天，但却住了一个星期。

考古证据表明，10世纪和14世纪之间，在姆杜克地区曾经有个发展成熟的群落。荷兰人在19世纪90年代控制了巴厘岛北部，并在那里试验种植经济作物，建立了咖啡、香草、丁香和可可种植园。

活动

不管你住在哪里，都可以向服务人员咨询徒步和登山信息。这里有许多长短不等的徒步小道，你可以在咖啡种植园、稻田、瀑布、村庄中穿梭，甚至还能绕着坦布林根湖和布延湖漫步。大部分路线你都可以独自完成，但导游能带你找到寻常路线之外的瀑布和其他美景。

可以了解一下连接姆杜克客栈的小径路况，这些小径可以让你避开危机四伏的公路。

住宿

Puri Alam Bali 客栈 $

(见262页地图; ☎0812 465 9815; www.purialambali.com; 房间 400,000~800,000Rp; 📶❄)位于村子东边的悬崖上，这15个平房风

值得一游

姆杜克的瀑布

姆杜克有许多瀑布，包括下面可以徒步4~6小时前往的3个。需要注意的是，客栈和酒店提供的本地地图在细节上很模糊，极容易拐错弯。幸运的是，即使走错路，也会遇到一片旖旎风光。但是如果你希望有向导领路，非常不错的当地专业向导，如Bayu Sunrise（见279页）可提供巴厘岛任何地点的接送，并且在小路上伴随你一直走到瀑布边。水雾使空气更加湿润，叶子上挂着晶莹的露水。有许多路段滑而陡，可以在一些瀑布上方的小咖啡馆里小憩一下，恢复体力。

Banyu Wana Amertha瀑布（Banyu Wana Amertha Waterfalls；见262页地图；☎0857 3943 9299；www.facebook.com/banyuwanaamertha；Jl Bhuana Sari, Wanagiri；20,000Rp，停车费2000Rp；⏲8:00~17:00）新开发的旅游景点，4座独立的瀑布在奔涌流淌，从小巧的隐秘双股瀑布，到宽40米、气势磅礴的大型瀑布，最后汇聚到一个氛围独特的水潭内。从布延湖向北，沿Jl Raya Wanagiri前行，在Jl Bhuana Sari向北行进1.8公里，然后就可以在左手边看到停车场的标识牌。从停车场沿小路步行500米，即可到达各座瀑布。

Banyumala双瀑（Banyumala Twin Waterfalls；见262页地图；☎0819 1648 5556；Wanagiri Village；20,000Rp，停车费 2000Rp）位于小村Wanagiri内。唯一泄露这些隐秘瀑布位置的就是颠簸道路边上的标牌。从Jl Raya Wanagiri出发，道路从布延湖一路向北，跟随湖西端的路牌继续向北行进2.3公里就到达停车场。接下来，向下步行20分钟即可抵达瀑布群。

姆杜克瀑布（Munduk Waterfall；见262页地图；Tanah Braak；20,000Rp，停车费2000Rp）从坦布林根湖西边沿Jl Muduk到Wanagiri的主路前行4.6公里，即可看到姆杜克瀑布停车场的指示牌。从这里出发，步行700米即可到达瀑布。

格的房间（全部都带有阳台，供应热水）楼层越高，风景越好。在屋顶的餐吧中可以看到壮观的景色，值得一去。虽然要爬一段长长的水泥台阶，但是就把它当作徒步练习吧。

Guru Ratna 客栈 $

（见262页地图；☎0813 3719 4398；www.guru-ratna.com；房间 300,000~330,000Rp；📶）村子里最便宜的住处。共有7间房间，舒适且供应热水（部分房间需使用公共浴室）。最好的几个房间比较有格调，有精致的木雕装饰，还有漂亮的门廊，而且位于一栋荷兰殖民时期的房子里。

Meme Surung Homestay 客栈 $

（见262页地图；☎0812 387 3986；www.memesurung.com；房间 含早餐 400,000Rp起；📶）两栋荷兰风情浓郁的老房子比邻而立，组成了有6个房间的院落，中间是一个英式风格的花园。装饰风格传统而简约；从长长的木门廊可以眺望美丽的风景，是这里吸引人的地方。位于姆杜克镇上的繁华地段。

★ Puri Lumbung Cottages 客栈 $$

（见262页地图；☎0812 387 4042；www.purilumbung.com；小屋 含早餐 US$80~175；@📶）🍃由Nyoman Bagiarta创建，旨在发展可持续的旅游业。这家可爱的酒店有43套明亮的双层茅草顶小屋和建在稻田里的客房，从二楼阳台可以俯瞰到醉人的美景（32至35号房的视野尤佳）。这里组织许多不同路线的徒步和课程。

酒店的餐厅非常不错，菜肴的烹制和摆盘都极其注重细节（主菜50,000~120,000Rp）。这家酒店位于从贝都古方向来的公路右侧，距姆杜克700米。不妨咨询一下偏远的森林房间。看到“Sunset Bar”的名字，你就知道日落景观绝对值得期待。

Manah Liang Cottages 旅馆 $$

（见262页地图；☎0362-700 5211；www.manahliang.com；房间 450,000Rp起；📶）位于姆杜克以东800米，这家乡村旅馆（名字的意思是“感觉好”）有一些传统的小别墅，能够俯瞰当地葱翠的美景。露天浴室（带浴缸）能让你容光焕发，而在门廊上休憩则能让你放松身心。附近一条小路可通往一片小瀑布。提供烹饪课程和徒步旅行向导服务。

Villa Dua Bintang 客栈 $$

（见262页地图；☎0812 3700 5593，0812 3709 3463；www.villaduabintang.com；Jl Batu Galih；房间 含早餐 800,000Rp；）隐匿于一条浓荫覆盖的小巷深处500米处，在姆杜克主路东边1公里处。8个舒适的房间雅致地点缀在果树和森林中（其中2个为家庭房型），门廊上垂缀着丁香花和肉豆蔻。这里有一间小餐厅，房主一家非常热情。

★**Munduk Moding Plantation** 度假村 $$$

（见262页地图；☎0811 381 0123；www.mundukmodingplantation.com；Jl Raya Asah Gobleg；套/别墅 US$189/$367起；）位于一座咖啡种植园中，这间氛围私密的环保度假村内设现代巴厘岛风格的别墅和套房。但是真正吸引人的当属18米的无边泳池，池水与天空浑然一体；可以看到山海风光，风和日丽时可以一直望到爪哇岛，这可能是巴厘岛上最好的度假村之一。

Munduk Moding Plantation的可持续实践已然超出了环保的范畴。除了园内的天然水净化、可再生能源生产、菜园和生态废弃物管理等举措，咖啡种植园还可提供社会和经济发展机会，支持当地社区发展。

就餐

村内有一些小吃摊，几家商店里也有简单的必需品（包括杀虫喷雾）。客栈内都有咖啡馆，Puri Lumbung Cottages的餐厅是非住客的最佳选择。

Don Biyu 咖啡馆 $

（见262页地图；☎0812 3709 3949；www.donbiyu.com；主菜 22,000~87,000Rp；⏲7:30~22:00；）坐在怡然自得的小亭子里，上上网，喝喝咖啡，在令人赞叹的美景中发发呆，品尝一些亚洲和西方特色美食。这里还有五个双人间（600,000~750,000Rp），全都带有阳台和风景。位于前往姆杜克的主路边。

Ngiring Ngewedang 咖啡馆 $

（见262页地图；☎0812 380 7010；www.ngiringngewedang.com；小吃 15,000~40,000Rp；⏲10:00~17:00）在这家位于姆杜克以东5公里处的咖啡馆歇歇脚，欣赏周围山坡上和山下村落的迷人风光——这里的咖啡都来自自家的咖啡种植园。

到达和离开

每天有几趟小巴从登巴萨的Ubung车站出发，前往姆杜克（60,000Rp）。如果驾车前往北部海岸的话，可以走姆杜克西边一条通往马咏（Mayong）的路（往南走可以到达巴厘岛西部），沿途风景优美。这条路一直通往巴厘岛北部赛里利特（Seririt）的海边。

巴都考火山地区（GUNUNG BATUKAU AREA）

☎0361

巴都考火山是巴厘岛海拔第二高的山（海拔2276米），在巴厘岛的三大山脉中排行第三，也是巴厘岛西端的神圣山峰。它常常被人们忽视，但看看阿贡火山上那些成群的商贩，或许这里也不错。

可以从岛上游客罕至的最神圣的寺庙之一——巴都考寺（Pura Luhur Batukau）出发，攀登光滑的山坡。或者到贾蒂卢维，沉醉在古老葱翠的稻米梯田里。

景点

★**巴都考寺** 印度教神庙

（Pura Luhur Batukau；成人/儿童 20,000/10,000Rp；⏲8:00~18:30）巴都考寺位于巴都考火山的山坡上。在塔巴南还是一个独立王国的时候，它曾是一座国庙。这里有一座七重顶的神龛，供奉着大山的守护神Maha Dewa。此外，还供奉着保佑布拉坦湖、布延湖和坦布林根湖的神龛。这绝对是你在巴厘岛上能轻松到访的最神圣的寺庙。

主神龛位于内院，神龛上有些小门，里面放着仪式用的小物件。院墙外，绿树环绕，空气清凉而湿润，小鸟伴随祭司们浅吟低唱。

面向寺庙，向左走一小段路，就可以看到一条小溪，溪水翻腾，叮咚作响。注意那些不同寻常的供奉生育之神的神龛。

这里一般没有小贩或者其他人员，也

不要错过

贾蒂卢维的水稻梯田

贾蒂卢维（Jatiluwih；成人/儿童 40,000/30,000Rp，小汽车 5000Rp）的意思是“真正的奇迹”（不同的翻译版本还可译为“真正的美丽”）。这里有着存在了几个世纪的水稻梯田，那沁人心脾的绿色让你穷尽所有的语言也无法描绘。稻田犹如翠绿色的缎带般围绕着山坡，伸向蔚蓝的天空。

梯田是巴厘岛古老的稻米种植文化的象征，被联合国教科文组织列入世界文化遗产。你只需从那18公里长，蜿蜒而狭窄的公路去感受眼前的全景，就不难理解它被提名的原因。在稻田中漫步是一件很美妙的事，随着流经水渠和竹管的水流，从一块田走到另一块田。你看到的大多数稻田种的都是传统品种，跟岛上别处种的杂交品种不一样。去找找那些稻穗又沉又小的红米吧。

空出一点时间，让你的司机等等，找个地方坐下来享受一下这里的美景。这听起来像陈腔滥调，但确实，你待得越久，看到的就越多。稻米的生长阶段就像一块巨大的调色板，晕染着深浅不一的绿。

但是要注意，由于梯田变得非常热门，道路可能会显得拥挤。更不幸的是，团队游公司如今会经营穿越稻田中心的ATV团队游。在联合国教科文组织发出可能把该景点从世界遗产名录中撤销的警告后，政府中止了一些开发项目，而这距离开发商宣布将梯田变成酒店的计划已经过去了很长一段时间。

沿途会有一些提供茶点的小餐馆，包括一些华而不实的餐厅。在用餐之前最好多看几家。

贾蒂卢维的公路急弯很多，因此汽车都开得很慢，使得这里非常适合骑行。路上有针对游客的收费站（成人/儿童 40,000/30,000Rp；驾车加收5000Rp），这些费用看起来并没有用到道路维护上——因为道路崎岖不平。不过，整个旅程只需不到1个小时。

你可以离开从塔巴南到巴都考寺的路，从西边来；也可以离开Pacung附近到贝都古的主路，从东边来。司机们都知道这条路，当地人也能给你指出方向。

没有成群结队的游客，因此请注意你的言行举止。进入寺庙后，请尊重这里的传统。纱笼租金包含在门票费用内。大门口的导游可提供物有所值的**2小时丛林徒步游**，费用为250,000Rp。

活动

巴都考火山（Gunung Batukau） 徒步

到达巴都考寺时，你其实已经站在巴都考火山的高处了。要徒步登上海拔2276米的山峰，你需要一位向导，寺庙的售票处就提供向导服务。你需要为这次泥泞而艰辛的旅程支付超过1,000,000Rp，单程至少需要7个小时。记得还价。

当然，回报给你的可能是无与伦比的景色（取决于天气情况）、潮湿茂密的丛林和不走寻常路的新鲜刺激。大多数人都选择从东边上山，因此这条路少人问津。你也可以只用2个小时进行短途游，同样能从中领略到探险的感觉（两人300,000Rp）。

也许可以在山上露营，但是一般线路设定都是当天往返。不妨提前与向导商量，看看能否为你进行特殊安排，实现山上露营的愿望。

住宿

巴都考火山的山坡上有几处不太好找的住宿地。经过一条景色怡人的曲折小道，你就可以找到这些地方。从巴厘岛西部的塔巴南至吉利马克努克主干道上的Bajera和Pucuk出发，那条小道在大山上画出了一个倒V字形。

★ **Sarinbuana Eco Lodge** 度假屋 $$

（☎0361-743 5198；www.baliecolodge.com；Sarinbuana；平房 900,000~2,000,000Rp；Wi-Fi）这些漂亮的双层平房建在山坡上，步行到附近的雨林保护区仅需10分钟。度假屋提供冰箱、大理石浴室和手工肥皂，在乡村见到这些有一种奢华感——甚至还有一间树屋。

另辟蹊径

水稻、香料和咖啡小路

从安东萨里（Antosari）出发后向北穿过稻田，8公里后会经过一座美丽的山谷，山谷里布满了水稻梯田。绝壁上随处可见繁茂的菜园，让风景显得更加动人。

深入巴都考火山山麓，从安东萨里往北20公里，你将来到以种植香料为主的**Sanda村**。还没进村，空气中便飘来阵阵香气。至今，村里的每家每户仍然在使用那些古老、高大的木制储米仓。

再往北走8公里，经过咖啡种植园，你将到达**Pupuan**。前行6公里，就会遇到此行最大的亮点：Subuk附近壮观的**水稻种植山谷**。从这里到马咏大约6公里，你可以在马咏往东拐，前往姆杜克和布拉坦湖，或者继续直行前往赛里利特。

主打有机食物的巴厘岛餐厅非常不错（主菜60,000~150,000Rp）。另外，这里还提供文化和瑜伽培训班以及导游徒步项目。

这里极为注重环保——可持续实践包括水和能耗测量、生态废弃物管理、无化学物质产品以及支持当地社区成员在社会经济领域的发展。

Bali Mountain Retreat 度假屋 $$

（☎0828 360 2645；www.balimountainretreat.com；房间 550,000~1,260,000Rp；📶）🍃山坡上建有雅致的别墅，内设豪华房间，布局也很有艺术性。葱郁的花园与精致的建筑相得益彰，融合现代与古老的风格稍嫌造作。有的房间带有宽阔的露台，是观赏美景的绝佳地点。只有一张床的经济型房间位于老式储米仓中。这里提供不错的徒步游路线。

ℹ 到达和离开

探索巴都考火山地区最现实的方式是自备交通工具。

有两条路线可到达巴都考火山地区。最轻松的方式是经由塔巴南：走巴都考寺路（Pura Luhur Batukau road），往北9公里将到达一个岔路口，左转（往寺庙方向）再走5公里，来到Wangayagede村一所学校附近的交叉路口。继续直走前往寺庙，或者右转（向东）到贾蒂卢维稻田区。

另一条路是从东边来。在登巴萨至新加拉惹的主干道上，Pacung Indah酒店的南边，有一条向西的小路。从这里出发，走过一条条砖石铺砌的小路，一路西行就能到达贾蒂卢维的稻田。如果你迷路了，当地人会马上给你指明方向，而且沿途风景绝佳。

安东萨里之路（THE ANTOSARI ROAD）

☎0361

说起连接巴厘岛南部和北部海岸的路线，尽管大多数游客都对途经康迪库宁或金塔玛尼的路线较为熟悉，但其实还有一条风景旖旎的路线。从巴厘岛西部的登巴萨至吉

另辟蹊径

到PUPUAN的另一条路

你可以沿着从安东萨里来的路前往山村Pupuan，但还有另一条路线，即经过巴厘岛上山谷最深处的偏僻道路。从位于巴厘岛西部的登巴萨至吉利马努克公路上的Pulukan出发，有一条从海岸向上爬升的小路，可以观赏到巴厘岛西部和大海的美景。沿途有一座种植香料的村庄，村里路边的席子上摊晒着香料，空气中也弥漫着香料的味道。再走10公里，你将看到狭窄蜿蜒的小路穿过**Bunut Bolong**——在两棵巨树中间形成的一条隧道（bunut是一种榕属植物，而bolong的意思是“洞”），然后到达Manggissari。再往前走，公路盘旋而下到达Pupuan，沿途有巴厘岛上最美的一些水稻梯田。在Pujungan附近，Pupuan往南走数公里，有一处壮观的**瀑布群**，值得游览一番。跟着标志沿着崎岖的小路走1.5公里，便到达第一个瀑布。瀑布很漂亮，但在你标示“不过如此”之前，请跟随你的耳朵，去看看高达50米的第二个瀑布。

利马努克的公路出发，有一条公路从安东萨里（Antosari）向北，经过Pupuan村，最后一路到达位于巴厘岛北部罗威那西面的赛里利特。

住宿

Sanda Bukit Villas & Restaurant 度假屋 $$

（☎0828 372 0055；www.sandavillas.com；平房 含早餐 US$85起；❄📶🏊）这家精品酒店给你提供一个远离尘嚣的好去处。宽敞的无边泳池仿佛会消失在水稻梯田中，而8栋平房则相当豪华（但并非都有Wi-Fi）。这里经营得很好，融合了各种美味的餐厅也很出色。Sanda村的北边有一些咖啡种植园和稻田，热情友好的老板会推荐你到那里去散步。

Kebun Villas 度假屋 $$

（☎0361-780 6068；www.kebunvilla.com；房间 US$45起；🏊）8间古香古色的小别墅散布在山坡上，可以将山谷中的稻田一览无遗。游泳池区虽然位于山谷底部，需要走下去，但泳池非常大，到了那里后你可以玩上一整天。

到达和离开

整个地区都需要你自备交通工具。

巴厘岛北部

包括 ➡

最佳餐饮

- Damai（见282页）
- Jasmine Kitchen（见282页）
- Buda Bakery（见282页）
- Global Village Kafe（见281页）
- Santai Warung（见287页）

最佳住宿

- Matahari Beach Resort（见287页）
- Damai（见281页）
- Taman Selini Beach Bungalows（见287页）
- Taman Sari Bali Resort（见287页）
- Funky Place（见280页）

为何去

地图的另一侧就是巴厘岛北部地区。虽然岛上有约六分之一的人居住在这里，这片广袤的区域却常常被旅行者忽略，他们总是流连于巴厘岛南部至乌布（Ubud）一线。

这里最吸引人的地方是在附近的门姜岸岛开展无与伦比的潜水和浮潜。位于附近海湾的佩姆德兰，发展日新月异，也许是巴厘岛上的最佳海滨度假地点。东边就是罗威那，一个沉寂的海滩地带，有廉价旅馆以及实惠的日落啤酒特饮。北部海岸沿线分布着有趣的小型精品酒店，在内陆你会发现前往瀑布的静谧的徒步路线。

来一次巴厘岛北部就会体会这句老话的真正含义：一半的乐趣在旅途之中。

何时去

- 巴厘岛北部的大部分地区都没有旅游淡旺季之分，但佩姆德兰是个例外，7月、8月以及圣诞节和新年前后是旺季；门姜岸岛附近的潜水点也会因为游客众多而拥挤不堪。
- 至于天气，巴厘岛的北部总是比南部干燥，一年四季阳光明媚（大部分旅行者都能找到带空调的住处）。当你进入山间探险时才能感觉到气候有所变化，早上有点凉。

巴厘岛北部亮点

❶ **门姜岸岛**（见286页）在巴厘岛最佳潜水点纵身跃入海洋深处。

❷ **佩姆德兰**（见284页）在这座田园诗般的海滩城镇探寻水下奇观。

❸ **赛卡普瀑布**（见276页）在前往瀑布群的路上，一窥当地乡村生活。

❹ **罗威那**（见277页）在这座慵懒的海滨城镇忘却时光的流逝，但别忘记你的预算。

❺ **黎明瀑布**（见277页）徒步前往这座青翠群山间的奔涌瀑布。

❻ **新加拉惹**（见274页）在这座历史悠久的皇家城市的博物馆里品味内涵丰富的布莱伦文化。

❼ **西巴厘岛国家公园**（见289页）在巴厘岛唯一国家公园里的红树林和大草原间观赏野生动物。

到达和离开

你可以沿着人烟稀少的东部和西部海岸线行进；或沿着不同路线翻山越岭，对火山口湖大加赞叹；也可以来次穿越迷雾的徒步旅行。新加拉惹是公共汽车线路的中心站点。从巴厘岛南部有公共汽车开往这里，另外还有班车沿着海岸公路向东和向西行驶。但是要注意，拥挤的交通可能会使从巴厘岛南部到北部的行程超过3个小时。

耶萨尼（Yeh Sanih）

☎0362

凭借温泉而远近闻名的耶萨尼，坐落于巴厘岛北部海岸公路边的一个安静地段。景点和服务场所寥寥无几，但驶往巴厘岛东部海滩和潜水城镇的沿海公路却风光无限。

景点和活动

Pura Maduwe Karang 印度教神庙

（Temple of the Land Owner；Kubutambahan）巴厘岛北部最迷人的庙宇之一，尤为引人注目的是它的雕刻画，包括著名的自行车石刻浮雕，上面描绘了一位骑自行车的绅士，自行车的后轮是一朵莲花。浮雕位于内层围栏的主基座上。浮雕所绘的骑车人可能是WOJ Nieuwenkamp，一位荷兰艺术家，据称他于1904年把第一辆自行车带到了巴厘岛。

如同Sangsit的北济寺（Pura Beji），这座用黑色石头建造的寺庙也供奉农业之神，不过这位神只保佑不需要灌溉的土地。在Kubutambahan村里很容易能找到这座神庙——墙外可以找到题材取自《罗摩衍那》（*Ramayana*，印度古代梵语叙事诗）的34个雕刻。Kubutambahan位于新加拉惹与安拉普拉（Amlapura）之间的道路上，在去金塔玛尼岔道的东侧约1公里处。

Symon Studios 画廊

（☎0819 1643 7718；www.symonstudios.com；Jl Airsanih-Tejakula；⏲8:00~18:00）这家画廊兼工作室由一位精力充沛的美国艺术家Symon（他在乌布还拥有一家画廊）所建，充满了创作灵感，与耶萨尼地区的气质似乎格格不入。不少作品色彩明快，极具异国情调和情欲。位于耶萨尼以东5.7公里，在通往新加拉惹的道路旁。

Pura Ponjok Batu 印度教神庙

居高临下，位于大海和公路之间，耶萨尼以东约7公里。在寺庙的中央区域有些非常漂亮的石灰岩雕刻。传说建造这些雕刻是为巴厘岛获得精神上的平衡，使其能够与南方所有寺庙匹敌。

Air Sanih 游泳

（Jl Airsanih-Tejakula；成人/儿童 20,000/10,000Rp；⏲8:00~18:00）Air Sanih的淡水温泉在流入大海之前，被引入这里巨大的游泳池中。日落时，这些泳池风景如画，这时当地人会成群结队来到怒放的赤素馨花树下沐浴——大部分时间里，树下挤满了嬉闹的孩童。此处位于新加拉惹以东约15公里处。

住宿

Cilik's Beach Garden 客栈 $$

（☎0878 6055 1888；www.ciliksbeachgarden.com；Jl Airsanih-Tejakula；房间 含早餐 €90起，别墅 €140起；@）来到这里也许会让你产生拜访有钱朋友的感觉，而且是很有品位的朋友。这些定制的别墅位于耶萨尼东3公里处，空间很大，附带的私人花园也很大。其他的客房就是那些漂亮的圆顶谷仓（lumbung），位于海滨花园里。这里的老板在更远的南边海岸也拥有更多别墅。咖啡馆不错。

到达和离开

耶萨尼位于沿着北部海岸延伸的主干道边。来自新加拉惹的小巴（bemo）和长途汽车在温泉外面设有停靠站（12,000Rp），班次极少。

如果想去图兰奔（Tulamben）或阿曼（Amed），应保证在下午4:00前从此处出发，一路向南，这样就可以在天黑前安全抵达目的地了。

新加拉惹（Singaraja）

☎0362/人口120,000

新加拉惹（意即“狮子王”）是巴厘岛的第二大城市，同时也是占据了北部大部分地区的布莱伦摄政统治区（Buleleng Regency）的首府。这里有树木成行的大街、荷兰殖民时期

的建筑，Jl Erlangga北边还有沉静而迷人的滨水区，值得花上几小时探索。不过，大部分旅行者都待在邻近的罗威那。

新加拉惹曾是荷兰当时在巴厘岛地区的权力中心，直到1953年，仍然是小巽他群岛（Lesser Sunda Islands，从巴厘岛直到帝汶岛的两支岛弧）的行政中心。在巴厘岛，这里是少数几个可以发现荷兰殖民时期遗迹的地方之一，同时，本地区也受到华人和伊斯兰教的影响。今天，新加拉惹成为重要的教育和文化中心，有几处大学校区。

景点

在老港区和滨海区，你可以感受到新加拉惹在"二战"前作为巴厘岛最重要港口的往昔辉煌。在Jl Hasanudin北端，你会看到水边的现代化栈桥，旁边还有几家简单的咖啡馆和几个小摊贩。

在停车场对面，可以看到一些古老的荷兰仓库。附近是引人注目的犹达曼德拉塔玛纪念碑（Yudha Mandala Tama Monument）和一座色彩鲜艳的中国寺庙灵源宫（Ling Gwan Kiong）。这里还有几条古运河。

走上Jl Imam Bonjol，可以欣赏到荷兰殖民后期建筑的装饰艺术风格。在中心区域以西2公里处，Pantai Penimbangan是人气极旺的海滩区域。沙滩比较纤细，但有数十家海鲜餐馆，吸引了大量当地人前来用餐，尤其是在周末傍晚。

Sangsit 村庄

新加拉惹东北约6公里处，可以看到一座漂亮的寺庙，这是巴厘岛北部色彩鲜艳的建筑风格的典范。Sangsit的北济寺（Pura Beji）是专为苏巴克（subak，种植稻米的村庄协会）修建的寺庙，供奉着保佑灌溉稻田的稻米女神Dewi Sri。正面的墙上雕刻嵌板密布，卡通风格的恶魔和令人惊异的那伽（naga，神话中的蛇形怪物）营造出一种特殊的气氛。寺庙里面可利用的空间也都被各种雕刻所占据。这里距离前往海岸的主干道500米。

死者庙（Pura Dalem）则显示了人死后受到惩罚的场景以及其他诙谐的、间或情色的图画。它就在北济寺东北500米处的稻田中。

棕榈叶书籍

棕榈叶书籍是由rontal棕榈扇形的叶子制成。叶子经晒干、泡水、清洗、蒸煮、再次晒干，然后压平、染色，最后切成长条。使用非常锋利的刀刃或尖锐的利器就可以在叶片上刻上词语或图画，再涂上黑色颜料，然后擦去这些颜料——线条内会残留墨迹。在每张棕榈叶片的中央打一个孔，用绳子穿成串，并在两端用雕刻过的竹片作为"封面"保护"书页"，绳子用两个kepeng（中央有一个孔的中国古钱币）加固。

新加拉惹Gedong Kirtya图书馆是世界上收藏棕榈叶书籍最多的图书馆。

Pura Dalem Jagaraga 印度教神庙

（Jagaraga）寺庙位于小村Jagaraga，麻雀虽小，五脏俱全，正面墙上嵌有赏心悦目的雕刻画。在外墙上，雕刻着老式汽车、海上的轮船，甚至还有老式战机的空战场景。位于新加拉惹以东约8公里处。

吉吉瀑布 瀑布

（Air Terjun Gitgit；Gitgit；成人/儿童 20,000/10,000Rp）位于新加拉惹以南约11公里处。顺着标志醒目的路标从主干道沿一条小路向西走800米就可到达这处旅游胜地。这条小路沿途都是卖旅游纪念品的小摊，以及根本没有必要雇请的向导。40米高的瀑布奔腾而下，潮湿的雾气比任何空调都更让人提神。上小山行进约2公里，在主干道西侧约600米处有一处多层瀑布。小道经过一座狭窄的小桥，沿着河流而上，经过几处小瀑布群，并穿越青翠的丛林。

Gedong Kirtya Library 图书馆

（☎0362-22645；Jl Veteran 23；5000Rp；⊙周一至周四 8:00~16:00，周五 8:00~13:00）这座小型历史图书馆由荷兰殖民者建于1928年，以梵语"尝试"来命名。馆内收藏了一些用干棕榈叶（lontar）制成的书籍，还有一些更古老的刻在铜板上的手抄本，称作prasasti。时间可追溯到1901年的荷兰出版物，可能会让研究殖民时期历史的学者感兴

值得一游

赛卡普瀑布

在新加拉惹东南18公里处，有六七座独立的瀑布——水流都来自高地河流——从清翠竹林峡谷的80米峭壁上倾泻而下。这些瀑布统称为**赛卡普瀑布**（Sekumpul Waterfall; Sekumpul Village; 20,000Rp，停车费 2000Rp）。从停车场出发，先从小村赛卡普穿过，然后是长达1公里、用时45分钟的崎岖山路，途中还有被丁香、可可、木菠萝、山竹和其他树木掩映的陡峭台阶路。小路蜿蜒穿过峡谷，将这些瀑布串到一起，很容易就耗去一天的时间。

由于地处偏远，最好的办法是雇一辆车将你送到赛卡普。罗威那的Bayu Sunrise（见279页）可以提供从巴厘岛任何地方前往瀑布的交通，司机还会带你穿过小村，徒步前往瀑布群。

出停车场之后左转，沿路上山。从这里，需要步行10分钟到达瀑布的官方大门。要当心这里标着"Registration Station"的小摊——他们并非瀑布的官方售票处，而且宰客现象屡见不鲜。当你看到"Sekumpul Waterfall"的标牌时，继续左转然后沿着砖石路穿过村庄住宅和小商店——在这条小道的尽头，你会看到官方售票小屋。从这里，沿着一条小路向下走到台阶路上。很快路边就会出现一条小溪（准备好涉水吧！）；瀑布群就在前方不远处。

返回新加拉惹时，不妨考虑在**Sawan**停一下，这里是加麦兰锣和其他乐器的制造中心。你可以看到铸造中的锣鼓和精雕细刻的加麦兰框架的制作过程。**圣石神庙**（Pura Batu Bolong）及其沐浴处也值得看一看。在Sawan附近有冷水泉，据说能治疗各种疾病。附近的**Villa Manuk**（☎0362-27080; www.villa-manuk.com; Sawan附近; 房间 含早餐 850,000Rp起; @ ≋）是一处由三栋别墅组成的院子，坐拥稻田风光，有一个很大的溪流泳池，是在此过夜的宁静选择。

趣。与布莱伦博物馆同处一个院落。

布莱伦博物馆 博物馆

（Museum Buleleng; Jl Veteran 23; ⏲周一至周五 9:00~16:00）布莱伦博物馆让人回想起布莱伦最后一位王公Pandji Tisna，他为西边罗威那的旅游业发展作出了不可磨灭的贡献。展出的物品中有一台Royal牌打字机，1978年Pandji Tisna辞世之前，这台打字机曾经伴随他度过作为旅行作家的生涯。同时，该博物馆还追溯了本地区的史前史。

Pura Jagat Natha 印度教神庙

（Jl Pramuka）新加拉惹的主要神庙，也是巴厘岛北部最大的神庙，通常不对外国人开放。你可以远眺它的外观，欣赏外墙上的石雕。

就餐

Cozy Resto 印度尼西亚菜 $

（☎0362-28214; Jl Pantai Penimbangan; 主菜 25,000~90,000Rp; ⏲10:00~22:00）Pantai Penimbangan海滩营业时间最长的餐馆之一，Cozy有品种丰富的巴厘岛、印尼和海鲜菜肴。露天用餐区总是挤满了欢乐的当地人。在附近的海滨道路上，你还会找到数十家小吃摊贩在出售便宜美味的当地小吃。

Dapur Ibu 印度尼西亚菜 $

（☎0362-24474; Jl Jen Achmed Yani; 主菜 10,000~20,000Rp; ⏲8:00~16:00）一家不错的当地小餐馆，紧邻街道，有一个小花园。炒饭（nasi goreng）新鲜又美味，可以再点一杯鲜榨果汁或泡沫红茶来配饭。

Istana Cake & Bakery 面包房 $

（☎0362-21983; Jl Jen Achmed Yani; 小吃 3000Rp起; ⏲8:00~18:00）在罗威那坠入爱河？那么在这里定做婚礼蛋糕吧。至于平时吃的点心，这里也提供许多美味的烘焙食品。冷柜里面摆满了各种冰激凌蛋糕和甜品。

实用信息

布莱伦旅游办事处（Buleleng Tourism Office;

Diparda；☎0362-21342；Jl Kartini 6；⏲周一至周五 8:00~15:30）提供一些不错的地图。可来此询问有关舞蹈和其他文化活动的具体信息。位于Banyuasri汽车站东南550米处。

新加拉惹公立医院（Singaraja Public Hospital；☎0362-22046；0362-22573；Jl Ngurah Rai 30；⏲24小时）巴厘岛北部最大的医院。

到达和离开

新加拉惹是北部海岸地区主要的交通枢纽，建有3个小巴/长途汽车站。城南10公里处主路边的Sangket车站偶尔有小巴经贝都古/Pancasari开往登巴萨（Ubung车站，40,000Rp）。

Banyuasri车站 位于城西，有长途汽车开往吉利马努克（60,000Rp，车程2小时），也有小巴开往罗威那（20,000Rp）。如果要去爪哇，有几家公司开通了服务班线，其中包括横渡巴厘岛海峡的轮渡服务。

Penarukan车站 紧邻Jl Surapati，位于城东2公里处，有小巴沿海边公路开往耶萨尼（20,000Rp）和安拉普拉（Amlapura，约30,000Rp，车程3小时），同时也有小巴经金塔玛尼开往登巴萨（巴杜布兰车站，100,000Rp，车程3小时）。

当地交通

小巴往来于3个主要的小巴/长途汽车站点之间，车费约为10,000Rp。

罗威那（Lovina）

☎0362/人口 20,550

“悠闲”是人们对于罗威那最常见的描述，搅乱宁静的只有恼人的掮客。这个低调、建筑低矮、价格低廉的海滩度假小镇与库塔截然相反。这里风平浪静，水清沙滑，非常清静。

罗威那阳光普照，地上是棕榈树投下的片片阴影。身在像Anturan这样的渔村，每天下午的一项精彩活动就是观看prahu（传统的支架突出舷外的渔船）准备夜间捕鱼。夕阳西斜时，晚霞映红了天空，海上渔火点点，缀满了海平线。

罗威那旅游区域长达8公里，包括一连串的海滨渔村——Kaliasem、卡力布克布克（Kalibukbuk）、Anturan和Tukad Mungga，合起来称为罗威那。最出名的要数新加拉惹西侧10.5公里处的卡力布克布克，它也是罗威那的中心。主干道上白天的交通很嘈杂，车辆川流不息。

海滩

海滩由被冲蚀的灰色和黑色的火山沙组成，虽然看起来并不壮观，但酒店附近的区域是很干净的。珊瑚礁保护着海岸，让海水平静清澈。

一条海滩步道沿着卡力布克布克海岸沙滩蜿蜒曲折，既有干净的路段，也有满是污泥的路段。你可以眺望到巴厘岛北部海岸东侧那山峦起伏的如画美景。绚烂的日落让人凝神屏息。

最好的海滩包括卡力布克布克精美的海豚纪念碑东侧的主海滩和向西一点的弧线形延伸部分。在Jl Mawar末端有一座栈桥，是欣赏日落的热门地点。

想要获得热闹的海滩体验，可以步行向西前往Spice Beach Club（见282页）。

景点

镇上没有像样的景点，但是在不远的地方你就能找到瀑布和村庙。

黎明瀑布（Air Terjun Singsing） 瀑布

在罗威那以西约5公里处，可以看到指向黎明瀑布（Air Terjun Singsing）的标志。当你走到距离主干道约1公里的地方，你会看到道路左侧有小吃摊，右侧是停车场。走过小吃摊，沿路再走约200米就来到下层的瀑布。瀑布不是很大，下面的水潭倒是游泳的好地方。水也不够清澈，但是比海水凉爽，非常提神。

沿着山再爬高一点，就来到另一处名为Singsing Dua的瀑布前，它较前一处稍大。在这里可以洗泥浴，据说对皮肤很好（洗不洗就看你自己了）。这些瀑布都最终流向下面一个深深的游泳池中。

该区域植被丰富，热带雨林遮天蔽日，如果从罗威那出发，这里是不错的一日游目的地。雨季的瀑布将更为壮观（10月至次年3月），而在其他季节可能只能算作涓涓细流。

Brahma Vihara Arama 佛寺

（☎0362-92954；www.brahmaviharaarama.

com）从外观上很难想象这是巴厘岛的单一佛教寺院。这里有绚烂多彩的装饰、明黄的屋顶以及供奉的佛祖像——还有非常具有巴厘岛风格的雕刻和门神，加上雕工精致的黑色石头。位置得天独厚，建筑结构非常漂亮，可以将下方的峡谷和绵延到海边的稻田尽收眼底。参观时需身着长裤或纱笼，或者通过一小笔捐赠即可免费租赁。

寺院内没有任何公开的定期课程或活动，但是欢迎游客们在特设的屋子里冥想。

这座寺院位于罗威纳主路西边3.3公里处——在Dencarik醒目的路口处转弯即可到达。

活动

观赏海豚

日出时分乘船观赏海豚是罗威那最激动人心的旅游热点。为了突出这项活动，当地甚

Lovina 罗威那

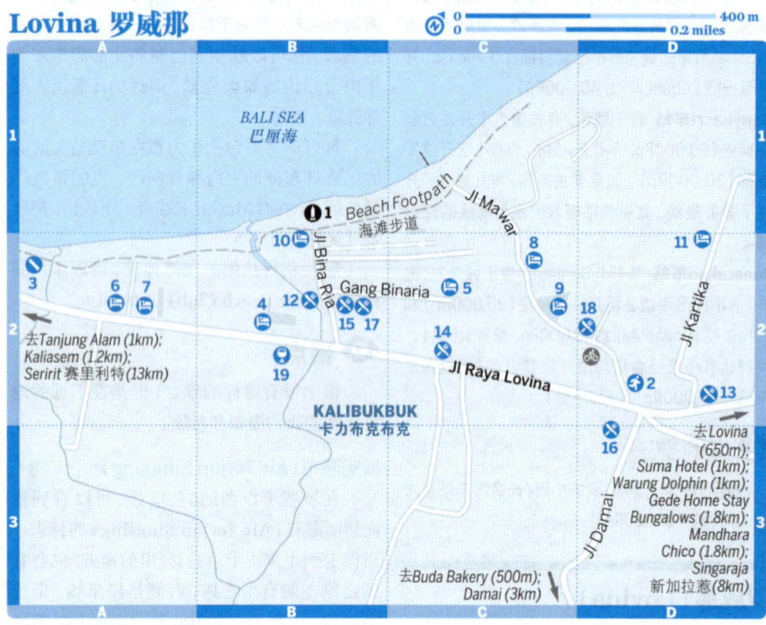

Lovina 罗威那

景点

1 海豚纪念碑 B1

活动、课程和团队游

2 Araminth Spa D2
3 Spice Dive A2

住宿

4 Funky Place B2
5 Harris Homestay C2
6 Homestay Purnama A2
7 Lovina Beach Hotel A2
8 Puri Bali Hotel C2
9 Rambutan Boutique Hotel C2
10 Sea Breeze Lovina B2
11 Villa Taman Ganesha D2

就餐

12 Akar B2
13 Bakery Lovina D2
14 Global Village Kafe C2
15 Jasmine Kitchen B2
16 夜市 D3
Sea Breeze Café （见10）
17 Seyu B2
Spice Beach Club （见3）
18 Warung Barclona D2

饮品和夜生活

19 Pashaa B2

至竖立了一座纪念碑以示荣耀。

有时会看不到海豚，但大部分时间里至少能看到几只海豚露出海面。

酒店和小贩会一直缠着你兜售海豚之旅，船主联合会将价格定为每位成人/儿童150,000/75,000Rp。旅行开始于早上5:30，这个时间真不像度假的风格，观赏的时间持续约2小时。届时海面上条条机动船马达咆哮轰鸣，声响震天。

这些也使得观赏海豚之旅颇受争议。海豚喜欢被船追逐吗？如果不喜欢，它们又为什么总是回来呢？也许它们回来是为了吃鱼，罗威那附近有许多鱼。

潜水和冲浪

当地珊瑚礁的浅水区很适合潜水，夜潜也很受欢迎。许多旅行者住在这里，然后向西经1.5小时车程到达门姜岸岛（Pulau Menjangan）潜水。在通常情况下，这里的海水都很清澈，珊瑚礁的某些区域非常适合浮潜，不过有些珊瑚白化了，有些因为炸药捕鱼而受损了。最佳浮潜地点在西侧，距离Billibo海滩别墅几百米开外的海域。2小时乘船之旅每人约450,000Rp，包括装备使用费用。

Spice Dive 潜水

（☎0813 3724 2221; www.balispicedive.com; 紧邻Jl Raya Lovina, Kalibukbuk; 双气罐潜水€80起; ⊙8:00~21:00）Spice Dive是一个大型机构。提供浮潜（€55）和夜潜（€45），以及受欢迎的门姜岸岛潜水之行（浮潜/潜水 €70/80）。地点在海滩小路最西端，与Spice Beach Club在一起。在Jl Bina Ria也设有门店。

骑行

Jl Raya Lovina南边和西边的道路车辆稀少，十分适合骑行，因此可以尽情骑车在稻田中穿行，或者深入小山，一路观赏风景。很容易就能以每天30,000Rp的价格租到自行车。

水疗

Araminth Spa 水疗

（见278页地图；☎0362-343 5795; Jl Mawar; 按摩 每小时 200,000Rp起; ⊙10:00~21:00）Araminth Spa提供多种疗法和按摩方式，包括巴厘和阿育吠陀式按摩，设施简单但很舒适。

Ciego Massage 按摩

（☎0877 6256 1660; Jl Raya Lovina, Anturan; 1小时按摩 100,000起; ⊙8:00~17:00）体验技巧纯熟的盲人按摩治疗，在简单的环境中让你全身放松。

新加拉惹厨艺培训班

报名参加由**Warung Bambu**（☎0362-31455; www.warung-bambu.mahanara.com; Pemaron; 培训班405,000Rp起; ⊙8:00~13:00）开设的厨艺培训班，你首先会和其他学员一起前往热闹的新加拉惹食品市场，然后回到罗威那以东稻田间的清新环境中，学习多达9道经典菜肴。课程分为入门到高级，还有素食选择。员工都很可爱，费用包括区域内的交通。最棒的是，课程结束之后，你可以尽情享用自己的劳动成果。

团队游

★ Bayu Sunrise 旅行社

（☎0877 6206 6287, WhatsApp 0877 6206 6063; www.bayusunriseunpackbalitour.wordpress.com; 瀑布游览 每辆小汽车 从罗威那/乌布/巴厘岛南部出发 700,000/850,000/950,000Rp）热情友好、知识渊博、谦逊低调。罗威那本地的Bayu可量身定制从私人司机服务到火山徒步以及巴厘岛各地探险之旅的行程。他是带你前往中部山区最佳瀑布的最好人选，包括Banyu Wana Amertha瀑布（见267页）、Banyumala双瀑（见267页）和赛卡普瀑布（见276页）；不妨向他请教那些如此隐秘以至于都还没有名字的瀑布都在哪儿。

在一天的瀑布之旅过后，在欣赏罗威那附近酒吧和餐厅的现场演出时，你也许还会看到多才多艺的Bayu在弹着吉他或是翻唱摇滚歌曲。他仿佛精力无穷。

住宿

酒店分散在Jl Raya Lovina上，并延伸到通往海滩的小路各处。总的说来，这里以经济型酒店为主，基本找不到奢华的酒店。注意：主干道边上或者靠近营业至午夜的卡力布克布克酒吧的住处会比较吵。

在旅游淡季，所有的房间都可以议价，但需谨防兜售者随便将你带到能让他们大赚一笔回扣的地方。

Anturan

走过几条狭窄的小径，再经过一条不错的柏油路Jl Kubu Gembong，就来到这个颇有生气的小渔村，这里是真正的旅行者一定会喜欢的地方。但是这里离罗威那的夜生活场所较远——从卡力布克布克回到Anturan的3公里路程所需交通费约为40,000Rp。

Mandhara Chico 客栈 $

（见278页地图；0812 360 3268；www.mandhara-chico-bali.com；紧邻Jl Kubu Gembong；房间 带风扇/空调 140,000/175,000Rp；）这个漂亮的家庭旅馆坐落于一小段炭黑色海滩上。12个房间陈设简单，整洁干净。

Gede Home Stay Bungalows 家庭旅馆 $

（见278页地图；0362-41526；gedehomestay@yahoo.com；Jl Kubu Gembong；房间 含早餐 150,000~300,000Rp；）这家海滨家庭旅馆由当地渔民开办，有8个房间，进门之前，不要忘记抖掉脚上的沙子。便宜一点的房间只有冷水，贵一点的房间则供应热水并装有空调。

Anturan至卡力布克布克

Jl Pantai Banyualit街上有许多不起眼的酒店，不过海滨地区不甚精彩。水边有一小块类似于公园的区域，沿着岸边很快就能走到卡力布克布克，沿途风景优美。

★Villa Taman Ganesha 客栈 $$

（见278页地图；0812 377 1381；www.taman-ganeshalovina.com；Jl Kartika 45；房间 550,000~700,000Rp；）沿着一条到处是家庭小院的安静小巷往下走就能来到这家可爱的客栈。庭院郁郁葱葱，老板是一名来自德国的景观设计师，他从世界各地收集的赤素馨花飘香四溢。这里有一个大游泳池，3个单元客房私密而舒适。海滩在400米之外，沿着去卡力布克布克的沙地步行10分钟即达。

Suma Hotel 客栈 $$

（见278页地图；0362-41566；www.sumahotel.com；Jl Pantai Banyualit；房间 含早餐 435,000~950,000Rp；）楼上的房间可以欣赏海景；26个房间里最好的装有空调并供应热水；大平房、泳池和小餐厅都很漂亮。附近有座精美的寺庙。阳台和露台有舒适的藤编家具可供小憩。

Lovina 精品酒店 $$$

（见278页地图；0362-343 5800；www.thelovinabali.com；Jl Mas Lovina；套 US$165起；）干净、现代风格的线条是这座奢华海滨度假村的标志，从这里轻松步行即可前往卡力布克布克中心区。66间客房非常宽敞，都带有会客区和露台或者阳台。家具都是浅色调，让这里的现代感更加浓郁。泳池很大；住客可使用这里的自行车和皮划艇等。

卡力布克布克

卡力布克布克村是罗威那的“中心”。与Jl Bina Ria相比，悠闲自在的Jl Mawar更加安静，也更宜人。街道两旁的小巷子里有许多便宜的地方可供住宿。

★Funky Place 青年旅舍 $

（见278页地图；0878 6325 3156；Jl Seririt-Singaraja；帐篷 130,000Rp，树屋 170,000Rp，铺 150,000~170,000Rp，房间 230,000Rp起）从独轮车吧台凳到经济实惠的树屋，再到免费的足疗（还有随处可见的许多再生木材、有趣的标语以及奇怪的古董），这个院落堪称背包客的梦想住宿地。有一条小路径直通往海滩，还会举办户外烧烤、巴厘岛舞蹈和喝啤酒竞赛等趣味活动。周末有现场音乐演出。

员工知识渊博。青旅可安排前往当地诸多景点的行程，目的地包括公园、神庙、瀑布和温泉等。

Harris Homestay 家庭寄宿 $

（见278页地图；0362-41152；Gang Binaria；标单/双 含早餐 130,000/150,000Rp起；）白色外表、干净整洁、生气勃勃的Harris看起来不像邻近的廉价酒店那样“老态龙钟”。温馨的房主住在后面，让客人享受最前

面的、明亮而具有现代感的4个房间。

Sea Breeze Lovina 客栈 $

(见278页地图；☎0362-41138；紧邻Jl Bina Ria；房间/平房 含早餐 450,000/550,000Rp起；❄📶🏊)这家客栈是在卡力布克布克中心区域的最佳选择之一。游泳池和海滩边有5处迷人的平房和2个房间。从一些平房的走廊上看过去，景色相当不错。唯一不足之处是晚上会饱受附近酒吧喧嚣的困扰。

Puri Bali Hotel 酒店 $

(见278页地图；☎0362-41485；www.puribalihotel.wixsite.com/lovina；Jl Mawar；房间 含早餐 250,000Rp起；❄📶🏊)游泳池区域隐藏于草木繁茂的花园深处，你可以整天在这里游荡，把烦恼抛诸脑后。25个房间风格简朴但很舒适。

Homestay Purnama 家庭旅馆 $

(见278页地图；☎0362-41043；Jl Raya Lovina；房间 150,000Rp起；📶)这个地段的最佳选择之一。拥有7间供应冷水的整洁客房，步行到海滩仅需2分钟。这是一处家庭院落，很平易近人。

Lovina Beach Hotel 酒店 $

(见278页地图；☎0362-41005；www.lovinabeachhotel.com；Jl Raya Lovina；房间 含早餐 350,000~800,000Rp；❄📶🏊)这家经营良好的老牌海滩酒店多年来似乎从未改变，价格也是始终如一。两层小楼内的30个房间干净整洁，只是略显老旧。平房有各种雕刻和与巴厘岛有关的细节，海滩上的平房物超所值。院子给人感觉像是一座公园。

Rambutan Boutique Hotel 酒店 $$

(见278页地图；☎0362-41388；www.rambutan.org；Jl Ma-war；房间 400,000Rp起，别墅 1,100,000Rp起；❄@📶🏊)这家酒店位于占地1公顷的繁茂花园内，拥有2个游泳池和一个游乐场。30个房间洋溢着巴厘岛风情。别墅的性价比较高，最大的别墅适合家庭入住，并设有厨房。

镇外

★ **Damai** 酒店 $$$

(见278页地图；☎0813 3843 7703；www.thedamai.com；别墅 US$220~500；❄📶🏊)坐落在罗威那后面的山坡上，如你所愿，在这里，壮观的景色一览无余。这里有14栋豪华别墅，在美丽的巴厘织物装点下，将古典与现代风格巧妙融合。大型游泳池水波荡漾，看起来就像会漫溢到远处的花生地、稻田和椰林中一样。水疗非常奢华。

较大的别墅带有私人泳池和相互连通的多个房间。餐馆以融合风味的有机菜肴而备受赞誉。要求酒店去接站，或者在卡力布克布克主交叉路口处向南拐进Jl Damai，然后沿路走上3公里即可到达。

就餐

这里的每家酒店内几乎都开设有咖啡馆或餐厅。沿着海滩步行道走就能找到许多能提供冰啤酒和美味食物的小餐馆，而且还能欣赏到日落美景。

Anturan至卡力布克布克

Warung Dolphin 海鲜 $

(见278页地图；☎0813 5327 6985；Jl Pantai Banyualit；主菜 40,000Rp起；⏲10:00~22:00)位于海滩附近，这家小餐馆用大浅盘端出的海鲜烧烤实在让人胃口大开(也许你身旁就是捕获这些海鲜的家伙)。晚上这里经常举办现场音乐会，附近还有其他一些提供美味食物的咖啡馆。

Bakery Lovina 咖啡馆 $$

(见278页地图；☎0362-42225；Jl Raya Lovina；主菜58,000~175,000Rp；⏲7:00~19:00；❄📶)你可以在这家高档咖啡店里尽情享用罗威那最好喝的咖啡，从镇中心步行一小段就可到达这里。每日都有新鲜出炉的牛角面包和德式面包，还供应包括欧式早餐在内的新鲜餐食。午餐菜品丰富。

卡力布克布克

★ **Global Village Kafe** 咖啡馆 $

(见278页地图；☎0362-41928；Jl Raya Lovina；主菜 32,000Rp起；⏲8:00~22:00；📶)这家充满艺术气息的咖啡馆的墙壁上，悬挂着切·格瓦拉、戈尔巴乔夫和曼德拉等人物的画像。烘焙食物、水果饮品、比萨、早餐、印尼

经典菜肴等都非常可口。有免费阅览的书籍和DVD交换处，以及精挑细选的本地手工艺品。所得盈利全部捐赠给一个资助当地医疗保健的基金会。

★ Jasmine Kitchen 泰国菜 $$

（见278页地图；☎0362-41565；Gang Binaria；主菜 45,000~80,000Rp；⏲11:00~22:00；📶）这家雅致的两层餐馆供应可口的泰式菜肴。菜品丰富正宗，店员热情大方。聆听轻柔的爵士乐时，不妨来份自制的冰激凌当甜点。花2000Rp就可以灌满自己的水壶。底层的咖啡馆酒吧有非常不错的饮品。

Akar 素食 $

（见278页地图；☎0362-343 5636；Jl Bina Ria；主菜 55,000~70,000Rp；⏲7:00~22:00；📶✍）🌿一家绿荫浓郁的素食餐厅。这里的绿色不全是为了装门面，也实实在在反映了主人那心系环境的情怀。品尝可口的冰沙、自制冰激凌以及鲜美的各国风味菜肴，例如炭烤羊乳酪辣椒茄子等。

Warung Barclona 巴厘菜 $

（见278页地图；☎0362-41894；Jl Mawar；主菜 40,000Rp起；⏲8:00~21:00；📶）虽然有着模糊不清的加泰罗尼亚名字，但是这个家庭经营的餐厅供应的却是可口的巴厘岛菜肴。在露天平台上选一张桌子，点上一份烤乳猪。通常会有几样海鲜特价菜。

夜市 巴厘菜

（Night Market；见278页地图；Jl Raya Lovina；主菜 20,000Rp起；⏲17:00~23:00）想要吃到新鲜又便宜的当地小吃，那么罗威那的夜市是一个很不错的选择。每年夜市上都会新增一些有趣的小吃摊。试试煎香蕉（piseng goring）。

Seyu 日本菜 $$

（见278页地图；☎0362-41050；www.seyulovina.com；Gang Binaria；菜肴 50,000起；⏲11:00~22:00；📶）这家正宗的日本餐馆拥有一位技艺熟练的寿司厨师以及各种各样的寿司和刺身供你品尝。餐厅陈设简单大方。

Sea Breeze Café 印度尼西亚菜 $$

（见278页地图；☎0361-41138；紧邻Jl Bina Ria；主菜 55,000Rp起；⏲8:00~22:00；📶）就在海滩边上，这家微风阵阵的小餐馆是一众同行中最可口和最私密的选择，尤其是近期的装修让这里显得格外时尚。菜单上有许多印度尼西亚菜品和西餐以及早餐品种可供选择。"皇家海鲜拼盘"就像是微缩版的鱼市。饮品搭配的花生在整个巴厘岛都堪称一流。

镇外

Tanjung Alam 海鲜 $

（见278页地图；☎0362-41223；Jl Raya Lovina；菜肴 40,000~80,000Rp；⏲9:00~22:00；📶）循着在棕榈树林间袅袅升起的炊烟和空气中飘来的阵阵香味，你就可以找到这个完全露天的海滨餐厅。这儿的招牌菜是海鲜烧烤。坐在阴凉亭台下的桌子旁，附近柔和的波光会使你心神宁静，然后享受一顿物美价廉的盛宴。这里位于中心地段西面1.2公里处。

★ Buda Bakery 面包房、咖啡馆 $$

（见278页地图；☎0812 469 1779；紧邻Jl Damai；主菜 50,000~150,000Rp；⏲8:00~21:00）巴厘岛北部最棒的蛋糕房，每天供应新鲜制作的让人眼花缭乱的面包、蛋糕和其他单品。但是，从Jl Raya Lovina步行10分钟到这里的真正原因是楼上的咖啡馆，这里供应简单但地道的印尼和西式菜品。注意，烘焙食品通常很快就会卖完。

Spice Beach Club 各国风味 $$

（见278页地图；☎0851 0001 2666；www.spicebeachclubbali.com；紧邻Jl Raya Lovina；主菜 75,000~240,000；⏲厨房 9:00~23:00；酒吧 至次日0:30；📶）这家位于沙滩上的时尚场所不乏密树浓荫。海滩上的一排排躺椅以及后面的游泳池让人产生一种身在戛纳的错觉。菜单从汉堡到海鲜，酒水单非常长。这里的设施包括浩室音乐、寄存柜和淋浴喷头。

★ Damai 创意菜 $$$

（见278页地图；☎0362-41008；www.thedamai.com；Jl Damai；三道菜简餐 485,000Rp起；⏲7:00~11:00、正午至16:00和19:00~23:00；📶）这家著名的使用有机食材烹饪菜肴的餐馆位于罗威那后面山上的精品酒店中。坐在餐桌上就能眺望北部海岸的美景，所用的新鲜原料都来自酒店的有机农场和当地的捕鱼船。菜品就像艺术品般精致，酒单在整个巴厘岛数一数二。星期日的早午餐颇受欢迎。致电可安排车来接客人。

饮品和夜生活

罗威那很多就餐的地方也适合喝上一杯，特别是那些海滩上的餐馆。在Jl Mawar末端，有许多类似的咖啡馆，可以坐下来边喝Bintang啤酒边欣赏日落风光。卡力布克布克有一片相对紧凑的夜生活区域。

Pashaa
夜总会

（见278页地图；☎0877 8701 7149；Jl Raya Lovina, Kalibukbuk；⏲19:00至次日3:00）靠近中心地段的一家面积不大但一应俱全的夜总会，来自巴厘岛各地的著名DJ为你播放音乐，乐队不断演奏歌曲。

到达和离开

长途汽车和小巴

如果从巴厘岛南部乘公共交通工具到罗威那，从登巴萨Ubung汽车站和小巴车站乘坐长途车到新加拉惹的Sangket车站，然后换乘小巴前往新加拉惹的Banyussri车站。最后，再换乘另一辆小巴前往罗威那地区。这会耗去大半天时间。

小巴定时从新加拉惹的Banyuasri车站开往卡力布克布克（票价约15,000Rp），在主干道上招手即停，许多时候都需要等一段时间。

如果从西部乘长途汽车过来，可以在主干道上随时请求下车。

旅游摆渡巴士

Perama（☎0362-41161；www.peramatour.com；Jl Raya Lovina，Anturan）的旅游摆渡巴士在Anturan停靠。乘客可以从这里转车前往罗威那的其他地点（15,000Rp）。每天都有一班巴士往返巴厘岛南部，包括库塔、萨努尔和乌布（票价都为125,000Rp）。

当地交通

罗威那的街区很分散，不过你可以搭乘小巴往返新加拉惹（10,000Rp）。注意：通常班次极少。

由于地方不大，罗威那非常适合骑车观光。**Sovina Shop**（☎0362-41402；Jl Mawar；⏲10:00~22:00）有自行车出租。

赛里利特（Seririt）

☎0362

赛里利特位于几条道路的交叉口，这些路有的向南穿过中部山区前往姆杜克（Munduk），有的途经秀丽的安东萨里之路（Antosari Road），延伸至Papuan和巴厘岛西部，还有一条景色同样宜人的道路通向普卢坎（Pulukan）。

位于镇中心的**市场**以销售供品的众多摊档而远近闻名。

在赛里利特以西10公里处的Celukan-bawang，你不会错过一个与中国合资的令人震惊的巨大发电厂。关于这个巨大发电厂的公开信息很少，但其是以通过巨轮运抵港口的中国煤炭为发电原料。

另辟蹊径

班嘉温泉（AIR PANAS BANJAR）

这些温泉从茂盛的热带植被中汩汩流出。八尊面目狰狞的那伽（naga，神话中的蛇形怪物）石雕将天然温泉注入第一个浴池，然后水（从另外五尊那伽石雕嘴中溢出）流入第二个更大的浴池。在第三个浴池中，水从三米高的喷嘴涌出，让你享受畅快淋漓的温泉按摩。泉水稍有硫黄味，热气腾腾（水温约38℃）。

在这里，必须身穿泳衣，池中禁止使用肥皂，不过池边就有露天淋浴设施。你可以在这里放松几个小时，然后在咖啡馆享用午餐，甚至还可以在这里过夜。

温泉位于罗威那以西，你可以从主路上的小巴停车点乘坐计程摩托车（ojek）前往温泉；返程时沿着下山路步行2.4公里即可。那些泡过温泉后感到全身舒适，不想长途跋涉返程的旅行者可以选择在**Pondok Wisata Grya Sari**（☎0362-92903；Jl Air Panas Banjar；房间 含早餐 300,000~400,000Rp）过夜，这是一处旧式风格但热情好客的客栈，位于距温泉100米的山坡上，周围绿意盎然。

住宿

在赛里利特以西2公里，新加拉惹至吉利马努克的公路边，一条较小的道路Jl Ume Anyar从北边通往狭窄的海滩，中途有几家不起眼的小酒店。

Mayo Resort 度假村 $$$

(☎0811 380 0500; www.mayoresort.com; Jl Ume Anyar; 房间 2,000,000Rp; ❄📶🏊)在巴厘岛非常少见，这个水滨小别墅采用清新的淡蓝和白色色调。在一栋两层的主楼里有7个宽敞的住宿单元，每个都带有大露台。在靠近狭窄海滩的地方还有一个按摩亭以满足你的需求。位于赛里利特西北3公里处，经过Zen Resort Bali后前行200米。

Zen Resort Bali 精品酒店 $$$

(☎0362-93578; www.zenresortbali.com; Jl Ume Anyar; 房间 含早餐 US$ 155起; ❄📶🏊)名字不言而喻，这里非常平静。这座海滨度假村的瑜伽和水疗以非常平静的方式致力于内心和精神的修养。26栋平房风格的住宿单元看上去简朴得似乎不会在来访者心中掀起任何波澜，但花园中则点缀着水景。这里距离海滩200米远，离主干道600米。

到达和离开

前往巴厘岛西部的公共汽车途经赛里利特。更重要的是，这里是从巴厘岛南部过来的安东萨里之路与海岸线的交汇处。

佩姆德兰(Pemuteran)

☎0362/人口 8620

这片人气极旺的绿洲位于巴厘岛的西北角。在一个犬骨形状的小海湾里，有许多充满艺术气息的度假村，由于地处被美丽珊瑚礁环绕的死火山口内，这里格外宁静。海滩非常优雅，但是大部分人都是来这里欣赏近岸以及附近门姜岸岛的水下奇观。

繁忙的新加拉惹—吉利马努克公路穿镇而过，沿线有无数面向游客的商店，广受欢迎。佩姆德兰的社区和旅游业者形成了一种可持续发展愿景，为巴厘岛其他地方树立了良好的榜样。

景点

佩姆德兰海滩(Pemuteran Beach) 海滩

棕灰色沙滩相对狭窄，沙子也不够细腻，但却与周围的环境相得益彰。蓝色的海水和周围的青山构建出无懈可击的画面，尤其是再加上日落时分的深红和橙色。正如你所料，海滩漫步极受欢迎。小渔村很有趣，到"犬骨"海湾的东边走走吧，这样就能够远离建筑工地了。找找在岸边修建的各种传统风格的小船。

Proyek Penyu 孵育所

(Project Turtle; ☎0362-93001; www.reefseenbali.com/ turtle-hatchery; Reef Seen; 成人/儿童 25,000Rp/免费; ⏲8:00~17:00)🍃佩姆德兰是非营利组织Proyek Penyu的大本营，这个组织由Reef Seen Divers' Resort运作。他们从当地人手中购买海龟蛋和小海龟，养到海龟可以适应海洋生活时再放生。1994年以来，已有成千上万只海龟重归自然。你可以造访小小的孵化场，向主办人捐点儿钱就可以自己放生一只小海龟。此地位于Taman Selini Beach Bungalows东边海滩沿线的主干道附近。

Pulaki 村庄

Pulaki以种植葡萄(巴厘岛的Hattan Wines拥有许多葡萄园)、西瓜以及Pura Pulaki而远近闻名。这座沿海寺庙于20世纪80年代初进行了重建。此外，这里还是大群猴子的家园，附近设有军事基地。从佩姆德兰可以轻松步行至此。

活动

距离海岸约3公里处就有大量的珊瑚礁。作为生物岩礁(Bio Rocks)工程的一部分，离海岸较近的珊瑚正在逐步恢复。潜水和浮潜广受欢迎，潜水商店和酒店都可提供各种服务。租赁浮潜装备50,000Rp起价。近海的水深不到15米，因此这里也是非常热门的海岸潜水点，尤其是夜幕降临之后。

★ Reef Seen Divers' Resort 潜水

(☎0362-93001; www.reefseenbali.com; 双气罐潜水 1,200,000Rp起)就在海滩上的一个大院子内，它是一家PADI(Professional

Association of Diving Instructors，潜水教练员职业工会）潜水中心，提供全套潜水课程，以及面向儿童的海滩骑小马之旅。一些潜水套餐包含度假村的住宿（房间525,000Rp起）。该公司为保护当地环境作出了积极的贡献。

Garden of the Gods 潜水

在佩姆德兰海湾外面，你可以在这个迷人的潜水点感受一番水下版《夺宝奇兵》的场景。在距离海岸400米处，有30多尊塑像和雕塑被置于海床上。湿婆神位于中心，周围是各种巴厘岛神灵和人物塑像。

Bali Diving Academy 潜水

（☎0813 3391 76652；www.scubali.com；Beachfront, Taman Sari Bali Resort；门姜岸岛潜水1,275,000Rp起）这家广受赞誉的巴厘全岛潜水公司在海湾内的沙滩上有一家门店，就在靠近Bio Rocks信息台的地方。可以咨询鲜为人知的潜水点。

Easy Divers 潜水

（☎0813 5319 8766；www.easy-divers.eu；Jl Singaraja-Gilimanuk；入门潜水 €55起）这家商店备受推崇，其创立者Dusan Repic待人如友，许多新来巴厘岛的潜水者都可以在这里找到家的感觉。此地位于Taman Selini和Pondok Sari酒店附近的主路边。

住宿

佩姆德兰有巴厘岛顶级的海滨酒店，经济型客栈的数量也在日益增长。很多酒店都很有格调，低调而又让人备感轻松，到海滩很方便。有些酒店就紧临主干道，有些则建在向南通往海湾或山峦的小路旁。

Pande Guest House 客栈 $

（☎0818 822 088；Jl Singaraja-Gilimanuk；房间 250,000Rp起；❄📶）这家客栈经营良好，非常迷人，有整洁无瑕的舒适房间，带有露天浴室和可爱的花园淋浴。这是目前镇上最好的经济型住宿。

Double You Homestay 客栈 $

（☎0813 3842 7000；www.doubleyoupemuteran.com；紧邻Jl Singaraja-Gilimanuk；房间 含早餐 360,000Rp起；❄📶）在主路南边的一条小巷里，这个时尚的客栈有9个整洁的房间，坐落于一个鲜花开放的花园中，有热水和其他舒适的设施。

探索门姜岸岛水下世界

除了拥有顶级的住宿点之外，佩姆德兰还是出发前往门姜岸岛潜水和浮潜的极佳地点。班尤温当的港口就在城镇以西7公里处，所以只需搭车走一段很短的路程就可以开始门姜岸岛之旅了。一路欣赏沿途的迷人风光，船行30分钟之后就到达了门姜岸岛。潜水商店以及当地酒店都能提供浮潜之旅，费用为US$65~$85；双气罐潜水之旅的价格为US$95起。费用包含了250,000Rp的公园门票，但是注意周日和其他节假日期间，公园门票价格会上涨至350,000Rp。

一些前往门姜岸岛的团队游乘船从佩姆德兰海滩出发，这是最佳选择。其他行程则需要乘车前往班尤温当，然后在那里转车。

Bali Gecko Homestay 客栈 $

（☎0852 3808 2285；bali.gecko@ymail.com；Desa Pemuteran；房间 400,000~500,000Rp；❄📶）位于佩姆德兰中心区以西500米，主路以北200米。这个家庭经营的客栈十分宁静。你可以沿着一条安静的小道步行走到海滩上，还可以爬到附近的山上登高望远。这里的4个房间陈设简单。

Taruna 客栈 $

（☎0813 3853 6318；www.tarunapemuteran.com；Jl Singaraja-Gilimanuk；房间 含早餐 带风扇/空调 450,000/700,000Rp起；❄📶🏊）位于主路靠近海滩一侧，步行一小段即可到达沙滩，这个经营有道的住所有9间精心设计的房间，整个建筑呈狭窄的长方形。

Rare Angon Homestay 家庭旅馆 $

（☎0362-94747；Jl Singaraja-Gilimanuk；房间 350,000~600,000Rp；❄）位于主干道最东边靠山一侧的家庭旅馆，有4个简单的房间（其中一些有空调），阳台可俯瞰花园。

在门姜岸岛潜水和浮潜

门姜岸岛是巴厘岛最有名的水下景点，有十几处极佳的潜水点。潜水的体验无与伦比——标志性的热带鱼、软珊瑚、极高的能见度（通常情况下）、洞穴和壮观的突降陡坡。

数不清的花边海扇和各种海绵的纹理为海洋小鱼提供了藏匿之所，它们共同打造了一幅五颜六色的海洋画卷。几乎无人会对傻乎乎的鹦嘴鱼和海葵鱼的魅力无动于衷。你还会看到鲸鱼、鲸鲨和蝠鲼等大一点的海洋生物从身边优雅地游过。

这些潜水点大多数都靠近海岸，适合浮潜或潜水新手。有些不错的浮潜地点离码头不远。再往前，浅滩遇到峭崖陡然下降，海水变得漆黑一片，这里深深地吸引着潜水老手们，他们可以从这里的8座峭壁中进行选择。

这座无人居住的岛被认为是巴厘岛最古老的寺庙**Pura Gili Kencana**，其历史可以追溯到14世纪，距离码头约300米。入口处有一座巨大的象神像。花上约一个小时便可绕岛步行一圈。不幸的是，海滩面临着垃圾遍地的问题。

实用信息

下面这些信息有助于你充分享受巴厘岛之行最精彩的部分：

➡ 船只通常停泊在门姜岸岛的码头。这里的珊瑚墙从海岸径直延伸出去，潜水者和浮潜者都会大开眼界。流向西南的洋流较为缓和（海岸在你的右手边），因此从理论上讲，你只需随波逐流就可酣畅淋漓地享受水下奇观。岛上风景优美的北岸是另一个游船停靠的地点。

➡ 海岸附近发白的珊瑚令人感到乏味，向导会在某些地点力劝你游回船上，这是因为他们自己想休息了。你大可不必如此，可在玩尽兴后再让船开过来接你，避免码头下班后要自己逆流游回去。珊瑚墙向西南方向绵延开去，越远的地方景色就越为原始和壮观。

➡ 在码头北边，你可以从岸边开始浮潜，然后绕珊瑚墙一个大圈。

➡ 虽然岛上南部的码头区非常壮观，但许多船夫带你到那里去，仅仅是因为那里离港口最近，能为他们省下汽油。北边其实同样壮观，而且也是中午时分的最佳潜水处。这里的珊瑚更加绚烂多姿，而且还有海龟。**Mangrove Point**是非常棒的浮潜水域。

➡ 西边的**珊瑚花园**（Coral Gardens）是一个绝佳的潜水点。**Anker Wreck**是一艘神秘的沉船，对专业人士也是一项挑战。

➡ 试试在珊瑚墙边绕着其他潜水者转几个圈。看着他们嘴里吐出的气泡，闪耀着银光，从漆黑的海底呈波浪状往上跑，不失为一种低调的华丽。

➡ 公园门票费用累加计算：每人250,000Rp，加上一笔潜水/浮潜的费用25,000/15,000Rp。

➡ 如果向导的确为你的水下之旅增添了乐趣，可以视情况给点小费。

➡ “门姜岸之友”（Friends of Menjangan; www.friendsofmenjangan.blogspot.com）有各种信息。了解各种最新消息，可浏览其Facebook页面。

到达和离开

最近和最方便的潜水活动经营商在佩姆德兰，那里的酒店也可以安排潜水和浮潜项目。独立浮潜者可以在班尤温当和拉布罕拉朗安排行程。如果你从巴厘岛其他地方来这里进行一日游，那么一定要分配好时间。从水明漾出发的话，糟糕的交通可能会让你在车里待上7个小时甚至更长的时间。

Kubuku Ecolodge 客栈 $$

(☎0362-343 7302; www.kubukubali.com; Jl Singaraja-Gilimanuk; 房间 含早餐 765,000Rp起; ❄📶)佩姆德兰的现代风格客栈，Kubuku有一个小泳池，以及一个酒吧和一片迷人的草坪。17间舒适的客房物超所值，餐厅供应美味的有机菜肴。小院位于主路靠山一侧的一条小巷内。

Jubawa Homestay 客栈 $$

(☎0362-94745; www.jubawa-pemuteran.com; 房间 含早餐 500,000~600,000Rp; ❄📶🏊)佩姆德兰最老牌的客栈之一，是豪华的中档住宿选择。24个房间在一个大花园中，环绕着一个泳池。极受欢迎的咖啡馆/酒吧供应巴厘菜和泰国菜。位于主路南侧，在大型的Matahari Beach Resort附近。

★ **Matahari Beach Resort** 度假酒店 $$$

(☎0362-92312; www.matahari-beach-resort.com; Jl Singaraja-Gilimanuk; 房间 US$370起; ❄📶🏊)这家迷人的海滨度假村在静谧的海湾东角，占地面积很大，植被很茂密。宽敞的平房展现了当地传统艺术风格。公共区域包括一个阅览室和其他豪华设施。水疗区非常雅致，海滨酒吧是探索海滩期间停下来小憩一番的好地方。

★ **Taman Sari Bali Resort** 酒店 $$$

(☎0362-93264; www.balitamansari.com; 房间 含早餐 1,755,000Rp起，别墅 4,235,000Rp起; ❄@📶🏊)在一条小巷里，传统风格的客房位于漂亮的平房内，别墅内外装饰着精雕细刻的雕刻品和传统手工艺品——其中一些超级宽敞，可以看到海湾风景；附近的一处庭院有豪华的大别墅。可以预订海滨晚餐。此地位于海湾内一片宁静的海滩上，也是珊瑚礁恢复工程的一部分。

★ **Taman Selini Beach Bungalows** 精品酒店 $$$

(☎0362-94746; www.tamanselini.com; Jl Singaraja-Gilimanuk; 房间 含早餐 1,500,000Rp起; ❄📶🏊)古色古香的茅草屋顶、古老的雕花门以及其他诸多精细的石刻工艺品，使得这里的11栋小别墅让人联想起巴厘岛旧时的文雅氛围。房间面向延伸至海滩的大花园，拥有四柱床和大型露天浴室。室外的坐卧两用长椅非常诱人，海滨餐厅供应印尼和希腊菜肴，味道不错。

Puri Ganesha Villas 精品酒店 $$$

(☎0362-94766; www.puriganesha.com; 别墅 US$550; ❄@🏊)占地广阔，拥有4幢双层别墅。每个房间都风格独特，以古董和丝绸作为装饰，使其散发着古色古香的氛围。卧室装有空调，你还可以充分享受户外活动，例如在私人泳池中尽享美好时光。你可以去小餐厅就餐（这里是Slow Food Bali的成员），别墅内也有他们的送餐服务。这座酒店位于海湾的西端。

Pondok Sari 酒店 $$$

(☎0362-94738; www.pondoksari.com; Jl Singaraja-Gilimanuk; 房间 含早餐 €70~210; ❄🏊)36个房间藏身于植被茂盛的花园中，确保宾客的私密性。游泳池就在海滩边，坐在餐厅里，透过树丛就可以看到秀丽的海景。这里无处不透出传统的巴厘风格，卫生间是露天的，而且刻满了石雕大师的杰作。豪华房间内拥有精美的石制浴缸，此外还有许多其他优雅的设施。度假村就在主干道旁边。

Amertha Bali Villas 酒店 $$$

(☎0362-94831; www.amerthabalivillas.com; Jl Singaraja-Gilimanuk; 房间 含早餐 1,200,000~7,000,000Rp; ❄📶🏊)一座稍显老旧的度假村，占地面积宽广，高大葱郁的树木营造出一种迷人的热带风情。房间很大，14栋别墅装饰有大量的天然木料，带有宽敞的遮蔽式露台。都配有跳水泳池。

就餐

咖啡馆和餐厅在主要街区随处可见，海滨酒店和度假村也都设有不错的中档餐厅。你可以在海滩上看看，然后决定去哪里用餐。

★ **Santai Warung** 印度尼西亚菜 $

(☎0852 3737 0220; Jl Hotel Taman Sari; 主菜 35,000Rp起; ⏰11:00~21:00; 🖉)沿着佩姆德兰主路边亮起的灯笼就可以到这家可爱的印尼餐馆，餐馆位于美妙的花园里，供应各种香辣地道的菜肴——包括许多素食选择。这家餐馆还可供应手抓饭（包括几十种巴厘岛

生物岩礁：种植新珊瑚

佩姆德兰位于巴厘岛相当贫瘠的地区，当地人生活一向非常穷苦。从20世纪90年代初开始，旅游从业者开始运用当地良好的潜水环境的优势。此前，当地人靠种地和捕鱼维持生计。从那时起，他们开始学习外语，参加各种培训，迎接四面八方的游客入住如今的度假村。

但是这也带来了严重的问题：炸鱼和毒杀鱼类的行为十分猖獗，再加上厄尔尼诺现象使海水变暖，导致大片的珊瑚礁发白、受损。

一群当地酒店、潜水店业主和社会团体的领导人商谈后，采取了创新的解决方法：使用电力来养殖新的珊瑚礁！在国际上，科学家们早已提出了这一概念，但佩姆德兰却是第一个将其付诸实践的地方，并且取得了巨大的成功。

他们利用当地材料，制作了几十个大型金属笼，放置在受到濒临毁坏的珊瑚礁中。然后，将这些金属笼与陆上超低压发电机连接（在Taman Sari酒店附近的海岸上可看到这些电缆），使得理论变成了现实。低压电流刺激笼子上石灰岩的形成，并迅速长出了新珊瑚。结果，佩姆德兰小海湾里珊瑚[又称为生物岩礁（Bio Rocks）]的新生速度要比自然条件下的生长速度快五六倍。

这带来了双赢的结果。当地人和游客尝到了甜头，当然珊瑚礁也不吃亏，这个项目获得了国际上的广泛关注和褒奖。当地团体佩姆德兰基金会（Pemuteran Foundation；www.pemuteranfoundation.com）在Pondok Sari的海滩上设立了标牌为“Bio Rocks Reef Gardners”（生物岩礁珊瑚园丁）的信息亭。目前，大多数当地度假酒店的大堂里都放有关于这项工程的宣传手册。注意他们对于在海湾游泳的相关规定，包括不要站在珊瑚上、不要拿走珊瑚和贝类，也不要喂鱼。

菜肴，需要至少提前24小时预订）。这里还有传统的爪哇joglo房屋，设有烹饪培训课程。

Joe's 印度尼西亚菜 $

（☎0852 3739 0151；Jl Singaraja-Gilimanuk；主菜 40,000Rp起；⏲11:00至午夜）佩姆德兰最像派对酒吧的地方，充满了复古风格。坐在这里的旧船中，在露天就餐区享用海鲜菜。之后，在吧台旁听大家说各种关于潜水的奇闻逸事。位于主城区中心地带。一块牌子上写着：“Drinker of the month wins a bottle of whiskey”（当月畅饮冠军可以获得1瓶威士忌）。

Balance Café & Bistro 咖啡馆 $

（☎0853 3745 5454；www.bali-balance.com；Jl Singaraja-Gilimanuk；主菜 30,000Rp起；⏲7:30~19:00；📶）美味的咖啡，还有果汁和可口的蛋糕，使这个整洁的咖啡馆成为歇歇脚的好地方。供应品种不多的三明治和沙拉，可在枝叶繁茂的后花园内用餐。位于山坡上，紧邻主城区中心地段。

La Casa Kita 比萨 $

（☎0852 3889 0253；Jl Gilimanuk-Seririk；主菜 40,000~75,000Rp；⏲10:00~22:00）在户外草坪上找张桌子坐下来，点一瓶冰爽的Bintang啤酒，选择薄皮炭烤比萨加上西式和印尼风味菜肴等。位于Easy Divers对面的主路边。

到达和离开

佩姆德兰位于吉利马努克—罗威那—新加拉惹的长途汽车线路上。从吉利马努克或罗威那前往佩姆德兰，你可以将价格讲到20,000Rp左右。镇上没有车站，长途汽车招手即停。从巴厘岛南部坐车到此需要4小时，无论是经由中部山区或是西部海岸。从这里雇车和司机前往乌布或水明漾等地，需要约850,000Rp。

班尤温当（Banyuwedang）

这个被红树林环绕的海湾位于国家公园东边，是乘船前往门姜岸岛的主要交通枢纽。

活动

如果你是跟团前往门姜岸岛潜水或浮

潜，那么很有可能会在这个喧闹的小港口登船，这里距离新加拉惹—吉利马努克公路1.2公里。

你还可以在这里自行安排浮潜之旅；通常需要3个小时，其中有1个小时的航渡时间。出发时间通常是每天8:00~15:00。价格固定，人越多越便宜，很快就能坐满发船：1艘船（最多可乘10人）费用600,000Rp；必须配备导游（对于旅行团而言，他们基本无事可干），费用250,000Rp；浮潜装具租赁，每人40,000Rp；公园门票，每人25,000Rp；潜水/浮潜的费用为25,000/15,000Rp，加上保险费，每人10,000Rp。

住宿

Mimpi Resort Menjangan 度假村 $$

（☎0361-415020，0362-94497；www.mimpi.com；Pejarakan；房间 含早餐 US$110起，别墅US$160起；❄@📶🏊）度假村在前往门姜岸岛的码头附近，54个住宿单元分布在红树林旁、白沙海滩上。客房为未经装饰的单色调风格，带露天浴室。有公共温泉池，别墅里有私人浴缸。豪华别墅有私人游泳池，可以看到潟湖，是体验巴厘岛热带风情的绝佳住处。

Menjangan 度假村 $$$

（☎0362-94700；www.themenjangan.com；Jl Raya Gilimanuk-Singaraja,Km17；房间/套/别墅 含早餐 US$180/350/500起；❄📶🏊）位于西巴厘岛国家公园内，这处豪华度假村是那些想要获得完整国家公园体验的旅行者的首选。这个度假村占地382公顷，有两个住宿区：Monsoon Lodge的房间位于灌木区；Beach Villas则位于可以看到红树林和门姜岸岛的海滩上。活动包括在度假村的沙滩上漫步、骑马、划皮划艇、徒步等。

到达和离开

你需要自备交通工具方可前往。

拉布罕拉朗（Labuhan Lalang）

要乘船去门姜岸岛游玩或浮潜，可去西巴厘岛国家公园（Bali Barat National Park）里的这个小港口的码头，价格和从班尤温当出发一样。东边200米处有小吃摊和怡人的海滩。

Makam Jayaprana 印度教神庙

从拉布罕拉朗西边一点的公路南边沿石头台阶往山上步行20分钟，就会到达贾雅普拉纳（Jayaprana）的墓地。登顶后向北望，可以看到优美的风景。

贾雅普拉纳是17世纪一位国王的养子，原本打算迎娶出身平凡的美丽女孩Leyonsari。然而，国王也爱上了这个女孩，并且杀掉了贾雅普拉纳。Leyonsari在梦中获悉了贾雅普拉纳之死的真相，选择了自杀殉情而不是嫁给国王。这个巴厘岛版的《罗密欧与朱丽叶》是当地老幼皆知的传说故事。尽管这对命运多舛的情侣并非神灵，但墓地被认为是神圣的。

实用信息

拉布罕拉朗信息咨询处（Labuhan Lalang Information Office；Jl Singaraja-Gilimanuk；⏲7:00~19:00）

到达和离开

往返于吉利马努克和新加拉惹的长途汽车偶尔会在这里上下客，但是最好还是能够自行安排交通工具。

西巴厘岛国家公园（Bali Barat National Park）

☎0365

西巴厘岛国家公园是巴厘岛上唯一的一座国家公园，这里交织着无数鸟儿的甜美叫声和各种树木发出的优美重叠的沙沙声响，让大部分来这里的游客都为之倾倒。

公园覆盖了巴厘岛西端190平方公里的土地，包括近70平方公里的珊瑚礁和水域。在人口如此稠密的巴厘岛，这些充分说明了政府对环境保护的重视。

你可以在这里体验巴厘岛最棒的门姜岸岛潜水，徒步穿越密林，以及探索海岸边的红树林。

活动

不管是陆上、乘船还是水下，这座国家

公园都值得你前来探索。进入公园需要支付250,000~350,000Rp的门票费用，具体金额取决于当天情况，另外公园内的活动可能也需要花费几千卢比。同时，你需要一位向导，所有价格都是可以商量的。你可以在色克（Cekik）或拉布罕拉朗的公园管理处安排行程。**Iwan Melali**（☎0819 3167 5011; iwan.melali@gmail.com）是一位知识渊博、会说英语的导游，非常擅长追踪野生动物。

乘船游

探索吉利马努克湾（Teluk Gilimanuk）的红树林或Prapat Agung西侧的最佳途径是租一条船。在讲价时可以参考附近班尤温当的固定价格：一条船（1~10人）为600,000Rp，加上强制导游（但对旅行团而言，导游基本上没什么事情可以做）235,000Rp。此外，浮潜装具租赁费用为每人40,000Rp；公园门票费用为每人250,000~350,000Rp，加上潜水/浮潜的费用为25,000/15,000Rp。

徒步游

所有的徒步者必须有指定向导陪同。最好在徒步的前一天到达，并在公园管理处做好安排。

公园内的向导费明码标价，费用多少取决于团体大小和徒步时间——2人徒步每小时的费用（最多2小时）为350,000Rp，这只是起步价。交通费用和具体价格都可以议价。清晨时分，如6:00的时候动身最好——此时空气凉爽，看到野生动物的概率也更大。

如果你与向导的关系处理得好，徒步时可以考虑让自己的行程变得更富创造力。尽管你也可以自己规划徒步路线，但向导通常更愿意依照既定线路行进，其中包括以下几条路线。

以Sumber Kelompok为起点，向**Gunung Kelatak**（海拔698米）攀登，然后下山到Kelatakan村附近的主干道上（6~7小时）。得到公园管理处的批准后，你可以在森林中过夜——如果没有帐篷，向导会用树枝和树叶为你搭建一个棚子，过程本身也是一次历险。茂密的树林里到处都是淙淙清泉。

一段3~4小时的徒步将使你能够探索Teluk Terima西北海岸的草原地区。在这一地区，你有机会看到蜥蜴、鹿和叶猴，如果运气好，甚至还能看到珍稀的巴厘岛长冠八哥，这是该公园放生项目的最新成果。这段路线包

Bali Barat National Park 西巴厘岛国家公园

公园里的动植物

国家公园里的植被多为草原，而不是需要常年降雨才能形成的热带雨林，阔叶树一到旱季就会变得光秃秃的。南面的山坡降雨较多，因此热带植被也更多，海边的低地有大片的红树林。

公园里有超过200种植物。本地的动物族群有叶猴和短尾猴（下午在Sumber Kelompok附近的主干道上可以看到）、黑鹿（rusa）和赤麂（barking），还有野猪、松鼠、水牛、鬣蜥、大蟒和绿蛇。这里曾有老虎，不过能确认的最近一次目睹都是1937年的事了——那只虎后来也被射杀。鸟儿品种繁多，巴厘岛300个物种中的大部分都能在这里找到，包括濒临灭绝的巴厘岛长冠八哥（Bali starling）。

只要稍微离开一下公路，众多小径中的任意一条都能把你带到大自然的中心。

括摩托车往返小路起点。

从拉布罕拉朗西部的一条小路出发，一条3小时的徒步路线可以探索**Teluk Terima**，起点是红树林。时不时地沿着Terima河走进山中，然后走回到公路上。如果运气够好，可能会看到灰短尾猴、鹿和叶猴。

住宿

距离最近的选择都是高端住宿地，虽然可以露营，但是每天都要缴纳公园门票费用外加10,000Rp的露营费用。公园东边12公里处的佩姆德兰有大量住宿选择，距离色克约500米的地方有一处干净的经济型旅馆。你需要前往吉利马努克或佩姆德兰才能找到像样点的餐厅。

实用信息

危险和麻烦

公园管理处附近挤满了宣称自己是导游的人。他们的合法资质可能和他们的要价一样难以捉摸。要价便宜实在的向导在这里就是天方夜谭。狠狠砍价。如果要徒步，2人最多2小时的起步价约350,000Rp。穿越红树林的水上之旅起步价为2人700,000Rp，时间不超过3小时。

游客信息

位于色克的西巴厘岛国家公园管理处（见300页）陈列有公园的地图和关于动植物的一些资料。拉布罕拉朗信息咨询处（见289页）在北部海岸的一栋小屋里，岸边有船去往门姜岸岛。

你可以在任一公园办公室找到向导并办理许可证，但面对数个四处闲逛的人，弄清楚谁才是真正的公园工作人员就像找到巴厘岛长冠八哥一样困难。

去吉利马努克的主干道穿过国家公园，仅开车经过的话无须买门票。但如果你要在公园内进行任何活动，例如徒步或到门姜岸岛潜水，就得掏250,000~350,000Rp购买门票加上任意一笔活动费用。

到达和离开

如果自己没有交通工具，可以坐上任意一辆从巴厘岛北部、西部地区开往吉利马努克的长途汽车或小巴，在色克的公园管理处下车（从巴厘岛北部地区过来的人可在拉布罕拉朗下车）。

巴厘岛西部

最佳就餐

- Bali Silent Retreat（见296页）
- Sushi Surf（见298页）
- Ten Pandan（见299页）

最佳住宿

- Bali Silent Retreat（见296页）
- Soori Villas（见296页）
- Gajah Mina（见297页）
- Taman Wana Villas & Spa（见300页）
- Puri Dajuma Cottages（见299页）

为何去

即使巴厘岛南部如火如荼的开发建设的势头正通过长谷（Canggu）等热点向外延展，但是一路向西，进入巴厘岛真正的西部，也就是塔巴南至吉利马努克的公路附近，依然是一片游客罕至的景象。在狂野的海滩、丛林和稻田中，寻找宁静简直就是易如反掌。

在海岸边，冲浪健儿在巴利安和梅迪维（Medewi）这样与众不同的地方征服浪涛。巴厘岛的一些宗教圣地也在此，包括永远人头攒动的海神庙（Pura Tanah Lot）、睡莲摇曳的塔曼阿尤寺和远离尘嚣、宛若仙境的蓝布斯威寺。干净整洁的城镇塔巴南（Tabanan）是巴厘岛的苏巴克系统（subak，水稻种植者协会）的枢纽，苏巴克是保障每个人都能公平享有水源的一种灌溉系统，被联合国教科文组织列入世界文化遗产。走进乡间小径，你可以漫步在奔流的小溪边，抬头可见弯弯翠竹，低头可见累累硕果。

何时去

- 去巴厘岛西部地区游玩的最佳时间是4月至9月之间的干燥季节，尽管由于近几年的气候变化，干燥季节变得比以前湿润了一点，而潮湿季节也比以前干燥了一点。当西巴厘岛国家公园里的路不再泥泞时，徒步就要轻松许多。门姜岸岛附近水域变得清澈时，就成了世界顶级潜水地。
- 作为旅游胜地，西部地区的海岸没有明显的旅游旺季，但6月至8月是最佳冲浪季节。但即使在这段时间，你也会发现这里的海滩远不如南边热闹。

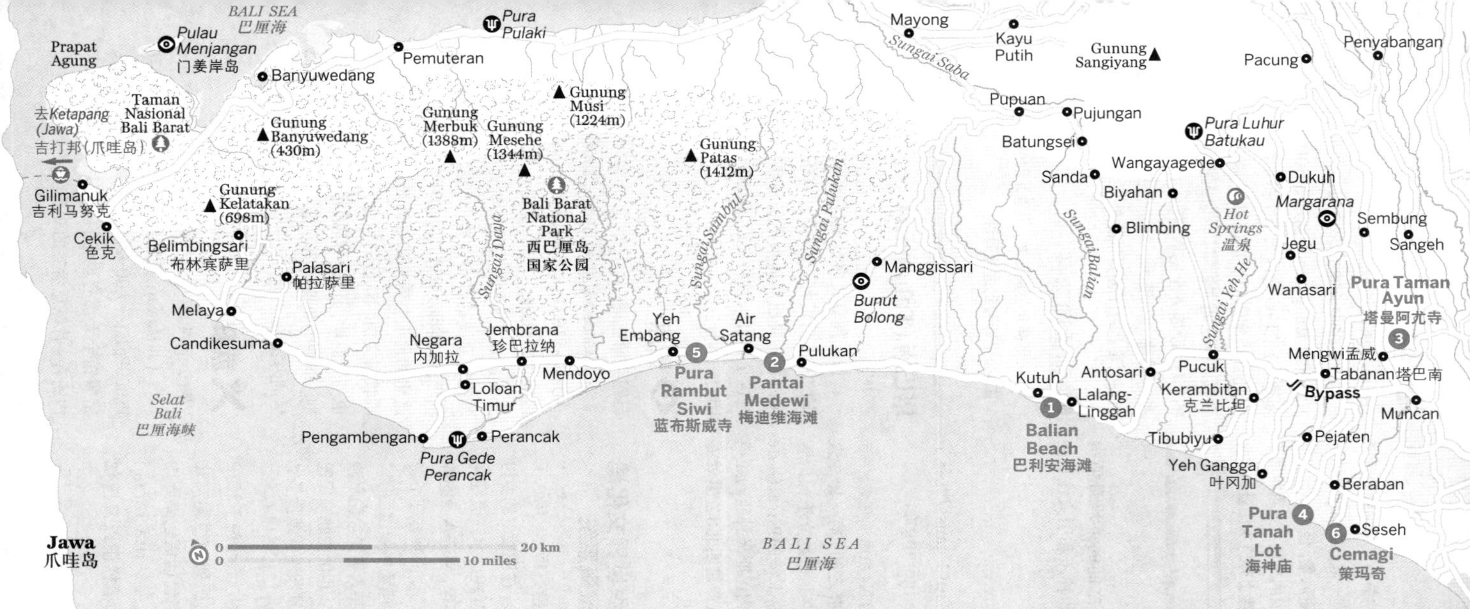

巴厘岛西部亮点

❶ **巴利安海滩**(见296页)在海滩畅享惬意轻松的氛围,在冲浪者云集、时尚人士摩肩擦踵的地方观赏健儿们在浪头上大显身手。

❷ **梅迪维海滩**(见299页)在低调的冲浪者乐园,抓住机会在绵长的左手浪里乘风破浪。

❸ **塔曼阿尤寺**(见297页)在巴厘岛最能唤起你回忆的寺庙里寻找一处属于你自己的宁静角落。

❹ **海神庙**(见295页)清晨去感受这座游客云集的神庙内的神圣氛围,下午这里就会变得混乱不堪。

❺ **蓝布斯威寺**(见298页)在这座历史悠久的重要海滨庙宇感受神圣的氛围。

❻ **策玛奇**(见294页)如果觉得海神庙太过拥挤,不妨来这里位于海边的Pura Gede Luhur Batu Ngaus走走。

到达和离开

巴厘岛西部的主干道将前往爪哇岛的轮渡港口吉利马努克与登巴萨连到一起。虽然部分路段可以看到海滨和稻田的美丽风景，但大部分时间里司机们都不得不盯着前面的车辆。交通拥堵不堪，晚点司空见惯。这条路线上有班次频繁的巴士往返。

策玛奇（Cemagi）

位于长谷和海神庙之间的策玛奇值得一游。这里有诗情画意的神庙和引人注目的海岸。

景点

Pura Gede Luhur Batu Ngaus以北就是有黑色砂砾的Pantai Mengening海滩。

Pura Gede Luhur Batu Ngaus 印度教神庙

在与日俱增的别墅群之间，有一座令人叹为观止的黑色火山岩突兀地屹立于惊涛骇浪之上。崖顶上就是非常上镜的Pura Gede Luhur Batu Ngaus。庙内巴厘岛神庙的经典元素一应俱全，看起来就像是西北3公里处海神庙的微缩版。

联合国教科文组织世界文化遗产：巴厘岛苏巴克灌溉系统

苏巴克（Subak）是处理水、用水权和灌溉水源的乡村协会，在巴厘岛的乡村生活中扮演着关键性的角色。水在流经许多稻田后被永久性地耗尽，邻近水源的种植者总能获得充足的水量，而那些在下游的人们就只能靠在海神庙卖木雕过活了。管理这么一个系统，给每人平均分配水源是互助合作的一个典范，也能由此窥见巴厘人的性格（其中的一项策略就是授予水源最终端的人以可控权）。

这套复杂而重要的社会系统于2012年被联合国教科文组织列为世界文化遗产。明确列出的地点包括塔巴南周边水稻种植区、塔曼阿尤寺（Pura Taman Ayun）、贾蒂卢维水稻梯田以及巴都尔湖。

住宿

Ombak Villa Cemagi 别墅 $$$

（☎0851 0080 0800；www.ombak.co.id；Jl Pantai Mengening；别墅 3,600,000Rp起；❄📶🏊）策玛奇地区豪华别墅中的经典之作。Ombak以实惠的价格提供华丽的舒适住处。别墅内有三间大卧室、一个大泳池、风格时尚的客厅、设施齐全的厨房等。团队旅行者可以在这里待上一整天，不会想要外出去其他地方，沙滩上的日落美景除外。

到达和离开

从海神庙公路出发，沿着Jl Pantai Mengening向南4公里即可到达策玛奇。

塔巴南（Tabanan）

☎0361

像巴厘岛大多数地区级首府一样，塔巴南的城市面积大，布局井井有条。随处可见的嫩绿稻田是巴厘岛水稻种植传统的象征，同时也是联合国教科文组织公布的世界文化遗产的一部分。

景点

苏巴克博物馆 博物馆

（Mandala Mathika Subak, Subak Museum；☎0361-810315；Jl Raya Kediri；成人/儿童15,000/10,000Rp；⏰周一至周六 8:00~17:00，周五 至13:00）博物馆设在一栋专门介绍塔巴南苏巴克系统的综合大楼中，里面有关于水稻的灌溉、耕种及管理其复杂社会系统的展览。这里的员工会带你四处转转，看看关于联合国教科文组织认证的信息，英文解说牌数量也与日俱增，还有一座展示苏巴克系统的模型。全新的免费英语导览手册里面有非常详尽的内容。

就餐

Warung Nasi Ibu Agus 巴厘菜 $

（Jl Mawar，紧邻Jl Dr Ir Soekarno；主菜15,000Rp起；⏰7:00~21:00）主路边的这家烤乳猪餐馆全天都有现烤的香喷喷的乳猪肉。店内还有一片绿意盎然的就餐区。

夜市 市场 $

（Night Market；Jl Gajah Mada；主菜15,000Rp起；⏲17:00至午夜）夜幕降临后，这里的几十家小摊供应新鲜制作的食物。

Hardy's 超市 $

（☎0361-819841；⏲7:00~22:00）Hardy's是一家大型现代超市，有各种食品和杂货。可在此采购各种所需物品，或者到美食广场享用新鲜美味。

到达和离开

往来于登巴萨（Ubung车站）和吉利马努克之间的部分小巴（bemo）和长途汽车都会在塔巴南西边的车站停靠（10,000Rp）。

镇中心的公路向北通往巴都考寺（Pura Luhur Batukau）和美丽的贾蒂卢维的梯田。

塔巴南南部（South of Tabanan）

驾车在塔巴南南部地区可以带你领略许多迷人的村庄和长势喜人的稻田。这里的水稻产量之高为巴厘岛之最，因此备受推崇。

景点

约书亚区 文化中心

（Joshua District；☎0811 388 121；www.joshuadistrict.com；Pangkung Tibah，Kediri，Tabanan Regency；⏲8:00~22:00）免费 位于地标建筑海神庙附近的稻田之间，约书亚区是一片创新建筑群，有咖啡商店、画廊、时装概念店以及采用船用集装箱建造的几栋别墅。秉承"循环再利用或死亡"（recycle or die）的理念，这处社区空间旨在提升人们的环保意识，推广可持续生活方式。仅接受现金付款。

海神庙 印度教神庙

（Pura Tanah Lot；Beraban；成人/儿童60,000/30,000Rp，小汽车/摩托车 停车费 5000/2000Rp；⏲7:00~19:00）海神庙是非常热门的旅游目的地。在巴厘人心中这里确实有一定的文化意义，但是在拥挤的人群、高声的吵闹和言过其实的落日景色的映衬下，很难让人产生深入探寻的欲望。这里是巴厘岛游客最多、最上镜的寺庙；但是整个神庙就像一个舞台布景——甚至连寺庙下的岩石塔也经过了巧妙的改造（之前整个岩石塔的石块已纷纷脱落），如今的岩石有三分之一以上都为人造。

> **探访海神庙**
>
> 在参观这座重要寺庙时，尽量赶在中午之前到达：没有熙熙攘攘的人群，摊贩们也还都昏昏欲睡。你只会听到鸟儿们的欢叫，而不是公共汽车发动机发出的烦人的噪声。你可以让你全神贯注地欣赏寺庙建筑，不被热衷自拍的游客干扰。

对于巴厘岛本地人来说，这里是最重要、最受崇敬的海神庙之一。如同布科半岛（Bukit Peninsula）南端的乌鲁瓦图寺和西侧的蓝布斯威寺，这座寺庙也与满者伯夷王朝的祭司尼拉塔（Nirartha）有着密切联系。据说为了使相邻的海神庙能够相互眺望，于是将寺庙沿着巴厘岛西南部的海岸修成一连串——从海神庙向南极目远眺，通常可以看到悬崖上的乌鲁瓦图寺，向西越过绵延的海岸可以看到内加拉（Negara）附近的Perancak。

不过在海神庙，你只会看到络绎不绝的摊贩。前往寺庙要从巨大的停车场穿过一条人行道，道路两边是一直延伸到海边的纪念品商铺。大喇叭里传出的大分贝噪声格外恼人。退潮时可以一直走到寺庙近旁，不过外地人不允许进入寺庙。你很难错过赫然耸立的度假村Pan Pacific Nirwana及其耗水甚巨的高尔夫球场。度假村自建成起就争议不断，因为许多人认为它高过海神庙是对寺庙的不敬。

如果是从巴厘岛南部过来，可以从克罗博坎（Kerobokan）取道沿海公路向西，跟着交通标志走。如果是从巴厘岛其他地区过来，需在登巴萨（Denpasar）至吉利马努克（Gilimanuk）公路上靠近Kediri的岔道口转弯，然后跟着交通标志走。黄昏前后，这里的交通会让你苦不堪言，车辆排成的长龙有时长达数公里。

另辟蹊径

从塔巴南到海岸线

塔巴南以南大约10公里处是Pejaten，这里是生产包括精品装饰性屋瓦等传统陶器的中心。村里的几家作坊里可以看到纯装饰用的陶瓷。去看看当地生产商Pejaten Ceramic Art（☎081 657 7073；⌚周一至周六 9:00~16:00）的小陈列室。标志性的淡绿色器件十分惹人喜爱。商店就在每日村庄市集旁边。

从塔巴南向西不远处有条公路，沿着它向南前行8公里，经过Gubug，到达叶冈加（Yeh Gangga）人迹罕至的海岸，这里有非常棒而且很安静的海滩。

从塔巴南出发沿主路继续向西，另一条路经由克兰比坦（Kerambitan）到达海岸，这个村子以舞蹈团和乐师而闻名，他们演出的足迹遍及巴厘岛南部和乌布地区。榕树荫庇着漂亮的老房子，包括建于17世纪的宫殿Puri Anyar Kerambitan（☎0812 392 6720；Jl Raya Kerambitan；要求捐赠；⌚9:00~18:00）。

在克兰比坦南部大约4公里处是海滨小村Tibubiyu。从克兰比坦出发往西北走，一直到塔巴南至吉利马努克公路的主干道上，沿途经过Jl Meliling Kangin，可看到大片的竹林、水果树和稻田等，风光无限。

住宿

★ Soori Villas 别墅 $$$

（☎0361-8946388；www.sooribali.com；Kelating；别墅 7,500,000Rp起；）这处豪华别墅群位于一片（仍然）僻静的巴厘岛西部海岸，有48幢非常私密的别墅，都带有自己的跳水泳池。房间装修采用现代极简主义风格，环境十分私密。乘车前往长谷和水明漾只需45分钟至1小时，度假村会提供交通工具。

到达和离开

这里需要自备交通工具。乡村小路非常适合骑行。

塔巴南北部（North of Tabanan）

塔巴南北部地区适合自驾游。这里景点很一般，它的真正魅力在于驾车行驶在这片丰饶的土地上，一路上都能看到弯弯的竹子，犹如寺庙的穹顶。每个转弯都能看到迎面而来的稻田风景。

Bali Silent Retreat 精品酒店 $

（☎0813 5348 6517；www.balisilentretreat.com；Penatahan；铺 US$25，房间 US$40~120）位于一片极度宁静的氛围中，这个地方名副其实：开展冥想、练习瑜伽、在大自然中步行等活动——所有一切都在静谧中进行。然而，极简主义风格也贯彻到餐食中，菜品都是有机菜肴，美味可口（包含在每天US$37的全包费用内）。这里位于塔巴南西北18公里处。

巴厘岛家庭寄宿项目 家庭寄宿 $

（Bali Homestay Program；☎0851 0488 9996；www.bali-homestay.com；Jegu；2晚全包 标单/双 US$185/330起）你可以参加这项创新型旅游项目，体验乡村生活。游客们住在塔巴南以北9公里的Jegu村居民家中，村里有稻田。我们推荐2晚全包套餐，包含参与制作供品、村内参观、文化团队游以及所有餐费。至少需要提前2周预订。

到达和离开

塔巴南北边竹荫掩映的公路需要你自备交通工具。有山地骑行经验的自行车手会享受在此骑行的乐趣。

巴利安海滩（Balian Beach）

☎0361

巴利安海滩是巴厘岛新晋热门景点之一，沙丘和小山形成高低起伏的地带，山下惊涛拍岸，吸引着越来越多的冲浪者和渴望逃离巴厘岛南部喧嚣的人们。

你可以在咖啡馆里流连，和其他旅行者共饮啤酒、欣赏落日、聊聊冲浪。在黑色沙滩

上可以租到冲浪板，不冲浪的人可以享受瑜伽或人体冲浪。

巴利安海滩就在开阔的巴利安河（Sungai Balian）入口，位于Lalang-Linggah镇以南800米处，小镇在安东萨里以西10公里的主干道旁。

住宿

许多酒店都靠近海滩并且相对集中，但是在海滨以外的地方也有一些舒适的民宿。

★Surya Homestay 客栈 $

（☎0813 3868 5643；wayan.suratni@gmail.com；房间 含早餐 200,000~350,000Rp；❄📶）这家温馨家庭小旅馆位于主路边一条小巷深处200米（Wayan和Putu的充满魅力），有8间平房风格的房间。这里干净整洁，房间里有冷水和风扇或空调。打听一下长期租住的优惠价格。

Made's Homestay 家庭旅馆 $

（☎0812 396 3335；房间 150,000~200,000Rp）酒店位于海滩后方，3个平房单元拥有简朴的风格，四周种着香蕉树。房间简单、干净，空间足够你放许多冲浪板，提供冷水淋浴。

Ayu Balian 民宿 $

（☎0812 399 353；Jl Pantai Balian；房间 含早餐 100,000~300,000Rp；❄）这栋2层楼里的7个房间可俯瞰通往海滩的道路。其中一些有热水和空调；友善的老板Ayu热情而真诚。

★Gajah Mina 精品酒店 $$

（☎0812 381 1630；www.gajahminaresort.com；别墅 含早餐 US$115~250；❄📶🏊）这间紧邻大海的精品酒店由一位法国建筑师设计并拥有，里面分为11个单元。带有围墙的私人平房一直延伸到险峻的岩石，周围是汹涌的波涛。庭院非常开阔，有可以四处闲逛的小路和休憩的凉亭。这里的海鲜餐厅Naga（主菜70,000Rp起）俯瞰着风景如画的私人黑沙滩。

Pondok Pitaya 客栈 $$

（☎0819 9984 9054；www.pondokpitaya.com；Jl Pantai Balian；房间 含早餐 US$60~155；📶🏊）在海浪拍打的巴利安海滩上，随处可以闻到海水的味道，这里有兼容并包的各种房型：从古印度尼西亚建筑（包括一栋1950年的爪哇老房和一间1860年的巴厘捕鳄人小屋），到装修较朴实的房间等。这里非常适合家庭入住，因为有一个漂亮的泳池。咖啡馆（主菜40,000~85,000Rp）供应果汁、有机菜肴和比萨。

Pondok Pisces 客栈 $$

（☎0361-831 1220，0813 3879 7722；www.pondokpiscesbali.com；Jl Pantai Balian；房间 460,000~1,300,000Rp；📶）这里有充满热带风情的茅草屋和满园的鲜花，还可以听到海涛声。一共有12间房，楼上的房间有能看到海景的大阳台。可以在室内的Tom's Garden Cafe（主菜52,000~120,000Rp）边吃海鲜烧烤边看冲浪的景色。

值得一游

塔曼阿尤寺（PURA TAMAN AYUN）

塔巴南东北的巨大皇家水神庙（Mengwi；成人/儿童 20,000/10,000Rp；⏲8:00~18:15）洋溢着静谧的氛围，四周有宽阔而优雅的护城河。这里曾是孟威王国的主神庙，直到这个王国于1891年被邻近的塔巴南王国和巴东（Badung）王国打败。这座壮观的寺庙始建于1634年，在1937年全面整修一新。在这个宽敞的地方四处走走，可以远离那些来去匆匆的旅行团。

进入的第一个院子十分宽敞，里面草木茂盛，内院供奉着众多的多层神龛。池塘里莲花盛开，寺庙作为苏巴克系统（subak，水稻种植者协会）的一部分，于2012年被联合国教科文组织列为世界遗产。神庙东边的市集区有许多小摊，中午可以在那里填饱肚子。

庙内有一座名为Museum Manusa Yadnya的博物馆（Jl Ayodya；⏲8:30~17:00）免费，详细介绍了巴厘岛普通人生活中从怀孕6个月一直到离开这个世界的各种印度教仪式。

Gubug Balian Beach 客栈 $$

(☎0812 3963 0605; gubugbalian@gmail.com; Jl Pantai Balian; 房间 380,000~700,000Rp; ❄📶)在一片靠近海滩的宽敞的地方，有14个房间，其中一些能沿着下面的巷子看到海浪。便宜的房间只有风扇和冷水。

就餐

★ **Sushi Surf** 日式料理 $

(☎0812 3870 8446; Jl Pantai Balian; 寿司 20,000Rp起，主菜 55,000Rp起; ⏰10:00~22:00) 享用日落鸡尾酒和寿司的绝佳去处。冲浪活动就在与众不同的多层就餐区前开展。这里有品种丰富的特色菜和寿司卷。由Pondok Pitaya的老板经营。

Tékor Bali 各国风味 $

(☎0815 5832 3330; tekorbali@hotmail.com; 紧邻Jl Pantai Balian; 主菜 30,000Rp; ⏰7:30~22:00; 📶)在距离海滩100米的一条小巷内，这家引人入胜的餐馆有一片绿草坪，感觉像是到朋友家后院烧烤一样。菜肴品种丰富，有常见的备受本地人和冲浪者欢迎的菜肴，汉堡非常不错。鸡尾酒独具匠心，现场还有便宜的Bintang鲜啤。另有两间简单的房间可供住宿(350,000Rp)。

到达和离开

由于巴厘岛西部的主干道经常堵车，因此从水明漾(Seminyak)或机场(距离55公里)开车到巴利安海滩至少需要2个小时。租车且雇司机一日游的费用为900,000Rp或更多。你也可以乘坐从登巴萨的Ubung车站发往吉利马努克的长途汽车(60,000Rp)，在路口处下车，此地离海滩的酒店800米。

珍巴拉纳海岸(Jembrana Coast)

珍巴拉纳是巴厘岛人口最为稀少的地区。这里景色优美，除了梅迪维的冲浪运动，几乎没有其他旅游开发项目。主干道在大多数时间都沿着南部海岸旖旎而行，一直通往内加拉，从Pulukan向北可到达巴厘岛北部，一路上可以尽享遥远而赏心悦目的风景。

珍巴拉纳曾经是该地区首府，如今则是gamelan jegog的中心。gamelan jegog是加麦兰的一种(印尼的民族管弦乐器)，用巨型竹制乐器演奏，能发出低沉而洪亮的声音。加麦兰乐队的表演在音乐比赛中占重要的地位。聆听这种音乐的最好方法是在当地节庆期间来这里。请你的司机或其他当地人四处问问，看看是否正好碰上一场演出。

蓝布斯威寺(PURA RAMBUT SIWI)

这座宏伟的寺庙坐落于风景如画的悬崖峭壁之顶，在盛开的赤素馨花树丛的掩映下俯瞰着广阔的黑沙海滩，它是巴厘岛西部最重要的海神庙之一。与海神庙和乌鲁瓦图寺(Pura Luhur Ulu Watu)一样，这里也是由祭司尼拉塔于16世纪建成的，此人对大海风情的鉴赏可谓独具慧眼。与海神庙不同的是，这里依然平和宁静，游客罕至。在没有举行仪式的日子里，你只会看到一些孤独的饮料摊贩。

传说当尼拉塔第一次到访这里时，他剪下了自己的头发送给当地村民。这些头发现保存在一个盒子中，埋藏在一个三重顶神龛(meru)里，"meru"意即"头发崇拜"。这座神庙主殿目前不对公众开放，但是你可以很轻易地从大门口望到它。从停车场的石阶一路向上可以到达这座庙宇。

在看门人那里可以花2000Rp租到纱笼，看门人很乐意带你去寺庙和海滩逛逛，然后会拿出访客留言簿要你捐款——10,000Rp就够了(不要在意之前的游客捐多大一笔钱)。沿着悬崖边的小路到一处石阶，走下去就是一座更古老的小寺庙Pura Penataran。

这座庙宇位于Air Satang和Yeh Embang之间，梅迪维以西7公里，吉利马努克以东48公里。沿着宽阔的道路前行500米，穿过美丽的稻田，就能到达这座寺庙。根据路标很好找，但记得在塔巴南至吉利马努克主干道旁云集的小吃摊附近拐弯。

到达和离开

沿途风景超凡，正好可以缓解在主路上被缓慢前行的卡车所带来的郁闷。

梅迪维（Medewi）

☎0365

这里有冲浪圣地梅迪维海滩（Pantai Medewi），你会看到壮观而绵延不断的左手浪。200~400米的浪很常见。

这里的沙滩实际上是黑色的鹅卵石，中间分布着大片的平滑灰岩，把在这里步行当作一次免费的足疗吧。牛羊在岸边吃草，游客们在岸上看着冲浪健儿们的精彩表演。这里有一些客栈和几家冲浪商店（冲浪板租金每天100,000Rp起）。

梅迪维是个传统的市场小镇，在这里可以买到体验巴厘岛西部地区生活所需的任何用品。

住宿

酒店集中在通往冲浪地的小巷Jl Pantai Medewi。在主要冲浪地以东和以西2公里的其他巷子里也有各种独立客栈和冲浪营地。前往这些地方至少需要一辆摩托车来代步。

Anara Surf Camp 客栈 $

（☎0817 0323 6684；www.facebook.com/anarasurfcamp/；房间 250,000Rp起；📶）这处冲浪营地和现代客栈位于梅迪维海滩岸边，一面是大海，另一面则是稻田。这里设有不同价位的住宿，但都采用迷人的硬木建造，配备了舒适的四柱床和蚊帐。水边的几座平房有大大的玻璃窗和露天浴室。

冲浪板租赁费用每天仅需70,000Rp，可提供教练指导。要注意在冲浪营地前极为常见的离岸流。

Surf Villa Mukks 客栈 $

（☎0812 397 3431；www.surfvillamukks.com；Pulukan；房间 含早餐 带风扇/空调 250,000/400,000Rp；❄📶）位于Pulukan梅迪维冲浪点东边900米处，这个日本人经营的客栈有现代风格的房间，可以俯瞰稻田和远处的海浪。这个地方非常与众不同，一些房间用竹帘代替了房门。出租冲浪板，设有冲浪教学课程。

★**Puri Dajuma Cottages** 酒店 $$$

（☎0361-813230，0811 388 709；www.dajuma.com；小屋 1,600,000Rp起；❄@📶🏊）拜众多的标识所赐，从东部沿主干道过来的人很难忽视这个海边度假村。令人欣慰的是，这35个房间，无论是套间、小屋或是别墅，都可以说是物有所值。每个小屋都带私人花园，配有吊床和带阻隔的露天浴室，大部分都可以看到海景。向西2公里就是梅迪维冲浪地。

就餐

★**Ten Pandan** 印度尼西亚菜 $

（主菜 20,000~40,000Rp；⏲9:00~21:00）这家迷人的海滨餐厅在传统海边的高脚屋（joglos）供应便宜美味的印尼菜肴。花生酱拌杂菜（gado gado）是首选，服务超级友善。老板计划在餐馆边修建一间运动酒吧和舞蹈俱乐部。

Warung Gede & Homestay 印度尼西亚菜 $

（☎0812 397 6668；简餐 20,000Rp起；⏲6:00~22:00）在这家客栈的简单的露天餐厅里，你可以边欣赏海浪边享用简单的印度尼西亚菜以及可口的早餐。房间（150,000Rp起）附带典型的冲浪者风格的简约配置，只有冷水和风扇。

Mai Malu 咖啡馆 $

（☎0819 1617 1045；maimalu.medewi@yahoo.com；紧邻Tabanan-Gilimanuk Rd；主菜 35,000Rp起；📶）在梅迪维支路上靠近公路处，这家客栈是人气很旺的（也是唯一的）休闲地。充满现代气息、微风拂面的楼上的咖啡馆提供大众口味的比萨、汉堡和印度尼西亚菜。房间（150,000Rp起）陈设一般，配有风扇。

到达和离开

梅迪维海滩距离机场75公里。雇一辆小汽车和司机，进行一日游的花费为850,000Rp起。你可以从登巴萨的Ubung车站搭乘前往吉利马努克的长途汽车（45,000Rp），在路口下车。在主干道上，沿着一块大路牌所示，经过一条平整的道路（200米），即可到达梅迪维海滩。

色克(CEKIK)

色克更像是一个交叉路口，而非一座小镇，是巴厘岛南部通往西巴厘岛国家公园的门户。20世纪60年代期间这里进行的考古发掘揭示了巴厘岛最早的人类活动遗迹，考古人员在墓地里发现了公元前一千多年(前后相差几个世纪)的葬礼祭品、青铜首饰、斧头、扁斧和陶器。在吉利马努克的**史前人类博物馆**(Museum Manusia Purbakala Gilimanuk, Prehistoric People Museum; ☎0365-61328; Jl Rajawali; 建议捐赠 10,000Rp; ⏲开放时间不定)能看到其中一些文物。

交叉路口南面的**战争纪念塔**是一座佛塔式的建筑，楼梯沿着外墙盘旋而上。"二战"后，荷兰人企图再一次控制印度尼西亚，巴厘岛的独立武装奋起反抗，这里就是为了纪念他们的登陆而建。色克也是**西巴厘岛国家公园管理处**(Bali Barat National Park Headquarters; ☎0365-61060; Jl Raya Cekik; ⏲6:00~18:00)所在地——就在主路边。

从交叉路口出发，一条道路继续向西3公里至吉利马努克轮渡港口，另一条向东北可至巴厘岛北部。从吉利马努克出发前往登巴萨和新加拉惹的客运班车都会在这里上下客；所有往返吉利马努克的长途汽车和小巴都经过色克。

帕拉萨里和布林宾萨里(Palasari & Belimbingsari)

在巴厘岛，基督教福音派曾受到世俗荷兰人的打压，但零星的传教活动还是促成了一些人的皈依，他们中有许多人遭到自己社区的排挤。1939年他们在鼓励之下，在巴厘岛西部的荒郊野外重新定居。福音派建立的两个社区位于巴厘岛西部主干道附近，在前往吉利马努克和岛上唯一的国家公园时，不妨绕道前往一游。

帕拉萨里是天主教社区的家园，小镇的广场上有一座主要由白石头建成的圣心天主教堂。教堂非常宁静，棕榈树在微风中轻柔摆动，让人感觉这里不是印度教占统治地位的巴厘岛，而是西方宗教盛行的夏威夷。教堂的尖顶倒是有几分巴厘岛风情，看上去与印度教寺庙的多重顶神庙很相像，教堂正面与印度教神庙的大门形状相同。

附近的布林宾萨里是新教徒社区，如今拥有巴厘岛最大的新教徒教堂Pura Gerja。虽然这座教堂没有帕拉萨里的教堂高，但仍不失为一座令人叹为观止的建筑，充满了独一无二的巴厘岛风情——原本应该放置教堂大钟的地方，却像印度教寺庙一样放了个kulkul(空心树干做成的警示鼓)。入口需经过一扇aling aling风格(护墙)的大门，引人注目的天使雕像长得很像巴厘人。周日可以进去一探究竟。

★ **Taman Wana Villas & Spa** 精品酒店 $$$

(☎0828 9712 3456; www.bali-tamanwana-villas.com; Palasari; 房间 US$80~280; ❄📶🏊)如果想近距离体验宗教，这个偏僻的精品度假村是合适之选，经过帕拉萨里教堂后，穿过一处丛林，驾车2公里即可到此，路上风景可谓相当别致。这个精品度假村外观优美，布局为罕见的圆形，共有27个房间，用"豪华"描述其奢华程度也并不为过。全景视野开阔，选一间能俯瞰稻田风景的房间吧。

ℹ 到达和离开

两座村庄都在主干道北边，游览这里的最佳途径是沿环路自驾。沿着主干道自内加拉向西约17公里，找到去Taman Wana Villas的路标，沿着路标所示方向再开6.1公里到达帕拉萨里。如果从西边过来，要在色克东南方向约20公里处拐弯，再沿着一条平坦的道路到达布林宾萨里。往返两座村庄之间，除非你有如神助，否则很难在错综复杂的小巷中不晕头转向。幸运的是，问路非常方便。

吉利马努克(Gilimanuk)

☎0365

吉利马努克是去往爪哇岛的轮渡终点站，船只在狭窄的海峡间来回穿梭。来往爪哇岛的大多数旅行者都能即刻坐上船或长途汽

车，不需要等待。

Warung Ment Tempeh 巴厘菜 $

（Terminal Lama；套餐25,000Rp起；⏲8:00~22:00）一个大家族经营着附近几家类似的小餐馆，并且都供应一种地方菜：betutu鸡，一种带着香草芬芳的香辣蒸鸡。他们位于轮渡码头以南500米处的老汽车总站附近，距离主路50米。

ℹ 实用信息

在Jl Raya Gilimanuk有**警务站**（☎0365-61101），BRI自动取款机以及**邮局**（☎0365-61525；www.posindonesia.co.id）。

ℹ 到达和离开

船

来往于爪哇岛上Ketapang的汽车轮渡（30分钟，成人/儿童7000/5000Rp，摩托车/小汽车25,000/225,000Rp）24小时运营。这条航线的安全记录相当不错。行人码头位于汽车站以北300米处。

长途汽车

往返于吉利马努克大型汽车站和登巴萨的Ubung终点站（45,000Rp，3小时）的长途汽车班次较多，也有沿着北海岸公路到新加拉惹（Singaraja；40,000Rp）的长途汽车。体型较小、更为舒适的小巴也往返这两条线路，票价要贵5000Rp。

龙目岛

包括 ➡

最佳餐饮

- El Bazar（见328页）
- Nugget' s Corner（见327页）
- Taliwang Irama 3（见309页）
- Milk Espresso（见328页）
- Coco Beach（见314页）

最佳住宿

- Rinjani Beach Eco Resort（见320页）
- Qunci Villas（见313页）
- Livingroom Hostel（见326页）
- Kuta Cabana Lodge（见326页）

为何去

长久以来，龙目岛都在与其隔海相望的巴厘岛的熠熠星光下黯然失色。不过对于那些对巴厘岛感到厌倦的旅行者而言，龙目岛的名字时不时会撩动他们的心弦。龙目岛上有怡情养性的白沙海滩、气势磅礴的海浪、林木葱郁的内陆地区以及在烟草种植地和稻田间蜿蜒的徒步小道，整个海岛洋溢着浓郁的赤道风情。哦，你当然不会错过醒目的林查尼火山（Gunung Rinjani），这是印度尼西亚第二高的火山，顶峰上有温泉和令人目眩神迷的火山湖。

这样的景致数不胜数。龙目岛的南部海岸线得益于大自然的鬼斧神工：这里有美到让人窒息的碧绿海湾、世界顶级的冲浪点和高耸的巨大海岬。

龙目岛的交通非常方便，你的心情也会舒适至极。如果你计划继续向东前往努沙登加拉，你可以借道龙目岛前往松巴哇，或者乘船前往佛罗勒斯岛。

何时去

- 7月和8月是旅游旺季；最好预订住宿。
- 5月至6月以及9月的气候通常比较干燥，游客数量也相对较少。
- 从10月至次年4月，降雨会让前往林查尼火山的小路变得十分危险（这些小路1月至4月关闭），但却是最好的冲浪季节，许多节庆也是在此期间举办，包括插秧节（Perang Topat）、短棍格斗赛（Peresean）以及在Narmada举行的水牛赛等。
- 圣诞节和新年期间价格如同旺季一样水涨船高（游客数量也是突飞猛涨）。

历史

17世纪初，巴厘岛军队推翻了龙目岛西部的萨萨克王朝，马卡萨族（Makassarese）也从东部侵入龙目岛。到1750年，整座岛屿都已被巴厘岛的印度教国王所掌控。在龙目岛西部，巴厘人和萨萨克人之间的关系相对和谐；但在龙目岛东部，农民起义却是此起彼伏。

19世纪晚期，荷兰人开始插手龙目岛事务，在最初遭遇失败，并付出100条人命的代价之后，他们最终控制了Cakranegara。在这里，最后一任王公家族用一场轰轰烈烈的布布坦仪式光荣殉难，男人、女人和孩子们身穿白袍冲向不知所措的荷兰士兵，而后者只能无奈开枪射杀。在那之后，荷兰人在其他巴厘岛和萨萨克贵族的支持下，很快就用区区250人的部队控制了50万龙目岛人民。

即使在印度尼西亚独立之后，龙目岛依然处于巴厘岛和萨萨克精英们的统治之下。1958年，龙目岛成为新设立的西努沙登加拉省的一部分，马塔兰成为行政首府。在1965年雅加达未遂政变之后，龙目岛的共产党人和华人遭到大规模屠杀。

在苏哈托总统实施"新秩序"政策后，龙目岛政局稳定，经济增长，但是作物歉收导致了1966年的大饥荒和1973年的严重粮食短缺。在政府支持的移民（transmigrasi）计划帮助下，许多当地居民大举迁离龙目岛。该计划旨在鼓励定居者从过度拥挤的地区前往人口稀少的地方。

旅游业从20世纪80年代开始蓬勃兴起，但大部分旅游开发都来自外部投资者和投机客的推波助澜。20世纪90年代，印度尼西亚陷入经济危机和政治动荡。2000年1月17日，严重的骚乱席卷马塔兰。基督徒和华人是主要的受害者，但是煽动者都并非龙目岛本地人。最终所有的龙目人都深受其害。2002年和2005年接连发生的巴厘岛爆炸案，让当地旅游业蒙上了一层阴影。

然后奇迹开始发生。龙目岛经济开始腾飞，巴厘岛的旅游业也重回正轨，再度迎来辉煌。龙目岛一举成为热门旅游目的地，发展日新月异。

2018年7月和8月，龙目岛接连发生三次强烈地震，减缓了龙目岛的发展步伐。其间，第一次地震迫使林查尼火山地区居民大规模撤离，第二次则有上千名游客争先恐后地登上离开吉利群岛的船只。经过全面调查统计，地震造成龙目岛北部80%的建筑损毁，563人殒命。吉利群岛和圣吉吉的重建速度相对较快，但是林查尼火山脚遭受重创的村镇仍然是一片断壁残垣，等待重焕生机。

到达和离开

飞机

龙目岛空中交通非常便利，每天都有航班往返印度尼西亚各大城市，如雅加达和登巴萨等；还有航班往返其他较小的支线机场。国际航班目的地包括新加坡和吉隆坡。

现代的龙目岛国际机场（LOP；www.lombok-airport.co.id；Jl Bypass Bil Praya）位于普拉亚（Praya）以南5公里处，被稻田环绕。机场不大，但是有完备的服务设施，如自动取款机、便利店和咖啡馆。

船

公共轮渡从龙目岛西海岸的伦巴港往返巴厘岛，从东海岸的拉布汉龙目往返松巴哇岛。快船公司也有从龙目岛出发往返吉利群岛和巴厘岛的航线，港口多为圣吉吉、邦萨尔和基利格德（Gili Gede）。

客运班车

曼达利卡车站（Mandalika Terminal；Jl Pasar Bertais B8）位于马塔兰。开往巴厘岛、松巴哇和佛罗勒斯岛的主要城市，中途需要搭乘岛屿间的车辆轮渡。如需搭乘长途客车，提前一两天到车站订票，或者可以请旅行社代订。

如果你在上午8:00前没有订票就到达车站，所需线路的班车上可能会有空座，但是不要抱太大希望，尤其是在假期。

巴厘岛的登巴萨有班车经八丹拜—伦巴港汽车轮渡前往龙目岛，然后继续驶往马塔兰的曼达利卡车站（225,000Rp）。还有客运班车经由龙目岛—松巴哇岛汽车轮渡开往Bima（225,000Rp）。

旅游穿梭巴士

龙目岛主要游客中心（圣吉吉和库塔）与巴厘岛南部和吉利群岛的大部分游客热点地区之间

龙目岛亮点

❶ **林查尼火山**（见318页）攀登龙目岛无与伦比的神山圣峰，完成艰难挑战的登山者能够收获梦幻般的林查尼火山口圣湖以及下方烟雨迷蒙的Gunung Baru的美景作为回报。（见306页和319页内容了解震后相关信息。）

❷ **海岬荒原**（见316页）在Bangko Bangko的海岬荒原冲浪，征服你毕生遇到的最喜怒无常的海浪。

❸ **瑟龙布拉纳克海滩**（见332页）在近岸清澈碧绿的海水中畅游，感受完美细腻的清新白沙滩。

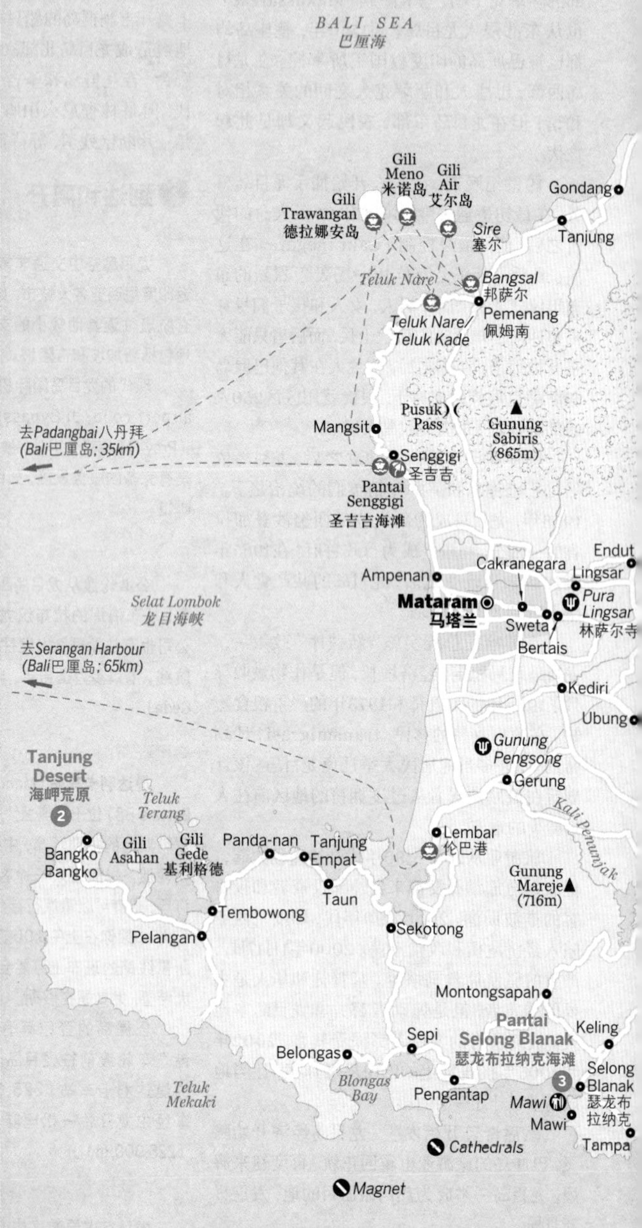

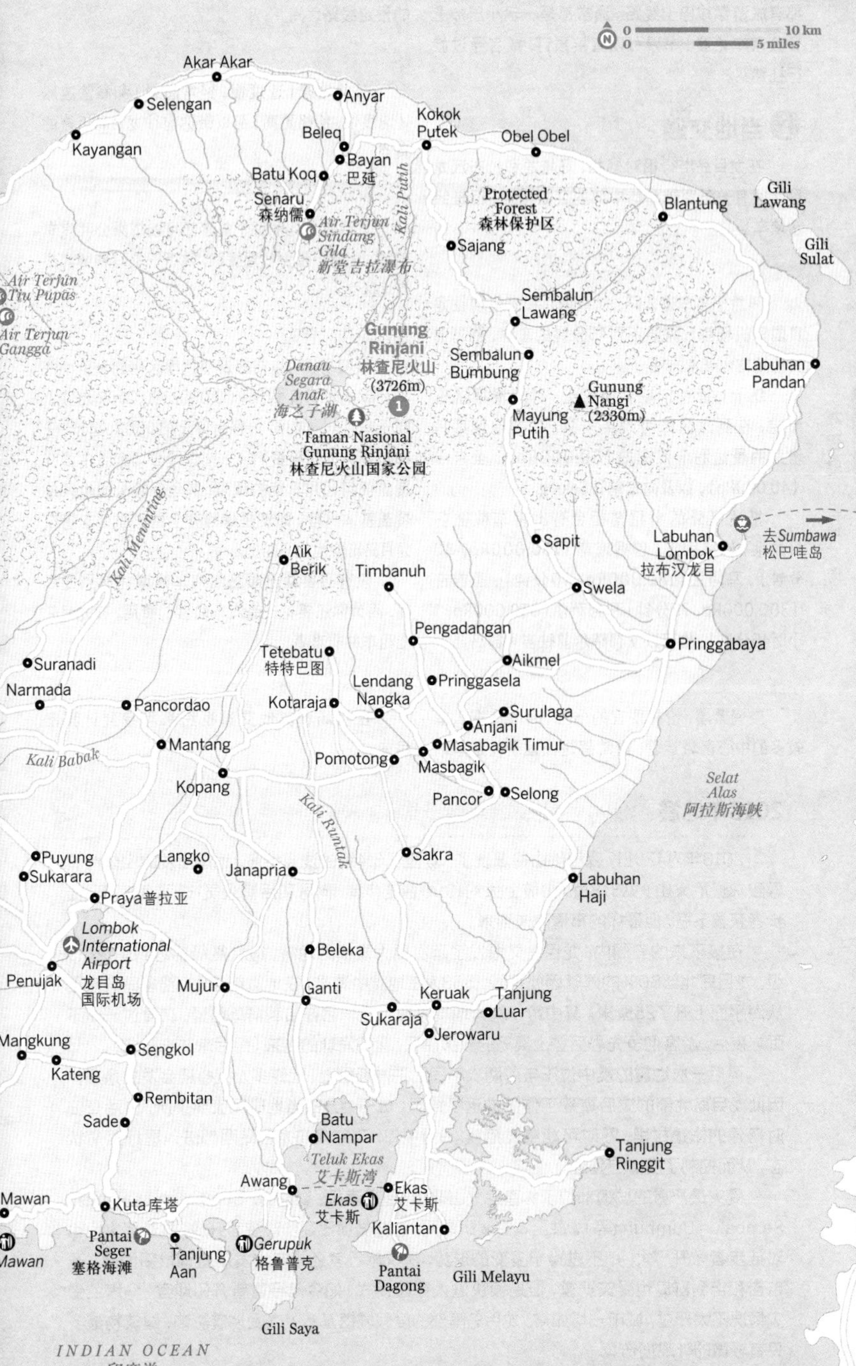
0 10 km
0 5 miles
Akar Akar
Selengan
Kayangan
Anyar
Beleq
Bayan
巴延
Batu Koq
Kokok
Putek
Obel Obel
Senaru
森纳儒
Air Terjun
Sindang
Gila
新堂吉拉瀑布
Kali Putih
Protected
Forest
森林保护区
Sajang
Blantung
Gili
Lawang
Gili
Sulat
Air Terjun
Tiu Pupas
Air Terjun
Gangga
Sembalun
Lawang
Gunung
Rinjani
林查尼火山
(3726m)
Danau
Segara
Anak
海之子湖
Sembalun
Bumbung
Labuhan
Pandan
Gunung
Nangi
(2330m)
Mayung
Putih
Taman Nasional
Gunung Rinjani
林查尼火山国家公园
Kali Meninting
去Sumbawa
松巴哇岛
Sapit
Labuhan
Lombok
拉布汉龙目
Aik
Berik
Timbanuh
Swela
Pengadangan
Pringgabaya
Tetebatu
特特巴图
Aikmel
Suranadi
Lendang
Nangka
Pringgasela
Narmada
Pancordao
Kotaraja
Surulaga
Anjani
Mantang
Masabagik Timur
Kali Babak
Pomotong
Masbagik
Kopang
Kali Runtak
Pancor
Selong
Selat
Alas
阿拉斯海峡
Puyung
Sukarara
Langko
Janapria
Sakra
Praya普拉亚
Labuhan
Haji
Lombok
International
Airport
龙目岛
国际机场
Penujak
Beleka
Mujur
Ganti
Keruak
Tanjung
Luar
Sukaraja
Jerowaru
Mangkung
Kateng
Sengkol
Rembitan
Sade
Batu
Nampar
Teluk Ekas
艾卡斯湾
Tanjung
Ringgit
Awang
Ekas
艾卡斯
Ekas
艾卡斯
Mawan
Kuta库塔
Kaliantan
Pantai
Seger
塞格海滩
Tanjung
Aan
Gerupuk
格鲁普克
Pantai
Dagong
Gili Melayu
Mawan
Gili Saya
INDIAN OCEAN
印度洋

都有旅游穿梭巴士线路。通常都是一辆小巴加上公共汽车轮渡。车票可以直接预订，或者通过旅行社购买。

当地交通

在龙目岛出行相对轻松，马塔兰和拉布汉龙目之间有一条穿越岛屿中部的公路相连，但是经常堵车。

抵离机场

得益于多车道公路，从马塔兰和库塔前往龙目国际机场都只需要不到45分钟的车程，到岛上其他地方也非常方便。

Damri设有定期旅游巴士，时间根据航班而定；在到达区即可购买车票。目的地包括马塔兰的曼达利卡汽车站（30,000Rp）、圣吉吉（40,000Rp），以及向东前往Selong。

抵达区外的出租车柜台有出租车前往各目的地，价格固定，包括库塔（150,000Rp，30分钟）、马塔兰（180,000Rp，40分钟）、圣吉吉（300,000Rp，75分钟）和邦萨尔（350,000Rp，1小时45分钟），你可以从邦萨尔前往吉利群岛。

小巴

空间紧凑、价格便宜的小巴（bemo）在人口较多的中心区域运营，通常都是往返于特定车站的预定线路之间。

船

公共轮渡（速度慢，经常超载）和私营渡船（速度快，价格更高）可以带你前往龙目岛近岸的景点。

公共汽车

龙目岛上几乎每个角落都可以搭乘公共汽车前往。大部分都为私营线路，往返于车站和游客热点地区之间。

小汽车和摩托车

很容易就可以在旅游热点地区租到一辆小汽车（带/不带司机 每天 600,000/350,000Rp起）。摩托车也十分常见，价格为每天70,000Rp起步。仔细检查你的保险资料。一些保险公司条款中没有覆盖任何租用车辆的保险；其他保险公司也只是覆盖基本保险。即使是保险齐全的巴厘岛车辆在龙目岛出险也是不赔的。

没有必要从巴厘岛驾汽车或摩托车到龙目岛，因为你还要花一笔汽车轮渡的费用。在龙目岛上租车并非难事。

出租车

在机场和其他交通枢纽都可找到计程出租车。

2018年地震

2018年7月29日，森巴伦山谷爆发了一场里氏6.4级的浅源地震。地震引发的山体滑坡导致林查尼火山（见318页）山坡上大约1090名徒步者、向导和后勤人员被困。第二天，徒步者获救下撤，但最坏的事情尚未到来。

在接下来的三周内，龙目岛又爆发了两次更大规模的地震，每次震级都达到里氏6.9级。龙目岛北部80%的建筑因此损毁，563人在地震中遇难。在地震结束时，整座岛屿甚至从海平面上升了25厘米。其中第一次大地震导致恐慌情绪在吉利群岛蔓延，在度过一个不眠之夜后，游客们争先恐后登上离岛的救援船只，害怕海啸的到来（但后来并未形成）。

最后一次地震的震中位于与前两次不同的逆冲断层上，让许多人担心还会发生余震，因此龙目岛北部的灾后重建工作被推迟了数周。成千上万的当地居民流离失所，生活在临时搭建的帐篷村里，随时可能爆发疟疾。9月中旬，政府宣布龙目岛西部进入医疗紧急状态，从而控制了疫情的蔓延。

受灾最严重的城镇都位于林查尼火山北边（包括塞拉、森纳儒、Sembalun Lawang和Sembalun Bumbung等）。截至本书调研期间，这些城镇已逐步对游客开放，林查尼火山也对徒步者敞开了大门，不过鉴于多变的形势，建议旅行者还是在出发前查询最新消息。圣吉吉和吉利群岛也受灾严重，但是很快进入重建模式，如今已经重新开门迎客。马塔兰受灾情况不太严重，城市一切如常。龙目岛南部的度假城镇基本上未受地震影响，建筑物最多只有轻微的外观损伤。

龙目岛西部（WEST LOMBOK）

随着西努沙登加拉的经济增长，龙目岛西部的最大城镇马塔兰也随之齐头并进。与此同时，著名的海滨度假胜地圣吉吉继续保持着20世纪90年代的氛围。龙目岛最吸引人的地方是西南部伦巴港周边，半岛的海岸线在这里千回百转，大海平静无比，田园牧歌般的近岸岛屿吸引着游客纷至沓来。

到达和离开

公共轮渡（儿童/成人/摩托车/小汽车 29,000/46,000/125,000/917,000Rp，5至6小时）往返于伦巴港的大型轮渡港口和巴厘岛的八丹拜之间。乘客船票在码头附近购买。渡船原则上24小时运营，每90分钟一班，但是服务可能不怎么靠谱——船只遭遇过失火和沉底的事故。

小巴和公共汽车线路非常多，小巴定时开往曼达利卡车站（见303页），票价25,000Rp，因此不必犹豫不决。出租车前往马塔兰的费用约为100,000Rp，到圣吉吉的费用为200,000Rp。

马塔兰（Mataram）

0370/人口 402,843

龙目岛的首府是一个由过去相互独立、界线模糊的小镇组成的庞然大物：Ampenan（港口）、马塔兰（行政中心）、Cakranegara（商业中心，常简称为“Cakra”）和东边的Sweta（曼达利卡汽车站所在地）。马塔兰东西跨度达12公里。

这里可看的旅游景点不多，但马塔兰宽敞的林荫大道上交织着嘈杂的汽车鸣笛声和摩托车的轰隆声，这里还有传统市场和购物中心。如果你渴望体验身临印度的感觉，这里一定不会让你失望。马塔兰周边的景点包括旧港口小镇Ampenan——如果你停下脚步，绿荫掩映的主街和老式建筑会让你清晰地感受到荷兰殖民地时期的氛围。

景点

★林萨尔寺 寺庙

（Pura Lingsar；紧邻Jl Gora Ⅱ；院落 免费，寺庙 捐赠入内；8:00~18:00）这处寺院建筑是龙目岛上最神圣的地方。该寺由Anak Agung Ngurah国王建于1714年，坐落在茂盛的稻田内，景色非常漂亮。这是个多教派寺院，有印度教神庙圣泉寺（Pura Gaduh）和维喀图德鲁（龙目岛本地对伊斯兰教的一种神秘主义解析）寺庙。

寺庙位于马塔兰以东6公里处的林萨尔村内。从曼达利卡汽车站坐小巴到Narmada，再换乘去林萨尔，在靠近寺院入口的地方下车。

西努沙登加拉伊斯兰中心 清真寺

（Islamic Center Nusa Tenggara Barat；见308页地图；0819 1732 5666；http://islamiccenter.ntbprov.go.id；Jl Udayana和Jl Pejanggik交叉路口；5000Rp；参观时间 10:00~17:00）2016年建成，在2018年地震中外观受损。这座绿色和金色相间的清真寺是龙目岛上最引人注目的建筑，从最高的宣礼塔上（在马塔兰上方114米处）可以将全城风景一览无余。身着短裤的外国人可以先借用更得体的服装，然后再入内参观。

Pura Meru 印度教神庙

（见308页地图；Jl Selaparang；8:00~17:00）免费 Pura Meru寺是龙目岛最大的、同时也是第二重要的印度教庙宇。寺庙建于1720年，用于供奉印度教的三位主神——梵天（Brahma）、毗湿奴（Vishnu）和湿婆（Shiva）。内庭有33座小神龛和3座茅草为顶、柚木为体的多重顶神龛（meru）。位于中央的是11层的湿婆殿，北边的是9层的毗湿奴殿，南边的是9层的梵天殿。

摩由罗水之宫殿 公园

（Mayura Water Palace；见308页地图；Jl Selaparang和Jl Purba Sari交叉路口；7:00~22:00）宫殿建于1744年，里面有从前国王的家庙，每年12月24日，龙目岛上的印度教徒都会来此朝圣。1894年，巴厘人与荷兰人在此浴血奋战。在这里可以略微感受到历史的沧桑，但如今这里更像是一个公园，留下一片被污染了的人工湖。

住宿

民宿和经济型酒店占主流，但也有一些以商务客人为客户群的时尚酒店陆续开业。住在马塔兰中心区是深入体验非旅游区当地生活的好办法。

Mataram 马塔兰

Mataram 马塔兰

景点

1 摩由罗水之宫殿 D2
2 Pura Meru D2

住宿

3 Hotel Lombok Raya A2
4 Hotel Melati Viktor B2

就餐

5 Ikan Bakar 99 .... B2
6 Mirasa C2

饮品和夜生活

7 Maktal Coffee Bar B2

购物

8 Mataram Mall A2
9 Pasar Cakranegara D2

Hotel Melati Viktor 客栈 $

（见本页地图；☎0370-633830；Jl Abimanyu 1；房间 120,000，含空调和早餐 200,000Rp；❄📶）这里有37间干净的房间，天花板很高，还有巴厘岛风格的庭院，屋内摆放着印度教神像，是镇上性价比最高的旅馆之一。总是在不断扩建，如今已有三栋楼，分别位于Jl Abimanyu两侧。

Hotel Lombok Raya 酒店 $$

（见本页地图；☎0370-632305；www.lombokrayahotel.com；Jl Panca Usaha 11；房间 含早餐 600,000~750,000Rp；P❄📶🏊）这家酒店在2018年地震中受损程度要超过大多数马塔兰酒店，但是在本书调研期间正在进行整修，当你拿到本书时，工程应已完成。地理位置优越，有134间宽敞舒适的带阳台房间，直至现在这里依然是保守商务旅客的首选。波光粼粼的泳池、设施齐全的健身房和丰盛可口的自助早餐也让这里更具魅力。

餐饮

稍显过时的Mataram Mall周围的街上到处是西式快餐店、印尼面馆和小吃摊。

Ikan Bakar 99 海鲜 $

（见本页地图；☎0819 3313 8188；Jl Subak Ⅲ 10；主菜 30,000~55,000Rp；⏰11:00~22:00）想象一下：鱿鱼、对虾、鱼和螃蟹刷上一层辣椒酱，然后烤或炸至香飘四溢，最后再蘸上香辣的Padang或糖醋浓汁，放进嘴里。你可以坐在拱形顶餐厅里的长桌旁，和马塔兰

当地家庭一起享用美食。位于一处巴厘人街区内。

Taliwang Irama 3 印度尼西亚菜 $

（见308页地图；☎0370-629354；Jl Ade Irma Suryani 10；主菜 20,000~50,000Rp；⏲11:00~22:00）鲜美香辣的印度尼西亚菜肴吸引回头客们每天在这里进进出出。可在绿意盎然的庭院或室内用餐。门口的摊贩足以说明这里旺盛的人气。这里的鸡肉比龙目岛上的其他餐厅更加嫩滑鲜香。

Mirasa 面包房 $

（见308页地图；☎0370-633096；Jl AA Gde Ngurah 88；糕点 4000Rp起；⏲6:00~22:00）这家现代面包店深受Cakra的中产家庭喜爱。供应甜甜圈、曲奇、蛋糕和当地小吃鸡肉馅馄饨。

★ Rollpin 各国风味 $$

（见308页地图；www.rollpin.id；Jl Ahmad Yani；主菜 50,000~100,000Rp；⏲周二至周日12:00~22:00；📶）炉火纯青的技术、马塔兰本地味道、位于城镇中心东北部荫翳小溪旁的独特位置，尝尝这里的整条烤鲷鱼、龙目岛鸭肉或清蒸鲯鳅鱼（mahi-mahi），搭配匠心独运的无酒精鸡尾酒，例如Pin Pure（薄荷、生姜、酸橙和蜂蜜）等。热情的服务和品种丰富的儿童菜单也增加了这里的吸引力。

Maktal Coffee Bar 咖啡

（见308页地图；www.facebook.com/maktalcoffeebar；Jl Maktal；⏲9:00~23:00；📶）这家时尚的小咖啡吧供应从冰滴咖啡到焦糖拿铁的各式饮品。咖啡豆都是本地出品，风味浓郁，如果意犹未尽，你还可以买一些咖啡豆。这里还制作煎饼、饺子和印尼风味主食（20,000~30,000Rp）。

🛍 购物

龙目岛和松巴哇岛养殖的优质珍珠，是这里最著名的商品，尤其是在Cakranegara。

★ 龙目岛手工艺中心 手工艺品

（Lombok Handicraft Centre；见308页地图；Jl Kerajinan，紧邻Jl Diponegoro；⏲8:00~18:00）位于Sayang Sayang（Cakra以北2公里），有各式各样的小商店；可以找找窄路上方写着“Handy Craft”的拱形标牌。在这里可以看看各种手工艺品，包括来自努沙登加拉各地的面具、纺织品和陶器等。这里也是随意逛逛的好地方。

萨萨克人的节日和仪式

虽然人们对龙目岛萨萨克人的起源所知甚少，但普遍认为他们是巴厘岛萨萨克人的一个分支。17世纪，他们开始信奉伊斯兰教。因此，许多基于“万物有灵论”和印度教传统的古老文化仪式和庆典都在慢慢消失，但还是保留了一些。

Lebaran Topat（⏲6月）在伊斯兰历法的斋月（Idul Fitri；Ramadan）结束后七天举行，是龙目岛西部地区独有的萨萨克仪式。亲属们聚在一起给家族的坟墓淋水，献上鲜花和蒌叶，撒上石灰粉。游客可在Ampenan郊外的Bintaro墓地观看到这种仪式。

Malean Sampi（⏲4月初）萨萨克语“赛牛”的意思，参赛的水牛在马塔兰以东的Narmada，沿着100米的泥沼地跑，是一场极具竞争性的比赛。选手们把两头牛套在一起，挥舞鞭子，指挥它们沿着赛道跑。动物待遇一直是个谜。赛事在4月初举行，用以庆祝种植季节的到来。

Gendang Beleq（⏲多次举行）这种“大鼓”表演源于战争前的例行演出。现在，龙目岛中部地区的许多村庄都有大鼓（gendang）表演队伍，有些人数多达40人，在节日里或仪式上可看到他们的身影。鼓非常大，有1米多长，外形和大小都跟油鼓相似。鼓手们将鼓系上带子，挂在脖子上。

短棍格斗赛（Peresean；⏲12月）武术表演“短棍格斗”，两名男子光着膀子、手持藤杖和牛皮盾牌决斗。萨萨克人相信洒到地上的血越多，下一场雨季的降雨就越多。此外，7月底圣吉吉有游行活动，12月底马塔兰有一场锦标赛。

★曼达利卡市场 市场

（Pasar Mandalika；Bertais；⏰6:00～18:00）这家大型市场位于Bertais的曼达利卡（Mandalika）汽车站附近，有着除游客以外的所有东西：蔬菜瓜果、鱼（鲜鱼和烤鱼）、一篮篮色香俱全的调料和谷物、新鲜的牛肉、椰糖、辛辣的虾酱和龙目岛西部地区最便宜的手工艺品。

当你对充满外国人的旅游点感到厌倦时，这里是让你融入本地生活的一个好地方。

Lombok Epicentrum Mall 购物中心

（见308页地图；☎0370-617 2999；www.lombokepicentrum.com；Jl Sriwijaya 333；⏰10:00～20:00）内设电影院、美食天地和各种消费娱乐体验。这座四层楼的购物中心规模和吸引力在龙目岛都算得上首屈一指。

Pasar Cakranegara 市场

（见308页地图；AA Gede Ngurah和Jl Selaparang交叉路口；⏰9:00～18:00）有许多新奇的摊点，在其中一些摊位上可以买到高品质的扎染布料（ikat，一种传统布料），这里还有一处有趣的食品市场。不妨将其想象为传统市场的现代版本。

Mataram Mall 购物中心

（见308页地图；Jl Cilinaya；⏰9:00～22:00）一个多层购物中心，内设超市、百货商店、电子产品和服装店，还有一些各国风味的餐厅。

ℹ 实用信息

医疗服务

Rumah Sakit Harapan Keluarga（☎0370-617 7009；www.harapankeluarga.co.id；Jl Ahmad Yani 9；⏰24小时）这是龙目岛最新最好的私立医院，位于马塔兰镇中心的东侧，有会说英语的医生。

现金

购物中心附近随处可见自动取款机。大多数银行都在Jl Pejanggik沿线或周边。

签证延期

你可以在**移民局办事处**（Kantor Imigrasi；☎0370-632520；Jl Udayana 2；⏰周一至周五8:00～12:00和13:00～16:00）办理签证延期。整个流程需要3天至4天。

ℹ 到达和离开

船

如果你想从龙目岛前往偏远的印度尼西亚岛屿，可以在当地的国家航运公司**Pelni办事处**（☎0370-637212；www.pelni.co.id；Jl Industri 1；⏰周一至周四和周六8:00～12:00和13:00～15:30，周五8:00～11:00）查询船期和购买船票。

长途汽车

曼达利卡车站（Mandalika Terminal；见303页）距离市中心3公里，是龙目岛最大的客运班车和小巴站点，周围是繁忙的中心市场。去售票处买票以避免上当受骗，乘坐黄色的小巴往返市中心（5000Rp）。

前往库塔的直达穿梭巴士每天11:00发车（1.5小时，60,000Rp）。从曼达利卡汽车站每小时发车的长途汽车和小巴如下：

目的地	票价(Rp)	时间
机场（Damri巴士）	30,000	45分钟
库塔（途经普拉亚和Sengkol）	60,000	2～3小时
拉布汉龙目（Labuhan Lombok）	35,000	2.5小时
伦巴港	20,000	45分钟
圣吉吉（途经Ampenan）	15,000	1小时
圣吉吉（Damri巴士直达）	40,000	45分钟

ℹ 当地交通

要找可靠的、打表计费的出租车，可联系**Blue Bird Lombok Taksi**（☎0370-645000；www.bluebirdgroup.com）。独自旅行者可以下载**Go-Jek**（www.go-jek.com），这是一款便宜可靠的计程摩托车（ojek）打车应用程序。

圣吉吉（Senggigi）

☎0370/人口 52,000

圣吉吉是龙目岛最初的游客度假地，这里地理位置优越——有广阔的海湾，浅色海滩后是丛林浓密的群山和一排排椰树。傍晚时分，血色残阳渐渐西沉，与附近的巴厘岛阿贡火山一起构成一幅完美的图画。

如今这里已经被吉利群岛和库塔后来居上，游客主要以回头客为主。圣吉吉有许多性

Senggigi 圣吉吉

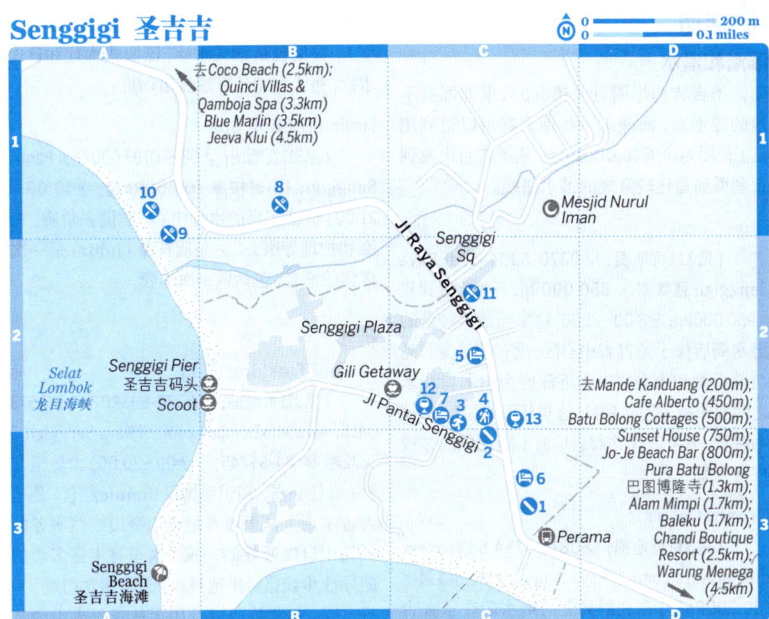

Senggigi 圣吉吉

活动、课程和团队游

1 Blue Coral C3
2 Dream Divers C3
3 Hallo Lombok Spa C2
4 Rinjani Trekking Club C2

住宿

BC Inn .... （见1）
5 Central Inn C2
6 Sendok Hotel C3
7 Tempatku C2

就餐

8 Asmara B1
9 Office A1
10 Spice A1
11 Square C2

饮品和夜生活

12 Honky Tonks Blues Bar & Grill C2
13 Papaya Café C2

购物

Asmara Collection .... （见8）

价比很高的酒店和餐馆，其中许多在2018年的地震中都受损严重。虽然城区边缘看起来比较寒酸，但震前的发展和震后重建中都增加了一些世俗的元素，试图让这个适合家庭出行的度假城镇再现20世纪90年代巅峰时期的辉煌。

圣吉吉地区涵盖10公里长的海滨公路，高级街区Mangsit位于圣吉吉中部以北3公里处，不远处就是风景如画的Malimbu和Nipah海滩。

景点

巴图博隆寺 印度教神庙

（Pura Batu Bolong；见本页地图；紧邻Jl Raya Senggigi；捐赠入内；⊙7:00～19:00）巴图博隆寺并非龙目岛最宏伟的印度教寺庙，但却最有吸引力，特别是在日落时分。14座祭坛和宝塔散布在崎岖的火山岩上，岩层延伸至圣吉吉中部以南2公里远、浪花朵朵的大海中，可跟随热情友好的巴厘岛居民献上供品。寺庙下方的岩石有一个天然洞穴，该寺因此得名（batu bolong直译为“有洞的岩石”）。

活动

浮潜和潜水

圣吉吉海岸附近及镇北3公里处都有不错的浮潜点。海滩上一些地方都可以租到用具(费用为每天50,000Rp)。从圣吉吉出发到吉利群岛是比较常规的潜水路线。

Blue Coral 潜水

(见311页地图; ☎0370-693441; Jl Raya Senggigi; 两次潜水 850,000Rp, 开放水域课程 4,950,000Rp; ⏲8:00~21:00)这家当地人经营的潜水商店位于圣吉吉中心区,设有前往龙目岛西部近海和吉利群岛附近深度为18米和22米之间的非减压潜水项目。这里还开设了PADI证书课程,另可选择含商店后面干净现代的客栈住宿套餐。

Dream Divers 潜水

(见311页地图; ☎0812 3754 583; www.dreamdivers.com; Jl Raya Senggigi; 入门级潜水 910,000Rp起)吉利群岛上的潜水店在圣吉吉开设的分店。这里还可以组织前往吉利群岛的浮潜行程,费用为400,000Rp。此外还有潜水课程和林查尼火山徒步游等其他活动。

Blue Marlin 潜水

(见311页地图; ☎0370-69444转115; www.bluemarlindive.com; Holiday Resort Lombok, Jl Raya Senggigi; 双气罐潜水 1,100,000Rp, 开放水域课程 5,750,000Rp)德拉娜安岛上的一家口碑不错的潜水商店在圣吉吉的分店,设有潜水课程以及前往吉利群岛的行程。店面位于圣吉吉北边3公里处的一座高端度假村内。

按摩和水疗

当地按摩师带着垫子、各种精油和认真的工作态度,积极耐心地在圣吉吉的海滩上寻找生意。讨价还价一番后,每小时的按摩费用约为80,000Rp。大多数酒店可派按摩师去房间提供服务,起价约为100,000Rp。注意一点,街边一些所谓"沙龙"里的服务时常有暧昧的举动。

★ **Qambodja Spa** 水疗

(见311页地图; ☎0370-693800; www.quncivillas.com; Qunci Villas, Mangsit; 按摩 US$30起; ⏲10:00~22:00)超级棒的水疗场所,可根据需求自行挑选精油(提神醒脑型、舒缓身心型),类型包括泰式水疗、巴厘式水疗和日式水疗。每天8:00还有瑜伽培训班。

Hallo Lombok Spa 水疗

(见311页地图; ☎0819 0797 6902; Jl Pantai Senggigi; 1小时按摩 70,000Rp起; ⏲10:00~21:00)价格实惠的水疗中心,提供去角质、按摩和护理等服务。去角质按摩(lulur)是一次极佳的享受,包括做一次体膜。

徒步

Rinjani Trekking Club 徒步

(见311页地图; ☎0370-693202, 0817 573 0415; www.info2lombok.com; Jl Raya Senggigi; 3天/2晚 徒步 US$245; ⏲9:00~20:00)由热情友善、责任心强、知识渊博的Ronnie经营,是圣吉吉主街上从事林查尼火山登山线路服务的机构中口碑最好的一家。这里有丰富多彩的向导徒步线路可供选择;全包费用含门票、一日三餐、露营装备以及用于林查尼火山清洁工作的捐款等。

住宿

圣吉吉的住宿地很分散,但是即使住在几公里以外(比如Mangsit)也不会觉得不方便,因为出租车价格十分便宜。预算相对宽裕的旅行者会有更多选择;背包客的选择相对有限。

由于在2018年7月和8月的大地震中受损严重,在本书调研期间,圣吉吉的许多住宿地点都处于闭门歇业的状态。当你拿到本书时,应已有不少恢复营业了。

Tempatku 客栈 $

(见311页地图; ☎0812 4612 9504; tempatkulombok@gmail.com; Jl Pantai Senggigi, Senggigi Plaza; 房间 200,000~240,000Rp; ❄📶)干净整洁、位置便利的经济型选择,楼下是一家美味的同名印尼菜餐馆。瓷砖地板的宽敞房间有浓郁的当地风格,所有房间共用2间热水浴室。店内还有一个非常有用的团队游预订柜台。

BC Inn 客栈 $

(见311页地图; ☎0370-619 7880, 0876 595 0549; http://bcinnsenggigi.com; Jl Raya

Senggigi；房间 200,000Rp起；📶）干干净净，舒舒服服，就在圣吉吉中心区域。BC是屋后"Blue Coral"潜水商店的简称。所有房间都配有卫星电视、Wi-Fi、舒适的床、隔断淋浴和实木装饰。购买超值双人潜水套餐可免费入住一晚。

Baleku 客栈 $

（见311页地图；☎0818 0360 0009；Jl Raya Senggigi；房间 225,000~300,000Rp；❄📶🏊）这间茅草顶砖房院落位于巴图博隆寺以南300米处，布局相对紧凑，但有15间超值的房间，其中价格最高的提供热水和空调。这边交通不太方便，但旅馆有车在圣吉吉镇免费接送住客。泳池似乎填满了所有可用的空间。

Sendok Hotel 酒店 $

（见311页地图；☎0813 3743 5453；Jl Raya Senggigi；铺 135,000Rp，房间 带风扇/空调 200,000/400,000Rp起；❄📶🏊）这间酒店在一家友善的餐吧后面，17间房间位于精心打理的花园中，草坪上有晒太阳的兔子，周围还点缀着印度教神龛和塑像。比较便宜的房间陈设简单且没有热水。只需加一点钱，房间的水准就会有质的飞跃。所有房间都有独立的前门廊。

Central Inn 酒店 $

（见311页地图；☎0370-692006；http://centralinnsenggigi.com；Jl Raya Senggigi；房间 250,000Rp起；❄📶🏊）位于汽车旅馆风格建筑里的52间房间有高高的天花板、闪亮的瓷砖地板，屋前还有一小块休息区，可以看到周围的群山。这家酒店位于主路靠近海滩一侧，但是不在沙滩上。面朝街道的楼房在2018年大地震中损毁严重，当你拿到此书时，应已重新开放预订。

Sunset House 酒店 $$

（见311页地图；☎0370-692020；www.sunsethouse-lombok.com；Jl Raya Senggigi 66；房间 含早餐 800,000~1,100,000Rp；❄📶🏊）位于朝向巴图博隆寺的静谧海岸边，现有20间房，装修品位高、设施齐全、风格简约。楼上的房间可以欣赏到巴厘岛方向的海景。只有公共区域能收到Wi-Fi信号。泳池和池畔休息区都很不错。

值得一游

KERANDANGAN自然保护区（TAMAN WISATA ALAM KERANDANGAN）

这片游客罕至的怡人的自然保护区是逃避圣吉吉的游客喧嚣、在热带雨林里漫步几个小时的好地方。Princess Twin和Swallow Cave瀑布群位于有明确路标的小路附近（不过部分路段可能比较不明显），一路上还可能看到稀有的蝴蝶和黑猴（还有其他常见的动物）。如果要前往，可以从镇上向北前往Mangsit，然后沿着Jalan Wisatan Alam向内陆行进，穿过Kerandangan峡谷即可到达。

Alam Mimpi 酒店 $$

（见311页地图；☎0370-617 0645；http://alammimpilombok.com；Jl Vincent van Gogh；房间 含早餐 550,000Rp；❄📶🏊）位于城区中心以南的内陆地区，这座现代风格的庭院充分利用了自身的安静位置。14间房间环绕着一个大泳池而设，带有阳台和露台。设计风格清新现代，楼上的咖啡馆坐拥优美风景。有穿梭巴士往返于城镇和海滩之间。

Batu Bolong Cottages 酒店 $$

（见311页地图；☎0370-693198，0370-693065；bbcresort_lombok@yahoo.com；Jl Raya Senggigi；房间 450,000~800,000Rp；❄📶🏊）沙滩边迷人的双层平房风格房间是这家经营良好的酒店的最大亮点。酒店位于城镇南部道路两边。靠沙滩一侧的房间装饰古色古香，有雕刻的大门，还有一个低调的泳池区。其他房间位于后面比较普通的楼房内。早餐不错。

★ Qunci Villas 度假村 $$$

（见311页地图；☎0370-693800；www.quncivillas.com；Jl Raya Mangsit，Mangsit；房间 US$150~250；❄📶🏊）令人惊叹的、梦幻般的别墅，近乎奢华的体验，不管是食物、游泳池，还是水疗服务——尤其是这里的海景（绵延160米的海滩），都让人赞不绝口。78间房间（含许多别墅）以及其他的娱乐设施，一定会让你流连忘返。

Chandi Boutique Resort 度假村 $$$

（见311页地图；☎0370-692198；www.the-chandi.com；Jl Raya Senggigi, Batu Layar；房间US$150起；❄📶🏊）这家棕榈掩映的时尚精品酒店位于巴图博隆寺以南1公里处。15间房间都有露天起居室，时尚的内部居室里有高天花板和绝妙的露天浴室。高处的休息区会占据你白天的许多时光。

Jeeva Klui 度假村 $$$

（见311页地图；☎0370-693035；www.jeevaklui.com；Jl Raya Klui Beach；房间US$200起，别墅US$265起；❄📶🏊）这就是你来热带地区的原因：荫翳的棕榈、波光粼粼的大游泳池，以及一片近乎专用的美丽海滩，海滩被一片岩石所包围。35间房间和别墅以竹子为柱，茅草作顶，有独立的门廊。别墅非常奢华，私密性高，并带有自己的泳池。位于Mangsit北部的一个海湾边。

就餐

圣吉吉既有迷人的多国风味餐厅，也不乏简单的小吃摊。日落时分，可以前往Jl Raya Senggigi路边的山顶观景台，旁边有一些售卖烤玉米和新鲜椰子的小贩——让你的日落体验不再"乏味"。许多面向游客的餐馆在晚餐时免费接送客人，提前致电即可。

Warung Cak Poer 印度尼西亚菜 $

（www.facebook.com/warungcakpoer；Jl Raya Senggigi；主菜 20,000~30,000Rp；⏲10:00~23:00）城镇南边的这个路边摊用新鲜热辣的印度尼西亚传统菜肴来满足食客们舌尖上的需求。在金属餐桌边找一张塑料凳坐下，打开一包krupuk（印度尼西亚咸饼干），点上一份炒饭（nasi goreng），记得要加辣（ekstra pedas）、加蒜（bawang putih ekstra）。你会被辣出心满意足的泪水（同时大汗淋漓）。

Mande Kanduang 印度尼西亚菜 $

（见311页地图；Jl Raya Senggigi；主菜20,000Rp；⏲8:00~23:00）餐馆名字的意思是"亲生母亲"，指的正是在这个不起眼的露天街边摊操劳忙碌的那个人。毫不含糊的印度尼西亚烹饪是这里受欢迎的秘诀；沙茶鱼头煲（kepalaq ikan kakap）味道不错。不妨去灶台上看看还有什么正在出炉的美味。

★Coco Beach 印度尼西亚菜 $

（见311页地图；☎0817 578 0055；紧邻Jl Raya Senggigi, Pantai Kerandangan；主菜55,000~70,000Rp；⏲11:00~21:00；🌱）这家很棒的海滩餐馆位于圣吉吉镇中心以北2公里处的主路边，设有品味很高、位置隐蔽的就餐区。就餐区在独立的茅草顶餐桌边，有许多素食选择。炒饭和马德拉斯咖喱（madras curry）在本地十分有名，海鲜的味道在该地区也首屈一指。这里有个颇具规模的酒吧，提供纯正的草药水（jamu）。

Square 各国风味 $$

（见311页地图；☎0370-693688；www.squarelombok.com；Jl Raya Senggigi；主菜100,000~200,000Rp；⏲11:00~23:00；📶）这家高档餐厅有工艺精美的座位，菜肴融合了西餐和印尼本地菜的做法。烹饪技艺超过当地水准。许多初到印度尼西亚的旅行者就是通过适合游客的精选菜单来了解当地烹饪。记得找一张远离马路喧嚣的桌子。

Cafe Alberto 意大利菜 $$

（见311页地图；☎0370-693039；www.cafealberto.com；Jl Raya Senggigi；主菜55,000~115,000Rp；⏲8:00~23:00；📶）这家经营多年的意大利海滩餐厅享有不错的口碑，供应各种面食，但最有名的还是他们的比萨。餐厅提供免费酒店接送服务，经常会给人带来意外的惊喜（例如小吃或餐后助消化饮品等）。最难忘的体验：在月光下享受一杯冻饮，感受沙子在脚趾间的流动。

Spice 各国风味 $$

（见311页地图；☎0370-619 7373；www.spice-lombok.com；Jl Raya Senggigi, Pasar Seni；主菜60,000~120,000Rp；⏲12:00~23:00）Spice在"艺术品市场"后面设有清新的就餐区。沙滩上的餐桌非常适合享用酒水单上的日落饮品。还有非常不错的高档酒馆小吃。之后，时尚的楼上餐厅可以让你在览景之余填饱肚子。烹饪风格为全球、岛屿和沙滩风味。

Asmara 各国风味 $$

（见311页地图；☎030-693619；www.asmara-group.com；Jl Raya Senggigi；主菜

45,000~150,000Rp；⏲8:00~23:00；📶👪）这里是家庭旅行的理想餐馆，不管你是想吃金枪鱼、意大利生牛肉片、维也纳香肠、汉堡，还是龙目岛当地的肉酱、鱼酱（Sate pusut），这里应有尽有。餐馆里还有品种丰富的儿童菜单。服务热情，摆盘精致。

Warung Manega 海鲜 $$

（见311页地图；☎0853-3865 3044；Jl Raya Senggigi, Pantai Batu Layar；套餐 80,000~120,000Rp；⏲11:00~23:00；📶）如果你的巴厘岛之行匆匆忙忙，没有吃到金巴兰（Jimbaran）烤鱼，那么你可以在这家海滨海鲜烧烤店弥补。这里是金巴兰最佳烤鱼店的分店。从当天捕获的海鲜中选择：梭鱼、鱿鱼、鲷鱼、石斑鱼、龙虾、金枪鱼和对虾，都放在椰子壳上隔着火慢慢烤，再端上餐桌，点上蜡烛，就是一顿美味的沙滩晚餐。这里的辣椒酱非常棒。

Office 各国风味 $$

（见311页地图；☎0370-693162；Jl Raya Senggigi, Pasar Seni；主菜 55,000~70,000Rp；⏲9:00~22:00；📶）这间靠近所谓"艺术品市场"（大部分都是廉价的纪念品）的酒馆提供经典印尼菜和西餐，有桌球、弹珠游戏，回头客很多。这里还供应泰国菜，懂行的人都会来这里。在餐桌旁可以远眺海湾、渔船和游艇，是圣吉吉最惬意的日落小酌地。

🍷 饮品和夜生活

曾几何时，圣吉吉的酒吧充满小资情调，大部分咖啡馆和餐厅同时也兼作酒吧。然而好景不长，高大的砖式建筑从2010年开始在镇中心周围拔地而起，新的卡拉OK和按摩室鳞次栉比。

不要错过在日落时分到海滩上许多低调的地方喝一杯的美好时光。

Jo-Je Beach Bar 酒吧

（见311页地图；☎0878-6388-1436；紧邻Jl Raya Senggigi；⏲8:00~23:00）一家经典的海滩酒吧，有五颜六色的懒人沙发以及与落日同步的欢乐时段折扣价格。鸡尾酒非常过瘾，还有马马虎虎的印度尼西亚和西式菜肴。

Papaya Café 酒吧

（见311页地图；☎0370-693161；Jl Raya Senggigi；⏲11:00至午夜）这里装饰精巧，有裸露的石墙、坚硬的实木家具和精致的部落艺术品，还有许多进口的酒水。白天这里的交通繁忙喧嚣，但是入夜之后则安静得多，尤其是现场乐队表演的时候。

Honky Tonks Blues Bar & Grill 酒吧

（见311页地图；☎0370-619 7717；紧邻Jl Pantai Senggigi, Senggigi Plaza；⏲周三至周一14:00至午夜）这家爵士酒吧由英国人经营，供应美味的澳大利亚肉饼，电视上播放着橄榄球比赛。内饰装修仿佛在向滚石乐队（the Rolling Stones）致敬（老板曾经观看他们的现场演出多达72次！）。到这里来观看周四至周六的现场爵士乐演出，周日晚间会举办露天烧烤会。

🛍 购物

Asmara Collection 艺术和手工艺品

（见311页地图；☎0370-693109；Jl Raya Senggigi；⏲9:30~21:30）这里是同类店铺中最好的一家，就在同名餐馆旁边，有精心挑选的部落艺术品，包括精美雕刻品和纺织品。

ℹ 到达和离开

小巴

小巴（bemo）频繁往返于圣吉吉和Ampenan的Kebon Roek车站（5000Rp，30分钟），你可以接着转车前往马塔兰（10,000Rp，20分钟）。在主街上可以直接招手坐车。小巴在上午会沿着海岸道路向北前往邦萨尔港，之后班次会变少（20,000Rp，1小时）。请注意，你需要在佩姆南（Pemenang）下车，然后步行1.2公里前往港口。

船

前往巴厘岛的快船从海滩中心的栈桥出发。一些公司的售票处就在栈桥上，其他公司的售票处设在附近的海滩上。

Gili Getaway（☎0823 3918 8281；http://giligetaway.com；Jl Pantai Senggigi；⏲8:00~16:00）设有前往德拉娜安岛和艾尔岛的线路（票价都是200,000Rp），还有船驶往基利格德（250,000Rp）。

Perama（☎0370-693008；www.peramatour.com；Jl Raya Senggigi；⏲7:00~22:00）有一条往返伦巴港公共渡船码头和巴厘岛八丹拜之间的经济型穿梭巴士线路（125,000Rp，9:00发车），然后

可以换乘穿梭巴士前往萨努尔、库塔和乌布（票价均为175,000Rp）。车程可能长达8个小时以上。这家公司还提供水陆联运线路前往吉利群岛，费用为相对合理的150,000Rp（2小时，8:00）。这条线路可以省去在邦萨尔港可能会遇到的一些麻烦。

Scoot（☎0828 9701 5565；www.scootcruise.com；Senggigi Pier）每天都有快船开往巴厘岛的努萨兰彭坎（675,000Rp）和萨努尔（750,000Rp），发船时间为12:30。

出租车

计程出租车前往伦巴港的费用约为170,000Rp；前往普拉亚约200,000Rp；去公共小巴不能到达的邦萨尔港约100,000Rp。

当地交通

圣吉吉中部地区适合步行游览。如果你住得比较远，请注意许多餐馆在晚餐时提供免费接送服务。

摩托车出租费用为每天60,000Rp。小汽车租赁竞争激烈，价格为每天200,000~350,000Rp。雇一辆车和司机的费用为每天500,000Rp起。

西南半岛（SOUTHWESTERN PENINSULA）

伦巴港（Lembar）以西是绵延的海岸线，人迹罕至的海滩和宁静的沿海岛屿上有精品旅馆。你可以花上几周在这里征服著名的海浪，参观珍珠养殖场和海边的古老的清真寺，拜访当地友善的居民和探索相对原始的岛屿。事实上，世俗喧嚣已然出现，美丽的近岸岛屿如今也获得了"下一个吉利群岛"的噱头。

这里唯一煞风景的地方是毫无特点的小镇Sekotong，在向西旅行时你会经过此地。或者，你也可以沿着狭窄的海滨公路，顺着半岛的轮廓，经过一片又一片白沙滩，前往Bangko Bangko以及亚洲最具传奇色彩的冲浪地之一的海岬荒原（Tanjung Desert），这里有世界上最绵长的左手浪以及一片窄沙滩。

实用信息

西南半岛上唯一有自动取款机的地方是Sekotong。

到达和离开

小巴

班次较少的小巴往返于伦巴港和Pelangan（30,000Rp，1.5小时）之间，途经Sekotong和Tembowong。Pelangan以西的公共交通班次非常少。

船

你可以乘坐速度较慢的公共轮渡从巴厘岛前往伦巴港，然后转乘陆路交通工具前往西南半岛。

小汽车和摩托车

道路虽然蜿蜒曲折，但路况总体而言还算良好，不过最后会突然变得坑坑洼洼，尘土漫天。你可以租一辆小汽车或摩托车，但是速度可能和步行差不多。2公里后你会遇到一个岔路口，右转可以前往渔村Bangko Bangko；左转继续前行1公里，糟糕的道路在海岬荒原戛然而止。通往海岬荒原的3公里颠簸的路程换来什么回报？那就是每人10,000Rp加上每辆车5000Rp的门票。

海岬荒原（Tanjung Desert）

海岬荒原（Tanjung Desert；Desert Point/Bangko Bangko；门票 每人/机动车 10,000/5000Rp）极富传奇色彩，即使是非专业级的冲浪者也能乐在其中。当你驱车沿海岸线前行时，会遇到各种水上运动揽客者推销前往西南吉利群岛的乘船行程。放松一点，和他们砍砍价，商量从海滩上出发前往近岸岛屿游玩的行程（费用500,000Rp起）。这些行程中可以加入浮潜和其他项目。

这里的海浪经常被誉为"世界最佳海浪"，吸引世界各地的冲浪高手前来一显身手。耐心是一种美德：有时海况会格外平静。但是当浪头出现时，你会遇到绵长的空心海浪，最后通常变成桶形浪。旺季为5月至10月。

住宿

半岛北部海岸线上有一些酒店和度假村，但是大部分氛围独特的海滩和住宿都在近岸小岛上。高端住宿都设有潜水机构。请注意海岬荒原在冲浪旺季（5月至10月）会人头攒动，想要找到简单的小草屋入住绝非易事。海滩上有一些小吃摊供应简单的食物和冰啤酒，并且以120,000Rp的价格让你在这些地方留宿一晚。

Desert Point Bungalows 平房 $

（☎0878 6585 5310；nurbaya_sari@yahoo.com；Tanjung Desert；平房200,000Rp）海岬荒原比较"高档"的住宿选择（原因是这里有一个你可以拨打的订房电话），有10间木竹结构的平房。发电机在特定时段供电，还设有一个两层的冲浪观赏平台。

Cocotino's 度假村 $$$

（☎0819 0797 2401；www.cocotinos-sekotong.com；Jl Sekotong Raya，Tanjung Empat；房间/别墅 US$200/410起；❄📶🏊）这个围墙院落位于伦巴港主路西边20公里处，拥有面朝大海的优越位置、私人沙滩和36套高品质别墅（有的带漂亮的露天浴室，有的坐拥海景）。在官网订房可享折扣。整体环境呈现出热带地区的诗情画意。

基利格德和西南吉利群岛（Gili Gede & the Southwest Gilis）

☎0370

这一连串沙滩小岛重现了北边其他吉利群岛曾经标志性的安详宁静。在这些小岛上，柔软的白沙滩让位于碧蓝的海水和光彩夺目的水下世界，等待旅行者前去发现。搭乘一艘当地渔船在这些"隐秘小岛"之间跳岛游，让人感觉仿佛时光倒流一般。

群岛中最大也是设施最完善的岛屿是**基利格德**（澳大利亚人可能将这个小岛的名字说成"g' day"）。岛上有几座平房、经过铺设的摩托车道、友善的小渔村，除此之外一无所有。

Gili Asahan是一个田园诗般的景点：岛上微风拂面，鸟儿在蔚蓝的天空下展翅高飞，并在日落前聚集在草地上，轻柔的祈祷声远远传来。到了晚上，月色和星光温柔地洒在静谧的岛上，润物无声。虽然不像附近的小岛那样适合浮潜，但这里有西南吉利群岛中最美丽的沙滩。**Gili Layar**也同样慵懒闲适，让人感觉仿佛时光静止。

食宿

基利格德是探索西南吉利群岛的理想大本营，有大量住宿可供选择。这里让人一见倾心，因为没有真正集中的旅游区，小平房分布于岛上的各片沙滩上。你还可以在Gili Asahan和Gili Layar找到更加与世隔绝的住处。

大部分游客都在住宿的地方用餐。基利格德有一些独立的餐馆供应印尼和欧洲菜肴。

Marina del Ray 平房 $

（☎0823 2372 4873；www.lombokmarinadelray.com；Gili Gede；房间/平房 370,000/550,000Rp起；@）官方名称为Madak Belo，这是一处有趣的海滩住宿，带有绝佳的风景，竹木结构的主楼楼上有3间陈设简单的客房。房间共用一间浴室和一处休息区。另有2间更漂亮的平房，设有大号双人床和独立卫浴。

Via Vacare 平房 $

（☎0812 3732 4565；www.viavacare.com；

另辟蹊径

在西南吉利群岛潜水

凭借未受破坏的珊瑚和多种多样的海洋生物（包括狮子鱼、斑鳍鲉、海鳗和成群结队的乌尾鮗），在西南吉利群岛周边的浅礁浮潜成为龙目岛行程的最大亮点之一。

基利格德的西北海岸为在岛上住宿的人提供了最佳沿岸浮潜机会，但是你可能更想雇艘船前往东南海岸线附近的**Gili Layar**和**Gili Rengit**。这两个地方都有非常健康的珊瑚和为数众多的鱼群。你还可以选择小巧的**Gili Goleng**，看看海马穿行在近岸海草中。整个行程费用在500,000Rp左右，含小船和装具。

伦巴港附近也有许多小岛，大多在Gita Nada附近（**Gili Nanggu**、**Gili Kedis**、**Gili Tangkong**和**Gili Sudak**）。这些小岛都非常适合开展浮潜。船夫可带你从基利格德前往这些地方，费用约为600,000Rp，或者你可以在库塔报名参加Scuba Froggy（见325页）或Mimpi Manis（见326页）的一日游项目。

Gili Gede；全包 铺 300,000Rp，标单/双 平房 500,000/750,000Rp）这家全包式度假村面向背包客，非常适合发呆。费用包含一日三餐、潜水装具、瑜伽（旺季开设）和往返主要港口的交通。"宿舍"只是在一个露天平台上的一张床垫，但是平房非常宽敞而且带有海景。由于没有自来水，这里的浴室都是桶装冷水淋浴。

★ **Hula Hoop** 平房 $$

（www.hulagili.com；Gili Gede；房间/平房 650,000/950,000Rp；📶）这家迷人的波希米亚风格住宿隐匿于宁静的西海岸丘陵之中，有四间时尚的谷仓（lumbung）风格房间，以及四间更宽敞和更舒适的平房。所有房间都通风良好，而且可以看到壮美的海景和日落风光。还有海滨吊床和用贝壳打造的有趣休息区。

★ **Pearl Beach Resort** 平房 $$

（☎0819 0724 7696；www.pearlbeach-resort.com；Gili Asahan；小屋/平房 790,000/1,190,000Rp起；📶）Gili Asahan为数不多的住宿选择之一。小屋陈设简单，竹制家具搭配露天浴室，门廊上设有吊床。10间平房相对优雅，有水泥地板、高天花板、精致的露天浴室，木制门廊上还摆放着舒适的摇摇椅。设有非常棒的潜水、皮划艇和其他活动。

Kokomo Gili Gede 度假村 $$$

（☎0819 0732 5135；http://kokomogiligede.com；Gili Gede；别墅 含早餐 2,750,000Rp起；❄📶🏊）西南吉利群岛最时尚的度假村。Kokomo有15套大别墅，位置就在海边。房内有冰箱和其他厨房用具。装饰采用白色，与附近沙滩相得益彰。住在这里你会发现到处都是白色，除了不远处的碧蓝海水。

Tanjungan Bukit 印度尼西亚菜 $$

（☎0818 0529 0314；https://tanjungan-bukit-id.book.direct；Gili Gede；主菜 40,000~90,000Rp）显而易见，这是岛上最时尚的酒吧兼餐厅。在三角梅掩映下的餐桌旁试试新鲜海味和精致的苏门答腊菜肴，或者在摆满懒人沙发的露台上喝几杯鸡尾酒（还有按杯点的葡萄酒）。

餐馆后面的小山上有六间精心设计的平房，中间是一个游泳池（500,000~600,000Rp）。

ℹ 到达和离开

计程出租船（每人 25,000Rp起）从龙目岛本岛的Tembowong驶往基利格德、Gili Asahan或Gili Layar。你可以在Pertamina的老加油站附近找到它们。没有固定的价格或发船时间，但是白天总会有船员在等待乘客。当你讲妥价格后，他们会直接把你送到住宿的地方。

Gili Getaway（☎0813 3707 4147；http://giligetaway.com；Kokomo Gili Gede）每天都有快船从基利格德开往德拉娜安岛和艾尔岛（450,000Rp），以及圣吉吉（250,000Rp）和巴厘岛的Serangan港（710,000Rp）。

岛上没有小汽车或出租车（尽管一些居民有摩托车）。除非你雇一艘渔船将你直接送到偏远的沙滩，否则需沿着岛屿海岸步行，或者经内陆小道步行。

龙目岛北部和中部地区 (NORTH & CENTRAL LOMBOK)

龙目岛的内陆地区植物茂盛、土地肥沃、风景如画，其间散布着水稻梯田、热带森林、波浪起伏的烟草田、果园和坚果园，神圣的林查尼火山是这里的招牌。传统的萨萨克（Sasak）部落分布在这片广阔的大自然中，其中许多在2018年地震中遭受重创。如果自驾，可以去探索适合捕鱼的黑沙海滩、内陆村庄和瀑布。

林查尼火山（Gunung Rinjani）

雄踞龙目岛北部的林查尼火山（海拔3726米）傲视四方，是印度尼西亚第二高的火山。它有令人震撼的山峰，深受印度教教徒和萨萨克人敬仰，教徒们会爬上山顶或围着湖泊朝圣，并献上供奉神灵的祭品。对巴厘人来说，林查尼火山是三座神山之一，另外2座为巴厘岛的阿贡火山和爪哇岛的布罗莫火山（Bromo）。全年每逢满月，萨萨克人都会来登林查尼火山。

这座山还具有调节气候的作用。山峰聚集稳定的漩涡云，形成降雨；喷发的火山灰落到稻田和烟草田中，相当于给作物施肥，这里的腰果和芒果的长势极好。

林查尼火山还凭借世外桃源般的风景吸

引了无数徒步客前来。这座火山是如此热门，以至于2018年第一次地震时，山上还有上千名登山者，后来进行了大规模的撤离。当你拿到本书时，应已重开。

在巨大的火山口边缘以下600米，有一个6公里宽的碧绿的月牙湖海之子湖（Danau Segara Anak），美似仙境。巴厘人在前往山顶朝圣之前，会举行一个叫pekelan的仪式，人们会往湖里扔金子和首饰。

较低矮的Gunung Baru（海拔2351米）是林查尼火山最年轻的火山口，自形成以来仅数百年时间。高过湖面的火山表面沟壑纵横，山口浓烟滚滚，无时不在提醒着人们自然界神灵的威力。在过去十年中，火山口断断续续地喷发出一些烟雾和灰烬，覆盖了整个林查尼火山口地区。附近还有天然温泉Aiq Kalak。患有皮肤病的当地人带着草药徒步到这里，在冒泡的富含矿物质的水中泡澡、擦洗身体。

林查尼火山国家公园（Taman Nasional Gunung Rinjani；☎0370-660 8874；www.rinjaninationalpark.com）官方网站有不错的地图和信息，以及非常有用的揭露黑心徒步游经营商陷阱的讨论区。

塞尔（Sire）

塞尔是一个不起眼的高端地区，塞尔（或称Sira）半岛犹如枪口，三座吉利小岛就像是从中射出的子弹。这里有一望无垠、让人流连忘返的白沙海滩和不错的近岸浮潜点。这里现已建起豪华度假村，旁边有几个渔村。找找一座**印度教小神庙**，就在Oberoi度假村后面，庙中的神殿建在海岸的岩石上，景色十分壮观。

塞尔从邦萨尔北边的主路上驾车行驶不远即可到达。这里的度假村可安排任何需要的交通工具。

林查尼火山剧变

2018年7月29日，森巴伦山谷爆发了一场里氏6.4级的浅源地震。地震引发的山体滑坡导致林查尼火山山坡上大约1090名徒步者、向导和后勤人员被困。在火山上度过一个不眠之夜后，大部分游客都在第二天占据世界各国头条报道的大规模营救行动中获救下撤。林查尼火山自此对徒步者关上大门。接下来三周时间里，这里又接连发生了两次同为里氏6.9级的大地震，进一步打乱了林查尼火山重新开放的计划，因为当地许多住宿和旅行机构都在地震中被夷为平地。

当地一些伊斯兰教领袖（伊玛目）认为地震是由攀登神山圣峰的游客数量激增所致，因此登山线路重新开放也面临着多重阻力。然而，徒步登山行业在经济上对龙目岛北部地区的作用不言而喻，探索性登山行程也于10月展开，以评估原来登山线路的可行性。人气最旺的森纳儒和森巴伦徒步路线各有14个滑坡点，许多住宿点、哨所、公园管理处和水源也都遭到严重破坏。修复工作计划在2019年5月展开，如果一切顺利，这些线路将在2019年底或2020年初重新开放。在本书调研期间，从Aik Berik（位于林查尼火山南边、马塔兰以东30公里处）前往火山口的Benang Stokel线路是唯一一条开放的登山新线路，全程需要两天一夜，沿途没有任何滑坡险情。但是，这条线路每天限额150人，而且如今依然禁止徒步前往火山口湖。森纳儒和森巴伦山谷的徒步机构开设了攀登Gunung Nangi（海拔2330米）和Bukit Pergasingan（海拔1700米）的过夜登山线路作为替补，还有前往当地瀑布和村落的一日游行程，等待林查尼火山再度向游客开放。

在本书调研期间，下列团队游机构已经恢复运营，也是你寻求线路和路况最新信息的最佳渠道：

- Rudy Trekker（见321页）
- 林查尼火山信息中心（Rinjani Information Centre；见321页）
- John's Adventures（见321页）
- Senaru Trekking（见321页）

★ **Rinjani Beach Eco Resort** 精品酒店 $$

（☎0819 3677 5960；www.rinjanibeach.com；Karang Atas；平房 350,000~1,350,000Rp；❄☒）这家精品酒店有竹子建的大型平房，每套都有专属主题。私人走廊上有吊床，黑沙海滩上有游泳池。这里也有2间价格便宜的、适合背包客们的小平房，还有餐馆，以及皮划艇和山地自行车等。废水经过处理后，用来浇灌庭院内的植物。就在从塞尔出发的海岸线上。

Tugu Lombok 度假村 $$$

（☎0370-612 0111；www.tuguhotels.com；平房/别墅 含早餐 US$220/330起；❄☒）一家令人叹为观止的酒店，坐落在白沙海滩上，风格在龙目岛可谓独树一帜。这家充满传奇色彩的豪华度假村将奇异的设计和印尼建筑的精髓融合在一起。房间的布置遵循印尼传统，雅致的水疗中心仿照爪哇岛的婆罗浮屠佛寺而建。有许多值得同行借鉴的环保绿色实践行动。

Oberoi Lombok 度假村 $$$

（☎0370-613 8444；www.oberoihotels.com；房间 US$280起，别墅 US$500起；❄☒）如果想抛却一切大肆享受一番，那么到Oberoi就来对地方了。酒店的核心位置是一个三层递进泳池，顺着它的方向可以望见一片惹人喜爱的私人沙滩。印尼王室风格的房间里有大理石浴缸、柚木地板、老式家具和具有东方风情的地毯。50间客房和别墅在2018年地震中受损严重，已于2019年中期重新开放。

西北海岸（Northwest Coast）

市场小镇和海岸风光是龙目岛西北海岸的常态。林查尼火山的绿色山坡占据了内陆的风景，车流也逐渐消失。

邦萨尔—巴延（Bangsal-Bayan）公路边的Gondang村东北方向有条延伸至内陆的小径，长6公里，可到**Air Terjun Tiu Pupas**（门票30,000Rp），这是一座高30米的瀑布，不过只有在雨季才好看。再往前走，可以看到其他几处雨季瀑布，包括最漂亮的**Air Terjun Gangga**。各种小径错综复杂，因此请个向导很有必要（费用约为80,000Rp）。

受“万物有灵论”影响的伊斯兰教派维喀图德鲁教诞生于林查尼火山山麓的简陋茅草顶清真寺中。最具代表性的寺庙是Baleq村旁的**Masjid Kuno Bayan Beleq**清真寺。据称，寺庙的矮屋顶、泥土地面和竹墙建于1634年，可以说是龙目岛上最古老的清真寺。寺庙里摆放着一面旧鼓，在使用广播系统前，就靠它来通知大家祷告。

ℹ 到达和离开

从邦萨尔往北的公共交通车次相当少。每天有几辆小巴从马塔兰的曼达利卡汽车站（见303页）开往巴延，不过得在佩姆南或Anyar转车，而这两个地方都很难找。不想这么麻烦的话，最好自备交通工具。

森纳儒（Senaru）

在火山和大海组成的壮阔景色下，森纳

维喀图德鲁（WEKTU TELU）

维喀图德鲁教融合了印度教、伊斯兰教和“万物有灵论”，但现在已被正式归入伊斯兰教。这个宗教的核心是三位一体的一种物质概念。粗略说来就是太阳、月亮和星星分别代表天、地、水，人的头、身体和四肢则分别代表创造力、灵敏度和控制力。

直至1965年，绝大多数生活在龙目岛北部地区的萨萨克人都信仰维喀图德鲁，但在苏哈托“新秩序”政权期间，这种本地的宗教受到压制，许多维喀图德鲁教徒变为维喀图里马（Wektu Lima）教徒（每天做5次祷告的穆斯林）。不过，在巴延周边的维喀图德鲁的中心地带，当地人将自己的文化传统维喀图德鲁和宗教（伊斯兰教）区分开，从而保留下了这种独特的信仰。大部分人在斋月不持斋戒，仅在某些特殊的时间去清真寺做礼拜。这里也很流行喝米酒（brem）。

儒几座风景优美的村庄由一条陡峭的山路连接在一起。大部分来这里的游客都是为了去林查尼火山，而美丽的徒步小路和壮观的瀑布则吸引着那些对火山不感兴趣的人。

森纳儒得名于"sinaru"，意思是"光线"(light)。当你向着蓝天白云爬山时，就会理解名字的由来。

森纳儒在2018年大地震中严重受创。重建工作可能耗时数年，游客的回归在其中将占据重要作用，因为这能让徒步游向导重新上岗，并且带来当地重建亟须的现金收入。

景点

新堂吉拉瀑布　　瀑布

(Air Terjun Sindang Gila；票价10,000Rp)这组壮观的瀑布只需从森纳儒步行20分钟，走过怡人的森林和山间小径即到。坚持不懈的人会走到小溪边缘，任由在头顶40米高的黑色火山岩喷泻而出的、冒着泡沫的水流冲打自己。无须向导就可以自行前往这处瀑布；它就在标识明确的小路附近。

Air Terjun Tiu Kelep　　瀑布

从人气极旺的新堂吉拉瀑布向上爬50分钟左右，就到了这座有一个水池的瀑布。山路险峻，建议请向导陪同(每位向导费用100,000Rp；价格可议)。有时能看见长尾猕猴(当地人称为kera)和罕见的银色叶猴。

活动

人们来森纳儒的主要原因是攀登林查尼火山。但是如果你有时间，或者并非冲着火山而来，那么这里还有许多风景同样优美的徒步路线。

大部分旅舍都可安排带向导徒步游和社区团队游活动，包括沿途经过新堂吉拉瀑布、稻田和竹子建的老清真寺的**水稻梯田和瀑布徒步游**(费用每人200,000Rp)，还有将美景与当地人文相结合的**森纳儒全景徒步游**(费用每人350,000Rp)。

Rudy Trekker　　徒步

(☎0812 3929 9896, 0822 3531 4474；www.rudytrekker.com)这家认真负责的公司位于森纳儒，开设了各种不同的地区徒步路线，墙上清晰标明了所需携带的装备物品清单。门店位于新堂吉拉瀑布入口附近，附属于Rudy's徒步游客栈(房间500,000Rp起)。

John's Adventures　　徒步

(☎0817 578 8018；www.rinjanimaster.com)一家户外经验丰富的经营商，提供带厕所的帐篷、厚厚的地垫以及从森纳儒或森巴伦出发攀登林查尼火山的各种徒步路线。森纳儒分店在公园管理处下方2公里。

Senaru Trekking　　徒步

(☎0818 540 673；www.senarutrekking.com；Jl Pariwisata)职员都是当地向导和背夫，其中包括林查尼火山专家Jul等。Senaru Trekking对于从山上带下一满袋垃圾的徒步者给予5%的折扣。

住宿

请注意，许多住处在2018年7月和8月的地震中都被夷为平地，目前在陆续开放中。

到达和离开

从Bertais(位于马塔兰)的曼达利卡汽车站坐长途汽车前往Anyar(票价25,000~30,000Rp，车程2.5小时)。小巴(bemo)不再来往于Anyar和森纳儒，所以只能包一辆计程摩托车(ojek；费用视行李情况而定，每人30,000Rp起)前往。为避免麻烦，大多数游客都是通过徒步游机构安排的私人交通前往。

森巴伦山谷(Sembalun Valley)

☎0376

在林查尼火山东侧，可能就是传说中神秘的香格里拉：美丽的森巴伦山谷。这片高原(海拔约1200米)群峰环绕，是一个富饶的农耕地区，每到雨季，原本金黄色的山麓就转变为动人的嫩绿色。当高处的云雾散开，林查尼火山就会成为当之无愧的主角。

山谷里坐落着两个主要的村落Sembalun Lawang和Sembalun Bumbung。这里物产丰富，主要有卷心菜、土豆、草莓和大蒜，就像个宁静的天然粮仓，不过徒步旅行者也为这里带来了些许收入。这两个村落在2018年地震中都受损严重。

林查尼火山信息中心(Rinjani Information

Centre；简称RIC；☎0818 540 673；www.rinjaniinformationcentre.com；Sembalun Lawang；⏲6:00~18:00）是获取林查尼火山徒步活动的实用信息的来源。这里有博闻多识的员工，都会说英语，还有关于该地区的植物、动物、地质和历史知识的迷人讲解牌。露营和徒步游装具可在此租赁。中心旁边的主路上有一个巨型大蒜雕像，对面是一座大型清真寺。

中心还设有前往火山山脚的4小时"村庄徒步"（Village Walk）和半天"全景漫步"（Panorama Walk）项目。

Sembalun Lawang村条件简陋，大多数客栈的热水淋浴（mandi）要额外收费。林查尼火山信息中心可以指引你前往小型寄宿家庭，房间费用为150,000~500,000Rp。

在本书调研期间，所有住处都因2018年地震受损而关闭，目前经过修复，陆续开放中。

从马塔兰的曼达利卡汽车站坐车去Aikmel（票价20,000Rp），在那里换乘小巴去Sembalun Lawang村（票价20,000Rp）。

Sembalun Lawang村到森纳儒没有公共交通工具，只能包一辆计程摩托车（ojek），这段不怎么舒适的旅程费用约为200,000Rp。

特特巴图（Tetebatu）

☎0376

特特巴图是萨萨克人的天然粮仓，这里交织着发源于林查尼火山山坡的溪流，肥沃的火山灰土壤有如神的恩赐。周边的乡村中散落着烟草田、稻田、果园和牧牛场，牧场边是尚存的一片猴林，里面藏着瀑布。特特巴图气候怡人，尤其适合长途徒步（到了海拔650米处就没有了海边的那种湿热感）。到了晚上，这里蛙声一片，青蛙们像是组了个合唱团，无数汩汩流淌的小溪为它们伴奏。即使是失眠症患者也能在这里鼾声大作。

景点

Taman Wisata Tetebatu 森林

（Monkey Forest）在特特巴图清真寺北面的主干道上拐入一条4公里长的林荫小道，进入这片森林，你也许会发现黑猴——你需要一名向导，可请住处代为安排，费用约为500,000Rp，包括前往附近的几处瀑布。

Air Terjun Jukut 瀑布

（150,000Rp）从去往林查尼火山国家公园道路尽头的停车场出发，走两公里陡峭的路，就到了美丽的Air Terjun Jukut瀑布，这处瀑布足有20米高，以雷霆万钧之势冲入被浓密的树木包围的深潭之中。

Air Terjun Kelelawar 瀑布

（乐捐入内）在林查尼火山南坡上，从特特巴图步行1.5公里（单程），穿过稻田即可到达Kelelawar瀑布。继续前行1公里，你会到达隐匿于陡峭峡谷内的**Koko Duren**。小路很难走，因此你需要请一位向导，他会带你到这两座瀑布游览，费用为300,000Rp。

团队游

大特特巴图地区的经典团队徒步游线路带你前往稻田、香料商店、Air Terjun Jukut、Air Terjun Kelelawar和Monkey Forest。或者，你可以参加文化之旅，游览附近的手工艺小镇，包括竹篮村**Loyok**、陶器村**Masbagik Timur**以及编织村**Pringgasela**。每个村中都有几间商店，通常都会有现场技艺展示。

Sandi Tour Guide 户外活动

（☎0823 4077 2008；sandiraga83@gmail.com）知识渊博的英语向导带领的徒步团队游，前往稻田、瀑布和Monkey Forest。这里还可以安排攀登林查尼火山的带向导徒步游、前往Gili Kondo以及附近手工艺小村的文化团队游。

食宿

植被茂密的乡村有各种不同的优质平房和客栈住宿。你入住的地方通常都可以提供简餐，不过周边也有一些非常棒的独立餐厅。

★ **Edriyan Bungalow** 平房 $

（☎0853 3908 0120；http://edriyanbungalowtetebatu.blogspot.com；Jl Pariwisata Tetebatu；双400,000Rp起，4人平房500,000Rp；📶🏊）这里有3栋双层小竹楼，每栋都有精美的设计，自带怡人的稻田风景。此外还有一个引人入胜的泳池、植被茂密的花园以及萨萨克烹饪培训班（200,000Rp，2小时）。在餐厅里你就可以学习如何制作木菠萝咖喱等当地菜肴。

Pondok Indah Bungalows Tetebatu 平房 $

(☎0877 6172 2576; Jl Pariwisata Tetebatu; 平房 250,000Rp起)三栋双层茅草顶平房，坐落于郁郁葱葱的稻田之中。尽管看起来充满了浪漫的乡村风情，但舒适程度方面丝毫不打折扣：每间房内都有浴室、硬木地板、户外休息区以及迷人的风景等。院子里面繁花似锦。

Hakiki Bungalows & Cafe 平房 $

(☎0818 0373 7407; www.hakiki-inn.com; Jl Kembang Kuning; 房间 175,000~450,000Rp; 📶)位于稻田边缘、鲜花盛开的花园里，共有7间平房。旅店在距离十字路口600米处的农家稻田旁。这里甚至还有一间蜜月套房。Wi-Fi覆盖供应印尼风味菜肴的餐馆内，菜品鲜香可口。

Cendrawasih Cottages 平房 $

(☎0878 6418 7063; Jl Kembang Kuning; 房间 250,000Rp起; ⏲餐厅 8:00~21:00)自从原来的住户搬走后，总感觉缺少点什么。这些可爱小巧的谷仓(lumbung)风格的砖房，位于稻田中，是非常不错的住宿选择。在绝妙的高台餐馆里，你可以坐在地板的软垫上，品尝美味(主菜20,000~45,000Rp，仅在旺季营业)的同时欣赏360°全方位的稻田风景。位于路口以东500米处。

Tetebatu Mountain Resort 平房 $$

(☎0853 3754 0777; www.mountainresorttetebatu.com; Jl Kembang Kuning; 平房 500,000Rp起; 📶🏊)这些萨萨克平房共有23间房间，是镇上最好的住宿地。其中4栋2层平房内都有独立的卧室——非常适合一起旅行的朋友——二楼的阳台可以欣赏美丽的稻田风光。

Warung Monkey Forest 印度尼西亚菜 $

(☎0853 3702 0691; Jl Pariwisata Tetebatu; 主菜 30,000~40,000Rp; ⏲8:00~23:00)迷人的茅草顶小餐馆，有许多素食菜肴、新鲜果汁和乐于助人且会说英语的老板。位于前往Monkey Forest的路边。

备用徒步大本营

如果要攀登林查尼火山，特特巴图是森纳儒和森巴伦山谷之外的绝佳备用徒步大本营，尤其是对于时间不太宽裕的徒步者而言。从火山的这一侧出发的两天一夜快速行程中，你无法探访各个火山湖泊，但是**Jaya Trekker**(☎0853 3792 0005; https://jayatrekker.com; Jl Pariwisata Tetebatu)和其他本地机构会确保你不会遇到太多糟心的垃圾和其他游客。行程费用约1,750,000Rp，其中包含向导、背夫、装备、食物和公园门票。

请注意，在本书调研期间，这条线路处于关闭状态，但目前可能已重新开放。

ℹ 到达和离开

去特特巴图的车不多。所有横穿岛屿的公共汽车都走主要的东西向高速公路经过Pomotong(从曼达利卡车站出发，票价35,000Rp)。在这里下车，然后搭乘计程摩托车(25,000Rp起)去特特巴图。

大部分住宿都可以安排往返龙目岛各地的私人交通。如果是团队出行，这样更加轻松，而且也更便宜。

龙目岛南部 (SOUTH LOMBOK)

这里的海滩再好不过：宝石绿的海面波光粼粼，温暖的海水卷出一道道浪，沙滩柔滑如丝、亮白如雪。周边耸立着巨大的海岬和险峻的悬崖。这片地区明显要比龙目岛其他地区干燥，人口数量较为稀少，随之而来的是有限的道路和公共交通工具。

龙目岛南部地区的海岸线美得让人窒息，海湾像是被咬去一块，呈月牙形，这里的美惊艳动人而又触手可及，每个看到它的人都为之折服。这里曾是整个岛屿上最贫穷的地区，被太阳炙烤的干燥土地寸草不生。这一切在未来十年中都将发生变化，各种高端开发项目正在改变这里的原始面貌。

库塔(Kuta)

☎0370/人口5000

还有什么比龙目岛南部海滩更合适的度假胜地？想象这么一幅画面：新月形的海湾，从浅滩到海平线，海水由宝石绿渐渐过渡至深蓝，海浪冲刷着足球场般大小的白沙海滩，周围环绕着海岬。十几个这样的海湾连成绵延的海岸线，远处是高低不平的海边丘陵、茂盛的香蕉树林和烟草田。在脑海中勾勒出这么一幅画面后，你会对库塔的魅力有了一个概念。

库塔的原始魅力在于拥有众多的世界级冲浪点。即使在开发商大行其道的今天，来这里冲浪的人也丝毫未减。与此同时，城镇拥有非常迷人的客栈、咖啡馆、餐厅和可以喝啤酒的低调场所，极具吸引力。

海滩

库塔的主要海滩可以轻松俘获你的心，让你流连忘返。这里有你梦寐以求的白沙和美丽的风景。再加上海浪，正好适合游泳。海滨地区正在渐渐变得流光溢彩，曾经的竹屋正在被海景住宅所取代。如今这里略显荒凉，但是有焕然一新的Kuta Mandalika标牌以及引人注目的浴场设施（似乎有点自相矛盾）。

库塔以西有许多超级棒的海滩和理想的冲浪点。开发商们已经意识到其商业价值，买下了这片土地，但到目前为止，这里仍保持着原生态，具有一种未经雕饰的美。为了便于未来开发，这里的路况已经大有改善。这条路绕进内陆，沿着烟草田、红薯地和稻田边缘前行，时不时可以看到沙滩和壮观的海岸线。

库塔东边也有许多不错的海滩。

★Pantai Mawan　海滩

（小汽车/摩托车 10,000/5000Rp）这里是否能满足你对沙滩天堂的遐想？在库塔西边8公里处，距离主路仅600米，半圆形的小海湾被高耸的海岬围住，远处是蔚蓝的海水，近处是一片空荡荡的沙滩，只有一个有十几户茅舍的渔村。海滩是绝佳的游泳场所。这里有平整的停车场、一些简单的小餐馆和可以遮阴的大树。一个小摊提供沙滩椅，费用较高，全天150,000Rp。

Tanjung Aan　海滩

（小汽车/摩托车 20,000/10,000Rp）在库塔东边2公里处，Tanjung Aan（即A' an或Ann）是一处壮观的景点：一个巨大的马蹄形海湾，两处漂亮的大沙滩，末端惊涛拍打岸边的岩石。这里适合游泳，且有树荫和凉棚，以及安全的停车场（收取少许费用）。海滩东边的Warung Turtle服务热情，有便宜的啤酒，西边的Bukit Merese岬角是欣赏日落风景的好去处。

Pantai Areguling　海滩

（小汽车/摩托车 10,000/5000Rp）在库塔西边6公里处的主路上，寻找一条陡峭的小路，颠簸前行2公里，就会到达这处宽阔的海湾，拥有一大片米色沙滩。虽然这里不是那么整洁，但是巨大的空间感仍然非常迷人。岬角的建设工程，预示着未来这里将呈现出截然不同的面貌。

塞格海滩　海滩

（Pantai Seger；见325页地图；小汽车/摩托车 10,000/5000Rp）塞格海滩位于库塔以东2公里、第一处海岬附近，呈宝石绿的海水清澈得让人难以置信，近海200米处是游泳（虽然没有树荫遮挡）和冲浪的胜地。附近还有两片海滩、一间不错的餐馆以及租借浮潜装具的摊贩。

活动

在Jl Pariwisata沿线和前往海滨的主路边，有一整排推销各种活动的代理商店。他们可以帮助你安排任何活动，从冲浪团队游到前往偏僻地点的浮潜等，可以大胆地砍价。

Mimpi Manis（见326页）可以组织前往西南吉利群岛的浮潜行程，人均350,000Rp起，还有6小时的捕鱼之旅，费用为600,000Rp（最少两人成行）。

位于前往Mawan道路边上的Ashtari餐馆（见328页）开设有各种瑜伽班（100,000Rp），练习场地在餐馆下面安静的地点，时间为7:00～18:30。

★Mana Retreat Lombok　瑜伽

（☎0853 38628 659；http://manalombok.com；Jl Baturiti；课程 100,000Rp；⌚8:00～18:30）在一处隐秘丛林中的开放式茅草凉亭，

Kuta 库塔

Kuta 库塔

活动、课程和团队游

1 Kimen Surf B1
2 Mana Yoga Studio A1
3 Scuba Froggy B1
4 Whatsup? Lombok C2

住宿

5 Bombora Bungalows C1
6 Kuta Baru Hotel B1
7 Lamancha Homestay B1
8 Lara Homestay B1
9 Livingroom Hostel B1
10 Puri Rinjani Bungalows D2
11 Yuli's Homestay A1

就餐

12 Dwiki's A2
13 El Bazar B1
14 市场 B2
15 Milk Espresso B1
16 Nugget's Corner B1
17 Sea Salt B2
18 Warung Bule B2
19 Warung Flora B1

饮品和夜生活

20 DJ Coffee Corner B1
21 The Bus B1

设有串联瑜伽、阴阳瑜伽、冲浪瑜伽等项目。瑜伽修行者还可以入住这里的房间和平房（铺/标双 300,000/900,000Rp起）。

★ Scuba Froggy 潜水

（见本页地图；☎0878 6454 1402；www.scubafroggy.com；Jl Raya Kuta；单次潜水 600,000Rp起，开放水域课程 5,500,000Rp；⏱9:00~19:00）提供二十多条当地潜水路线，大部分深度都不超过18米。每年6月至11月，他们也组织去壮观和富有挑战性的Belongas海湾进行礁石潜水，那里聚集了成群的平滑锤头鲨和鳐鱼。前往西南吉利群岛的浮潜费用为750,000Rp。同时设有皮划艇租赁（每小时80,000Rp）。

Whatsup? Lombok 水上运动

（见本页地图；☎0878 6597 8701；http://whatsuplombok.com；Jl Pariwisata；立式桨板/皮划艇/风筝冲浪租赁 每小时 200,000/150,000/400,000Rp；⏱8:00~20:00）库塔南部的海湾非常适合开展风筝冲浪、立式桨板和皮划艇等运动。在这家商店，你可以租用装备，报名参加课程和团队游。

Kimen Surf 冲浪

（见本页地图；☎0878 6590 0017；www.kuta-lombok.net；Jl ke Mawan；冲浪板租赁费用每天 60,000Rp，冲浪教学 每人 400,000Rp起；⏱8:00~21:00）这家口碑良好的当地冲浪商店可提供涌浪预报、冲浪小窍门、冲浪板租赁、修理和教学服务。还经营前往格鲁普克等冲浪点（700,000Rp）的带向导冲浪项目，有一间咖啡馆供应浓郁的意式浓缩咖啡。

住宿

库塔为各种预算的旅行者提供了合适的住宿的选择。7月至8月的旺季，价格会有大幅度的上升。注意不要去Jl Pariwisata沿线年久失修的酒店。

★ Livingroom Hostel 青年旅舍 $

（见325页地图；0823 3942 1868；www.thelivingroomlombok.com；Jl Mawan；铺/标双 含早餐 150,000/350,000Rp起；）在2018年大地震让潜在游客对这里望而却步时，这里的开业有如一场及时雨，Livingroom能满足你对青年旅舍的所有要求。这里有一间不拘一格的酒吧，可以坐下来享用自制面包当早餐。宿舍房间干净整洁、设施齐全，甚至还有一个小泳池。其中一位匈牙利老板是一位木工，这里就是他的手笔。

★ Kuta Cabana Lodge 度假屋 $

（见325页地图；www.facebook.com/kutacabanalodge；紧邻Jl Sengkol；房间 含早餐 400,000Rp起；）这处氛围独特的茅草顶度假屋分布于镇东的山坡上，每间精心设计的房间里都可以看到美丽的海湾。来自Ashtari（见328页）的教练在顶层的工作室（shala）内开设了瑜伽班。法国菜餐厅The Other Place吸引了许多人到这里来欣赏日落晚霞（主菜50,000~80,000Rp）。

Lara Homestay 客栈 $

（见325页地图；0877 6310 0315；http://larahomestay.com；Jl Raya Kuta Pujut Lombok Tengah；房间 含早餐 300,000Rp起；）这家经营良好的家庭客栈位于库塔中心区一条宁静、荫翳的小巷内。服务热情，无懈可击。房间位于多层主楼中，整洁干净，物超所值。早餐非常美味。

Bombara Bungalows 平房 $

（见325页地图；0370-650 2571；bomborabungalows@yahoo.com；Jl Raya Kuta；标准房/高级房 425,000/575,000Rp；）库塔低成本住宿的最佳地点之一。这八间平房（部分为风扇制冷，所有房间都带有浴室）围绕一个迷人的泳池区而建。椰子树荫洒在休闲椅上，还有粉色的充气火烈鸟玩偶，让人感觉远离城镇的喧嚣。员工们充分理解冲浪者的需求，当然对其他人也是热情周到。

Mimpi Manis 民宿 $

（见325页地图；081 836 9950；www.mimpimanis.com；Jl Raya Kuta；铺/标双 100,000/150,000~250,000Rp；）由友善的巴厘岛/英国夫妇Made和Gemma经营。这间极具魅力的民宿名字的意思是“甜蜜的梦”（Sweet Dreams），设有干净整洁的宿舍和独立的房间，其中一些带有空调和淋浴。位于内陆方向1公里处，这里比库塔中心区的住宿更加安静，还有许多图书可供借阅。免费提供往返海滩和城镇的接送服务，还有自行车和摩托车租赁。

Bule Homestay 客栈 $

（见325页地图；0819 1799 6256；Jl Raya Bypass；房间 250,000~320,000Rp；）靠近Jl Raya Kuta和Jl Raya Bypass交叉路口，尽管这里离海滩还有2公里的距离，但是这处带有9间平房的庭院值得考虑，哪怕仅仅是为了这里安静的氛围和整洁雅致的环境。鞋子放在门前台阶上，小院里一尘不染，房间是白色的，仿佛医院一样。

在南部海岸冲浪

库塔湾（Telek Kuta）和Tanjung Aan（见324页）近岸岩礁有一流的左手浪和右手浪。在库塔东边约7公里处的小渔村格鲁普克（见329页）有为数众多的岩礁浪头，既有近岸也有较远的海浪，但是需要租一条小船前往，每2小时租金为200,000Rp，价格可议。聪明的冲浪者会忽略格鲁普克，沿路前往艾卡斯（见330页），这里游客较少，而且有两个冲浪浪头Inside Ekas和Outside Ekas，让冲浪者们欣喜若狂，但都需要租一条船前往，费用约为400,000Rp。在库塔西边，你会找到Pantai Mawan（见324页），这是一处令人叹为观止的游泳海滩；热门的冲浪天堂Pantai Mawi（见331页）有世界级涌浪和强劲的离岸流；最后，瑟龙布拉纳克（见331页）的白色长沙滩是入门级冲浪者的最佳选择。

Lamancha Homestay 家庭旅馆 $

（见325页地图；☎0370-615 5186，0819 3313 0156；zamroni293@yahoo.com；Jl Raya Kuta；房间 含早餐 175,000~300,000Rp；❄📶）一家迷人的大型民宿，有10间房间。内设宽敞的水泥地板房间、挂着五颜六色的挂毯和带有帷幕的床。服务贴心周到。

★ Yuli's Homestay 家庭旅馆 $

（见325页地图；☎0819 1710 0983；www.yulishomestay.com；Jl Baturiti；房间 含早餐 425,000~700,000Rp；❄📶🏊）这家不断扩建的地方有32间客房，全都干净宽敞，有大床和衣橱，还有一个宽敞的前门露台和只供应冷水的浴室，此外还有公共厨房、花园和三个游泳池。

Blue Monkey Villas 平房 $$

（见325页地图；☎0853 3775 6416；bluemonkeyvillas@gmail.com；Pantai Areguling；房间 500,000~1,000,000Rp；📶🏊）位于库塔西边8公里处Pantai Areguling上方的一座小山上，这片传统风格的平房坐拥壮观的海湾风景，向下步行500米即可到达海滩。一家简单的餐馆供应菜肴，不过这里的风景比食物本身更具吸引力。

Puri Rinjani Bungalows 平房 $$

（见325页地图；☎0370-615 4849；Jl Pariwisata；房间 700,000Rp起；❄📶🏊）非常棒的海滨选择，一切都无可挑剔：房间干净整洁，旅馆经营良好，还有迷人的泳池区，院子里点缀着各种雕像。19个房间明亮清新，有舒适的硬板床。

Kuta Baru Hotel 家庭旅馆 $

（见325页地图；☎0821 4538 8418；Jl Raya Kuta；房间 含早餐 400,000~1,000,000Rp；❄📶🏊）库塔最好的家庭旅馆之一，23间客房围绕着一座迷人的泳池、一片草坪和茅草屋顶的餐馆而建。位于主路口以东110米处。

Novotel Lombok Resort & Villas 度假村 $$$

（见325页地图；☎0370-615 3333；www.novotellombok.com；Pantai Putri Nyale；房间/别墅 US$180/310起；❄📶🏊）这家四星级的萨萨克主题度假村位于十字路口以东不到3公里的海滩上，极具吸引力。102间斜面屋顶遮盖下的房间装修现代。这里有3个游泳池、1个水疗馆、度假村风格的餐厅、时尚酒吧，提供划双体船、钓鱼和水肺潜水等多项活动。

> **打渔节(BAU NYALE FESTIVAL)**
>
> 在萨萨克历法中的10月19日（一般在公历2月或3月），成百上千的萨萨克人聚集在塞格海滩（见324页），举行盛大的仪式庆典和饕餮盛宴，你会见到短棍格斗、现场音乐以及nyale（一种外形像虫子一样的鱼）。

就餐

库塔的餐饮水平日益提升，新的就餐选择层出不穷，餐厅风格十分休闲，价格非常实惠。

★ Nugget's Corner 印度尼西亚菜 $

（见325页地图；☎0878 9131 7431；Jl Raya Kuta；主菜 35,000~100,000Rp；⏰7:00~22:30）如果想要找一家看起来又酷又休闲的餐馆，这里就是你的最佳选择。严格素食、素食和肉类主菜口味地道，口感鲜美。风格十分大胆，摆盘非常有趣。可自带啤酒；果汁、冰沙和冰茶都非同寻常。餐室在室外。

Warung Flora 印度尼西亚菜 $

（见325页地图；☎0878 6530 0009；Jl Raya Kuta；主菜 20,000~80,000Rp；⏰11:00~22:00）竹材和茅草构建的热带梦想。在棕榈树下就座，享用当地渔民刚刚捕获的鲜鱼。老板娘亲任主厨，他们共同创造出各种美味佳肴。

Dwiki's 比萨 $$

（见325页地图；☎0853 3316 3443；Jl Mawan；主菜 35,000~70,000Rp；⏰10:00~23:00；📶✍）位于市郊的提基风格（tiki）酒吧，用木柴烤出又薄又脆的比萨。提供外卖服务。有许多印尼菜肴、海鲜烧烤和非同寻常的素食选择。周三晚上有现场音乐演出。

市场 市场 $

（见325页地图；紧邻Jl Raya Kuta；⏰周日和周三 6:30~10:30）市场内的摊贩出售琳琅满目的食品和杂货。

萨萨克人的生活

萨萨克人是龙目岛上的土著，其数量占全岛人口的90%左右。他们现在几乎全都是正统的穆斯林，但在1965年以前，许多生活在偏远地区的萨萨克人都信仰维喀图德鲁（见320页）。

传统的萨萨克住宅采用竹材建造，坐落在泥土和牛粪压实的地基上。这些竹屋有角度很大的斜角和相当低矮的茅草屋顶，迫使客人在主人面前鞠躬之后才能进入屋内。丈夫与妻子同住一屋，但不睡一床（或者竹席）。他们只是在试图受孕时，晚上才会睡在一起。一旦这项工作完成，男人就会睡到外屋，妇女和儿童则挤在内室。龙目岛北部的村庄依然维持了种姓制度，这严重影响了年轻人的恋爱。高等种姓如Datu（男人）和Denek Bini（女人）同低等种姓之间的通婚依然极其少见。

每个村里都设有高脚谷仓（lumbung），以防止老鼠进入其中。它们看上去很像小草屋，而且被整个龙目岛的平房度假村所仿效。岛上有几个保持原貌的传统村庄，包括库塔附近的Sade和Rembitan。

★ **Milk Espresso** 咖啡馆 $$

（见325页地图；www.facebook.com/milkespresso；Jl Raya Kuta；主菜 55,000~130,000Rp；⏲7:00至午夜；📶）这个时尚的双层咖啡厅全天都弥漫着欢乐的氛围，从丰盛的早餐到午间简餐，再到健康的晚餐和经典的夜间鸡尾酒。对了，还有浓郁的咖啡会把你的疲惫一扫而空！

★ **El Bazar** 地中海菜 $$

（见325页地图；☎0819 9911 3026；www.elbazarlombok.com；Jl Raya Kuta；主菜 75,000~185,000Rp；⏲8:00~23:00）库塔最时尚也是人气最旺的餐厅有着一流的口碑，供应来自地中海的地道风味。从开胃小菜拼盘开始，然后尝尝美味的烤肉、沙拉三明治或摩洛哥塔津锅。在用餐结束后，你可能会不愿意离开，因为这里的氛围实在是太棒了。

Sea Salt 海鲜 $$

（见325页地图；☎0813 8198 7104；Jl Pariwisata；主菜 60,000~90,000Rp；⏲11:00~22:00）苏格兰老板经营的希腊风味海鲜餐厅，是库塔餐饮业发展的最佳证明。这家面朝海滩的小巧的拱顶餐厅，挂着鸟笼和捕虾网。你可以一边品尝当天的渔获，一边看着赤脚的员工来来往往。

Warung Bule 海鲜 $$

（见325页地图；☎0370-615 8625；Jl Pariwisata；主菜 60,000~85,000Rp；⏲10:00~23:00；📶）位于中心区域之外，库塔海滩上的一处宁静地段。这家热情友善、铺有瓷砖的小餐馆是库塔最佳用餐地之一。烤梭鱼配萨萨克香料鲜美可口，龙虾、对虾和松鼠鱼（mahi-mahi，385,000Rp，按当地水平来说堪称昂贵）会让你赞不绝口。旺季时格外忙碌。

Ashtari 各国风味 $$

（见325页地图；☎0812 3608 0862；www.ashtarilombok.com；Jl Mawan；主菜 40,000~100,000Rp；⏲8:00~21:00；🖉）餐厅在城镇以西2公里（去往Mawan的公路上）的一处山顶上，这里清风习习，是一家地中海风格的素食休闲餐厅，可以欣赏到原生态的海湾和错落的延伸进海的岩石半岛。这里是一个奢华的瑜伽空间，有各种严格素食选择。

饮品和夜生活

几家喧嚣的海滩酒吧经常贴出举办派对的宣传海报。镇中心沙滩上有售卖啤酒的临时摊位。

★ **The Bus** 酒吧

（见325页地图；www.facebook.com/thebuslombok；Jl Raya Kuta；⏲18:00至午夜）店名来源于1974年大众出品的魔术师巴士（VW bus craft），提供非常赞的音乐、五颜六色的涂鸦艺术以及龙目岛最棒的比萨，让这里成为夜幕降临之后游客们的打卡场所。在库塔中部岩石嶙峋的海岸边，坐在板式家具构建的空间内，你会享用到镇上最实惠、最美味的

鸡尾酒。周六和周日有驻场DJ。

DJ Coffee Corner 咖啡馆

（见325页地图；Jl Raya Kuta；⏲8:00~17:30；📶）在当地千篇一律的茅草顶竹屋的映衬下，这家有一个漂亮后花园的时尚带空调的咖啡馆显得与众不同。在这里可以喝到真正的浓缩咖啡。同时供应果汁、便餐和烘焙食品。

ℹ 实用信息

危险和麻烦

如果你打算租自行车或摩托车，挑选店家时要尤其注意。这里的租赁服务很不正式，仅是口头协议，没有纸质文件。已有关于游客租的摩托车被盗的报道，他们因此不得不支付大量的赔偿金给店家（通常都是在参加深夜沙滩派对时）。从入住的旅舍租车最为保险。

沿着库塔以西和以东的海滨公路开车时，要留意周围情况，尤其是在天黑以后。已经接到几起在这片区域被抢劫的报告。

推销物品的小贩们成帮结队、极有耐心且持续不停，其中许多都是推销手环的儿童。

医疗服务

Blue Island Medical Clinic（☎0819 9970 5700；http://blueislandclinic.com；Jl Raya Kuta；⏲24小时）在龙目岛南部解决医疗问题的最佳地点。如果是比较严重的疾病，去马塔兰。

现金

库塔有几家自动取款机，在前往龙目岛南部偏远的地方之前，不妨取点现金傍身。

ℹ 到达和离开

除了每天11点从马塔兰的曼达利卡车站（见303页）发往库塔的穿梭巴士（1.5小时，60,000Rp）之外，两座城镇之间没有真正意义上的公共交通。你可以试试小巴——经由普拉亚和Sengkol，不过如今班次日益减少。

更简单的交通方式是每天开往马塔兰、圣吉吉和伦巴港的合乘小汽车（票价都是100,000Rp）。合乘小汽车前往机场的价格为60,000Rp，但是如果航班时间较晚，出租车（150,000Rp）可能更加方便。其他共享交通工具的目的地包括：可乘坐前往吉利群岛公共轮渡到达的邦萨尔（110,000Rp）、乘坐公共轮渡前往巴厘岛水明漾（180,000Rp）和森纳儒（250,000Rp）。库塔的夹板广告牌上都有合乘小汽车的广告。

ℹ 当地交通

客栈可出租摩托车，价格约为每天70,000Rp。这里计程摩托车（ojek）比龙目岛其他地方少见（大部分游客都自备交通工具），但是在镇中心的岔路口都可以找到。铺设良好的道路向东通往不同的海滩。这是一段惬意的摩托车之旅。探索西部的海滩必需自备交通工具。自行车手要做好迎接山路和百转千回的窄路的准备。

格鲁普克（Gerupuk）

☎0370

经过Tanjung Aan海滩之后1.6公里，便到达格鲁普克。这里是个稍显破旧而又充满惊喜的海滨小村庄，当地约有1000名村民以捕鱼、种植海藻和龙虾出口为生。为冲浪者做向导、划船带他们去这里巨大海湾内的5处无与伦比的冲浪点，也为他们带来了收入。

正如你从Tanjung Aan和格鲁普克之间新修的林荫大道以及巨大的土方工程中看到的那样，曼达利卡度假区的巨大建筑工程正在热火朝天地展开。在未来几年里，这个地区会发生天翻地覆的变化。考虑到现有的红树林被破坏的情况，这里的建筑工程对环境造成的破坏确实值得担忧。

🏃 活动

想要在海湾冲浪，需要租一条小船将你从龙虾网箱养殖场附近的渔港送到冲浪点（200,000Rp）。船夫会帮忙找到合适的浪头，耐心等候最佳时机。海湾内有4处冲浪点，海湾外有1处左手浪冲浪点。每处的浪都可高至头顶，潮水涌动时会带来大浪。

🛏 食宿

★ Bumbangku Beach Cottage 平房 $

（☎0821 4715 3876；www.bumbangkulombok.com；Jl Raya Awang，Bumbangku；房间250,000~750,000Rp；❄）位于海湾对面，位置较为偏远。这个休闲风格的度假村有25间房间，既有带露天冷水浴室的简单高脚竹屋，也有更漂亮更新的带热水和空调的水泥房间。

另辟蹊径

巴邦库(BUMBANGKU)

格鲁普克的海滩非常狭窄，然而海湾对面的巴邦库却有着细腻的沙滩。从主路出发，沿着一条狭窄的土路前行2.5公里，你会来到这片经常空无一人的海滩。你看到的海湾外的物体是珍珠养殖网箱。

从主路边的一条窄巷前行2公里即可到达。

Edo Homestay 客栈 $

(☎0818 0371 0521; Gerupuk; 房间 含早餐200,000~600,000Rp; ❄📶🍴)就在村内，三层楼的房子共有18间干净的房间，大部分房间内都挂着五颜六色的窗帘，有双人床。高端房间位于一栋别墅内。客栈内设有一间像样的餐厅和一家冲浪商店(冲浪板租赁费用每天50,000Rp)。

Surf Camp Lombok 度假村 $$

(☎0852 3744 5949; www.surfcampindonesia.com; 1周 €690起)这家趣味盎然的冲浪度假村位于格鲁普克村东端，住宿为婆罗洲风格的大屋，有许多高科技设施。度假村周边草木繁茂，让人感觉远离尘嚣。费用含餐、冲浪课程、瑜伽等。除三间双人房外，其他都是五人间。

Inlight Lombok Resort 精品酒店 $$$

(☎0853 3803 8280; www.inlightlombok.com; 房间 1,400,000Rp起; ❄📶🍴)这家迷人的酒店由一位俄罗斯建筑师设计，他同时也是这家酒店的老板，地处格鲁普克南部一个僻静的海滩上，专为修身养性而建。Wi-Fi信号仅限于公共区域，不供应酒精饮品，供应健康食品的餐厅有让人充满活力的鱼类素食(pescetarian)菜肴。这里的四间客房虽然不像院子那样让人印象深刻，但也宽敞舒适，带着令人叹为观止的风景。

Fin 咖啡馆 $

(☎0823 3956 4781; www.facebook.com/fingerupuk; 主菜 45,000~60,000Rp; ⏲7:30~16:30)🌿这家清新的蓝白相间的咖啡馆采用仿旧木制家具和灯盏，你会误以为自己身处德拉娜安岛而非格鲁普克。但这些都是其广受青睐的原因，同时还配有意式浓缩咖啡机、酸奶、小麦草汁和素食三明治。

到达和离开

你需要自备交通工具前往。从库塔到格鲁普克的道路路况很好，十分畅通。

艾卡斯(Ekas)

☎0370

艾卡斯是游人罕至的地方，众多的冲浪点和高耸的峭壁将让人想起巴厘岛的乌鲁瓦图——然而这里却游客罕至。

艾卡斯本身是一个沉静的小村，但是向南深入半岛，你会情不自禁地狂发朋友圈。

海滩

天堂海滩(Heaven Beach) 海滩

找当地人打听如何前往天堂海滩，来探

残忍的捕杀

Tanjung Luar是龙目岛东南部地区一个经营多年的鱼市，每天都有渔船在这里进出。在环保组织看来，这里是不怎么光彩的大型鱼类(例如鲨鱼、蝠鲼和海豚等)交易场所。

鱼肉放到当地市场上卖，鲨鱼翅和鳐鱼腮经过拍卖被买家收购，然后被运往中国香港，那里的人将这些东西视为贵重的美味。

Tanjung Luar的鱼翅买家承认龙目岛附近海域的鲨鱼已所剩无几。在20世纪90年代，渔民们在近海处就能捕到鱼。但现在他们得把船一直开到澳大利亚和印度尼西亚之间的Sumba海峡才行，这里是鲨鱼迁徙的一条重要通道。

由潜水环保组织Project Aware(www.projectaware.org)发布的调查指出，人们对政府发布的禁止捕杀海豚、数种鲨鱼和海龟的规定视若无睹。

印度尼西亚政府在2014年宣布他们的水域成为蝠鲼保护区，但效果如何仍有待观察。

值得一游

BELONGAS海湾

当你看到这处曲线曼妙的双海湾时，面对将蓝色海水和绿色青山隔开的白色沙滩，一定会情不自禁地大声赞叹。在附近的巴厘岛根本就找不到这样的地方，最关键的是这里依然是你专属的天地，因为发展浪潮尚未席卷该地区。海湾位于南部海岸线上，在库塔西边40公里处。从Pengantap出发，海滨主路爬上一处海岬，然后向下进入一处绝美的海湾；继续前行1公里，在岔路口转上去往Belongas的小路——道路陡峭蜿蜒，风景旖旎。当地没有公共交通。

这里有两处闻名遐迩的潜水地点：Magnet和Cathedrals。9月中旬是潜水的最佳时间，除了能看见在6月至11月于"尖峰"（pinnacle，这是一块露出海面的岩石，也是潜水区域的中心）附近出现的锤头鲨，还可以看到成群的鳐鱼。这条潜水路线有一定难度，因此只适合有潜水经验的人，下水之前要做好应对激流的心理准备。

Belongas海湾是圣吉吉的Dive Zone（☎0819 0785 2073；www.divezone-lombok.com；2次当地小船潜水1,650,000Rp）的重点经营区域，在Belongas Bay Lodge（☎0370-645974；www.thelodge-lombok.com；平房850,000~950,000Rp，简餐75,000Rp）设有冲浪行程。这间客栈在一片迷人的椰子林中设有宽敞的瓦顶木制平房。陈设相对简单，但与海边的宁静氛围相得益彰。前往此处需要途经一条狭窄、颠簸的土路，对于摩托车新手们来说是一项挑战。住宿需要预订。

寻这处沙滩奇迹。这里有一片白沙滩和海浪，距离艾卡斯约4公里。别管无所不在的度假村，你可以自由进入海岸：印度尼西亚的所有海滩都属于公众。

Pantai Dagong 海滩

让人一见倾心！这里有空无一人、连绵不绝的白沙滩，诱人的海浪轻拍海岸。从艾卡斯驱车向南6.5公里即可到达，道路虽然颠簸，但路况尚可。

住宿

在艾卡斯以南的美丽海湾，隐藏着一些精品度假村。在乡村道路边也会有一些简单的新客栈。

Ekas Breaks 客栈 $$

（☎0822 3791 6767；www.ekasbreaks.com；房间 含早餐 600,000~900,000Rp；❄📶🏊）这座阳光充足的院落位于距离艾卡斯的冲浪点和海滩2公里处的起伏丘陵之间。一些房间在传统的草墙谷仓风格建筑内；其他则比较现代，有白色的墙壁和露天浴室（我们推荐后者）。咖啡馆供应西式和印尼风味的食物。

★ **Heaven on the Planet** 精品度假村 $$

（☎0812 375 1103；www.heavenontheplanet.com；Ekas Bay；房间 全包价 每人 US$120~240；❄📶🏊）这个名字十分恰当，住宿单元分布于悬崖边缘，从这里你能俯瞰大海。其他房间则位于诗情画意的海滩上。每个房间都各有特色。Heaven主要是一家时尚且另类的冲浪度假村，但是也可以开展风帆冲浪、水肺潜水、瑜伽和浮潜等项目。食物非常丰盛，富有创意。

到达和离开

一条平整的公路从库塔沿着海滨蜿蜒向东直至艾卡斯，其间经过一个又一个有海岬装点的美丽海湾。这是一次超级棒的摩托车自驾之旅。

瑟龙布拉纳克（Selong Blanak）

☎0370

当你觉得自己已经看到了库塔最美丽的海滩时，你就来了到这片人气极旺的海湾和海滩边。附近深谙其道的冲浪老手扎堆在宁静的海湾Pantai Mawi，他们在风口浪尖的精彩表演一定会让你大开眼界。

海滩

Pantai Mawi 海滩

（小汽车/摩托车 20,000/10,000Rp）这里

是冲浪者的天堂，有无与伦比的风光、充满传奇色彩的浪拱和更多散布在海湾周围的海滩。不过要小心这里的强劲激流。这里有停车场和小摊贩；冲浪板租赁价格为2小时50,000Rp。前往海滩的路口位于库塔以西16公里处，然后沿着一条土路行驶3公里即可到达。

瑟龙布拉纳克海滩 海滩

（Pantai Selong Blanak；停车费 10,000Rp）这片广阔的海滩白如砂糖，远处湛蓝的海面上波光粼粼，是游泳的理想场所。可以租用冲浪板（每天50,000Rp），安排一艘小船前往冲浪区（100,000Rp起）。从主路拐弯，沿一条平整的公路可以开到停车场。通往海滩的路口位于库塔西边18公里处。海滩非常受当地人青睐，有沙滩椅租赁，每天50,000Rp；还有许多竹棚小摊。

食宿

这里的住宿偏高档，但是你也能偶尔找到介于民宿和经济型平房之间的住宿。就餐选择从经济型到高端一应俱全，大部分都在瑟龙布拉纳克海滩附近。

Tiki Lodge 度假村 $$

（0822 4744 7274；www.tikilombok.com；Jl Selong Belanak；房间 650,000Rp起；）舒适的草顶别墅，配有竹床和豪华的露天浴室，中间是一个碧绿的泳池，周围绿荫环绕。房费含早餐和下午茶。

Sempiak Villas 度假村 $$

（0821 4430 3337；www.sempiakvillas.com；别墅 960,000Rp起；）这家绝妙的精品度假村隐藏在崖顶，是库塔地区最高端的酒店之一。七栋别墅位于海滩上方的山坡上，采用了古旧的木材；其中一些设有带顶棚的露台以欣赏优美的风景。另外五栋稍微便宜一点的别墅位于下方。设有一个海滩俱乐部，可供客人白天嬉戏，晚餐就在沙滩上。

Laut Biru Bar & Restaurant 海鲜 $$

（0821 4430 3339；主菜 45,000~90,000Rp；8:00~22:00；）Sempiak Villas的这家海滨餐厅供应简单的印尼风味的午餐和晚餐，但是这里的环境无与伦比。你会在一座空间开阔的白色建筑内用餐，墙上有贝壳艺术品，沙滩露台上萦绕着世界各国的音乐。

到达和离开

从库塔出发，沿着海滨公路可轻松前往。平坦的公路向西通往海滩，向北去往普拉亚和马塔兰。没有公共交通。

吉利群岛

包括➡

最佳餐饮

- Pituq Waroeng（见345页）
- Ruby's（见355页）
- Pachamama（见355页）
- Jali Kitchen（见344页）
- Sasak Cafe（见350页）

最佳住宿

- Gili Treehouses（见344页）
- Gili Meno Eco Hostel（见349页）
- Eden Cottages（见343页）
- Wilson's Retreat（见344页）
- Rabbit Tree（见349页）

为何去

被碧波万顷的海水、洁白如玉的沙滩和高高在上的椰子树层层环绕：吉利群岛就是梦想中的天堂。这些小岛发展速度之快，在印尼独一无二——载着游客的快艇从巴厘岛直接开过来，时尚酒店如雨后春笋般不断涌现。

旅游业带来的收入的巨大诱惑和传统、悠闲的岛屿文化不断角力，西方派对爱好者不仅带来了另类精神，而且还提升了当地对于绿色可持续发展的重视。虽然结果如何目前尚无定论，但如今的吉利群岛依然保留了最初的慵懒魅力（部分原因归功于当地将狗和摩托车限定在岛屿之外）。

每座岛屿都有自己独特的外表。德拉娜安岛（即Gili T）最具国际化风范，派对现场活力四射，还有层出不穷的高端餐饮住宿场所。艾尔岛交织着热闹和休闲的氛围。小巧的米诺岛则拥有最浓郁的本地特色。

何时去

- 雨季大约是在10月下旬至次年3月下旬。但即使正当雨季，龙目岛或巴厘岛大雨倾盆的时候，吉利群岛依旧阳光明媚，气候干燥。
- 旺季是在6月至8月下旬（再加上圣诞节假期），那时候很难找到客房，房价可能大幅度上涨。可能会刮大风，但是总是大晴天。
- 一年中理想的游览时间是5月和9月。气候相对干燥，人流相对稀疏，而且不用担心遇到飓风。

吉利群岛亮点

❶ 在德拉娜安岛**Tir na Nog**（见346页）等地的极具传奇色彩的派对上尽兴狂欢。

❷ **与海龟共舞**（见351页）在“世界海龟之都”的水下邂逅绿海龟和玳瑁海龟。

❸ 在**Deep Turbo**（见340页）和鲨鱼角（Shark Point）近距离观看白翅尖鲨，或者可以到**Mirko's Reef**（见340页）和它们打个招呼。

❹ 在**Casa Vintage Beach**（见346页）轻啜一杯饮品，欣赏残阳西沉至巴厘岛的活火山背后。

❺ 在艾尔岛找一处宁静的瑜伽修行地清修，如**Flowers & Fire Yoga**（见353页）。

❻ 在亚洲最棒的潜水学校**Freedive Gili**（见338页）接受课程后，看看自己一口气能扎多深。

❼ 在如**Pituq Waroeng**（见345页）这般独具匠心的餐厅，享用德拉娜安岛的精彩美食。

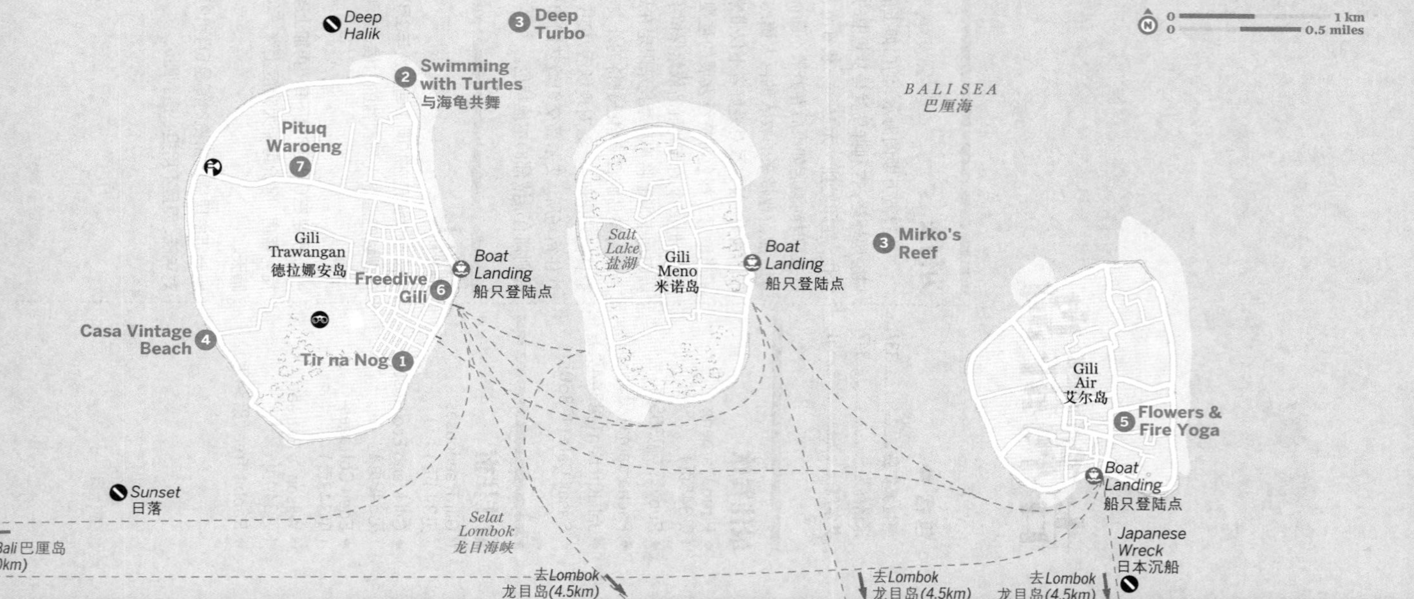

危险和麻烦

- 虽然极为罕见，不过一些外国女性曾在吉利群岛上遭遇过性骚扰，甚至是性侵犯——在岛上较僻静的区域最好不要独自步行回家。
- 虽然这些海洋看似平静，但岛屿之间的海峡上隐藏着汹涌的暗流。不要试图游泳去其他的岛，因为可能无法活着上岸。
- 自行车骑行者（几乎全是游客）在德拉娜安岛热闹地段经常撞车或者伤人。运送建筑材料的马车（cidomo）也一样如此，几乎是横冲直撞。

盗窃

一旦遭窃，要立即向岛上的kepala desa（村长）报警，他会处理；潜水学校的工作人员会帮你找到他。

以往警察只会偶尔到访吉利群岛，但是2018年地震之后的趁火打劫，让他们在三个岛上都设置了警务站。许多人预测未来他们将会在此常驻。

毒品

在吉利群岛的德拉娜安岛，毒品贸易依然屡禁不绝，你会很容易找到从冰毒到摇头丸和“致幻蘑菇”等。后者在米诺岛和艾尔岛的咖啡馆里甚至公然打起广告。请记住，印尼有非常严厉的反毒品法规；被发现携带或食用毒品的人可能会被送进监狱，或者更糟。

和巴厘岛与龙目岛一样，游客曾因吉利群岛掺假的亚力酒（无色蒸馏棕榈酒）而中毒，不要喝它，也要对廉价的鸡尾酒保持足够的警惕。

到达和离开

在预订酒店时，大部分酒店和许多客栈都很乐意在往返吉利群岛交通方面为你指点迷津。如果你使用在线预订网站，预订后可直接与酒店联系。一些高端酒店会用自己的船来迎送住客。

从巴厘岛出发

快船在巴厘岛和德拉娜安岛之间提供快速通达服务（45分钟至2.5小时，具体取决于目的地）。它们从巴厘岛的多个地点出发，包括伯诺阿港、萨努尔、八丹拜和阿曼。其中一些经停努萨兰彭坎。快船大部分在龙目岛上圣吉吉北面的Teluk Nare/Teluk Kade停靠（大部分情况下必须在此中转才能前往米诺岛），然后继续前往艾尔岛和德拉娜安岛。

网站**Gili Bookings**（www.gilibookings.com）列出了众多快艇经营商及其价格，以满足你的订票需求。在了解运营商所提供的服务方面，这个网站做得还不错，但是不能以偏概全，也许直接从运营商处买票会更加便宜。

线路运营商包括：

Blue Water Express（☎0361-895 1111，0813 3841 8988；www.bluewater-express.com；单程750,000Rp起）专业的运营公司，快船从巴厘岛的Serangan和八丹拜出发，前往Teluk Kade、德拉娜安岛和艾尔岛。

Gili Getaway（☎0813 3707 4147，0821 4489 9502；www.giligetaway.com；单程从巴厘岛驶往吉利群岛 成人/儿童 710,000/560,000Rp）非常专业，往返于巴厘岛的Serangan与德拉娜安岛和艾尔岛，还有圣吉吉和基利格德。

乘船旅行指南

- 票价不固定，尤其是在淡季，在公布的票价基础上，你可以获得折扣。也就是说，并非所有快船都是统一票价，但多付点钱乘坐好一点的船，会让你免去胃内翻江倒海的痛苦。
- 如果你不需要抵离船只的交通接送，可以要求折扣。
- 广告里公告的发船时间都不靠谱。船只无故取消、不按计划停靠或者出发晚点都是家常便饭。如果还要中转，为自己预留充裕的时间（例如要赶从龙目岛或巴厘岛出发的飞机）。
- 7月和8月需要提前订船票。
- 巴厘岛和龙目岛之间的海域可能风大浪急（尤其是在雨季）。快船可能会因为海况恶劣而取消。
- 快船几乎毫无监管；运营和安全标准方面也是良莠不齐。曾经出现过严重事故，导致船只沉没和乘客身亡。

吉利坚强，重建天堂

2018年7月29日，当一场里氏6.4级地震袭击龙目岛本岛时，吉利群岛上的大部分人并未在意。几乎没人知道这只是8月5日爆发震级更高的6.9级地震的"序曲"，而第二场地震让这个迷你群岛的度假村和餐饮店几乎遭受灭顶之灾。

地震之后的海啸预警，让停留在德拉娜安岛上的大部分人都蜂拥前往吉利群岛唯一的孤山上度过一个不眠之夜。地势平坦的艾尔岛和米诺岛上的居民和旅游者则集中到岛中心的田野里。值得庆幸的是，预告中的海啸并未到来，但是第二天长时间的混乱撤离成为轰动全球的头条新闻。

有报道称，之后吉利群岛遭遇了抢劫，迫使警方在每个小岛上都设置了警务站。许多店铺都遭受重创而无法修复，尤其是在米诺岛东南角、德拉娜安岛的中心村落以及德拉娜安岛西部海岸线上。总体而言，水泥建筑的受损情况要比竹材或木材建筑严重。

在地震发生后的几个星期里，居民们喊出了"吉利坚强"（Gili Strong）的口号，并以此为宣传亮点重新吸引游客。到9月时，一些快船恢复了往返巴厘岛的航线，载着勇敢的游客前往这些受灾的岛屿。由于缺乏工人（很多人忙着照顾龙目岛本岛的家人），重建工作一度进展缓慢。然而，这些岛屿已经展现了难以置信的韧性，在撰写本文时，这里已经开始恢复元气。

Gili Gili Fast Boat（☎0818 0858 8777；www.giligilifastboat.com；单程 690,000Rp起）航线连接巴厘岛八丹拜、龙目岛邦萨尔港、德拉娜安岛和艾尔岛。

Perama（☎0361-750808；www.peramatour.com；每人 单程 400,000Rp）航线连接八丹拜、吉利群岛和圣吉吉，船速不那么快。

Scoot（☎0361-271030；www.scootcruise.com；单程 750,000Rp）航线连接萨努尔、努萨兰彭坎、圣吉吉和吉利群岛。

从龙目岛出发

如果是从龙目岛过来，你可以在圣吉吉以北的Teluk Nare/Teluk Kade乘坐快船。许多快船都是由位于吉利群岛的酒店和潜水机构经营（在预订潜水/住宿时，对方就会帮你安排好上岛的交通），但是也可以找到当地船主谈好价格，私人包船。大部分人仍乘坐从邦萨尔港出发的公共渡轮。

邦萨尔港的船票在港口的大售票处购买，你还可以在这里包一条船。在其他地方购票，你可能会上当受骗。

船期和票价

在12:00前，都有公共渡轮频繁发往吉利群岛，之后等待1小时左右就可以搭乘前往德拉娜安岛或艾尔岛的轮渡，特定船只于14:00和17:00开往米诺岛。除了前往米诺岛的午后特定航线外，其他轮渡都是双向开行，坐满发船——大约可载45人。如果海况不佳且轮船满员（或超员），在海上乘风破浪绝对是一段心惊胆战的体验。如果没有公共轮渡发往你想要去的吉利小岛，你可能就得自己租一条船（350,000~500,000Rp，最多可载10人），如果你觉得这是最安全的方式，也可以直接包船上岛。

前往3座小岛的公共轮渡单程票价分别为：艾尔岛14,000Rp，米诺岛15,000Rp（午后的特定轮渡票价为25,000Rp），德拉娜安岛20,000Rp。船只通常都停泊在海滩上，准备好涉水上船。

如今有公共快艇经营德拉娜安岛、米诺岛、艾尔岛和邦萨尔之间的航线，白天每小时1班，票价为85,000Rp。

欺诈

虽然多年来名声一直不怎么好，但邦萨尔港的情况已经有所改善。不过一个常见的欺诈现象是当穿梭巴士将乘客放在距离港口不远处时，一些马车车夫表示还有很长一段路，然后要价60,000Rp将你送往码头。不要理他们，继续前行300米就可到达。其他揽客者可能宣称公共轮渡停止运营，或者在登上吉利群岛前需要准备驱蚊剂和防晒霜等物品。避开他们，但是注意需要为任何帮你拿行李的人付小费（每个包10,000Rp就够了）。这里有自动取款机。

前往邦萨尔港

如果从马塔兰和圣吉吉搭乘公共交通来这里，可以乘坐客运班车或小巴至佩姆南，然后步行1.2公里（或者花5000Rp乘坐计程摩托车）前往邦萨尔港。乘坐计程出租车至港口可以一直到码头边。从圣吉吉出发，Perama（见315页）设有水陆联运线路前往吉利群岛，价格比较合理，为150,000Rp（2小时）。

到达邦萨尔后，你需要乘坐合乘车辆离开港口。到圣吉吉，100,000Rp是一个比较公道的价格。或者，沿路前行500米，经过巨大的海啸避难所走到Blue Bird Lombok Taksi出租车站点（见423页），这是最佳出租车选择。然后乘坐计程车前往圣吉吉（约100,000Rp）、机场（220,000Rp）和库塔（250,000Rp）。

当地交通

吉利群岛上没有机动车——这也是它们的最大魅力所在。

船

公共快艇经营德拉娜安岛、米诺岛、艾尔岛和邦萨尔之间的航线，白天每小时1班，票价为85,000Rp。这使得吉利群岛之间的跳岛游变得非常容易。

还有一艘跳岛游慢船在三座岛屿（25,000~35,000Rp）间穿梭。通常每天上下午各1班，但最好先提前在岛上码头查看最新的时刻表。你可以包租往来各岛屿之间的船只（300,000~400,000Rp）。

马车

由于涉及马匹待遇的问题，我们不推荐使用这种交通方式。

步行和骑车

吉利群岛地势平坦，步行游览非常轻松。这三座岛屿均有自行车出租（每天 40,000~60,000Rp），是四处闲逛的好办法。不过偶尔遇到沙滩时需要花时间下来推车。

德拉娜安岛
（GILI TRAWANGAN）

☎0370/人口1500

德拉娜安岛如今已成为一个享誉全球的热带天堂，和巴厘岛、婆罗浮屠（Borobudur）一样，是印尼的顶级目的地之一。德拉娜安岛的主街上车水马龙，主要街区有鳞次栉比的豪华酒吧、时尚酒店、国际化餐馆、便利店和潜水学校。

然而，在这令人炫目的外表之下，它始终坚持着波希米亚式放荡不羁的性格，摇摇晃晃的小吃摊和雷鬼音乐活跃于鸡尾酒桌之间，安静的区域也分布在不甚喧嚣的北部海岸。一方面，拥有超过200间房间的大酒店也开始挺进贵族化的西海岸地区；另一方面，进入内陆地区，乡村面貌依然如故：沙地小巷到处都是自由放养的鸡群、烦躁的妈妈，还有头发凌乱的孩子们玩着跳房子的游戏。在这里，一天中的主要活动是到清真寺祷告，而不是在酒吧优惠时段狂欢。

海滩

德拉娜安岛被细粉状的白色沙滩所环绕，而这正是人们在巴厘岛遍寻不到的。在酒吧林立的主街上可能会人山人海，但是只要向北或向南和向西走一点，你就会找到一些德拉娜安岛最美丽的海滩，可以开展游泳和浮潜等活动。沿着西部和北部海岸，你还能找到更多僻静无人的地方，只有你和浴巾躺在沙滩上——虽然淡水和Bintang啤酒小贩永远就在不远的地方。

注意：在低潮期，西部和北部海岸线上大部分地方在海滩表面都布满岩石和珊瑚，所以近岸活动会让人感到十分不愉快。

许多人只是喜欢享受在这里远眺龙目岛、林查尼火山（从东海岸）以及巴厘岛和阿贡火山（西边）的感觉。

景点

观景台（Lookout）　观景台

在吉利群岛唯一的高地欣赏优美风景。在2018年8月龙目岛地震之后，1000多名游客和当地人在这座小山上度过了难眠之夜，以躲避可能到来的海啸（万幸的是，海啸并未到来）。

活动

德拉娜安岛上进行的活动或多或少都与水有关，但是也不乏瑜伽、水疗和烹饪课程。

潜水和浮潜

在渡船靠岸处海滩北边200米处有一个很好玩的浮潜地点——这里珊瑚的形状不是最好的，但是有成群结队的鱼和海龟。

Gili Trawangan 德拉娜安岛

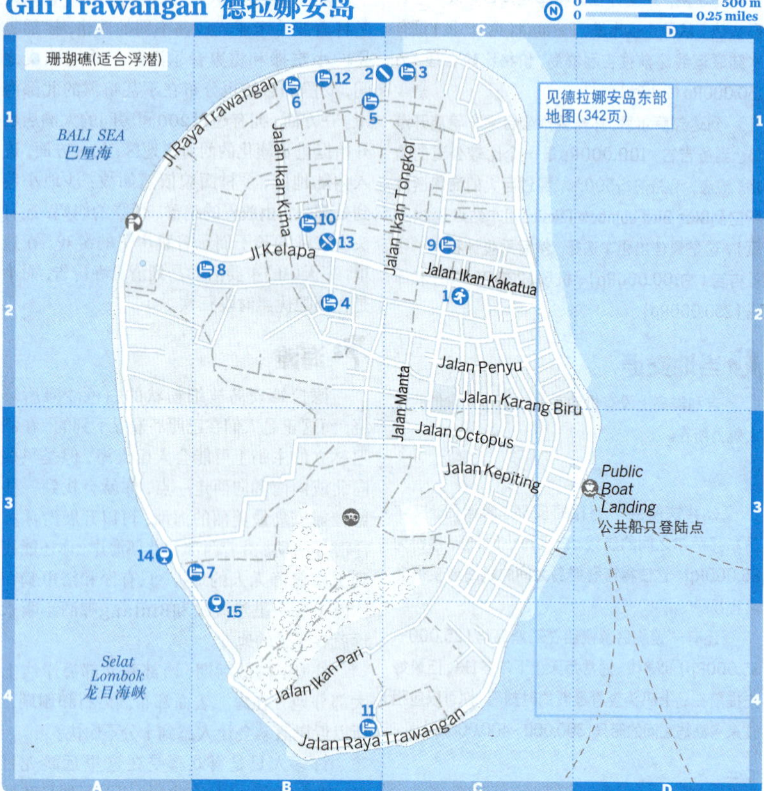

西北海岸不远处的珊瑚礁形状较好，不过在退潮时你得越过一些尖利的死珊瑚才能到达（带上胶鞋）。浮潜装具租赁均价为每天50,000Rp。

德拉娜安岛是主要的潜水热点，有二十几家专业的潜水和自由潜水学校。大部分潜水学校和商店都为预订套餐的客户提供不错的住宿。

吉利群岛上的安全水准很高，但随着德拉娜安岛潜水学校不断增加，它们中的一些组成了吉利岛潜水协会（GIDA），该协会每月召集关于环保和潜水对环境影响等问题的会议，讨论一系列标准以确保潜水者的安全，每天对潜水者的数量有限制，因此我们强烈推荐隶属GIDA的潜水商店。所有的GIDA商店均在船上携带氧气和能够工作的无线电，而且会花时间和资源来保护珊瑚礁、海水和海岸。他们在趣味潜水、训练和认证方面有价格协定。部分价格如下：

入门级潜水 900,000Rp

开放水域课程 5,500,000Rp

救援潜水和EFR课程 7,000,000Rp

★ Blue Marlin Dive Centre 潜水

（见342页地图；www.bluemarlindive.com；Jl Raya Trawangan；单次潜水 490,000Rp）德拉娜安岛最早的潜水店，并且是世界上最好的技术型潜水学校之一。这所学校是GIDA成员，这里有德拉娜安岛最早的酒吧之一。

★ Freedive Gili 潜水

（见342页地图；☎0370-619 7180；www.freedivegili.com；Jl Raya Trawangan；Ⅰ级/Ⅱ级课程 3,995,000/5,495,000Rp；⏲8:00~20:00）自由潜水是一种高级屏气技巧，可以比浮潜到达的深度深得多（30米或以上）。Freedive Gili

Gili Trawangan 德拉娜安岛

活动、课程和团队游

1 Desha Spa C2
2 Lutwala Dive B1

住宿

3 Alam Gili C1
4 Coconut Garden B2
5 Eden Cottages B1
6 Gili Eco Villas B1
7 Gili Teak Resort B3
8 Gili Treehouses B2
9 Jali Resort C2
10 Kelapa Villas B2
11 Pondok Santi Estate B4
12 Wilson's Retreat B1

就餐

Jali Kitchen （见9）
13 Pituq Waroeng B2

饮品和夜生活

14 Casa Vintage Beach A3
15 Exile B4

的老板是一位一次呼吸可以潜至111米深的专业潜水员，该校提供为期2天的Ⅰ级课程和3天的Ⅱ级课程。参加完2天的课程，很多学生可以一次呼吸就潜至20米深。学校里还开设了瑜伽班，可提供住宿。

Manta Dive 潜水

（见342页地图；0370-614 3649；www.manta-dive.com；Jl Raya Trawangan；开放水域课程 5,500,000Rp）岛上最大的SSI潜水学校，并且至今仍是最好的潜水学校之一。有一个大院子和一个游泳池。它是GIDA成员，设有教练员培训和技巧培训项目。

Trawangan Dive 潜水

（见342页地图；0370-614 9220；www.trawangandive.com；Jl Raya Trawangan；5次带向导高氧乘船潜水 2,700,000起）另外一家高端、长盛不衰的潜水商店，洋溢着好玩的泳池派对氛围，是GIDA成员。可以咨询如何参加他们和Gili Eco Trust联合开展的定期海滩清理活动。同时设有Biorock珊瑚养护课程，以及各种技巧培训课程（包括换气训练）。

Big Bubble 潜水

（见342页地图；0811 390 969；www.bigbubblediving.com；Jl Raya Trawangan；趣味潜水 昼/夜 490,000/600,000Rp）岛上著名的绿色环保非政府组织Gili Eco Trust的重要幕后推手，一所老牌潜水学校和GIDA会员，2018年地震后正在进行彻底重建，当你拿到本书时，应已重新营业。

Lutwala Dive 潜水

（见338页地图；0877 6549 2615；www.lutwala.com；Jl Raya Trawangan；潜水大师课程 14,000,000Rp；8:00~18:00）高氧潜水（nitrox）和五星级PADI培训中心，这家潜水商店是GIDA成员，租赁高品质的浮潜装具。此外还设有住宿（房间700,000Rp起）以及非常漂亮的花园咖啡吧，可供学员们在潜水之后放松身心。记得跟这里的鹦鹉聊聊天。

冲浪

德拉娜安岛南端近海有一片湍急的右手礁岩浪点，最佳冲浪季节为12月至次年3月，或者在雨季的无风时段。附近的海滩上到处都是出租冲浪板的摊贩。

步行和骑行

步行或骑车是探索德拉娜安岛的理想方式。只需数小时左右便能步行环游全岛——如果你在西南角的小山处（这里有日军"二战"期间一个军火库的遗址）驻足，可看到巴厘岛阿贡火山壮丽的日落美景。

骑自行车（每天 40,000~70,000Rp；狠狠砍价）是很好的游览当地的方式。在主街区上你会发现很多租车点，或者可以请客栈帮你安排。注意：多沙的北部海岸不适合骑行，岛内的道路通常路况良好，适合骑车。

Sila 骑行

（见342页地图；0878 6562 3015；Jl Raya Trawangan；自行车租赁 每天 50,000Rp起）有种类繁多的自行车可供租赁，包括双座自行车。这里还有乘船观光行程。

瑜伽和康体

Desha Spa 按摩

（见338页地图；0877 6510 5828；Jl

在吉利群岛潜水

吉利群岛是人气极旺的潜水目的地，因为这里的海洋生物数量众多、品种多样，附近的潜水点数量更是达到了惊人的25处。海龟（绿海龟和玳瑁海龟）、黑鳍鲨和白鳍鲨都很常见，还有很棒的（小种群）大型生物，比如海马、尖嘴鱼和众多甲壳类动物。大约在满月前后，大批隆头鹦哥鱼（bumphead parrotfish）就会出现，尽情吞食珊瑚卵；一年之中的其他时候则有蝠鲼（通常是2月和3月）游过潜水地点。

请注意，虽然吉利群岛随处可见原始淳朴之美，但多年来的炸药捕鱼和由厄尔尼诺现象引起的漂白效应，加上珊瑚锚定和游客们的坏习惯损害了许多超过18米高的珊瑚，从而使深潜更能在视觉上获得美感。海水的能见度相对很高（20米至30米），温度为25℃到30℃，水文环境相对平静，这一切都使吉利群岛成为学习潜水的不二之选。然而，这里也有水深更深、水流更强劲和更具挑战性的潜水点，可以开展漂流潜水，适合经验更加丰富的潜水者。

吉利群岛部分最佳潜水点包括：

Deep Halik 一个类似峡谷的地点，非常适合漂流潜水，在28米到30米深的地方经常能看见黑鳍鲨和白鳍鲨。

Deep Turbo 在约30米深处，这个地点比较适合高氧潜水。这里有藏在裂缝里、令人印象深刻的海扇和豹纹鲨。

日本沉船（Japanese Wreck）只适合经验丰富的潜水者（水深45米），这艘日本巡逻艇的船骸（“二战”期间）是技术型潜水者的另一个理想去处。

Mirko's Reef 以一位已经去世但生前受人敬爱的潜水教练命名，峡谷从没有被炸过，拥有生机勃勃的原生软珊瑚和桌面珊瑚（table coral）。也被称为“Secret Reef”。

鲨鱼角（Shark Point）也许是吉利群岛上最令人兴奋的潜水胜地；可以非常频繁地遇到礁鲨、海龟、大群隆头鹦哥鱼和蝠鲼。这里还有一艘最近沉没的拖船可供探索。

日落/鳐鱼角（Sunset/Manta Point）拥有令人印象深刻的桌面珊瑚；经常会遇见鲨鱼和其他大型海洋生物。

Kelapa；⊙9:00~21:00）不像街边小店那样朴素，也不像酒店水疗那么奢华昂贵，这处位于岛上交叉路口的康体店是最为合适的折中选择。除了标准按摩项目，这里还有椰子磨砂护理、足疗、美容或芦荟补水理疗等。

Gili Yoga 瑜伽

（见342页地图；☎0370-619 7180；www.giliyoga.com；Jl Raya Trawangan；每人 120,000Rp起；⊙7:00~18:00）每天开设两节Vinyasa和哈塔瑜伽课程；这是Freedive Gili（见338页）的附属门店。

课程

Sweet & Spicy Cooking School 烹饪

（见342页地图；☎0878 6577 6429；www.facebook.com/gilicookingschool；Jl Raya Trawangan；课程 385,000Rp起）充满乐趣的每日烹饪培训班将教你如何将辣椒和其他应季食材变成香辣可口的印尼菜肴。一如既往，你需要吃掉自己的作品。

住宿

德拉娜安岛上数百处正规住宿地点，已经接近饱和，房型从茅草屋到带空调和专属游泳池的时尚别墅等。在7月和8月的旺季，最好的地方可能早就被预订一空，但是由于竞争激烈，近年来房价也大幅度下降。在淡季，你会找到难以置信的折扣价。

几乎所有的潜水学校都设有中档住宿，最便宜的住宿地都在村子里。

村庄（Village）

Gili La Boheme Sister 青年旅舍 $

（见342页地图；☎0853 3733 4339；Jl Ikan

Duyung; 铺 带风扇/空调 130,000/150,000Rp; ❄📶)裸露的砖墙、再生木材、瓷砖地板和多彩的颜色，这家古色古香的青年旅舍让人感觉身心愉悦。其中一些床位在别致的六角形房间内。旅舍内有好几处实用的公共区域。

Mango Tree Homestay 民宿 $

(见342页地图; ☎0823 5912 0421; Jl Karang Biru; 双 300,000Rp)这家时尚的民宿位于小村内的一处安静地点，有8间简单的双人房，围绕一个绿荫浓密、爬满蕨类植物的庭院。年轻的服务员非常好相处，而且服务热情，空气中总是回荡着尤克里里的琴声。设有自行车租赁，每天40,000Rp。

Madison Gili 平房 $

(见342页地图; ☎0878 6594 5554; www.madisongilli.com; Jl Kepiting; 房间 350,000~700,000Rp; ❄📶🏊)12栋平房风格的住宿围着一座泳池而建，略显拥挤。但是，通过巧妙的设计，每间房间都不乏私密感。房间非常舒适，配有冰箱等设施。员工乐于助人。位置在安静的小巷内。

Woodstock 平房 $

(见342页地图; ☎0878 6433 7237; www.woodstockgili.com; Jl Karang Biru; 房间 带风扇/空调 350,000/600,000Rp起; ❄📶🏊)看到名字，一种别样的感觉就会油然而生吧(伍德斯托克音乐节)? 在12间超值客房里感受伟大乐手们的音乐。试试与Dead神交，然后关上Baez的音乐，聆听Hendrix的歌曲。客房都洋溢着部落风格，带有独立门廊和露天浴室，全都面向一个慵懒的泳池区。

Gili Mansion 青年旅舍 $

(见342页地图; ☎0852 3836 3836; https://gilimansion.com; Jl Ikan Hiu; 铺/双 80,000/200,000Rp起; ❄📶🏊)虽然作为噱头的城堡主题略微破坏了岛屿上的氛围，但这家人气旺盛的青年旅舍一直就是镇上最好的经济型住宿之一。这里有干净的三床宿舍、超级便宜(但毫无性格)的独立房间，加上以泳池为中心的不间断派对活动。

Indigo Bungalows 客栈 $$

(见342页地图; ☎0818 0371 0909; www.facebook.com/indigogilit; Jl Penyu; 房间 550,000Rp起; ❄📶🏊)在竞争激烈的德拉娜安岛中档住宿市场，Indigo凭借其对细节的重视脱颖而出。6间房间都有热水、露台和泳池或花园风景。这里漂亮宁静的小院具有独特的氛围。

Alexyane Paradise 平房 $$

(见342页地图; ☎0878 6599 9645; oceaneparadise@hotmail.com; Jl Ikan Baronang; 房间 300,000~900,000Rp; ❄📶)5间质量上佳的深色木质小屋(其中一间为家庭房)，有高高的天花板，竹制的床，还有可爱的洒满阳光的户外浴室。

Amora Villa 平房 $$

(见342页地图; ☎0822 3521 5244; https://amoravillagili.com; 紧邻 Jl Kepiting; 平房 含早餐 500,000~1,500,000Rp; ❄📶🏊)位于山坡上的小村最深处，这里有13座谷仓(lumbung)风格小屋，围绕着一座大泳池分布。淡季折扣力度超值，但在旺季略显昂贵。

★Gili Joglo 别墅 $$$

(见342页地图; ☎0813 5678 4741; www.gilijoglo.com; Jl Ikan Hiu; 别墅 1,500,000Rp起; ❄📶)这里有3栋非常不错的别墅。其中一栋是由传统爪哇房屋(joglo)改建而成，有光亮的水泥地板，2间卧室以及一栋巨大的室内/户外房。虽然相对较小，我们还是比较喜欢其中一栋建自20世纪50年代的gladaks(中产阶级房屋)。房间提供管家服务。

文化尊重

由于吉利群岛上的当地人几乎都是穆斯林，游客应该牢记下列注意事项:

- 穿着泳衣在村里的小巷子间穿行是不被接受的，无论你看到有多少人在这么做。从海滩或酒店泳池离开时将自己包裹起来。
- 裸身晒日光浴是极不礼貌的行为。
- 在斋月期间，许多当地人在白天禁止饮食，德拉娜安岛晚上也不会有派对。

Gili Trawangan East
德拉娜安岛东部

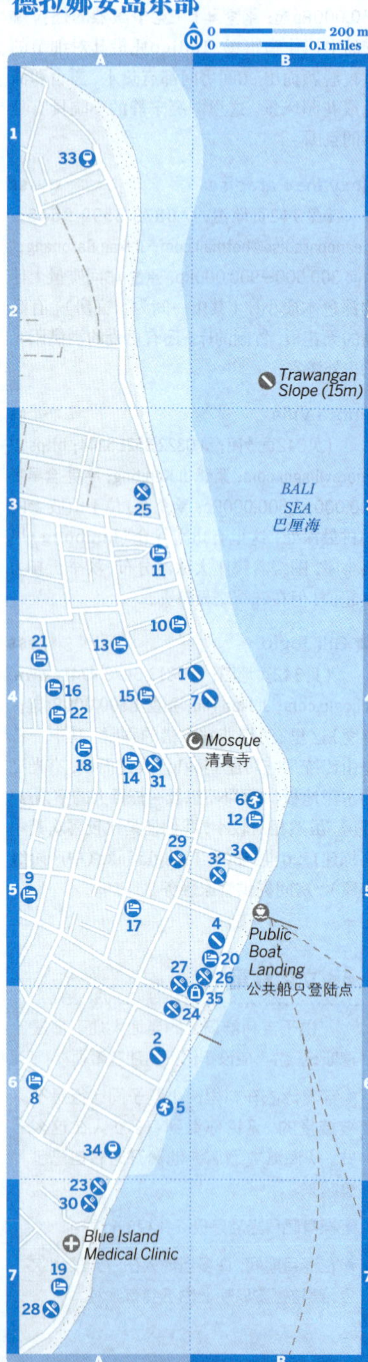

Gili Trawangan East
德拉娜安岛东部

活动、课程和团队游

1 Big Bubble B4
2 Blue Marlin Dive Centre A6
3 Freedive Gili B5
Gili Yoga .... （见3）
4 Manta Dive B5
5 Sila A6
6 Sweet & Spicy Cooking School B5
7 Trawangan Dive B4

住宿

8 Alexyane Paradise A6
9 Amora Villa A5
10 Balé Sampan A4
11 Blu d'a Mare A3
12 Gili Beach Bum Hotel B5
13 Gili Joglo A4
14 Gili La Boheme Sister A4
15 Gili Mansion A4
16 Indigo Bungalows A4
17 Madison Gili A5
18 Mango Tree Homestay A4
19 Pearl of Trawangan A7
20 Sama Sama Bungalows B5
21 Villa Nero A4
22 Woodstock A4

就餐

23 Beach House A7
24 Fan A6
25 Hellocapitano A3
26 Kayu Café B5
27 La Dolce Vita A5
28 Pearl Beach Lounge A7
29 Regina A5
30 Scallywags A7
31 Thai Garden A4
32 Warung Dewi B5

饮品和夜生活

Blue Marlin .... （见2）
33 La Moomba A1
34 Tir na Nog A6

购物

35 Abdi B6

Villa Nero 别墅 **$$$**

（见本页地图；☎0819 0904 8000；www.thevillanero.com；Jl Penyu；别墅 含早餐 US$250起；❄📶🏊）德拉娜安岛上经营有道（但是价

格太高）的住宿选择。10间住宿单元都铺有硬木地板，房型多样，共用一个大休闲露台。风格为清新的极简主义，洋溢着艺术情调，栽满了绿色植物。配有许多附加设施，包括免费使用的自行车等。

海滨（Beachside）

★ **Gili Beach Bum Hostel** 青年旅舍 $

（见342页地图；☎0877 6526 7037；www.gilibeachbum.com；Jl Raya Trawangan；铺 140,000~200,000Rp；❄📶≋）之前为Gili Hostel，这家男女混住宿舍建筑有19间三人房，其中一些为茅草顶的Torajan风格。房间铺有混凝土地板，带有高高的天花板，配有储物柜和独立浴室。店前是Lava Bar（营业至凌晨1:00，而且比较吵），店内泳池每周会举办派对。房费含早餐。

Sama Sama Bungalows 平房 $$

（见342页地图；☎0811 399 649；Jl Raya Trawangan；铺/房间/平房 100,000/350,000/550,000Rp；❄📶≋）离海滩上从快艇下来的地方咫尺之遥，如果你想住在中心地带的话，这里的2间谷仓风格房屋和7间客房堪称完美。请注意，附属的Sama Sama Reggae酒吧的音乐声会持续到凌晨1:00（周六会持续到凌晨3:00）。

★ **Blu d' a Mare** 别墅 $$

（见342页地图；☎0858 8866 2490；Jl Raya Trawangan；房间 500,000Rp；❄📶）在这里，你可以在5间房间中找一间住下，其中包括20世纪20年代的爪哇房屋。特点包括华丽的旧木地板、双人床，以及浴缸中的淡水淋浴。店内还有一间欧洲风情的咖啡馆。

Balé Sampan 酒店 $$

（见342页地图；www.balesampanbungalows.com；Jl Raya Trawangan；房间 含早餐 园景/池景 910,000/1,000,000Rp；❄📶≋）坐落于美丽而宽敞的海滩上。13间不错的现代风格房间有石制浴缸和舒适的羽绒被。其他亮点包括一个淡水泳池和不错的英式早餐。

Pearl of Trawangan 度假村 $$$

（见342页地图；☎0813 3715 6999；www.pearloftrawangan.com；Jl Raya Trawangan；房间 含早餐 1,600,000Rp起；❄📶≋）在岛上南端的这家高端住宿内，曲线优美的竹材和茅草建筑与泳池相得益彰。这里有整洁的平房，在海滩步道靠内陆一侧设有91间客房。露台上摆放着舒适的沙滩椅。在真正的沙滩上，有一个豪华的海滩俱乐部。

北海岸、南海岸与西海岸（North, South & West Coasts）

★ **Eden Cottages** 小屋 $$

（见338页地图；☎0819 1799 6151；www.edencottages.com；Jl Lili Laut；小屋 600,000~750,000Rp；❄📶≋）六间干净的带茅草顶的水泥平房围绕一个游泳池而建，四周是花园，掩映于一片椰子林中。房间里有雅致的家具、石制浴室和电视/DVD，还有淡水淋浴。热情好客的外国老板竭尽全力来确保客人们享受宁静的氛围。

在本书调研期间，这里正在建造一家新的素食咖啡吧，目前已开业。

Coconut Garden 别墅 $$

（见338页地图；☎0819 0795 6926；www.coconutgardenresort.com；紧邻Jl Kelapa；房间 含早餐 750,000Rp起；❄📶≋）一处颇具氛围的简洁之地，有6间明亮又通风的带玻璃幕墙的爪哇风格房屋，用瓦片平铺的屋顶与户外水磨石浴相连接。长毛绒床单、双人床和一个被椰子树点缀的起伏的草坪以及一座小泳池颇让人期待。它位于宁静的岛屿内陆，很难找得到，因此请提前致电。

Gili Teak Resort 精品酒店 $$

（见338页地图；☎0853 3383 6324；www.giliteak.com；Jl Raya Trawangan；房间 含早餐 1,000,000Rp起；❄📶≋）新世纪风格的平房有柚木墙，时尚简约，采光良好。这里的11间客房的露台上都有豪华的沙滩椅，海边还设有一处迷人的休闲区，让住客们感到无比舒适、放松，爱上在这里发呆的感觉。庭院非常迷人，咖啡馆也还不错。

Alam Gili 酒店 $$

（见338页地图；☎0370-613 0466；www.alamgili.com；Jl Raya Trawangan；房间 US$75起；❄📶≋）一座漂亮葱郁的花园，位于安静的海

滩是这里主要的吸引力。小院中的9套房间和别墅展现出优雅的巴厘岛传统风格。在海滩上有一座小游泳池和一间咖啡馆。

Jali Resort 精品酒店 $$

（见338页地图；☎0817 000 5254；www.jaliresortgilitrawangan.com；Jl Nautilius；房间 含早餐 1,350,000Rp；❄📶🏊）16间蓝绿色瓷砖房间围绕一个赤素馨花掩映的泳池。这家结构紧凑的精品酒店时尚而怡人。

★ Wilson's Retreat 度假村 $$$

（见338页地图；☎0878 6177 2111；www.wilsons-retreat.com；Jl RayaTrawangan；房间/平房 含早餐 1,400,000/2,500,000Rp；❄📶🏊）这里有16间客房和4栋带独立泳池的别墅。院落非常宽敞、时尚和典雅，但依然保留了吉利群岛特有的慵懒氛围。很棒的咖啡馆可以看到一段优美的海滩。

★ Gili Treehouses 树屋 $$$

（见338页地图；☎0819 1601 6634；www.gilitreehouses.com；紧邻 Jl Kelapa；房间 含早餐 1,000,000~3,500,000Rp；❄📶🏊）这里五间“树屋”（真正的高脚木屋别墅）的风格绝对与众不同，采用了真正的德拉娜安岛别墅概念。尽管彼此距离较近，但仍然保留了私密的空间感，房间下面的空间里有小厨房、沙滩椅和独立泳池。特色服务包括免费自行车和便携式Wi-Fi。

Pondok Santi Estate 度假村 $$$

（见338页地图；☎0819 0705 7504；www.pondoksanti.com；Jl Raya Trawangan；房间 含早餐 US$200起；❄📶🏊）在这个原来的椰子种植园中，17间华丽的平房别墅分散各处。地上被草坪覆盖，使其成为德拉娜安岛上最新潮的度假村之一。住处设有户外淋浴，大量使用传统木饰。度假村在一座海滩上，与主街区的距离也足够近。泳池够大。

Gili Eco Villas 别墅 $$$

（见338页地图；☎0370-613 6057；www.giliecovillas.com；Jl Raya Trawangan；房间/别墅 US$120/250起；❄📶🏊）🌿19间时尚的房间和别墅采用从旧爪哇殖民地抢救回来的柚木重新建造，位于德拉娜安岛上风格闲适的北海岸海滩后面。舒适和时尚与纯粹的绿色理念相结合（水资源可回收利用，有一座有机菜园）。

Kelapa Villas 别墅 $$$

（见338页地图；☎0812 375 6003；www.kelapavillas.com；Jl Kelapa；别墅 1,500,000Rp起；❄📶🏊）位于内陆高档区，有18栋豪华别墅可供选择，均有专属泳池，时尚而宽敞。这里有一座网球场和一个健身房。

就餐

德拉娜安岛的餐饮店相比巴厘岛毫不逊色。这里有精致的咖啡馆、创意十足的印尼融合菜餐厅以及为数众多的纯素和健康食品餐厅。每天晚上，主街区的无数餐厅就会摆放和烧烤美味的海鲜。可根据海鲜卖相（全都超级新鲜）和厨师的烧烤技巧进行选择。

★ Jali Kitchen 亚洲菜 $

（见338页地图；☎0817 000 5254；www.jaliresortgilitrawangan.com；Jl Nautilius；主菜 45,000~70,000Rp；⏰7:00~23:00；📶✎）暗色实木，亮色地砖和茂密的植被给这家让人耳目一新的咖啡馆带来时尚和接地气的氛围。亚洲融合风味菜肴用带异域风情的方式演绎熟悉的菜品，素食者也有各种选择。服务热情洋溢。

★ Warung Dewi 印度尼西亚菜 $

（见342页地图；☎0819 0763 3826；Jl Kardinal；主菜 25,000~35,000Rp；⏰7:00~20:00）德拉娜安岛上最棒的传统摊位，就在价格高昂的主街热闹地段不远处。炒饭非常不错（椰子辣椒酱、木菠萝咖喱、炸鸡和各种素菜是常见的组合），素食者会爱上plecing kangkung（香辣的萨萨克空心菜）。

Hellocapitano 咖啡馆 $

（见342页地图；☎0853 3313 4110；www.hellocapitano.com；Jl Nautilius；主菜 45,000~75,000Rp；⏰7:00~21:00）一家异想天开、色调柔和的小屋，可以品尝美味的冰沙、冰拿铁、汉堡或当地小吃（试试咖喱鸡肉！）。在楼上就座，感受清风拂面的美丽海景，记得向老板咨询一下这里开设的陆上和水上团队游项目。

★ Pituq Waroeng 严格素食 $$

（见338页地图；☎0812 3677 5161；http://pituq.com；Jl Kelapa；小盘菜20,000~30,000Rp；⏰9:00~22:00；✎）在世界其他地方还能找到像这里一样，将印尼菜肴重新演绎为精致的素食西班牙小吃的地方吗？叫上新朋旧友（包括任何肉食动物），在小桌边大快朵颐。之后你一定会感谢我们的推荐！

Fan 中餐 $$

（见342页地图；☎0852 5331 9394；www.facebook.com/fanchinesefood；Jl Cumi Cumi；主菜50,000~85,000；⏰9:30~21:30）自制饺子、馄饨和宽面条是这家小中餐馆的招牌菜。外国客人源源不断，将这里当成他们的秘密用餐地点。你可以在长桌边用餐，可能还有机会结识新朋友。

Beach House 各国风味 $$

（见342页地图；☎0878 6440 4891；www.beachhousegilit.com；Jl Raya Trawangan；主菜70,000~250,000Rp；⏰15:00~23:00；📶）有一座雅致的海滨露台、美妙的夜间烧烤、自助沙拉，还有葡萄酒。虽然餐饮行业竞争激烈，但大家一致认为这里有镇上最棒的海鲜烧烤。

绿色吉利群岛

在吉利群岛，当你付清酒店或潜水账单后，你还会被建议支付一笔生态捐款（Eco Donation），每人50,000Rp。这是一项由高瞻远瞩的吉利生态信托基金会（Gili Eco Trust；www.facebook.com/giliecotrust）设立的自愿捐款方案，用于改善岛内的环境。

这样做不无道理。随着名声越来越响，吉利群岛面临的环境压力与日俱增。密集的发展和垃圾成堆加上渔民使用氰化物和炸药捕鱼对近海珊瑚礁的损害，这些都是其中的问题所在。此外每天都会有多达10,000名游客和工人上岛。

吉利生态信托基金会发起的举措包括：

- 销售可循环利用的购物袋，减少塑料袋的使用，鼓励餐厅停止使用塑料吸管（我们调研期间没有发现任何塑料吸管）。
- 打响一场轰轰烈烈的宣传战，让当地人和企业主重新循环利用他们的垃圾。如今岛上已有超过1000个垃圾桶。
- 建立一项长期的"垃圾银行"计划，帮助实现岛上垃圾的循环利用。
- 关爱岛上的马匹。建立兽医诊所，为马夫设立马匹关爱教育项目。
- 人工珊瑚礁修复项目（Biorock），如今在群岛各处已经设立了150多处。
- 安装了150多个系泊浮筒以代替珊瑚锚定。

除了直接支付生态税外，游客上岛时有多种方式可以提供帮助：

清理海滩 吉利生态信托基金会定期会组织海滩清理活动（通常是在周五17:00），欢迎更多人手，你会获得来自当周赞助商提供的免费小吃或啤酒作为回报。

报告马匹受虐情况 如果看见马车车夫虐待马匹，可以记下马车号码，将情况报告给吉利生态信托基金会（☎0813 3960 0553），该组织会找到车夫进行跟进。不幸的是，许多拉着沉重的建筑材料和Bintang啤酒的马车都没有编号。

建一块珊瑚礁 花10,000,000Rp你就能获得两周内的1天2次潜水，并且帮助建立一套人工珊瑚礁装置，以及获得多种专业潜水资格证书。吉利生态信托基金会会提供相关细节。

灌满水瓶 通过在吉利群岛各地的指定水站灌满你的水瓶，帮助减少塑料废弃物。其中一些地方可以免费灌水；其他地方则只需支付2000Rp或3000Rp的费用（比重新买一瓶水要便宜！）。可以下载Refill Bali应用程序寻找离你最近的水站。

Pearl Beach Lounge 各国风味 $$

（见342页地图；☎0370-619 4884；www.pearlbeachlounge.com；Jl Raya Trawangan；主菜70,000~200,000Rp；⏰7:00~23:00；📶）在这家海滨的高档休闲餐厅，清风拂竹和啤酒流淌的声音同样动人。在白天，花100,000Rp享用各种汉堡、沙拉等佳肴，同时还可以使用泳池和舒适的海滩躺椅。晚上，引人注目的竹亭变得鲜活起来，更多菜品如牛排和海鲜等都摆上餐桌。

Thai Garden 泰国菜 $$

（见342页地图；☎0878 6453 1253；Jl Karang Biru；主菜50,000~120,000Rp；⏰周日至周四15:00~22:00，周五和周六 正午至22:00）当身处德拉娜安岛，谁又会想起曼谷呢？这座迷人的小花园供应岛上最地道的泰国菜肴。正宗的味道得益于定期进口的各种关键调料。这里是从印尼米饭菜肴中换换口味的好地方。

Regina 比萨 $$

（见342页地图；☎0877 6506 6255；Jl Ikan Hiu；比萨 40,000~100,000Rp；⏰17:00~23:00）在内陆这家非常棒的意大利餐馆，木炭烤箱似乎从来没有停下来休息的时候。在繁忙时段，有一长溜儿等着带走的比萨，但更好的选择是在花园里找张竹桌坐下来，点一杯冰饮品来搭配薄脆的比萨。一块标牌上写着："no pizza pineapple"（没有菠萝比萨）。这绝对是地道的宣言……

Kayu Café 咖啡馆 $$

（见342页地图；☎0878 6547 2260；www.facebook.com/kayucafe；Jl Raya Trawangan；主菜65,000~70,000Rp；⏰7:00~21:00；📶）Kayu是主街靠内陆一侧最早开设的咖啡馆之一。在空调房里供应健康美味的烘焙食品、沙拉、三明治、盖浇饭和岛上最棒的果汁。

La Dolce Vita 意大利菜 $$

（见342页地图；☎0813 1772 0228；Jl Bintang Laut；烙饼 50,000Rp，主菜 100,000~110,000Rp；⏰11:00~22:00）如果炒饭让你感到腻歪，别犹豫，到这家不过巴掌大的咖啡馆来试试。这里有地道的比萨和品种丰富的烘焙品，还有意大利老板兼主厨制作的每日特色菜品。

Scallywags 各国风味 $$

（见342页地图；☎0819 1743 2086；www.scallywagsresort.com；Jl Raya Trawangan；主菜40,000~180,000Rp；⏰7:00~22:00；📶）提供休闲而又不失优雅的装饰、磨花玻璃器皿、贴心服务以及极好的鸡尾酒。晚餐菜单主打美味的海鲜——新鲜龙虾、金枪鱼排、鲷鱼、箭鱼还有很不错的自助沙拉。海鲜烧烤无比诱人。

饮品和夜生活

德拉娜安岛有许多很棒的海边饮品店，类型多样，包括时尚休闲吧和简单棚屋等。每周有几个晚上举办派对，通常是主要酒吧轮流进行，例如Tir na Nog和其他新酒吧等。栈桥南边地带是喧嚣的夜生活中心，曾经被酒吧占据的空间如今迅速变身为各种夜店。

★ Casa Vintage Beach 休闲酒吧

（见338页地图；www.casavintagebeach.com；Jl Raya Trawangan；⏰10:00至午夜）正对着巴厘岛的阿贡火山，有无与伦比的日落风光，Casa Vintage是在德拉娜安岛享受日落啜饮的绝佳去处。一片绝美的海滩上摆着各种坐垫和沙滩椅，树荫下有吊床和栈桥。来自瑞典和牙买加的老板供应地道的加勒比风味食物（主菜70,000~115,000Rp），背景音乐也恰到好处（Billie Holiday、雷鬼、拉丁），篝火让这里的氛围在夜幕降临后依然热烈奔放。

Exile 酒吧

（见338页地图；☎0819 0772 1858；http://theexilegilit.com；Jl Raya Trawangan；⏰8:00至深夜）这家海滩酒吧随时随地都有一种派对氛围。这里的老板是印尼人，距离主街区只有20分钟的步行路程，骑自行车也可轻易到达。院子里有10间竹制平房，房间450,000Rp起，如果觉得交通不便，可以住在这里。

Tir na Nog 酒吧

（见342页地图；☎0370-613 9463；www.tirnanogbar.com；Jl Raya Trawangan；⏰周四至周二 7:00至次日2:00，周三 7:00至次日3:00；📶）这家酒吧简称为"The Irish"，酒客云集，采用运动酒吧风格装饰，设有大屏幕。它的海滨酒吧可能是岛上最繁忙的会面场所。这里供应各种酒吧食物，例如墨西哥肉卷和香辣鸡翅

（主菜50,000~100,000Rp）。每个周三晚上都是愉快又混乱的时段。周日晚上还有现场音乐演出。

La Moomba 酒吧

（见342页地图；Jl Raya Trawangan；⏲7:00至午夜）这家海滩酒吧位于Turtle Point以北的道路两侧。西式和印尼风味菜肴非常不错（主菜65,000~85,000Rp），沙滩上摆放着餐桌和沙滩椅，可以远眺米诺岛和云遮雾罩的林查尼火山。夜幕降临后，钓章鱼的小船在周围的海面上亮起点点绿色渔火。

Blue Marlin 酒吧

（见342页地图；Jl Raya Trawangan；⏲8:00至深夜）在所有的派对酒吧中，这家高级场所拥有最大的舞池和最酷的音响系统——周一这里播放迷幻舞曲和部落音乐。

购物

Abdi 服装

（见342页地图；Jl Raya Trawangan；⏲10:00~20:00）忘了带上你最爱的连衣裙？没关系，可以在这家时装商店买到适合海滩风格的各种连衣裙。

实用信息

德拉娜安岛的主街区乃至西部海岸都有许多自动取款机。

Blue Island Medical Clinic（见342页地图；☎0819 9970 5701；http://blueislandclinic.com；Jl Raya Trawangan；⏲24小时）Hotel Vila Ombak南边商店之间的医疗门诊。在艾尔岛和米诺岛也设有门诊。

到达和离开

在公共船只登陆点（Public Boat Landing）可以购买公共船只和跳岛游船只的船票。在等待开船时，可以看看随船而来的满满的Bintang啤酒以及随船而走的空空的瓶子，数量令人吃惊。一些快船经营公司在德拉娜安岛设有办事处。这些快船全都停靠在东边的海滩。

米诺岛（GILI MENO）

☎0370/人口 700

米诺岛是这三座岛屿中最小的，是满足你荒岛求生式幻想的绝佳背景。米诺岛周围有美丽的沙滩和拥挤的岩礁，从而使其成为三座小岛中最安静和最传统的一座，深受度蜜月的情侣以及成熟旅游者而非满月派对狂欢者的青睐。

大多数住宿点都分布在东海岸上那片最诗情画意的海滩附近。内陆散布着住宅、椰子种植园和一片盐湖。曾经偏僻的西部海岸如今迎来了一些高端开发项目，包括一个名为Bask的巨大海滨分户度假公寓项目（www.baskgilimeno.com）。据说在2020年建成时，这里将有超过85座别墅。这里受到澳大利亚人的强有力支持，拥有一位资深代言人——前《海滩游侠》演员David Hasselhoff（即“The Hoff”）。这个巨大的度假村对身形瘦小的米诺岛的影响可谓意义深远。

海滩

沙滩环抱的米诺岛，在东南端有吉利群岛最棒的沙滩。海滩很宽，而且沙砾细白如粉，是游泳和浮潜的绝佳胜地。西部海岸岩石嶙峋，低潮时许多岩石和珊瑚会浮出海面。米诺岛东北部也有很美的沙滩，但是侵蚀风化是部分地区面临的一个问题。

活动

与吉利群岛其他地方一样，这里的大部分活动都与水有关。此外，步行环岛风光极美，只需不到2小时。

潜水和浮潜

东北海岸不远处、西海岸向北都有不错的浮潜点，在西海岸新建的Bask酒店附近还能找到水下塑像Nest（见本页）。客栈或潜水商店（数量不多）都可租用设备，每天50,000Rp起。**米诺岛海坡**（Meno Slope）和**米诺岛海墙**（Meno Wall）是两处顶级潜水胜地。

★ **Nest** 浮潜

（见348页地图）米诺岛最上镜的景点之一，Nest其实并不在岛上，而是在Bask度假公寓（计划于2020年营业）的近海岸上。Bask委托英国艺术家杰森·泰勒（Jason de Caires Taylor）使用酸碱平衡的环保混凝土在水下

Gili Meno 米诺岛

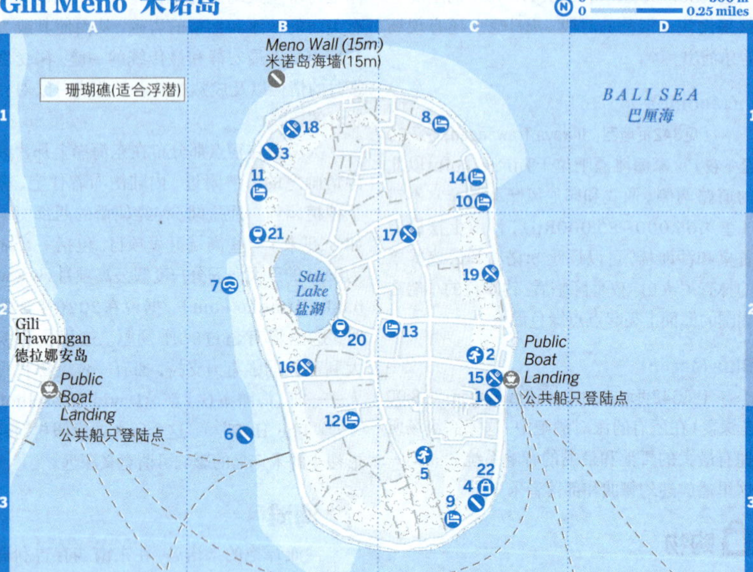

Gili Meno 米诺岛

活动、课程和团队游

1 Blue Marlin Dive........C2
2 Blue Ocean........C2
3 Divine Divers........B1
4 Gili Meno Divers........C3
5 Mao Meno........C3
6 米诺岛海坡(21m)........B3
7 Nest........B2

住宿

8 Ana Bungalows........C1
9 Biru Meno Beach Bungalows........C3
10 Gili Meno Eco Hostel........C1
11 Mahamaya........B1
12 Meno Dream Resort........B3
13 Rabbit Tree........C2
14 Seri Resort........C1

就餐

15 Rust Warung........C2
16 Sasak Cafe........B2
17 Warung Pak Man Buati........C2
18 Webe Café........B1
19 Ya Ya Warung........C2

饮品和夜生活

20 Brother Hood........B2
21 Diana Café........B2

购物

22 Art Shop Botol........C3

创作了48尊真人大小的人像雕塑。过一段时间，这些雕像将为软珊瑚和海绵提供新家，从而为珊瑚礁重建做出贡献。

Nest在水面下3米深，很容易到达，但是大多数游客却是从德拉娜安岛和艾尔岛坐船前来的。

Gili Meno Divers 潜水

(见本页地图；☎0878 6409 5490；www.gilimenodivers.com；Kontiki Cottages；入门级潜水900,000Rp起；⏰9:00~17:00)法国和印尼老板经营，这家有口皆碑的潜水商店设有各种课程，包括自由潜水和水下摄影等。

Blue Ocean 水上运动

(见本页地图；☎0813 3950 9859；Fantastic Cottages；乘船团队游 每人150,000Rp)热情洋溢的Dean提供乘船前往吉利群岛周边水域的浮潜之旅。行程一般为2~3小时。他会让你在另一个小岛下船，因此你可以在跳岛游的过程中顺道潜个水。

Divine Divers 潜水

（见348页地图；☎0852 4057 0777；www.divinedivers.com；向导带领的潜水 490,000Rp起）这家米诺岛的独立潜水商店位于西海岸的一片美丽的海滩上。同时还经营着6间房间和一个泳池，提供潜水住宿套餐。

Blue Marlin Dive 潜水

（见348页地图；☎0370-639980；www.bluemarlindive.com；向导带领的乘船潜水 490,000Rp）德拉娜安岛的潜水商店在米诺岛的分店。这是一家口碑良好的主流潜水商店。

瑜伽

★ Mao Meno 瑜伽

（见348页地图；☎0817 003 0777；www.mao-meno.com；课程 120,000Rp起）在美丽的天然木亭里开设哈塔瑜伽班和Vinyasa瑜伽班。在内陆庭院有简单的小屋住宿，房型从简单到奢华，一应俱全，每晚US$36起。

骑行

虽然你能以每天50,000Rp租到自行车，但你骑不了多远。从南端开始的小路沿着西部海岸而行，最远到达盐湖边，这是一段毫无遮挡的干燥沙路，你只能推着车前进。你可以沿着湖北岸的平整小道游览西北海滩，但是最北端的沙滩会让你无法骑行。

住宿

米诺岛如今引领吉利群岛的开发风潮，价格也随着游客的增加而大幅度增长。随着开发商宣布新的工程项目，老旧而低调的客栈逐渐消失无踪。虽然米诺岛比邻居显得更加高端，但是这里也有吉利群岛两处最好的青年旅舍。

★ Gili Meno Eco Hostel 青年旅舍 $

（见348页地图；www.facebook.com/gilimenoecohostel；吊床/铺/房间 60,000/100,000/250,000Rp；📶）🍃漂流木、竹材和椰子树茅草组成如梦似幻的住处，有阴凉的休闲处、树屋、海滩酒吧和直接面对沙滩的开放区域。这里有冷知识之夜、比萨之夜、音乐、篝火和其他社交活动等。这里也是了解在该岛开展人道主义活动相关信息的地方。

★ Rabbit Tree 青年旅舍 $

（见348页地图；☎0812 9149 1843；www.therabbittree.com；铺 带风扇/空调 110,000/135,000Rp，标双 带空调 240,000Rp；❄📶）当你发现自己睡在一间宛如球场的多色宿舍床上，或是走着走着，突然发现脚下的地板变成了吊网时，你一定会觉得自己可能像漫游仙境的爱丽丝一样掉进了兔子洞里。这就是吉利群岛上最具想象力的青年旅舍带给人们的疯狂和欢乐，也是每个爱丽丝都想寻觅的梦幻仙境。

★ Meno Dream Resort 平房 $$

（见348页地图；☎0819 1596 1251；http://gilimenobungalows.com；平房 含早餐 500,000Rp起；❄📶🏊）这家温馨的酒店只有5间平房，中间是一个游泳池和宁静的花园。每间房都有独特的装饰，墙上挂着艺术品，还有华丽的浴缸和带遮阳棚的门廊等。客人们非常喜欢这里的餐厅、免费自行车以及来自老板Made和Berni的友善服务。

Biru Meno Beach Bungalows 平房 $$

（见348页地图；☎0823 4143 4317；www.birumeno.com；双/家 平房 1,000,000/1,500,000Rp；❄📶）树荫下的迷人平房是这家看似不起眼但热情友好的度假酒店的头牌。这里在2018年地震后经过了重建，改头换面。经过海滩小道即可到达海边。咖啡馆设有燃木比萨烤箱。

Seri Resort 度假村 $$

（见348页地图；☎0822 3759 6677；www.seriresortgilimeno.com；房间 400,000~1,600,000Rp；❄📶🏊）虽然左右为难，但是我们依然认为这家海滨度假酒店比周围的沙滩更白。这里有75间充满乐趣的房间，从共用浴室的经济型草屋，到三层楼内的套间，再到奢华的海滩别墅等。服务不错，氛围高端，设有包括瑜伽在内的各项活动。

Ana Bungalows 平房 $$

（见348页地图；☎0878 6169 6315；www.anawarung.com；房间 带风扇/空调 400,000/

600,000Rp；❄📶）有4间甜美的尖形茅草屋顶竹屋，带落地窗，还设有铺满鹅卵石的户外浴室。这个家庭经营的住宿地有四个点着纸灯笼的可爱的露天亭台（beruga）餐区，旁边的海滩上还有一家很不错的二手书店。海鲜晚餐和所处位置都很棒。

Mahamaya 精品酒店 $$$

（见348页地图；☎0811 390 5828；www.mahamaya.co；房间 2,150,000Rp起；❄📶🏊）🍃一家提供度假村式服务、宛如白色珍珠的具有浓厚现代化气息的好住处，有19个房间，附带迷人的大理石露台、白色的木制家具。餐厅很棒，可以在水畔的专属餐桌边享用晚餐。

餐饮

米诺岛上的餐饮与周围的邻居岛屿相比要逊色一些，但是这里所有的餐厅都有无与伦比的海景（服务节奏普遍比较慢）。

★ **Warung Pak Man Buati** 印度尼西亚菜 $

（见348页地图；主菜 25,000Rp；⏲7:00~21:00）2018年地震之后，厨师Juno一举成为当地的英雄，当时他不知疲倦地为米诺岛上的人们提供他可以找到的所有食物。他的印尼家常菜肴依然是岛上的传奇。但在我们调研期间，他仍在一个临时搭建的帐篷里工作。在你读到这段文字时，他的餐馆应该已经重建完毕。

★ **Sasak Cafe** 印度尼西亚菜 $

（见348页地图；☎0332-662379；主菜 40,000~45,000Rp；⏲厨房 7:00~21:00，酒吧 至深夜）位于米诺岛相对安静的西海岸，这家岛屿休闲餐厅供应香脆的鱼类菜肴和其他可口的萨萨克菜肴。在日落时分，它会将桌椅摆到附近的海滩上，让食客们在此伴着天边绚烂的晚霞享受鸡尾酒和现场音乐。

Ya Ya Warung 印度尼西亚菜 $

（见348页地图；菜肴 15,000~30,000Rp；⏲8:00~22:00）这家摇摇欲坠的海滩小吃店供应印尼美食、咖喱食品、薄饼和各种面食，此外还有你来米诺岛想要欣赏的风景。

Webe Café 印度尼西亚菜 $

（见348页地图；☎0852 3787 3339；主菜 30,000~75,000Rp起；⏲8:00~20:00）用餐的好地方，有安放在沙滩上的小矮桌（有些还带遮阳棚），清澈的海水近在咫尺。萨萨克食物和印尼食物小有名气，比如kelak kuning（黄色香料鲷鱼）。大多数夜晚，员工们还会生起火堆，提供海鲜烧烤。上菜速度可能会很慢。

Rust Warung 印度尼西亚菜 $

（见348页地图；☎0370-642324；主菜 20,000~75,000Rp；⏲8:00~22:00）“Rust”连锁企业（包括米诺岛上的一家杂货店）中最出色的一家，位于可以眺望海滩的绝佳海滨之地。烤鱼是这里的招牌菜（涂上大蒜或酸甜酱），但是无论白天还是晚上都供应比萨以及非常可口的香蕉煎饼，可以尝尝店家自制的辣椒酱。

★ **Brother Hood** 酒吧

（见348页地图；☎0819 0717 9286；www.facebook.com/anasasakbungalows；培训班自愿捐赠；⏲培训班 9:00~17:00，酒吧 17:00至深夜）🍃如何描述这个地方呢？一方面，这是一个通过垃圾收集（每周日15:30）和回收课堂让岛屿更加整洁的教育地点；另一方面，这里还有各种回收再利用课程，你可以发挥自己的聪明才智，制作各种玻璃杯、竹吸管和其他回收材料艺术品。然而，17:00之后过来，这里就变成了一个气氛狂热的雷鬼酒吧，你可以在这里喝杯饮品，所有鸡尾酒的销售所得，都会用来资助白天的各项活动。

Diana Café 酒吧

（见348页地图；☎0819 3317 1943；⏲8:00~14:00和17:00~22:00）如果你觉得米诺岛上生活节奏太快的话，那就来这座激动人心的夏威夷酒吧风格的小棚屋。没有比这更简朴的了：一家用竹子和茅草搭成的酒吧，沙滩上摆放着几张餐桌，还有几张吊床和草屋，以及一个奇特的珊瑚花园，空气中飘荡着动听的雷鬼音乐。欢乐时光酒水折扣时段为17:00~19:00，食物（主菜35,000~40,000Rp）相当不错。

购物

Art Shop Botol 艺术和手工艺品

（见348页地图；⏲不定）Art Shop Botol

是一家大型手工艺品摊位，就在Kontiki Meno酒店南面，出售面具、萨萨克水篮子、木雕和葫芦。店主是一位76岁的老人，有11个孩子和无数的孙子。

实用信息

米诺岛上有三台自动取款机。

到达和离开

公共船只登陆点（public boat landing）正日益变得繁忙。从巴厘岛没有直接往返米诺岛的快船，但是有些提供中转服务。或者你可以先去德拉娜安岛或艾尔岛，然后搭乘普通的岛间快船上岛。海滩上的登岸点在三座岛中最为波涛汹涌；有时需要借助一艘小驳船才能让乘客从快艇上岸。

艾尔岛（GILI AIR）

☎0370/人口1800

吉利群岛中距离龙目岛最近的艾尔岛融合了德拉娜安岛的喧嚣和米诺岛的脱俗。据说这里的白沙滩是吉利群岛最好的沙滩，也有许多人气很旺的场所提供精彩的夜生活。浮潜地点很不错，就在东海岸的主街区不远处——主街区其实就是一条可爱的沙地小巷，两侧分布着竹屋和小餐馆，你简直就是在碧绿的大海上就餐。

尽管目前旅游业已成为艾尔岛上的经济支柱，不过种植椰子、捕鱼以及仿古渔船制造（对时尚的吉利群岛客栈来说必不可少），仍然是重要的收入来源。东南和西部的海滩沿线发展了一小段喧嚣的商业场，但小巷仍然多沙，而且不怎么平整。

海滩

岛屿的整个东部海岸都有洁白的沙滩，渐渐探入美丽清澄的海水中，水下是踩上去很舒服的沙地。艾尔岛其他地方也有不错的私密海滩，但是低潮时的礁石和珊瑚很成问题。如果要享用饮品、观看日落，到北边去。

活动

潜水和浮潜

整个东海岸的近海珊瑚礁有大量五颜六色的鱼，距离海岸100~200米处有一道珊瑚海墙。客栈和潜水商店都可租到浮潜装备，每

在吉利群岛浮潜

吉利群岛被珊瑚礁环绕，拥有极其惬意的浮潜地点。面罩、通气管和脚蹼到处都有，租金每天约50,000Rp。检查你的面罩是否合适非常重要：你应先轻轻将之按在你的脸上，然后松开手，如果非常合适的话，它应当贴合得很好。

浮潜之旅——许多都是搭乘玻璃底小船——非常受欢迎。费用通常为每人150,000Rp或整条船650,000Rp。一般10:00出发，探访3处或更多地方，可能会在另一座岛上吃午饭。在德拉娜安岛，主街区沿线有许多销售这些观光之旅的地方；价格可议。

在德拉娜安岛和米诺岛上，海龟定期在距海滩不远的珊瑚礁处出没。你在这里可能会随波逐流，所以要做好走回出发点的准备。艾尔岛东海岸不远处的珊瑚海墙也很不错。

避开人群并不难。每座岛都有一个不被关注的角落，通常从那里入水会被浅浅的珊瑚群阻挡。穿着橡胶鞋更方便下水。尽量不要踩上珊瑚，而是要缓慢前进，然后游泳，让身体保持水平。

不要指望在这里能看到印尼其他地方可能会遇到的光彩夺目的珊瑚。环绕吉利群岛3座小岛的浅水珊瑚礁早已不是当初的模样，但是正在与日俱增的人工珊瑚礁岩有助于珊瑚重新发育，从而确保了光明的未来。到吉利群岛进行浮潜的众多原因中，有一个理由是你有很大的机会能遇到绿海龟甚至是濒危的玳瑁海龟。顶级浮潜点如下：

- Nest（见347页）
- 德拉娜安岛海滩最北部
- 艾尔岛海墙（Gili Air Wall）

Gili Air 艾尔岛

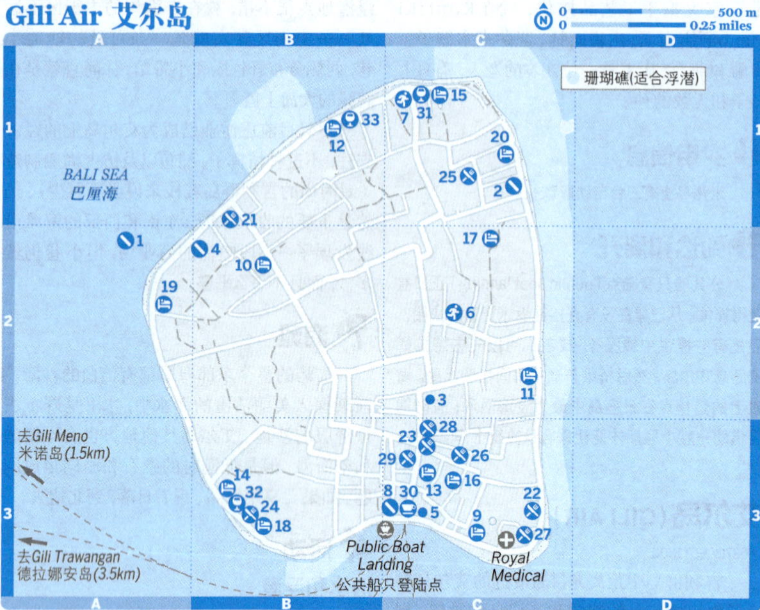

Gili Air 艾尔岛

活动、课程和团队游

1 艾尔岛海墙（30m）...A2
2 Blue Marine Dive Centre...C1
3 Flowers & Fire Yoga...C2
4 Gili Air Divers...B2
5 Gili Cooking Classes...C3
6 H2O Yoga...C2
7 Harmony Spa...C1
8 Oceans 5...C3

住宿

9 7 Seas...C3
10 Begadang...B2
11 Biba Beach Village...C2
12 Bintang Beach 2...B1
Grand Sunset...（见4）
13 Hideout...C3
14 Krishna Sunset Bungalow...B3
15 Pelangi Cottages...C1
16 Rival Village...C3
17 Sejuk Cottages...C2
18 Villa Casa Mio...B3
19 Vyaana Resort...A2
20 Youpy Bungalows...C1

就餐

21 Boogils Sunset Lounge...B1
22 Chill Out...C3
23 Eazy Gili Waroeng...C3
24 Mowie's...B3
25 Pachamama...C1
26 Ruby's...C3
27 Scallywags Beach Club...C3
28 Siti Shop...C3
29 Warung Bambu...C3

饮品和夜生活

30 Coffee & Thyme...C3
31 K69...C1
32 Lucky's Bar...B3
33 Pura Vida...B1

天约50,000Rp。艾尔岛海墙是岛屿西边近海的一道漂亮的软珊瑚海墙，在北部海岸不远处还有**Frogfish Point**和**Hans Reef**。可以从东部和东北部海滩前往浮潜地点。

艾尔岛上有一些不错的潜水商店，收费和整个吉利群岛都差不多。

★ **Gili Air Divers** 潜水

（见本页地图；☎0878 6536 7551；www.

giliairdivers.com；Grand Sunset；向导带领的乘船潜水行程 490,000Rp；⌚8:00~20:00）由一位定居印尼的法国人开设的这家潜水店颇有魅力，而且业务熟练。同时还设有入门级自由潜水课程以及1级和2级SSI课程。

Blue Marine Dive Centre 潜水

（见352页地图；☎0811 390 2550；www.bluemarlindive.com；夜潜/10次潜水 990,000/4,500,000Rp；⌚7:30~19:30）位于米诺岛美丽的东北角上的绝佳位置，同时开设有自由潜水、立式桨板和瑜伽等课程（每节课120,000Rp）。老板积极投身于岩礁保护工作。

Oceans 5 潜水

（见352页地图；☎0813 3877 7144；www.oceans5dive.com；单次潜水 490,000Rp起）拥有一个25米的训练泳池以及机构内部的一位海洋生物学家，还有不错的酒店房间。同时开设有瑜伽潜水项目，而且会向客人们强调可持续潜水。

冲浪

艾尔岛最南端近岸就是Play Gili，这是一个短促、分离的右手浪，浪头有时会变得非常大。最佳冲浪季节为5月至10月。

瑜伽和康体

★ **Flowers & Fire Yoga** 瑜伽

（见352页地图；http://flowersandfire.yoga；1/3/5节课 120,000/330,0000/500,000Rp；⌚9:00~18:00）一家温馨、充满灵性和宁静的瑜伽花园，适合在海滩游玩之前或者之后在这里接受各种课程。这里还有一间非常棒的供应健康食物的咖啡馆、受欢迎的咖喱菜肴和电影之夜，住宿类型从豪华宿舍（有埃及棉布床单，300,000Rp）到设计巧妙的平房（1,000,000Rp）。住客可获得课程折扣。

H2O Yoga 瑜伽

（见352页地图；☎0877 6103 8836；www.h2oyogaandmeditation.com；课程/3小时教学 120,000/300,000Rp）这个极好的瑜伽和冥想中心，位于从艾尔岛东部海岸通往内陆的一条醒目的小道边。高质量的课程（7:00、9:00或者17:00的“烛光瑜伽”）在两间可爱的草顶shalas中的一间开设。这里还有日间水疗、一个泳池（可开展水中瑜伽课程）、住宿（双人间270,000Rp起）和7日休闲套餐（US$625起）。

这里的Good Earth Cafe从7:00至16:30供应丰富健康的餐饮，帮助你在练习瑜伽之后恢复体力。

Harmony Spa 水疗

（见352页地图；☎0812 386 5883；www.facebook.com/harmonygiliair；按摩 120,000Rp起；⌚9:00~20:00）位于美丽的北部海岸，单是这个地方周围的环境就会让你感到神清气爽。有面部和身体水疗以及其他更多项目。要提前致电。

骑行

岛上可以租到自行车，每天40,000~70,000Rp，但是北部和西部的大部分海岸小道都很恼人，在骑行中车轮有时会陷入深沙里，雨后道路泥泞，也使自行车无法通过。然而，内部几乎都是水泥路，很适合骑行。有些商店可以租到轮胎极粗的单车，也许对于沙滩骑行能有所帮助。

课程

Gili Cooking Classes 烹饪

（见352页地图；☎0877 6506 7210；www.gilicookingclasses.com；课程 290,000Rp起）这家老牌机构在主街上有一间大厨房用于日常教学。关于你想学的菜，这里有很多的选择——不过要小心，因为最后是由你吃掉自己的作品。

住宿

艾尔岛上有大约数十家住宿，其中大部分位于东海岸。但是西部也可以找到相对偏僻的住处。各种不同外形的平房，是这里一如既往的主题。

Begadang 青年旅舍 $

（见352页地图；begadangbackpackers@gmail.com；铺/双/标三 200,000/250,000/350,000Rp起；❄📶🏊）这家占地宽广的普通平房建筑群位于艾尔岛北部内陆，堪称名副其实的背包客活动中心，有蘑菇型的泳池、许多充气玩具、氛围欢乐的酒吧、乒乓球桌，甚至还有一个真人大小的四子棋(Connect Four)。便宜的双人间只是长2米、宽2米的草屋内的一张床垫。带空调的三人间更加适合小团队入住。

Bintang Beach 2
平房 $

(见352页地图; ☎0819 742 3519; 平房250,000Rp; ❄📶)位于吉利群岛较安静的西北沿海，这个多沙但整洁的院落有25间普通平房(从经济型的带风扇房间到中档的时髦客房等)，此外还有一间露天的海滩酒吧/餐厅，非常适合坐下来发发呆。这个富有创新精神的地方附近另有几间客栈。还可租借自行车和浮潜装具，并且帮你保管行李。

Hideout
青年旅舍 $

(见352页地图; www.giliairhostel.com; 铺120,000Rp起; ⏲前台 7:30~19:00; ❄📶)这家充满乐趣的青年旅舍在2018年地震后刚刚完成整修，每个房间内都有三张床和独立浴室。装修很迷人，有一间很酷的酒吧、热水淋浴、免费早餐以及一棵巨大的赤馨花树。

Krishna Sunset Bungalow
平房 $

(见352页地图; ☎0819 3675 0875; 房间300,000~500,000Rp; @📶)这个欢乐的地方充满了20世纪60年代的氛围，可以远眺龙目岛和吉利群岛的其他岛屿、巴厘岛以及色彩绚烂的落日。你可以在沙滩椅上无所事事地度过一整天。

★ Sejuk Cottages
平房 $$

(见352页地图; ☎0813 3953 5387; 双450,000Rp起, 家 1,350,000Rp; ❄📶🏊)13间精心打造的茅草屋顶谷仓状小屋，以及漂亮的2至3层小屋(有些有屋顶起居室)散布于一处美丽的热带风情花园周围，带有泉水泳池。部分房间只有风扇；另外一些则配有屋顶吊床。

★ Biba Beach Village
平房 $$

(见352页地图; ☎0819 1727 4648; www.bibabeach.com; 平房 含早餐 800,000~1,600,000Rp; ❄📶)提供9间迷人而宽敞的别墅，有超大的阳台和古怪的、像洞穴一样的浴室，墙上镶嵌着贝壳和珊瑚。美丽的花园里可以看到很长一段海滩。这里还拥有一家口味出众的意大利餐厅(9:00~22:00)。最好的房间有海景。

Rival Village
客栈 $$

(见352页地图; ☎0819 1749 8187; www.facebook.com/rivalvillagegiliair; 房间 300,000~600,000Rp; ❄📶)这家温馨的客栈有4间客房，所有一切都恰到好处。法国老板将村内主路边的庭院打理得非常舒适。房间很大，有露天浴室，早餐非常美味。一切都很好。Très bon!(棒极了!)

Youpy Bungalows
平房 $$

(见352页地图; ☎0852 5371 5405; rizkylily7@gmail.com; 房间 450,000~800,000Rp; ❄📶)位于沿Blue Marine潜水中心北部海岸边浮木装饰的海滩咖啡馆和客栈之间，Youpy拥有一些质量最好的平房。浴室采用海滩风格设计，床很大，天花板很高。

Grand Sunset
平房 $$

(见352页地图; ☎0819 3433 7000; www.grandsunsetgiliair.com; 房间 600,000~1,900,000Rp; ❄📶🏊)这里的25间平房风格的房间结构坚固，也反映了这家温馨度假村的风格：踏实。露天浴室得到了精心的设计，房内拥有所有基本的舒适设施，泳池很大，在沙滩上的休闲躺椅上能看到非常棒的风景。此外还有位于艾尔岛日落一侧难得的宁静氛围。

Pelangi Cottages
平房 $$

(见352页地图; ☎0819 3316 8648; pelangicottages@yahoo.co.id; 房间 含早餐 500,000~700,000Rp; ❄📶🏊)位于岛屿北端，前面有一片珊瑚礁岩。这里有10间宽敞但陈设简单的混凝土木制平房和友好的管理人员。出租质量颇好的山地自行车。

7 Seas
酒店 $$

(见352页地图; ☎0361-849 7094; www.7seas-cottages.com; 房间/平房 550,000/750,000Rp起; ❄📶🏊)是7 Seas潜水机构的一部分，这处舒适的平房庭院就在海滩后面。房间十分整洁，带有大阳台；小屋天花板很高，为茅草顶。

Villa Casa Mio
别墅 $$$

(见352页地图; ☎0370-619 8437; www.giliair.com; 小屋 含早餐 1,500,000Rp起;

❄📶🏊)这里有几间带漂亮花园浴室的小屋，以及丰富多样的小摆设（从艺术风格到世俗风格）。房间用华丽的名字命名（"海洋之恋""热带微笑"等），配有冰箱、音响和带沙滩椅的日光平台。位于一座美丽的沙滩上，院子里还有荫翳的泳池。

Vyaana Resort 度假酒店 $$$

（见352页地图；☎0877 6538 8515；www.vyaanagiliair.com；房间 含早餐 1,600,000Rp；❄📶🏊）艾尔岛日落一侧的海滩依然相对安静，这个平房院落是享受日落美景的好地方。8间（略贵）客房宽敞温馨，可爱的小清新风格物件随处可见。

就餐

艾尔岛上的大部分餐馆由当地人经营，提供无与伦比的就餐环境，可以看到大海。其中一些最有意思的新餐馆开在村内的小巷里。

Warung Bambu 印度尼西亚菜 $

（见352页地图；☎0878 6405 0402；主菜 20,000~30,000Rp；⏲10:00~22:00）便宜友好，装修巧妙，可以品尝各种美味的当地菜[试试豆饼咖喱（tempe curry）！]。距离登岸点有两个街区。

Eazy Gili Waroeng 印度尼西亚菜 $

（见352页地图；☎0819 0902 2074；主菜 35,000~40,000Rp；⏲8:00~22:00）位于主村中心的十字路口附近，这个干净的角落咖啡馆（这里是东边低调朴实的Warung Muslim开设的更偏西式的分店）供应面向游客的当地菜肴。这里还提供早餐、三明治和回味无穷的香蕉馅饼（pisang goreng）。

Siti Shop 超市 $

（见352页地图；⏲8:00~20:00）村里非常不错的食品杂货商店。

★ **Ruby's** 印度尼西亚菜 $$

（见352页地图；☎0878 6575 6064；主菜 45,000~85,000Rp；⏲12:00~22:00）吉利群岛上最佳用餐地之一。在这个小巷内的餐厅里，实木餐桌烛影摇曳。菜单不长，每天都有特价菜；这里成功的秘诀是厨房里忙碌的与店铺同名的厨艺天才。鱿鱼清淡脆嫩，绿咖喱味道鲜美，口感细腻，汉堡非常棒，甜品也很不错。

★ **Pachamama** 健康食品 $$

（见352页地图；☎0878 6415 2100；www.pachamamagiliair.com；主菜 70,000~85,000Rp；⏲周一至周六 10:00~22:00；🌿）这家超级时尚的健康食品餐厅酿造自己的康普茶（kombucha），制作异域风情的冰沙（或鸡尾酒！），还有难以尽述的美味素食、严格素食和无麸菜肴。位置有点偏，在北边内陆，但是值得步行前往。

Boogils Sunset Lounge 海鲜 $$

（见352页地图；☎0819 3301 7727；主菜 40,000~120,000Rp；⏲9:00~23:00）比海滩上的寻常竹棚小摊更具雄心，设有夜间海鲜烧烤和不断变化的新鲜美食。可口的意大利面食展现了意大利人的无限创意。来这里喝饮料，等待日落，然后享用一次月光晚餐。（骑着自行车，从铺有路面的内陆小巷中呼啸而过。）

Chill Out 咖啡馆 $$

（见352页地图；www.chilloutbungalows.com；主菜 35,000~90,000Rp；⏲7:30~23:00）伴随着美丽的风景游泳，然后在沙滩上的餐桌边享用晚餐。这里有整晚的海鲜烧烤和很棒的用木炭烤箱烘烤的比萨。

Scallywags Beach Club 各国风味 $$

（见352页地图；☎0819 1743 2086；www.scallywagsresort.com；主菜 50,000~150,000Rp；⏲7:00~23:00；📶）位于艾尔岛最软最大的沙滩上，有优雅的装饰、高档美味的食物、自制的冰激凌、极好的鸡尾酒。但它们之中最好的是那遍布休闲椅的迷人海滩。辣椒酱令人赞不绝口。

Mowie's 融合菜 $$

（见352页地图；☎0878 6423 1384；www.mowiesbargiliair.com；主菜 55,000~90,000Rp；⏲8:00~21:00）这里有充满创意的印尼和西式融合菜肴、海滩上看日落的理想位置，以及夜幕降临后动听的EDM音乐，使你在这里用餐之后就不想离开。

饮品和夜生活

艾尔岛通常是一个平和的地方，不过也有满月派对。在旺季时东南边声音的分贝会高些。酒吧的最大聚集地是在相对宁静的北部海岸。

Pura Vida

休闲吧

（见352页地图；www.facebook.com/puravidagiliair；⏲11:00~23:00）时尚的酒吧，配有巨大的抱枕和沙滩上的多彩桌椅。音响中播放着优雅的爵士乐，有些夜晚还有现场雷鬼音乐演出。燃木烤炉在晚上产出薄皮比萨。最佳时段是日落时分。

Coffee & Thyme

咖啡馆

（见352页地图；☎0821 4499 3622；www.coffeeandthyme.co；⏲7:00~19:00）位置恰到好处。抵达艾尔岛的轮渡上，追逐阳光的旅行者就是在这里下船。这是一家人气旺盛的半露天咖啡馆，拥有吉利群岛最好喝的咖啡。同样是你享用西式早餐、午餐卷饼或松饼的好地方。

K69

酒吧

（见352页地图；www.facebook.com/kopidarat；⏲9:00~23:00）这家与众不同的酒吧兼画廊由苏拉威西出生的艺术家Hardi经营。他还会在这里传授丝网印刷技术（150,000Rp）。酒吧主要采用回收材料建造，而且有巡回展出的印尼艺术品。白天来这里喝茶，晚上来饮葡萄酒。

Lucky's Bar

酒吧

（见352页地图；⏲7:00至深夜）一家非常棒的海滩酒吧，可以在竹躺椅上休息，看着太阳慢慢西沉到米诺岛后面。周日晚上有DJ驻场，每个月都会举办火舞满月派对。

实用信息

医疗服务

Royal Medical（见352页地图；☎0878 6442 1212；⏲24小时电话服务）一个简单的诊所。

现金

岛上各处都能找到自动取款机，大部分都在南边靠近渡船停靠点的地方。

到达和离开

公共船只登陆点非常繁忙。艾尔岛贸易繁忙，且很受旅行者欢迎，因此公共船只很快就会坐满，15分钟就可航渡至邦萨尔。售票处有一个遮阴避雨的候船区。

了解巴厘岛和龙目岛

今日巴厘岛和龙目岛

你会至死不渝地爱上一个地方吗？这是这些印尼岛屿对人们不断发出的灵魂拷问。随着游客数量不断飙升，许多人都在思考巴厘岛是否已经达到其接待的饱和点。2018年龙目岛和吉利群岛大地震后的政府救灾效率，以及不久的将来，巴厘岛发生大规模火山爆发的可能性，也是人们关注的焦点。

最佳电影

Act of Killing 约书亚·奥本海默（Joshua Oppenheimer）2013年的纪录片，讲述了1965年在印度尼西亚，共产主义支持者遭遇屠杀的故事（其中包括成千上万的巴厘人）。

Secrets of Desert Point 2017年的冲浪纪录片，讲述了一群先驱者发现"世界最佳海浪"，并守口如瓶十余年的故事。

A Fish Full of Dollars 2016年的纪录片，揭露了在Tanjung Luar持续进行中的鲨鱼贸易。

最佳书籍

《巴厘岛》（*Island of Bali*）米格尔·卡瓦如比亚斯（Miguel Covarrubias）1937年出版的关于巴厘岛及其文明的经典作品。

《巴厘岛心迹期刊》（*Bali Soul Journals*）克莱尔·麦克阿拉尼（Clare McAlaney）2013年出版的作品，作者是一位巴厘岛侨民，书中图文并茂地描绘了巴厘岛在现代浪潮中的心路历程。

《巴厘岛迷乱：远离旅游区的自我放逐》（*Bali Daze: Freefall Off the Tourist Trail*）卡特·惠勒（Cat Wheeler）于2011年出版的作品，描写了乌布的日常生活，读起来趣味盎然，发人深思。

坚定不移的精神

2018年7月和8月，龙目岛和吉利群岛接连发生了三次地震，造成五百余人遇难，成百上千的人流离失所。地震的威力使岛屿升高了25厘米，龙目岛北部80%的建筑物在地震中变成废墟。

与其他所有地震一样，受灾是否严重在很大程度上取决于与震中的距离以及建筑物所使用的材料。一般而言，采用木材或竹材结构的传统风格建筑大多幸存了下来，而使用无钢筋混凝土建造的建筑全部坍塌。林查尼火山（Gunung Rinjani）以北的城镇受灾最为严重，其次是吉利群岛、圣吉吉，以及受灾相对较轻的马塔兰。龙目岛南部的大部分地区受到的破坏可以忽略不计。

包括吉利群岛和圣吉吉在内的经济上相对重要的游客中心，其重建工作十分迅速。林查尼火山北侧的徒步中心的重建则要慢得多，特别是在最热门的林查尼火山登顶线路关闭维护之后。Aik Berik附近另一条两天一夜的南侧线路于2018年底开放，提供了一条可以吸引游客的替代线路。

印度尼西亚总统乔科·维多多承诺将为房屋损毁的家庭提供1000万至5000万卢比不等的援助。但是截至2018年12月，只有极少数灾民收到了这笔援助。

政府对灾难的应对让人大失所望的同时，该地区各地的居民都已经伸出援手，筹集资金来帮助邻居们渡过难关，重建家园，共向未来。

大获全胜的环保行动

2018年8月，巴厘岛的环保主义者全都欢欣鼓舞。印尼富豪Tomy Winata执掌的Artha Graha企业集团旗下房地产开发公司Tirta Wahana Bali Internasional（TWBI）计划投资30万亿卢比的伯诺阿湾填海项目，因为无法取得政府的环评许可而正式终止。

这项填海造陆工程可能会给海湾及其红树林带来毁灭性打击，而红树林对于过滤岛上五条河流的垃圾和污染物至关重要。

虽然TWBI最终没能获得政府的支持，但公司高层表示该项目的终止不利于印尼重大项目的投资，其获得审批许可的不确定性将有损投资者的热情。该公司声称，伯诺阿湾的发展是大势所趋，如今正在计划中的伯诺阿港和努拉·莱伊机场扩建项目，加上在巴厘岛北部新建另一座机场，在未来都需要在沿岸进行填海作业。

近年来，岛上的环保行动层出不穷。在吉利群岛，潜水商店已经开始积极采取措施，保护岛上脆弱的生态系统，向游客们灌输负责任的观光行为，并且在群岛各处放置了150多座生物岩（Biorock）以促进礁岩修复。吉利群岛生态基金会（Gili Eco Trust）也积极投身环保风潮中，在群岛各地放置了1000个资源回收桶，鼓励餐厅使用竹吸管或铁吸管，还安装了150多个系泊浮筒，以避免人们在珊瑚礁上锚定。

伊斯兰旅游业方兴未艾

虽然在主要的游客中心仍能找到酒精饮品，但龙目岛本岛近年来正在变得日益保守。旅游部于2016年组建了伊斯兰旅游业发展促进团队，全力以赴地将这座岛屿定位为印尼最重要的穆斯林家庭出游目的地。这种趋势最显而易见的迹象之一是2016年在马塔兰建立的大型伊斯兰中心。醒目的绿色和金色清真寺塔楼俯瞰城内各处，观景台和宣礼塔高度更是达到了114米。这不过是岛上近千座清真寺中的一座，政府笃信龙目岛的穆斯林人口是其可以实现2020年吸引500万穆斯林游客计划的关键。

巴厘岛占主流的印度教人口对于饮酒并没有特别的文化禁忌，因此穆斯林旅游业在巴厘岛的根基并不雄厚。尽管如此，国家立法机构的穆斯林保守派一直致力于实现全国范围内的禁酒。

面积：巴厘岛5780平方公里，龙目岛5435平方公里

当地语言：印尼语、巴厘语和萨萨克语（龙目岛和吉利群岛）

人口：巴厘岛 430万，龙目岛340万，吉利群岛4000人

如果巴厘岛有100人

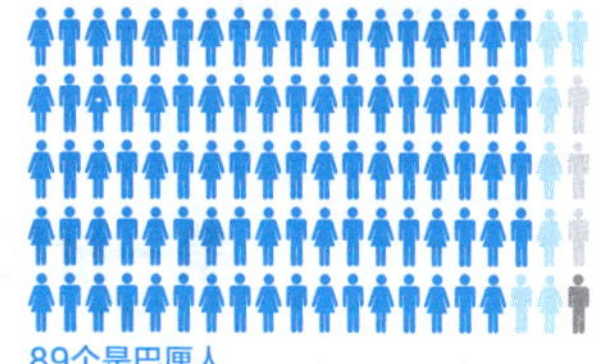

89个是巴厘人
7 个是印度尼西亚其他地区的人
3 个是其他国籍的人
1 个是游客

信仰体系——巴厘岛

（占人口百分比）

每平方公里人口数

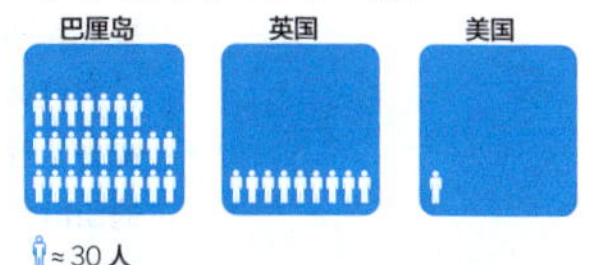

历史

当伊斯兰教在12世纪席卷爪哇岛之际，印度教满者伯夷（Majapahit）王朝的国王跨越海峡来到巴厘岛，祭司尼拉塔（Nirartha）建了很多神庙，其中包括蓝布斯威寺、海神庙和乌鲁瓦图寺。19世纪，荷兰人与当地贵族结盟，最终占领了巴厘岛。20世纪30年代，西方人开始爱上巴厘岛的艺术；冲浪者于20世纪60年代来到巴厘岛。随着旅游业的蓬勃发展，巴厘岛的独特文化显示出了惊人的适应能力。

第一批巴厘人

14世纪的史诗《须陀素弥王》（*Sutasoma*）有了由凯特·奥布莱恩（Kate O' Brien）翻译的现代英译本。史诗记叙了一个爪哇王子的一生，他当上了国王，并依靠已成为今日巴厘人信仰基础的神秘宗教打败了最强大的魔鬼。

巴厘岛上石器时代遗留下来的人类遗迹极少，不过可以肯定的是，这个岛屿在史前时期就有人类居住了——在邻近的爪哇岛，人们发现了25万年前的人类遗迹。巴厘岛西部的色克（Cekik）附近挖掘出来的石制工具和陶土容器是巴厘岛发现的最早的人工制品，据估计已有3000年的历史。这样的文物还在不断被发现，你可以在Museum Manusia Purbakala Gilimanuk博物馆看到约有4000年历史的骨化石展览。已发现的人工制品表明，巴厘岛的铜器时代开始于公元前300年。

人们对印度商人把印度教带入印度尼西亚群岛这段时期的巴厘岛知之甚少，不过一般认为，岛上的人们直到7世纪才开始信奉印度教。萨努尔附近一根9世纪左右的石柱上面的铭文是岛上最早的书面记录。当时，巴厘岛上很多地方已经发展得与你今天看到的非常相似。比如，种植稻米是在复杂的灌溉系统的帮助下进行的，也许非常类似于今天使用的系统，而且巴厘人已经开始发展他们丰富多彩的文化和艺术传统。

如果说人们对巴厘岛最早的居民知之不多，对大约17世纪以前的龙目岛就知之更少了。早期居民可能是萨萨克人，来自包括今天的印度和缅甸在内的一个地区，而非移居的巴厘人。

大事年表

公元前5000万年

一道永久性的裂缝在亚洲和大洋洲之间的地壳中形成。华莱士线（Wallace Line）阻止了大洋洲物种进入巴厘岛，直到后来便宜的Bintang啤酒跨过了此线。

公元前2000年

一个巴厘岛男人去世了，他是巴厘岛已知最早的居民。在他的骸骨被发现并送至吉利马努克（Gilimanuk）展览之前，他一直安然长眠于此。

公元7世纪

印度商人把印度教带到巴厘岛。人们对当时确切的交易商品知之甚少，不过有一些人推测，他们带走了许多阴茎形状的木雕和走私的棕榈叶书籍。

爪哇人的影响

在艾雅蓝加国王（Airlangga，1019~1042年）统治时期，甚至更早的时候，爪哇开始把它的影响力扩大到巴厘岛。在艾雅蓝加16岁的时候，他的叔父失去了政权，艾雅蓝加逃到了爪哇西部的森林里。他渐渐壮大了势力，赢回了曾经由其叔父统治的王国，并成为爪哇最伟大的国王之一。艾雅蓝加的母亲早就搬到了巴厘岛，并在他出生后不久再婚。所以当他成为国王的时候，爪哇岛和巴厘岛之间就有了直接联系。正是在这个时候，巴厘岛的王族开始使用被称为"Kawi"的王室爪哇语，而坦帕克西林附近的卡威山（Gunung Kawi）的岩刻纪念碑则表明，巴厘岛和11世纪的爪哇在建筑上有着明确的关联。

艾雅蓝加去世后，巴厘岛一直保持着半独立状态，直到Kertanegara在两个世纪以后成为爪哇新加沙里（Singosari）王朝的国王。Kertanegara国王于1284年攻克了巴厘岛，但是其权力的鼎盛时期只持续了短短8年，之后他就被人谋杀，其王国也同时崩塌。他的儿子Wijaya建立了伟大的满者伯夷王朝。趁着爪哇正处于动乱状态，巴厘岛重新获得自治，培金（Pejeng）王朝开始崛起，并成为一个强大的政权。如今在乌布附近的培金，仍能见到这一时期留下来的寺庙和遗迹。

最古老的遗址

象窟（*Goa Gajah*，乌布以东）

卡威山（*Gunung Kawi*，乌布以北）

圣泉（*Tirta Empul*，乌布以北）

萨努尔石柱（*Stone Pillar*，萨努尔）

培金退出历史舞台

1343年，富有传奇色彩的满者伯夷首相——Gajah Mada打败了培金王国的贝达鲁国王（Dalem Bedaulu），巴厘岛重新回到爪哇的控制之下。

虽然Gajah Mada把印度尼西亚群岛的大部分地区都纳入满者伯夷王朝的控制之下，但这已经是他们势力所及的最远范围了。14世纪后期，王朝"首都"迁往巴厘岛的吉尔吉尔（Gelgel），位于现在的克隆孔（塞马拉普拉）附近，是"巴厘岛之王"Dewa Agung接下来两个世纪的基地。巴厘岛的吉尔吉尔王朝在Dalem Batur Enggong的统治下，其权力向东延伸至相邻的龙目岛，甚至向西越过了海峡直抵爪哇岛。

满者伯夷王朝分裂为许多衰落的弱小王国，为伊斯兰教的传播开启了大门，它从北方海岸的贸易国家进入了爪哇腹地。随着印度教国家的倒台，许多知识分子逃往巴厘岛。在这些人当中，有著名的祭司尼拉塔（Nirartha），他的功劳是向巴厘岛宗教中引入了许多教规，并建立了一系列的"海神庙"，包括乌鲁瓦图寺和海神庙。在这个时期，由王室支持的工

9世纪

一个石雕工匠用梵文刻录了现在早已被遗忘的一次军事胜利。这件巴厘岛最古老的人工制品最后被收藏在萨努尔，是巴厘岛受到早期印度教影响的见证。

1019年

艾雅蓝加（Airlangga）生于巴厘岛。他一直住在爪哇的丛林中，直到他获得了政治权力，成为两座岛屿的国王，并统一了这两种文化。

12世纪

乌布北部卡威山的岩石峭壁上凿出了10座7米高的雄伟壮观的神龛。附近山谷中也立起了众多古迹。

1292年

随着一位强大的国王Kertanagara（统治了这两座岛屿8年之久）的去世，巴厘岛脱离爪哇并获得了完全的独立。权力在两岛之间频繁转换。

艺术家当道

16世纪爪哇王国印度教精英人士的大逃亡，给巴厘人的生活带来了持续而又彻底的改变，无论如何形容都不为过。就好像所有的歌剧爱好者开始主导一座城镇——冷不防地就会出现越来越多的歌剧表演。巴厘人早已展现出了创造才能，但是一旦逃亡至此的爪哇知识阶层稍加控制，音乐、舞蹈、艺术等就会如同池塘中的荷花一般盛开。最具创造才能的村庄会被授予很高的社会地位，这一传统延续至今。

这种人文艺术天赋与后来完全占据主导的印度教，可谓水乳交融。与正义和邪恶的神灵相关的那些丰富而又复杂的传说，迎来了繁盛发展的良机，如珀尼达岛恶魔Jero Gede Macaling的传说。

匠、艺术家、舞蹈家、音乐家和演员也逃到了巴厘岛，这座岛屿经历了一次文化活动的繁荣，并且这种繁荣的盛景一直持续至今。

荷兰人的交易

1597年，荷兰水手成为首批踏上巴厘岛土地的欧洲人。他们爱上了这座岛屿，当船长Cornelis de Houtman准备起航离开时，他的两个水手拒绝跟他一起走，随后发生了一直流传到现在的故事。当时，至少在王室中，巴厘岛的繁荣和艺术活动达到了顶峰。友好招待了Cornelis de Houtman的国王拥有200名妻子和一架由两头白色水牛拉动的两轮战车，还有50个侏儒侍从，他们的身体像kris（传统匕首）的刀柄一样被弄弯。17世纪初，荷兰人与爪哇王子达成了贸易协议，控制了大部分的香料贸易，但是令他们感兴趣的是利益，而不是文化，他们几乎没有仔细打量过巴厘岛的样子。

1710年，吉尔吉尔王国的“首都”迁移到了附近的克隆孔（Klungkung，如今的官方名称是塞马拉普拉）。当地的不满情绪不断地增长，地位较低的几个统治者开始闹分裂，而荷兰人却使用分而治之的老策略入驻巴厘岛。1846年，荷兰人利用巴厘船舶失事要求救援做铺垫，在巴厘岛北部驻兵，控制了布莱伦（Buleleng）王国和珍巴拉纳（Jembrana）王国。他们的行动还得到了几个巴厘岛王子的协助。王子们想统治龙目岛，注意力并没有放在国内的事务上，更没有意识到恣意妄为的荷兰人会利用龙目岛来攻击巴厘岛。

尼拉塔的头发丝据说被埋葬在巴厘岛西部令人惊叹的蓝布斯威寺里。这位16世纪的伟大牧师塑造了巴厘岛的印度教文化。

1894年，荷兰人、巴厘人和龙目人之间发生了战争，这些战争决定了接下来数十年的历史进程。

1343年

富有传奇色彩的满者伯夷首相Gajah Mada把巴厘岛收入爪哇的控制之下。在接下来的两个世纪里，皇宫就位于今日克隆孔的正南方。

1520年

爪哇人全部皈依了伊斯兰教，使得巴厘岛成为这一带唯一信仰印度教的孤岛。大批印度教祭司和艺术家迁入巴厘岛，强化了该岛抵御信仰转变的保守文化。

1546年

印度教祭司尼拉塔抵达巴厘岛。他进行了宗教改革，并建了十多座神庙，其中包括蓝布斯威寺、海神庙和乌鲁瓦图寺。

1579年

来巴厘岛寻找香料的弗朗西斯·德雷克（Francis Drake）爵士被认为是巴厘岛的首位欧洲游客。

虽然巴厘岛北部长期处于荷兰人的控制之下，龙目岛也被占领，但是荷兰人对巴厘岛南部的控制并不长久。遇难船只遭劫产生的争论再次给了荷兰人入侵的借口。1904年，一艘中国船只在萨努尔附近海域失事后，荷兰人要求巴东（Badung）王公赔偿3000银元的损失，这个要求被拒绝了。1906年，荷兰军舰驶至萨努尔。

巴厘人失去龙目岛

1894年，荷兰人派出一支军队去支援东龙目岛萨萨克人发动的一次叛乱。他们反对在西部萨萨克人支持下控制龙目岛的巴厘岛王公。王公很快就投降了，但是巴厘岛王子决定继续战斗。

驻扎在摩由罗水之宫殿（Mayura Water Palace）的荷兰军队，在深夜受到巴厘人和西萨萨克人联军的攻击，他们被迫躲进了一座寺庙。巴厘人还攻击了位于东部的马塔兰（Mataram）的另外一个荷兰军营。很快，龙目岛上的整个荷兰军队被迫撤回安佩南（Ampenan）。据一位目击者所言，士兵们"草木皆兵，以至于就算树上掉下来一片叶子，他们也会发疯般开枪射击"。这些战役造成荷兰兵力和武器的巨大损失。

虽然巴厘人赢得了最初的战役，但是他们随后开始吃败仗。他们面临着来自东部萨萨克人的持续威胁，而荷兰军队很快也得到了来自爪哇的增援兵力。

一个月以后，荷兰人攻击了马塔兰，与巴厘岛和西萨萨克的士兵及民众展开了巷战。巴厘岛的男人、女人和孩子并没有投降，他们选择了自杀式的布布坦仪式（puputan，指勇士血战至死），倒在了步枪和火炮的硝烟中。

1894年11月末，荷兰人攻击了Sasari，许多巴厘人再一次选择了布布坦仪式。随着王朝的覆灭，当地人民放弃了对荷兰人的抵抗。

罗伯特·普林格尔（Robert Pringle）2004年出版的《印度尼西亚的印度教王国——巴厘岛简史》（*A Short History of Bali: Indonesia's Hindu Realm*）深入分析了巴厘岛从铜器时代到现在的历史，其中关于2002年爆炸案以及旅游业和经济发展带来的环境持续恶化的章节，写得非常好。

乌布的加里沙书店（Ganesha Books; www.ganeshabooksbali.com）是寻找关于巴厘岛书籍的好去处，这里有店员书评、别处很难买到的图书和不错的推荐作品。网站提供了许多选择，书店还接受邮购订单。

巴厘人的就义之战

1906年，荷兰人大举侵入巴厘岛，试图彻底地征服这座岛屿。荷兰军队不顾巴厘人的反抗而登陆，4天之后便行军5公里到达登巴萨（Denpasar）郊区。9月20日，荷兰军舰向登巴萨开炮，开始了他们最后的攻击。巴东的三个王子意识到自己军队的人数和武器根本无法与对方相比，战败之势已无可逆转。然而，投降和逃亡是能想象到的最坏结果，他们决定选择受人尊敬的自杀式的布布坦仪式。王子们先焚烧了自己的宫殿，

1580年

葡萄牙人也来四处寻找香料，不过作为当今世界冲浪者的先驱，他们在乌鲁瓦图悬崖处被海浪掀到礁石上，最后只得放弃。

1597年

一支荷兰远征队抵达库塔附近海域。按照现在流传的说法，船长Cornelis de Houtman是一个满口大话的恶棍。

1795～1815年

欧洲战争将巴厘岛的控制权从荷兰人手中转到了法国人、英国人手中，最后又回到了荷兰人手中。

1830年

巴厘岛的奴隶贸易结束。两个世纪以来，争战不休的巴厘王室为了获得财力支持战争，将他们最漂亮的子民当作奴隶出售。

然后佩戴上他们最精美的首饰，挥舞着仪式上使用的金匕首，王公带领着王室成员、祭司和朝臣们来到外面，与荷兰人的现代化武器正面交锋。

荷兰人劝告巴厘人，与其进行无谓的抵抗不如投降。但是这样的劝诫是徒劳的，一波又一波的巴厘贵族毅然走向死亡，或者用匕首自杀。总共有近4000名巴厘人死去。荷兰人接着向西北方的塔巴南（Tabanan）进军，并囚禁了塔巴南的王公——他也因为不愿被耻辱地流放而选择了自杀。

Karangasem王国（如今，Karangasem王室仍然生活在安拉普拉的宫殿中）和Gianyar王国已经向荷兰人投降，它们被允许保有一些权力，但是其他王国战败，其统治者们遭到放逐。最后，在1908年，克隆孔的王公遵循巴东的先例，荷兰人又一次为布布坦仪式而震惊。和在龙目岛的Cakranegara发生的情况一样，位于克隆孔的美丽宫殿——司法大厅花园（Taman Kertha Gosa）也遭到了很大程度的破坏。

随着最后一个障碍被清除，整个巴厘岛都处于荷兰的控制之下，并成为荷属东印度群岛的一部分。疯狂开发式的种植园经济几乎没有为巴厘岛带来任何发展。对于普通民众来说，荷兰殖民者和王公的统治没有太大差异。

在19世纪的大部分时间中，荷兰人从巴厘岛的鸦片贸易中赚取了大量金钱。殖民地行政预算中的大部分都被用来发展鸦片业（20世纪30年代前都被视为合法）。

第二次世界大战

1942年，日本人在巴厘岛的萨努尔登陆，其间没有遭遇任何抵抗（大多数印度尼西亚人一开始把日本人看作反殖民主义的解放者）。日本人在登巴萨和新加拉惹建立了指挥中心，他们对巴厘人施加的占领手段越来越残酷。1945年8月，当日本人在“二战”战败离开时，巴厘岛已经陷入极度的贫困。日军的占领促成了一些民族主义、反殖民主义的准军事组织的出现，巴厘人做好了与返回的荷兰人进行战斗的准备。

巴厘岛的机场是以印尼民族英雄古斯提·努拉·莱伊（I Gusti Ngurah Rai）的名字命名的，他于1946年在Marga领导反对荷兰殖民者的战斗中战死。他在回复荷兰人劝降的信中的最后一句话是：“不自由，毋宁死！”

独立斗争

1945年8月，就在日本投降数日后，民族主义者中最杰出的成员——苏加诺（Sukarno）宣告了国家的独立。4年之后，荷兰人才承认他们将无法再夺回这片广阔的殖民地。1946年11月20日，由极具领袖魅力的古斯提·努拉·莱伊（I Gusti Ngurah Rai；巴厘岛机场与之同名）领导的巴厘岛的自由斗士，又一次重演了近50年前的布布坦仪式，他们在巴厘岛西部的Marga之战中被荷兰军队全部消灭。荷兰人最终于1949年承认了印度尼西亚的独立，不过印度尼西亚人还是把1945年8月17日作为独立日来庆祝。

1856年

丹麦商人马德斯·蓝格（Mads Lange）通过向停泊在海滩附近的船只出售商品赚了一大笔钱，后来在库塔神秘死亡。最后查明，他的死是由竞争对手下毒所致。

1891～1894年

在龙目岛东部，多年以来，萨萨克人反对巴厘人的斗争都以失败告终。但在一次烧毁宫殿之后，他们的努力终见成效。三年之内，在荷兰人的协助下，巴厘人被驱逐出该岛。

1908年

巴厘王族自杀。在克隆孔的一次自杀式的布布坦仪式中，他们身穿最好的衣服，佩戴装饰性传统匕首，昂首走入荷兰人密集的炮火中。

1912年

德国人格雷戈尔·克劳斯（Gregor Krause）拍了许多美丽的裸露上身的巴厘岛女子的照片。虽然受到“一战”的影响，不过，一本刊登这些照片的“艺术书籍”还是于1920年出版了。

旅行者阶层

从20世纪20年代开始，荷兰政府意识到：可以在呈增长态势的国际旅游市场，推销巴厘岛的独特文化。荷兰人以巴厘岛习惯裸露上半身的妇女图片为宣传重点，有效地吸引了具有西方冒险精神的富有的投机分子，他们在今天的新加拉惹（Singaraja）北部登陆，参加一成不变的三日巡回游，在登巴萨一家由政府经营的旅游宾馆内观看所谓的“文化演出”。从当时的记录来看，反映的多是以寻求文化体验为由，实际上只想看看一两个胸部的欧洲人。这种欲望往往难以如愿，因为巴厘妇女一听到荷兰老爷车接近的声音，就会遮住自己的前胸。

一些无畏的旅行者独自来到了这里。通常，他们是受到在此的西方艺术家的邀请，比如乌布的沃尔特·史毕斯（Walter Spies）。在这些旅行者中有一对美国情侣罗伯特·科克（Robert Koke）和路易丝·盖瑞特（Louise Garret）。他们此前在好莱坞工作，作为环球冒险计划的一部分，他们于1936年来到巴厘岛。虽然对荷兰旅游当局强加的古板约束表示震惊，这对顽强的情侣却在库塔一片已经废弃的海滩上用棕榈叶和其他当地材料修建了几栋平房。当时只有一些贫穷的捕鱼家庭住在这里。

消息很快便传开了，预订科克夫妇小屋的人络绎不绝。客人们花几天来这里度假，待上几个星期，并把它告诉自己的朋友。荷兰人起先把科克的库塔海滩酒店（Kuta Beach Hotel）斥为“肮脏的本地棚屋”，但是他们很快发现，旅行者数量增长对大家都有好处。其他西方人也建起了由平房组成的茅屋旅馆，它们在几十年后，成为在巴厘岛泛滥的建筑。

“二战”的硝烟摧毁了旅游业和旅馆（科克夫妇在日本人到来之前，好不容易才逃脱）。人们在战后重新开始旅行，具有魅力的巴厘岛再次受到大众的欢迎，绝非偶然。

1987年，路易丝·科克那早已被人遗忘的库塔海滩酒店的故事被收录到《我们在巴厘岛的旅馆》（*Our Hotel in Bali*）中，插图是她内涵深刻的素描画及她丈夫的照片。

一开始，巴厘岛、龙目岛和印度尼西亚其余的东部岛屿全部归属到努沙登加拉（Nusa Tenggara）省之下，非常难以管辖。1958年，中央政府认识到，这种措施十分荒唐，于是把这个大区分为三个新的行政区域，巴厘岛自成一家，龙目岛则变成了西努沙登加拉省（Nusa Tenggara Barat）的一部分。

政变与后果

印度尼西亚的独立之路并非一帆风顺。在若干次武装暴动之后，苏

1925年

当代最伟大的巴厘舞蹈家Mario，首次表演了他那不朽的舞蹈Kebyar Duduk。在加麦兰叩人心扉的旋律伴奏下，弯着腰的舞者好像处于昏迷状态，不停地舞动着身体。

1936年

美国人罗伯特·科克和路易丝·科克在当时废弃的库塔海滩上建成了由茅草顶平房组成的旅馆。沉闷无聊的旅游时代结束了，取而代之的是在阳光下喝点饮品的乐趣。

1945年

“二战”结束，日本人投降之后，以苏加诺为代表的民族主义者宣布摆脱荷兰的统治而独立。随之而来的是一段紧张的革命时期。

1946年

自由战士古斯提·努拉·莱伊（Ngurah Rai）在Marga与残留的部下们一起战死。但这次布布坦仪式彻底挫败了荷兰殖民者的士气，印度尼西亚不久获得了独立。

加诺于1959年采取了更直接的控制行动。可是结果证明，他在作为革命领袖时曾有多么鼓舞人心，在作为和平时期的行政长官时就有多么无能。20世纪60年代早期，因为苏加诺的统治软弱无力，军队、印尼共产党和其他团体开始争夺最高权力。1965年9月30日，一次归罪于印度尼西亚共产党（Partai Komunis Indonesia，简称PKI）的未遂政变导致了苏加诺的下台。苏哈托将军作为军队的领导人物出现，并在政变中展现了非凡的军事和政治技巧。印尼共产党被取缔，紧随其后的是一次横扫印度尼西亚全境的反共排华大屠杀。

库塔从未进入巴厘岛的主流社会。在王室统治时期，这个地区用来放逐不满者和麻烦制造者。这里对于种植水稻来说太贫瘠，捕鱼仅能糊口，岸边数十里覆盖的都是毫无用处的沙砾……

在巴厘岛，这些事件具有一种独特的当地意义，因为主要的全国性政治组织——印尼民族党（Partai Nasional Indonesia，简称PNI）和印尼共产党分别被视为：代表保持古老种姓制度的传统主义者和把种姓制度视为对人民的镇压，并积极推进土地改革的激进主义者。政变失败后，巴厘岛的宗教传统主义者领导了“搜捕无神论的印尼共产党员”的行动。最后，军队介入并控制了这次反共大清洗。巴厘岛上的人员伤亡惨重，估计在约200万人口中有5万至10万人被杀，这个数字比爪哇岛高出许多倍。即使到2017年，仍有大规模的墓地不断被发现。

1963年火山大爆发

1963年，在政治动荡期间，巴厘岛遭遇了百年来最具灾难性的火山爆发。在这个民间预言及政治意义上都相当重要的年份，阿贡火山（Gunung Agung）“适时”地剧烈喷发了。

Eka Dasa Rudra是巴厘岛所有祭祀活动中最盛大的事件。在巴厘历法中，每100年只举行一次，1963年3月8日正是它进行到高潮的时候。从上次的Eka Dasa Rudra算起，一百多年过去了，但是在祭司中还存在着关于最让神喜悦的正确日期的争论。

1932年，拥有多个化名的K'tut Tantri从好莱坞匆匆来到巴厘岛。战后，她加入了印度尼西亚共和党，参加反抗荷兰人的斗争。她以Surabaya Sue为化名在泗水（Surabaya）为印尼人民的事业大造声势。1960年，她的著作《天堂革命记》（*Revolt in Paradise*）出版。

百沙基母庙（Pura Besakih）是这个节日的焦点。当人们在2月末进行最后的准备时，阿贡火山的活动就有些不寻常。尽管有些担忧，但在政治的压力下，庆典被迫继续，即使人们已经能够听到不祥的持续轰隆声了。

3月17日，阿贡火山爆发。这次可怕的爆发导致了1000多人死亡（有人估计是2000人），并摧毁了一座座村庄——10万人失去了他们的家园。在一些地方，熔岩流和热火山灰直接涌入海洋，完全覆盖了道路，并使巴厘岛东部在相当长一段时间内都处于隔绝状态。在图兰奔（Tulamben）附近的主干道上，你仍旧能看见一些熔岩。

1949年

音乐剧《南太平洋》（*South Pacific*）在百老汇演出，歌曲*Bali Hai*在百万人心中奠定了巴厘岛热带岛屿的形象（虽然这部音乐剧是以斐济为背景的）。

20世纪60年代

为喷气式飞机而延长的机场跑道、可以负担的合理票价以及萨努尔巴厘岛海滩酒店（Bali Beach Hotel）的开业，标志着旅游业开始起步。

1963年

神圣的阿贡火山爆发，摧毁了巴厘岛东部一部分地区，导致1000多人死亡，10万人无家可归，并喷发出了巨大的熔岩流。

1965年

印度尼西亚共产党与保守党之间长期进行着激烈的斗争，在前者被诬策划政变后，矛盾终于激化了。斗争以后者取得胜利而告终，在随后的大清洗中，巴厘岛成千上万的人遭到杀害。

苏哈托的宦海沉浮

1965年政变失败及其余波过后，苏哈托自立为总统，并控制了政府。在苏哈托“新秩序”政府的统治下，印度尼西亚在外交和经济政策上都向西方看齐。

苏哈托确保他所在的政党——专业集团党（Golkar）在军方的强大支持下，成为统治性的政治力量。其他政治党派被取缔或者削弱，定期选举仍在继续，以勉强维持国家民主的表象。1999年以前，专业集团党每次都不费吹灰之力就赢得选举。因为人民认为维持社会稳定和良好的投资环境比民主更重要，巴厘岛及后来龙目岛繁荣的经济发展也是这个时期的主要成果。这一时期，大型度假村——常常是政府投资的，开始出现在萨努尔、库塔和杜阿岛（Nusa Dua）。

1997年初，东南亚遭受严重的经济危机，好日子结束了。当年，印度尼西

在登巴萨刻板但赏心悦目的Bajra Sandhi Monument纪念馆里，巴厘岛的历史都简化为一段段的迷你剧。Bajra Sandhi意为“为人民斗争”，实际上是一座博物馆，通过立体卡通影像为你介绍巴厘岛历史上的重要时刻。

巴厘岛爆炸案

2002年10月12日，周六，两颗炸弹在库塔熙熙攘攘的Jl Legian街道爆炸。第一颗炸毁了Paddy’s Bar的前部。几秒钟过后，另外一颗威力大得多的炸弹将Sari Club夷为平地。

死亡人数（包括失踪人数）超过200人，不过人们也许永远都不会知道精确的数字。许多受伤的巴厘人返回了他们的村庄，由于缺乏适当的医疗救治而在家中死去。

印度尼西亚当局最终把爆炸归罪于一个伊斯兰教恐怖集团组织——伊斯兰祈祷团（Jemaah Islamiya）。数十人因此被捕，许多人被判入狱，其中3名被判死刑。但是大多数人受到相对较轻的判罚，其中包括一名激进的神职人员阿布·巴卡尔·巴希尔（Abu Bakar Ba’asyir），很多人认为，他就是爆炸案的幕后主使。印度尼西亚最高法院于2006年，推翻了对他主使爆炸案的指控，令很多巴厘人和澳大利亚人非常愤怒（2011年，因一起新的恐怖袭击指控，他再次被判入狱15年）。

2005年10月1日，3名自杀式爆炸者引爆了身上的炸弹：一个在库塔广场（Kuta Square）的餐馆内，另外两个在金巴兰海滩的咖啡馆内。这是伊斯兰祈祷团的又一“杰作”。虽然后来找到的文件声称，攻击是针对旅行者的，但是在死去的20人当中，有15名是巴厘岛和爪哇岛的员工。

涉嫌制造2002年巴厘岛爆炸案所用炸弹的乌玛尔·帕特克（Umar Patek），在2012年被定罪，被判入狱20年。然而阴影依然未能散去：2012年，警察在巴厘岛击毙了5名恐怖主义嫌疑人，2018年全年都不时有恐怖主义嫌犯被捕。

1970年

一名女孩在库塔以卖糖果为生。冲浪者建议她贴出商品单。随后她建了一个小棚，叫它Made’s Warung。最终她发了大财。

1972年

电影制片人Alby Falzon带着一大帮澳大利亚人来巴厘岛拍摄冲浪纪录片《地球早晨》（*Morning on Earth*），这掀起了一代澳大利亚人前往库塔的热潮。

1979年

当地人奇特的冲浪风格，给澳大利亚人金·布莱德利（Kim Bradley）留下了深刻的印象，他鼓励他们成立冲浪俱乐部。有60个人参加（在一个当地人怕水的小岛上，这算不错了）。

1998年

一直与巴厘岛有密切关系的苏哈托，在就任总统32年后辞职。他的家族仍然控制着巴厘岛的若干度假村，其中包括Pecatu Indah度假村。

亚货币(印尼卢比)差一点儿崩溃，印度尼西亚的国民经济处于破产边缘。

面对不断升级的经济危机而无能为力的苏哈托，在当权32年后于1998年辞职。他支持的哈比比博士(Bacharuddin Jusuf Habibie)成为总统。虽然起初哈比比因是苏哈托的密友而受到排挤，但他为打开通往真正民主的大门迈出了最初显著的几步。例如，新闻审查成为历史。

和平的破灭和民主的曙光

1999年，印度尼西亚议会选举新总统。梅加瓦蒂·苏加诺普特丽(Megawati Sukarnoputri)处于领先位置，她的政党在选举中得到了最多的票数。梅加瓦蒂在巴厘岛极受大众欢迎，部分是因为其家庭出身(她祖母是巴厘人)，也因为她的政党本质上是世俗政党(大多数信仰印度教的巴厘人，非常担心伊斯兰教原教旨主义有任何发展)。然而，最终当选总统的却是印度尼西亚规模最大的伊斯兰教组织的温和聪明的首领瓦希德(Abdurrahman Wahid)。

2009年出版的图书《克罗博坎旅馆》(*Hotel Kerobokan*)讲述了巴厘岛臭名昭著的克罗博坎监狱里耸人听闻的故事。曾经报道著名的"运毒犯科比(Schapelle Corby)"事件内幕的记者凯瑟琳·博内拉(Kathryn Bonella)详细讲述了监狱高墙后的现状。2012年发生的暴乱中，这座监狱差点被摧毁。

龙目岛上宗教和政治的紧张局势，在2000年初就一度失控，这是一次始于马塔兰的不期而至的攻击浪潮。整座岛屿上的华人和基督徒的店铺、住宅在这次攻击中被烧毁。此次事件对旅游业产生了严重的负面影响，部分游客甚至也因此对巴厘岛产生了不好的印象。

随着种族、宗教和地区冲突不断增加，21个月后，议会有了足够的力量罢免瓦希德，并在2001年将总统的职位移交给梅加瓦蒂。2004年，她被印度尼西亚首任民主选举产生的总统苏西洛(Susilo Bambang Yudhoyono，简称SBY)所取代。他因领导追捕2002年巴厘岛爆炸案犯而名扬海外。

苏西洛执政卓有成效。印尼的经济迅速增长，这也使得他在2009年轻松连任，获得五年任期，在此期间，这个国家(以巴厘岛为代表)享受了经济增长带来的财富和政治稳定。2014年，雅加达总督乔科·维多多在总统选举中胜出。这位被视为平民出身的总统，获得了民众的广泛支持。尽管他也获得了巴厘人的支持(他在当地获得了大部分选票)，但是巴厘人也不无忧虑，因为Jokowi(印尼人如此称呼这位总统)是几代印尼领导人中唯一一位与巴厘岛没有血脉或姻亲联系的印尼领导人。

近年来，到访巴厘岛的游客人数屡创新高。随着爆炸案所带来的恐惧消退，海外游客数量年均增幅达到10%~15%。不久前，每年200万游客已经是一个天文数字，如今这个数字已经迅速增长至500万。旅游业逐渐主导了巴厘岛生活的方方面面，尤其是经济领域。

2000年

印尼的骚乱扩散到了龙目岛，成百上千的华人、基督徒和巴厘人的住宅与商店被洗劫和烧毁。斗争骚乱最初是由穆斯林发起的谴责暴力的集会转变而来的。

2002年

库塔发生的爆炸令200多人丧生，其中许多人死在Sari Club夜总会。旅行者数量锐减，巴厘岛的旅游经济遭到毁灭性打击。

2005年

库塔和金巴兰发生三起自杀式爆炸袭击，造成20人死亡，其中大多是巴厘人和爪哇人。

2017年

到访巴厘岛的海外游客数量达到550万人，连续数年平均增幅超过15%后再创新高。

当地生活和宗教信仰

该地区的人民拥有悠久的文化传承和信仰体系。所有这些岛屿都有截然不同的传统、迥然各异的着装、异彩纷呈的美食和让人眼花缭乱的建筑，而且致力于保持和传承。尤其是在巴厘岛，艺术、音乐、供品、建筑、寺庙等是吸引游客纷至沓来的重要原因，宗教元素在其中扮演着重要的角色。

巴厘岛

问任何一个旅行者他们喜欢巴厘岛的原因，大多数时候，排名最靠前的答案是“当地人”。20世纪20年代以来，自从荷兰人开始用袒胸露乳的巴厘岛妇女图片吸引旅行者前来，这里就成为充满神秘和魅力的异域天堂的象征。

相对于浪漫主义，残酷的现实也是实实在在的。对于大多数巴厘人来说，生活依旧只能勉强糊口，甚至岛上本身的繁荣和中产阶级的产生都是因为旅游业。当努力谋生、过分热情的兜售者考验着你的耐心时，“文化”这个概念有时候看起来像是用错了地方。

不过天堂的说法在此还是有一定依据的。世界上没有一个地方与巴厘岛相似，即使在印度尼西亚也没有。作为世界上穆斯林人数最多的国家中仅存的印度教岛屿，它别具特色的文化被这里的人民当作荣誉徽章而无比自豪地佩戴在胸前。毕竟，就在20世纪，4000名巴厘王族成员并没有投降并成为殖民地臣民，而是穿上他们最好的衣服，昂然走入了荷兰军队的枪林弹雨之中。

的确，旅游业的发展改变了巴厘岛的面貌，引发了关于农业社会被旅游服务业所取代的无休止的争论。水明漾和克罗博坎的高档温泉水疗、夜总会、时装店和餐馆也许会让你觉得，当地的宗教是享乐主义而不是印度教。但是，撇开表面的浮华，你会发现，巴厘岛的灵魂没有改变。

岛上随处都是富有创造力的遗产，巴厘人对宗教的信仰渗透进社会的方方面面，巩固了强烈的集体观念。每户住家、每栋办公楼、每个村子，群山中、海滩上、稻田、树林、山洞和墓地里，湖泊与河流边，处处都有寺庙。宗教活动并不限制在专门的祭祀场所，它能在任何地方进行，有时候，在高峰期的车水马龙中就突然开始了。

www.murnis.com是了解巴厘岛文化和生活的一个极好的网站。这是乌布一家原创餐厅的网站。点击“Culture”（文化）那一栏，就可以找到给小孩取名、穿什么去参加仪式及如何织衣服等内容。

巴厘人的宽容

巴厘人自己很少旅行，因为村庄和家庭对他们非常重要；经济上的开销也是许多巴厘岛家庭无法承受的。但幸运的是他们对其他文化的宽容和好客声名远扬。如果非要说出原因，那就是，巴厘人喜欢被关注，这增强了他们的自豪感。这里的普遍观念是：“不管我们正在做什么，只要把数百万人吸引到这里，那一定是好事。"

巴厘人一向友好，喜欢闲聊，可能会聊相当隐私的问题。虽然岛上广泛使用英语，但他们很高兴听到旅行者试着说印度尼西亚语（Bahasa Indonesia），或者最好甩出一句巴厘语的短语，比如：sing ken ken（意为别担心），那你很快就能交到一些朋友。他们拥有极妙的幽默感，天性随和，不容易生气。巴厘人通常认为发脾气很令人讨厌，嘲笑那些很容易动怒的"情绪化"的外国人。

龙目岛和吉利群岛

龙目岛的文化和语言通常被拿来和巴厘岛相比，这对两座岛屿都不公平。确实，龙目岛的语言、万物有灵论的仪式、音乐和舞蹈都会令人想起那些统治过印度尼西亚的印度教和佛教王国，以及18世纪被巴厘人控制的那段时期。但是大多数龙目岛的萨萨克人信仰伊斯兰教，他们拥有非常独特

姓名中的学问

巴厘人的姓名就像潮汐一样变来变去，一点都不直截了当。每个人都有一个传统的名字，其他名字常常反映了此人生命中的重大事件。这些名字还有助于区别同名的两个人，也许没有什么地方比巴厘岛更需要这样做的了。

传统的命名习俗看起来有点简单，命名按照排行而无视性别。命名的顺序，随着地区和种姓的变化而变化：

头胎 Wayan（Gede，Putu）

第二胎 Made（Kadek，Nengah，Ngurah）

第三胎 Nyoman（Komang）

第四胎 Ketut（或简化为Tut，例如toot）

接下来出生的孩子重新使用相同的这一组名字，不过现在许多家庭最多只生两个孩子，所以你会遇到许多Wayan和Made。

种姓在命名中也占据重要地位，出生排行名字中会加入明确定义种姓地位的名。巴厘岛的命名体系和印度相比要略微简单。

Sudra 90%的巴厘人属于这一阶层。农民种姓。这些名字前面有一个头衔，男孩为"I"，女孩为"Ni"。

Wesya 官员和商人的种姓。Gusti Bagus（男）和Gusti Ayu（女）。

Ksatria 高级种姓，通常为贵族或战士。I Gusti Ngurah（男）和I Gusti Ayu（女），另外加上Anak Agung和Dewa等头衔。

Brahman 最高种姓：教师和祭司。Ida Bagus（男）和Ida Ayu（女）。

传统的名字后面是另一个名字——这里是父母们能够进行创作的地方。一些名字反映了他们对孩子的期望，比如I Nyoman Darma Putra这个名字，他的父母希望他能够"有责任感"或"好"（dharma）。有的名字则反映出时代的影响，比如：I Wayan Radio（收音机）是出生于20世纪70年代的；Ni Made Atom（原子弹）说，她的父母仅仅是喜欢这个科学术语的发音，虽然炸弹也是以它命名的。

许多人得名于他们的外貌。例如，Nyoman Darma通常被叫作Nyoman Kopi（咖啡），因为比起其他的兄弟姐妹，他的皮肤最黑。以Ramayana时代命名的I Wayan Rama被叫作Wayan Gemuk（胖），以便区别于比他体格小的朋友Wayan Kecil（小）。

的传统、服饰、食物和建筑，并努力为维护它们而战。当西龙目岛的萨萨克农民在巴厘人的封建统治下过着相对和谐的生活时，东部的贵族仍处于敌对状态并领导了荷兰人参与的起义，最终于19世纪末赶走了他们的巴厘岛统治者。因此，萨萨克人非常喜欢带有英雄色彩的力量比试，比如每年8月在特特巴图附近举行的短棍格斗比赛。

比起巴厘岛来，龙目岛仍旧较为贫穷和落后，一般而言，也更为保守。它的萨萨克文化也许没有巴厘岛的印度教表现得那么明显，但如果你深入探索，便会领略它的独特之处，从每个城镇傲然屹立的清真寺就可见一斑。

在吉利群岛，当地人遵循相对温和的伊斯兰教传统。

佛罗勒斯岛

佛罗勒斯岛（Flores）的190万当地人被分为五种主要语言文化族群。从西到东分别是Manggarai（中心城镇为Ruteng）、Ngada（Bajawa）、关系密切的Ende和Lio人（Ende）、Sikkanese（Maumere）和Lamaholot（Larantuka）。在偏远地区，一些古老的民族完全不会说印尼语，他们的父母都是在崇信万物有灵论的社会里长大。

在人们出生、婚嫁和离世时都会举行万物有灵论的仪式，标志重要农历节气时也不例外。即使是教育良好、会说英语的佛罗勒斯人，也会在水稻种植或其他重要场合参加传统的宰牲祭祖仪式。

在巴厘岛，人们只会在私下有亲密举动。巴厘岛的夫妇并不习惯牵手，这一般是小孩子的专利，但是，成人之间挽胳膊是非常正常的。

家庭纽带

通过宗祠，巴厘人与他们的家族在精神上紧密地联系在一起。巴厘人经常是五代同堂，姻亲表亲全都包括在内。祖父母、表兄弟姐妹、姑姨、叔舅和其他各种远亲全都住在一起。儿子结婚后并不搬出去，而是妻子搬进来。以此类推，女儿出嫁后则与公婆一起住，承担持家和生育的责任。因此，巴厘人认为儿子比女儿更有价值。儿子一家不仅能够在父母年老后照顾他们，还能在老人死后继承祖业，并举行必要的仪式，让他们的灵魂得以超脱转世，而不是变成孤魂野鬼。

女人的工作就是劳作

男人在村中事务和帮助照顾下一代中扮演着重要的角色，只有男人可以下稻田种地。巴厘岛的女人则在名副其实地做牛做马，从事各种繁重的工作，从体力劳动（你会见到她们头上顶着装有混凝土或者砖块的篮子）到在市场摆货摊以及与旅游服务业相关的工作。事实上，按照巴厘岛的传统，都是女性在照顾别人和准备食物，因此许多成功的商店和咖啡馆的创办人都是女性。

除了这些工作，女人每天还要为全家人准备饭菜，为宗祠准备供品，为即将到来的典礼准备额外的供品，她们的双手从来没有闲着的时候。如果你住在一个典型的巴厘岛民宿，就可以近距离观察到这一切。在那里，你的房间位于院内，日常生活就在你的身边。乌布有许多这样的民宿。

宗教信仰

印度教

巴厘岛的官方宗教是印度教，但是它过于偏向万物有灵论，因此

宗教礼节

➡ 如果参观寺庙或清真寺，要遮住肩膀和膝盖。在巴厘岛，通常捐献少量金额就可获得一条selandang（传统围巾或腰带），另加一件纱笼，或者也可将它视为部分门票费用。

➡ 如果女性处于月经期、怀孕期或刚分娩完，则不得进入寺庙。在这些时候，女人被认为是不干净的（sebel）。

➡ 不要让自己比祭司高，尤其是在节日时（比如爬上墙拍照）。

➡ 进入清真寺前需要脱鞋。

不能与印度的印度教归为一类。巴厘人崇拜（无形的）最高神桑扬威迪（Sanghyang Widi）的三个化身——梵天（Brahma）、湿婆（Shiva）和毗湿奴（Vishnu），以及祖先（dewa）和村庄的创建者。他们还崇拜地神、火神、水神和山神，掌管生育、稻谷、技术和书籍的神灵，还有居住在大海中的魔鬼。他们也相信印度教中的因果报应和轮回转世，但是其他印度教习俗对他们来说就不那么重要了。这里并没有“贱民等级”，包办婚姻非常少见，也没有童婚。

巴厘岛各地都能看到古老的印度教花纹（swastika，卐），它是宇宙和谐的象征。德国纳粹也同样使用，只不过顺时针旋转45°。

巴厘岛独特的印度教是统治过印度尼西亚的伟大的满者伯夷（Majapahit）王国撤退到巴厘岛之后形成的，当时，伊斯兰教已经征服印度尼西亚群岛。而巴厘阿加人（巴厘岛原住民）撤退到山林中以逃避这种新的影响，比如巴厘岛东部的登安南。其他人则用自己的方式接受了它，把满者伯夷信仰融入他们受佛教影响的万物有灵论之中。龙目岛西部有一个巴厘人的印度教社区，这是19世纪在其邻居巴厘岛统治下的产物。

阿贡火山是岛上最神圣的地方，是百沙基母庙的所在地，经常举行成百人甚至上千人参加的典礼。每天全岛各地都会举行较小的典礼安抚神灵、抚慰魔鬼，确保正义（dharma）与邪恶（adharma）两股力量的平衡。

龙目岛上生活着大量的巴厘人，你可以经常看到印度教仪式。占少数派地位的维喀图德鲁（Wektu Telu）教众、华裔和布吉人社区使这里的文化氛围异彩纷呈。

伊斯兰教

伊斯兰教是巴厘岛的少数派宗教，大多数信徒为爪哇移民、来自龙目岛的萨萨克人或苏拉威西渔民的后代。

和印度尼西亚的其他许多地区一样，巴厘岛大多数穆斯林人奉行的是温和的伊斯兰教。他们通常都遵从伊斯兰教“五功”（Five Pillars），每天须念作证词：“万物非主，唯有安拉，穆罕默德是主的使者。”每天应该祷告五次。除了日常祷告以外，要接济穷人，斋月时要封斋，一生中至少要到麦加朝觐一次。然而，相较其他信奉伊斯兰教的国家，这里的穆斯林女子并未被隔离，也没有被强制披戴头巾（尽管这种情形日益普遍），一夫多妻现象也相当少见。目前，更严格的伊斯兰教习俗正在从龙目岛向周边扩散，这也是受到极端保守的松巴哇岛的影响。

在龙目岛上，adat（传统、风俗和礼仪）支撑着日常生活中的方方面面，尤其对于求爱、结婚和割礼。周五下午是法定的礼拜时间，政府办事处和许多商店都不开门。大多数妇女都披戴头巾，也有极少数人佩戴面纱，很多女人都从事旅游服务业。中产阶级的穆斯林女人通常能够选择自己的伴侣。萨萨克男子割礼一般在6岁到11岁进行，首先要游行穿过村庄，接下来是隆重的庆祝仪式。

维喀图德鲁

维喀图德鲁（Wektu Telu）据说起源于龙目岛北部的巴延（Bayan），是龙目岛特有的本土宗教。此前，维喀图德鲁还是龙目岛北部大多数人信仰的宗教，现在仅有少数萨萨克人还在信奉这一教派。1965年，正在候任印尼总统的苏哈托发布命令，宣布所有的印度尼西亚人必须信仰官方认可的宗教。而这样的本土信仰并没有得到认可。于是许多信徒声称信仰正统的伊斯兰教，但是遵循的却是维喀图德鲁的传统和仪式。巴延仍然是维喀图德鲁的大本营，你可以通过白色头带（sapu puteq）和飘动的白色长袍来辨别维喀图德鲁信徒。

Wektu在萨萨克语中的意思为"结果"，telu的意思是"三"，这也许暗示这个教派是巴厘岛的印度教、伊斯兰教和万物有灵论的复杂综合体。其信条是，生活中所有的重要方面都由三位一体论支撑。和穆斯林一样，信徒们相信真主安拉，相信穆罕默德是安拉的使者。不过他们一天只祷告3次，斋月时仅禁食3天。维喀图德鲁的信徒在埋葬本教的死者时令其头朝麦加，所有的公共建筑物也都有面朝麦加的祷告角，但他们并不去麦加朝圣。与巴厘岛的印度教相似，他们相信神灵的世界与大自然紧密相连——林查尼火山（Gunung Rinjani）是最受尊崇的宗教场所。

在加隆安节之类的典礼上，装饰精美的巨大竹竿（penjor）都会出现在屋前和街道上。这是不同艺术家的作品，设计风格多种多样，不过总是有标志性的下垂的顶部——这是模仿巴龙的尾巴和阿贡火山的形状。Sampian是一种装饰手法，非常精巧。

灵马拉普

在松巴哇，传统宗教的基础是灵马拉普（marapu），是松巴岛包括神灵祖先在内的精神力量的统称。人死后会进入看不见的世界，并且对生者的世界产生影响。Marapu mameti是所有亡魂的代名词。活着的人们可以向他们寻求帮助，尤其是自己的亲人，但是如果惹恼他们也会带来不好的事情。Marapu maluri 神灵在大地上创造的原住民，他们的神力集中于若干地方或是物品上，这些物品通常都会小心翼翼地保管在每个家庭的草顶阁楼上。

基督教

在佛罗勒斯，约85%的人口信仰天主教。但在偏远地区，基督教往往

注意事项

- 巴厘岛上越来越多年轻人的穿着和游客类似，这意味着你会随处看见穿短裤和裙子的人。但是过于暴露的服装还是会令人难以接受，比如赤膊外出，一边畅饮啤酒一边在大街上游荡。
- 海滩上有许多外国妇女赤裸上身，但是巴厘人会因外国人不必要的裸体而感到尴尬。
- 不要触摸任何人的头；在巴厘岛，它被看成是灵魂的居所，神圣不可侵犯。
- 用你的右手传递物品，双手并用会更好。不要只用左手，因为它被认为是不干净的。
- 说话时双手不要放在臀部。这是一种蔑视、愤怒或侵略的信号（正如传统舞蹈和歌剧中表现的那样）。
- 召唤某人需手掌向下摆动，西方人手掌向上的召唤方式被认为是非常粗鲁的。

巴厘人的婚礼

让位于adat（传统法律和规则）。

巴厘岛的典礼和仪式

在宗祠、村庙和神庙中，巴厘人除了举行每日的仪式外，每年还要参与数十种典礼。大多数雇主允许员工返回村庄，完成这些职责要花费大把的收入和时间（尽管很多老板对此有所抱怨，不过他们也没有别的选择，除非他们不怕自己的员工造反）。对于旅行者来说，将有充足的机会见证巴厘岛的典礼传统。

典礼是巴厘人生活的中心，也是重要的娱乐、社交与节庆活动。每个典礼都在由祭司决定的一个吉日举行，其中通常包含宴会、舞蹈、戏剧和音乐表演，以取悦神灵，求他们继续保护村民远离邪恶的力量。最重要的典礼是静居日，它包括极为罕见的全天放假，以及与祖先神灵重聚的加隆安节，为期10天，以庆祝正义战胜了邪恶。

乌布游客信息中心（www.fabuloussubud.com）是一个获取关于火葬和当地其他非固定典礼信息的极佳的来源。另一个很实用的网站是www.ubudnowandthen.com。

由于信仰因果报应，巴厘人认为任何不幸都是自己造成的，是过多的邪恶所致。于是，他们需要举行净化（ngulapin）仪式来寻求原谅并重新获得神灵的护佑。一次净化仪式需要宰杀一只动物作为祭品，通常还举行斗鸡仪式，以满足魔鬼对血的渴望。

人们还举行典礼驱除巫术以及清除生完孩子或者亲人去世后、月经或生病期间的不洁净的灵魂（sebel）。

除了这些典礼以外，每个人一生中还要经历13个主要的仪式。最奢华昂贵的是人生最终的葬礼。

出生和童年

巴厘人相信婴儿是祖先转世，因此像尊敬祖先一样尊敬婴儿。在怀孕期间，人们会供奉神灵以确保这个小神的健康。出生后，胎盘、脐带、血和羊水——代表这个孩子的四个"神灵"守护兄弟，会被埋在这个家庭的庭院内。

新生儿在出生后的前3个月，几乎不管走到哪里都是被人抱着的。孩子在净化典礼之前不能接触到"不纯洁的"地面。出生后的第210天（巴厘人的一岁），婴儿会在先人的神庙里受到祝福，届时会有盛大的庆祝会。在之后的生命里，生日便失去了意义，许多巴厘人都无法说出他们的年龄。

约16岁至18岁举行的磨牙（tooth-filing）典礼是向成人过渡的一个仪式，也是结婚的先决条件。届时，祭司会把受礼者的上虎牙和上门牙磨掉一小部分，令牙齿平整。毕竟尖利的獠牙是狗和魔鬼最显著的特征。巴厘人声称，这个过程稍微有点儿不舒服，但并不疼痛，感觉就像吃冰块。大部分磨牙仪式都在七月和八月举行。

对于女孩来说，她们月经初潮是人生的另一个重要事件，为此也要举行一次净化典礼。

巴厘岛的磨牙典礼结束时，受礼者会得到一杯美味的药草汁（jamu），由新鲜压榨的姜黄、槟榔叶汁、柠檬汁和蜂蜜调制而成。

婚姻

婚姻决定了一个人在巴厘岛的社会地位——男人自动成为banjar（当地社区组织）的成员。巴厘人相信，一到年纪就结婚、生孩子（其中包括至少一个儿子），是他们的义务。离婚相当罕见，离婚的女人要断绝和孩子的关系。

男方家属登门拜访女方家属并提亲，是最令人尊敬的嫁娶方式，人们称之为mapadik。不过，巴厘人喜欢他们的幽默感，一些人更愿意选择通过ngrorod（私奔或者"绑架"）的方式结婚。在这对夫妇返回他们的村庄之后，婚姻关系会被正式认可，人们都会为他们欢庆祝福。

婚礼包括来自岛上水稻种植文化的一套复杂象征仪式。新郎肩上扛着食物，如同一位农夫；新娘则假装售卖农产品，通过这种方式来展现这对新人在经济上的独立。其他规矩则颇费思量：新郎拔出匕首，刺入新娘用椰树叶子编织的完好的席子中；然后新郎挖一个洞，新娘在里面撒上一粒种，象征人丁兴旺。

死亡和火葬

身体只被看成是灵魂的躯壳，死亡的肉体会在一个与先灵相称的繁复典礼中被火化。通常，整个社区的人都会参加，对于类似王族这样的重要人物，葬礼可能会是成千上万人参加的壮观仪式。

即使是普通的中等葬礼，花费也相当巨大（约7,000,000Rp）。此外，还需要等待良辰吉日。所以，人们通常把死者先埋到地里，有时候会埋许多年，再挖出来进行集体火葬。

尸体被放在一个高高的、具有令人难以置信的艺术性的多层火葬塔内，由一队男人扛着。死者的重要性决定了火葬塔的大小。王公或高级祭司的葬礼也许需要数百人来搬运一个11层的建筑。

一路上，这队人故意迷惑尸体，让它找不到回家的路。尸体被看成与物质世界之间不洁的载体，灵魂必须从中解放、进化到更高级的状态。男

巫术仍是一种巨大的力量，在有人生病或产生纷争时，人们会向被称为balian的精神治疗师求助。四处都流传着许多关于这种巫术力量的故事。和悲剧性的死亡一样，亲戚和邻居之间的争吵也常常归罪于被下了咒。

巴厘岛的宁静时光

静居日（Nyepi）

这是巴厘岛上规模最大的净化节日，用来清除所有邪恶的神灵，并开始崭新的一年。根据印度教的caka历（这是一种阴历，一年的长度和西方公历相似），大致是在三月或四月间举行。从太阳升起时开始，整座岛屿在接下来的24小时内差不多陷入停顿状态。没有飞机起降，没有任何交通工具运行，没有电可用。所有人，包括旅行者，都不得上街。静居日是为了愚弄恶灵，让它们以为巴厘岛已经被遗弃，这样它们就会离开。

对于巴厘人来说，它是用来冥想和反省的一天。对于外国游人来说，不必严格遵守规则，只要你尊敬这个“静居日”，不要离开你的居所或酒店即可。如果你真的溜出去了，那么很快你就会被一名严厉的村庄警官（pecalang）护送回酒店。

虽然听起来比较吓人，静居日却是巴厘岛的美妙时光。首先，什么事都不做反而激发了人们的灵感。补补前些日子没睡够的觉，或者，非要做点什么的话，读书、日光浴、写明信片、玩台球……只要不做任何招惹魔鬼的事情就行！其次，静居日的前一晚有多彩多姿的节庆活动。

“奥高奥高”（Ogoh-Ogoh）！

在静居日之前的几周里，精心制作的巨型纸糊魔鬼（被称为“奥高奥高”）会竖立在岛上的各个村庄。社区人人参与制作，昼夜热火朝天。如果你看到人们正在制作一个“奥高奥高”，其旁边会有一份寻求资金支持的报名表。据说，捐献50,000Rp，就可以成为一名合格的赞助者，会获得很多街头美誉。

静居日前夜，巴厘岛上四处都会看到引诱魔鬼出来的大型庆典。队伍的会合点是每个村庄的主要交叉路口，祭司在此举行驱魔仪式。然后，整座岛屿突然进入模拟的“混乱状态”，人们砰砰地敲打着kulkul（中空的树干做成的鼓）、锣鼓和罐头，大放烟花，嘴里叫喊着“megedi megedi！”（走开！）以驱逐魔鬼。当“奥高奥高”全都升腾在熊熊火焰中，典礼就画上了完美的句号。人们相信，在这个狂野的聚会中，侥幸存活的魔鬼面临次日无趣的寂静，便会撤离这座村庄。

基督徒发现这一切和复活节有独特的相似之处，尤其是复活节前的第七个星期三和忏悔星期二，以及疯狂的狂欢节（Mardi Gras）——就像庆祝世界末日一般。

未来三年静居日的日期分别为：2020年3月25日、2021年3月14日和2022年3月3日。

人们摇晃着高塔，带着它绕圈跑，模仿战斗的情景，向它泼水，总之用尽各种粗暴的方式对待它，丝毫没有一丝丧葬队伍应有的庄重。

在火葬场，尸体被转移到反映死者地位的棺材里。最后，人们用熊熊火焰把它烧个精光，把骨灰撒进大海。灵魂就这样得到了自由，升入天国，等待着以儿孙的形式投胎转世。

鉴于巴厘岛有好客的传统，火葬场也欢迎有礼貌的游客前来。你可以在酒店或四周打听，是否有人知道哪里会举行葬礼。乌布的游客咨询处也是一个很好的消息来源地。

虽然涉及赌博而有违法律，但斗鸡仍然是巴厘岛最热门的娱乐项目。当你看到如下迹象时，就知道附近肯定有斗鸡赛：许多小车和摩托车停在路边，但是看不到人影。或者，可以前往巴厘岛东部的Pantai Masceti，那里有一个巨大的斗鸡场。

供品

无论你走到哪里，都能看到当地妇女在其住处及家庙、旅馆、商店和其他公共场所附近，每日对神进行供奉。你一定还能遇到热闹的仪式，这时所有村民都换上了节日的盛装，警察封锁道路，让绵延数百米的壮观的游行队伍通过。男人们演奏着加麦兰（传统巴厘岛和爪哇岛管弦乐），女人们头上顶着高得令人惊讶、由水果和糕点组成的供品，优雅地保持着平衡。

你看到的任何东西都不是刻意人为的。只有极少数酒店的舞蹈和音乐表演是专为旅行者安排的。不过他们仍按照现实生活中巴厘人的传统方式欢迎客人的到来（客人被称为tamu）。这就是巴厘人的日常生活，不论有没有观众。

乡村生活

实际上，乡村生活并不只是存在于农村中。该地区的每一处都是一个以自己的方式存在的村庄。在巴厘岛尤为明显，banjar（当地社区组织）占有举足轻重的地位。

巴厘岛的当地规则

在巴厘岛的治理体系中，3500多个banjar掌握着极大的权力。banjar由某一地区内已婚男性组成（有些地方是50~500人）。他们控制着大多数的社区活动，无论是寺庙典礼的规划，还是关于土地使用的重要决定。这些决定最终通过协商达成，逃避责任的成员会很不幸，惩罚可能是罚款或者更糟，即驱逐出banjar（在巴厘岛这样一个高度群体化的社会，你的社区就是你的生活和身份，这就是标准问候语“你来自哪里？”的原因所在——驱逐等同于被判处死刑）。

虽然女性甚至儿童都可以属于banjar，但是只有男性才能参加重要决策会议。在旅游区做生意的女性，必须通过他们的丈夫传达意见以施加自己的影响力。某个社区的外来人很快就知道最好不要惹恼banjar了。整条街的餐馆和酒吧都曾经在banjar的命令下被关闭，原因是banjar认为邻里关注的一些问题，比如噪声问题没有得到解决。

摩托车在日常生活中极为重要。它能够搬运一切东西，从运往市场的堆成山的香蕉和米袋，到身着节日盛装前往寺庙的家庭成员。穿着制服的年轻酒店职员也骑着摩托去上班。你甚至会看到六岁的学龄儿童独自骑着摩托车在小村里呼啸而过。

水稻种植

水稻种植是结构严密的巴厘岛村庄经济的支柱。按照传统，每个家庭的产出仅满足他们自身的需要和向神献祭即可，如果还能剩一些，就在市场上出售。掌管农业、生育和成功的女神Dewi Sri是此岛最受大众喜欢的神明。人们在耕种的每个阶段都会举行仪式向她致谢，求她保佑不要遭遇坏收成，保佑庄稼免受坏天气、污染以及鼠咬鸟食的侵害。

苏巴克：巴厘岛的灌溉系统

山坡上梯田的灌溉系统非常繁复，要求所有村民必须共同分担工作和责任。这样的灌溉系统已有数百年的历史，水源供应地为四个山地湖泊及纵横交错的河流，主要通过水渠、水坝、竹管和从岩石中凿出的隧道等方式引水灌溉。管理这种民主式取水灌溉系统的是1200多个苏巴克（subak，村庄灌溉协会），每位村民必须加入当地的苏巴克，它是每个村庄强大的banjar的基础。

虽然随着旅游业的发展，巴厘岛的居民构成发生了改变，从几乎清一色的农民变成拥有多样的活动和生活方式的多元化人口，但是从种植水稻延伸而来的集体责任仍在继续支配着日常生活的行为准则，即便在都市中心也是如此。苏巴克是一种值得注意的民主制度，2012年被联合国教科文组织列入《世界遗产名录》。

艺术

巴厘岛生机勃勃的艺术场景，令它远不只是一个有着热带海滩的目的地，该地区其他岛屿也同样如此。在绘画、雕塑、舞蹈和音乐等方面，你会发现，巴厘岛的艺术气息会让你久久难忘。

艺术家的岛屿

科林·麦克菲(Colin McPhee)1946年所著的关于巴厘岛舞蹈和文化的标志性书籍《巴厘岛的房屋》(*A House in Bali*)被改编为同名歌剧。其创作人是在乌布生活过很久的作曲家Evan Ziporyn。

有意思的是，巴厘语里没有"艺术"或"艺术家"这样的词。在旅游业兴起之前，艺术表达是专为宗教和仪式服务的，并且几乎只由男人完成。绘画和雕刻单纯是为了装饰寺庙和神龛，而音乐、舞蹈和戏剧表演则是为了取悦在举行重要典礼时返回巴厘岛的神灵们。与西方很多的艺术家不同，这里的艺术家并没有努力想要表现得不同，他们的工作仅仅反映了一种传统的风格或一种新的思想，而并非他们自己的个性。

20世纪20年代后期外国艺术家开始在乌布定居时，情况发生了变化，他们来向巴厘人学习、分享自己的知识，并帮助其实现了当地艺术的商业化。今天，岛上艺术已经发展成一个颇具规模的产业。乌布仍然是岛上毋庸置疑的艺术中心，远近的艺术家们来到这里汲取灵感，他们当中有来自日本的玻璃吹制者，也有来自欧洲的摄影师和爪哇的画家。

岛上到处都是画廊和手工艺作坊。地板上堆放着画作、石刻和木刻，如果不小心的话就会被绊倒。其中许多都是粗制滥造的速成品，一些作品滑稽粗俗：你不会想要将那个3米高的阳具放在门口当作哥斯拉巨兽吧？——不过你仍然能找到许多出色的作品。

舞蹈

仅在巴厘岛就有十多种不同的舞蹈，每种都有严格的舞蹈动作，需要进行高水平的训练。大多数表演者都在专家的指导下，经过刻苦练习方能有所成就。若没有欣赏过这种纯粹的艺术形式，你的巴厘岛之行是不完整的。你会惊喜地发现很多舞蹈风格，从正式优雅的黎弓舞（Legong）到充满滑稽动作，为取悦观众的巴龙舞（Barong），可谓不一而足。巴厘岛舞蹈绝不会因循守旧，而是不断推陈出新。最棒的舞蹈团，如乌布的Semara Ratih就在不断地进行创新。

你可以在任何有节庆活动的地方观赏到精彩的舞蹈，在乌布及其周边则可以看到更加出色的演出。演出通常在夜间进行，并会持续90分钟；每晚你都会有8场或更多的选择。

只需稍微用心寻找或者机缘巧合，你就可以参观作为寺庙仪式一部分的舞蹈表演。这里会让你在原始的环境中深刻领悟到巴厘岛舞蹈和传统音乐的美，这也是观看的意义所在。演出通常持续数小时。沉浸在这催眠般的音乐和迷人的舞步中，观众们全神贯注，忘却了一切。在乌布还有音乐、戏剧和舞蹈课程可以参加。

考虑到游客时间有限，许多旅馆提供一种大杂烩舞蹈——将克差舞（Kecak）、巴龙舞和黎弓舞揉在一起。这些舞蹈持续时间非常短，并只有几位乐师和两三个舞者。

克差舞

弥漫着令人毛骨悚然的迷人气氛的克差舞，也许是最广为人知的舞蹈。它是一个由成年男子和男孩组成的"合唱团"，这些人围坐成一个同心圆，边吟唱着模仿猴群的"恰克—阿—恰克—阿—恰克（chak-a-chak-a-chak）"边慢慢进入一种神智不清的状态。有时人们把这称为"人声加麦兰"，在根据印度史诗《罗摩衍那》（*Ramayana*）改编、讲述了王子罗摩（Rama）和公主悉多（Sita）那耳熟能详的爱情故事的舞蹈中，这是唯一的音乐伴奏。

20世纪60年代出现了专为游客表演的克差舞。在乌布（去看看Krama Desa Ubud Kaja的80个赤膊男子具有催眠效果的吟唱表演）和乌鲁瓦图寺都能很容易地找到这种精彩的表演。

I Wayan Dibia和Rucina Ballinger合编的《巴厘岛舞蹈、戏剧和音乐——巴厘岛表演艺术指南》（*Balinese Dance, Drama And Music: A Guide to the Performing Arts of Bali*），是一本拥有丰富插图、详尽深入的巴厘岛文化表演指南，十分值得推荐。

黎弓舞

这是巴厘舞蹈中最优雅的一种，由年轻女孩表演，最大的特点是闪闪发光的双眼和颤抖的双手。这些舞者的舞蹈天赋相当受人尊敬，所以一个

猴子和怪物

巴龙（Barong）和让达（Rangda）之舞与克差舞一直在竞争巴厘岛最受游客欢迎的舞蹈。这也是善（巴龙）恶（让达）之争。

巴龙是一只毛发蓬松的犬狮，善良却淘气，喜欢搞恶作剧，它有一双大眼睛，嘴巴吧嗒吧嗒响，很有戏剧效果。因为这个形象是善良的村落守护神，扮演巴龙的演员（在一层层皮毛戏服下面根本看不到演员本人）需要夸张地做出各种可爱而滑稽的动作。但是正如巴厘岛舞蹈的传统，一切并不都是轻松愉快的，因为巴龙是一个非常神圣的角色，你经常会在游行和仪式上看到。

不过巴龙的伙伴却与"神圣"这个词毫无关联，一般有一个或多个猴子伺候巴龙，这些角色却出尽风头。演员可以自由发挥，举止疯狂。最棒的演员会与观众（尤其是那些过于严肃的观众）互动，极尽玩乐之能事。

而寡妇女巫让达则是彻头彻尾的大坏蛋。扮演这个妖后的角色面貌特征可能包括：耳朵喷火、舌头滴火、鬃毛似的乱发，以及巨大的胸部。

故事的主要特色是让达和巴龙之间的对决，巴龙的支持者们会拿着kris（传统匕首）冲进来帮助它。但是，长着长舌头和尖利獠牙的让达令他们心智迷乱，反倒刺向自己。形势非常危急，多亏巴龙施法，消除了匕首的力量，避免了伤害。

这时，需要pemangku（主持神庙仪式的祭司）出场来平息所有善与恶之间的强大法力。他必须结束舞者的迷乱状态，并用一只鸡进行血祭来安抚邪恶的神灵。

在乌布，巴龙和让达舞蹈团对于这种舞蹈有多种解读方式：令人战栗的恐怖表演（直到猴子出现）、类似杂耍或是情景哑剧的滑稽版本。

巴龙面具是非常珍贵的物品，你可以在乌布南部的马斯村看到极富艺术性的样品。

杰出的舞者在年老后，人们会永远称她为“伟大的黎弓舞者”。

Peliatan著名舞团Gunung Sari经常在乌布表演，其最出名的便是宫廷黎弓舞。在这个非常风格化和象征化的故事中，包括两名女性黎弓舞者彼此以镜像动作翩翩起舞的场面。她们有着精致的妆容，身着金色锦衣，叙述着关于一个国王的故事：他爱上了一个女仆，接着发动了一场战争并在其中死去。

桑扬舞和凯卡克火之舞

这些舞蹈是为了驱逐村子里的恶神而创作的。桑扬是一个圣灵，暂时栖居在出神的舞者身上。Sanghyang Dedari舞由两个年轻女孩表演，她们在紧闭双眼的同时，以完美的对称性，演绎着黎弓舞另外一个如梦似幻的版本。男女声合唱作为背景，直到舞者猛然跌倒在地上。这时，一位寺庙祭司（pemangku）将用圣水祝福她们，把她们带出恍惚状态。

在Sanghyang Jaran舞中，一个似乎处在出神状态中的男孩骑着一片被当作“木马”的棕榈叶，绕着圈跳舞并穿过由椰子壳燃烧的熊熊火焰。这种舞蹈的变化形式叫作凯卡克火之舞（Kecak Fire Dance），在乌布几乎天天上演。

女人们往往会边跳Pendet，边把供品带往神庙。她们的眼睛、头部和手都以一种非常整齐和协调的节奏在运动。手腕、手和手指的每一次轻移，都具有它独有的意义。

其他舞蹈

勇士舞巴瑞斯（Baris）是黎弓舞的男性版本——优雅和温柔被充满活力的战斗精神所取代。技艺高超的巴瑞斯舞者必须传达一种为战斗做准备，然后与敌人相遇的勇士的思想和情感：侠义精神、骄傲、愤怒、英勇，最后还表现出些许遗憾。

统培舞（Topeng）字面意思是“按在脸上”，引申为面具的使用，舞者在其中模仿面具代表的角色。这需要非凡的技能，因为舞者无法通过面部表情传达思想和意图，一切都要交由舞蹈本身来表达。

龙目岛舞蹈

龙目岛也有自己独特的舞蹈，但是它们并未在旅游市场中普及。演出一般是在一些顶级酒店和以舞蹈传统闻名的Lenek村进行。如果你7月份在圣吉吉的话，可以看到舞蹈和Gendang beleq（大鼓）表演。Gendang beleq是一种极富戏剧性的战舞，也叫作Oncer，由成年男子和男孩表演，他们会在龙目岛中部和东部的adat（传统习俗）节上，演奏各种罕见的乐器。

音乐

继承和表演罕见而古老的巴厘岛舞蹈和加麦兰音乐，是登巴萨文化团体Mekar Bhuana（www.balimusicanddance.com）的使命。该团体赞助各种表演并设有教学课程。

巴厘岛音乐是以合奏为基础的，这种合奏被称为“加麦兰”（gamelan），也称为“gong”。传统形式为gong gede（大型合奏），由35至40个乐师组成。更古老的加麦兰selunding仍然偶尔会在登安南这样的巴厘阿加村庄进行演出。

gong kebyar是gong gede的现代流行形式，它有多达25种乐器。这种通常伴随着传统舞蹈、旋律优美、时而明快时而悠长的打击乐，是到巴厘岛旅游的人们最难以忘怀的记忆之一。

巴厘岛音乐中最常听到的声音来自类似木琴的gangsa，演奏者用一个小槌敲击它，在刚敲完的时候迅速减弱声音。决定这种音乐的节奏和音色的是两个kendang鼓，其中一个是公鼓，一个是母鼓。其他乐器有声音低沉的trompong鼓、kempli gong小鼓和用在较快乐曲中的cengceng钹。因为不是所有的乐器都需要高难度的演奏技巧，所以音乐成了一种普通的乡村活动。

巴厘岛南部和乌布的许多商店都出售别具特色的gong、笛子、竹琴和竹钟。当地音乐可在线下载。

Genggong

genggong是一种可以在龙目岛上看到的表演，它使用的乐器组合非常简单，其中包括一支竹笛、一个rebab（两根弦的弓弦乐器）和敲击乐器。七位乐师边吹奏音乐边翩翩起舞，手势相对固定。

皮影戏（Wayang Kulit）

皮影戏不仅仅是单纯的娱乐，它是巴厘岛数百年来烛光摇曳的电影院，体现了类似古典希腊戏剧的那种神圣严肃（戏剧的英语单词drama来自希腊语dromenon，意为宗教仪式）之感。表演持续时间长，而且场面激烈——通常持续6小时以上，在日出前都还没结束。

这个表演起初被用来让先祖重返世间，它的特色是用被认为具有神奇力量的上色水牛皮皮影，而dalang（皮影操纵者和讲故事的人）则是一个近乎神秘的人物。他拥有非凡的技巧和耐力，坐在一个屏障后面，边讲故事边操纵皮影，往往使用多种方言。

故事主要取材于伟大的印度史诗《罗摩衍那》（*Ramayana*）和《摩诃婆罗多》（*Mahabharata*）。

你可以在乌布观赏这种演出，其长度缩短至可接受的2小时以内。

在夸张的情节、幕后的声音特效和可以轻易辨认出好人（优雅的alus）与坏蛋（粗俗的kras）的角色阵容等方面，arja剧与皮影戏并无太大差别。它在户外表演，台上有时会建有一个小房子，在故事发展到高潮的时候会被放火烧掉！

有影响力的西方艺术家

除了阿里·斯米特（Arie Smit；2016年在巴厘岛去世，享年99岁），还有其他几位西方艺术家，在20世纪早期和中期对巴厘岛艺术产生了深远影响。除了推崇巴厘岛艺术外，他们还在这种艺术形式可能会灭绝之时，赋予其重生的生命力。

沃尔特·史毕斯（Walter Spies） 德国艺术家沃尔特·史毕斯（1895~1942年）于1925年首次来到巴厘岛，随后于1927年移居乌布，在西方世界建立了经久不衰的巴厘岛形象。

鲁道夫·邦尼（Rudolf Bonnet） 荷兰艺术家邦尼（1895~1978年）的作品主要展示人体形态和巴厘岛日常生活。很多以市场和斗鸡为主题的经典的巴厘岛画作都来自他。

米格尔·珂弗罗皮斯（Miguel Covarrubias） 这位墨西哥艺术家（1904~1957年）撰写的《巴厘岛》（*Island of Bali*）依然是介绍该岛及其文化的经典。

科林·麦克菲（Colin McPhee） 加拿大音乐家科林·麦克菲（1900~1965年）的作品《巴厘岛的房屋》（*A House in Bali*）依然是有关巴厘岛的最佳作品之一，他的有关音乐和住宅建筑的故事十分引人入胜。麦克菲对传统舞蹈和音乐的传承作出了重大贡献。

勒·迈耶（Adrien-Jean Le Mayeur de Merpes） 这位比利时艺术家（1880~1958年）于1932年来到巴厘岛，并确立了极其愉悦感官的巴厘岛美人形象，这个美人的原型是他的妻子——舞蹈家Ni Polok。他们的住所现在成为萨努尔一座冷清的博物馆。

绘画

巴厘岛绘画也许是最受西方思想影响的艺术形式。忠实于描绘宗教和神话主题的传统绘画，主要用于寺庙和宫殿装饰，其固定的色彩由煤烟灰、黏土和猪骨调和而成。在20世纪30年代，西方艺术家带来了作为艺术创作并可以出售的绘画观念。为了适应旅游市场的需要，他们鼓励艺术家以日常生活场景为主题进行创作，并采用现代绘画的各种色彩和工具。主题、技巧、风格和材料的范围扩大了很多，也首次出现了女性画家。

绘画风格大致可以分类如下：古典风格，或称为Kamasan风格，因克隆孔附近的Kamasan村而得名；20世纪30年代在Pita Maha影响下发展起来的乌布风格；在附近一个村庄同时兴起的巴都安风格；战后20世纪60年代开始创作，受荷兰艺术家阿里·斯米特（Arie Smit）影响的年轻艺术家风格，以及创作主题自由、带有明显且强烈的巴厘特色的现代风格或学院派风格。

古典绘画

古典绘画有三种基本类型：Langse、Iders-iders和日历。Langse是为宫殿或寺庙所作的巨大装饰挂画，上面展现了wayang角色（与皮影戏中所用的人物类似），多是华丽的花朵图案和火山喷发的主题。Iders-iders是挂在寺庙屋檐下的卷轴画。日历则和从前一样，被用来确定仪式的日期和预示未来。

与传统的舞蹈和皮影戏一样，Langse画以同样的方式向普通人传达传统风俗。人物被风格化，以表现善与恶，类似罗摩衍那和阿朱那这样的浪漫主义英雄，通常拥有又小又窄的眼睛和其他美好特征，而恶魔和战士则具有圆圆的眼睛、粗鄙的外形和丛生的毛发。此类绘画用一系列画板来讲述一个故事，颇像连环画，一般都描绘了《罗摩衍那》和《摩诃婆罗多》中的场景。其他主题有Kakawins诗歌，以及来自巴厘岛民间传说中的恶神——比如克隆孔（塞马拉普拉）的司法大厅（Kertha Gosa）的天花板上便绘有此物。

Pita Maha

如果想要查找关于艺术、文化和巴厘岛作家、舞蹈家和音乐家的书目，请登录乌布一家出色的书店的网站www.ganeshabooksbali.com（该书店在萨努尔设有分店）。

20世纪30年代时，因为来自寺庙的作画委托极少，巴厘岛的绘画濒临消失。欧洲艺术家鲁道夫·邦尼（Rudolf Bonnet）和沃尔特·史毕斯（Walter Spies），与他们的赞助人Cokorda Gede Agung Surapati一起，创造了Pita Maha（意即“伟大的生命力”），把绘画从以宗教仪式为基础的创作转变为一种商业活动。这个合作组织在20世纪30年代的鼎盛时期拥有100多名会员，并催生了第一家致力于展示巴厘岛艺术的博物馆，即乌布的画宫博物馆（见175页）。

邦尼和史毕斯激发的改变是革命性的。比如像后期的I Gusti Nyoman Lempad、I Wayan Ketig、I Ketut Regig和Gus Made这样的巴厘艺术家开始探索他们自己的风格。叙述性的故事被单一场景所取代，具有浪漫色彩的传奇被日常的生活所取代：丰收、市场、斗鸡、在神庙或葬礼上的供品，成为新的绘画元素，被人们称为乌布风格的绘画。

同时，来自巴都安的画家保留了古典画的许多特征。他们也描绘日常生活，不过跨越了许多场景——市场、舞蹈和收割稻米可以同时出现在一幅作品当中。这种巴都安风格还因包含了一些非常现代的元素而知名，例如，点缀有显眼的帆板运动员的海景。

绘画技巧也发生了改变。现代的绘画颜料和材料得到使用，僵硬正规的姿势被逼真的3D展示所取代。更重要的是，绘画不再仅被用来装饰宫殿或者寺庙。

从某种程度上说，原先的风格并没有改变——巴厘岛绘画仍旧注重细节。比如，在一幅以巴厘岛森林为主题的画作中，每个小小空隙都被枝干、叶子和动物园的生物填得满满的。

这种新的艺术热情被“二战”和印度尼西亚的独立斗争所打断，并且再也没有发生任何改变，直至“年轻艺术家”风格的出现。

年轻艺术家

1956年，阿里·斯米特住在乌布附近的Penestanan，他注意到一个11岁的男孩在污泥里画画，他想知道假如这个孩子有合适的绘画工具，能创作出怎样的作品。正如传说中那样，直到斯米特付钱请人来照看这家人的鸭群，男孩的父亲才答应让他开始绘画。

其他“年轻艺术家”很快和那个孩子I Nyoman Cakra一起开始画画，斯米特并没有积极地教授怎样绘画，只是提供给他们绘画工具，并加以鼓励，以释放他们强大的天赋。如今，这种以鲜艳的人工色彩绘成的乡村风景画，是巴厘岛旅游艺术品的一个主打产品。

I Nyoman Cakra仍然生活在Penestanan，至今还在画画，并非常乐于承认，他的一切全是斯米特带来的。其他“年轻艺术家”包括I Ketut Tagen、I Nyoman Tjarka和I Nyoman Mujung。

当今巴厘岛艺术家

众多巴厘岛艺术家的作品正在受到国际认可，大多是以社会公正以及对现代价值观的质疑为主题。但是，作为出自巴厘人的作品，这些画作都透露着狡黠的智慧，向观赏者传递着某些信息。一些值得注意的名字有：

Nyoman Masriadi 出生于吉亚尼亚尔的Masriadi是当今巴厘岛画家群体中当之无愧的明星，其作品的价格甚至高达百万美元。他以对当下印度尼西亚社会的敏锐观察、深厚的现代绘画功底和深刻的主题而声名远扬。

Made Djirna 来自相对富裕的旅游小镇乌布，其作品有着深刻的背景，抨击了炫耀财富和现代巴厘岛宗教仪式之间的关系。

Agung Mangu Putra 这位来自乌布西部绿色山野的画家，在被巴厘岛不均衡的经济发展所抛弃的岛屿人群中寻找灵感。他公开谴责经济发展对自然世界造成的负面影响。

Wayan Sudarna Putra 这位土生土长的乌布画家擅长在作品中使用讽刺和荒诞手法，用跨媒介的方式提出当前印度尼西亚生活和价值观中存在的谬误。

Ketut Sana 乌布附近Keliki村的居民，在年轻时就师从知名艺术家Gusti Nyoman Sudara Lempad和Wayan Gerudug。他的印象主义艺术生涯也正是从临摹这些画家的作品开始的。

Gede Suanda Sayur 他的作品表现了巴厘岛环境的毁坏所呈现出的阴郁的色调。他加入Putra，在靠近乌布的一片稻田中设立画室，高高的白色立柱上写着“不予出售”。

手艺人在制作蜡染

其他风格

从6月中旬到7月中旬，在登巴萨举行的巴厘岛艺术节（www.baliartsfestival.com）期间将会有成千上万的巴厘人闪亮登场。这是吸引岛上艺术家和观众们齐聚一堂的盛大活动。

在主流的乌布和年轻艺术家绘画风格之外，还有一些其他风格。例如，从20世纪60年代开始流行的Pengosekan风格，包括了森林、花朵、蝴蝶、鸟儿等自然主题。这也许可以追溯到对沃尔特·史毕斯具有深远影响的亨利·卢梭（Henri Rousseau）身上。充满五彩缤纷的鱼儿、珊瑚和海洋生物的水下场景画的出现，是这种风格的一种有趣发展。非常畅销的微缩风景画是介于Pengosekan和乌布风格之间的绘画形式。

新绘画工艺还带来了巴厘岛和印度神话中让达、巴龙、神猴哈努曼等角色的全新版本。民间传说和故事中的场景也出现了，它们以舞者、仙女和爱情故事为主，带有一丝含蓄的情欲色彩。

工艺品

该地区集结了印度尼西亚各地的手工艺品。一家上档次的旅游商店会出售来自爪哇的木偶和蜡染，来自松巴岛、松巴哇（Sumbawa）和弗洛勒斯岛（Flores）的扎染衣饰，以及来自巴厘岛、龙目岛与加里曼丹岛的纺织品和木雕。对一个巴厘家庭来说非常重要的匕首通常都是在爪哇制作的。

对于从来都不太富裕的龙目岛，传统的手工艺品大多为实用物品，但是其制造工艺非常纯熟，成品也十分美观。篮子是龙目岛手工编制品中较精美的物品，它和陶器都受到收藏者的青睐。

纺织品和编织品

在这里，宗教典礼的织物都由妇女手工制作而成，有时也用作礼品。

它们通常是婚丧嫁娶中不可或缺之物。在火葬中，它们与死者的灵魂一起度往来生。

蜡染（Batik）

传统的蜡染印花纱笼产于爪哇中部，由纯手工制成，是介于棉布纱笼和正式的kamben之间的一种布料。巴厘人对其印染过程进行了改良，生产出了色彩明亮、带有图案的织物。小心不要买到丝网印刷的“蜡染”。因为所谓丝网印刷的“蜡染”，它的颜色一洗便掉，而且通常只有一面印有图案（正宗的蜡染两面都有颜色，这点反映了“身体应当感觉到眼睛所见之物”的信仰）。

扎染（Ikat）

扎染包含在布料织成前的经纱（拉在织布机上的线）或纬纱（横穿过经纱的线）染色的过程。扎染成品图案为几何形状并有轻微的波状起伏。典型的染色工序以相似的色调为原则：蓝色和绿色，红色和棕色，或者黄色、红色和橘色。巴厘岛东部的吉亚尼亚尔有一些工厂，在那里你可以观看在一台手脚操纵的织布机上编织、扎染纱笼的过程。织完一件纱笼大约需要6个小时。

巴厘岛

纱笼布是巴厘岛最常见的布料，它可以用来做衣服、床单或毛巾等物品。素色或印花的便宜棉布在日常生活中常被用到，也用来制作深受游客欢迎的海滩装。

在特殊场合中，比如神庙祭典，巴厘岛的男人和女人们用一长条songket布料做成的kamben裹住上身。songket是用银线或金线通过浮纬编织技术，手工编织而成的布料，而endek（与songket类似，不过用的是预先染色的纬纱）则是另一种纺织品。男人用衬衫、女人用kebaya（长袖花边上衣）搭配kamben。最后单独再用一条叫作kain（印有一种金叶图案的叫作prada）的细长布条，像皮带一样紧紧绑在纱笼外面臀部的位置。

龙目岛

龙目岛以运用背带织布机进行传统纺织而远近闻名。这种技术一般由母亲传给女儿。在这种精致的布料上不时可以看到抽象的花朵以及水牛、龙、鳄鱼和蛇等动物主题装饰。一些村庄专门从事织布，而另外一些则擅长用藤条（rotan）或草绳编织精美的篮子和席垫。你可以到Cakranegara和马塔兰附近的工厂参观工人们用古老的手脚操纵织布机进行纬编扎染。

Sukarara和Pringgasela是传统扎染和songket布的纺织中心。小商店里有纱笼、Sasak腰带和边缘绣有鲜艳图案的衣服出售。

松巴岛

东松巴人的扎染技术十分精湛，据说也是印尼最棒的扎染。天然染料仍然是编织者的首选，然后他们会将制作的商品出售给巴厘岛和其他地方懂行的收藏家。接地气的橙红色来自kombu树根和loba树叶，浓烈的蓝色则源自wura（靛蓝）树叶。在岛上，东部能看到比西部更多的精彩图案和天然染料。其中一些图案包括部落之间的战争和前殖民地村庄的生活场景，另外一些则描绘了有象征性的动物和神话里的生物。

漫画杂志*Bog Bog*是由一位巴厘岛漫画家创作的，以讽刺和幽默的方式探究巴厘岛现代和传统世界之间的强烈反差。在小摊（warung）、书店和超市都可以买到，也可在www.facebook.com/bogbogcartoon在线阅览。

供品

传统上说，巴厘岛许多精致的手工艺品都是无法保存的典礼供品：baten tegeh（由水果、米糕和花朵装饰而成的金字塔）、整个仪式场景到处都是极具象征意义的米面混合饼干和小雕塑、lamak（用棕榈叶编织起来的长条，用作节庆装饰物）、被称为cili的有艺术效果的女性雕像（是稻米女神Dewi Sri的表现形式），以及精细雕刻的椰子壳墙壁挂饰。

游客在巴厘岛也许非常享受被当作尊贵的客人而受到的欢迎，但是，神灵、祖先、守护神和魔鬼才是真正的贵宾。人们每天都会向他们呈上这些供品，以表示尊敬和感激，也可能是为了贿赂魔鬼，让它不要危害人间。那些巨大的出殡塔和式样奇特的棺材最终将会在烈焰中化为灰烬，令人不得不对花费在其中的巨大心力感叹不已。

献给地位较高者的礼物看起来必须有吸引力，所以每样供品都是一件艺术品。最常见的供品是一个比茶碟稍大的棕榈叶托盘，上面放有鲜花、食物（主要是米，附带一些现代的零食，如乐之饼干或单独包装的棒棒糖）和小额零钱，最上面是一个saiban（神庙或神龛供品）。越是重要的神龛和场合，越需要精致的供品，其中可能包括baten tegeh（由水果和糕点组成的五彩高塔），甚至是煮熟可吃的整只动物，例如巴厘岛远近闻名的烤乳猪。

供品一旦献给了神灵，便不能被再次使用，所以人们每天都得准备新的供品，这通常是妇女的工作。在市场上你会看到很多便于搭配组合的供品出售，就像你会在国内的超市里找到速食晚餐一样。

献给神的供品被放在高处，给恶魔的放在地上。踩到这些东西时不要担心，因为它们到处都是，但不要故意去踩。事实上，在库塔的Bemo Corner，供品被放在路中间的神龛上，迅速被来来往往的汽车压平。在全岛各地，对饼干情有独钟的狗总是在新鲜的供品附近转悠。人们相信神灵或恶魔立刻就会吸取供品的精华，所以这些狗真正得到的，不过是残羹冷炙罢了。

传统而言，扎染布料制作的服装一般只在仪式时穿着。大约一个世纪前，只有松巴最高等级的贵族和他们的私人随从才能制作或穿着。荷兰人打破了松巴岛王室垄断扎染布料的局面，并且打开了外销市场，同时也促进了产量的提升。到19世纪末，扎染已经成为荷兰民族志学家和博物馆的热门藏品；在20世纪20年代，游客们已经发现了非传统设计，例如荷兰纹章上的狮子和来自中国的龙等。

木雕

巴厘岛木雕从门与门柱、宗教形象和戏剧面具等传统用具演变为风格广泛的现代作品。乌布以北的德格拉朗和Jati是知名的木雕中心，从马斯出发，经过Peliatan的这条路线上，在任何一家纪念品商店里都能找到木雕。

据说，沃尔特·史毕斯曾给一个木雕师傅一块长长的木头，并委托他雕刻出两个雕像。这个木雕师傅无法把这块木头分成两块，于是他在上面雕了一个单独的形象，一个高挑、苗条的舞者。此后，便出现了那种刻有一个纤细、修长人物形象的木雕样式。

其他典型作品包括经典的宗教形象、动物漫画、与实物大小一样的人类骷髅、画框，以及刻成可畏的“图腾柱”的整棵树干。在库塔，有五花八门的作品以招揽啤酒爱好者：阴茎开瓶器（据说是巴厘岛最畅销的纪念品）和刻有定制标语的吧台招牌。

非营利的Lontar Foundation基金会（www.lontar.org）的工作是将印尼语书籍译为英语。其目的在于让全球各地的大学能够开设印度尼西亚文学课程。

几乎所有的木雕作品都是用当地木材制作的，其中包括速生轻木belalu，以及较坚硬的果树木材，例如菠萝蜜木。来自苏拉威西的乌木也会被采用。带有怡人香气的檀香木较为昂贵，硬度较低，通常用它来雕刻非常精细的小物件，但是要留意泛滥成灾的假冒品。

在龙目岛，雕刻通常用于装饰实用物品，例如装烟草和香料的容器、槟榔粉碎机的把手和小刀的刀柄。材料包括木头、动物的角和骨头，这些材料被用来雕刻最近很流行的物件：原始风格的长面具。Cakranegara、Sindu、Labuapi和Senanti是岛上的雕刻中心。

木制品被转移到较为干燥的环境中便会失去水分。所以，到家后要把木雕放在一个塑料袋内，每个月打开通风一个星期左右，这样持续四个月，才能避免可能出现的萎缩的情况（尤其是你购买的阴茎开瓶器）。

面具用于戏剧和像统培舞这样的舞蹈表演当中，它是木雕的一种特殊形式。面具师傅一般是男性，必须清楚每个表演者的一举一动。只有这样，角色的性格才能准确地再现在面具中。人们相信，这些面具拥有魔力，甚至还有震慑恶灵的威力。

其他一些面具涂有鲜艳的色彩，装有真头发、巨大的牙齿和凸出的双眼，例如巴龙（Barong）和让达（Rangda）。

乌布南部苏卡瓦提附近的Puaya是面具雕刻的中心。你可以参观那里的工坊，欣赏工匠们创造的各种仪式面具。登巴萨的巴厘省国家博物馆（Museum Negeri Propinsi Bali；见125页）收藏有大量的面具。在决定购买之前，不妨先到这里来熟悉一下各种面具的款式。

石雕

石雕传统上用于神庙装饰，现在则是受欢迎的旅游纪念品。其品种范围广泛，有素馨花浮雕，也有展现巴厘岛式幽默的古怪装饰品：举着一片叶子当伞的青蛙，或者钟磬边上将手举到耳朵上握紧并做鬼脸的古怪恶魔。

在寺庙里，你在一些固定的地点可以看到不同的石雕。门卫一般是类似阿朱那（Arjuna）这样的保护神。正门上方通常是kala那张向外凝视的

KRIS：圣刀

kris是巴厘岛传统的仪式性匕首，通常由一个镶满珠宝的华丽刀柄和一片气势汹汹的波状刀刃组成，可追溯到满者伯夷（Majapahit）时期。作为声望与荣誉象征的kris通常是最重要的传家宝，是一件高档的艺术作品。人们相信名家工匠所制的kris具有伟大的神力，会发出具有魔法的能量波，因此对待和使用它的时候需要格外小心。很多拥有者只会用巴厘岛东部Sungai Pakerisan河的河水清洗刀具，因为这条河被认为是具有魔力的“kris之河”。

巴厘岛男性互评的方式就是“让我看看你的kris”。刀片的尺寸、所拥有的数量、刀柄的质量和艺术价值等是评判一个男性及其kris的依据。刀柄与刀片分开评判。只要一位男子的财力允许，他将会提升其收藏刀具的刀柄档次。但是kris本身是神圣的，你经常可以看到展示的kris旁放置着供品。刀刃上的波纹（称为lok）具有很多含义，它总是奇数的，比如3，代表激情。

登巴萨的巴厘省国家博物馆（见125页）拥有丰富的kris馆藏。

理查德·曼恩(Richard Mann)在2006年所著的《巴厘岛的财富》(*Treasures of Bali*)是一本精美的巴厘岛博物馆插图版指南。书中列出了通常会被团队游忽视的大大小小的博物馆。

可怕的脸，他伸出双手，以捕捉恶灵。在pura dalem（死者之庙）侧墙的雕刻石板则展现了作恶者死后，等待着他们的种种恐怖惩罚。

巴厘岛最古老的石雕作品之一，是描绘人们逃离大怪兽来到所谓的“象窟”（Goa Gajah）内的场景，据说其年代可追溯到11世纪。这个石雕的名字来自洞里形似大象的神灵雕像加里沙（Ganesha）。在巴厘岛东部沿着公路穿过Muncan，你会看到一些位于路边的工厂，工人在露天雕刻巨大的寺庙装饰品。

当地许多作品都是在巴杜布兰（Batubulan）由被称为paras的灰色火山岩制成，它硬度较低，用指甲就可以在上面刮出痕迹（传说巨人Kebo Iwa便是这样创造象窟的）。

珠宝

金银匠传统上属于pande种姓，这个种姓还有铁匠和其他匠人。巴厘岛是时尚珠宝的主要产地，出产设计样式最时尚的珠宝。

精致的金银饰品是一种巴厘岛特产，使用小银点来构建图案或装饰纹路也是巴厘岛的特色——这被认为是一种极为高超的技巧，因为必须对其热度进行完美的控制，以焊接易断的金属线或银点，从而突出银饰而不毁坏设计。巴厘岛工艺几乎全靠手工，很少使用铸模工艺。

通过将巴厘岛传统银饰设计和其自身创新相结合，侨民约翰·哈代（John Hardy）建造了一个价值上亿美元的首饰帝国，随后他卖掉公司，转而投身修建竹制建筑。在乌布，尤其是Jl Hanoman街上段，有无数颇具创意的银饰商店。

建筑

设计是巴厘岛精神传承的一部分，这种传承使得传统房屋、寺庙乃至层出不穷的度假酒店等现代建筑呈现如今的面貌。巴厘岛风格永不过时，无论是上百年的老建筑，或是新建的时尚别墅，绝不故步自封。巴厘岛是世界闻名的采用竹子等可再生材料进行建筑建造的地点之一。

建筑和生活

建筑是生者和死者之间的桥梁，可供奉神灵，辟邪驱魔，更不用说可以遮风挡雨了。它既是精神上的支撑，又不失实用的功能，既神秘莫测，又如此美丽，巴厘岛的建筑因自身的渊源而独具顽强的生命力。

在这座岛屿上，宗教的影响根深蒂固，文化礼仪亦留下深深的烙印，任何设计的首要理念无不体现出对祖先和乡村神灵的崇敬。这就意味着，每块土地最神圣的位置（东北角）都用于修建村庙，每个家庭的相同角落都用于供奉家庙。这一切的努力都是为了营造一种舒适而愉悦的气氛，吸引神灵们来到巴厘岛的祭祀场所。

巴厘岛的民居处处体现出美丽、和谐、古老的智慧和实实在在的功能，这样的住所绝不会体现出对金钱的向往。即使越来越多种植稻米的农民把祖传的土地出售给外国人用于开发别墅，他们也会把家所在的地方保留下来。

家庭宅院中的各种露天凉亭是接待访客的地方。通常情况下，主人会提供饮品和一小块蛋糕，并进行长达一小时或更久的友好闲聊，然后双方再谈正事。

维持宇宙秩序

一个村庄、一座庙宇、一所民居、一栋单独的建筑，甚至于建筑的单个部分，全都必须遵守巴厘人的宇宙秩序。巴厘人认为宇宙由三个部分组成，代表着三种宇宙世界——swah（神的世界）、bhwah（人类世界）和bhur（恶魔的世界）。还代表着人体的三个组成部分：utama（头部）、madia（身体）和nista（腿部）。传统建筑中的度量单位是直接以户主的身体尺寸为基础的，从而确保了住宅与住户之间的和谐。

设计历来就由一名undagi负责，这是一个身兼建筑师和祭司双重身份的角色——在实现三方和谐（Tri Hita Karana）的理念下，力求保证神灵、人和自然三者的和谐。如果稍有闪失，宇宙就会失去平衡，无尽的灾难和病患就会降临到自己的社区。

以茅草亭为基础的建筑

巴厘岛建筑的基本元素是一种长方形的敞开式亭子（bale），带有很大坡度的茅草顶。家庭宅院或是寺庙都会包括数处具备特定功能的独立茅草亭，四周都环绕着高墙。茅草亭的大小和比例、圆柱的数量以及在庭

乌鲁瓦图寺（见152页）

院中的方位都是根据传统和主人的地位来确定的。

社区的核心是一座大大的凉亭，称为bale banjar，用于开会、辩论、练习加麦兰（传统管弦乐）以及举行其他活动。你会发现，大型的现代建筑，如餐馆以及度假村的大堂区域常常是按照规模更大一些的凉亭的标准建造的，并且这些地方都很宽敞、通风，布置得相当匀称漂亮。

家庭院落

巴厘岛的房屋向里建造，外面通常是高高的围墙，院内有一座花园和功能各异的小型独立建筑或茅草亭，分别是厨房、洗漱间和厕所以及单独的几间卧室。在巴厘岛温和的热带气候中，人们生活在户外，所以"起居室"和"餐厅"将会是开放的阳台区，俯瞰着花园。整个建筑的朝向为面向山脉或海洋（kaja-kelod）。

巴厘岛传统宅院的大门昭示着这家人的富足程度。大门可以非常朴素——简单的茅草顶位于石头或夯土门框之上；也可以相对显赫，如厚实的砖砌门框并装饰有精美的石雕，还带有铺着瓦片的斜顶。

类似于人的身体，院落也分为头部（设有祖先神龛的家庙）、手臂（卧室和生活区）、腿部和足部（厨房和谷仓），甚至还有一个肛门（垃圾坑或猪圈）。房屋宅院外面可能还有一块区域，用于种植果树或养猪。

传统的家庭宅院还存在一些差异。例如，大门通常都在日落一侧（kuah），偶尔也会在背山面海（kelod）一侧，但永远不会放在日出（kangin）或面向山脉（kaja）一侧。

传统的巴厘岛家庭宅院遍布岛上的每个区域，乌布的住房比较集中，是参观巴厘岛民居的绝佳之地。其中很多家庭都欢迎游客到访。乌布南边，可以在Singapadu来一次Nyoman Suaka Home住宅的深度游。

寺庙

巴厘岛的每个村庄都有几座寺庙，每个家庭都至少会有一个简单的家庙。在巴厘语中，pura一词就是指寺庙，这是个梵语词汇，其字面意思是“四周围绕着高墙的空间”。与巴厘岛传统家宅类似，寺庙是建筑，也是高墙。所以你在稻田中或诸如古树之类的“有魔力”的地方所见到的神龛并不是真正的寺庙。这些简单的神龛或神座常常俯视着十字路口，以保护路人。

所有的寺庙都是按照山脉—大海的走向建造的，而非南北走向。寺庙

典型的家庭宅院

以下是家庭宅院中常见的部分。虽然存在一些变化，但设计上却是惊人的相似，特别是整个巴厘岛，共有几千座这样的宅院。

Sanggah或Merajan 家庙，通常位于庭院的kaja-kangin（面向山脉—日出）角落。还会有供奉印度教三位“神”梵天（Brahma）、湿婆（Shiva）和毗湿奴（Vishnu）以及供奉神媒塔克苏（taksu）的神龛。

Umah Meten 一家之主睡觉用的茅草亭。

Tugu 院落中的辟邪之神的神龛，但位于远端的kaja-kuah（面向山脉—日落）角落，使恶魔首领成为自己的保护神，来驱赶其他的恶魔。

Pengijeng 在宅院的空地上放一个小神龛，用来供奉家宅保护神。

Bale Tiang Sanga 专门招待客人的茅草亭，也称为“bale duah”。从字面上理解，即“家庭活动室”，作为聚会、工作的场所，或作为年幼的儿子未组建自己家庭之前与家人居住的临时居所。

Natah 种有赤素馨花或芙蓉树的庭院，总能看见一些啄食的小鸡，笼子里还会关着一两只斗鸡。

Bale Sakenam或Bale Dangin 用于工作和休息的茅草亭，或许还被用作举办重要的家庭仪式。

果树和椰子树 既有实际的用途，也起到装饰作用。果树常常与开花树（如芙蓉）种在一起，树枝上挂着鸟笼。

菜园 面积不大，通常只栽种几个品种，如不适合在大片土地上栽种的柠檬草。

Bale Sakepat 儿童睡觉的茅草亭，并非必要。

Paon 厨房，通常位于南面，与火神梵天方位一致。

Lumbung 谷仓，是珍贵的谷物和稻米女神Dewi Sri的领土。地基高起，让爱吃稻米的害虫接触不到。

水稻脱粒区 对于农民而言，是非常重要的一个区域，可以在此准备烹饪或储备稻米。

Aling Aling 屏风，客人必须向左或向右转个大弯。这样可保证过路人无法窥知家庭的隐私，又可以抵御魔鬼，因为巴厘人认为魔鬼不会转弯。

Candi Kurung 带顶的大门，好似劈成两半的高山或宝塔。

Apit Lawang或Pelinggah 门龛，不断地接受供奉，以提升阻挡邪魔的能力。

猪圈或垃圾坑 总是位于kangin-kelod（日出—背山）的角落，是收集垃圾的地方。

典型寺庙元素

在巴厘岛，庙与庙之间各不相同。类型、大小、重要性、富有程度、修建目的等，带来了千差万别的寺庙样式，但它们也有共同的主题和元素。当你参观每座寺庙时，都可以参照本指南，看看你能找出多少处设计元素。

Candi Bentar 有着复杂雕刻的寺庙大门，好似从中间劈成两半的宝塔，象征着你正进入一个神圣的地方。大门气势恢宏，两边各有一个供日常进出的侧门。

Kulkul Tower 警报鼓楼，当要发布事件或警告危险时，寺庙的人会敲打上面的木制裂鼓（kulkul）。

Bale 一个草亭，通常侧边是敞开的，供临时使用或用作仓库。它可能包括一个bale gong，那里是节日期间加麦兰乐队进行表演的地方；或是一个paon，即临时厨房，是准备供品的地方；或是一个wantilan，即舞者或斗鸡的舞台。

Kori Agung或Paduraksa 内院的入口处，是一个有着复杂雕刻的石塔。通过塔中部的台阶进入内院，正门在节日期间敞开。

Raksa或Dwarapala 坚定捍卫者的塑像，保护着大门并击退恶魔。门上是Bhoma同样坚定的脸庞，伸出双手来对付各种邪魔鬼怪。

Aling Aling 如果恶魔通过了大门，那么大门后面的这面矮墙会将其困住，因为恶魔会发现在狭小的空间转弯是如此困难（家庭宅院中也能见到）。

侧门（Betelan） 大部分时间里（除了仪式举行期间），要走侧门才能进入内院，这个门总是开着的。

小神龛（Gedong） 通常包括供奉Ngrurah Alit和Ngrurah Gede的神龛，这两位神灵负责让事物井井有条，并且确保供奉正确的供品。

Padma Stone 太阳神Surya的王座，安置在最为吉祥的kaja-kangin（山脉—日出的方向）角落。王座安放于badawang（世界龟）背上。这只龟被两条那伽（naga，印度教中的蛇神）缠绕。

Meru 一个多重顶神龛。通常是一座盖有十一重屋顶的meru供奉着桑扬威迪（Sanghyang Widi），这是巴厘岛至高无上的神灵，而一座三重屋顶的神龛则供奉着圣山阿贡火山（Gunung Agung）。不过，神龛可以含有任何奇数级的台阶，具体取决于要供奉的神的地位等级。黑色的茅草屋顶是用糖棕榈叶制成的，非常昂贵。

小神龛（Gedong） 在庭院的kaja（山脉方向）一端，可能设有一个供奉圣山巴都尔火山（Gunung Batur）的神龛、向巴厘岛最早一批印度教定居者（Majapahit）致意的Maospahit神龛，以及供奉神媒塔克苏（taksu）的神龛。出神的舞者或巫师被认为可以传递神的赐福。

Bale Piasan 开放式茅草亭，用于展示寺庙贡品。

Gedong Pesimpangan 一种石头建筑，用来供奉村庄创建者或某位当地神灵。

Paruman或Pepelik 内院中的开放式茅草亭，众神聚集于此，共同观看寺庙节庆典礼。

的最深处朝向山脉，称为kaja，在那里能找到最神圣的神龛；寺庙的大门面向大海，称为kelod；日出（kangin）的神圣性大于日落（kuah），所以次等重要的神龛位于日出一侧。kaja可能指面向某个特定的山脉——巴厘岛东部地区的百沙基母庙直接面向阿贡火山（Gunung Agung），或面向巴厘岛上任何一座东西走向的山脉。

寺庙类型

在大多数村庄里，都能见到三种基本类型的寺庙。最重要的是起源之庙（pura puseh），是献给村庄建立者的，并且建在村庄kaja（山脉方向）一端。村庙（pura desa）位于村庄中部，供奉的是在日常生活中保护村庄社区的众神灵。在村庄的kelod（大海）一端是死者之庙（pura dalem）。墓地也建在这里，并且寺庙中供奉有杜尔迦女神（Durga）像，她是印度教中湿婆神妻子帕尔瓦蒂（Parvati）的可怕化身。湿婆和帕尔瓦蒂都体现着创造和破坏的两面性，死者之庙供奉的是他们的破坏力。

其他的寺庙类型还包括供奉灌溉农业之神的寺庙。因为稻米种植对于巴厘人而言极为重要，而灌溉用水的分配需要格外小心，这些苏巴克庙（pura subak或pura ulun suwi，稻米种植者协会之庙）非常重要。其他寺庙可能也会供奉旱地农业以及灌水稻田之神。

从荷兰殖民时期起，耐磨的陶瓦就已经被用作传统的屋顶材料了。现在，各种形式的茅草或竹子屋顶的设计，在大多数传统住宅和仪式场地上延续至今。

除了这些“本土”寺庙之外，还有数量较少的大寺庙。通常一个王国会按照最顶级的寺庙排位建造三座大寺庙：位于该国心脏地带的国庙[例如巴厘岛西部地区孟威的塔曼阿尤寺（Pura Taman Ayun）]、山神庙[例如巴厘岛东部地区的百沙基母庙（Pura Besakih）]和海神庙[例如巴厘岛南部地区的乌鲁瓦图寺（Pura Luhur Ulu Watu）]。

巴厘岛的每个家庭都有自己的家庙，位于庭院的kaja-kangin（山脉—日出方向）角落，并且至少供奉有五座神龛。

寺庙装饰

巴厘岛上的寺庙与其装饰密切相关。寺庙大门并非只是竖立在那里那么简单。大门上见缝插针地雕刻有各种饰纹，上面还有一排由大到小的恶魔的脸庞用于保护。但这还不够，还得有几尊石像立在门口充当守卫。寺庙内部的装饰情况各不相同。有时，一座寺庙仅会进行最简单的布置，资金充裕后再添置更多的塑像。那些塑像也有可能过了几年才进行装饰，由于塑像所用石头质地较软，有些塑像经年日久就会发生变化，热带气候会使所用石头迅速老化（看上去有百年历史的“古庙”可能才建立不到十年）。如果资金允许，寺庙会对塑像进行修缮或更换。如果你在某些寺庙中的古老石刻旁，看到崭新的塑像，千万不要惊讶。

在最令人惊讶的地方寻找木头雕成的大鹏金翅鸟（Garuda，印度教大神毗湿奴的坐骑）——悬挂在亭椽中、柱基上，差不多任何地方都有。

巴厘岛寺庙中的雕塑摆放颇有讲究。庙门守卫通常是传奇人物阿朱那或其他传说中的保护神，排列在大门两侧。在寺庙大门上方，通常是kala向外张望的怪脸，有时还是多张脸孔同时排列，他的手从头两侧伸出，仿佛随时准备捉拿那些蠢蠢欲动，妄图溜进寺庙的妖魔鬼怪。

寺庙设计

虽然看起来，巴厘岛北部和南部地区的寺庙建筑颇为相似，但二者之间还是存在明显的不同。南部地区寺庙的内院通常会有一些多重顶神龛（meru）外加其他结构；而在北部地区，所有神龛都集中在单一基座上。在基座上你能看见招待下凡神灵的“房屋”，这些“房屋”还被用来存放宗教纪念品。

在巴厘岛，雕塑和绘画曾经只用作寺庙的建筑装饰。现在，雕塑和绘画已经发展成了一种独立的艺术形式，影响着巴厘岛的方方面面。而寺庙艺术和神龛建筑仍像从前一样充满活力：每个月都有500多座各种尺寸的寺庙和神龛出现。

最佳寺庙游览

超过10,000座寺庙分布在巴厘岛各处——从悬崖顶部和海滩边到火山旁，常常是些值得体验的美丽的地方。以下寺庙尤其值得一游。

指示方位的寺庙

一些寺庙具有非常重要的地位，因此它们属于整个巴厘岛而非某个特定社区。岛上共有9座指示方位的寺庙(kahyangan jagat)，以下是其中3座：

巴都考寺（Pura Luhur Batukau；见268页）巴厘岛最重要的寺庙之一，神奇地矗立在巴都考火山（Gunung Batukau）云遮雾掩的山坡上。

乌鲁瓦图寺（Pura Luhur Ulu Watu；见152页）重要程度从其受欢迎程度中可见一斑，在这里能将印度洋的美景尽收眼底，并能欣赏到日落舞蹈表演，还可以看见猴子。

蝙蝠寺（Pura Goa Lawah；见232页）来这座位于悬崖边的寺庙看看巴厘岛的蝙蝠洞，里面有很多有翅膀的动物。

海神庙

16世纪的时候，具有传奇色彩的尼拉塔祭司修建了一系列供奉海神的寺庙。每座海神庙都在下一座神庙的视线范围内，其中一些还建在了位置绝佳的南部海岸上，包括以下一座：

海神庙（Pura Tanah Lot；见295页）从早上就能感受到这里的神圣，薄暮时分会有大量游客来此观看日落。

其他重要寺庙

有些寺庙因其地理位置、宗教职能或建筑本身而显得特别重要。下面这些值得一游：

Pura Maduwe Karang（见274页）位于北部海岸的一座农业寺庙，因其栩栩如生的浮雕而出名，其中一个浮雕中的人物可能是巴厘岛第一个骑自行车的人。

Pura Pusering Jagad（见191页）培金最出名的寺庙之一，可追溯到14世纪繁荣昌盛的帝国时期。这里有一个很大的铜鼓，就是从那个时期流传下来的。

塔曼阿尤寺（Pura Taman Ayun；见297页）这个占地宽广、气势恢宏的国庙是孟威（Mengwi）王国的杰作，并被联合国教科文组织提名为世界文化遗产。

圣泉寺（Pura Tirta Empul；见213页）这个美丽的寺庙位于坦帕克西林，其中的圣泉发现于962年，这里还有位于Sungai Pakerisan河源头处的浴池。

巴厘岛风格的起源

当你入住一间谷仓（lumbung）设计风格的酒店时，你就真正进入了一个名副其实的地方——二楼意味着空气不流通，而且非常热！

旅游业的兴起让巴厘岛建筑得到了前所未有的曝光，每位旅行者似乎都想带回点儿岛上旅行生活的片断。登巴萨的许多店铺都出售可拆卸的茅草亭，装运到遥远的目的地。登巴萨的家具作坊和乌布附近的手工艺村正忙着制作装饰品销往海内外市场。

这种狂热的现象始于20世纪70年代初，当时澳大利亚艺术家唐纳德·弗兰德（Donald Friend）与出生在印尼万鸦老的Wija Waworuntu建立合作关系，后者10年前就在萨努尔海滩建造了Tandjung Sari。他们的指导原则是设计传统乡村风格的酒店，而非西式的多层建筑。于是他们将两位建筑师介绍到了巴厘岛：澳大利亚人彼得·穆勒（Peter Muller）以及已经过世的斯里兰卡人杰弗里·巴瓦（Geoffrey Bawa），他们对传统建筑进行改良，以西方的标准加入了一些奢华的风格，以迎合游客的需求。

不久以后，所谓“巴厘岛风格”（Bali Style）的设计理念诞生。此后，该术语用于表达穆勒和巴瓦敏感、低调的手法，即将文化置于风格之上，尊重传统原则和匠人，使用当地可再生的材料和年代久远的工艺。如今，由于大众市场的发展，原先的定义已然变得模糊。

当代酒店设计

几个世纪以来，外来人员，如祭司尼拉塔（Nirartha），是巴厘岛神话和传说中必不可少的部分。如今，源源不断的游客给巴厘人宁静平和的世界观造成了一定冲击，并且无形中影响了岛上传统的建筑风格。这些钱包鼓鼓的游客本身并没有（过多）改变岛上的信仰体系，但是却改变了巴厘岛的外观。

巴厘岛和龙目岛上的大部分酒店设计风格非常注重实用性，或者加入了传统设计元素。但岛上一些精美的酒店则采用了极具灵感的大胆设计。其中一些知名的案例包括：

Tandjung Sari（见138页）位于萨努尔，是Wija Waworuntu巴厘岛海滩精品酒店的经典原型。

安缦达利（见195页）位于乌布附近，是建筑师彼得·穆勒的巅峰之作，穆勒还设计了两座Oberoi酒店。这些建筑采用了巴厘岛传统的材料、工艺和施工技术，以及巴厘岛设计原理，向世界展示了对巴厘岛文化的尊重。

Oberoi（见89页）位于水明漾，是巴厘岛上第一家豪华酒店，出自穆勒之手，可谓是休闲版的巴厘岛乡村。bale agung（村庄礼堂）和bale banjar构成了公共区域的主体。

Oberoi Lombok（见320页）龙目岛最豪华、同时也是风格最传统的时尚酒店。

Hotel Tugu Bali（见106页）长谷的这家酒店很好地诠释了时光的飞逝以及巴厘岛本土建材的快速老化，让住客感受到一种“愉悦的沧桑”。

20世纪60年代，政府规定：任何建筑的高度都不得超过椰子树，因为当时10层高的巴厘岛海滩酒店（Bali Beach Hotel）引起了人们巨大的恐慌。但是，随着南部地区地价的节节攀升以及建筑法规实施不力，这一“规定”面临越来越多的挑战。

竹子的力量

在巴厘岛，采用竹子为原料的大教堂无处不在。在东部和西部密集的热带雨林中，挺拔的翠竹让人眼前一亮。如今，作为世界上储量最大的可再生资源，竹子正被用来建造与众不同的建筑，其曲线设计让人拍案叫绝。

当今的竹子建材革命应归功于著名的珠宝商约翰·哈代。2007年，他用竹子建造了Green School（见218页），这是具有革命性的创举。人们只要看一眼其精彩绝伦的桥梁，就能从中获得灵感。从那时起，巴厘岛的建筑中开始大量使用竹子，包括以下这些漂亮的建筑：

Fivelements（见217页）一家康养度假村，就在Green School不远处。

Power of Now Oasis（见135页）位于萨努尔的一家吸引眼球的海滩瑜伽工作室。

Hai Bar & Grill（见168页）位于努萨兰彭坎的一家海滩酒吧。

Sardine（见98页）广受赞誉的餐厅，位于克罗博坎自家的稻田中。

Finns Beach Club（见112页）长谷附近一家高端海滩休闲吧和餐厅。

四季度假酒店（见195页）位于乌布附近，是一件让人拍案叫绝的空中雕塑，巨大的椭圆形荷花池坐落在底部结构之上，看起来像是壮观的河谷内坐落的一座饱经风霜的传奇废墟。

Alila Villas Uluwatu（见155页）位于巴厘岛最南部，其设计为巧妙的当代风格，采光和通风情况都很好，并给人一种极度奢华的感觉。酒店坐落在其自己种植的稻田之间，先进的绿色建筑理念展露无遗。

Katamama（见97页）这座夜店兼酒店是一处让旁边的Potato Head相形见绌的大胆建筑。但是，这里的细节更加豪华且富有艺术气息。其设计出自印尼艺术家Andra Martin之手，是爪哇砖、巴厘岛石和其他本土材料的集大成者。

龙目岛建筑

传统的法则和习俗对龙目岛建筑有着深远的影响。必须在一个选定的日子方可施工，通常是奇数日，并且必须在那天完成建筑的整个框架。如果将任何重要的结构性作业留到第二天来完成，则会带来霉运。

在库塔附近的Rembitan和Sade，有几个传统但别致的萨萨克村。

传统的萨萨克村的布局都有四面围墙。共有三种基本的建筑类型：beruga（侧边敞开的凉亭）、bale tani（住宅）和lumbung（谷仓）。beruga和bale tani都是长方形的，带有矮墙和陡峭的茅草屋顶，当然beruga的面积要大得多。bale tani是在夯实的泥土基座上用竹子搭建的，一般都没有窗户，并且房间布局也相对固定。前面有一个serambi（开放式游廊），一楼和二楼各有一间房间——一间是厨房兼待客室，另一间则用来睡觉和储物。

环境

该地区拥有丰富多样的自然环境。火山、海滩和珊瑚礁只是最为显眼的特征。与此相对应的还有各种生物，从稻田里的鸭子到世界珍稀鸟类。但是，游客数量的猛增意味着对其独特环境的威胁也日益增大。不过，游客仍可以通过一些举手之劳来减少自己对环境的影响。

地形

巴厘岛是一座小岛，位于构成印度尼西亚群岛的一连串岛屿中，与人口最稠密的爪哇岛为邻。同时，巴厘岛也紧邻构成努沙登加拉（Nusa Tenggara）群岛的一连串更小的岛屿西侧，这些小岛中就包括龙目岛和吉利群岛。

巴厘岛极为引人注目：山脉上散布着一串活火山，其中矗立着几座高达2000米左右的山峰。巴厘岛的耕地位于中部山区的南北两侧。南部地区是一片宽广、平缓的山坡区域，印尼大部分稻米都产于此处。北部沿海地带则较为狭窄，地势迅速上升至中央山脉的丘陵地带。这里雨水较少，但种植着咖啡、椰子和稻谷，并饲养着各种牲畜。巴厘岛有形状各异、不同特点、五彩缤纷的沙滩。从不为人知的小海湾到壮观无比的大海浪，从孤独的海岸到欢乐的派对，从珍珠白到亮闪黑，各有特色。

巴厘岛土地贫瘠、人口稀少的区域包括西部山区、阿贡火山东部和东北部的斜坡。珀尼达岛（Nusa Penida）非常干燥，不适宜全面种植稻米作物。布科半岛（Bukit Peninsula）也比较干燥，但随着旅游业的蓬勃发展，这里的人口日益增多。

印度尼西亚生态旅游中心（Indonesian Ecotourism Centre；www.indecon.or.id）致力于推动负责任的旅游事业。Bali Fokus（www.balifokus.asia）在巴厘岛开展以循环利用为目标的可持续发展社区项目。

火山

该地区火山运动活跃，土壤也极为肥沃。这两者同心协力，互相促进。火山的喷发为岛屿带来异常肥沃的土壤，高山则保证了相当可靠的降水，灌溉了巴厘岛复杂而异常美丽的水稻梯田。当然，火山也带来了灾难。巴厘岛遭受过数次火山喷发，导致损失惨重，其中最严重的当属1963年，海拔高度3142米的“母亲山”阿贡火山突然爆发，造成2000人殒命。2017年和2018年也发生了规模较小的爆发。相对较低的巴都尔火山（Gunung Batur；海拔1717米）也是一座从湖中直冲云霄的活火山，而这座湖本身就坐落在一座巨大的火山口内。

动植物

从地质上来说，巴厘岛还相当年轻，许多生物都是从其他地方迁移而来的，真正的本土野生动物极为罕见。不难想象，在巴厘岛南部人口众多、极为肥沃的土地上，整齐有序的稻田得到如此精耕细作，使之看上去更像人工雕刻的工艺品，而非自然景观。

实际上，稻田不足岛屿地表面积的20%，其他不同环境的区域比比皆是：西北部、东北端和南部半岛有干燥的灌木林；河谷中是一片片浓密的丛林；岛上还有大片的竹林；在更高的海拔上则是裸露岩石的荒芜火山区和火山凝灰岩。

动物

野生动物

巴厘岛拥有数量巨大的蜥蜴，它们的形状和大小各不相同。小蜥蜴（当地用其声音将其命名为cecak）会在晚上聚在灯光旁，等待自投罗网的昆虫，这样的场景屡见不鲜。壁虎是一种蜥蜴，常常可以听到它的叫声，但很少能看到它的身影。它那节奏固定、分为两个部分的叫声“geck-oh”成为夜间的背景噪声，很多游客很快就会乐在其中。

巴厘岛有300多种鸟类，只有巴厘长冠八哥才是岛上真正的原产品种。最为常见的还是色彩斑斓的鸟类，比如长着橙色条纹的画眉、各种各样的白鹭、翠鸟、鹦鹉、猫头鹰以及许多其他品种。

巴厘岛上小狗的生活处境以及它们在岛上日常生活中发挥的的重要作用，被制片人Lawrence Blair和Dean Allan Tolhurst记录在《巴厘岛：小狗之岛》（*Bali: Island of the Dogs*；2010年）中。

巴厘岛唯一的自然保护区是西巴厘岛国家公园（Taman Nasional Bali Barat），这里有许多野生动物，其中包括灰猴和黑猴（在山区、乌布和巴厘岛东部也可以见到）、麂鹿（muncak）、松鼠、蝙蝠和鬣蜥。

巴厘岛八哥

巴厘岛八哥（Bali Starling），也被称为巴厘岛家八哥（Bali myna）、罗斯柴尔德鹩哥（Rothschild’s mynah），本地称呼则是jalak putih。它

负责任的旅行

以负责任的态度游览印尼的最佳方式，就是力求将对当地环境的影响降到最低，充分尊重当地的水土以及多样化的文化。

注意用水方式 印尼大部分地区的水资源都处于供不应求的状态——即使是在巴厘岛这样绿意盎然的地方。接受酒店的节水倡议，无须每天清洗床单和毛巾。另外，在高级酒店里也可以放弃私人按摩泳池或根本不用泳池。

不要使用塑料瓶 Aqua（Danone公司旗下当地顶级的品牌瓶装水）瓶装水喝起来很方便，但是会产生垃圾。每年都会有无数这样的瓶子被丢弃，从而对环境造成很大的影响。由于直接喝自来水也并非明智的选择，不妨问一下酒店，是否可以从装饮用水的大容器中装水。一些商家已经开始推出这项服务。

支持具有环保意识的商家 在印度尼西亚，致力于良好环保行为的商家数量正在迅速增加。

节约用电 记得随手关灯和空调。

购物时带上包 拒绝塑料袋，并对塑料吸管说不。

还动物以自由 不要与圈养的海豚共泳，不要骑大象，也不要观看动物为人类进行的娱乐表演；这些人与动物的互动被动物福利专家认定有损动物健康。也不要试图驯养、投喂或与野生动物互动，因为这将扰乱它们的自然行为并使它们生病。

华莱士线

19世纪的自然学家阿尔弗雷德·华莱士爵士（Sir Alfred Wallace; 1822~1913年）观察到巴厘岛和龙目岛动物种群存在着显著的差异——其差异程度与非洲和南美洲之间的区别不相上下。特别值得注意的是，巴厘岛的东部并不存在大型动物（象、犀牛、老虎等），也基本没有食肉动物。据他推测，在冰河时代，当海平面较低时，动物就从现在已经是亚洲大陆的地方通过陆地迁移到巴厘岛，但较深的龙目岛海峡一直都是一个障碍。他在巴厘岛和龙目岛之间划了一条线，他认为这条线是亚洲和澳大利亚的生物分界线。

植物并不存在这样明显的分界，但存在着一个渐变的过程，从占优势的亚洲雨林品种过渡到澳大利亚植物占统治地位的状态，如桉树和金合欢，它们更适于生活在旱季较长的地方。这与随着向爪哇的东部移动，降雨也随之逐渐减少有关。环境的差异——其中包括天然植被，如今为动物种类的分布提供了更加合理的解释，这要比仅仅局限于“原始迁移说”的华莱士理论更有说服力。

是巴厘岛绝无仅有的地方性的鸟类（也有不同观点——其他地方也近在咫尺，谁又能说得清是否绝无仅有？）。它通体雪白，翼尖和尾端为黑色，头部为亮蓝色。天生姣好的容貌导致这种鸟濒临灭绝。野生巴厘岛八哥的数量据估计已不到100只。但是，家养的数量却是成百上千。

在乌布附近，巴厘岛飞禽公园（见217页）的大鸟舍中可以看到巴厘岛八哥。这座公园是将鸟儿重新放归山林的重要支持者之一。放归山林项目包括一个由非政府组织国家公园之友基金会（见170页）在珀尼达岛开展的哺育项目。

海洋动物

巴厘岛及周边岛屿的沿海海域，拥有丰富多样的珊瑚、海藻、游鱼和其他海洋生物。事实上印尼的整个海域都被划为蝠鲼保护区。浮潜过程中能邂逅大部分海洋生物，但如果想要见识更大的海洋动物，还是选择深潜吧。

海豚

在岛屿的周边水域可以看到海豚。在罗威那（Lovina）附近，海豚已经成为当地的一个旅游热点。不过如果你乘坐快艇在巴厘岛和吉利群岛之间航行，也很可能会看到成群结队的海豚。

鲨鱼

该区域很少接到包括大白鲨在内的大型鲨鱼出没的报告，它们也并未被视为重大威胁。

海龟

绿海龟和玳瑁海龟都生活在巴厘岛周围的水域。按理说，这些物种应当得到禁止任何形式的海龟制品贸易的国际法律的保护。

不过，绿海龟肉（penyu）在巴厘岛是一种非常受欢迎的传统食品，是巴厘人宴会上不可或缺的菜肴。巴厘岛是全球屠杀绿海龟情况最严重的地方——没有确切的数据可以提供，不过在1999年估计每年有超过三万只海龟遭此厄运。在像伯诺阿这样的海边小镇，很容易就能在后街小巷中发现这样的交易。

西巴厘岛国家公园是巴厘岛唯一的国家公园。该公园位于巴厘岛最西端，占地190平方公里，外加大量的沿岸红树林和沿岸近海区域，包括潜水胜地门姜岸岛。

不过，情况已经有所改善。尤其是像ProFauna（www.profauna.net）这样的组织，在提升巴厘岛对于海龟和印度尼西亚其他动物的保护方面取得了重大进展。

潜水爱好者和新闻记者组成了一个广泛的联盟，支持SOS海龟宣传运动（www.sos-seaturtles.ch），该运动曝光了巴厘岛上的海龟贸易，还积极参与并曝光了在苏拉威西（Sulawesi）Wakatobi国家公园非法偷猎海龟并贩卖到巴厘岛的行为。这种非法贸易蔓延甚广，而且像毒品贸易一样难以制止。巴厘岛监督宗教活动的机构Hindu Dharma，也为此贡献了一份力量，规定只有在最重要的典礼上才能食用海龟肉。

人们在一只到过巴厘岛的玳瑁海龟身上安装了追踪器，发现它在随后的一年中先后到访了爪哇岛、加里曼丹岛、澳大利亚（珀斯和昆士兰州的大部分地区），然后重返巴厘岛。

一些海龟孵卵地向公众开放，为当地民众提供了不错的海龟保护教育，使人们将海龟视为有生命的生物（而不是加香料的烤肉），但这些机构也存在一些非议，许多环境保护者仍然反对这些避难所保留被捕获的海龟。还有一些孵卵地表面上是为了保护大自然，但实际上却是商业观光场所，丝毫不关心海龟的福利。环保团体建议你不要去游览伯诺阿海岬和萨努尔周边的某些孵卵地。

两个口碑较好的孵卵地是库塔的巴厘岛海龟保协会（见67页）和佩姆德兰（Pemuteran）的Proyek Penyu（见284页）。

在珀尼达岛上，志愿者可以加入Green Lion Bali（见170页）的工作，该组织在这里开展一个海龟孵化项目。

鱼类

在这些岛屿周边潜水时，还会发现许多小型鱼类和珊瑚。大家最喜欢的一站就是巴厘岛的门姜岸（Menjangan）。据说曾有人见过像鲸鲨一样大的鱼类，但是最激动人心的仍然是五彩缤纷的珊瑚群、海绵状生物、花边扇贝等。海星比比皆是，你还很容易就会发现小丑鱼以及其他多姿多彩的水下生物。

植物

树木

岛上大部分土地都用于耕种。就像巴厘岛大多数事物一样，树木也具有精神和宗教意义，经常可以看到树木被饰以丝巾和黑白格子的布料（poleng，代表心灵能量的布料），表明其神圣的地位。菩提树（waringin）是最为神圣的树种，所有重要的寺庙都会在其范围内，至少栽种一棵这种庄严的大树。菩提树树冠如盖，树荫浓密，充满了异国风情：卷须从树枝上垂落下来，变成根，长出新树。Jepun（素馨花或plumeria树）也随处可见，开着白色的花朵，花形美丽，芳香扑鼻。

Periplus于1999年出版的《巴厘岛的植物和动物》（*Balinese Flora & Fauna*），介绍了你在旅途中会遇到的动植物，是一本简洁而优美的图画指南。关于稻田的生态专题非常引人入胜。

巴厘岛的森林覆盖面积达到127,000公顷，包括原始森林、林场以及林木茂盛的山村。雕刻旅游纪念品和烹调燃料的需求引起盗伐，加上经济开发，从总体来看，森林总是持续面临威胁。

巴厘岛属于季风气候，而非热带雨林气候。由于不会常年降雨，因此缺乏价值不菲的雨林硬木。几乎所有用于雕刻家具和高端工艺品的木料都得从苏门答腊和加里曼丹运到岛上。

许多植物具有较高的实用价值和经济价值。竹子（tiing）有几个品种，用途广泛，如烤肉用的竹签以及新潮前卫的度假酒店等。

花卉和花园

巴厘岛的花园让人流连忘返。土壤和气候条件利于无数种植物的生长，而巴厘人对美丽事物的喜好以及丰富的廉价劳动力意味着，每个地方都可以被美化为景观。景观通常不拘一格，有时小道会曲曲折折，栽培着各种各样的植物，通常依傍水景。谁不会为繁花似锦的素馨花树着迷呢？

在巴厘岛几乎可以找到任何种类的花，不过有些花具有季节性，有些花则限于较冷的山区。其中的许多花为旅行者熟知——芙蓉、九重葛、一品红、夹竹桃、茉莉、荷花和紫菀，这些在南部旅游区最为常见。

不太常见的花包括：爪哇仙丹花（soka，angsoka），灿烂的红橙色花朵围成一簇；黄兰（cempaka），木兰家族中最为芳香的一类；黄蝴蝶属凤凰树开出的艳丽花朵；manori（maduri），具有多种传统用途；空心菜（kangkung），叶子通常可做绿色蔬菜。另外还有数千种兰花。

巴厘岛的气候条件使其在短短几年时间里就可以让花园看起来很成熟，包括高耸入云的遮阴大树。巴厘岛上观赏植物的好地方包括巴厘岛植物园（Bali Botanical Garden；见264页）、巴厘岛兰花园（Bali Orchid Garden；见134页）以及许多苗圃（萨努尔以北以及通往登巴萨的路上）。

尽管面临缺水、别墅建设和稻田面积损失等不利因素，巴厘岛的大米产量还是在2015年达到创纪录的853,710吨（有详细记录）。岛屿大米的消耗量为455,000吨，使巴厘岛成为大米出口地。

环境问题

巴厘岛

快速增长的人口、有限的资源、游客数量日益增长所带来的压力，加上缺位甚至根本没有的环保法规，意味着巴厘岛面临着巨大的威胁。巴

种植水稻

巴厘岛的稻谷种植深刻影响到巴厘岛的社会景观——在社区生活中，种植稻谷所需的复杂的组织结构，在其中扮演着重要角色。稻谷种植也改变着环境景观——稻谷梯田沿山而下，很像给巨人预备的台阶，颜色在金色、棕色、绿色和更多的绿色之间变化万千。一些稻田可追溯到1000年前，甚至更早。

负责用水权和灌溉问题的村庄协会苏巴克（Subak）精心使用所有的地表水。稻田是一个完整的生态系统，绝不仅仅是稻谷的安乐窝。清晨，在灌满水的稻田中，经常可以看到养鸭人领着鸭群，为一天的水中生活做着准备。鸭子会寻觅多种害虫，并且留下肥料。

稻田收割后，稻草被焚烧，灌上水，然后用犁铧重新耕作，通常由两只阉牛拉动木制犁铧。当稻田泥土足够疏松，就会隔出一小块角落栽植秧苗。秧苗长到一定大小时，就会被一株一株地移植到更大片的田里。稻谷成长期间，人们就有时间来演奏加麦兰（gamelan）、观看舞蹈或者做些小木雕。最后，村民全体出动收割——这是一段非常艰苦的劳作时间。栽种稻米的限制非常严格，只有男人才能参加，而收获时，则人人出力。

1969年，巴厘岛引入了新的高产稻谷品种。与传统品种相比，可以提前1个月收割，并可抵御许多病害。不过新品种需要更多的肥料和灌溉用水，这使水资源更加紧缺。同时新品种还需要更多的杀虫剂，这导致了青蛙和鳗鱼数量的下降，因为这些物种依赖昆虫才能存活。

虽然大家知道新品种稻米的味道不如传统品种，但新品种如今占据了巴厘岛稻谷产量的90%。为了安抚稻谷神Dewi Sri，一些区域仍在采用传统方法栽种和收割传统稻谷。每块稻田中都有用来祭祀她的庙宇和供品。

近年来，一些农民开始尝试种植有机水稻，你可能会在高档餐厅和好一点的市场发现这些稻米的踪影。

厘岛面临的一些环境问题，原因不在于岛屿本身：气候变暖导致海平面上升，吞噬着海岸和沙滩。

与此同时，巴厘岛快速增长的人口对有限的资源构成了极大的压力。旅游行业吸引来新的定居者，城镇区域和度假地及别墅的迅速蔓延已经开始侵占耕地。具体问题包括：

调查显示，巴厘岛南部酒店入住房间的淡水使用量为每天1000~1500升。相比较而言，当地人每天平均用水需求为120升。

用水 主要问题。通常情况下，高级酒店每间房间每天的用水量在1000~1500升，而不断增加的高尔夫球场——例如，在贫瘠的布科半岛的Pecatu Indah以及杜阿岛等地，进一步加重了本来就非常紧张的水资源的压力。布科半岛南部海岸线上许多新建的度假村也是用水大户。

水污染 另一个主要问题，山区因乱砍滥伐而导致森林退化，巴厘岛居民产生的垃圾缺乏恰当的处理，所有这些都加剧了问题的严重性。在受游客欢迎的地段（如雷吉安的双六海滩），那些汇入大海的溪流污染严重，常常是酒店排出的废水造成的。伯诺阿港南部附近的海岸生长着大片的红树林，正在失去其过滤水的能力，而污水正是从岛上各地区排放而来，其本身正是经济发展的威胁。

空气污染 也很严重，在一条主干道上，跟在喷出浓烟的卡车或公共汽车后面时，你就会深刻地体会到这一点。巴厘岛南部的空气尤为糟糕，从巴厘岛南部山坡上放眼望去，似乎能看到一条棕色的毯子挂在空中，就像20世纪60年代的洛杉矶。

废弃物 真正的问题并非随处可见的塑料袋和塑料水瓶，而是人口增长所带来的废弃物数量的急剧增长——有什么解决办法呢？巴厘岛居民在面对曾经清澈透明的河流中积聚的大量废弃物时，感到束手无策，尤其是塑料制品。

令人欣慰的是，人们已经开始在这种地方种植水稻和其他作物。南部的污水处理项目终于开始在部分地区运行，但商家们因为成本原因对此持抵制态度，拒绝接入管路。

在佩姆德兰，人工礁石培育项目也赢得了普遍赞誉。这是一项非常重要的进展，因为世界自然野生基金会的调查表明，只有不到5%的巴厘岛珊瑚礁处于完全健康的状态。

龙目岛和吉利群岛

在龙目岛上，处于淘金热潮的小镇Sekotong正在出现环境灾难。大型露天矿井中，用汞来开采金矿，从而给曾经古朴的该地区带来了巨大的环境问题。南部的开发项目，尤其是库塔地区海滩周边，通常都会给环境带来巨大且无法评估的影响。

海岸侵蚀是龙目岛和巴厘岛所共同面临的问题。吉利群岛自然也不能幸免。好消息是，吉利群岛附近的礁石得以迅速恢复，因为旅游业的发展促使人们开始思考环保问题并采取相应措施。

生存指南

出行指南

签证

2015年，印度尼西亚政府计划向包括中国在内的五国公民实行免签。在抵达巴厘岛或龙目岛前，你最好提前确认目前所需的手续。如果没有满足入境要求，可能在航班抵达后无法入境。

中国大陆公民可持个人有效期超过6个月的因私护照和往返机票，在雅加达、泗水、棉兰、巴厘岛等国际机场免签直接入境，最多可停留30天。想要停留超过30天的旅行者，需办理落地签，30天签证费35美元，注意准备好零钱，因为找给你的是印尼卢比，汇率非常差。落地签满30天后，最多可申请延期30天，即总共不超过60天。

如果你从未有过出国记录（即俗称的“白本护照”），或经国外其他城市转机，最好提前向**印度尼西亚驻中国大使馆**（☎010-6532 5488；www.kemlu.go.id/beijing；北京市三里屯外交人员办公楼B楼）申请签证。户籍在广东、广西、福建、海南四省区的旅行者也可以到**印度尼西亚驻广州总领事馆**（☎020-8601 8772；广州市流花路120号东方宾馆西楼二层1201—1223室）申请。户籍在上海、浙江、江苏、安徽、江西的旅行者可在**印度尼西亚驻上海总领事馆**（☎021-5240 2321；上海市延安西路2299号上海世贸商城1607—1608室）办理。港澳居民可以咨询**印度尼西亚驻香港领事馆**（☎00852-3651 0200；铜锣湾敬诚街6至8号）。

申请签证材料包括身份证原件与复印件、有效期半年以上的护照原件与复印件、酒店预订单、往返机票、短期签证申请表，以及2张一寸彩色照片。一般3个工作日出签。签证分为30天与60天两种，费用都是315元人民币。60天签证需要印尼移民局的批文，手续冗长而复杂，所以从来没有旅行者申领。去大使馆提前申请，是取得60天签证的唯一途径。

想免去路途奔波之苦，可以打听一下你所在城市的旅行社，大多可以代办印尼旅游签证，淘宝上也有很多店铺提供此项服务。有些代理为了赚取服务费，故意对35岁以下女性、未成年人、学生、无在职证明等提出另加费用的要求，而实际上印尼大使馆对此并没有特殊的规定。

印尼对中国香港、中国澳门、新加坡等国家和地区的公民免签证，停留期30天（不可延长）。其他免签国家和地区可点击**印度尼西亚外交部**（www.deplu.go.id）网站查询。

注意：巴厘岛签证上的停留时间是入境和出境当天各算一天，请计算好日期，否则出境时不但要补交签证费，还要罚款。无论你持何种签证进入巴厘岛或龙目岛，你都会获得一张有效期30天或60天的旅游卡（如果你预先取得60天签证，确定机场的移民局官员发放给你的是60天的旅游卡）。将旅游卡和护照放在一起保管，在离境时需将旅游卡交回。即使签证超期一天，你也会被处以罚款并惹上麻烦。

获取签证非常容易，但是如果希望停留超过30天则十分困难。

签证延期

30天的落地签证可以延期一次（免签证则无法延期）。但是，办理程序非常复杂：

➡ 至少在签证到期前7天去移民局办事处办理。它们通常位于大城市和地区首府。巴厘岛南部最方便的是金巴兰附近的**移民局办事处**（☎0361-935 1038；Jl Raya Taman Jimbaran；⏲周一至周五 8:00~16:00）。

➡ 带上护照、护照复印件和离开印度尼西亚的机票（离境日期必须在签证延期后的有效期内）。

➡ 穿着得体（例如男士要求穿着长裤）。

➡ 支付费用355,000Rp。

➡ 接下来的三到五天里，你也许还要到办事处去两次，采集指纹、拍照并履行其他手续。

如果想省去签证延期过程中的麻烦，可以请签证代理办理，例如巴厘岛上的**ChannelOne**（见84页地图；☎0878 6204 3224；www.channel1.biz；Jl Sunset 100X），会收取一些费用，但可以帮助你解决签证延期的后顾之忧。

签证过期滞留的罚款可能高达每天300,000Rp，而且还会有无法预料的各种麻烦。

社交签证

如果你有其他停留更长时间的理由（例如学习或家庭原因），则可以申请sosial/budaya（社交/文化）签证。首先需要从印尼使领馆获得一张申请表格，然后让某位知名人士或印尼的学校出具介绍信或担保函。签证最初有效期为3个月，但之后可以每次申请延期一个月，最长为6个月。每次申请和延期都需要支付相关费用。

保险

一份涵盖失窃、遗失和医疗等方面的旅行保险是十分必要的。各种保险的政策不尽相同，大部分都可以在线购买；确保你购买的保险包括了印度尼西亚任何地点的快速医疗后送。

盗窃一直是巴厘岛和印尼其他地方的潜在问题，因此要确保你的保险政策覆盖了足够昂贵的物品。许多政策对笔记本电脑和昂贵的照相装备都有限制规定，通常都是按照折旧价值而非替代价值进行赔偿。

关于全球旅行保险，可登录www.lonelyplanet.com/travel-insurance查询。你可以随时在线购买、延期和索赔——即使你已踏上旅程。

在印度尼西亚就医十分昂贵，紧急情况下伤病员转运的费用更是天文数字，建议购买保险。目前国内比较大的境外旅行保险公司有**美亚保险**（☎400 8857 857；aigdirect.com.cn；⏲周一至周五 9:00~17:30）、**中德安联保险**（☎4008883636；www.allianz.com.cn/）以及**平安保险**（☎4008895512；baoxian.pingan.com）等。

货币

印度尼西亚的货币单位是印度尼西亚卢比（Rp）。流通硬币的面值分别为50Rp、100Rp、200Rp、500Rp和1000Rp。纸币面值则为1000Rp（极为少见）、2000Rp、5000Rp、10,000Rp、20,000Rp、50,000Rp和100,000Rp。

自动取款机

巴厘岛各地都有自动取款机。在龙目岛，自动取款机大多位于本岛——较小的近海岛屿（如基利格德）和位置偏僻的村庄则难觅其踪。多数自动取款机都接受非本地的、可在自动取款机取现金的卡，主要的信用卡可预借现金。

➡ 自动取款机取款的汇率通常还不错，但要注意你在国内的银行会不会因此收取高额费用。

➡ 巴厘岛多数自动取款机单笔交易最高取款额是100万至250万卢比。

➡ 自动取款机上都贴有标签，表明该机器可以取到"50,000Rp"或"100,000Rp"（前者在小额交易时更加方便）。

➡ 国内日常使用的银联卡可以在印尼带有银联标志的商户直接使用，刷卡消费可直接以人民币结算，省去一笔货币转换费。付款时请一定向收银员强调走银联（Union Pay）通道。

➡ 印尼境内所有汇丰银行、花旗银行、BCA银行的自动取款机均可用银联卡提取印尼卢比。发卡银行会对银联卡的境外提取现金规定限额（一般为单卡每日累计提取外币等值不超过人民币1万元），并收取一定的手续费，详情请查询银行网站。

➡ 注意印尼的自动取款机大多先吐钞再吐卡，所以不要忘记你的卡。银联在中国境内的服务电话为☎95516，银联卡还提供境外紧急现金支援服务，当银联信用卡持卡人在境外发生紧急情况时，可拨打所在国家的银联服务热线，在核

印尼卢比重定义

印度尼西亚正在制订计划，重新定义印尼卢比，计划将货币后面3个0去除，但是这项政策的实施时机在过去几年一直饱受争议。例如，20,000Rp面值的纸币将成为20Rp的纸币，而新纸币的交换价值仍与现在相同。更改国家货币看来要有非常复杂的流程。

实持卡人身份、获取发卡银行授权之后，可以到服务网点领取一定额度的现金（还款时需额外支付手续费）。印尼银联境外服务电话（☎001-803-442-279，仅支持INDOSAT运营商；007-803-011-0893，仅支持PTTTelkom运营商）。

➡ 卡片信息被盗取是巴厘岛的一个普遍问题——尽量使用银行旁边的取款机，在提现后记得看一看你的账户余额。

信用卡

中档、高端酒店和度假村都可接受信用卡付款。比较昂贵的餐厅和商店也可使用信用卡，但是通常都会收取3%的手续费。

货币兑换

美元目前是最容易兑换的外汇。尽量使用新一些的US$100现钞。

严格遵循以下步骤，以免被黑心的货币兑换商欺骗：

➡ 在线获取最新的货币兑换汇率。要知道，墙内损失墙外补，听上去非常好的汇率，对方一定会设法将损失捞回来，也不要相信无须手续费或佣金的换汇点——天下没有免费的午餐。

➡ 尽量选择银行、机场换汇柜台或规模较大、口碑较好的店面式换汇点，例如库塔中央货币兑换处（www.centralkuta-bali.com），其在巴厘岛南部和乌布都设有分支机构。

➡ 避免到街巷深处的换汇点或可疑的地点换汇（听上去这个道理谁都明白，但每天都有游客这样做）。

➡ 常见的欺骗伎俩包括在计算器上做手脚等熟练的手法、"不小心"误算了汇率，以及在你没数钱之前就把钱递给对方等。

➡ 使用自动取款机取款，可直接获得印尼卢比现钞。

电源

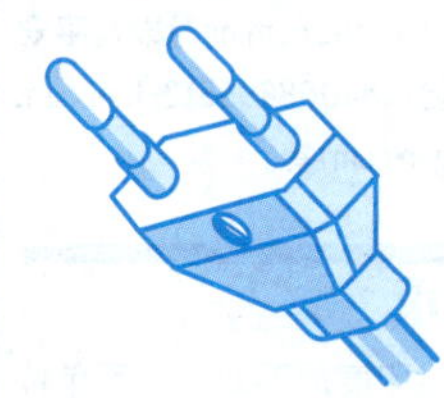

Type C
220V/50Hz

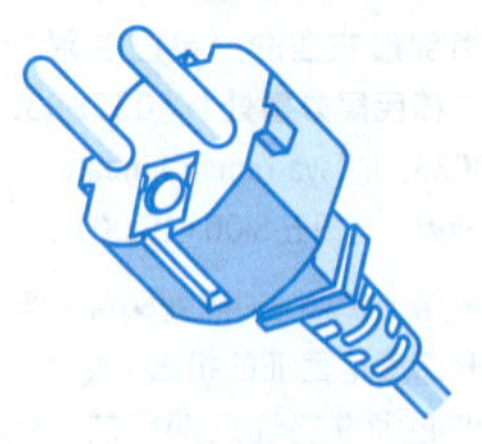

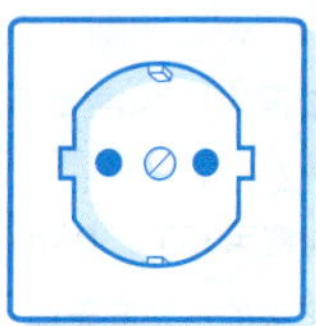

Type F
230V/50Hz

使领馆

外国大使馆都设在印尼首都雅加达。巴厘岛的大多数外国代表处都是代理领事处（或荣誉领事处），无法提供使领馆的全部服务。如果丢失护照，你可能需要前往雅加达的本国使馆。

印度尼西亚驻外国使领馆的情况可在**印度尼西亚外交部**（www.deplu.go.id）网站查询。

中国驻印尼大使馆（领事部☎021-576 1036，领事保护☎081-7983 8410，24小时值班热线☎081-686 5655；id.china-embassy.org；JL. Mega Kuningan No.2, Jakarta Selatan 12950 Indonesia；⏲周一至周五8:30~12:00，14:00~17:00）

中国驻登巴萨总领事馆（☎061-457 1232，值班☎0062-361 239902；http://denpasar.china-consulate.org/chn；Jalan Tukad Badung 8X, Renon, Denpasar Selatan, Kota Denpasar, Bali 80226）

中国驻棉兰总领事馆（☎061-457 1232，值班☎0821-6563 1079；medan.chineseconsulate.org；Jalan Walikota No.9，Medan 20152）

中国驻泗水总领事馆（☎031-567 5825，值班☎081-2301 4285；surabaya.china-consulate.org，surabaya.chineseconsulate.org；Jalan Mayjend，Sungkono Kav.B1/105，Surabaya）

海关条例

印度尼西亚禁止进口的物品包括毒品、军火、新鲜水果以及任何沾染色情的物品。

允许入境的物品包括：

- 200支香烟（或是50支雪茄或100克烟草）
- “适量”的香水
- 1升酒精饮料

携带2块或3块以上冲浪板的冲浪爱好者可能要交一些费用。假如海关官员怀疑你要在印度尼西亚出售其他物品，也会对其征收费用。

印尼对带入的外币没有限制，但是带入或带出的印度尼西亚盾只限于5,000,000Rp。大于此数目需要申报。

旅游信息

乌布游客信息中心（见176页地图；☎0361-973285；www.fabulousubud.com；Jl Raya Ubud；⏰8:00~21:00；📶）可以提供大量关于文化活动的信息。巴厘岛其他地方的游客咨询处用途不大。

一些最好的信息通常集中在面向旅行者与侨居者的免费公告栏和网站上。Facebook上有很多讨论组，但其中一些仅仅是用来发泄不满的。

- **Bali Advertiser**（www.bali-advertiser.biz）有不错的专栏，可为游客提供信息，包括记者卡特·惠勒的“Greenspeak”，以及传奇旅行作家Bill Dalton的“Bali Explorer”。
- **Bali Discovery**（www.bali-discovery.com）Jack Daniels整理的每周在线新闻是了解巴厘岛近期活动的必读文字。
- **The Beat Bali**（http://thebeatbali.com）实用的网站和双周刊刊物，拥有大量娱乐和文化活动介绍。
- **GU Guide**（https://canggu-guide.com）女性创办的网站，介绍长谷的各种新鲜活动。
- **Ubud Now and Then**（http://ubudnowandthen.com）由著名摄影师Rio Helmi和其他杰出人士经营；提供各种乌布相关的资讯和活动，还有遍布巴厘岛各地的文化活动预告。
- **The Yak**（www.theyakmag.com）一本专门服务于水明漾和乌布外国侨民的杂志，内容较为前卫。

营业时间

标准工作时间如下：

- **银行** 周一至周四 8:00~14:00，周五 8:00~12:00，周六 8:00~11:00
- **政府机构** 周一至周四 8:00~15:00，周五 8:00~12:00（但这些并非标准工作时间）
- **邮局** 周一至周五 8:00~14:00；在旅游中心地区，邮局营业时间稍长
- **餐馆和咖啡馆** 每天 8:00~22:00
- **商店和旅游服务机构** 每天 9:00~20:00或更晚

节假日

以下假期适用于印度尼西亚全国。许多日期会根据月相（而不是月份）或宗教日历而变化，因此以下日期都是预计。

Tahun Baru Masehi（新年）1月1日

Tahun Baru Imlek（中国新年）1月底至2月初

Wafat Yesus Kristus（耶稣受难节）3月底或4月初

Hari Buruh（劳动节）5月1日

Hari Waisak（佛祖诞辰、顿悟和涅槃日）5月

Kenaikan Yesus Kristus（耶稣升天日）5月

Hari Proklamasi Kemerdekaan（印度尼西亚独立日）8月17日

Hari Natal（圣诞节）12月25日

巴厘岛的穆斯林群体还有下列伊斯兰教节日。此外，许多印尼人在这些节日期间也会到巴厘岛旅行。节庆日期每年都有所不同。

Isra Miraj Nabi Muhammad（先知穆罕默德升天日）4月前后

Idul Fitri（开斋节，也被称为Lebaran）这个为期两天的全国公共节日标志着斋月的结束；由于过于拥挤，尽量避免在此期间前往巴厘岛旅行。6月前后。

Idul Adha（伊斯兰教宰牲节）9月前后

官方旅行建议

政府的旅行建议一般都是泛泛而谈，且大多是问题发生时政府推卸责任的手段。不过，以下国家还是提供了有用的建议。

澳大利亚（www.smartraveller.gov.au）

加拿大（www.travel.gc.ca）

新西兰（www.safetravel.govt.nz）

英国（www.gov.uk/foreign-travel-advice）

美国（www.travel.state.gov）

Muharram（伊斯兰历新年）9月前后

Maulud Nabi Muhammad（先知穆罕默德诞辰）12月前后

住宿

巴厘岛为各种预算的旅行者都准备了超值的住宿选择。如果打算在8月份或圣诞节期间的旺季出行，需要提前三个月或更久的时间预订房间。

民宿和客栈 巴厘岛的家庭旅馆非常舒适，而且能够让你充分融入当地人的生活。

酒店 巴厘岛的数百家酒店都在热门景点附近，房费物超所值。

度假村 巴厘岛有许多世界一流的度假村，房价在其他地方简直就是超值折扣。你可以住在海滩上或是郁郁葱葱的山谷中。

别墅 逃避尘世喧嚣，享受私人泳池。

预订服务

各种网站如homeaway.com和airbnb.com都有成百上千的巴厘岛别墅和私人住宿可供选择。但是许多列出的物业都没有出租执照，从而使租赁市场不规范，既有好处，也有不利之处。当地订房代理包括：

Bali Discovery（☎0361-286283; www.balidiscovery.com）获取当地酒店折扣的主要渠道（不妨将他们的价格与主流网站进行比较）；同时可预订别墅。

Bali Private Villas（☎0361-844 4344; www.baliprivatevillas.com）代理大量顶级别墅。

Bali Ultimate Villas（☎0851 0057 1658; www.baliultimatevillas.net）一家别墅代理，同时提供婚礼服务。

Lonely Planet（www.lonelyplanet.com/hotels/）推荐和预订。

经济型旅馆

巴厘岛最便宜的住宿点都是一些小地方，设施简单但干净舒适。名称里通常会包括"losmen""homestay""inn"或"pondo"等字眼。很多都是巴厘岛传统的住宅风格。

巴厘岛全岛各处都有这样的经济型旅馆，在价格和标准上也千差万别。旅馆中的配套设施包括：

- 可能有空调
- 可能有热水
- 配备淋浴和马桶的独立卫生间
- 通常有一个泳池
- 简单的早餐
- 无微不至的、热情的工作人员

国际经济型连锁旅舍正以引人注目的姿态进驻巴厘岛南部地区，但需要注意的是，一间价格仅为US$9的小房间在添加了税费以及上网和毛巾等费用后，结账时的价格会猛增至US$40。

中档旅馆

老牌中档宾馆往往建为巴厘岛式的平房，或是位于一座2层建筑中，并带有宽敞的花园和泳池。许多地方还颇具独特的风格，这正是诱人之处，而且很可能让你流连忘返，久久不愿离去。除了在经

住宿价格范围

下列价格范围是指带独立卫生间的双人房价格。除非另行说明，所列价格都包含了各种税费。

$ 低于450,000Rp（低于US$30）

$$ 450,000~1,400,000Rp（US$30~95）

$$$ 超过1,400,000Rp（超过US$95）

订房注意事项

在预订巴厘岛南部旅馆的房间时，一定要注意你预订的酒店的位置。

随着前往巴厘岛的旅客数量呈现爆炸式增长，连锁酒店的数量也在不断增加。自2005年以来，巴厘岛的可入住房间数量已经增加了一倍。库塔、雷吉安、水明漾、克罗博坎和长谷都在大兴土木建造大型酒店，从根本上改变了该地区的特征，尤其是许多家庭经营、价格低廉和气氛良好的小旅馆被排挤出去。

虽然这些大型新兴酒店出现在传统而人气极旺的巴厘岛南部，且不远处就是海滩和夜生活场所，但也有许多距离游客们想要去的地方较远。许多连锁酒店在热闹和冷门的区域都设有分店，因此非常容易将一家酒店的位置弄混淆，尤其是在预订网站上。每个地方的物业代理，都已经习惯用"水明漾"来概称远达登巴萨的旅馆地址。

因此，当你在网站上看到中档房间以40美元大甩卖时，一定要考虑以下因素：

- Jl Legian—Jl Seminyak—Jl Kerobokan一线以西的住所靠近海滩和夜生活场所。
- 连线以东的地方都不方便。周边有趣的地方很少，海滩可能很远，也很难找到出租车。
- Jl Ngurah Rai Bypass和Jl Sunset都是吵闹的主街，缺乏魅力，车水马龙。许多新的连锁酒店身处这些交通混乱的地方。
- Jl Ngurah Rai Bypass和Jl Sunset以东已经深入登巴萨郊区，很难找到出租车，也没有什么让人感兴趣的地方。
- 在连锁酒店新兴地之一的萨努尔，Jl Ngurah Rai Bypass应该是你寻找酒店房间的绝对的西部边缘。
- 只要用心寻找，通常都能在巴厘岛南部的精彩地区找到超值的折扣房间，而且你常常可以找到小型或家庭经营的客栈，它们往往比随处可见的廉价旅馆更有魅力和个性。

济型旅舍中所能见到的设施之外，可能还会有：

- 阳台/门廊/露台
- 卫星电视
- 小冰箱
- 通常有Wi-Fi

请注意，巴厘岛南部出现了数十家中档连锁酒店。房间通常比较狭小，所在地点也非常嘈杂，但是品质一般较为可靠。但是要留意那些远离海滩和夜生活场所的住宿。

高级酒店

巴厘岛的高级酒店和度假村都是世界级的。不但服务优良，而且还可以看到从精装杂志上走进现实中的装饰风格，通常还有下列项目：

- 一流的服务
- 海景、郁郁葱葱的山谷景色和稻田景色或私人花园
- 水疗会所
- 可能有私人泳池
- 让你不想离开

别墅

巴厘岛南部和乌布有许多小别墅，如今正在向东部蔓延。它们通常都坐落在一片稻田之中，仿佛是一夜之间修建起来的。不过，修建别墅在环境、美感和经济方面引起了很大的争议。许多这样的别墅不帮助政府向住客征税，这激起了与之竞争的豪华酒店的愤怒，因此面临被政府关停的危险。

大型别墅适合一大群朋友狂饮游玩，这些别墅通常在长谷很常见。其他别墅的规模都要小一些，也更为私密，或是新开发项目的一部分——这在水明漾和克罗博坎尤为普遍，或与高级酒店有密切联系。在别墅你能见到以下设施：

- 私人花园
- 私人泳池
- 厨房
- 带空调的卧室
- 露天的公共区域

还可能包括：

- 专门为你服务的工作人员（厨师、司机、清洁工）
- 郁郁葱葱的场地
- 私人海滩

在线订房

查看Lonely Planet系列图书作者更多有关住宿地点的评论，请登录http:// lonelyplanet.com/hotels/。你能获得有关住宿的客观独立的评论，以及对于最佳住宿地的推荐。但最棒的是，你可以在线预订。

- 与世隔绝（可能是优点也可能是缺点）

中档别墅的费用从每晚约US$200至每周US$2000不等，再多的话可以自己独享一幢热带房产了。不过经常有折扣，特别是在淡季，几对夫妇合租一栋别墅的话会比较实惠。

有时你还可以选择等待至最后一分钟以省下一点费用。在旺季，一些最好的别墅可能很早之前就被预订一空。

别墅租赁问题

这是一个毫无规则可言的市场。代理们更是良莠不齐。在计划租赁时，必须尽可能弄清楚一切细节。在租赁别墅时必须牢记和问清楚的问题包括：

- 别墅离海滩和商店有多远？
- 是否包含司机或车辆服务？
- 如果有厨师，饮食是否包含在费用内？
- 是否要另外收取电费？
- 是否要另外收取清扫费？
- 是否包含洗衣服务？
- 在规定收取50%押金时，退还条件有哪些？
- 是否有Wi-Fi？是否免费使用？

长期住宿

如果要长期住宿，你可以找到月租金为US$300~1200以上的公寓。相关信息来源包括：

- Facebook讨论群，里面有许多巴厘岛房屋出租讨论群；Bali Rooms for Rent（www.facebook.com/baliroomsforrent）是一个规模较大的群。你还可以试试查找名字如“（城镇名称）Housing”的群。
- Bali Advertiser（www.baliadvertiser.biz）
- 岛上人气较旺的咖啡店的公告牌，例如乌布和Umalas的Bali Bhudda，以及Café Moka在各处的分店。水明漾和乌布的Bintang超市也是不错的信息源。
- 口口相传。告诉你新认识的巴厘岛朋友，你想要租房子；你会发现似乎每个人都知道一些想要把房子租出去的人。

饮食

巴厘岛是一处美食荟萃之地。当地菜肴，无论是纯正的巴厘岛风味或是受印度尼西亚和亚洲其他地区影响的菜肴，都充分利用了当地的新鲜食材，色香味俱全。在路边小餐馆（warung）或顶级餐厅都可享用到这些美味。如果想要感受不同的氛围，不妨在该地区的顶级餐厅中进行选择。

下列价格范围代表了一道主菜或简餐的平均费用。

$ 低于60,000Rp（低于US$4）

$$ 60,000~250,000Rp（US$4~17）

$$$ 超过250,000Rp（超过US$17）

邮政

巴厘岛

每一个稍具规模的小镇都有邮局（kantor pos）。游客中心内还有邮政代理机构，它们的工作时间通常更长，提供邮政服务。通过航空寄送明信片和正常尺寸（如20克以下）的邮件价格非常便宜，就是时间有点长。

从巴厘岛发回中国的邮件所需的时间预计为两周；如果国家写英文，地址写成中文

气候

登巴萨

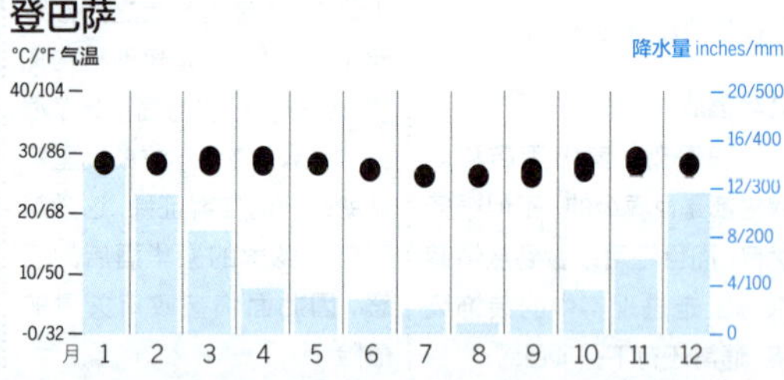

的话邮寄所需时间可能只需一周。从印尼寄明信片回中国的邮资为9000Rp。

对于邮寄超过20克的东西，邮局会收取适当的打包费。虽然物品通常都能收到，但不要通过邮局邮寄任何你害怕丢失的东西。

DHL、联邦快递（Fedex）和UPS等国际快递公司在巴厘岛开展业务，提供稳定、快捷的服务，但价格稍贵。

龙目岛

重要旅游城镇如库塔和圣吉吉都设有邮局，但是吉利群岛除外。与巴厘岛类似，航空邮寄明信片和常见规格的信件比较便宜，但速度很慢。从龙目岛寄出后，邮件需要两到三周才能到达澳大利亚、欧洲或北美。不要邮寄任何你害怕丢失的物品。

电话

国际长途拨打前缀由三个代码构成；试试所有三种。印度尼西亚的手机号码以☎08打头。

印度尼西亚国际区号☎62

国际长途拨打前缀☎001/008/017

手机

中国国内手机可以办理国际漫游，但资费相对较高。精打细算的旅行者会选择购买一张当地SIM卡。SIM卡种类很多，包括IM3、SimPati、Mentari、ProXL等。Telkomsel是印尼主要的电信运营商，旗下的SimPati卡在路边随处可见的售卖店里售价15,000Rp，含10,000Rp的话费。本地通话1000Rp/分，国际通话1200Rp/分（加拨IP代码）。拨打当地电话，需要在号码之前加上地区区号，如库塔的区号是361，罗威那的区号是362。拨打国内电话，需拨:01016（运营商的IP电话代码，不加代码直接拨打会导致国际长途费用成倍增加。）—86（中国国家区号）—区号（021、010等）—电话号码，不加代码的则拨0086（中国国家区号）—区号—电话号码。打完电话后，会有短信告知刚才的通话费用。Telkomsel在机场到达区的免税店前也有SIM卡销售台，你可以根据需要选择不同的套餐，价格也不同。这是最方便的办法，但要确定你不是通过冒牌的销售商以天价购买通话套餐。

➡ 便宜的当地SIM卡（5000Rp起，不含话费）随处都可买到。巴厘岛和龙目岛上的上网速度都能达到3G或者更快。所购买的SIM卡可用于各种手机。

➡ SIM卡都可设置呼叫其他国家的便宜套餐，起步价每分钟US$0.20。

➡ 岛上到处都有电话卡出售，充值十分方便。

➡ 小心要价50,000Rp以上的SIM卡销售商。如果卡中余额不到45,000Rp，那么你就上当受骗了，换个地方。

➡ 上网套餐通常价格为150,000Rp，包含10G数据流量。

➡ 其他电信公司IP电话代码：

Mentari：01016

IM3：01089

➡ 淘宝上也能买到印尼的手机卡，有些店主甚至很贴心地为你开通了适合旅行者的各种套餐。

上网

➡ 咖啡馆、餐厅、酒店和购物中心通常都有免费Wi-Fi。网吧十分鲜见。

➡ 网速一般较快，尤其是在巴厘岛南部、乌布和龙目岛本岛。

➡ 手机上网通常都可实现3G数据网络或更快速度的传输。

时间

巴厘岛属于Waktu Indonesian Tengah或WIT（中部印度尼西亚标准时间）区。巴厘岛与北京都处于东八区，因此没有时差。雅加达的时区比北京晚1个小时，爪哇

错误号码？

巴厘岛的部分固定电话号码（南部和乌布地区区号为0361的固定电话）正在陆续变更。为了适应线路需求增多的状况，现有6位或7位电话号码正在进行升位改造。因此0361-761 xxxx可能会变更为0361-4761 xxxx。新号码升级的计划捉摸不定，但通常在电话拨通后你会先听到印尼语，然后用英语重复，告诉你应当在号码前加拨哪个数字。

实用信息

- 巴厘岛的禁烟令覆盖了大部分旅游设施、市场、商店、餐馆、酒店、出租车等。但事实上，人们的自觉性还有待加强。
- 印度尼西亚采用公制计量单位。

的时区也晚1小时。

厕所

在旅游区的咖啡馆和酒店，厕所普遍安装了坐便器。公共厕所非常少见。

旅行安全

与世界其他地方相比，巴厘岛和龙目岛算是相当安全的。当地贪财的人会引起一些麻烦，但是多数旅行者在自己的国家，会面临更多的危险。有一些关于游客被伤害或杀害的报道，但多数情况下，这些案例其实都是媒体在耸人听闻。

乘船旅行会面临风险，要小心谨慎（见419页）。

对中国旅行者来说，虽然印度尼西亚仍笼罩在排华阴影之下，但华人正在逐渐融入主流社会，训练有素的旅游从业者并不会流露排华情绪。不过旅行者还是应该低调行事，避免与当地人发生冲突，招来不必要的麻烦。

毒品

在巴厘岛和龙目岛发生过非常多高调处理的毒品案件，足以劝诫人们不要涉足任何与毒品相关的活动。哪怕两颗摇头丸或是一丁点儿大麻，都可以带来巨额罚款或是在巴厘岛克罗博坎臭名昭著的监狱中待上几年。如果试图贩卖毒品，那么你可能会搭上自己的性命（记得著名的“巴厘运毒九人帮”吗？）。库塔有很多警察假扮成毒贩。

在吉利群岛的德拉娜安岛，毒品贸易依然屡禁不绝，你会很容易找到冰毒、摇头丸和“致幻蘑菇”等。后者甚至在米诺岛和艾尔岛的咖啡馆里公开打广告。被发现携带或吸食毒品的人可能会被送进监狱或者更糟。

酒精中毒

不要在知名酒吧和度假村之外的地方饮用亚力酒（arak），这种酒是当地人用稻米或棕榈蒸馏发酵后酿制而成的烈性酒。不法商贩会在其中掺入有毒的化学物质，因此经常造成饮酒者伤亡——尤其是在巴厘岛和吉利群岛。

小贩和揽客者

许多旅行者都把小商贩视为巴厘岛（以及龙目岛的旅游区）最大的麻烦。旅行者会被频繁地拦住，被要求购买东西。最糟糕的地方是在库塔的Jl Legian、库塔海滩、巴都尔火山地区和罗威那，还有百沙基母庙和海神庙这些游人如织的寺庙周围。“需要搭车吗？”这样的吆喝不绝于耳。许多揽客者会假装发出并不地道的澳大利亚口音（“Oi! Mate!”）。

可以通过下列方法来躲过这些麻烦：

- 彻底无视揽客者/流动小贩。
- 不要有任何眼神接触。
- 一句礼貌的“tidak”（不）反而会鼓励他们。
- 不要问价或对商品评头论足，除非你真的有兴趣购买。

请记住，他们只是一些为了生计而奔波的人，假如你不想买任何东西，你的彬彬有礼也是浪费他们的时间。

偷窃

暴力犯罪并不常见，但是飞车抢包和手机扒窃、入室盗窃以及车辆被窃的案件时有发生。记得采取适用于任何城市的防范措施。其他预防措施包括：

- 在自动取款机取款后妥善放好现金（不要忘记拿走卡片！）。
- 下海游泳时，不要随意将贵重物品留在沙滩上。
- 贵重物品在前台寄存，或放置在室内保险箱里。

如果你在吉利群岛遭遇盗窃，立即将相关情况告知岛上的村长（kepala desa），他会设法处理；潜水学校的职员会告诉你如何找到他。

以往警察只会偶尔到访吉利群岛，但是2018年地震之后的洗劫事件让他们在3个岛上都设置了警务站。许多人预测未来他们将会在此常驻。

欺诈

你很难将漫天要价等司空见惯的行为归类为欺诈，但是要留意，在巴厘岛的确有人（并不总是巴厘人）试图欺骗你的钱财。

大部分巴厘人都不会欺诈游客，但是其中一些可能会不情愿地卷入其中，遇到欺诈事件时会对旅行者提出警告。因此当你注意到旁边的人突然变得沉默寡言而且焦躁不安，或者一个人说起话来滔滔不绝时，一定要提高警惕。

孤儿院

巴厘岛有许多利用游客善心来赚钱的"假冒"孤儿院。如果你想要捐献任何东西给孤儿院，请仔细在网络上搜索其名声。对于出租车司机带你去的孤儿院尤其要提高警惕。

车辆骗局

当地人（通常两人搭档）发现你的汽车或摩托车存在"严重问题"——冒黑烟、漏机油或汽油、轮毂摇晃或轮胎漏气（其实是一个人在吸引你注意力的同时，另一个人在搞破坏）。无巧不成书，他们总会有一个兄弟/表亲/好友在附近可以提供帮助，然后你就不得不为此支付一大笔令人咂舌的费用。

现金欺诈

许多旅行者都会被货币兑换商的各种花招和有问题的计算器所欺骗。拿到现金后，一定要当着货币兑换商的面至少清点两次，同时不要让他们再接触你点过的现金。避免欺诈的最佳方法是使用银行附设的货币兑换点或自动取款机（但是有些取款机上被不法分子加装了卡片信息读取器，因此取款前一定要仔细检查，在输入取款密码时进行遮挡）。

游泳

库塔海滩和那些北部及南部的海滩拥有壮观的海浪和洋流——一定要在旗帜以内的区域游泳。海滩确实有受过训练的救生员，不过只存在于库塔、雷吉安、水明漾、杜阿岛、萨努尔和圣吉吉（有时）。其他海滩尽管有珊瑚礁保护，但也会遇到危险的洋流。

在珊瑚间游泳时要特别小心，不要在上面行走。珊瑚很锋利，被其割伤很容易感染。另外，你还会破坏脆弱的环境。

水污染也是个问题，尤其是在雨后。游泳时要避开流入海中的溪流，包括双六海滩和水明漾海滩上散发出难闻气味的小溪。库塔附近的海水通常都被建筑工地的污水所污染。

不要尝试依靠游泳来横渡吉利群岛，因为岛屿间可能暗流汹涌。

交通和人行道

除了在巴厘岛驾车遇到的常见的危险以外，游客密集区的路况通常让人头疼，步行者经常会遇到危险。人行道起伏不平，甚至根本没法走，有时摩托车也会呼啸着"借道"人行道。坑坑洼洼的人行道也非常容易让人受伤。晚上出门记得要带上手电筒。

法律事宜

印尼政府打击走私、使用和贩卖毒品的力度非常大，禁毒法令毫不含糊。一旦因涉毒被抓，你在被审判之前将不得不在监狱中待上很长时间，最多长达6个月。在涉及外国人的贩毒案件中，因涉毒被判入狱的刑期可能长达数年，其中包括大麻。一旦被判有罪，可能面临死刑。

赌博行为是非法的（虽然很普遍，特别是斗鸡），色情表演也是违法的。

一般来说，警察不会找你麻烦，除非你开着租来的小汽车或摩托车。

在巴厘岛，所有地区的首府都有警察局。假如你要报案或是去警察局处理其他事务，估计会体验到冗长的办理过程以及甚浓的官僚作风。你应该穿着得体，带上一个印度尼西亚语流利的朋友做翻译，尽量提早到达并尽可能地礼貌。你还可以致电**巴厘岛旅游警察局**（☎0361-224 111）寻求建议。

停止儿童性侵的旅行

印度尼西亚制定了强有力的检举性侵犯当地儿童的法规，并且很多国家也执行治外法，允许对该国公民在境外所犯的无法容忍的罪行进行起诉。

旅行者可以为阻止旅游业中的儿童性侵贡献一分力量，向有关部门报告可疑的行为。你可以主动向印尼警方的**Anti Human Trafficking Unit**（反人口贩卖部门；☎021-721 8098）举报。如果你知道嫌疑人的国籍，也可以直接联系该国驻印尼大使馆。

一些警察通常会期待收受一些贿赂，不管是对一些犯罪行为、行迹不端或交通违规视而不见，还是提供一些他们本应做的服务。通常来说，你付钱越爽快（因为你迟早都要这么做），你就付得越少。旅行者可能会被当场告知要支付“罚款”，旅行者也可以主动支付“罚款”来摆脱这一切。至于多少钱？通常50,000Rp就可以达到很好的效果，警察们不会再傲慢无礼。假如事情看上去太不合理了，那么你可以询问警官的姓名，然后记下来。

残障旅行者

巴厘岛

巴厘岛拥有齐备的游客服务和设施，由于很容易找到合适的设施和相应的住宿，因此非常适合残障旅行者出行。高端酒店和度假村林立的萨努尔（Sanur）、杜阿岛（Nusa Dua）比库塔（Kuta）、雷吉安（Legian）和水明漾（Seminyak）更适合轮椅使用者，虽然后面几个地方也都有无障碍海滩步道，但是路缘往往较高，基本没有路缘坡，无障碍道路维护糟糕，路面（人行道）也极其拥挤，许多地方进出都要通过台阶。不过，随时都有人会乐意提供帮助。

大多数寺庙都只有部分轮椅通道，因为楼梯是每座印度寺庙建造哲学中不可或缺的部分。但是，总会有办法绕开这些楼梯——不妨问问守门人或是当地人。

乌伦达努布拉坦寺（见264页）设有完整的轮椅通道，塔曼阿尤寺（见297页）、乌鲁瓦图寺（见152页）和圣泉寺（见213页）的坡道可通往大部分区域。蒂尔塔冈加水皇宫（Taman Tirta Gangga；见243页）、乌戎水皇宫（Taman Ujung；见242页）和贾蒂卢维水稻梯田（Jatiluwih rice terrace；见269页）的很多地方也都可供轮椅通行，从而使这些地方成为残障旅行者的理想目的地。

Bali One Care（balionecare.com）可安排无障碍交通，同时可提供各种交通工具和医疗设备，以及医护甚至保姆服务。

Bali Beach Wheels（☎877 6508 5812；balibeachwheels.com）这家新成立的公司有三部Hippocampe海滩/全地形轮椅，可按天、周或月出租，从而便于残障旅行者前往海滩和稻田游览。Lonely Planet也有免费的“无障碍旅行”指南可供下载（http://lptravel.to/AccessibleTravel）。

龙目岛

龙目岛还没有做好迎接视力、行动或听力障碍旅行者的准备。在出行前最好向当地专业机构如**Accessible Indonesia**（www.accessibleindonesia.org）或**Bali Access Travel**（www.baliaccesstravel.com）咨询，寻求行程规划等方面的建议。

LGBT+旅行者

巴厘岛

巴厘岛是LGBT旅行者的热门目的地，因为这里对各种游客都很包容。这里有较大规模的同性恋者侨民社区，他们经营的商业设施虽然并非专门面向同性恋旅行者，但对待同性恋旅行者也足够友好。在巴厘岛南部和乌布，情侣们无须担心旁人的异样眼神，不过要记住巴厘人都非常低调。此外，在水明漾中心不乏对同性恋非常友好的夜总会，LGBT人士在巴厘岛没有需要特别回避的方面。

尽管如此，同性恋旅行者在巴厘岛（以及印度尼西亚其他地方）都应与非同性恋旅行者一样注意一些事项，并且避免在公共场合“秀恩爱”。随着这个国家日益趋向宗教保守，同性之间在公共场合有任何形式的亲昵行为都不太明智。

印度尼西亚的男同性恋者被称为homo或gay；女同性恋者则被称为lesbi。

印度尼西亚的异装癖和变性者群体“waria”——这个词源自wanita（女性）和pria（男性）——一直以公开姿态出现在世人眼前；他们的另一个称呼是不太礼貌的“banci”。

伊斯兰团体一直禁止同性恋，但人身攻击较为少见。

GAYa Nusantara（www.gayanusantara.or.id）有一个非常实用的网站，涵盖了大部分当地LGBT主题活动。

巴厘岛的同性恋组织是Gaya Dewata(www.gayadewata.com)。

龙目岛

在龙目岛，LGBT+旅行者应当在公众面前约束自己的行为（这条建议也适用于男女夫妻）。

女性旅行者

巴厘岛

总体而言，巴厘岛对于女性比世界其他很多地方还是要安全很多，只要具有常识并进行自我保护，女性就能安全地独自旅行。（不过在巴厘岛南部地区发生的几起广为报道的袭击事件，提醒人们需要提高警惕。）

龙目岛

按照传统，女性在龙目岛和吉利群岛会得到尊重，但在旅游区，单身女性也可能会遇到麻烦。"向导/花花公子/小白脸"往往会对其纠缠不清，当被忽视和拒绝时，他们会变得带有攻击性。不要穿得太暴露——泳装只能在海滩上穿。两位或更多女性在一起旅行遇到的问题会少一点，有男性陪伴的女性基本不会受到骚扰。

吉利群岛

尽管十分罕见，但确有外国妇女在吉利群岛遭遇性骚扰甚至性侵——最好不要独自步行返回岛上比较偏僻的居所。

语言课程

很多前往巴厘岛的游客都想学习基本的印度尼西亚语。巴厘岛南部和乌布有很多私人辅导教师，他们会在张贴租房启示的地方张贴招生启示。此外，学习印尼语的最佳地点是**印度尼西亚澳大利亚语言基金会**（Indonesia Australia Language Foundation，简称IALF；☎0361-225243；www.ialf.edu；Jl Raya Sesetan 190）。

志愿者服务

在巴厘岛，你有大把的机会可以向其他人伸出援助之手。实用信息来源包括：

➡ **Bali Advertiser**（www.baliadvertiser.biz）查看"Community Info"一栏。

➡ **Bali Spirit**（www.balispirit.com/ngos）在乌布有一些救助流浪狗的组织（见208页）。

当地组织

以下组织需要捐赠物资，通常还招募志愿者。可登录它们的网站查看当前情况。

Amicorp Community Centre（www.amicorpcommunitycentre.com）该组织正在巴厘岛东北部的小村Les建设一个社区中心；这里的团队游和各种项目包括烹饪课程、文化培训、巴厘岛加麦兰和舞蹈培训班等。

Bali Children's Project（www.balichildrensproject.org）致力于资助教育，提供英语和计算机培训。

东巴厘扶贫项目（East Bali Poverty Project；www.eastbalipovertyproject.org）致力于帮助巴厘岛东部山区村庄里的贫困儿童。

国家公园基金会之友（Friends of the National Parks Foundation；www.fnpf.org）在珀尼达岛设有主题为野生动物保护的志愿者项目。

IDEP（Indonesian Development of Education & Permaculture；www.idepfoundation.org）在印尼各地都设有项目，致力于环境保护、灾难重建和社区改进项目。

JED（乡村生态旅行网，Village Ecotourism Network；☎0361-366 9951；www.jed.or.id；团队游US$75~150）组织有口皆碑的村落团队游，有些需要过夜。通常需要志愿者提供服务，并与村民们一起工作。

ROLE Foundation（www.rolefoundation.org）致力于改进巴厘岛贫困社区的生活水平和自立能力；设有环保项目。

巴厘岛微笑基金会（Smile Foundation of Bali；www.senyumbali.org）为面部畸形患者做手术；在乌布经营**Smile Shop**（见182页地图；www.senyumbali.org；Jl Nyuh Kuning；⏲10:00~17:00）来筹措资金。

Yayasan Bumi Sehat（www.bumisehatfoundation.org）经营一家具有国际知名度的小诊所，为乌布的弱势女性提供生育方面的服务，欢迎医疗专业人员来此帮忙。创始人Robin Lim在国际上享有盛誉。

Yayasan Rama Sesana（www.yrsbali.org）致力于改善巴厘岛各地妇女的生育健康状况。

YKIP（www.ykip.org）在2002年爆炸案后建立，管理并资助针对巴厘岛儿童的健康和教育项目。

交通指南

到达和离开

大多数游客都会乘飞机抵达巴厘岛和龙目岛。对于想环游各个岛屿的跳岛游旅行者来说，爪哇东部和巴厘岛之间、巴厘岛和龙目岛之间以及诸多目的地之间都有渡船频繁来往。

机票、租车和团队游可通过lonelyplanet.com/bookings在线预订。

入境

两个主要入境点是巴厘岛努拉·莱伊国际机场（Ngurah Rai International Airport）和龙目岛国际机场（Lombok International Airport）。

需要提醒的是，过海关及办理落地签的时候，有可能会被当地工作人员索要50~100元人民币。我们的建议是拒绝。一般在略作拖延后，他们会放行，但是要注意核对交还给你的护照、签证、出境单等，以免在出境时遇到麻烦。

护照

你的护照要求在抵达印度尼西亚那天起至少有6个月以上的有效期。在通过海关检查前，你需要填写一张入境卡，其中半联需要妥善保存，在离境时交给海关。

飞机

离境税已包含在机票价格中。

巴厘岛

努拉·莱伊国际机场（Ngurah Rai International Airport; http://bali-airport.com）位于库塔南边，是巴厘岛唯一的机场。不过，国际航班有时将目的地称为登巴萨（Denpasar），一些机票预订网站上也称其为巴厘岛。

巴厘岛机场目前的航站楼于2013年投入使用。不幸的是，这里如今问题多多：

- 价格过高的餐饮，即使以机场标准看也是如此。
- 糟糕的布局，迫使离境旅客要在商店之间的狭窄过道上步行很长一段距离。
- 入境和海关前需要排队很久。移民局官员会提供乘客优先办理通关手续服务，收取750,000Rp的不明费用。
- 无法使用的自动扶梯。
- 小贩在到达区为不靠谱的住宿和交通服务招揽生意。

国际航空公司有从澳大利亚和亚洲国家的首都往返巴厘岛的航线。对于直达的洲际航线飞机，目前的跑道并不能够让其起飞和降落。

请注意，国内航空公司从印尼国内各地飞往巴厘岛的航

交通枢纽

努拉·莱伊国际机场 往返诸多国际和国内目的地的航班。

龙目岛国际机场 往返吉隆坡和新加坡的国际航班，以及往返雅加达、登巴萨和其他印尼国内机场的航班。

伯诺阿港（巴厘岛） 印尼国家航运公司往返印尼各地的轮渡都聚集于此。

吉利马努克（巴厘岛西部） 往返爪哇岛的轮渡。

八丹拜（巴厘岛） 往返龙目岛和吉利群岛的轮渡。

气候变化与旅行

任何使用碳基燃料的交通工具都会产生二氧化碳，这是人为导致气候变化的主要原因。现代旅游大多依赖飞机，空中旅行耗费的燃料以每公里人均计算或许比汽车少，但其行驶的距离却远很多。飞机在高空所排放的气体（包括二氧化碳）和颗粒同样对气候变化造成影响。许多网站提供"碳排量计算器"，以便人们估算个人旅行所产生的碳排量，并鼓励人们参与减缓全球变暖的旅行计划，以抵消温室气体排放对环境所造成的影响。Lonely Planet会抵消其所有员工和作者旅行所产生的碳排放影响。

班经常发生变化。

机场的入境手续并不复杂，不过为一整架飞机的旅行者办理入境手续要费些时间；下午到达的话，情况最糟。

在行李领取区，行李员竞相把来客的行李送到海关检查台以及其他地方，据说他们会为此要价高达US$20。如果需要他们帮忙搬运行李，最好事先谈妥价钱。正常的价格是每件10,000Rp。行李推车可以免费使用。

通过海关后，游客会面对无数的团队游运营商、小贩和出租车司机。不要搭理小贩，他们不会提供任何有价值的服务，除了对他们自己。

龙目岛

龙目岛国际机场（www.lombok-airport.co.id）有国际航班往返吉隆坡和新加坡，另有国内航班往返雅加达、登巴萨和其他印尼机场。

从中国出发

中国东方航空（www.ceair.com）有上海、深圳至巴厘岛的直达航班。

中国南方航空（www.csair.com/cn）有广州至雅加达、广州—登巴萨—巴厘岛的航线。

中国国际航空（www.airchina.com.cn）有北京、上海、广州出发前往雅加达的航线。

港龙航空（www.dragonair.com）有昆明、成都至巴厘岛的航班，其中一些在香港转机。

春秋航空（www.china-sss.com）没有直达航班，但从中国国内前往香港、曼谷等转机城市的机票经常有特惠。

Air Asia（亚洲航空；www.airasia.com）设有从雅加达、曼谷、吉隆坡、新加坡、达尔文和珀斯往返巴厘岛的航班。这家廉价航空时常会有提前半年左右的大促销，机票价格有时低至人民币几元钱。没有办法提前那么久做旅行计划？它还会推出最后时段折扣，机票价格优惠幅度也相当给力。建议没事刷刷它的网站。更为方便的是，网上订票接受支付宝付款且不收订票手续费。

China Airlines（中华航空；www.china-airlines.com）设有从台北往返巴厘岛的航班。

Eva Air（长荣航空；www.evaair.com）设有从台北往返巴厘岛的航班。

Garuda Indonesia（印尼鹰航；www.garuda-indonesia.com）设有澳大利亚（达尔文、墨尔本、珀斯和悉尼）、日本、韩国和新加坡以及印尼国内城市往返巴厘岛的航班。国内从北京、广州、上海出发的旅行者可以选择在这家公司购买机票，时常有相当优惠的折扣。

Korean Air（大韩航空；www.koreanair.com）有首尔往返巴厘岛的航班。国内起飞包括北京、上海、广州、武汉、乌鲁木齐、昆明、杭州、沈阳、大连等城市。

Lion Air（雄狮航空；www.lionair.co.id）设有印尼其他城市和新加坡往返巴厘岛的航班。

Malaysia Airlines（马来西亚航空；www.mas.com.my）有吉隆坡往返巴厘岛的航班。有北京、上海、广州至雅加达的航班。

Merpati Airlines（鸽航公司；www.merpati.co.id）开通了许多印尼支线及干线机场往返巴厘岛的航班。

新加坡航空（Singapore Airlines；www.singaporeair.com）每日有航班从新加坡往返巴厘岛。在国内，它经停上海、北京、广州。

Thai Airways International（泰国国际航空；www.thaiair.com）开通曼谷往返巴厘岛的航班。

中国国内主要的查询订购国际机票的网站有：

去哪儿网（flight.qunar.com）非常实用的组合查询站点，不仅能够找到航班信息，还可以横向比较价格。

淘宝旅行（trip.taobao.com）

携程网（flights.ctrip.com/

international）

艺龙网（flight.elong.com）

陆路

前往巴厘岛的任何陆路旅行都要借助轮渡来完成。

长途汽车

从巴厘岛出发，乘坐轮渡的费用包含在众多长途汽车客运公司的票价内，它们大多运营前往爪哇的过夜线路。建议至少提前一天从登巴萨（Ubang）或孟威的旅行社或车站购票。需要特别注意的是，有时机票价格几乎接近长途汽车的票价。

不同汽车客运公司的车票价格大有差异，值得为好的座位多花些钱（车上都有空调）。常见目的地包括日惹（票价350,000Rp，车程20小时）和雅加达（票价500,000Rp，车程24小时）。你还可以从巴厘岛北部的新加拉惹上车。

火车

巴厘岛不通火车，但国家铁路公司通过登巴萨的旅行社销售车票。登巴萨有开往东爪哇省的长途汽车，可以在东爪哇的外南梦（Banyuwangi）换乘开往泗水、日惹和雅加达等地的火车。

票价和车程与长途汽车差不多，但空调火车更为舒适，哪怕是经济车厢。注意：Google Translate对于网站操作非常有帮助。

海路

国家船运公司Pelni（www.pelni.co.id）较为可靠。它在印度尼西亚全境经营班次较少的长途大型船运业务。

在巴厘岛，Pelni的轮渡停靠伯诺阿港。可以在线查询时刻表和费用。你可以在图邦的**Pelni售票处**（见75页地图；☎0623 6175 5855，0361-763963；www.pelni.co.id；Jl Raya Kuta 299；⏲周一至周五8:00~12:00，13:00~16:00，周六8:00~13:00）查询并订票。

你可以乘坐在巴厘岛西部吉利马努克和爪哇岛Ketapang之间往返的轮渡，从巴厘岛前往西边的爪哇，然后乘坐长途汽车前往雅加达。

当地交通

飞机

每天都有固定航班往返于巴厘岛努拉·莱伊国际机场和龙目岛国际机场之间。承运航空公司包括印尼鹰航（Garuda）、Nam Air、Transnusa、Wings Air以及Batik Air等。

自行车

骑着自行车（sepeda）游历岛屿的人与日俱增。许多游客会选择骑车在城镇转悠，或是进行一日游。

旅游区有大量的自行车可供租用，但车况都不敢恭维。可以咨询你住的旅馆哪里可以租到自行车。价格为每天30,000Rp起。

船

快船往返于巴厘岛与龙目岛以及吉利群岛的德拉娜安岛之间。龙目岛和吉利群岛之间也有班轮。

雨季时，轮渡时刻会变得不可靠，恶劣的海况可能导致班轮连续数天停开。在全年其他时间，轮渡服务还算靠谱，但最好能提前确认，并且为行程留足变动时间。

轮渡服务的地区线路如下：

抵离伦巴港（龙目岛）

➡ 八丹拜（巴厘岛）

抵离圣吉吉（西龙目岛）

➡ 吉利群岛

➡ 八丹拜（巴厘岛）

➡ 努萨兰彭坎（巴厘岛）

➡ 萨努尔（巴厘岛）

抵离伦巴港（西龙目岛）

➡ 八丹拜（巴厘岛）

抵离邦萨尔港（北龙目岛）

➡ 吉利群岛

➡ 水明漾（巴厘岛）

➡ 森纳儒（北龙目岛）

抵离吉利群岛

➡ Serangan（巴厘岛）

➡ 八丹拜（巴厘岛）

➡ Jemeluk（巴厘岛）

公共汽车

巴厘岛

长途公共汽车

较大的面包车和标准规格的公共汽车定期往返于长途线路上，尤其是连接登巴萨、新加拉惹和吉利马努克的线路。它们停靠的车站和小巴（bemo）的一样。不过，大多数人都选择骑摩托车，因为长途汽车会让你在车站等很长时间，直到客满才发车。

乘船旅行安全事项

由于安全监管持续缺位，乘船事故时有发生。2016年，两名游客在搭乘快船前往吉利群岛途中因船只爆炸而遇难。

这些船上的工作人员或许只接受过聊胜于无的培训，或许压根没有进行过培训。在曾经发生的一起事故中，船长承认事故发生时他本人惊慌失措，已经不记得当时船上的乘客发生了什么。营救措施远远得不到保证。一个巴厘岛东部的志愿救援小组报告说，他们连无线电都没有。

巴厘岛附近往往风高浪急。虽然这些岛相互都离得很近，彼此相望，但其间的海域水流湍急，一艘小快艇在上面劈波斩浪极不安全。

综上所述，你务必对自身的安全负责，因为没有其他人会顾及你。

船越大越安全 或许要多花半个小时才能到达目的地，但在开阔的海域中，大船要比高驱动力的小快艇安全得多。另外，乘坐小船时，波涛汹涌的海浪和轰鸣的舷外发动机产生的废气也会让你感觉不舒服。避免乘坐运力在30人以下的船只，努萨兰彭坎和珀尼达岛之间的渡船除外。

检查安全装备 确保你所乘坐的船上有救生衣，并且要知道救生衣放置的位置和使用方法。紧急情况下，不要指望惊慌失措的工作人员会将救生衣递给你。另外，要检查救生艇。一些宣传材料上会标明船上带有自动充气的救生艇，但实际上开船的时候为了搭载更多的乘客会将这些救生艇卸下。

避免乘坐超载轮船 一些船上所载的乘客数量大于座位数，并且过道上堆满了行李，以至于船长无法看到对面的船只（这是导致2017年珀尼达岛近海撞船事故的主要原因，该事故造成一死六伤的严重后果）。如果出现此类情况，请不要上船。

寻找出口 船舱内可能只有一个窄窄的出入口，一旦发生事故，乘客只能被困死。坐在开阔的后甲板看起来比较安全，但船只油料爆炸经常导致船只后部的乘客受伤。

不要选择黑船 随着旅游业的发展，当地人用后面装有很多发动机的渔船来载客赚钱，这是酿成灾难的源泉。

不要站在船顶 看上去潇洒自在、乐趣无穷，但当船只撞击涌浪时，旅行者常常会被弹出去，一旦发生此类情况，船上的工作人员或许不知该如何营救。恶劣的海况可能会使乘客成为“落汤鸡”，并损毁他们的行李。

轮渡并不安全 一艘在八丹拜至邦萨尔、龙目岛之间运营的大型车辆渡轮，在2014年发生火灾并沉没。一艘往返巴厘岛吉利马努克和爪哇岛之间的轮渡在2016年倾覆沉没。

运用常识 巴厘岛附近水域的确有不错的船只经营者，但这些经营者常常变化。如果在登船之前，发现任何不妥的地方，就不要乘坐了。可以试试能否退船票，如果不能的话也不要上船，生命诚可贵。

TRANS-SARBAGITA

Trans-Sarbagita（见68页地图；☎0811 385 0900；Jl Imam Bonjol；3000Rp；⏲5:00~21:00）经营带有空调的大型通勤客车，与世界上其他大城市的巴士相差无几。这种车辆更加适合当地人，因为等待时间漫长且无班次表可寻；但是，如果你是往返于下面四条线路，这种交通方式将会非常方便：萨努尔到杜阿岛的支线、登巴萨到金巴兰、塔巴南到班达拉，以及马亨德拉达塔经萨努尔前往Lebih。

旅游大巴

旅游大巴是经济且方便的当地交通方式。你会在主要的游客集散区看到标牌。通常而言，旅游巴士是一辆设有8至20个座位的空调车。服务并不像你雇司机开车那样便捷，车站通常也不在城镇中心，需要换乘摆渡车或出租车。尽管如此，乘坐旅游大巴要比乘坐小巴或公共汽车轻松得多。要注意旅游大巴可能并不提供直达服务——从库塔去八丹拜的车沿途会在乌布停车。

Kura-Kura旅游巴士（见68页地图；☎0361-757070；www.kura2bus.com；Jl Ngurah Rai Bypass, ground fl, DFS Galleria；车票 20,000~80,000Rp，3/7日通票 150,000/250,000Rp；📶）这家极具创新精神的旅游巴士公司由外国侨民经营，线路覆盖了巴厘岛南部和乌布的热门地区。车上有Wi-Fi，运营时间为黎明至黄昏，发车间隔从每20分钟一班到2小时一班不等。可在线或通过手机应用查询时刻表。该公司共设有8条线路，总站位于DFS Galleria免税购物中心。

Perama（☎0361-751170；www.peramatour.com）巴厘岛主要的旅游大巴公司。它的办事处或代理商遍布库塔、萨努尔、乌布、罗威那、八丹拜和赞迪达萨（Candidasa），以及德拉娜安岛和龙目岛的圣吉吉。

龙目岛

马塔兰的**曼达利卡车站**（Mandalika Terminal；Jl Pasar Bertais B8）是经由岛内轮渡前往巴厘岛各大城镇的主要乘车点。如需长途客运服务，需要提前一到两天在客运站或通过旅行社订票。

如果你在早晨8点之前赶到客运站"捡漏"，你需要搭乘线路的班车上可能真的会有空座，但是不要抱太大希望，尤其是在节假日期间。

从巴厘岛的登巴萨有直达客车，经由八丹拜—伦巴港轮渡前往马塔兰的曼达利卡车站，车费为225,000Rp。

游客穿梭巴士

龙目岛的热门游客中心（圣吉吉和库塔）、巴厘岛南部和吉利群岛的大部分游客中心之间都设有游客穿梭巴士。通常都是面包车和公共轮渡的组合。车票可直接预订或请旅行社代购。

小巴（Bemo）

小巴通常是面包车或小货车两侧各放上一排矮座的客货两用车，在非常狭小的空间里可以运载12人。

巴厘岛

小巴曾经是巴厘岛上的主流交通工具。但是随着摩托车拥有率的提高（使用成本通常要低于每日乘坐小巴），这种曾经风光一时的交通工具也日趋凋敝。乘坐小巴前往许多地方既费时也不甚方便。旅行者在巴厘岛乘坐小巴并不常见。

票价

小巴在标准的路线上运营，票价固定（但并没有明文规定）。最低票价为5000Rp。如果上了一辆空无一人的小巴，务必向司机表明，你并不想包车。

车站和路线

大多数城镇至少都有一个车站（terminal bis），是所有形式的公共交通工具共用的。大一点的城镇通常设有多个车站。车站很容易搞混，不过大部分小巴和长途汽车都有标志，如果存在疑问，当地人通常都乐于提供帮助。

从巴厘岛的一个地区去另一个地区，通常需要经过一个或多个车站。例如，乘坐小巴从萨努尔去乌布，就必须先到登巴萨的Kereneng车站，再乘车去巴杜布兰（Batubulan）车站，然后再换乘第三辆小巴去乌布。这样的路线非常迂回曲折，而且颇费时间，因此基本没有旅行者选择这种方式探索巴厘岛。

龙目岛

曼达利卡车站（Mandalika Terminal；Jl Pasar Bertais B8）位于马塔兰中心以东3公里处；在普拉亚、Anyar和Pancor（Selong附近）也有地区级的车站。从龙目岛的一个地方去另一个地方，也可能需要经过一个或多个这样的车站换乘，或者你可以在路边招手乘坐小巴。车站里都写明了固定票价，短途行程通常为5000Rp起步。傍晚时公共交通变得比较稀少，天黑后完全停止。

小汽车和摩托车

租一辆小汽车或摩托车可以打开探索该地区的大门，在归还之前，你也要充分利用所剩下的几分钟。岛上某些时段的驾驶环境令人烦恼，巴厘岛的主要道路交通通常非常糟糕。

大多数人不会为整个行程租用汽车，而是会租用数天来四处漫游。请注意，巴厘岛的租车公司通常不会允许小汽车或摩托车开往龙目岛。

龙目岛上建有平坦的公路，但是当你离开公路时，速度就会大幅下降，尤其是在12月至3月间大雨如注、道路泥泞的季节里。

驾照

小汽车驾驶证

如果计划开车上路，你首先应该拥有"国际驾驶许可证"（International Driving Permit，简称IDP）。如果你已经获得普通驾驶证，你可以到国内主管部门办理国际驾驶许可证。同时需要带上你的普通驾驶证。如果没有国际驾照又被警察拦下的话，任何罚款你都得多付50,000Rp（就算是缴纳罚款，也比申请毫无用处的国际驾驶许可证的成本低三倍，而且省去许多麻烦）。

摩托车驾驶证

如果你在国内已经取得摩托车驾驶证，也得办理国际驾驶许可证，以免遇到不必要的麻烦。否则的话，你需要获得当地执照——这本身就是一种冒险。

根据规定，没有相应执照驾车的话，要罚款2,000,000Rp，摩托车也可能被扣押。私下里，警察可能希望得到不菲的"现场"付款（一般约为50,000Rp），这样你就能继续上路。如果无证驾车发生交通事故，保险公司可能会拒绝赔偿。

想要取得巴厘岛当地摩托车驾照（有效期一年）的话，可前往**登巴萨警察局**（Polresta Denpasar Station; www.polrestadenpasar.org）申请，它位于克罗博坎西北去往登巴萨的路上。带上你的护照、护照复印件（复印有照片的那页即可）和护照尺寸照片。然后按以下步骤进行：

- 不要管大厅里拥挤的人群，那些都是来申请驾照的人。
- 摆出一副求助无门的样子，问身着制服的官员"motocycle license?"（在哪儿办摩托车驾照？）
- 找到办事利索、会说英语的办事人员，支付300,000Rp。
- 参加测试（英语问卷，答案在示例测试卷上可以找到）。
- 现场颁发许可。

当然这里的费用要比大厅里挤着办证多些，但是谁会为这点费用而斤斤计较呢？

燃油

国有公司Pertamina出售汽油（bensin），价格约为每升8000Rp（价格十分便宜，因为政府给予补贴）。巴厘岛有许多加油站。龙目岛的大城镇里都有加油站。摩托车油料通常可在路边摊档购买，装在Absolut伏特加瓶子里。

小汽车

最常见的出租车辆是小型四驱车——这种车紧凑灵便，适合在乡间小道上行进。自动挡在这里闻所未闻。

所有旅游中心的租车处和旅行社都能租车，但是价格近年来涨幅较大。一辆小型四驱车每天的租金约200,000Rp起步，行驶里程数不受限制，保险金额很有限。后续几天的价格要低于首日租赁价格。

没有必要提前预订租车，或是采用旅游套餐等方式预订租车，因为这样做一定比就地租车花费更多。你住的任何地方都可以找到车，街头拉生意的人无处不在。

摩托车

摩托车是当地常见的交通工具——当地人几乎从出生起就习惯于坐在摩托车后座上。你会看见五口之家兴高采烈地骑在一辆摩托车上，因此它也被称为巴厘岛的"小型货车"。租费约为每天60,000Rp，如果按周来租的话，价格更低。租车费用里包括摩托车最低保险，但并不包括任何其他人员或财产的保险。部分摩托车还有存放冲浪板的架子。

租用摩托车前请认真考虑一下。骑摩托车还是很危险的，每年都有旅行者带着伤离开——这里可不是学骑摩托车的地方。骑车时必须佩戴头盔。

保险

租车公司和私人车主通常都会坚持说自己的车辆上过保险，最低保险应当包含在基本租赁协议中——通常摩托车的超额赔付额为US$100，汽车为US$500（即客户需要为任何索赔支付首笔US$100/500的费用）。

仔细检查你的车辆、健康以及旅行保险是否覆盖这些，尤其是当你准备租摩托车之前。

路况

巴厘岛的南部，北至乌布、东达八丹拜以及西至吉利马努克的地区，交通状况极为糟糕。在主要旅游景点"冲锋陷阵”绝对是种挑战，因为公路并不总有路标，而且地图也不靠谱，许多街道都是单行道，尤其是在乌布。离开了主干道，道路就变得高低不平，不过通常都铺了路面。

尽量不要在夜间或黄昏时驾车。许多自行车、手推车和马车并没有挂上必要的信号灯，路灯也很少。

交通规则

选择驾车的旅行者通常会抱怨疯狂的当地驾驶员，但这常常是因为新来者并不了解当地的道路使用规则。例如，频繁地按喇叭并不是通常意义上的“不要挡道！”，而是当地人表达“你好，我来了”的独特方式。

➡ 注视前方——避开车辆正前方的任何事物是驾车者应尽的责任。事实上，前方的汽车、摩托车或其他任何东西都有通行的权利。

➡ 通常情况下，在交叉路口左转时，驾驶员经常不会看对面来了什么——他们只听喇叭。

➡ 应当使用喇叭警告前面的任何事物以表明你来了，特别在你打算超车时。

➡ 车辆靠左行驶。

交通警察

一些警察会以非常荒唐的理由拦下司机。如果警察看到你的前轮超过了褪色的停车标识线半英寸，或头盔下颚带没有系好，或者你没有注意到不停变换并且标识模糊的单行道管控，他们都会将你拦下。

警察会要求查看你的驾照和车辆行驶证，然后还会告诉你犯了多么严重的错误。保持冷静，不要争辩，也不要试图贿赂。最后他们会告诉你可以“破财消灾”。如果他们“狮子大开口”，可以礼貌地告诉他们你没有这么多钱，这些小事其实只需花上10,000Rp至100,000Rp就能解决。如果你争辩不休，可能要付出更多。

租辆车并雇一名司机

要在巴厘岛畅快地四处旅行，最好租一辆车。这样可以把驾驶及因此而导致的烦恼转移到他人身上。如果多人同行，这也是一个省钱的方式。在龙目岛上也可以如法炮制，但较为少见。

租车非常容易：旅游中心四周的街道上到处都有人在喊“transport”（要车吗，搭车吗）。自己找一名司机，或者最好向酒店咨询，因为这样更为可靠。但应注意以下几点：

➡ 虽说好司机无处不在，但先去和一些司机交流一下是有好处的。

➡ 听取其他旅行者的建议。

➡ 你应该喜欢你的司机，并且司机能用英语与你进行基本的交流。

➡ 一天的费用平均为500,000~800,000Rp。

➡ 车辆的型号通常是最新款的丰田Kijang，最多可载7人，车上应该是干净的。

➡ 事先协商好路线。

➡ 如果你不想去会宰客的餐馆和商店，事先一定要说清楚（聪明的司机心里很明白，小费的多少取决于是否满足客人的意愿）。

➡ 在路上，你应为司机购买午餐（如果司机希望到别处去吃，给他们20,000Rp即可），并且提供零食和饮料。

➡ 很多司机想方设法给你带来意外的惊喜，你可以相应地给点小费。

当地交通工具

计程摩托车（Ojek）

在某些城镇周边和路上，你可以搭乘计程摩托车（后座载客的摩托车）。不过，由于任何一个有摩托车的人都可以从事这行（站在路边，摆出一副你要搭车的样子，便会有当地人停车载客），官方计程摩托车已经非常少见了。在乡村安静的小路上，这不失为旅行的权宜之计，但是在大城镇却充满了危险。在龙目岛，计程摩托车较为常见。

费用可以商议，5公里30,000Rp是比较公道的价格。

在巴厘岛上比较繁华的地区，Go-Jek是一款非常热门的手机应用，可以帮助你按需预订摩托车行程（此外还可以帮你跑腿，给你送来需要的任何东西）。请注意，你必须使用印尼SIM卡，而且在游客集中区，由于当地司机间的区域竞争，上下车可能也会遇到麻烦。

出租车

巴厘岛

在巴厘岛南部和登巴萨（但不包括乌布），打表的出租车很常见，在这些地方很容易就可以打到车。选择出租车往往省去了和揽客的司机讨价还价的麻烦。

迄今为止，口碑最好的

出租汽车公司是**Blue Bird Taxi**（☎0361-701111；www.bluebirdgroup.com），该公司使用的是醒目的蓝色出租车，车顶的灯上有颇具风格的蓝鸟（Bluebrid）符号。司机能说些英语，而且通常都会跟你海阔天空地一顿神侃，始终使用计程表计费。许多外国侨民从不尝试其他公司。Blue Bird有一款智能手机应用程序，方便用户叫车，与Uber有点类似。注意防范假冒——假冒的很多，因此要留意风挡上的"Blue Bird"字样以及车上的电话号码。

出租车费相对便宜：库塔至水明漾仅为80,000Rp。

如果司机不使用计程器，则不要上车，尽管天黑后许多司机都宣称一口价。

其他常见的计程车圈套包括：缺少零钱、计程表"坏掉"、故意绕道，以及招揽观光、按摩、妓女等。

龙目岛

龙目岛西部可以找到由**Blue Bird Lombok Taksi**（☎0370-645000；www.bluebirdgroup.com）经营的计程出租车公司。摩托车打车应用**Go-Jek**（www.go-jek.com）也是马塔兰和龙目岛西部地区短途旅行的经济选择。

健康指南

在巴厘岛的大城镇旅行，如果出现轻伤或常见旅行病症，岛上的医疗条件可以保证。不过，如果情况严重还需及时离开该地区进行治疗。

在热带地区旅行，旅行者经常担心患上传染疾病。其实，旅行者中极少有人因感染传染病而导致严重疾病或者死亡。更为严重的威胁来自心脏病等原有的健康问题和意外伤害（尤其是交通事故）。不过生病还是比较常见的，你可能会患胃炎、过度日晒或其他常见的旅行疾病。

需要注意的是，在这里，你应该采取一些措施来预防狂犬病、蚊虫叮咬和热带日晒。

下面所提供的建议仅为通用健康指南，不能用以代替旅游医学专科医生的医疗建议。

出发前

药物应该装在带有清晰标签的原装容器里。最好带上一封有医生签名和日期的有关你的健康状况和服用药物（包括药物通用名称）的证明。如果携带注射器或者针头，一定要有医生证明其医疗必要性的信件。如果你有心脏的问题，则要带上一份旅游之前做的心电图的复印件。

如果你有定期服用的药物，最好带上双份以防止丢失或遭窃。许多药物无须医生处方就可购买，但是有些新出的药很难找到，尤其是最新的抗抑郁、降血压和避孕药等。

保险

除非你确定你平日参保的医疗保险已覆盖这里的医疗，还是购买一份旅行保险为妙；带上一份保险单复印件作为持有医疗保险的证据。最好是购买带有紧急医疗后送的旅行保险（这笔费用有时高达10万美元）。

部分保险明确规定保障范围不包括“危险运动”，例如水肺潜水、租用当地摩托车甚至山地徒步等。请注意在部分保险规定中，本地获取的摩托车驾照并非有效证件。

世界范围内的旅行保险可在www.lonelyplanet.com/bookings上了解。你可以在任何时间在线购买、续保或理赔——即使你已经上路。

药品清单

以下是建议放到随身携带药箱中的药品清单（其他药品在巴厘岛很容易购买）。

- 抗菌药膏，如莫匹罗星（Muciprocin）
- 抗组胺药——有多种选择，如适用于白天服用的西替利嗪（Cetrizine）及夜间服用的异丙嗪（Promethazine）
- 杀菌药，例如碘伏（Betadine）
- 避孕工具
- 含避蚊胺的驱虫剂
- 基本急救用品，例如剪刀、绷带、体温表（非水银类）和镊子
- 布洛芬（ibuprofen）或其他抗发炎药物
- 治疗过敏性或者瘙痒性皮疹的类固醇药膏，如1%~2%浓度的氢化可的松（hydrocortisone）
- 防晒霜和帽子
- 润喉片（西瓜霜、草珊瑚、金嗓子喉宝……）
- 治疗阴道霉菌感染的药物。例如克霉唑阴道栓剂（Clotrimazole pessaries）或氟康唑

建议接种的疫苗

旅游医学专科门诊是你最好的信息源。他们不但储存所有的免疫疫苗，而且能够给你和你的旅行提供详尽的建议。

你的医生可能还会建议接种以下疫苗：

- 破伤风（单剂量加强针）
- 甲型肝炎（Hepatitis A）
- 伤寒症（Typhoid）
- 狂犬病疫苗

片剂（diflucan）

实用网站

启程前，最好先寻找政府的旅行健康网站了解目的地的情况。

世界卫生组织（www.who.int/ith）出版了名为《国际旅行与健康》（*International Travel & Health*）的实用百科全书，每年都会修订，可在线免费下载阅读。

疾病控制与预防中心（www.cdc.gov）有许多实用信息。

在巴厘岛和龙目岛

医疗服务

巴厘岛

在巴厘岛南部和乌布有一些可为旅行者服务的当地诊所。几乎任何旅馆都可以帮助你联系到会说英语的医生。

国际医疗诊所

如果病情严重，外籍人士最好前往费用较贵的私人诊所**BIMC**（见68页地图；0361-761263；www.bimcbali.com；Jl Ngurah Rai 100X；24小时），这家诊所主要为旅行者和外国侨民服务。先确定你的医疗或者旅行保险包括了应有的服务。因为如果医生认为你的情况比较严重，你就可能需要搭救护机前往新加坡或其他地方。此时，购买了合适的保险是非常重要的，因为空运费用可能高于US$50,000。

BIMC位于Bali Galleria附近，紧靠库塔东面的旁路。它是由澳大利亚人管理的现代化诊所，提供化验、旅馆外诊和安排转诊等服务。出诊费为US$100或更多。在杜阿岛设有分部。

医院

登巴萨有两家医院提供较高标准的医疗服务，而且两者都比国际诊所的费用低。

BaliMed Hospital（0361-484748；www.balimedhospital.co.id；Jl Mahendradatta 57）这家私立医院在登巴萨的克罗博坎一侧，提供一系列的医疗服务。基本门诊费为220,000Rp。

RSUP Sanglah Hospital（Rumah Sakit Umum Propinsi Sanglah；见128页地图；0361-227911；www.sanglahhospitalbali.com；Jl Diponegoro；24小时）该市的综合医院配有说英语的员工和急救中心。这里是岛上最好的医院，尽管条件相较发达国家医院仍有差距。这里为购买了足够保险的外国人设立了专门的门诊楼**Paviliun Amerta Wing International**（见128页地图；0361-247250，0361-232603；紧邻Jl Pulau Bali）。

药房

许多在西方国家需要处方购买的药品，在印度尼西亚都是非处方药，包括强效抗生素。

Kimia Farma（www.kimiafarma.co.id）连锁药店值得推荐。它有许多分店，价格合理，员工热情。旅游区能找到新加坡的Guardian连锁药店，但药品种类较少，而且对即使来自高消费国家的游客而言，要价也让人震惊。在其他地方，你需要加倍警惕十分普遍的假药，以及存储不当的和过期的药物。

龙目岛

Rumah Sakit Harapan Keluarga（0370-617 7009；www.harapankeluarga.co.id；Jl Ahmad Yani 9；24小时）是龙目岛上最好的私人医院，也是唯一设有再加压舱的医院，位于马塔兰中心以东，有会说英语的医生。

面向游客的Blue Island Medical Clinic在龙目岛的主要度假区都有分部，其中包括**库塔**（见325页地图；0819 9970 5700；http://blueislandclinic.com；Jl Raya Kuta；24小时）和**德拉娜安岛东部**（见342页地图；0819 9970 5701；

http://blueislandclinic.com; Jl Raya Trawangan; ⏲24小时)。

传染病

禽流感

通常被称为禽流感的H5N1病毒依然是在东南亚地区旅行时要面对的风险，其在印度尼西亚已经造成了100多例感染，大多数病例都发生在爪哇岛。

登革热

这种蚊子引起的疾病在巴厘岛是个重要的问题。由于没有登革热的免疫疫苗，它仅能通过避免蚊虫叮咬来预防。携带登革热的蚊子全天都会叮咬人，所以要时刻采用避免蚊虫叮咬的措施。其症状包括高烧、剧烈头疼和全身疼痛(登革热过去被称为“断骨热”)。一些人可能发生皮疹和腹泻。为了得到诊断和监护，一定要去看医生。

甲型肝炎

这是这个地区相当普遍的一种疾病，这种由食物和水传播的病毒会感染肝脏，引起黄疸(皮肤和眼睛变黄)、恶心和嗜睡。对甲型肝炎没有特殊的治疗方法，你只是需要时间使肝脏康复。所有到东南亚旅游的人都应当注射抗甲型肝炎的疫苗。

乙型肝炎

这是唯一可以通过免疫注射而预防的性传播疾病。乙型肝炎通过体液传播。

艾滋病

艾滋病是许多亚洲国家普遍面临的问题，巴厘岛是印度尼西亚HIV感染率最高的地区。大多数旅行者面临的主要威胁来自与当地人、性工作者和其他旅行者的性接触。

使用避孕套(kondom)能大幅降低通过性接触感染HIV病毒的风险。在旅游地区，它可以在超市、街头摊贩和药店买到，也可以在几乎所有城镇的药房(apotik)里买到。购买时牢记：一分钱一分货。

疟疾

在印尼偏远地区感染疟疾的概率相当高。但是在巴厘岛或龙目岛的主要旅游区，基本不会有感染疟疾的风险。如果你要前往偏远地区或者到两座岛上的边缘地带，可以适当进行预防。

应将防蚊和服用抗疟疾药物两种措施结合起来预防疟疾。大多数患疟疾的人，都是因为未能对症下药或者没有服用抗疟疾的药物。

狂犬病

狂犬病是通过被感染动物咬伤而传播的一种疾病，最常感染的动物是狗和猴子。一旦接触了狂犬病毒，如果不立即接种疫苗将是致命的。巴厘岛在2008年报道了首例狂犬病病例，每年都有人因感染狂犬病身亡。

为减少风险，你可以考虑接种狂犬病疫苗，一共注射三次。1年后打一次加强针可以提供10年的保护。鉴于巴厘岛狂犬病暴发，接种此种疫苗尤为重要。巴厘岛上往往没有这种疫苗，所以要在出发前接种。

另外也要小心避免被动物咬伤。尤其是要看好儿童。

旅行前接受预防注射意味着被咬后的治疗将非常简单。如果你被动物咬伤或抓伤，小心地用肥皂和水清洗伤口，并使用碘基抗化脓药。当然最好还是去看医生。

如果你事先没有接受免疫注射，则需要尽快地接种狂犬病疫苗。立即清洗伤口并寻求治疗，不得有误。注意，巴厘岛上经常缺少狂犬病疫苗，所

避免蚊虫叮咬

建议旅行者通过以下几个措施预防蚊虫叮咬：

- 在暴露的皮肤上使用含有防蚊剂的驱虫剂。如果在蚊帐里睡觉，晚上可以将其洗净。天然的驱虫剂，如香茅也有效，但是必须比含有防蚊剂的产品使用得更频繁。
- 在用苄氯菊酯处理过的蚊帐里睡觉。
- 选择有纱窗和风扇的住处(如果没有空调)。
- 在高风险地区，穿着用苄氯菊酯浸透处理过的衣服。
- 穿浅色的长袖衣服和长裤。
- 使用蚊香。
- 外出吃晚饭前，用驱虫剂喷洒房间。

如果你要前往印度尼西亚存在疟疾的地区，可以向诊所咨询可以减少感染概率的处方药。

以要有立即前往新加坡接受治疗的心理准备。

伤寒

这种严重的细菌感染是由食物和水传播的。症状是缓慢发展的高烧和头疼，可能伴有干咳和胃疼。可以通过血液检查确诊，需用抗菌素治疗。疫苗接种有效率为80%，需在前往感染区前一个月进行疫苗注射。

旅行腹泻

到目前为止，旅行腹泻（即巴厘肚）是影响旅行者的最为常见的问题。30%~50%的人可能在旅行开始的两周内患上此病。80%以上的病例是由细菌引发的（有很多种潜在的致病菌），所以此病对抗菌素治疗反应迅速。

旅行腹泻的定义为：游客在24小时之内有3次以上的水泻，加上至少一种其他症状，如发烧、腹痛、恶心、呕吐或者全身不适等。

治疗

洛哌丁胺（Loperamide）只能止泻，因此治标不治本。但是如果你需要长时间地乘坐公共汽车，它还是有用的。不要在发烧或者便血时服用洛哌丁胺。如果对症的抗菌素没有起到治疗效果，应当立即就医，或者采取下列措施：

- 确保不要脱水，最好饮用电解质替代物（Gastrolyte）的抗脱水溶液。
- 使用抗菌素，如氟哌酸（Norfloxacin）、环丙沙星（Ciprofloxacin）、阿奇霉素（Azithromycin），它们能迅速杀菌。

饮用水

该地区的自来水不能直接饮用。

随处可见的便宜的瓶装水一般是安全的，不过在购买时，要检查密封是否完好。寻找是否有地方可以让你装水，这样就可以减少垃圾。

餐馆里的冰块一般是可以食用的，只要形状一致，并是在中央制冰厂制成的（这在巴厘岛的大城镇和旅游区较为普及）。避免食用从大冰块上敲下的冰块（这在乡村地区更常见）。

避免饮用旅游餐馆和咖啡馆之外的新鲜果汁。

Refill My Bottle（www.refillmybottle.com）网站列出了巴厘岛和龙目岛可以灌满你水瓶的酒店和餐厅，一般都是免费或者只需象征性支付一小笔费用。

贾第鞭毛虫病

贾第鞭毛虫（Giardia lamblia）是一种在旅行者中相对常见的寄生虫。此病症状包括恶心、腹胀、大量的排气、疲劳和间歇性腹泻。如果不进行治疗，寄生虫最终可以排出，但是这需要几个月的时间。治疗药物首选替硝唑（Tinidazole），其次是灭滴灵（Metronidazole）。

环境危害

潜水

在旅行之前，潜水和冲浪爱好者应该寻求专科建议，确保携带的医疗物品中包括了治疗珊瑚割伤、热带耳部感染以及其他常见问题的物品。潜水者还应该确保其保险包括了减压病——如有必要最好购买专门的潜水保险。

潜水爱好者注意，在萨努尔有一个减压室，从努萨兰彭坎乘坐快艇可达。从巴厘岛北部到这里则需要三至四个小时。

气候炎热

巴厘岛气候全年炎热潮湿。大多数人至少要花两周的时间来适应这里炎热的天气。踝关节和双脚肿胀，以及由于过分出汗导致的肌肉痉挛都很常见。通过避免脱水和在热天里过多活动可以预防这些症状的发生。注意避免出现以下状况：

热衰竭 症状包括感觉虚弱、头疼、烦躁、恶心或者呕吐、皮肤出汗、脉搏快速且微弱、体温正常或轻度升高。治疗方法包括使患者脱离炎热环境和太阳照射、给患者扇风、用湿冷的毛巾敷皮肤、让患者平卧抬高下肢、饮用盐水（1/4茶勺的盐溶于1升的水）以防脱水。患者很快就能恢复，只是在随后的日子里会有点虚弱。

中暑 一种严重的紧急情况。症状发生突然，包括虚弱、恶心、全身干热、体温超过41℃、眩晕、精神恍惚、失调、痉挛，最终导致虚脱和神志丧失。应寻求紧急医疗救助并降温：让患者脱离高热环境、脱掉其衣服、扇风、用湿冷的毛巾或者冰敷身体，特别是腹股沟和腋下等发热部位。

痱子 一种常见的热带皮疹。它是由汗液滞于皮下而致，导致皮肤冒出细小颗粒的痒疹。治疗方法包括脱离高热地区，在有空调的地方待上几个小时以及洗凉水澡等。

蚊虫叮咬

在印度尼西亚期间，你可能会遇到一些不请自来的朋友。

臭虫 这些虫子不携带疾病，但是叮咬部位会非常痒。它们生活在家具和墙壁的缝隙里，夜晚则跑到床上叮咬你。可以用抗组胺药物治疗瘙痒。

水母 东南亚水中的大多数水母不危险，仅仅使人恼火。水母叮咬是非常疼痛的，但是很少致命。紧急处理办法包括用醋浇在受伤的部位以中和毒素。不要把沙子或者水揉入叮咬处。服用止痛药。任何人在被叮咬后感觉不适，都应该寻求医疗救助。

壁虱 在农村地区行走之后可能感染壁虱，通常感染部位为耳后、腹部和腋下。如果已经被壁虱叮咬而且有了一些症状，如叮咬处或者其他部位出现皮疹、发烧或者肌肉疼痛，应尽快去看医生。

酒精中毒

不断有关于游客和当地人因为饮用亚力酒（当地采用棕榈或蔗糖蒸馏发酵后酿制而成的烈性酒）而中毒和身亡的报道，那是因为有不法商贩在其中掺入甲醇——一种有毒的酒精。虽然亚力酒是一种很受欢迎的饮品，但不要在餐厅和咖啡馆以外的地方购买。

皮肤病

真菌性皮疹 有两种常常影响旅行者的真菌性皮疹。第一种发生在像腹股沟、腋下以及脚趾间等潮湿而不太透气的部位。它开始时是一个红斑，逐渐扩散，通常很痒。治疗方法包括保持皮肤干燥、避免摩擦和使用抗真菌霜，如克霉唑或兰美抒乳膏（Lamisil）。花斑癣（Tinea versicolor）也是常见的，这种真菌引发淡色的小斑，在背、胸和肩部最常见。出现症状后应当咨询医生。

割伤和擦伤 在热带气候中很容易感染。对任何割伤和擦伤都要小心处理。立即用清水冲洗伤口，使用抗化脓药物。如果出现了感染的迹象，应看医生。潜水和冲浪者应当格外小心珊瑚割伤，这种割伤容易造成感染。

晒伤

即使是在多云的天气，皮肤也很容易被晒伤，尤其是在赤道附近。不要效仿库塔海滩上那些被烤得迷迷糊糊的游客，相反，你应该：

- 使用高倍数的防晒霜（防晒指数至少为30）。
- 游泳后重涂防晒霜。
- 戴上宽沿帽和墨镜。
- 避免在每天最热的时候（上午10点到下午14点）在太阳下炙烤。

女性保健

在旅游区和大城镇，女性卫生巾和卫生棉很容易买到。但是越是在偏远地区，这些物品就越是难买。

避孕用品的选择很有限，因此应该提前携带适量的适合自己的避孕用品。

语 言

印度尼西亚语（当地人称Bahasa Indonesia）是印度尼西亚的官方语言。约有2.2亿人说这种语言，但它却只是约2000万人的母语。巴厘岛和龙目岛上的大部分人还分别说本土语言、巴厘语和萨萨克语。一般旅行者不一定非要学习巴厘语或萨萨克语，但是学习一两个单词或者一两句话还是很有趣的，这正是我们在本章列出一些常用语的原因。出于实用目的，集中精力学习印度尼西亚语更有意义。

印度尼西亚语很容易发音。同一个字母的发音总是相同的，而多数字母都与英文字母发音相同，其中“c”和“chat”一词中的“ch”发音相同。还需要注意的是，“kh”是一种喉音（类似于苏格兰语“loch”中的“ch”），而印度尼西亚语单词开头部分的字母组合“ng”与“ng”在英语单词结尾或中间处的发音一样，如“ringing”。

音节一般都有相同的重音，但是实际使用中是将倒数第二个音节重读。这一法则最主要的例外是besar（大的）一词，其e是不需要重读的。

在印度尼西亚的书面语中，拼写地名时，有时会前后不一。复合名词都会写成一个词或两个词，比如Airsanih或Air Sanih、Padangbai或Padang Bai。一些以“Ker”开头的单词有时会省去“e”，比如Kerobokan/Krobokan。一些荷兰语的变体拼写也被保留了，用“tj”代替现代的“c”（比如Tjampuhan/Campuan），“oe”代替“u”（比如Soekarno/Sukarno）。

代词，特别是“你”，在印度尼西亚语中很少使用。为了避免过多使用“你”这一词，可用“Anda”一词代替。

想要了解更多?

若要深入了解相关语言信息和实用短语，参考Lonely Planet的《印度尼西亚常用语手册》（*Indonesian Phrasebook*）。你可以登录**shop.lonelyplanet.com**在线购买。

基本用语

你好	*Salam.*
再见（向留下来的人说）	*Selamat tinggal.*
再见（向离开的人说）	*Selamat jalan.*
你好吗?	*Apa kabar?*
我很好，你呢?	*Kabar baik, Anda bagaimana?*
劳驾	*Permisi.*
对不起	*Maaf.*
请	*Silahkan.*
谢谢你	*Terimakasih.*
不用谢	*Kembali.*
是的/不是	*Ya./Tidak.*
先生	*Bapak*
太太/女士	*Ibu*
小姐	*Nona*
你叫什么名字?	*Siapa nama Anda?*
我的名字是……	*Nama saya...*

你会说英语吗？	*Bisa berbicara Bahasa Inggris?*
我不太明白。	*Saya tidak mengerti.*

住宿

还有空房间吗？	*Ada kamar kosong?*
一晚/每人多少钱？	*Berapa satu malam/ orang?*
房价中含早餐吗？	*Apakah harganya ter masuk makan pagi?*
我想要住多人间。	*Saya mau satu tempat tidur di asrama.*
露营地	*tempat kemah*
家庭旅馆	*losmen*
酒店	*hotel*
青年旅舍	*pemuda*

一间……房	*kamar...*
单人间	*untuk satu orang*
双人间	*untuk dua orang*
空调	*dengan AC*
浴室	*kamar mandi*
儿童床	*velbet*
窗户	*jendela*

方向

……在哪里？	*Di mana...?*
地址是？	*Alamatnya di mana?*
你可以写下来吗？	*Anda bias tolong tuliskan?*
可以（在地图上）指给我看吗？	*Anda bias tolong tunjukkan pada saya (di peta)?*

在拐角处	*di sudut*
在红绿灯处	*di lampu merah*
在后面	*di belakang*
在前面	*di depan*
（离）……远	*jauh (dari)*
左转	*kiri*
（离）……近	*dekat (dengan)*
……旁边	*di samping*
……对面	*di seberang*
右转	*kanan*
向前直走	*lurus*

餐饮

你有什么推荐的吗？	*Apa yang Anda rekomendasikan?*
那道菜中有什么？	*Hidangan ituisinya apa?*
太美味了。	*Ini enak sekali.*
干杯！	*Bersulang!*
请结账/买单。	*Tolong bawa kuitansi.*

我不吃……	*Saya tidak mau makan ...*
奶制品	*susu dan keju*
鱼肉	*ikan*

重要句式

为了运用印度尼西亚语，可以熟记下列简单句式，选用相应单词填入其中：

（下一趟班车）几点？
Jam berapa (bis yang berikutnya)?

（车站）在哪儿？
Di mana (stasiun)?

（每晚）多少钱？
Berapa (satu malam)?

我在找（酒店）。
Saya cari (hotel).

你是否有（当地的地图）？
Ada (peta daerah)?

这有（厕所）吗？
Ada (kamar kecil)?

我能（进）吗？
Boleh saya (masuk)?

我是否需要（签证）？
Saya harus pakai (visa)?

我有（预订）。
Saya (sudah punya booking).

我需要（帮助）。
Saya perlu (dibantu).

我想要（菜单）。
Saya minta (daftar makanan).

我想（租一辆车）。
Saya mau (sewa mobil).

你是否（能帮我）？
Bisa Anda (bantu) saya?

（红）肉	*daging (merah)*
花生	*kacang tanah*
海鲜	*makanan laut*

一张桌子……	*meja...*
（8）点钟到	*pada jam (delapan)*
（2）人用	*untuk (dua) orang*

关键词

婴儿食物（配方食品）	*susu kaleng*
酒吧	*bar*
瓶子	*botol*
碗	*mangkuk*
早餐	*sarapan*
咖啡	*kafe*
儿童菜单	*menu untuk anak-anak*
冷冻	*dingin*
晚餐	*makan malam*
菜品	*piring*
酒水单	*daftar minuman*
食物	*makanan*
小吃摊	*warung*
叉子	*garpu*
玻璃杯	*gelas*
高脚椅	*kursi tinggi*
烫（温）	*panas*
刀	*pisau*
午餐	*makan siang*
菜单	*daftar makanan*
市场	*pasar*
餐巾纸	*tisu*
盘子	*piring*
餐馆	*rumah makan*
沙拉	*selada*
汤	*sop*
辛辣的	*pedas*
汤匙	*sendok*
素食	*makanan tanpa daging*
包含	*dengan*
不含	*tanpa*

肉和鱼

牛肉	*daging sapi*
鲤鱼	*ikan mas*
鸡肉	*ayam*
鸭肉	*bebek*
鱼肉	*ikan*
羊肉	*daging anak domba*
鲭鱼	*tenggiri*
肉	*daging*
猪肉	*daging babi*
虾/大虾	*udang*
金枪鱼	*cakalang*
火鸡	*kalkun*

标牌

Buka	开放
Dilarang	禁止进入
Kamar Kecil	厕所
Keluar	出口
Masuk	入口
Pria	男士
Tutup	关闭
Wanitai	女士

水果和蔬菜

苹果	*apel*
香蕉	*pisang*
豆子	*kacang*
卷心菜	*kol*
胡萝卜	*wortel*
花椰菜	*blumkol*
黄瓜	*timun*
枣	*kurma*
茄子	*terung*
水果	*buah*
葡萄	*buah anggur*
柠檬	*jeruk asam*
橙子	*jeruk manis*
菠萝	*nenas*
土豆	*kentang*
葡萄干	*kismis*
菠菜	*bayam*
蔬菜	*sayur-mayur*
西瓜	*semangka*

其他

面包	*roti*
黄油	*mentega*
乳酪	*keju*
干辣椒	*cabai*
辣椒酱	*sambal*
鸡蛋	*telur*
蜂蜜	*madu*
果酱	*selai*
面条	*mie*
油	*minyak*
胡椒粉	*lada*
米饭	*nasi*
食盐	*garam*
酱油	*kecap*
糖	*gula*
醋	*cuka*

饮品

啤酒	*bir*
椰奶	*santan*
咖啡	*kopi*
果汁	*jus*
牛奶	*susu*
棕榈汁酒	*tuak*
红葡萄酒	*anggur merah*
软饮料	*minuman ringan*
茶	*teh*
水	*air*
白葡萄酒	*anggur putih*
酸奶	*susu masam kental*

紧急求助

救命！	*Tolong saya!*
我迷路了。	*Saya tersesat.*
别跟着我！	*Jangan ganggu saya!*
这里发生事故了。	*Ada kecelakaan.*

我可以借用你的电话吗？	*Boleh saya pakai telpon genggamnya?*
叫医生！	*Panggil dokter!*
叫警察！	*Panggil polisi!*
我生病了。	*Saya sakit.*
这里很痛。	*Sakitnya di sini.*
我对（抗生素）过敏。	*Saya alergi （antibiotik）.*

购物和服务

我想买……	*Saya mau beli...*
我只是看看。	*Saya lihat-lihat saja.*
我可以看一看吗？	*Boleh saya lihat?*
我不喜欢这个。	*Saya tidak suka.*
这个多少钱？	*Berapa harganya?*
这个太贵了。	*Itu terlalu mahal.*
可以便宜点吗？	*Boleh kurang?*
账单算错了。	*Ada kesalahan dalam kuitansi ini.*
信用卡	*kartu kredit*
外币兑换处	*kantor penukaran mata uang asing*
网吧	*warnet*
手机	*hanpon*
邮局	*kantor pos*
签名	*tanda tangan*
游客中心	*kantor pariwisata*

时间和日期

现在几点了？	*Jam berapa sekarang?*
（10）点了。	*Jam（sepuluh）.*
（6）点30分了。	*Setengah（tujuh）.*
在早上	*pagi*
在下午	*siang*
在晚上	*malam*

疑问词

如何？	*Bagaimana?*
什么？	*Apa?*
何时？	*Kapan?*
哪里？	*Di mana?*
哪一个？	*Yang mana?*
谁？	*Siapa?*
为什么？	*Kenapa?*

今天	hari ini
明天	besok
昨天	kemarin
星期一	hari Senin
星期二	hari Selasa
星期三	hari Rabu
星期四	hari Kamis
星期五	hari Jumat
星期六	hari Sabtu
星期日	hari Minggu

1月	Januari
2月	Februari
3月	Maret
4月	April
5月	Mei
6月	Juni
7月	Juli
8月	Agustus
9月	September
10月	Oktober
11月	Nopember
12月	Desember

交通

公共交通

自行车—人力车	becak
船（通称）	kapal
船（当地）	perahu
公共汽车	bis
小巴	bemo
摩托车—三轮车	bajaj
摩托车—计程出租车	ojek
飞机	pesawat
出租车	taksi
火车	kereta api

我想去……	Saya mau ke...
到……多少钱？	Ongkos ke...berapa?
何时出发？	Jam berapa berangkat?
何时到达……？	Jam berapa sampai di...?
在……停吗？	Di...berhenti?

数字

1	satu
2	dua
3	tiga
4	empat
5	lima
6	enam
7	tujuh
8	delapan
9	sembilan
10	sepuluh
20	duapuluh
30	tigapuluh
40	empatpuluh
50	limapuluh
60	enampuluh
70	tujuhpuluh
80	delapanpuluh
90	sembilanpuluh
100	seratus
1000	seribu

下一站是哪里？	Apa nama halte berikutnya?
请告诉我我们何时去……	Tolong,beritahu waktu kita sampai di...
请停在这里。	Tolong,berhenti di sini.

第一个	pertama
最后一个	terakhir
下一个	yang berikutnya

一张……票	tiket...
一等	kelas satu
二等	kelas dua
单程	sekali jalan
往返	pulang pergi

靠过道的座位	tempat duduk dekat gang
已取消	dibatalkan
延误	terlambat
站台	peron

售票处	*loket tiket*
时刻表	*jadwal*
火车站	*stasiun kereta api*
靠窗户的座位	*tempat duduk dekat jendela*

驾车和骑自行车

我想租一辆……	*Saya mau sewa...*
四轮驱动车	*garden ganda*
自行车	*sepeda*
小汽车	*mobil*
摩托车	*sepeda motor*
儿童座椅	*kursi anak untuk di mobil*
柴油	*solar*
头盔	*helem*
机械工	*montir*
汽油	*bensin*
打气筒（自行车用）	*pompa sepeda*
加油站	*pompa bensin*
这是去……的路吗?	*Apakah jalan ini ke...?*
我能在这里停（多久）?	*(Berapa lama) Saya boleh parkir di sini?*
小汽车/摩托车抛锚了。	*Mobil/Motor mogok.*
我的轮胎瘪了。	*Ban saya kempes.*
我的汽油用完了。	*Saya kehabisan bensin.*

本土语言

巴厘语

你好吗?	*Kenken kabare?*
你叫什么名字?	*Sire wastene?*
我的名字是……	*Adan tiange...*
我不明白。	*Tiang sing ngerti.*
这个多少钱?	*Ji kude niki?*
谢谢。	*Matur suksma.*
这个用巴厘语怎么说?	*Ne ape adane di Bali?*
哪条路是去……的?	*Kije jalan lakar kel...?*

萨萨克语

你叫什么名字?	*Saik aranm side?*
我的名字是……	*Arankah aku...*
我不明白。	*Endek ngerti.*
这个多少钱?	*Pire ajin sak iyak?*
谢谢。	*Tampak asih.*
这个用萨萨克语怎么说?	*Ape aran sak iyak elek bahase Sasek?*
哪条路是去……的?	*Lamun lek...,embe eak langantah?*

术语表

adat ——传统、风俗和礼仪

adharma ——邪恶

aling aling ——带一堵短墙的大门

alus ——arja 戏剧中的正面人物形象

anak-anak ——儿童

angker ——邪恶力量

apotik ——药店

arja ——巴厘戏剧中的高雅形式，也是一种舞剧，相当于西方的歌剧

Arjuna ——阿朱那，史诗巨作《摩诃婆罗多》中的一位英雄，常见的寺庙门神

bahasa ——语言；印度尼西亚语（Bahasa Indonesia）是印度尼西亚的国语

bale ——带陡峭且倾斜茅草屋顶的侧边敞开式凉亭

bale banjar ——当地村庄组织公共聚会的场所，聚会和加麦兰练习场所

bale tani ——龙目岛的住宅，见 serambi

balian ——精神治疗师和草药医生

banjar ——包括村中所有已婚男性在内的当地村庄组织

banyan ——菩提树，无花果属，经常被视为神圣的树木，见 waringin

bapak ——父亲；也常作为对长者的礼貌称呼；也作 pak

Barong ——巴龙，兼具狮子和狗外形特征的神兽

baten tegeh ——用水果、米糕和鲜花堆成塔状的装饰

batik ——蜡染，用蜡涂在衣物的部分地方、染色后再使蜡融化的布料染色工艺；涂蜡的部分没有染色，重复进行涂蜡和染色即可形成图案

batu bolong ——有孔的岩石

belalu ——快速生长的轻木

bemo ——巴厘岛和龙目岛上最常见的当地交通方式，通常是小型公共汽车，但是在乡村地区也可能是小型皮卡车

bensin ——汽油

beruga ——巴厘岛上的礼堂，龙目岛上的侧边敞开式凉亭

bhur ——魔界

bhwah ——人界

Brahma ——梵天；创造者，印度教三位一体神之一

Brahmana ——婆罗门，祭司阶层和巴厘阶层中最高等级；所有的祭司都是婆罗门，但并不是所有的婆罗门都是祭司

bu ——母亲，ibu 的简称

bukit ——山丘，也是巴厘岛南部半岛的名称

bulau ——月

candi ——神殿，起初为爪哇设计风格；也称为 prasada

candi bentar ——寺庙大门

cendrawasih ——天堂鸟

cengceng ——钹

cidomo ——带有车轮的马车（龙目岛）

cili ——水稻女神 Dewi Sri 的图像

dalang ——Wayang Kulit 皮影表演中的操纵者和讲故事者

Dalem Bedaulu ——贝达鲁国王，Pejeng 王朝具有传奇性的最后一位统治者

danau ——湖

desa ——村庄

dewa ——神或超自然的力量

dewi ——女神

Dewi Sri ——水稻女神

dharma ——好的

dokar ——马车，在龙目岛上称为 cidomo

Durga ——死亡和毁灭女神，湿婆的配偶

dusun ——小村庄

endek ——用预先染色的纬纱织成的高雅布料，如 songket

Gajah Mada ——满者伯夷王朝知名的首相，他击败了巴厘最后一位伟大的国王，并将满者伯夷的势力扩张到该岛

Galungan ——巴厘的一个大节日；是依照 210 天的巴厘 wuku 历而来的年度盛事

gamelan ——加麦兰；传统的巴厘器乐合奏，大多是打击乐器，如大木琴和锣；可能有十几至二十多个乐师一起合奏；也可指个人乐器，如鼓；也称为 gong

Ganesha ——象头神，湿婆的儿子

gang ——小巷或人行小路

Garuda ——迦卢荼；神话中的大鹏金翅鸟，毗湿奴的坐骑；印度尼西亚和印度尼西亚国家航空公司的标志

gedong ——神龛

genggong ——龙目岛音乐表演

gili ——吉利岛（龙目岛）

goa ——洞穴，也拼作 gua

gong ——见 gamelan

gong gede ——大型管弦乐队；传统形式的加麦兰有 35 至 40 名乐师

gong kebyar ——现代、流行

的音乐形式 gong gede，使用乐器多达 25 种
gua ——洞穴，也拼作 goa
gunung ——山
gunung api ——火山
gusti ——对军人阶层成员的尊称

Hanuman ——哈努曼，在《罗摩衍那》中扮演重要角色的神猴
homestay ——家庭经营的小旅馆，见 losmen

ibu ——母亲，也用作对任何女性长者的礼貌称呼
Ida Bagus ——对男性婆罗门的尊称
ikat ——扎染布，这种布料在编织前先浸染单独的纱线而形成图案

jalak putih ——巴厘长冠八哥的当地名称
jalan ——街道或公路，简称为 Jl
jepun ——鸡蛋花或缅栀花树
Jl ——jalan，街道或公路

kahyangan jagat ——指示方位的神庙
kain ——紧紧裹住臀部和腰部的纱笼外面的布料
kain poleng ——黑白交错的棋盘格子花纹布料
kaja ——山脉的方向，见 kelod
kaja-kangin ——庭院角落
kaki lima ——食品手推车
kala ——寺庙大门上方常见的恶魔面具
kamben ——正式场合上裹住胸部的 songket 布料
kampung ——村庄或社区
kangin ——日出
kantor ——办公室
kantor imigrasi ——出入境管理处
kantor pos ——邮局
Kawi ——古典爪哇语，诗歌用语
kebyar ——一种舞蹈
Kecak ——克差舞，传统的巴厘舞蹈，讲述了《罗摩衍那》中有关王子罗摩和公主悉多的故事
kelod ——山脉的阴面，朝向海洋，见 kaja
kempli ——锣
kendang ——鼓
kepala desa ——村长
kori agung ——寺庙中进入第二座庭院的大门
kras ——arja 戏剧中可辨别的坏人
kris ——传统的匕首
kuah ——日落的那一侧
kulkul ——空心树干做成的大鼓，用于发出警告或是召集会议

labuhan ——海港，也称为 pelabuhan
laki-laki ——男孩
lamak ——棕榈叶编织的长条，用于节日和庆典装饰
langse ——宫殿或寺庙中长方形装饰性挂件
Legong ——黎弓舞，传统的巴厘舞蹈
legong ——黎弓舞表演中的年轻女孩
lontar ——特殊处理的棕榈片
losmen ——巴厘小旅馆，常常是家庭经营的
lulur ——体罩
lumbung ——圆顶的谷仓，龙目岛的标志建筑

Mahabharata ——《摩诃婆罗多》，印度两大史诗之一，描写班度（Pandavas）和俱卢（Korawas）两族争夺王位的斗争
Majapahit ——满者伯夷，爪哇最后一个伟大的王朝
mekepung ——传统的水牛赛跑
meru ——寺庙中的多重顶神龛，该名称取自印度神山 Mahameru
mobil ——小汽车
moksa ——超脱世俗的欲望
muncak ——麂鹿

naga ——神秘的蛇形动物
nusa ——岛屿，也称为 pulau
Nusa Tenggara Barat（NTB） ——西努沙登加拉，包括龙目岛及松巴哇岛的一个印度尼西亚省份
nyale ——在龙目岛库塔附近捕捞的一种像虫子一样的鱼
Nyepi ——静居日，印度教 saka 日历中主要的年度节日，在前一晚上追逐恶灵之后，这一天将保持完全安静

ogoh-ogoh ——奥高奥高，静居日前夕游行和仪式所用的巨大魔鬼模型
ojek ——后座载客的摩托车
open ——高大红砖建筑

padi ——水稻
padmasana ——形似空椅子的寺庙神龛
pak ——父亲，bapak 的简写
pantai ——海滩
paras ——用于石雕的一种较软的灰色火山石
pasar ——市场
pasar malam ——夜市
pecalang ——村庄或村庄组

织警察
pedagang——流动小贩
pemangku——主持神庙仪式的祭司
perempuan——女孩
plus plus——中高档酒店和餐馆附加的 21% 税和服务费
pondok——简单房间或棚屋
prada——用金箔勾绣或用金银线纺织而成的布料
prahu——带有舷外支架的传统的印度尼西亚渔船
prasasti——刻在铜板上的手抄本
propinsi——省，印度尼西亚有 27 个省——巴厘是其中一个，龙目岛与邻近的松巴哇岛组成了西努沙登加拉省（propinsi Nusa Tenggara Barat，简称 NTB）
pulau——岛屿，也称为 nusa
puputan——布布坦，在遇到不可战胜的敌人时，可敬的自我毁灭的方式
pura——寺庙
pura dalem——死者之庙
pura desa——用于日常职能的村庄寺庙
pura puseh——村庄创建者或先驱的寺庙，用于纪念村庄的起源
pura subak——水稻种植协会的寺庙
puri——宫殿
pusit kota——用于路标，指示镇中心的所在方向

rajah——王公或王子
Ramadan——穆斯林斋月
Ramayana——《罗摩衍那》，印度伟大史诗之一，其中的情节是很多巴厘舞蹈和故事的主要素材
Rangda——让达，寡妇女巫，魔鬼的一种，在巴厘戏剧和舞蹈中代表邪恶
raya——主路，如 Jl Raya Ubud 就是“乌布主路”的意思
RRI——印度尼西亚国有广播电台，全称为 Radio Republik Indonesia
rumah makan——餐馆，字面意思就是“吃的地方”

saiban——寺庙或神龛祭品
Sasak——龙目岛原住民，也指这些人的语言
sate——沙爹烤肉
sawah——稻田，见 subak
selat——海峡
sepeda——自行车
Shiva——湿婆，创造者和破坏者，印度教三大神之一
songket——金银线布料，采用浮纬技术，手工编织
stupas——收藏佛舍利的圆顶建筑，佛塔
subak——组织水稻梯田和分享灌溉水源的乡村协会
Sudra——大多数巴厘人所属的常见阶层
sungai——河
swah——神界

tahun——年
taksu——神媒
tanjung——海角
teluk——海湾
tika——展示 Pawukon 周期的布料或雕刻木头
tirta——水
toya——水

undagi——建筑设计师，通常为建筑师兼祭司

Vishnu——毗湿奴，保护者；印度教三大神之一

wantilan——大型的凉亭（bale），用作会议、表演和斗鸡比赛的场所；社区会堂
waria——男扮女装者，异装癖者，变性者，wanita 和 pria 两词的结合
waringin——茂密的大树，枝条低垂到地面后可以生成新树，见 banyan
wartel——公用电话亭，warung telekomunikasi 的缩写
warung——小吃摊
wayang kulit——皮影戏中使用的牛皮木偶，见 dalang
Wektu Telu——龙目岛所特有的宗教，起源自巴延（Bayan），结合了伊斯兰教的很多教义和其他信仰
wuku——巴厘日历，由 10 种不同的周组成，每周有 1 天到 10 天不等，同时有效

yeh——水，也有河流的意思
yoni——印度教神湿婆的女神生殖器图案

幕后

说出你的想法

我们很重视旅行者的反馈——你的评价将鼓励我们前行，把书做得更好。我们同样热爱旅行的团队会认真阅读你的来信，无论是表扬还是批评都非常欢迎。虽然很难一一回复，但我们保证将你的反馈信息及时交到相关作者手中，使下一版更完美。我们也会在下一版特别鸣谢来信读者。

请把你的想法发送到**china@lonelyplanet.com.au**，谢谢！

请注意：我们可能会将你的意见编辑、复制并整合到Lonely Planet的系列产品中，例如旅行指南、网站和数字产品。如果不希望书中出现自己的意见或不希望提及你的名字，请提前告知。请访问lonelyplanet.com/privacy了解我们的隐私政策。

声明

气象图表数据引用自Peel MC，Finlayson BL & McMahon TA（2007）'Updated World Map of the Köppen-Geiger Climate Classification'，*Hydrology and Earth System Sciences*，11，1633–44。

封面图片：乌伦达努布拉坦寺（Pura Ulun Danu Bratan），Marco Bottigelli/AWL ©。

本书部分地图由中国地图出版社提供，审图号GS（2019）5390号。

关于本书

这是Lonely Planet《巴厘岛和龙目岛》的第17版。本书的作者为弗吉尼娅·麦克斯韦尔（Virginia Maxwell）、马克·约翰松（Mark Johanson）、索菲娅·莱温（Sofia Levin）和马索瓦达·摩根（MaSovaida Morgan）。上一版的作者为瑞恩·范·贝尔克摩斯（Ryan Ver Berkmoes），统筹作者为凯特·摩根（Kate Morgan）。

本书为中文第五版，由以下人员制作完成：

项目负责 关媛媛

项目执行 丁立松

翻译统筹 肖斌斌 李昱臻

翻　　译 郭　翔 陈佳妮 赵娟妮

内容策划 寇　杰 周伯源 刘维佳

视觉设计 刘乐怡

协调调度 沈竹颖

责任编辑 叶思婧

执行编辑 朱思旸

编　　辑 戴　舒

地图编辑 田　越

制　　图 张晓棠

流　　程 孙经纬

终　　审 杨　帆

排　　版 北京梧桐影电脑科技有限公司

感谢徐维、李斯、洪良为本书提供的帮助。

索引

000 地图页码
000 图片页码

000 地图页码
000 图片页码

地图图例

景点

海滩
鸟类保护区
佛教场所
城堡
基督教场所
孔庙
印度教场所
伊斯兰教场所
耆那教场所
犹太教场所
温泉
神道教场所
锡克教场所
道教场所
纪念碑
博物馆/美术馆/历史建筑
历史遗址
酒庄/葡萄园
动物园
其他景点

活动、课程和团队游

人体冲浪
潜水/浮潜
潜水
皮划艇
滑雪
冲浪
游泳/游泳池
徒步
帆板
其他活动

住宿

住宿场所
露营地

就餐

餐馆

饮品

酒吧
咖啡馆

娱乐

娱乐场所

购物

购物场所

实用信息

银行
使领馆
医院/医疗机构
网吧
警察局
邮局
电话
公厕
旅游信息
其他信息

地理

棚屋/栖身所
灯塔
瞭望台
山峰/火山
绿洲
公园
关隘
野餐区
瀑布

人口

首都、首府
一级行政中心
城市/大型城镇
镇/村

交通

机场
过境处
公共汽车
缆车/索道
自行车路线
轮渡
地铁
单轨铁路
停车场
加油站
出租车
铁路/火车站
有轨电车
其他交通方式

路线

收费公路
高速公路
一级公路
二级公路
三级公路
小路
未封闭道路
广场
台阶
隧道
步行天桥
步行游览路
步行游览支路
小路

境界

国界
一级政区界
未定国界
地区界
军事分界线
海洋公园
悬崖
墙

水文

河流、小溪
间歇河
沼泽/红树林
暗礁
运河
水域
干/盐/间歇湖
冰川
珊瑚礁

地区特征

海滩/沙漠
基督教墓地
其他墓地
公园/森林
运动场
一般景点(建筑物)
重要景点(建筑物)

注：并非所有图例都在此显示。

我们的故事

一辆破旧的老汽车，一点点钱，一份冒险的感觉——1972年，当托尼（Tony Wheeler）和莫琳（Maureen Wheeler）夫妇踏上那趟决定他们人生的旅程时，这就是全部的行头。他们穿越欧亚大陆，历时数月到达澳大利亚。旅途结束时，风尘仆仆的两人灵机一闪，在厨房的餐桌上制作完成了他们的第一本旅行指南——《便宜走亚洲》(*Across Asia on the Cheap*)。仅仅一周时间，销量就达到了1500本。Lonely Planet 从此诞生。

现在，Lonely Planet在都柏林、富兰克林、伦敦、墨尔本、奥克兰、北京和德里都设有公司，有超过600名员工和作者。在中国，Lonely Planet被称为"孤独星球"。我们恪守托尼的信条："一本好的旅行指南应该做好三件事：有用、有意义和有趣。"

我们的作者

弗吉尼娅·麦克斯韦尔（Virginia Maxwell）

乌布地区，巴厘岛东部 虽然平常在澳大利亚，但弗吉尼娅一年中至少有半年在为Lonely Planet更新目的地旅行指南，足迹遍布全球。地中海是她最喜欢的地方——她不仅参加了Lonely Planet的西班牙、意大利、土耳其、叙利亚、黎巴嫩、以色列、埃及、摩洛哥和突尼斯等地指南的编写，而且也调研了巴厘岛、芬兰、亚美尼亚、荷兰、美国和澳大利亚。在Instagram和Twitter上可以关注她的账号@maxwellvirginia，了解最新动向。

马克·约翰松（Mark Johanson）

龙目岛 马克在弗吉尼亚长大，在过去十年里，他在五个国家生活，同时在全球各地为英国报纸（《卫报》）、美国杂志（《男士周刊》）供稿，并担任全球媒体特约通讯员（CNN、BBC等）。当没有外出时，你会发现他在位于智利圣地亚哥的家中凝视着安第斯山脉。了解他的更多探险经历，可浏览www.markjohanson.com。

马索瓦达·摩根（MaSovaida Morgan）

巴厘岛 马索瓦达是一位旅行作者和多媒体短篇小说作家，在好奇心驱使下行走了超过40个国家，足迹遍布七大洲。在此之前，她曾任职了四年的Lonely Planet的南美和南极目的地编辑，先后在中东和英国担任报纸编辑并为非政府组织服务。在Instagram（@MaSovaida）了解其最新动态。

索菲娅·莱温（Sofia Levin）

家在墨尔本的美食和旅行记者，索菲娅相信在自己祖国以外的地方用餐是了解当地文化的最简单方法。她有着钢铁般的好胃口，以及寻找当地美食的天赋。除了作为Lonely Planet的当地员工在墨尔本收集各种美食之外，她还是多册指南的参与作者，为Fairfax报纸和旅行杂志撰写文章。当她没有旅行或享用美食时，索菲娅经营着版权和社交媒体公司Word Salad，并且在Instagram上（@lifeofjinkee）上传她和著名贵宾犬的合影。可通过Instagram和Twitter（@sofiaklevin）了解她的最新动态。

巴厘岛和龙目岛

中文第五版

书名原文：*Bali, Lombok & Nusa Tenggara*
（17th edition，Jul 2019）

本中文版由中国地图出版社出版

图书在版编目 (CIP) 数据

巴厘岛和龙目岛／澳大利亚 Lonely Planet 公司编；郭翔，陈佳妮，赵娟妮译．-- 3 版．-- 北京：中国地图出版社，2019.11
书名原文：Bali & Lombok
ISBN 978-7-5204-1387-9

Ⅰ．①巴… Ⅱ．①澳… ②郭… ③陈… ④赵… Ⅲ．①旅游指南－印度尼西亚 Ⅳ．① K934.29

中国版本图书馆 CIP 数据核字 (2019) 第 259020 号

出版发行	中国地图出版社
社　　址	北京市白纸坊西街 3 号
邮政编码	100054
网　　址	www.sinomaps.com
印　　刷	北京华联印刷有限公司
经　　销	新华书店
成品规格	197mm × 128mm
印　　张	14.5
字　　数	762 千字
版　　次	2019 年 11 月第 3 版
印　　次	2019 年 11 月北京第 5 次印刷
定　　价	89.00 元
书　　号	ISBN 978-7-5204-1387-9
审 图 号	GS（2019）5390 号
图　　字	01-2013-3104

如有印装质量问题，请与我社发行部（010-83543956）联系